Stefan Grüner und Sabine Mecking (Hrsg.)
Wirtschaftsräume und Lebenschancen

D1725271

Schriftenreihe der Vierteljahrshefte für Zeitgeschichte
Band 114

Im Auftrag des
Instituts für Zeitgeschichte München – Berlin
herausgegeben von
Helmut Altrichter   Horst Möller
Margit Szöllösi-Janze   Andreas Wirsching

Redaktion:
Johannes Hürter und Thomas Raithel

Wirtschaftsräume und Lebenschancen

Wahrnehmung und Steuerung von sozialökonomischem Wandel
in Deutschland 1945–2000

Herausgegeben von

Stefan Grüner und Sabine Mecking

DE GRUYTER
OLDENBOURG

ISBN 978-3-11-052024-8
e-ISBN (PDF) 978-3-11-052301-0
e-ISBN (EPUB) 978-3-11-052031-6
ISSN 0506-9408

Bibliografische Information der Deutschen Nationalbibliothek
Die Deutsche Nationalbibliothek verzeichnet diese Publikation in der Deutschen Nationalbibliografie;
detaillierte bibliografische Daten sind im Internet über http://dnb.dnb.de abrufbar.

Library of Congress Cataloging-in-Publication Data
A CIP catalog record for this book has been applied for at the Library of Congress.

© 2017 Walter de Gruyter GmbH, Berlin/Boston
Titelbild: Eislaufbahn auf dem Gelände der Kokerei Zollverein, Essen, 2005; Manfred Vollmer/Süd-
deutsche Zeitung Photo
Druck und Bindung: Hubert & Co. GmbH & Co. KG, Göttingen
♾ Gedruckt auf säurefreiem Papier
Printed in Germany

www.degruyter.com

MIX
Papier aus verantwor-
tungsvollen Quellen
FSC® C016439

Inhalt

Stefan Grüner und Sabine Mecking
Wahrnehmung und Steuerung von Strukturwandel und Lebenschancen – Einleitung

"Well we're living here in Allentown
And they're closing all the factories down
Out in Bethlehem they're killing time
Filling out forms
Standing in line [...].

So the graduations hang on the wall
But they never really helped us at all
No they never taught us what was real
Iron and coke
And chromium steel
And we're waiting here in Allentown.

But they've taken all the coal from the ground
And the union people crawled away [...]."

Billy Joel, Allentown (1982)[1]

I.

Dass die internationale Stahlkrise der 1970er bis 1990er Jahre Eingang in die musikalische Populärkultur der westlichen Welt gefunden hat, ist nicht erstaunlich. Nach fundierten Schätzungen gingen allein in den USA zwischen 1974 und 1986 über 337 000 Arbeitsplätze im Stahlsektor verloren. Die Bethlehem Steel Corporation als zweitgrößter US-Produzent reduzierte ihre Beschäftigtenzahl im gleichen Zeitraum um über 84 000 auf nur mehr 37 500 Personen; 1995 wurde die Produktion am Hauptstandort Bethlehem eingestellt. Zugleich waren in den wichtigsten Stahlproduktionsländern der Europäischen Gemeinschaft (Deutschland, Italien, Frankreich, Großbritannien) im Betrachtungszeitraum annähernd 345 000 Stellen vom Kapazitätsabbau betroffen, davon fast 85 000 in der Bundesrepublik.[2]

So unterschiedlich die jeweiligen nationalen Rahmenbedingungen, industriepolitischen Herangehensweisen, Wahrnehmungen und regionalen Folgen auch waren, so sehr stellt sich dieses Beispiel einer branchenbezogenen Strukturkrise als Teil eines säkularen Prozesses der „schöpferischen Zerstörung"[3], also der Verschränkung von Niedergang und Neuformierung wirtschaftlicher Strukturen dar. Die sozialen Folgen dieses ökonomischen Strukturwandels und die politischen Versuche, den säkularen Wandel zu lenken, flankierend zu begleiten oder in seinen Wirkungen zu beeinflussen, haben in der Alltags- und

---

[1] https://billyjoel.com/song/allentown-12/ (9. 1. 2017).
[2] Sebastian Kerz: Bewältigung der Stahlkrisen in den USA, Japan und der Europäischen Gemeinschaft, insbesondere in der Bundesrepublik Deutschland, Göttingen 1991, S. 43, Tab. 9, S. 125, Tab. 27.
[3] Josef A. Schumpeter: Kapitalismus, Sozialismus und Demokratie. Einleitung von Edgar Salin, München [5]1980, S. 143.

DOI 10.1515/9783110523010-001

Arbeitswelt des 20. Jahrhunderts tiefe Spuren hinterlassen. Dies gilt auch und vor allem für die westeuropäischen Nachkriegsgesellschaften und die Periode des ökonomischen Booms, die diese zwischen 1947/48 und den frühen 1970er Jahren durchlebt haben. Die Zeit einer äußerlich „stabilen Nachkriegsordnung"[4] war von hohen Wachstumsraten und geringen Konjunkturschwankungen geprägt; zunehmender Wohlstand, steigendes Lohnniveau, elaborierte soziale Sicherungssysteme und der Übergang in die Massenkonsumgesellschaft boten immer mehr Westeuropäern festeren Daseinsgrund und erweiterte Lebenschancen.

Die Tatsache, dass auch in Zeiten eines exzeptionellen Wirtschaftswachstums der Strukturwandel nicht zum Stillstand kam, dass er im Gegenteil wohl eher eine deutliche Beschleunigung erfuhr, konnte demgegenüber leicht in den Hintergrund treten. Begriffen als nachhaltige Verlagerung von Gewichten zwischen den drei Wirtschaftssektoren und gemessen an der Zahl der Beschäftigten, erreichten die strukturellen Veränderungen in den Jahrzehnten zwischen 1950 und 1970 in Deutschland im Vergleich zu den Zeiträumen davor und danach ein annähernd doppelt so hohes jahresdurchschnittliches Tempo. Dass sich hierbei der intersektorale Wandel mit Prozessen intrasektoraler Verschiebungen verschränkte und dies selbstverständlich in differenzierter räumlicher Ausprägung tat, gehört zu den hoch abstrahierten wie zugleich grundlegenden Einsichten der jüngeren ökonomischen Strukturforschung.[5] Der Niedergang von ehemals boomenden Industriebranchen, die Existenz von alten und neuen Notstandsgebieten, die absehbare Entwertung von überkommenem Wissen, der drohende soziale Abstieg von Betroffenen und die Rufe nach gewerkschaftlicher Unterstützung oder staatlichem Eingreifen begleiteten die Geschichte der „Trente Glorieuses",[6] der dreißig überdurchschnittlich prosperierenden Jahre in westlichen Industriegesellschaften, nahezu von Anfang an.[7]

Der vorliegende Band möchte seinen Beitrag dazu leisten, diesen vielschichtigen Prozess zu historisieren und Anstöße für weitere Untersuchungen zu geben. Dazu schlagen die Herausgeber eine doppelte Erweiterung der Sichtweisen auf die strukturpolitischen Lenkungsbemühungen in Deutschland vor. So erscheint es zum einen an der Zeit, intensiver als bisher die Träger, Deutungen und Instrumente von Strukturpolitik *jenseits und unterhalb der nationalen staatlichen Ebene* in den Blick zu nehmen. Westdeutsche Bundesländer, aber auch Wirtschaftsregionen und Kommunen als Schauplätze und Mitgestalter von strukturellem Wandel rücken damit ebenso in den Vordergrund wie jene Protagonisten

---

[4] Anselm Doering-Manteuffel/Lutz Raphael: Nach dem Boom. Perspektiven auf die Zeitgeschichte seit 1970, Göttingen 2008, S. 8.

[5] Ob ökonomische Boomphasen oder doch eher Krisenperioden den strukturellen Wandel beschleunigen, ist in den Wirtschaftswissenschaften umstritten. Leicht divergierende Positionen aus wirtschaftshistorischer Sicht vertreten: Gerold Ambrosius: Wirtschaftsstruktur und Strukturwandel, in: ders./Dietmar Petzina/Werner Plumpe (Hrsg.): Moderne Wirtschaftsgeschichte. Eine Einführung für Historiker und Ökonomen, München ²2006, S. 213–234, bes. S. 213–219; André Steiner: Die siebziger Jahre als Kristallisationspunkt des wirtschaftlichen Strukturwandels in West und Ost?, in: Konrad H. Jarausch (Hrsg.): Das Ende der Zuversicht? Die siebziger Jahre als Geschichte, Göttingen 2008, S. 29–48.

[6] Jean Fourastié: Les Trente Glorieuses ou la Révolution invisible de 1946 à 1975, Paris 1979.

[7] André Steiner: Abschied von der Industrie? Wirtschaftlicher Strukturwandel in West- und Ostdeutschland seit den 1960er Jahren, in: Werner Plumpe/André Steiner (Hrsg.): Der Mythos von der postindustriellen Welt. Wirtschaftlicher Strukturwandel in Deutschland 1960–1990, Göttingen 2016, S. 15–54.

einer „Zeitgeschichte der Arbeit"[8] – Unternehmen, Gewerkschaften und betroffene (ehemalige) Arbeitnehmer –, die in Untersuchungen zur Geschichte des Strukturwandels nach wie vor zu wenig Berücksichtigung finden.[9] Es liegt zugleich zum anderen nahe, diese Perspektive mutatis mutandis auf die Analyse von Verlaufsformen und Folgen strukturprägender Politik in der DDR auszuweiten. Einige Ermunterung kann dieser Ansatz unter anderem aus der mittlerweile hinreichend belegten Beobachtung beziehen, wonach die „Gemeinsamkeiten zwischen Marktwirtschaften und zentral planenden Systemen [...] im Bereich der Regionalpolitik größer als in vielen anderen Bereichen"[10] ausfielen: Offenkundig existierten auf dem Feld der räumlichen Gestaltung von Wirtschaftsstrukturen vor allem „in den Grundpositionen und auch in den Methoden erstaunliche Übereinstimmungen".[11]

Anders als nach dem dezidiert marktwirtschaftlich orientierten Credo der bundesdeutschen Wirtschaftspolitik anzunehmen wäre, haben in Westdeutschland Bund und Länder, daneben aber auch die Kommunen seit den späten 1940er Jahren regional oder sektoral gerichtete Strukturpolitik im Sinne einer „gezielte[n] politische[n] Lenkung wirtschaftlicher Aktivitäten"[12] betrieben. Um die materiellen Voraussetzungen für das Wachstum ganzer Sektoren der Volkswirtschaft, einzelner Branchen oder krisengefährdeter Regionen zu schaffen, setzte man auf Infrastrukturverbesserungen, auf finanzielle Hilfen oder auch – seitens des Bundes – auf protektionistische Eingriffe in den grenzüberschreitenden Handel. Im Betrachtungszeitraum kamen die Landwirtschaft, der Kohlebergbau und die Stahlindustrie, die Energiewirtschaft und der Schiffbau sowie die Mikroelektronik in den Genuss strukturpolitischer Unterstützung. Daneben wurden für schwach strukturierte, von Flüchtlings- und Vertriebenenzuwanderung oder von den Folgen der deutschen Teilung besonders betroffene Gebiete bereits seit den frühen 1950er Jahren regionale Förderprogramme ins Leben gerufen, die im Zuge der Steinkohlenbergbaukrise auf altindustriell geprägte Räume ausgedehnt wurden. Bundesländer und Kommunen traten seit der Aufbauphase der Bundesrepublik als Mitgestalter von strukturbezogener Bundespolitik ebenso in Erscheinung wie als Akteure eigener Initiativen, als regionale „Interessenvertreter" nach außen ebenso wie als teilsouveräne Gestalter nach innen.[13]

Unumstritten war solches Vorgehen nie. Während vorwiegend ordoliberal denkende Ökonomen im Wesentlichen auf die höhere Effizienz der Verteilung von Ressourcen, Gütern und Dienstleistungen anhand von Markt und Wettbewerb verwiesen, machten

---

[8] Winfried Süß/Dietmar Süß: Zeitgeschichte der Arbeit: Beobachtungen und Perspektiven, in: Knud Andresen/Ursula Bitzegeio/Jürgen Mittag (Hrsg.): Nach dem Strukturbruch? Kontinuität und Wandel von Arbeitswelten, Bonn 2011, S. 345–365.

[9] Stefan Grüner: Strukturwandel und (Schwer-)Industrie – Forschungsstand und Perspektiven, in: Uwe Danker/Thorsten Harbeke/Sebastian Lehmann (Hrsg.): Strukturwandel in der zweiten Hälfte des 20. Jahrhunderts, Neumünster/Hamburg 2014, S. 124–157, bes. S. 147f.

[10] Hans-Erich Gramatzki: Regionalpolitik, in: DDR und Osteuropa. Wirtschaftssystem, Wirtschaftspolitik, Lebensstandard. Ein Handbuch, Opladen 1981, S. 283–287, hier S. 283.

[11] Gerold Kind: Territorialentwicklung und Territorialplanung in der DDR: Ergebnisse und Auswirkungen auf die Raumstruktur Deutschlands, in: Annette Becker (Hrsg.): Regionale Strukturen im Wandel, Opladen 1997, S. 17–103, hier S. 18.

[12] So die hier zugrunde gelegte Definition bei Joachim Starbatty: Strukturpolitik im Konzept der Sozialen Marktwirtschaft, Tübingen 1998, S. 1.

[13] Dieter Grosser: Strukturpolitik, in: ders. (Hrsg.): Der Staat in der Wirtschaft der Bundesrepublik, Opladen 1985, S. 219–263; Zoltán Jákli: Vom Marshallplan zum Kohlepfennig. Grundrisse der Subventionspolitik in der Bundesrepublik Deutschland 1948–1982, Opladen 1990.

die Anhänger von Strukturpolitik unter anderem auf die Folgen „mangelnder Anpassungsfähigkeit" von Wirtschaftssektoren oder den Vorrang sozialpolitischer Erfordernisse aufmerksam.[14] In der politischen Praxis wurden strukturell wirksame Eingriffe in der Regel als notwendige Einwirkung auf den unbewältigten Strukturwandel gerechtfertigt und speisten sich aus nationalökonomischen und sozialstaatlich orientierten, mit voranschreitender Zeit zunehmend auch aus gesellschaftspolitischen Überlegungen. Es musste nach Ansicht der Verantwortlichen darum gehen, die Grundlagen einer funktionierenden westdeutschen Volkswirtschaft zu sichern, die Vertiefung regionaler Disparitäten abzuwenden und auf diese Weise räumlich, ökonomisch und demographisch günstige Voraussetzungen für den gleichwertigen Zugang der Menschen zu daseinssichernden Gütern und Leistungen zu schaffen. Der Zugang zu qualifizierten Arbeitsplätzen vorwiegend im sekundären Sektor, daneben der Ausbau von Versorgungs-, Konsum- und Freizeitangeboten, schließlich auch die Vermehrung von adäquaten Bildungsmöglichkeiten zählten über den Betrachtungszeitraum hinweg zu den offensiv vertretenen Zielen dieser Politik.

Es macht ein Charakteristikum der deutschen Entwicklung aus, dass diese Praxis der Ressourcenlenkung gegen Ende der „Langen Fünfziger Jahre"[15] aus einer Reihe von Gründen zum ersten Mal an die Grenzen ihrer Leistungsfähigkeit zu geraten schien. Im zeitlichen Umkreis der Rezessionskrise von 1966/67 wurden nicht nur bislang unbekannte konjunkturelle Schwankungen in der bundesdeutschen Wirtschaft sichtbar. Vielmehr zeichneten sich Strukturdefizite und Fehlentwicklungen klarer ab, die im Zuge des raschen Wiederaufbaus entstanden oder verstärkt, doch durch die hohen Wachstumsraten bis dahin überdeckt worden waren. Das beschleunigte Tempo des sozialökonomischen Wandels, seine weiter wirksame regionale und sektorale Ungleichzeitigkeit sowie die Tendenz zur Konzentration der Bevölkerung in den wirtschaftlich aktiven Ballungszonen ließen für eine Politik der staatlichen Wachstumsförderung und Daseinsvorsorge ältere Herausforderungen in neuer Schärfe zutage treten. Der Planungsboom der späten 1960er Jahre und die Überwindung der Rezessionskrise von 1966/67 führten auf der Bundes- wie auf der Landesebene zu Versuchen, zentrale Elemente planerischen Denkens auf das Feld der Strukturpolitik zu übertragen. Auch wenn der Elan in den frühen 1970er Jahren abflaute, hatten intensivierte strukturpolitische Debatten in Wissenschaft und Öffentlichkeit, gesetzgeberische Initiativen und Investitionsprogramme von Bund und Ländern das politische Handlungsfeld neu geprägt und belebt. Nicht nur in den besonders „steuerungsaktiven" Bundesländern Nordrhein-Westfalen und Bayern wurden landesplanerische Kapazitäten ausgebaut und eigene Positionen selbstbewusst gegenüber dem Bund vertreten.[16] Neue Akteure wie Planungsexperten, Regierungsbezirke und Planungs-

---

[14] Vgl. dazu Starbatty: Strukturpolitik; Hans-Rudolf Peters: Sektorale Strukturpolitik, München/ Wien ²1996, S. 11.

[15] Werner Abelshauser: Die Langen Fünfziger Jahre. Wirtschaft und Gesellschaft der Bundesrepublik Deutschland 1949–1966, Düsseldorf 1987.

[16] Grundlegend in der präzisen Bestimmung zentraler Komponenten politischer Planung: Hans Günter Hockerts: Einführung zur Sektion III: Planung als Reformprinzip, in: Matthias Frese/Julia Paulus/Karl Teppe (Hrsg.): Demokratisierung und gesellschaftlicher Aufbruch. Die sechziger Jahre als Wendezeit der Bundesrepublik, Paderborn u. a. 2003, S. 249–257. Daneben sei verwiesen auf Michael Ruck: Ein kurzer Sommer der konkreten Utopie. Zur westdeutschen Planungsgeschichte der langen 60er Jahre, in: Axel Schildt u. a. (Hrsg.): Dynamische Zeiten. Die 60er Jahre in den beiden deutschen Staaten, Hamburg ²2003, S. 362–401; zur Landesplanung in den Ländern u. a.: Thomas

verbände traten auf. Und während sich das wissenschaftliche Instrumentarium zur Erfassung von strukturrelevanten Fakten diversifizierte, wuchs umgekehrt der Anspruch, Problemlagen zusammenzudenken und ganzheitlich intendierte Planungen zu entwickeln.[17]

Gegen Mitte der 1970er Jahre hatte der strukturelle Wandel in der Bundesrepublik in vielfacher Hinsicht tiefe Spuren hinterlassen, die sich nur zum Teil als Ergebnis steuernder Politik darstellten. Der industrielle Sektor hatte seit den frühen 1950er Jahren eine erhebliche Ausweitung erfahren und stand im Zenit seiner Bedeutung: Deutlich später als etwa die USA tat Westdeutschland in den frühen 1970er Jahren den Schritt zur stark tertiären Prägung seiner Sozial- und Wirtschaftsstruktur. Zusammen mit dem wachsenden Wohlstand hatte sich ein tiefgreifender Wandel ganzer Lebens- und Arbeitswelten, regionaler Wirtschaftsprofile und des Stadt-Land-Verhältnisses eingestellt, der nicht allein ältere soziale Problemlagen milderte, sondern zugleich neue generierte.[18] Unübersehbar war auch, dass sich das Bund-Länder-Gefüge im Gefolge von regional differenzierten Wachstumsprozessen und sektoralen Umschichtungen in mehrfacher Hinsicht verändert hatte.

Das traf zum einen auf das ökonomische Gewicht der bundesdeutschen Wirtschaftsregionen zu, in deren Kreis die Bergbaureviere an Ruhr und Saar zu den – aus heutiger Sicht vorläufigen – Verlierern gehörten. Gemessen am erwirtschafteten Bruttoinlandsprodukt je Einwohner fiel das noch 1960 im Bund führende Land Nordrhein-Westfalen bis zur Mitte der 1970er Jahre hinter Baden-Württemberg und Hessen auf den dritten Rang zurück; das Saarland nahm statt dem ehemals vierten nunmehr den sechsten Rang ein.[19] Einzig Bayern konnte in dieser Hinsicht nach 1960 eine nahezu ungebrochene Aufwärtsentwicklung verzeichnen, die dem Land Anfang der 1990er Jahre im Bundesvergleich den Spitzenplatz eintrug.[20] Insgesamt setzte sich damit eine ältere, zeitlich übergreifende Tendenz fort: In ihrem Verlauf hatte der deutsche Süden bereits seit Mitte der 1920er Jahre eine besonders hohe ökonomische Entwicklungsdynamik gezeigt, während die bis in die 1920er Jahre zuwachsstärksten Industrieregionen im altindustrialisierten Westen und um Berlin zurückblieben. Im Verlauf der 1970er Jahre verschärften sich diese Unterschiede in der regionalen Entwicklung im Hinblick auf das jeweils zu verzeichnende Gewicht des produzierenden Gewerbes, während der Westen im Dienstleistungsbereich

---

Schlemmer/Stefan Grüner/Jaromir Balcar: „Entwicklungshilfe im eigenen Lande". Landesplanung in Bayern nach 1945, in: Frese/Paulus/Teppe (Hrsg.): Demokratisierung, S. 379–450; Karl Lauschke: Von der Krisenbewältigung zur Planungseuphorie. Regionale Strukturpolitik und Landesplanung in Nordrhein-Westfalen, in: ebd., S. 451–471.

[17] Vgl. etwa Ariane Leendertz: Ordnung schaffen. Deutsche Raumplanung im 20. Jahrhundert, Göttingen 2008; aus regionalgeschichtlicher Perspektive: Stefan Grüner: „Südwestlicher Eckpfeiler Bayerns"? – Ökonomischer Wandel, Raumbilder und regionale Strukturpolitik in Bayerisch-Schwaben (1945–1975), in: Peter Fassl (Hrsg.): Beiträge zur Nachkriegsgeschichte von Bayerisch-Schwaben 1945–1970. Tagungsband zu den wissenschaftlichen Tagungen von 2006, 2007 und 2008, Augsburg 2011, S. 171–210; Sabine Mecking: Bürgerwille und Gebietsreform. Demokratieentwicklung und Neuordnung von Staat und Gesellschaft in Nordrhein-Westfalen 1965–2000, München 2012, besonders S. 1–131.

[18] Siehe z. B. zur Stadt-Umland-Problematik Sabine Mecking/Janbernd Oebbecke (Hrsg.): Zwischen Effizienz und Legitimität. Kommunale Gebiets- und Funktionalreformen in der Bundesrepublik Deutschland in historischer und aktueller Perspektive, Paderborn u. a. 2009.

[19] Bevölkerungsstruktur und Wirtschaftskraft der Bundesländer (Berichtsjahr 1950. 1959–1966), hrsg. vom Statistischen Bundesamt Wiesbaden, Stuttgart 1967; Bevölkerungsstruktur und Wirtschaftskraft der Bundesländer 1975, hrsg. vom Statistischen Bundesamt Wiesbaden, Stuttgart 1976.

[20] Konrad Lammers: Süd-Nord-Gefälle in West- und Ostdeutschland?, in: Wirtschaftsdienst HWWA 11 (2003), S. 736–739.

durchaus Anschluss an die bundesdeutschen Durchschnittswerte und die süddeutschen Länder halten konnte.[21]

Zum anderen hatte das bundesdeutsche Fördersystem bis zum Beginn der 1970er Jahre seine institutionelle Einbettung in ein grundlegend reformiertes Gefüge westdeutscher Wirtschafts- und Finanzpolitik gefunden. Strukturpolitische Lenkungsverfahren und -instrumente, die sich im Zusammenwirken der Länder mit dem Bund herausgebildet hatten, wurden im Zuge der Durchsetzung keynesianischer Steuerungskonzepte nach 1967 in eine veränderte Regionalförderung mit erheblich intensiviertem Koordinations- und Integrationsanspruch eingefügt. Diese nahm unter anderem im Jahr 1969 in der Gemeinschaftsaufgabe „Verbesserung der regionalen Wirtschaftsstruktur" Form an. Es gehörte zu den wichtigsten politischen Ergebnissen des strukturellen Wandels der Boomjahre in Westdeutschland, dass sich in seinem Gefolge die politischen Gewichte zu Lasten der Länder in Richtung eines Kompetenzzuwachses des Zentralstaats verlagert haben.[22] Einiges spricht dafür, dass sich diese Entwicklungstendenz im Bund-Länder-Verhältnis über die Jahrtausendwende hinweg fortgesetzt hat.[23]

In den Jahren „nach dem Boom" gerieten strukturpolitische Ansätze in Westdeutschland unter wachsenden Erwartungs- und Rechtfertigungsdruck. Im Gefolge der Konjunkturkrisen der 1970er und 1980er Jahre verschärfte sich die Debatte zwischen den Gegnern jeglicher Eingriffe auf diesem Politikfeld und jenen, die in deren Intensivierung eine Art „Allheilmittel" erblickten. Für den Bereich der Industriepolitik boten unter anderem die nationalen Krisenstrategien im Zuge der Stahlkrise oder das Airbus-Projekt Anlass zu heftigen, auch emotional geführten Kontroversen.[24] Die Leitlinien bundesdeutscher Wirtschaftspolitik verschoben sich wieder deutlich in Richtung Wachstums- und Angebotsorientierung, und mit der Abkehr von den keynesianischen Lenkungsmodellen sollte die Eindämmung struktur- und industriepolitischer Interventionen einhergehen. Die Praxis bot freilich ein zwiespältiges Bild: Rückten auf der einen Seite Maßnahmen zur Deregulierung und Privatisierung in der Telekommunikationsbranche, in der Elektrizitätswirtschaft und bei der Bahn in den Vordergrund, konnte auf der anderen Seite das öffentlich vertretene Ziel eines nachhaltigen Subventionsabbaus vor allem in der Landwirtschaft und im Kohlenbergbau während der 1980er und 1990er Jahre nicht erreicht werden.[25]

---

[21] Martin Gornig: Gesamtwirtschaftliche Leitsektoren und regionaler Strukturwandel. Eine theoretische und empirische Analyse der sektoralen und regionalen Wirtschaftsentwicklung in Deutschland 1895–1987, Berlin 2000.

[22] Paul Klemmer: Die Gemeinschaftsaufgabe „Verbesserung der regionalen Wirtschaftsstruktur". Zwischenbilanz einer Erscheinungsform des kooperativen Föderalismus, in: Franz Schuster (Hrsg.): Dezentralisierung des politischen Handelns (III). Konzeption und Handlungsfelder, Melle 1987, S. 299–349; Ulrich Scheuner: Wandlungen im Föderalismus der Bundesrepublik, in: ders., Staatstheorie und Staatsrecht. Gesammelte Schriften, hrsg. von Joseph Listl und Wolfgang Rüfner, Berlin 1978, S. 435–452, hier S. 449.

[23] Reinhard Zintl: Politikverflechtung und Machtverteilung in Deutschland, in: Thomas Ellwein/Everhard Holtmann (Hrsg.): 50 Jahre Bundesrepublik Deutschland. Rahmenbedingungen – Entwicklungen – Perspektiven, Opladen/Wiesbaden 1999, S. 471–481; Cerstin Gammelin: Deutschland wird zentralistischer, in: Süddeutsche Zeitung vom 15. 12. 2016.

[24] Bernhard Gahlen: Strukturpolitik in der Marktwirtschaft, in: Wirtschaftsdienst 58 (1978), S. 22–27 (Zitat: S. 22); Horst Thomann: Das Dilemma der Strukturpolitik, in: Wirtschaftsdienst 63 (1983), S. 499–504; Grosser: Strukturpolitik, S. 254–263.

[25] Andreas Wirsching: Abschied vom Provisorium. Geschichte der Bundesrepublik Deutschland 1982–1990, München 2006, S. 223–288; Georg Koopmann/Christoph Kreienbaum/Christine Borr-

Die Intensivierung der Europäischen Strukturpolitik seit den 1980er Jahren und die deutsche Vereinigung boten Hintergrund und Anstoß für eine neue Phase strukturpolitischer Lenkung in Deutschland. Es erwuchsen Aufgaben, auf die die Politik nicht vorbereitet war, darunter vor allem jene der Verminderung regionaler Disparitäten zwischen den ost- und westdeutschen Ländern.[26] Die Erfahrung der Rezessionskrise von 1992/93 und die kollektive Ernüchterung im Hinblick auf einen rasch einsetzenden „Aufschwung Ost" trugen dazu bei, den Wettbewerbs- und Konkurrenzgedanken als ein zentrales Paradigma nicht nur der bundesdeutschen Wirtschafts-, sondern auch der Struktur- und Industriepolitik zu etablieren. Die Förderung unternehmerischer Selbständigkeit, die Unterstützung mittelständischer Betriebe oder auch die Bildung „regionaler Innovationscluster" zählen neben der dezidierten Unterstützung von angewandter Forschung zu den jüngeren, doch nicht immer ganz neuen Rezepten bundesdeutscher Strukturpolitik.[27] Ungeachtet dieser Ausdifferenzierung der Methoden und auch der Tatsache, dass zwischen 1990 und 2014 etwa 90 Prozent der Fördermittel aus europäischen Fonds und der Gemeinschaftsaufgabe „Verbesserung der regionalen Wirtschaftsstruktur" nach Ostdeutschland flossen, haben sich jedoch im gleichen Zeitraum die innerdeutschen Disparitäten „kaum verändert".[28]

Hingegen entwickelten sich neue Facetten innerhalb der etablierten Förderkonkurrenz zwischen Bund und Ländern, die die Gestalt des bundesdeutschen Föderalismus einmal mehr modifiziert haben. So eröffnete sich für die Länder mit der Reform der Strukturfonds der EWG ab Mitte der 1980er Jahre die Möglichkeit, landeseigene Strukturvorhaben jenseits des oft ungeliebten und als Korsett empfundenen Maßnahmenspektrums der Gemeinschaftsaufgabe aus europäischen Fördermitteln finanzieren zu lassen. Diese Wendung kam einer Stärkung der unteren Gebietskörperschaften und Multilateralisierung der europäischen und deutschen Regionalpolitik gleich, deren Tragweite sich zuletzt im Falle der ostdeutschen Fördergebiete abzeichnete. Ob sich das klassische Ziel der bundesdeutschen Strukturpolitik, auf Ausgleich interregionaler Wohlstandsunterschiede hinzuwirken, angesichts der beschriebenen Veränderungstendenzen weiterhin halten kann oder aber mittelfristig zugunsten des politischen Leitbilds der Stärkung interregionalen Wettbewerbs in den Hintergrund treten wird, darf kritisch angefragt werden.[29]

---

mann: Industrial and Trade Policy in Germany, Hamburg/Baden-Baden 1997, S. 41–43; Hans-Rudolf Peters: Konzeption und Wirklichkeit der sektoralen Strukturpolitik, in: Wirtschaftsdienst 68 (1988), S. 429–436.

[26] Aus der umfangreichen Fachliteratur sei genannt: Harry W. Jablonowski (Hrsg.): Strukturpolitik in Ost und West. Zwischen Steuerungsbedarf und ordnungspolitischem Sündenfall, Köln 1993; Kathleen Toepel: Zusammenwirken von nationaler und europäischer Regionalpolitik in den neuen Bundesländern, Frankfurt a. M. 1997; Annett Pfennig: Strukturpolitische Instrumente im Vergleich zwischen „Keltischer Tiger" Irland und „lahme Ente" Ostdeutschland, Berlin 2007.

[27] Wencke Meteling: Internationale Konkurrenz als nationale Bedrohung – Zur politischen Maxime der „Standortsicherung" in den neunziger Jahren, in: Ralph Jessen (Hrsg.): Konkurrenz in der Geschichte. Praktiken – Werte – Institutionalisierungen, Frankfurt a. M./New York 2014, S. 289–315; Guntram R.M. Hepperle: Zukunftsorientierte Industriepolitik. Möglichkeiten und Grenzen, Frankfurt a. M. u. a. 2004, S. 35–39.

[28] Helmut Karl/Gerhard Untiedt: Einleitung: Worum geht es bei regionaler Wirtschaftsförderung?, in: dies. (Hrsg.): Handbuch der regionalen Wirtschaftsförderung, Köln 2016 (Loseblattsammlung), Teil A, Abschnitt I, S. 16–25 (Zitat S. 20).

[29] Andrea Hoppe/Helmut Voelzkow: Raumordnungs- und Regionalpolitik: Rahmenbedingungen, Entwicklungen, Perspektiven, in: Ellwein/Holtmann (Hrsg.): 50 Jahre Bundesrepublik, S. 279–296; Paul Klemmer: Regionalpolitik, in: ders. (Hrsg.): Handbuch europäische Wirtschaftspolitik, München

International verortet, zeigt strukturorientierte Politik in Westdeutschland ihre eigene Kontur eines „mittleren Weges", ohne dass sich ein „Sonderweg" abzeichnet. Auf dem Feld der Industriepolitik, das angesichts der methodischen Schwierigkeiten einem knappen komparatistischen Zugriff am ehesten zugänglich ist,[30] hat die jüngere Forschung für westliche Industriestaaten sogar Anzeichen der „Konvergenz" nationaler Politiken ausgemacht.[31] So wird Industriepolitik in den USA ohne elaboriertes Konzept und eher nach dem Ad-hoc-Prinzip betrieben, wobei bis in die 1990er Jahre vornehmlich die Instrumente der außenwirtschaftlichen Protektion und der stark militärisch motivierten Forschungsförderung eingesetzt wurden. Davon profitierten insbesondere Unternehmen der Luft- und Raumfahrt sowie der Rüstungswirtschaft; Hilfsmaßnahmen zugunsten einzelner notleidender Unternehmen etwa der Automobilbranche blieben die Ausnahme.[32] Demgegenüber konnte die in Frankreich praktizierte Industriepolitik lange Zeit als europäisches Beispiel eines stark interventionistischen, vom Prinzip der indikativen Planung und der hohen Eingriffstiefe staatlicher Maßnahmen getragenen Vorgehens gelten. Das Spektrum der eingesetzten Instrumentarien war umfangreich: Verstaatlichungen, staatlich gelenkte Unternehmenszusammenschlüsse, öffentliche Aufträge für Großkonzerne mit Monopolstellung, protektionistische Maßnahmen oder auch eine Technologiepolitik, die zeitweise nach nationaler Autarkie strebte, gehörten zu den Charakteristika dieser Politik. Erst im Laufe der 1980er Jahre, verstärkt im folgenden Jahrzehnt, erfuhr die traditionelle industriepolitische Verknüpfung von „öffentlicher Forschung, öffentlichen Unternehmen und öffentlichen Aufträgen" eine wesentliche Modifikation. Angesichts zurückbleibender Exportraten, wahrgenommener Innovationsdefizite und steigender Arbeitslosenzahlen setzte man verstärkt auf regionale Clusterbildung sowie auf mehr Partizipation von Gebietskörperschaften und kleinen wie mittleren Unternehmen im Hinblick auf die Umsetzung einer nationalen Industriepolitik.[33] Ob aus den daraus ablesbaren Schwerpunktverlagerungen bereits positive Vorzeichen für eine umfassendere Annäherung der Industriepolitiken europäischer Staaten und der USA ableitbar sind,[34] sei freilich dahingestellt.

Im planwirtschaftlichen System der DDR wurde Wirtschaftspolitik in hohem Maße als Strukturpolitik betrieben. Der Industrialisierung nach Stalin'schem Vorbild und deren politischer Steuerung durch die SED-Führung kam dabei vorrangige Bedeutung zu; Politbüro,

---

1998, S. 457–517; zur hier nicht thematisierten Industriepolitik der europäischen Gemeinschaften seien genannt: Hartmut Berg/Frank Schmidt: Industriepolitik, in: ebd., S. 849–943; kritisch dazu Hepperle: Zukunftsorientierte Industriepolitik, S. 9–24.

[30] Siehe für eine vergleichende Einschätzung den Beitrag von Stefan Grüner im vorliegenden Band.

[31] Hepperle: Zukunftsorientierte Industriepolitik, S. 52.

[32] Ljuba Kokalj/Horst Albach: Industriepolitik in der Marktwirtschaft. Ein internationaler Vergleich, Stuttgart 1987, S. 137–203; Fritz Franzmeyer u. a.: Industriepolitik im westlichen Ausland. Rahmenbedingungen, Strategien, Außenhandelsaspekte. Band II: Länderberichte, Berlin 1987, S. 25–70; Hepperle: Zukunftsorientierte Industriepolitik, S. 42–53; Indira Gurbaxani: Industriepolitik in den Vereinigten Staaten. Diskussion und praktische Ausgestaltung, Baden-Baden 2000.

[33] Kokalj/Albach: Industriepolitik, S. 204–243; Richard F. Kuisel: Capitalism and the State in Modern France. Renovation and Economic Management in the Twentieth Century, Cambridge u. a. 1981; Wolfgang Neumann/Henrik Uterwedde: Industriepolitik. Ein deutsch-französischer Vergleich, Opladen 1986; Franzmeyer u. a.: Industriepolitik II, S. 145–189; Pascal Kauffmann: Frankreichs neue Industriepolitik, in: DGAP-Analyse 4 (2007), S. 3–15 (Zitat: S. 14); William James Adams: What's in a Name? French Industrial Policy, 1950–1975, in: Christian Grabas/Alexander Nützenadel (Hrsg.): Industrial Policy in Europe after 1945. Wealth, Power and Economic Development in the Cold War, New York/Houndmills, Basingstoke 2014, S. 67–85.

[34] Hepperle: Zukunftsorientierte Industriepolitik, S. 51–53.

Ministerrat und Staatliche Plankommission fungierten seit den frühen 1950er Jahren als wichtigste zentrale Entscheidungs- und Lenkungsgremien. Die anvisierten Ziele waren ideologisch begründet, ergaben sich aber auch aus den ökonomischen Gegebenheiten: Im Vordergrund stand der Ausgleich der einseitigen Branchenstruktur und der verloren gegangenen überregionalen Verflechtungen, die als Ergebnis der deutschen Teilung auf einem Territorium erwachsen waren, dessen Zuschnitt mehr oder minder dem historischen Zufall geschuldet war. Hinzu kamen ausgeprägte raumstrukturelle Ungleichgewichte, insbesondere zwischen den industriell geprägten Zonen im Süden sowie den Industriestädten Berlin und Magdeburg und den übrigen, noch weitgehend agrarisch geprägten Landesteilen.[35]

Parallel zum Aufbau des Planungssystems und zur sukzessiven Verstaatlichung der Industriebetriebe bis 1972 nahm die DDR-Führung seit den frühen 1950er Jahren zunächst die Errichtung einer eigenen Grundstoff- und Hüttenindustrie in Angriff. Bei wechselnden Schwerpunktsetzungen und variierenden strategischen Orientierungen wurden staatliche Investitionen unter anderem in den Ausbau von Metallurgie, Braunkohlewirtschaft und Schiffbau, später in den Luftfahrzeugbau und die Erdölchemie gelenkt. In den 1960er und 1970er Jahren sollte die intensivierte Förderung von Forschung und Entwicklung sowie von ausgewählten Leitsektoren wie der Mikroelektronik, des Gerätebaus und der Datenverarbeitung zusätzliche und wirksamere Wachstumsimpulse setzen.[36] Gegenüber dieser dominierenden, sektoral orientierten Lenkungspolitik blieben Konzepte zur Beeinflussung der Regionalstruktur bis in die 1960er Jahre auf „Inselplanungen" beschränkt: Diese bezogen sich auf großangelegte Industrieansiedlungen zur Ergänzung des volkswirtschaftlichen Gefüges, darunter das Eisenhüttenkombinat Ost (EKO) mit der als Arbeitersiedlung konzipierten Stalinstadt bei Fürstenberg/Oder, das Gaskombinat Schwarze Pumpe mit der neu erbauten Neustadt von Hoyerswerda, der Überseehafen Rostock und das Petrolchemische Kombinat Schwedt/Oder. Daneben standen aber auch die industrielle Erschließung des Notstandsgebiets in der Region Eichsfeld oder die Restrukturierung des Niederlausitzer Industriegebiets um Cottbus.[37]

Obwohl das Wirtschaftssystem der DDR von dem Grundgedanken getragen war, dass eine planmäßig gestaltete Wirtschaft jeder marktwirtschaftlichen Ordnung überlegen sei, entstand bis 1989 kein Planungssystem, das die volkswirtschaftlich-sektoralen und die raumwirtschaftlich-regionalen Steuerungsbemühungen umfassend integriert hätte. Zwar bemühten sich ostdeutsche Wirtschaftsgeographen und Gebietsplaner nicht ohne Erfolg darum, Leitlinien einer Raumplanung unter marxistischen Vorzeichen zu entwerfen. Zug um Zug wurde dabei ein ideologisch „neutraler" Methodenkanon entwickelt, der Ähnlichkeiten mit den im Westen gebräuchlichen Kategorien der „zentralen Orte" und der Wachstumspole, der „social costs" oder mit der „Exportbasistheorie" aufwies. Auch er-

---

[35] Grundlegend: Jaap Sleifer: Planning Ahead and Falling Behind. The East German Economy in Comparison with West Germany 1936–2002, Berlin 2006; André Steiner: Von Plan zu Plan. Eine Wirtschaftsgeschichte der DDR, Berlin 2007.

[36] Doris Cornelsen: Industriepolitik, in: Jochen Bethkenhagen u. a.: DDR und Osteuropa. Wirtschaftssystem, Wirtschaftspolitik, Lebensstandard. Ein Handbuch, Opladen 1981, S. 27–38; Michael Geyer: Industriepolitik in der DDR. Von der großindustriellen Nostalgie zum Zusammenbruch, in: Jürgen Kocka/Martin Sabrow (Hrsg.): Die DDR als Geschichte. Fragen – Hypothesen – Perspektiven, Berlin 1994, S. 122–134; Ralf Ahrens: Planning Priorities, Managing Shortages. Industrial Policy in the German Democratic Republic, from Stalinism to Welfare Dictatorship, in: Grabas/Nützenadel (Hrsg.): Industrial Policy, S. 300–320.

[37] Kind: Territorialentwicklung, S. 17–103 (Zitat: S. 33).

langte das raumordnerische Ziel des interregionalen Ausgleichs für einige Jahre Geltung im Planungssystem, wurde dann aber in der ersten Hälfte der 1970er Jahre aufgegeben. Offenkundig war man zur Einschätzung gelangt, dass eine grundsätzliche Neustrukturierung des DDR-Wirtschaftsraumes nicht möglich sei: Ausbleibende Fühlungsvorteile und höhere Transportkosten im Zusammenhang mit Industrieansiedlungen in der Provinz waren als konterkarierende raumökonomische Wirkungszusammenhänge ebenso spürbar geworden wie Arbeitskräftemangel in den Ballungsräumen. In der DDR-Führung fand man sich ab mit der großräumlichen Gliederung des Landes in „industrialisierte Ballungs- und Verdichtungsräume" im Süden sowie „stärker agrarisch strukturierte Gebiete, durchsetzt mit neugeschaffenen Industriezentren"[38] in der nördlichen Hälfte des Territoriums. Regionale Förderpolitik richtete sich auf das ökonomische Potenzial der vorhandenen Ballungsräume, favorisierte Siedlungsstrukturplanung und setzte auf die Realisierung eines ambitionierten Wohnbauprogramms vornehmlich an den Rändern der Großstädte.[39]

Bis Ende der 1970er Jahre hatte sich auch in der DDR das ökonomische Gewicht der einzelnen Wirtschaftsregionen erheblich verändert. Die geographisch in der Mitte und im Norden des Landes gelegenen Bezirke Cottbus, Frankfurt/Oder, Neubrandenburg und Schwerin sowie der Raum um Berlin konnten ihren Anteil an der industriellen Bruttoproduktion zwischen 1962 und 1989 deutlich steigern, während die Anteilswerte des Südens im gleichen Zeitraum insgesamt rückläufig waren. Auch wenn Zweifel an der offiziell stets behaupteten Effektivität der Territorialplanung sicherlich angebracht sind, scheint ein gewisser Ausgleich der ursprünglichen ökonomischen Disparitäten gelungen zu sein. Freilich manifestierte sich stärker als im Westen die Tendenz zum Aufbau von industriellen Monostrukturen, zur Vernachlässigung von Umweltbelangen und zum Verfall notwendiger Infrastruktur.[40] Zugleich veränderte sich der Zuschnitt des strukturpolitischen Förder- und Planungssystems: Nachdem bis Mitte der 1970er Jahre ein hierarchisch integriertes System ausgebildet worden war, in dem nicht nur die Territorialplanung als Nachfolgerin der ehemaligen Landesplanung ihren Platz gefunden hatte, sondern auch immer umfassendere Ausarbeitungen in Form von verbindlichen Entwicklungsprogrammen entstanden, ging das Planungsparadigma in der praktischen Umsetzung bereits seiner Relativierung entgegen. Da sich die DDR seit Mitte der 1970er Jahre vermehrt mit ökonomischen Schwierigkeiten konfrontiert sah, wurden immer mehr Aufgabenbereiche aus den formalisierten Planungsprozeduren herausgelöst und Investitionsmaßnahmen auf ausgewählte Vorhaben konzentriert.[41] Der planerische Zugriff des Zentralstaats differenzierte sich, er wurde zugleich direkter und selektiver. Spätestens seit den 1970er Jahren wurde er zum Träger einer Investitionspolitik, die aus Sorge vor dem Verlust der Vollbeschäftigung den strukturellen Wandel eher bremste als unterstützte – mit spürbaren Folgen nach 1990.[42]

---

[38] Gerhard Kehrer: Entwicklungstendenzen der Standortverteilung der Industrie in der DDR, in: Petermanns geographische Mitteilungen 2 (1980), S. 105–109, hier S. 108f.; ders.: Industriestandort Ostdeutschland. Eine raumstrukturelle Analyse der Industrie in der DDR und in den neuen Bundesländern, Berlin 2000, S. 55–112.

[39] Kind: Territorialentwicklung, S. 38–54 (Zitat: S. 44).

[40] Siegfried Grundmann: Territorialplanung in der DDR: Indikatoren zur Analyse regionaler Disparitäten – Die sozialräumliche Struktur der DDR in den 80er Jahren, in: Becker: Regionale Strukturen, S. 105–146; Kind: Territorialentwicklung, S. 33.

[41] Kind: Territorialentwicklung, S. 40f., 45–53.

[42] Steiner, Abschied, S. 42–44.

II.

Studien zum ökonomischen Strukturwandel und zu einschlägigen politischen Lenkungs-
ansätzen, die das Phänomen für Deutschland aus volkswirtschaftlicher, rechtlicher, raum-
planerischer oder systemtheoretischer Perspektive untersuchen, sind mittlerweile Legion.[43]
Erheblich seltener sind hingegen Versuche, den Wandel und seine Folgen zu historisieren
und dabei über die Analyse zentral- und nationalstaatlicher Entwicklungen hinauszuge-
langen.

Für die Bundesrepublik ist zum einen festzuhalten, dass der für die nationale Ebene
feststellbare strukturelle Wandel historiographisch bislang noch kaum zu jenem in den
Wirtschaftsregionen in Bezug gesetzt wurde. Zwar stellten vorwiegend ökonometrische
Arbeiten bereits seit den späten 1970er Jahren das Phänomen der divergierenden konjunkturellen Entwicklung für die westdeutsche Länderebene deutlich heraus. In der Folge wurde eine übergreifende Tendenz des regionalen Wirtschaftswachstums im Topos des
„Süd-Nord-Gefälles" begrifflich gefasst und popularisiert. Dabei griffen die Interpretationen vielfach auf hoch aggregierte oder aber selektiv genutzte regionalökonomische
Schlüsseldaten zurück, in denen sich spezifische Länderprofile indes nur schemenhaft
abzeichnen.[44] Die jeweils maßgeblichen Ursachen, die regionalen Verlaufsformen und die
mittel- wie langfristigen Folgen, die sich mit der Verlagerung von Wirtschaftskraft zwischen den deutschen Wirtschaftsregionen und Ländern verknüpfen, bedürfen indes vor
allem für das 20. Jahrhundert der weiteren Klärung. Obwohl insbesondere die Untersuchung der Industrieentwicklung in funktional zusammengehörigen Wirtschaftsräumen
unterhalb der nationalen Ebene für Westdeutschland seit den 1970er Jahren erhebliche
Fortschritte gemacht hat,[45] steht die vergleichende Regionalanalyse von Industrialisie-

---

[43] Stellvertretend seien genannt: Gerhard Tholl: Strukturpolitik und Wirtschaftsordnung, Köln 1972;
Lothar Hübl/Walter Schepers: Strukturwandel und Strukturpolitik, Darmstadt 1983; Thomas
Rasmussen: Sektorale Strukturpolitik in der Bundesrepublik Deutschland. Theoretische Vorgaben,
Maßnahmen und Ergebnisse, Göttingen 1983; Fritz Rahmeyer: Sektorale Strukturpolitik. Konzeption
und Realität, Augsburg 1986; Martin Knufinke: Strukturpolitik in offenen Volkswirtschaften. Möglichkeiten und Grenzen der außenwirtschaftlichen Absicherung einer aktiv gestaltenden Strukturpolitik, Frankfurt a. M. u. a. 1992; Christoph Asmacher: Regionale Strukturpolitik in der Bundesrepublik Deutschland: Wirkungsweise und zielkonforme Gestaltung, Münster 1989; Herwig Birg/Hans
Joachim Schalk (Hrsg.): Regionale und sektorale Strukturpolitik. Rainer Thoss zum 60. Geburtstag,
Münster 1992; Astrid Ziegler/Hans Gabriel/Reiner Hoffmann (Hrsg.): Regionalisierung der Strukturpolitik, Marburg 1995; Peters: Sektorale Strukturpolitik.

[44] Karl Keinath: Regionale Konjunkturschwankungen. Eine empirische Analyse der Bundesrepublik
Deutschland 1950–1974, Tübingen 1978; ders.: Regionale Aspekte der Konjunkturpolitik. Ein Beitrag
zum Problem der regionalen Differenzierung der Globalsteuerung, Tübingen 1978; Jürgen Fried-
richs/Hartmut Häußermann/Walter Siebel (Hrsg.): Süd-Nord-Gefälle in der Bundesrepublik? Sozial-
wissenschaftliche Analysen, Opladen 1986; Dietmar Petzina: Standortverschiebungen und regionale
Wirtschaftskraft in der Bundesrepublik Deutschland seit den fünfziger Jahren, in: Josef Wysocki
(Hrsg.): Wirtschaftliche Integration und Wandel von Raumstrukturen im 19. und 20. Jahrhundert,
Berlin 1994, S. 101–127; Lammers: Süd-Nord-Gefälle.

[45] Frank B. Tipton: Regional Variations in the Economic Development of Germany during the Nine-
teenth Century, Middletown 1976; Sidney Pollard (Hrsg.): Region und Industrialisierung. Studien
zur Rolle der Region in der Wirtschaftsgeschichte der letzten zwei Jahrhunderte, Göttingen 1980;
Klaus Megerle: Württemberg im Industrialisierungsprozeß Deutschlands. Ein Beitrag zur regionalen
Differenzierung der Industrialisierung, Stuttgart 1982; Werner Abelshauser: Der Ruhrkohlenbergbau
seit 1945. Wiederaufbau, Krise, Anpassung, München 1984; Josef Birkenhauer: Das rheinisch-west-
fälische Industriegebiet. Regionen, Genese, Funktionen, München u. a. 1984; Hubert Kiesewetter:
Industrialisierung und Landwirtschaft. Sachsens Stellung im regionalen Industrialisierungsprozeß

rungsprozessen dort „noch am Anfang".[46] Diese letzte Feststellung gilt in besonderem Maße für die Zeit nach 1945: Komparatistisch angelegte historische Studien konzentrieren sich für diesen Abschnitt der westdeutschen Zeitgeschichte bislang auf die grundlegende Aufbereitung und Interpretation des vorliegenden statistischen Materials zur Regionalentwicklung[47] oder aber auf die Betrachtung ausgewählter regionaler Industriezweige im deutschen sowie internationalen Vergleich.[48]

Zum anderen fällt auf, dass auch die strukturpolitischen Reaktionen der westdeutschen Politik bislang nahezu ausschließlich für den nationalen Rahmen oder aber für wenige ausgewählte Wirtschaftsregionen und Bundesländer thematisiert wurden. So werden Aspekte des sozialökonomischen Umbruchs unter der Perspektive von makroökonomischen Steuerungsbemühungen und Planung, „Expertenkultur", Raumordnung oder Gestaltwandel des bundesdeutschen Föderalismus behandelt.[49] Seit den 1990er Jahren haben darüber hinaus Forschergruppen den sozialökonomischen Wandel in den Regionen Nachkriegsdeutschlands systematischer auch mit Blick auf strukturpolitische Initiativen in den Blick genommen, unter anderem am Beispiel Bayerns, Westfalens, des Ruhrgebiets und des Saarlands.[50] Regional übergreifende Ansätze blieben jedoch auch hier die Aus-

---

Deutschlands im 19. Jahrhundert, Köln/Wien 1988; Paul Erker: Keine Sehnsucht nach der Ruhr. Grundzüge der Industrialisierung in Bayern 1900–1970, in: Geschichte und Gesellschaft 17 (1991), S. 480–511; Alfons Frey: Die industrielle Entwicklung Bayerns von 1925 bis 1975. Eine vergleichende Untersuchung über die Rolle städtischer Agglomerationen im Industrialisierungsprozeß, Berlin 2003; Thomas Schlemmer: Industriemoderne in der Provinz. Die Region Ingolstadt zwischen Neubeginn, Boom und Krise 1945 bis 1975, München 2009; Dirk Götschmann: Wirtschaftsgeschichte Bayerns. 19. und 20. Jahrhundert, Regensburg 2010; Susanne Hilger: Kleine Wirtschaftsgeschichte von Nordrhein-Westfalen. Von Musterknaben und Sorgenkindern, Köln 2012.

[46] Hubert Kiesewetter: Raum und Region, in: Ambrosius/Petzina/Plumpe (Hrsg.): Moderne Wirtschaftsgeschichte, S. 117–133, hier S. 121.

[47] Jürgen Bergmann/Jürgen Brockstedt/Rainer Fremdling/Rüdiger Hohls/Hartmut Kaelble/Hubert Kiesewetter/Klaus Megerle: Regionen im historischen Vergleich. Studien zu Deutschland im 19. und 20. Jahrhundert, Opladen 1989; Gornig: Gesamtwirtschaftliche Leitsektoren.

[48] Karl Lauschke: Strategien ökonomischer Krisenbewältigung. Die Textilindustrie im Westmünsterland und in Oberfranken 1945 bis 1975, in: Thomas Schlemmer/Hans Woller (Hrsg.): Politik und Kultur im föderativen Staat 1949 bis 1973, München 2004, S. 195–279; René Leboutte/Jean-Paul Lehners (Hrsg.): Passé et avenir des bassins industriels en Europe, Luxembourg 1995.

[49] Fritz W. Scharpf: Politikverflechtung. Theorie und Empirie des kooperativen Föderalismus in der Bundesrepublik, Kronberg/Ts. 1976; Alexander Nützenadel: Stunde der Ökonomen. Wissenschaft, Politik und Expertenkultur in der Bundesrepublik, 1949–1974, Göttingen 2005; Gabriele Metzler: Konzeptionen politischen Handelns von Adenauer bis Brandt. Politische Planung in der pluralistischen Gesellschaft, München u. a. 2005; Tim Schanetzky: Die große Ernüchterung. Wirtschaftspolitik, Expertise und Gesellschaft in der Bundesrepublik, 1966 bis 1982, Berlin 2007; Torben Lütjen: Karl Schiller (1911–1994). „Superminister" Willy Brandts, Bonn 2007; Leendertz: Ordnung und Aufbruch.

[50] Matthias Frese/Michael Prinz (Hrsg.): Politische Zäsuren und gesellschaftlicher Wandel im 20. Jahrhundert. Regionale und vergleichende Perspektiven, Paderborn 1996; Christoph Nonn: Die Ruhrbergbaukrise. Entindustrialisierung und Politik 1958–1969, Göttingen 2001; Stefan Goch: Eine Region im Kampf mit dem Strukturwandel. Bewältigung von Strukturwandel und Strukturpolitik im Ruhrgebiet, Essen 2002; Frese/Paulus/Teppe (Hrsg.): Demokratisierung; Marcus Hahn: Das Saarland im doppelten Strukturwandel 1956–1970. Regionale Politik zwischen Eingliederung in die Bundesrepublik Deutschland und Kohlekrise, Saarbrücken 2003; Dietmar Süß: Kumpel und Genossen. Arbeiterschaft, Betrieb und Sozialdemokratie in der bayerischen Montanindustrie 1945 bis 1976, München 2003; Thomas Schlemmer/Hans Woller (Hrsg.): Die Erschließung des Landes 1949 bis 1973, München 2001; dies. (Hrsg.): Gesellschaft im Wandel 1949 bis 1973, München 2002; dies. (Hrsg.): Politik und Kultur; Stefan Goch (Hrsg.): Strukturwandel und Strukturpolitik in Nordrhein-Westfalen, Münster 2004; Jaromir Balcar: Politik auf dem Land. Studien zur bayerischen Provinz 1945

nahme;[51] eine breiter angelegte Bestandsaufnahme strukturpolitischer Strategien auf Länderebene existiert für Westdeutschland bislang nicht.

Das historiographische Wissen über den Strukturwandel in der DDR sowie die Träger, Strategien und Folgen ostdeutscher Strukturpolitik reicht in seiner Entstehung bis in die Zeit vor 1989/90 zurück, hat aber seither eine erhebliche Erweiterung erfahren. Dazu haben vor allem die Ergebnisse eines deutsch-deutsch vergleichend angelegten DFG-Schwerpunktprogramms zum Thema „Wirtschaftliche Strukturveränderungen, Innovationen und regionaler Wandel in Deutschland nach 1945" beigetragen. Vorwiegend anhand der systemübergreifenden Untersuchung ausgewählter Industriebranchen, ergänzt durch die Betrachtung von Verkehrssystemen und Kommunalentwicklung, verdeutlichen zahlreiche Projektstudien den industriellen und infrastrukturellen Innovationsrückstand, der sich in der DDR seit den 1950er Jahren aufbaute und auch durch steuernde Strukturpolitik nicht aufgefangen, ja in Teilen durch politisch motivierte Entscheidungsprozesse erst verursacht wurde.[52] Auch jenseits dieses Projektzusammenhangs dominieren in dem Themenfeld nach wie vor branchenbezogene Untersuchungen.[53] Regionale Aspekte strukturbezogener Politik finden sich vor allem in Darstellungen zur Regionalpolitik in den Ostblockländern oder zur Entwicklung der Territorialplanung in der DDR thematisiert; diese war nach der Verwaltungsreform von 1952 und der Auflösung der Länder in Ostdeutschland sukzessive an die Stelle der zunächst noch fortexistierenden Landes- und Regionalplanung getreten.[54] Regional orientierte historische Studien zur Strukturpolitik in der DDR sind indes noch rar oder erst in Entstehung begriffen. Es zeichnet sich jedoch bereits ab, dass sie das Potenzial in sich tragen, die Grenzen und Defizite des Paradigmas zentraler Planung sinnfällig zu machen, „informelle Handlungsspielräume" von Bezirken offenzulegen oder die Existenz von systemtheoretisch eigentlich ausgeschlossenen regionalen Arbeitsmärkten in der DDR-Planwirtschaft zu untermauern.[55]

bis 1972, München 2004; Schlemmer: Industriemoderne; Stefan Grüner: Geplantes „Wirtschaftswunder"? Industrie- und Strukturpolitik in Bayern 1945 bis 1973, München 2009.

[51] Ulrich Jürgens/Wolfgang Krumbein (Hrsg.): Industriepolitische Strategien. Bundesländer im Vergleich, Berlin 1991; Rainer Schulze (Hrsg.): Industrieregionen im Umbruch. Historische Voraussetzungen und Verlaufsmuster des regionalen Strukturwandels im europäischen Vergleich, Essen 1993; Udo Bullmann/Rolf G. Heinze (Hrsg.): Regionale Modernisierungspolitik. Nationale und internationale Perspektiven, Opladen 1997; Johannes Bruns: Regionale Modernisierungspolitik in Föderalismus und Zentralismus. Die Beispiele Großbritannien und Deutschland, Wiesbaden 2003; Lauschke: Strategien ökonomischer Krisenbewältigung, S. 195–279.

[52] Johannes Bähr/Dietmar Petzina (Hrsg.): Innovationsverhalten und Entscheidungsstrukturen. Vergleichende Studien zur wirtschaftlichen Entwicklung im geteilten Deutschland, Berlin 1996; Lothar Baar/Dietmar Petzina (Hrsg.): Deutsch-Deutsche Wirtschaft 1945 bis 1990. Strukturveränderungen, Innovationen und regionaler Wandel. Ein Vergleich, St. Katharinen 1999; André Steiner: Bundesrepublik und DDR in der Doppelkrise europäischer Industriegesellschaften. Zum sozialökonomischen Wandel in den 1970er Jahren, in: Zeithistorische Forschungen 3 (2006), S. 342–362; ders.: Die siebziger Jahre als Kristallisationspunkt des wirtschaftlichen Strukturwandels in West und Ost?, in: Jarausch (Hrsg.): Das Ende der Zuversicht, S. 29–48; Plumpe/Steiner (Hrsg.): Der Mythos von der postindustriellen Welt.

[53] Gerhard Barkleit: Die Rolle des MfS beim Aufbau der Luftfahrtindustrie in der DDR, Dresden 1995; ders.: Mikroelektronik in der DDR. SED, Staatsapparat und Staatssicherheit im Wettstreit der Systeme, Dresden 2000; Johannes Abele: Kernkraft in der DDR. Zwischen nationaler Industriepolitik und sozialistischer Zusammenarbeit 1963–1990, Dresden 1990.

[54] Gramatzki: Regionalpolitik; Kind: Territorialentwicklung; Grundmann: Territorialplanung.

[55] Vgl. hierzu den Bericht von Andrea Bahr: „Staatliche Mittelinstanzen in Europa nach 1956 – Machtkonstellationen und Planungskulturen", der die Ergebnisse einer vom Leibniz-Institut für Re-

Ohne diesem Mangel grundlegend abhelfen zu können, möchte der vorliegende Band der bislang eher zögernd voranschreitenden historiographischen Rückbesinnung auf die Rolle von Ländern und Wirtschaftsregionen als ökonomische „Wachstumsmotoren"[56], Gestaltungsräume und lebensweltlich erfahrbare Schauplätze des sozialökonomischen Wandels in Deutschland nach 1945 ein wissenschaftliches Podium bieten.

III.

Der Band vereint die Resultate einer Tagung, die am 7. und 8. März 2013 im Evangelischen Forum Annahof in Augsburg stattgefunden hat.[57] In einem ersten Themenfeld werden allgemein gesellschaftliche, politische und wirtschaftliche *Rahmenbedingungen* und Grundlinien einer strukturbezogenen Ressourcenpolitik in Ost- und Westdeutschland skizziert. Die Beiträge verweisen auf Diskussionen und Konfliktlinien, Träger, Instrumente und Erscheinungsformen des sozialökonomischen und strukturpolitischen Wandels. *Michael Ruck* blickt auf den wissenschaftlichen Diskurs über Strukturpolitik. Er konstatiert, dass die Wirtschafts- und Sozialwissenschaften sowie die Fachpublizistik sich seit den frühen 1960er Jahren bis Anfang der 1980er Jahre regelmäßig mit strukturpolitischen Themen beschäftigten. Dieser Forschungsdiskurs blieb in Rucks Sicht stets – mit unterschiedlicher Gewichtung – auf Debatten über das Planungsparadigma bezogen. In Erweiterung seines bisherigen fünfstufigen Phasenmodells werden die Jahre zwischen 1975 und 1982 als sechste Periode westdeutscher Planungsgeschichte gedeutet.

Mit den folgenden beiden Beiträgen wird die strukturpolitische Steuerungspraxis in der sozial-marktwirtschaftlich geprägten Bundesrepublik und der planwirtschaftlich orientierten DDR in den ersten drei Nachkriegsdekaden am Beispiel der Industriepolitik gegenübergestellt. Sowohl die Bundesregierung als auch die SED-Führung setzten zur Umsetzung ökonomischer und sozialer Ziele auf strukturpolitische Eingriffe, wenngleich dies angesichts der jeweiligen systemischen Rahmenbedingungen in unterschiedlicher Weise und Intensität geschah. Für die westdeutsche Industriepolitik der Jahre 1950 bis 1975 arbeitet *Stefan Grüner* die „relative Unschärfe" der Zielsetzungen heraus. Am Beispiel dreier Aktionsfelder (Kohlenbergbau, Werftindustrie und Textilbranche) wird der stark krisenbezogene, auf selektive Intervention gerichtete Grundcharakter der bundesdeutschen industriepolitischen Praxis verdeutlicht und durch Ausblicke auf die Forschungs- und Entwicklungspolitik des Bundes ergänzt. Unter anderem auf der Grundlage eines internationalen Vergleichs schlägt Grüner eine differenzierte Einschätzung von Möglichkeiten und

---

gionalentwicklung und Strukturplanung im November 2013 in Berlin abgehaltenen Arbeitstagung resümiert. Das Zitat entstammt der Projektpräsentation von Lena Kuhl (Erkner) zur Geschichte der DDR-Bezirke <www.hsozkult.de/conferencereport/id/tagungsberichte-5283> (1.7.2016); Axel Gayko: Investitions- und Standortpolitik der DDR an der Oder-Neiße-Grenze 1950–1970, Frankfurt a. M. u. a. 2000, bes. S. 169–209. .

[56] Hubert Kiesewetter: Industrielle Revolution in Deutschland. Regionen als Wachstumsmotoren, Stuttgart 2004; in diesem Sinne auch ders.: Raum und Region, S. 119.

[57] Darüber hinaus konnten zur Erweiterung des strukturpolitischen Themen-Tableaus und der regionalen und sektoralen Perspektiven weitere Aufsätze gewonnen werden, und zwar die Beiträge von Christoph Bernhardt, Veit Damm, Jörg Roesler, Lu Seegers/Christoph Strupp und Sebastian Voigt. Siehe den Tagungsbericht von Viktoria Durnberger/Stefan Grüner/Sabine Mecking, in: Geschichte im Westen 28 (2013), S. 207–212.

Grenzen bundesdeutscher Industriepolitik vor. Dem gegenüber stellt *Jörg Roesler* die hohe Planungsdichte und Eingriffsintensität der DDR-Strukturpolitik unter den Bedingungen der Planwirtschaft dar. Er verweist auf besondere Vorbelastungen aus Demontagen und Teilungsfolgen, betont die relative Eigenständigkeit der Motive ostdeutscher Strukturplanungen gegenüber dem sowjetischen Vorbild, zeigt wechselnde Schwerpunktsetzungen und Fehlplanungen auf, identifiziert aber auch Erfolge. Zugleich warnt Roesler davor, den zwischen 1950 und 1975 in der DDR erreichten Zugewinn an ökonomischer Leistungskraft allein auf eine geglückte Strukturpolitik zurückzuführen.

Strukturpolitik hat Einfluss auf den Zugang zu Arbeit und Wohlstand, Mobilität und Bildung. Sie wirkt sich damit auf Partizipations- bzw. Lebenschancen von Menschen aus. *Sabine Mecking* zeigt, welche Wirkmacht holistische Steuerungsversuche im Rahmen der Raum- und Landesplanung in den Bundesländern entfalten konnten, um nicht zuletzt dem verfassungsrechtlich verankerten Gebot der „Einheitlichkeit der Lebensverhältnisse" in der Bundesrepublik trotz regionaler Disparitäten gerecht zu werden. Über kommunale Neuordnungen in den Flächenländern sollten – so der Anspruch – zukunftsweisende räumliche bzw. infrastrukturelle Voraussetzungen für gesellschaftliche und ökonomische Entwicklungen geschaffen werden.

Der zweite Themenbereich des Bandes bündelt Studien zu verschiedenen *regionalen und sektoralen Problemfeldern* sowie zu den strukturpolitischen Lösungsstrategien. Dabei reichen die Betrachtungszeiträume vom Zweiten Weltkrieg bis zum Ende des 20. Jahrhunderts, zum Teil auch bis nahe an die Gegenwart. Für Westdeutschland werden altindustriell geprägte Regionen wie das Ruhrgebiet und Branchen wie die Eisen-, Stahl- und Textilindustrie betrachtet. Zunächst entfaltet *Stefan Goch* ein facettenreiches Panorama des Strukturwandels im traditionell industriewirtschaftlich-monostrukturellen Ruhrgebiet. Ausgehend vom Status einer durch Außensteuerung nach dem Zweiten Weltkrieg zunächst abermals einseitig auf die Montanindustrie festgelegten Region zeichneten sich im Ruhrgebiet spätestens seit den 1960er Jahren die Schattenseiten des blockierten Wandels überdeutlich ab. Erst jetzt konnten Bestrebungen zur Veränderung greifen. Die altindustriell geprägte Region entwickelte neue ökonomische Standbeine und ist unter anderem ein wichtiger Dienstleistungsstandort geworden. Die wirtschaftliche Struktur des „neuen Ruhrgebiets" ähnelt heute einem „Tausendfüßler". Dass dieser Strukturwandel im Vergleich zu anderen Montanregionen überhaupt halbwegs sozial und wirtschaftlich verträglich bewältigt werden konnte, ist nach Goch den Hilfen der öffentlichen Hand, zentralen Steuerungsbestrebungen und dezentralen Eigenentwicklungen sowie insbesondere der Kooperationsbereitschaft von Unternehmen, Arbeitnehmervertretungen und Staat zu verdanken.

Anschließend vergleicht *Karl Lauschke* Standortbedingungen und Unternehmensentscheidungen der Eisen- und Stahlindustrie am Beispiel des Klöckner-Konzerns (1952–1994) und seiner Hüttenwerke in Bremen, Niedersachsen und Nordrhein-Westfalen. Anders als im Falle des Steinkohlenbergbaus antwortete der Bund auf die Krisenerscheinungen in der Eisen- und Stahlindustrie nicht mit umfangreichen zentralstaatlichen Steuerungsmaßnahmen. Es waren allenfalls die Länder, die auf schwindende Standortfaktoren reagierten und finanzielle Anreize für Investitionen schufen, um Arbeitsplätze in der Region zu halten. Die Verhandlungen und Diskussionen um die einzelnen Hüttenwerke wurden jeweils dezentral vor Ort bzw. in den Ländern geführt. Während damit im Falle des traditionsreichen westfälischen Hüttenwerks Haspe AG in Hagen die Schließung ohne größere sozialökonomische Verwerfungen Anfang der 1980er Jahre vollzogen wurde, wollten weder die niedersächsische noch die Bremer Landesregierung in der Krise der Branche tatenlos zusehen und suchten mit Finanzhilfen oder einem unterstützten Management-Buy-out für das Bremer Hüttenwerk und die bei Osnabrück gelegene Georgsmarienhütte AG eigenständige regionale Lösungen.

Mit Blick auf den rapiden Niedergang der westdeutschen Textilindustrie nach dem Zweiten Weltkrieg konstatiert *Karl Ditt* im Rahmen eines regional vergleichenden Zugriffs die „passive Sanierung" des Industriezweigs. Weder der Bund noch die Länder gewährten übergreifende branchenspezifische Subventionen. Während die Bundespolitik vornehmlich auf handels- und zollpolitische Maßnahmen beschränkt blieb, setzten Bayern, Baden-Württemberg und Nordrhein-Westfalen seit den 1970er Jahren auf eine Stärkung der regionalen Infrastruktur und die Ansiedlung von Ersatzindustrien. Die Textilunternehmen reagierten auf den Druck seitens der internationalen Konkurrenz mit Produktivitätssteigerungen über längere Maschinenlaufzeiten, Modernisierungsinvestitionen und Produktinnovationen. Nach umfangreichen Umstrukturierungen und Reduzierungen, Rationalisierungen und Spezialisierungen behauptete sich die Branche im späten 20. Jahrhundert auf niedrigem Niveau.

Für Ostdeutschland untersucht im Anschluss *Rainer Karlsch* die Entwicklung einzelner „industrieller Kerne", d. h. Großunternehmen mit mehr als tausend Beschäftigten, unter wechselnden politischen Systemen und wirtschaftlichen Rahmenbedingungen im Zeitraum zwischen 1945 und der Jahrtausendwende. Nach dem Zweiten Weltkrieg entstanden in der SBZ/DDR mit dem Hochseeschiffbau an der Ostseeküste oder dem Schwermaschinenbau in Brandenburg, Sachsen und Sachsen-Anhalt Industriezweige, die dort vor 1945 nicht oder nur in geringem Ausmaß existiert hatten. So waren für den Auf- und Ausbau der Warnowwerft in Warnemünde, des Eisenhüttenkombinats Ost (EKO) in Eisenhüttenstadt und der chemischen Großwerke Leuna bei Halle nicht lediglich wirtschaftliche Faktoren verantwortlich. Unter anderer Schwerpunktsetzung als Roesler hebt Karlsch hervor, dass insbesondere auch die Vorgaben der sowjetischen Besatzungsmacht, die neuen, durch die deutsche Teilung bedingten raumplanerischen und strukturpolitischen Rahmenbedingungen, militärstrategische Erwägungen und die Möglichkeiten der Rohstoffversorgung die Entscheidungen für eine Stärkung der genannten Industriestandorte beeinflussten. Diese entscheidungslenkenden Basisfaktoren und Rahmenbedingungen für die Arbeit der ostdeutschen Unternehmensriesen änderten sich mit der deutschen Einigung grundlegend. Von hohem politischen Symbolgehalt, doch bald veraltet und im Erhalt zu teuer, erlebten die Unternehmen nach 1989/90 eine umfassende Restrukturierung. Nun waren es neben neuen politischen und marktwirtschaftlichen Faktoren vor allem auch europäische Regelungen, die die Entscheidungen über die industriellen Kerne prägten und letztlich für die einzelnen Branchen ambivalente Ergebnisse entstehen ließen.

Im dritten Teil des Bandes, der *strukturpolitische Diskurse, Wahrnehmungen und Deutungen* thematisiert, rücken strukturbezogene Aushandlungsprozesse, Leitbilder und (Selbst-) Deutungen in verschiedenen Wirtschaftsstandorten, -regionen und Ländern in den Mittelpunkt. *Thomas Schlemmer* analysiert die Charakteristika der vielbeschworenen süddeutschen „Erfolgsmodelle" Baden-Württemberg und Bayern sowie deren Kommunikationsstrategien. Beide Länder vollzogen mit dem Übergang vom Agrarland zur Industrie- und Dienstleistungsregion einen doppelten Strukturwandel, ohne dass dies mit größeren sozialen Härten und wirtschaftspolitischen Problemen einherging. Diese Entwicklung sowie das starke Bevölkerungswachstum und der Bedeutungszuwachs der verarbeitenden Industrie begründeten einen langandauernden Fortschrittsoptimismus. Der Planungs- und Zukunftsoptimismus, der in den 1960er Jahren überall in der Bundesrepublik zu spüren, jedoch mit den Krisen in der Montanindustrie oder dem Schiffbau bereits im folgenden Jahrzehnt im Norden und Westen der Bundesrepublik weitgehend verflogen war, überdauerte im Süden Deutschlands länger. Der postulierte Wachstumpfad und das damit verbundene Fortschrittsnarrativ erfuhren in Baden-Württemberg und Bayern erst viel später erste Eintrübungen. Diese Ungleichzeitigkeiten der ökonomischen Entwicklungen in den verschiedenen Bundesländern lassen die geläufigen Periodisierungen der westdeutschen „Boomjahre" fraglich erscheinen.

Veit Damm untersucht den Diskurs über die Strukturschwäche des saarländischen Kohle- und Stahlreviers und einen zweckmäßigen Einsatz von Subventionen. Die als Strategie gegen Tendenzen einer Entindustrialisierung diskutierte Umstrukturierung und Aufgabe der Montanindustrie ließen sich in der Praxis nicht realisieren. Der Einfluss der Branche als zentraler Arbeitgeber in dem kleinen Flächenland war derart groß, die interessenpolitische Zusammenarbeit regionaler Akteure so eng, dass neue Leitbilder und Alternativkonzepte für die Kohle- und Stahlindustrie sich nicht durchsetzen konnten und nachhaltig am bestehenden Industriekern festgehalten wurde. Ein Ausweg aus der Krise wurde in der Weiterentwicklung der bestehenden Branchen in Kombination mit teils grenzübergreifenden industriellen Neuansiedlungen gesucht. Die Bergbau- und Stahlregion entwickelte sich so von den 1960er bis zu den 1990er Jahren zu einem Standort der Automobilindustrie, des Maschinenbaus und der spezialisierten Qualitätsstahl-Produktion.

Lu Seegers und *Christoph Strupp* analysieren strukturpolitische Deutungslinien zwischen alten Identifikationsmustern und neuer Wirtschaftspolitik in Hamburg. Präsentierte sich die norddeutsche Stadt einerseits in der Öffentlichkeit scheinbar ungeachtet der struktur- und wirtschaftspolitischen Krisen und Veränderungen nach 1945 auch weiterhin als Stadt des Hafens und Handels, wie das jährliche Volksfest zum Hafengeburtstag und der Ausbau des Hafens unterstreichen, waren andererseits die industriepolitischen Bestrebungen zur Erweiterung der Wirtschaftsbasis unübersehbar. Anschaulich wird dargelegt, wie das Leitbild traditionellen Hanseatentums und moderne Wirtschaftspolitik strukturpolitische Entscheidungen prägten. Neben der Bedeutung des Hafens im Bewusstsein der Bevölkerung und für das Image der Stadt beförderten auch politische und wirtschaftliche Gründe den Fortbestand und die Stärkung des alten maritimen Selbstverständnisses. So wurde der Anspruch auf staatliche Eigenständigkeit nicht zuletzt aus der Verantwortung für den Hafen und dessen besonderer Bedeutung für Deutschland abgeleitet. Gleichzeitig wurde mit der Teilung Europas im Zuge des Kalten Krieges deutlich, dass vormals wichtige Märkte nun verschlossen blieben. Diese Defizite hoffte Hamburg in den 1960er und frühen 1970er Jahren unter anderem durch die Anwerbung industrieller Großbetriebe auszugleichen. Die Ölkrisen der 1970er Jahre zwangen dann erneut zum Umdenken, die Stadt präsentierte sich nun in der kommunikativen Vermittlung von Wirtschaftspolitik immer stärker als Metropole des Nordens; das Leitbild der Hafenstadt trat demgegenüber zurück, ohne allerdings an Bedeutung zu verlieren.

Mit der Analyse von Planung und Bau der Ferienanlage „Burgtiefe" auf Fehmarn skizziert *Thorsten Harbeke* exemplarisch den Wandel vom hergebrachten Fremdenverkehr zum Massentourismus in Schleswig-Holstein und die damit einhergehenden strukturpolitischen Diskurse. Anhand der Pläne und Diskussionen um das Seebad „Burgtiefe" legt er dar, wie touristische Infrastrukturpolitik in den 1960er und 1970er Jahren verhandelt und gedeutet wurde. An der Küste der im Süden Fehmarns gelegenen Halbinsel entstand im

Zuge einer wirtschaftspolitischen Neuorientierung eine touristische Großanlage, deren Errichtung von privaten Investoren betrieben und von Kommune, Land und Bund unterstützt wurde. Das Projekt des renommierten dänischen Architekten Arne Jacobsen ist ein Beispiel par excellence für den Ausbau der sogenannten Weißen Industrie im nördlichsten Bundesland. Vor dem Hintergrund der Krisen in der alten, „schmutzigen Schwerindustrie" in anderen Bundesländern musste den Zeitgenossen das Bild einer neuen, sauberen „Industrie" attraktiv und modern erscheinen. Angesichts dieser positiv besetzten Modernisierungs- und Wachstumsvorstellungen fanden kritische Stimmen und Überlegungen zum Landschafts- und Umweltschutz zunächst wenig Gehör.

Der vierte Abschnitt des Bandes beschäftigt sich mit der Rolle von *Arbeitsgesellschaft und Unternehmen* im Strukturwandel. Am Beispiel von vier, in der DDR zwischen 1951 und 1970 neu errichteten Industriestädten untersucht zunächst *Christoph Bernhardt* das Spannungsverhältnis zwischen der zentralen, makroökonomisch bestimmten, sozialistischen Struktur- und Urbanisierungspolitik des SED-Staates und den Eigeninitiativen und Entwicklungen in den betroffenen Kommunen. Den „Neuen Städten" Eisenhüttenstadt, Schwedt, Hoyerswerda und Halle-Neustadt kam neben ihrer ökonomischen Bedeutung als staatliche Prestigeobjekte auch erhebliche propagandistische Bedeutung zu. Die ideologische Überformung dieser Städtegründungen und die Überhöhung der Leitfigur des Arbeiters dienten der sozialistischen Herrschaftssicherung. Ungeachtet dessen, so Bernhardt, stießen die zentralstaatlichen Planungsbemühungen vor allem in den Kommunen an klare Grenzen. Im Zuge des gesellschaftlich-kulturellen Wandels bildeten sich in den Städten bald eigene Leitbilder und Vorstellungen etwa hinsichtlich der Ausrichtung der kommunalen Wohnungspolitik oder der künstlerischen Gestaltung des öffentlichen Raumes heraus. Die seit den 1970er Jahren in Malerei und Fotografie vorzufindenden Reflexionen über „müde Arbeiter und graue Städte" unterliefen die offizielle Leitmaxime. Gleichwohl wäre es mit Blick auf die stadt- und siedlungsstrukturellen Entwicklungen in der DDR zu kurz gegriffen, die staatliche Strukturpolitik hier als „reinen Fehlschlag" zu deuten. Ungeachtet aller Widersprüchlichkeiten und Probleme zeichneten sich auch raumwirtschaftliche und legitimationspolitische Erfolge ab.

Mit der Situation der Rentner und Behinderten in der SBZ/DDR thematisiert *Dierk Hoffmann* Schwachstellen der sozialen Sicherungssysteme und damit eine Kehrseite der ostdeutschen Arbeitsgesellschaft. Anders als es die Devise der „Einheit von Wirtschafts- und Sozialpolitik" suggeriert, wies die SED-Führung dem Ausbau der sozialistischen Arbeitsgesellschaft stets deutliche Priorität zu und nahm dafür strukturelle Defizite wie die ausbleibende Dynamisierung der Altersrente in Kauf. Eine ähnliche Benachteiligung offenbarte sich in der Behindertenversorgung, auch hier stand der Beitrag der DDR-Bürger zur Erwerbsgesellschaft stets im Vordergrund. So gesehen, fand das erklärte Ziel einer industriell aufbauenden Strukturpolitik in der DDR kein Pendant in Form einer im Grundsatz auf alle Bevölkerungsschichten gerichteten Sozialpolitik. Trotz des zunehmenden Unmuts seitens der Betroffenen änderten sich die Verhältnisse erst nach 1990.

Sebastian Voigt lenkt wiederum den Blick auf Westdeutschland und untersucht den Wandel der strukturpolitischen Standpunkte des Deutschen Gewerkschaftsbundes (DGB) in den „langen" 1970er Jahren. Der DGB vertrat den Anspruch, nicht nur defensiv auf Konjunktureinbrüche und wachsende Arbeitslosenzahlen zu reagieren, sondern wollte den Wirtschafts- und Strukturwandel aktiv mitgestalten. In seinen Reihen setzte man große Hoffnungen in eine „weitreichende staatliche Strukturpolitik" zur Wiederherstellung der Vollbeschäftigung und plädierte seit Mitte der 1970er Jahre dezidiert für Maßnahmen zur staatlichen Investitionslenkung. Anders als zunächst erwartet, konnte man sich mit dieser Forderung in der sozialliberalen Koalition jedoch nicht durchsetzen.

Auf die bislang wenig gewürdigte Rolle mittelständischer Unternehmen im Strukturwandel weist schließlich *Susanne Hilger* in ihrem Beitrag hin. Am Beispiel von Unternehmen in Baden-Württemberg, Bayern und Nordrhein-Westfalen hebt sie die im Vergleich zu vielen Großunternehmen größere Krisenbeständigkeit, Flexibilität und das besondere Spezialisierungspotenzial des „Mittelstandes" hervor. Er verfüge auch häufiger über eine über viele Jahre hinweg gewachsene Bindung an die Region, in der er ansässig ist. Vielfach fungierten mittelständische Unternehmen dabei sogar als Kerne regional verankerter Milieus und wirkten bei der Bewältigung von strukturellen Krisen stabilisierend.

In der Zusammenschau der Beiträge zeigt sich einmal mehr, dass Strukturwandel und strukturpolitische Steuerungsansätze in Deutschland mit ihren regional je eigenen Rahmenbedingungen, Verlaufsformen und Ergebnissen erst auf der Mesoebene differenziert zu durchdringen sind. Die Verlagerung von ökonomischen Potenzialen im Raum ist nicht prognostizierbar. Damit in subnationalen räumlichen Einheiten wirtschaftlicher Wandel angestoßen und im Idealfall Wachstum generiert wird, bedarf es einer Fülle von positiv zusammenwirkenden Faktoren, deren jeweiliges Gewicht nur in ökonomisch informierter, historisch-kontextualisierender Betrachtung zu erschließen ist: Natürliche Ressourcen und Kapital, Arbeitskräftepotenziale und Bildungsmöglichkeiten, geeignete Infrastruktur und Kommunikationswege, unternehmerische Initiative und technisches Innovationsvermögen, aber auch die Bedeutung kollektiver Mentalitäten, Werthaltungen und Bilder sind in den Beiträgen dieses Bandes benannt worden. Strukturpolitisches Eingreifen stellt sich daher stets nur als Teil eines umfassenden Wirkungszusammenhangs dar, für den die Tragweite steuernder Impulse lediglich falsifiziert und nie verifiziert werden kann, also allenfalls durch gewichtende Einschätzung des Einzelfalles zu erfassen sein wird.

Anhand der Fülle der Befunde, die die Autorinnen und Autoren dieses Bandes erarbeitet haben, lassen sich dennoch zwei Schlussfolgerungen erhärten. Zum einen bekräftigen die historiographischen Analysen zentrale Resultate der ökonomischen Forschung zu den Zusammenhängen von sektoralem und regionalem Strukturwandel im Deutschland des 20. Jahrhunderts. Offenkundig beruhte Erfolg oder Misserfolg von Wirtschaftsregionen im großen Veränderungsprozess weniger auf dem „generelle[n] Vorhandensein bestimmter regionaler Ressourcen" als auf der „Offenheit der Region, Neues aufzunehmen" sowie der „Flexibilität, diesem Neuen auch regionale Ressourcen für die Weiterentwicklung zur Verfügung zu stellen".[58] In eben dem Sinne liefern mehrere Beiträge dieses Bandes aufschlussreiche Ursachenanalysen für geglückte, aber auch für misslungene Initiativen regionaler Akteure, vorhandene Ressourcen – zumeist im Zusammenspiel mit übergeordneten Förderinstanzen – an die Erfordernisse zukunftsträchtiger Leitsektoren der ökonomischen Entwicklung anzupassen.

Zum anderen bietet das Erarbeitete nach Ansicht der Herausgeber hinreichend Material, um ältere Annahmen zur ökonomischen Bedeutung kleinerer räumlicher Einheiten zusätzlich zu untermauern. Gemeint ist hier die These, wonach subnationale Wirtschaftsräume seit dem frühen 19. Jahrhundert vor allem dann industrielle Wachstumsdynamik entfalten konnten, wenn sie gegenüber dem Nationalstaat relativ ausgeprägte wirtschaftspolitische Handlungsfreiheit besaßen – ein Effekt, der dann sowohl den Regionen als

---

[58] Als grundlegend sei genannt: Gornig: Gesamtwirtschaftliche Leitsektoren, hier S. 270, 265.

auch dem Gesamtstaat zugutekam.[59] Denn so gesehen erweist sich die grundsätzlich föderal verzahnte Praxis der bundesdeutschen Strukturpolitik, die Ländern und Kommunen nach wie vor ein gewisses, wenngleich offenkundig abnehmendes Maß an Gestaltungsräumen überlässt, trotz der Gefahr von Reibungsverlusten als kompetitive Stärke gegenüber eher zentralstaatlich organisierten Fördersystemen oder gar zentralistischen Planwirtschaften.

Die Publikation eines Sammelbandes ist kein Solokonzert, sondern eine Gemeinschaftsleistung, an der zahlreiche Personen und Institutionen beteiligt sind. Allen „Mitspielern" soll an dieser Stelle noch einmal sehr herzlich für ihr Engagement und ihre Ausdauer gedankt werden: Die dem Sammelband zugrunde liegende Konferenz in Augsburg wurde vom Lehrstuhl für Neuere und Neueste Geschichte der Universität Augsburg, der Fachhochschule für öffentliche Verwaltung Nordrhein-Westfalen und dem Institut für Zeitgeschichte München – Berlin getragen. Sie erfuhr dabei großzügige Unterstützung durch das Institut für Zeitgeschichte, allen voran dessen Direktor Prof. Dr. Andreas Wirsching, durch die Gesellschaft der Freunde der Universität Augsburg e.V. sowie die Kurt und Felicitas Viermetz Stiftung Augsburg. Der Publikation von Beiträgen und Ergebnissen dieser Veranstaltung hat das Institut für Zeitgeschichte mit der Aufnahme des Tagungsbandes in die Schriftenreihe der Vierteljahrshefte für Zeitgeschichte den Weg gebahnt. Hier haben sich insbesondere Prof. Dr. Thomas Raithel, Prof. Dr. Johannes Hürter und Angelika Reizle kundig und engagiert des Projekts angenommen, auf Seiten des De Gruyter Oldenbourg Verlages danken wir Gabriele Jaroschka herzlich. At last but not at least gilt unser Dank den Autorinnen und Autoren, die mit ihren gehaltvollen Beiträgen diese Publikation überhaupt erst ermöglicht haben.

Erlangen und Duisburg, im Dezember 2016   Stefan Grüner und Sabine Mecking

---

[59] Kiesewetter: Raum und Region, S. 119 f.; ders.: Industrielle Revolution, S. 290–293.

I. Rahmenbedingungen

Michael Ruck

„Zwischen Steuerungsbedarf und ordnungspolitischem Sündenfall"[1]

Sektorale „Strukturpolitik" im bundesdeutschen Planungsdiskurs

1. Einleitung

„Erhebliche Skepsis [...] erscheint hinsichtlich eines ganz zentralen Zieles der aktiven Strukturpolitik angebracht: der Forderung nach einer längerfristig orientierten Politik. Die Erfahrungen
mit Globalsteuerung und mittelfristiger Finanzplanung zeigen eher, daß der Planung aus staatlich-
institutionellen, aber vor allem auch aus ökonomisch-gesellschaftlichen Gründen enge Grenzen
gesetzt sind. Politik ist, allen Bemühungen der letzten Jahre zum Trotz, bisher immer eher ein
Reagieren auf Herausforderungen, als vorausschauende Gestaltung, die sich auch durchsetzt."[2]

Mit dieser ernüchterten Absage an rationalistische Steuerungsvisionen gab Hans-Hermann Hartwich, ein Politikwissenschaftler mit sozialdemokratischen Affinitäten, bereits
1977 einen gerafften Überblick über das im Vorjahr veröffentlichte Abschlussgutachten
der 1971 von der Bundesregierung beauftragten „Kommission für wirtschaftlichen und
sozialen Wandel". Auf der Grundlage von weit mehr als 100 Forschungsarbeiten hatte das

---

[1] Harry W. Jablonowski/Rolf Simons (Hrsg.): Strukturpolitik in Ost und West. Zwischen Steuerungsbedarf und ordnungspolitischem Sündenfall, Köln 1993, S. 73–92. Die nachfolgende Skizze knüpft in
Teilen an allgemeine Überlegungen zur westdeutschen Planungsgeschichte an, welche ich u. a. in
folgenden Beiträgen ausführlicher formuliert und belegt habe: Michael Ruck, Ein kurzer Sommer
der konkreten Utopie. Zur westdeutschen Planungsgeschichte der langen 60er Jahre, in: Axel
Schildt/Detlef Siegfried/Karl Christian Lammers (Hrsg.): Dynamische Zeiten. Die 60er Jahre in den
beiden deutschen Staaten, Hamburg [2]2003, S. 362–401; ders., Westdeutsche Planungsdiskurse und
Planungspraxis der 1960er Jahre im internationalen Kontext, in: Heinz-Gerhard Haupt/Jörg Requate
(Hrsg.): Aufbruch in die Zukunft. Die 1960er Jahre zwischen Planungseuphorie und kulturellem
Wandel. DDR, CSSR und Bundesrepublik Deutschland im internationalen Vergleich, Weilerswist
2004, S. 289–325; ders., Die Republik der Runden Tische: Konzertierte Aktionen, Bündnisse und
Konsensrunden, in: André Kaiser/Thomas Zittel (Hrsg.): Demokratietheorie und Demokratieent-
wicklung. Festschrift für Peter Graf Kielmansegg, Wiesbaden 2004, S. 333–356; ders., Gesellschaft ge-
stalten. Politische Planung in den 1960er und 1970er Jahren, in: Sabine Mecking/Janbernd Oebbecke
(Hrsg.): Zwischen Effizienz und Legitimität. Kommunale Gebiets- und Funktionalreformen in der
Bundesrepublik in historischer und aktueller Perspektive, Münster 2009, S. 35–47; ders., Von der
Utopie zur Planung. Sozialdemokratische Zukunftsvisionen und Gestaltungsentwürfe vom 19. Jahrhundert bis in die 1970er Jahre, in: ders./Michael Dauderstädt: Zur Geschichte der Zukunft. Sozialdemokratische Utopien und ihre gesellschaftliche Relevanz, hrsg. vom Archiv der sozialen Demokratie der Friedrich-Ebert-Stiftung, Bonn 2011, S. 7–76.
[2] Hans-Hermann Hartwich: Von der Globalsteuerung zur Strukturpolitik. Neue Konzeptionen und
Instrumentarien. Zugleich ein Bericht über das Gutachten der Kommission für wirtschaftlichen und
sozialen Wandel, in: Gegenwartskunde 26 (1977), S. 5–16, hier S. 16. Zur Kommissionsarbeit vgl. auch
Siegfried Katterle: Grenzen staatlichen Handelns in der Wirtschafts- und Strukturpolitik. Schlussfolgerungen aus 40 Jahren bundesdeutscher Wirtschaftsgeschichte und ordnungspolitischer Debatte,
in: Jablonowski/Simons: Strukturpolitik, S. 79ff. Zum Begriff des ökonomischen „Strukturwandels"
und zu dessen Wahrnehmung durch Wissenschaft und (politische) Öffentlichkeit vgl. nunmehr (mit
weiteren Hinweisen) Stefan Grüner: Strukturwandel und (Schwer-)Industrie – Forschungsstand und
Perspektiven, in: Uwe Danker u. a. (Hrsg.), Strukturwandel in der zweiten Hälfte des 20. Jahrhunderts, Neumünster/Hamburg 2014, S. 124–157. Zur westdeutschen Strukturpolitik im (west)europäi-
schen Kontext vgl. eingehend ders., Ensuring Economic Growth and Socioeconomic Stabilization:
Industrial Policy in West Germany, 1950–1975, in: Christian Grabas/Alexander Nützenadel (Hrsg.),
Industrial Policy in Europe after 1945. Wealth, Power and Economic Development in the Cold War,
Basingstoke u. a. 2014, S. 86–112; James Foreman-Peck: European Industrial Policies in the Post-war
Boom: 'Planning the Economic Miracle', in: ebd., S. 13–47.

DOI 10.1515/9783110523010-002

Gutachten differenzierte Empfehlungen für eine langfristig und konsistent angelegte, wissenschaftsbasierte Strukturpolitik formuliert und einen vorläufigen Schlussstrich unter die sozialwissenschaftlichen Strukturplanungsdebatten des vorausgegangenen Jahrzehnts gezogen. Während der globalen Wirtschaftskrise zu Beginn der 1980er Jahre flammte die Diskussion nochmals kurz, aber lebhaft auf, bevor der angebotsorientierte Paradigmenwechsel in der Wirtschaftswissenschaft seit 1982/83 auch in Westdeutschland für den Rest des Jahrzehnts die wirtschaftspolitischen Diskurse und Praktiken dominierte.

2. Planungskonjunkturen und strukturpolitische Debatten in der „alten" Bundesrepublik

Jenseits national unterschiedlicher Stile und Begründungen bildete der komplementäre Zusammenhang von Struktur gestaltender Industriepolitik und öffentlicher Planung ein praktisches Schlüsselelement der Wirtschaftspolitik in ganz (West-)Europa.[3] Über die 1960er und 1970er Jahre hinweg waren die politischen, publizistischen und wissenschaftlichen Diskurse über Notwendigkeit und Form strukturpolitischer Interventionen auch und gerade in der Bundesrepublik Deutschland stets ausdrücklich in den Kontext der allgemeinen Planungsdebatten eingebettet. „Prosperität, Planung, Partizipation" waren deren „Leitbegriffe".[4]

Unter Periodisierungsaspekten wurde die westdeutsche Planungsgeschichte seit der zurückliegenden Jahrhundertwende intensiv darauf befragt, woher die Planungskonjunktur der „langen" 1960er Jahre[5] ihre beträchtliche Schubkraft bezogen hat und warum diese Veränderungsdynamik dann binnen weniger Jahre erlahmte. Auf der Zeitachse hat sich dabei eine Einteilung in fünf Abschnitte durchgesetzt, die nicht randscharf voneinander abgegrenzt werden können und brauchen: Tabuisierung (bis 1962), Inkubation (1963–1966), Implementation (1966–1969), Euphorie (1969–1971) und Regression (seit 1972). In diesen Phasen ergriff das Planungsgeschehen mit wachsender Intensität immer neue Politikfelder. Einen zentralen Stellenwert nahm dabei von Beginn an die makroökonomische „Globalsteuerung" ein. Dieser ambitionierte Versuch, das wirtschaftspolitische Instrumentarium im weit verstandenen Sinne des Wortes zu einem System planvoller Interventionen öffentlicher Instanzen in das marktwirtschaftliche Geschehen auszubauen, zielte auf nicht weniger ab, als den Nachkriegs-„Traum immerwährender Prosperität"[6] in eine unbestimmte Zukunft hinüber zu retten. Im Mittelpunkt stand dabei durchweg eine prozessorientierte Konjunktur- und Wachstumspolitik in antizyklischer Absicht.[7]

---

[3] Forman-Peck: European Industrial Policies, S. 27, 32.

[4] Ruck: Ein kurzer Sommer, S. 362.

[5] Die zeitgenössische Literatur zu allen möglichen Aspekten dieser komplexen Thematik ist gut erschlossen: Michael J. Buse/Dina von Dewitz (Hrsg.): Bibliographie zur politischen Planung (Planung, Bd. 7), Baden-Baden ²1974; Planung in Politik und Verwaltung in der Bundesrepublik Deutschland, hrsg. vom Deutschen Bundestag, Wissenschaftliche Dienste, Bonn 1972; Rolf E. Vente/Dieter Seul: Makro-ökonomische Planung. Eine Bibliographie, Baden-Baden 1970.

[6] Burkart Lutz: Der kurze Traum immerwährender Prosperität. Eine Neuinterpretation der industriell-kapitalistischen Entwicklung in Europa des 20. Jahrhunderts, Frankfurt a. M./New York ²1989; vgl. Ludger Lindlar: Das missverstandene Wirtschaftswunder. Westdeutschland und die westeuropäische Nachkriegsprosperität, Tübingen 1997.

[7] Zum Gesamtkomplex vgl. umfassend Alexander Nützenadel: Stunde der Ökonomen. Wissenschaft, Politik und Expertenkultur in der Bundesrepublik 1949–1974, Göttingen 2005; Tim Schanetzky: Die

Die Debatten um Möglichkeiten und Grenzen der Globalsteuerung bestimmten den zeitlichen Takt und die jeweils dominierende Stimmungslage der Planungsphasen bis 1973/74. Die im ordoliberalen Vorjahrzehnt hoch gehandelte Wettbewerbspolitik rückte demgegenüber als ordnungspolitisches Handlungsfeld deutlich in den Hintergrund. Und strukturpolitische Initiativen beschränkten sich wie bisher darauf, neben der Pflege des traditionellen Subventionsbiotops Landwirtschaft und der Fürsorge für das sogenannte Zonenrandgebiet überall dort situativ auf regionale[8] und/oder sektorale Friktionen zu reagieren, wo mit Blick auf gesellschaftliche Rückwirkungen und politische Opportunitätsgesichtspunkte akuter Interventionsbedarf zutage trat. Erst als die Globalsteuerung seit 1971/72 ersichtlich an ihr Ende kam und der allgemeine Planungsboom abrupt in regressive Ernüchterung umgeschlagen war, wurden Mitte der 1970er Jahre die Stimmen derjenigen vernehmlicher, welche nach dem Scheitern der Prozessplanung nun einer umfassenden, „aktiven" Strukturplanung im Zeichen des Modernisierungsparadigmas[9] das Wort redeten. 1979/80 wurde diese strukturpolitische Debatte unter dem Eindruck der akuten Probleme abermals durch die Konjunktur- und Beschäftigungspolitik von der Krisenagenda verdrängt. 1981/82 lebte sie nochmals auf. Dieses kurze „Revival" der Jahre 1975/76 bis 1981/82 könnte als sechste Phase in die westdeutsche Planungsgeschichte eingehen. Die (wirtschafts)politische Wende von 1982/83 machte dann alle holistischen Steuerungskonzepte hinfällig. Freilich fand und findet Strukturpolitik sektoraler und vor allem auch regionaler Ausrichtung weiterhin statt, doch nun wieder ohne jenen umfassenden Gestaltungsanspruch, der ihr vorübergehend beigemessen worden war.

Der wirtschafts- und sozialwissenschaftliche Forschungsdiskurs zum Thema „Strukturpolitik" vollzog die Höhen und Tiefen dieser politischen Konjunkturen in stark abge-

---

große Ernüchterung. Wirtschaftspolitik, Expertise und Gesellschaft in der Bundesrepublik 1966 bis 1982, Berlin 2007; Andrea Rehling: Konfliktstrategie und Konsenssuche in der Krise. Von der Zentralarbeitsgemeinschaft zur Konzertierten Aktion, Baden-Baden 2011, S. 300–435.

[8] Zu diesem hier nicht behandelten Aspekt, der in komplementärem Zusammenhang zur sektoralen Strukturpolitik steht, vgl. J. Heinz Müller: Regionale Strukturpolitik in der Bundesrepublik. Kritische Bestandsaufnahme, hrsg. von der Kommission für wirtschaftlichen und sozialen Wandel, Göttingen 1973; vgl. ferner aus der zeitgenössischen Literatur Rainer Waterkamp: Interventionsstaat und Planung. Raumordnung, Regional- und Strukturpolitik, Köln 1973; Harald Jürgensen: Raumwirtschaft II: Politik, in: Willi Albers u. a. (Hrsg.): Handwörterbuch der Wirtschaftswissenschaft (HdWW), Bd. 6, Stuttgart/New York u. a. 1981, S. 429–441; ders.: Regionalpolitik, in: Werner Ehrlicher u. a. (Hrsg.): Kompendium der Volkswirtschaftslehre, Bd. 2, Göttingen ⁴1975, S. 275–297 (zuerst 1968); Joachim Klaus: Raumwirtschaft III: Ordnung, in: Albers u. a.: HdWW, Bd. 6, S. 442–456; Joseph H. Kaiser: Regionalpolitik im föderalen System der Bundesrepublik Deutschland und der Europäischen Gemeinschaft, in: Peter Lerche u. a. (Hrsg.): Festschrift für Theodor Maunz zum 80. Geburtstag, München 1981, S. 169–185; Reimut Jochimsen: Regionalpolitik und Raumordnung – über die Verwirklichung als politische Aufgabe (1982), in: ders.: Ökonomie für die Politik – Politik für die Ökonomie. Ausgewählte Schriften, hrsg. von Ullrich Heilemann/Udo E. Simonis, Berlin 2003, S. 137–157.

[9] Vgl. dazu Wolfgang Zapf (Hrsg.): Die Modernisierung moderner Gesellschaften. Verhandlungen des 25. Deutschen Soziologentages in Frankfurt am Main 1990, Frankfurt a. M./New York 1991; ders.: Die Modernisierungstheorie und unterschiedliche Pfade der gesellschaftlichen Entwicklung in: Leviathan 19 (1996), S. 63–77; Johannes Berger: Was behauptet die Modernisierungstheorie wirklich – und was wird ihr bloß unterstellt?, in: ebd., S. 45–62; Hans van der Loo/Willem van Reijen: Modernisierung. Projekt und Paradox, München ²1997; Thomas Mergel: Geht es weiter voran? Die Modernisierungstheorie auf dem Weg zu einer Theorie der Moderne, in: ders./Thomas Welskopp (Hrsg.): Geschichte zwischen Kultur und Gesellschaft. Beiträge zur Theoriedebatte, München 1997, S. 203–232; Hermann Hill (Hrsg.): Modernisierung – Prozess oder Entwicklungsstrategie?, Frankfurt a. M./New York 2001.

dämpften Ausschlägen nach. Von den frühen 1960er Jahren bis in die 1980er Jahre wurde darüber nicht in vorderster Linie, aber recht kontinuierlich debattiert. Die folgende Problem- und Ablaufskizze bezieht die drei Stränge „allgemeine Planungsdiskussion", „Globalsteuerung" und „Strukturpolitik" phasenweise aufeinander. Vor dem Hintergrund der genannten Abschnitte der westdeutschen Planungsgeschichte wird quellenbasiert der zeitgenössische Verlauf der strukturpolitischen Debatten im wissenschaftlichen und wissenschaftspublizistischen Bereich umrisshaft nachgezeichnet.[10] Dabei wird jeweils der Stellenwert des strukturpolitischen Problemstrangs im planungspolitischen Gesamtszenario vorläufig eingeordnet.

3. Durchbruch des Planungsgedankens in Westdeutschland unter Akzeptanz des Strukturwandels (1963–1966)

Bis um 1960 waren gesamtwirtschaftliche und gesellschaftspolitische Planungen in der Bundesrepublik Deutschland verpönt gewesen. Im zweiten Drittel des neuen Jahrzehnts bahnte sich dann in Westdeutschland eine durchgreifende Enttabuisierung jener Ordnungskategorie an, welche nirgendwo anders konsequenter dem repressiven Instrumentarium totalitärer Einparteiendiktaturen zugerechnet worden war. Anders als die liberalkonservativen und sozialliberalen Kritiker des einsetzenden Paradigmenwechsels betrachtete die wachsende Zahl der Befürworter öffentlicher Interventionen auf wirtschaftlichem Gebiet wie im Bildungsbereich oder auf dem weiten Feld der öffentlichen „Daseinsvorsorge" (Ernst Forsthoff)[11] staatliche Planungsaktivitäten nun nicht mehr als Gefährdung der freiheitlichen Verfassungs- und Gesellschaftsordnung, sondern als Garanten anhaltender Prosperität. Der nachfolgende Planungsboom entfaltete sich keineswegs voraussetzungslos. Denn planungspraktisch lag Westdeutschland gegen Mitte der 1960er Jahre zwar im internationalen Vergleich noch weit zurück, doch planerisches Niemandsland war die Bundesrepublik tatsächlich schon längst nicht mehr.[12]

Im wirtschaftspublizistischen Diskurs mehrten sich zwar in den frühen 1960er Jahren die Stimmen jener, welche einem aktiveren Engagement öffentlicher Akteure zur Verstetigung der gegenwärtigen „Prosperität auf Widerruf" das Wort redeten.[13] Der Schwerpunkt

---

[10] Quellengrundlage für die Wirtschaftspublizistik ist v. a. die Presseausschnittsammlung des vormaligen Weltwirtschaftsarchivs im Leibniz-Informationszentrum Wirtschaft der Deutschen Zentralbibliothek für Wirtschaftswissenschaften (ZBW) in Kiel. Dieses reichhaltige Material ist dort auf mehr oder minder gut lesbaren Mikrofilmen dokumentiert (im Folgenden zitiert: ZBW PA WIA). Ausgewertet wurden die seinerzeit unter der Serien-Signatur 1w- (Strukturpolitik) für den Zeitraum 1960–1966 (Film Nr. 438) und 1967–1981 (Filme Nr. 547–551) angelegten Mappen. Ergänzende Recherchen wurden in den Online-Archiven des „Spiegel" und der „Zeit" angestellt. Aus der Fülle des ausgewerteten Materials können im gegebenen Rahmen jeweils nur besonders aussagekräftige Presseartikel beispielhaft angeführt werden.
[11] Vgl. dazu Dieter Scheidemann: Der Begriff Daseinsvorsorge. Ursprung, Funktion und Wandlungen der Konzeption Ernst Forsthoffs, Göttingen/Zürich 1991; Christian Schütte: Progressive Verwaltungsrechtswissenschaft auf konservativer Grundlage. Zur Verwaltungsrechtslehre Ernst Forsthoffs, Berlin 2006, S. 80 ff., 128 ff.; Florian Meinel, Der Jurist in der industriellen Gesellschaft. Ernst Forsthoff und seine Zeit, Berlin 2011, S. 154 ff.
[12] Vgl. dazu Josef Kölble: Pläne im Bundesmaßstab oder auf bundesrechtlicher Grundlage, in: Joseph H. Kaiser (Hrsg.): Recht und Politik der Planung in Wirtschaft und Gesellschaft (Planung, Bd. 1), Baden-Baden 1965, S. 91–121, v. a. S. 91.
[13] Prosperität auf Widerruf (Der Volkswirt, 24. 12. 1965; ZBW PA WIA, Film 438).

lag dabei jedoch auf konjunkturpolitischen Interventionen. Unter der Überschrift „Strukturpolitik hat Vorrang" erteilte Werner Lichey Ende 1960 einer unmittelbar konjunktursteuernden Wirtschaftspolitik indes eine grundsätzliche Absage:

> „Im Streit der Meinungen um das Für und Wider konjunkturdämpfender Maßnahmen droht in Vergessenheit zu geraten, daß das Konjunkturklima in einem bisher ungekannten Ausmaß von Strukturänderungen bestimmt wird, die nahezu alle Bereiche der Wirtschaft erfasst haben. […] Diese Dynamik struktureller Veränderungen muß bei der Konjunkturdiagnose zunehmend in Rechnung gestellt werden. Sie bildet den Schlüssel in der Beurteilung auch konjunkturpolitischer Maßnahmen. […] Es gibt heute keine ‚Stiefkinder der Konjunktur' mehr, sondern nur Unternehmen oder Branchen, die nicht in der Lage sind oder versäumt haben, sich den Strukturveränderungen in Produktion und Markt anzupassen. Das Instrumentarium antizyklischer Konjunkturpolitik ist nicht vollständig unbrauchbar geworden, weil an seiner Stelle jetzt periodische Störungen im Wirtschaftswachstum stärker hervortreten. Es muß aber modifiziert und ergänzt werden."[14]

Als Wirtschaftsminister Kurt Schmücker (CDU) dieses Credo zwei Jahre später zum Programm erhob, kommentierte Antonius John dieses Vorhaben im „Handelsblatt" mit skeptischer Zustimmung:

> „Der neue Bundeswirtschaftsminister will die Wirtschaftspolitik in eine allgemeine Strukturpolitik umwandeln. Umgekehrt will er die wirtschaftspolitischen Maßnahmen gewissermaßen zwangsläufig aus einer allgemeinen und umfassenden Strukturpolitik hervorgehen lassen. Letztere ist immerhin schon seit mehreren Jahren Thema und These einer breiten Diskussion. […] Den Wirtschaftspolitiker und den Wirtschaftswissenschaftler muß zunächst einmal eine gewisse Beklemmung befallen, wenn von Strukturen die Rede ist. […] Schon vor 35 Jahren warnte Oskar Morgenstern davor, das Wort ‚Strukturwandlungen' überhaupt zu benutzen, weil es ein Modewort geworden sei. Was damals schon eine gewisse Berechtigung hatte, gilt erst recht für unsere Tage. […] Was ist also zu tun? Ist die neue Politik des Bundeswirtschaftsministeriums von vornherein zum Scheitern verurteilt? Bei aller Anerkennung der Gefahren: Ganz und gar nicht! […] Wenn eine bestimmte Wirtschaftsordnung funktionieren soll, ist der Wirtschaftspolitik die Aufgabe gestellt, dafür zu sorgen, daß die entsprechenden Strukturen vorliegen. […] Die deutsche Wirtschaftspolitik steht daher jetzt vor der unausweichlichen Frage, was sie eigentlich genau will. Strukturpolitik bedeutet nun einmal Eingriff in den ‚ungelenkten' Wirtschaftsablauf. Daran besteht kein Zweifel. Raumordnungspolitik, Wirtschaftsförderung, Unternehmensgrößenpolitik – alles sind solche Eingriffe. Sie sind aber nur vertretbar, wenn sie ein Teil einer durchdachten Gesamtkonzeption sind."[15]

Das Leitmotiv des angemahnten Gesamtkonzepts gab Schmückers Grundsatzreferent Otto Schlecht im Sommer 1965 im „Bulletin" regierungsamtlich zu Protokoll. Die „Frankfurter Allgemeine Zeitung" (FAZ) berichtete darüber unter der unmissverständlichen Überschrift: „Strukturpolitik – Zukunftsaufgabe des Staates. Keine künstliche Abschirmung nicht mehr existenzfähiger Unternehmen":

> „Aufgabe der staatlichen Strukturpolitik sei es, diese Anpassungsfähigkeit durch eine Reihe von Maßnahmen zu fördern. Dazu gehören der Abbau von Hemmnissen und die Gewährung von Anpassungshilfen, um die Umstellung von einzelnen Unternehmen oder ganzen Wirtschaftszweigen auf veränderte Marktlagen zu erleichtern."[16]

Vor dem Hintergrund der aufziehenden Rezession plädierte Mitte des folgenden Jahres selbst der liberale Minister für Wirtschaft, Mittelstand und Verkehr des Landes Nordrhein-Westfalen, Gerhard Kienbaum, im „Handelsblatt" „für eine auf lange Sicht betriebene Strukturpolitik", die den „klare(n) Zielkonflikt zwischen monetärer Konjunkturpolitik

---

[14] Werner Lichey: Strukturpolitik hat Vorrang (Die Welt, 2.1.1960; ebd.); vgl. „Strukturpolitik hat Vorrang". Industrie- und Handelstag: Nachkriegszeit ist zu Ende (Die Welt, 14.8.1962; ebd.).

[15] Antonius John: Schmücker und die Strukturpolitik (Handelsblatt, 15./16.11.1963; ebd.).

[16] Frankfurter Allgemeine Zeitung (FAZ), 11.8.1965; ebd.

und regionaler Strukturpolitik" behutsam austariere und zugleich die notwendigen Strukturmaßnahmen auf Investitionen in die Infrastruktur beschränke:

> „Die Notwendigkeit einer Anpassung der Wirtschaftsstruktur an die Marktverhältnisse von heute und morgen sowie eines Abbaus des starken Gefälles in der Wirtschaftskraft der einzelnen Landesteile ist unverkennbar. Die Bewältigung eines solchen strukturellen Umbaus erfordert aber Investitionen in erheblichem Umfange, und zwar nicht nur von den beteiligten Unternehmen selbst, sondern auch von der öffentlichen Hand. [...] Nicht alle Investitionen dienen diesem Ziel. Vorrangig sind allein solche, die eine Verbesserung der Infrastruktur herbeiführen und damit die volkswirtschaftliche Produktivität erhöhen, sowie diejenigen Investitionen, die geeignet sind, das Angebot qualitativ und quantitativ zu steigern".[17]

Im praktischen Widerspruch dazu prägten vielerlei Subventionen gerade auch auf Länderebene das strukturpolitische Szenario der mittleren 1960er Jahre.[18] In seiner vehementen Kritik daran plädierte der sozialdemokratische Chef der „Bank für Gemeinwirtschaft", Walter Hesselbach, demgegenüber für eine strikt marktwirtschaftskonforme Strukturpolitik im Dienste einer zuvörderst wachstumsorientierten Konjunkturpolitik, denn:

> „die Wirtschaft der Bundesrepublik Deutschland sei mit so viel wachstumshemmenden Steuernachlässen und Subventionen durchsetzt, daß die Konjunktur zwangsläufig zum Erliegen kommen müsse".

Eine wesentliche Ursache für die drohende Stagnation sei das offensichtliche

> „Unvermögen der Bundesregierung [...], ungerechtfertigten Interessenwünschen nach Subventionen und anderen nicht marktkonformen Eingriffen entgegenzuwirken. [...] Was wir den Planwirtschaften des Ostblocks zum Vorwurf machten, daß sie keine optimalen Faktorkombinationen schaffen, was eben nur über eine freie Preisbildung möglich sei, veranstalteten wir trotz grundsätzlich richtigem System im Nachhinein, indem wir zu viele Ausnahmen machten."

Für die Abkehr von dieser wachstumshemmenden Politik

> „benötigen wir eine Regierung [...], deren Wirtschaftspolitik darauf ausgerichtet sei, das volkswirtschaftliche Wachstum zu fördern, indem sie dafür sorge, daß sich die Strukturen der Wirtschaft rasch und ohne soziale Härten dem Wachstum anpassten".[19]

4. Westdeutsche Planungskonjunktur und subsidiäre Strukturpolitik (1966–1971)

In den heftigen Planungsdebatten der mittleren 1960er Jahre manifestierte sich ein lange aufgestauter Bedarf an diskursiver Überbrückung jener wachsenden Kluft zwischen wettbewerbswirtschaftlicher Theorie und gemischtwirtschaftlicher Praxis, die sich über ein Jahrzehnt hinweg aufgetan hatte. Allerdings hätte sich der westdeutsche Planungsboom ohne die diskursive Anbahnung des Planungsgedankens und seine sektorale Durchsetzung von Anfang bis Mitte der 1960er Jahre wohl längst nicht so zügig entfalten können,

---

[17] Gerhard Kienbaum: Gesunder Strukturwandel nur bei gezügelter Expansion. Struktur- und Konjunkturpolitik hängen eng zusammen (Handelsblatt, 30.6.1966; ebd.); vgl. U[lrich] Lohmar, MdB [SPD]: Es geht um die Infrastruktur. Was das „Gemeinwohl" von der Bundesrepublik erfordert (Vorwärts, 2.9.1966; ebd.).
[18] Vgl. für viele Presseberichte: Ländersubventionen haben sich in fünf Jahren verdoppelt. Eine bemerkenswerte Untersuchung des Industrieinstituts (Handelsblatt, 10.11.1966; ebd.); Dr. Dieter Albrecht: „Zehn Gebote für Subventionen" (Der Volkswirt, 9.12.1966; ebd.).
[19] Hesselbach attackiert Subventionspolitik [auf einer Vortragsveranstaltung in Frankfurt a.M.] (Handelsblatt, 27.9.1966; ebd.).

als der eigentliche Durchbruch 1966/67 auf dem strategischen Feld der Wirtschaftspolitik erfolgte. Zusehends galt die neu entdeckte Planung als unentbehrliches Instrument einer technokratischen Verstetigung der Nachkriegsprosperität.[20] In der wirtschaftsnahen Presse wurde immer häufiger die Forderung laut, den ordoliberalen Überredungsdirigismus Erhard'scher Prägung durch ein rationales, wissenschaftsgestütztes System der indikativen Planung und Steuerung zu ersetzen. Selbst prominente Wortführer der westdeutschen Unternehmerschaft verlangten nach einer öffentlichen Garantie mittel- und längerfristiger Rahmendaten der einzelwirtschaftlichen Aktivitäten.[21] Seit 1964 wurde der Hamburger Ökonom und Berliner Wirtschaftssenator Karl Schiller in seiner Eigenschaft als wirtschaftspolitischer Sprecher der SPD und rhetorisch auffälligster Befürworter einer Reorientierung an den amerikanischen „New Economics" mehrfach demonstrativ in diesen publizistischen Diskurs der Wirtschaftseliten einbezogen.[22]

Dieser diskursive Vorlauf begünstigte das Zustandekommen eines wirtschaftspolitischen Modernisierungskartells von Sozialdemokratie und Christdemokraten sowie Arbeitsmarktparteien und Wissenschaft, nachdem die 1965/66 einsetzende Rezession und die 1966/67 nachfolgende Beschäftigungskrise den Attentismus Erhard'scher Provenienz auch in der Wahrnehmung der deutschen (Wahl-)Bevölkerung gründlich diskreditiert hatten. Institutionellen Ausdruck fand das Krisenbündnis im Bundeskabinett der Großen Koalition und in der „Konzertierten Aktion" des Frühjahres 1967. Erklärtes Ziel dieser korporatistischen Großinszenierung war es, alle relevanten Akteure auf die Erfordernisse einer antizyklischen Wirtschaftspolitik im Rahmen der marktwirtschaftlichen Ordnung einzuschwören. Die normative Grundlage des angestrebten tripartistischen Bündnisses zwischen Staat, Unternehmerschaft und Arbeitnehmern lieferte das „Stabilitätsgesetz" vom Juni 1967.[23]

Der westdeutsche Konjunkturaufschwung von 1967/68 kam wohl eher trotz als wegen der (vermeintlich) antizyklischen Fiskalpolitik der Bundesregierung zustande. Gleichwohl darf der von Bundeswirtschaftsminister Karl Schiller 1966/67 – bis zur 1969/70 einsetzenden Enttäuschung – erfolgreich inszenierte Kurswechsel der praktischen Wirtschaftspolitik als keynesianisch-korporatistischer „Paradigmenwechsel" bezeichnet werden. Jedenfalls wurde die rasche Überwindung der westdeutschen Rezession von 1966/67 von den meisten Zeitgenossen der Globalsteuerung des sozialdemokratischen Ressortchefs zugeschrieben. Diese Wahrnehmung begünstigte die flächenhafte Ausbreitung des Planungsansatzes auf anderen Politikfeldern ebenso wie jenen bundespolitischen „Machtwechsel", der Ende 1969 die westdeutsche Planungskonjunktur erst recht in Fahrt brachte. Das Unwort der Nachkriegszeit umgab fortan ein „Flair des Fortschrittlichen".[24]

---

[20] Vgl. dazu auch Gabriele Metzler: „Geborgenheit im gesicherten Fortschritt". Das Jahrzehnt von Planbarkeit und Machbarkeit, in: Matthias Frese u. a. (Hrsg.): Demokratisierung und gesellschaftlicher Aufbruch. Die sechziger Jahre als Wendezeit in der Bundesrepublik, Paderborn u. a. [2]2005, S. 777–797; dies.: Konzeptionen politischen Handelns von Adenauer bis Brandt. Politische Planung in der pluralistischen Gesellschaft, Paderborn u. a. 2005.

[21] Vgl. Volker Berghahn: Unternehmer und Politik in der Bundesrepublik, Frankfurt a. M. 1985, S. 296f.

[22] Vgl. etwa Werner Bührer: Die ZEIT und die soziale Marktwirtschaft, in: Christian Haase/Axel Schildt (Hrsg.): DIE ZEIT und die Bonner Republik. Eine meinungsbildende Wochenzeitung zwischen Wiederbewaffnung und Wiedervereinigung, Göttingen 2008, S. 113–129, hier S. 123; Alexander Nützenadel: Konjunktur und Krise: Die Wirtschaftsberichterstattung der ZEIT zwischen Expertenkultur und Politik (1946–1990), in: ebd., S. 130–143, hier S. 141.

[23] Vgl. dazu für Vieles Ruck: Republik; Rehling: Konfliktstrategie.

[24] Thomas Ellwein: Politik und Planung, Stuttgart u. a. 1968, S. 7.

Die sogenannte Strukturpolitik fand während dieser Periode auf nationaler Ebene ein vergleichsweise geringes Interesse in Öffentlichkeit und Politik, sieht man von einzelnen regionalen oder/und sektoralen Notfall-Interventionen ab. Dabei hatte der Bundestag die Bundesregierung bereits im September 1967 in einer Entschließung aufgefordert, nicht nur ein Investitionsprogramm zum Ausbau der Infrastruktur und zur Förderung strukturpolitischer Maßnahmen zu entwickeln, sondern auch eine Bestandsaufnahme der vorhandenen strukturpolitischen Instrumente und ihrer Wirksamkeit vorzulegen. Daraufhin präsentierte Wirtschaftsminister Schiller dem Parlament Mitte Januar 1968 seine „Grundsätze der sektoralen Strukturpolitik und der regionalen Wirtschaftspolitik". Sie knüpften „im Kern" an jenes „Leitbild einer marktkonformen Strukturanpassungspolitik" an, welches schon die 1966 noch vom Kabinett Erhard beschlossenen „Grundsätze der sektoralen Strukturpolitik" geprägt hatte.[25] Über ihre praktische Umsetzung und konzeptionelle Weiterentwicklung legte ein gutes Jahr später der „Strukturbericht 1969" des Bundeswirtschaftsministers erstmals Rechenschaft ab.[26] Ihm folgte jedoch 1970 nur eine weitere Ausgabe.

In der Wirtschaftspublizistik fanden diese strukturpolitischen Aktivitäten bezeichnenderweise keinen nennenswerten Widerhall. Dort wurden vor allem die jeweils aktuellen konjunkturpolitischen Probleme diskutiert. Im wirtschaftswissenschaftlichen Diskurs hingegen genoss dieses Politikfeld weiterhin eine gewisse Aufmerksamkeit. So formulierte der Bonner Ordinarius für wirtschaftliche Staatswissenschaften M. Ernst Kamp Mitte 1968 in einem Beitrag für die Artikelfolge „Struktur- und Regionalpolitik" des „Volkswirt" ein klares „Ja' zur Strukturpolitik".[27] In einer popularisierenden Schrift antwortete der Bielefelder Wirtschaftspädagoge Friedrich-Wilhelm Dörge gleichzeitig in diesem Sinne auf die selbst gestellte Frage „Strukturpolitik wohin? Erhalten, Anpassen, Gestalten?":

> „Die erfolgreiche wirtschaftspolitische Bekämpfung der beginnenden Konjunkturkrise im Jahre 1967 hat gezeigt, daß man den Schwächen marktwirtschaftlicher Steuerung nicht bedingungslos ausgeliefert ist. Auch die Strukturpolitik liefert den Beweis, daß hier kein materialistisch determinierter Prozeß abläuft. Aber bei der Entscheidung dieser Politik stoßen die unterschiedlichen Meinungen oft hart aufeinander. [...] Nachdem das Schwergewicht bis zu Beginn der großen Koalition 1966 auf einer Mischung von staatlichen Erhaltungs- und Anpassungsinterventionen lag, wird seitdem das Hauptaugenmerk auf Gestaltungs- und Anpassungsmaßnahmen gelegt. [...] Der Staat trägt dabei eine doppelte Verantwortung: einmal die dem sozialen Rechtsstaat adäquaten Wege zur Selbsthilfe zu ebnen und zum anderen ein klares Leitbild für die zukunftsgerichteten Förderungsmaßnahmen in der regionalen und sektoralen Strukturpolitik zu zeichnen. [...] Niemand erwartet, daß die so betriebene Strukturpolitik alle Konflikte löst. Sie erleichtert aber ihre Austragung und mindert ihre negativen Folgen."[28]

---

[25] Vgl. dazu Hans-Rudolf Peters: Konzeption und Wirklichkeit der sektoralen Strukturpolitik in der Bundesrepublik Deutschland, in: Gottfried Bombach u. a. (Hrsg.), Probleme des Strukturwandels und der Strukturpolitik, Tübingen 1977, S. 119–162, hier S. 127; ders.: Probleme einer Operationalisierung der wirtschaftspolitischen Konzeption, in: Eduard Mändle u. a. (Hrsg.), Wirtschaftspolitik in Theorie und Praxis. Hans Georg Schachtschabel zum 65. Geburtstag gewidmet, Wiesbaden 1979, S. 43–60, hier S. 49.

[26] Bundesminister für Wirtschaft (Hrsg.): Strukturbericht 1969. Konzept der Bundesregierung für eine einheitliche Strukturpolitik im Bereich der gewerblichen Wirtschaft, für das Zusammenwirken mit der Strukturpolitik in anderen Bereichen und die strukturpolitischen Absichten der Bundesregierung (BMWI Texte, Nr. 75, 28. 7. 1969 = Deutscher Bundestag, 5. Wahlperiode, Drucksache V/4564), Bonn 1969.

[27] M. Ernst Kamp: „Ja" zur Strukturpolitik (Der Volkswirt, Nr. 26, 28. 6. 1968; ZBW PA WIA, Film 547).

[28] Friedrich-Wilhelm Dörge: Strukturpolitik wohin? Erhalten, Anpassen, Gestalten?, Opladen 1968, S. 70.

Im wirtschaftspolitischen Kontext gewann das Thema seit Anfang 1969 in dem Maße wieder merklich an kontroverser Beachtung, wie die Blütenträume der regierungsamtlichen Konjunktursteuerung rasch zu welken begannen.[29] 1970 referierte ein großer Artikel über „Strukturpolitik" im Staatslexikon der Görres-Gesellschaft den beachtlichen wirtschaftswissenschaftlichen Forschungsstand in allen seinen Facetten. Dessen Autor, Gérard Gäfgen, hatte 1962 vor seiner Erstberufung nach Karlsruhe den Hamburger Lehrstuhl Karl Schillers kurzzeitig vertreten. In seiner theoretischen Bestandsaufnahme lieferte der Konstanzer Wirtschaftswissenschaftler zunächst eine allgemeine Definition der von ihm schon so genannten aktiven Strukturpolitik:

> „Unter S[trukturpolitik] versteht man den Komplex jener Maßnahmen, welche primär auf die Beeinflussung, Gestaltung oder Festlegung der Wirtschaftsstruktur durch die legitimen oder faktischen Träger der staatlichen Wirtschaftspolitik abzielen. […] Die von ihr zu gestaltende Wirtschaftsstruktur beinhaltet den inneren Aufbau des volkswirtschaftlichen Ganzen, insbesondere auch das Verhältnis der Teile der Gesamtheit untereinander und zur Gesamtheit, also – soweit quantifizierbar – die in einer Volkswirtschaft herrschenden Proportionen […]. Diese Proportionen sind das Ergebnis des langfristigen Wirtschaftsablaufes und wandeln sich daher nur relativ langsam. […] Als Hauptbereiche sind […] die sektorale und regionale S[trukturpolitik] anzusehen. Diese stehen zugleich in enger Wechselwirkung, da einerseits die Entwicklungsmöglichkeiten einer Region stark von ihrer Branchenstruktur abhängen, andererseits die Standorteignung einer Region erst darüber bestimmt, an welcher Stelle im Raum sich bestimmte Wirtschaftszweige entfalten. […] Es erscheint […] zweckmäßig, bei einer Systematik der gesamten Wirtschaftspolitik von der Dreiteilung in Ordnungspolitik, S[trukturpolitik] und Konjunkturpolitik auszugehen."[30]

Die Gliederung dieses nach wie vor lesenswerten Handbuchartikels markiert die Schwerpunkte des strukturpolitischen Wissenschaftsdiskurses ausgangs der 1960er Jahre.[31] Klar arbeitete Gäfgen darin die noch heute geläufige Unterscheidung der strukturpolitischen Hauptinstrumente heraus: Erhaltungssubventionen, Anpassungs- resp. Umstellungssubventionen und Gestaltungssubventionen. Auch die Probleme nicht intendierter Wirkun-

---

[29] Vgl. etwa Gezielter Handeln. Nicht überall scheint die Sonne der Konjunktur (Welt der Arbeit, 17. 1. 1969; ZBW PA WIA, Film 547); Ziel eines raschen Wirtschaftswachstums soll mit Strukturhilfen erreicht werden. Vorgesehen sind 700 Millionen D-Mark öffentliche Mittel (Die Welt, 17. 1. 1969; ebd.); Dr. Herbert Ehrenberg: Gezielte Strukturhilfen. Wesentlicher Teil einer wohldosierten Stabilitätspolitik (Vorwärts, Nr. 19, 8. 5. 1969; ebd.); Strukturpolitik und Konjunkturpolitik gehören zusammen (Süddeutsche Zeitung [SZ], 22. 6. 1969; ebd.); Schillers Konzept der Strukturpolitik. Ein Regierungsbericht an den Bundestag (Neue Zürcher Zeitung [NZZ], 27. 8. 1969; ebd., Film Nr. 548); Gegen massive staatliche Strukturpolitik. Der DIHT-Präsident warnt vor Dirigismus (FAZ, 27. 11. 1969; ebd.); Klaus Bernhardt: Strukturpolitik: Was 1970 geschehen soll. Abstimmung und Verzahnung der Teilbereiche (Handelsblatt, 28. 1. 1970; ebd.); Kienbaum: Strukturpolitik steht erst in den Anfängen. FDP-Wirtschaftsexperte fordert langfristige Politik der Angebotsstärkung (Industriekurier, 23. 6. 1970; ebd.); Ambitiöse Strukturpolitik in Deutschland (NZZ, 25. 6. 1970; ebd.); Karl H. Herchenröder: Struktur- statt Konjunkturpolitik? (Handelsblatt, 2. 7. 1970; ebd.).
[30] Gérard Gäfgen: Strukturpolitik, in: Staatslexikon. Recht – Wirtschaft – Gesellschaft, Bd. 11 (3. Erg.-Bd.), hrsg. von der Görres-Gesellschaft, Freiburg i. Br. [6]1970, S. 386–414, hier S. 386–388; vgl. ebd., S. 391, 403.
[31] 1. Strukturpolitik und Wirtschaftspolitik. 2. Zielsetzungen. a. Förderung von Wachstum und Effizienz. b. Stabilisierung von Beschäftigung, Preisniveau und Zahlungsbilanz. c. Beeinflussung der Einkommensverteilung. 3. Maßnahmen. a. Vorbeugende allgemeine Maßnahmen: Förderung der Strukturflexibilität. b. Maßnahmen zur Beseitigung spezieller Strukturstörungen: Engpässe und Überkapazitäten. c. Maßnahmen aktiver Neugestaltung: Förderung neuer Sektoren d. Maßnahmen in besonderen Sektoren [regionale Infrastruktur; Außenhandel]. e. Die Unternehmensgrößen- und Marktformenstruktur. 4. Strukturprognose und Strukturplanung. 5. Strukturpolitische Konzeptionen.

gen, kontraproduktiver *time lags*[32] und unsicherer Verlaufsprognosen,[33] das essenzielle Erfordernis gesellschaftlicher Akzeptanz[34] und die Notwendigkeit politischer Güterabwägungen bei Interventionsentscheidungen[35] wurden von ihm bereits 1970 umsichtig diskutiert. Nicht zuletzt aber stellte das frisch berufene Mitglied des Wissenschaftlichen Beirats beim Bundeswirtschaftsminister klar, dass die Wirtschaftstheorie grundsätzlich niemals dafür in Anspruch genommen werden könne, sachlich „richtige" Strukturmaßnahmen zu empfehlen.[36]

5. Planungsernüchterung und neoliberale Kritik strukturpolitischer Interventionen (seit 1971/72)

Von Erhards „Überredungsdirigismus" zu Schillers „Globalsteuerung" war der qualitative Sprung gar nicht so groß. Umso drängender stellte sich gegen Ende der 1960er Jahre das doppelte Problem, die Verpflichtungsfähigkeit öffentlicher Planung zu erhöhen und zugleich den wachsenden Planungseifer zu kanalisieren. Im Zentrum stand dabei der ambitionierte Versuch, durch eine mehrjährige Ressourcenplanung zumindest mittelbaren Einfluss auf die Aktivitäten der einzelnen Ressorts und der verschiedenen Gebietskörperschaften zu erlangen. Doch schon im Laufe des Jahres 1970 scheiterte das organisatorische Kernstück des sozialliberalen Reformprojekts, die ressort- und länderübergreifende Aufgaben- und Ausgabenplanung mit einem reorganisierten Kanzleramt als faktischer Bundesplanungszentrale.[37]

Hinzu kamen rasch zunehmende Widerstände „von unten". Seit den frühen 1970er Jahren wurde der konfliktträchtige Widerspruch von ausgreifenden Planungsszenarien und bürgerlichen Partizipationsansprüchen immer häufiger nicht mehr innerhalb der konventionellen Institutionen demokratischer Repräsentation ausgetragen. Eine dezentrale Protestbewegung informeller „Bürgerinitiativen"[38] zwang das Augenmerk der Planer in Verwaltung und Wissenschaft auf einen Aspekt zivilgesellschaftlicher Demokratisierung, den sie bisher noch kaum wahrgenommen hatten: die Widerständigkeiten unmittelbar Betroffener und ihrer aktivistischen Anwälte aus dem versprengten Potenzial der studentischen Protestbewegung. Je länger desto deutlicher zeigte sich, dass in dem Konfliktdreieck „Planung – Prosperität – Partizipation" einander entfremdete Träger kultureller Codes aufeinandertrafen, deren konkrete Utopien ebenso im fundamentalen Widerspruch zueinander standen wie ihre Rationalitätsbegriffe. Während die einen den Planungs- und Implementationsprozess durch die Hereinnahme partizipativer Elemente vor

---

[32] Ebd., S. 398.
[33] Ebd., S. 405, 407f.
[34] Ebd., S. 395, 404.
[35] Ebd., S. 402f.
[36] Ebd., S. 409.
[37] Vgl. dazu Winfried Süß: „Rationale Politik" durch sozialwissenschaftliche Beratung? Die Projektgruppe Regierungs- und Verwaltungsreform 1966–1975, in: Stefan Fisch/Wilfried Rudloff (Hrsg.): Experten und Politik. Wissenschaftliche Politikberatung in geschichtlicher Perspektive, Berlin 2004, S. 329–348.
[38] Vgl. für Vieles Ulrich von Alemann (Hrsg.): Partizipation, Demokratisierung, Mitbestimmung. Problemstellung und Literatur in Politik, Wirtschaft, Bildung und Wissenschaft. Eine Einführung, Opladen 1975.

äußeren Hemmungen bewahren wollten, stellten die anderen das Wachstumsparadigma der 1960er Jahre mit dem dazugehörigen Steuerungsinstrumentarium grundsätzlich in Frage.

Im Wissenschaftsbereich gewannen die Planungsskeptiker allmählich wieder die Oberhand – auch auf dem Feld der Strukturpolitik. Den Ton dafür gab Knut Borchardt, Ordinarius für Wirtschaftsgeschichte und Volkswirtschaftslehre an der Ludwig-Maximilians-Universität München, Ende September 1970 in seinem Eröffnungsreferat zur Innsbrucker Jahrestagung des Vereins für Socialpolitik vor. Das Düsseldorfer „Handelsblatt" berichtete darüber unter der programmatischen Überschrift „Neoliberale kennen keine Strukturpolitik":

> „,Strukturpolitik' war zwar das Thema der Jahrestagung der Gesellschaft für Wirtschafts- und Sozialpolitik (Verein für Socialpolitik) in Innsbruck. Die Referate und Diskussionen machten jedoch deutlich: Weder Politik noch Wissenschaft haben übereinstimmende Vorstellungen über Definition, Kompetenz und Finanzierung der Strukturpolitik. ,Unter dem Firmenmantel Infrastruktur geschehen die plausibelsten und absonderlichsten Dinge zugleich. Indem man bestimmten Handlungsabsichten das Etikett ,Infrastruktur' aufklebt, hebt man sie in die Ebene politischer Dringlichkeit und macht den Kritikern das Geschäft nüchterner Beurteilung schwer.' Diese desillusionierende Bemerkung von Prof. Dr. Knut Borchardt im Eröffnungsreferat kennzeichnete den Tenor der Tagung überhaupt. Die in Innsbruck versammelten Wissenschaftler konnten nicht einmal auf die Frage eine einmütige Antwort finden, ob die Infrastrukturpolitik nun eine Aufgabe des planenden Staates oder auch über dezentrale Steuerung durch die private Unternehmerwirtschaft möglich ist. [...] ,Keine dieser Aussagen ist ohne massive Werturteile gehaltvoll zu machen. Damit ist ihr wissenschaftlicher Charakter für nicht wenige unter uns fraglich', sagte Borchardt dazu."[39]

Auch in den wirtschaftspolitischen Auseinandersetzungen wurde darauf in den folgenden Jahren wieder häufiger und vernehmbarer die Antwort „Weniger Staat, mehr Marktwirtschaft" gegeben.[40]

6. Debatten über „aktive" Strukturpolitik im Zeichen der Wirtschaftskrise (1975–1982)

Ein „gewaltiges Durcheinander" konstatierten auf der anderen Seite auch vehemente Befürworter einer „aktiven" Strukturpolitik. Im kritischen Rückblick auf ein Jahrzehnt strukturpolitischer Debatten erläuterte der ehemalige Bundesvorsitzende der Jungsozialisten

---

[39] Knut Borchardt: Die Bedeutung der Infrastruktur für die sozialökonomische Entwicklung, in: Helmut Arndt/Dieter Swatek (Hrsg.): Grundfragen der Infrastrukturplanung für wachsende Wirtschaften. Verhandlungen auf der Tagung des Vereins für Socialpolitik Gesellschaft für Wirtschafts- und Sozialwissenschaften in Innsbruck 1970, Berlin 1971, S. 11–30; zitiert nach: „Neoliberale kennen keine Strukturpolitik". In Innsbruck wurde die These vom „Versagen der Marktwirtschaft" diskutiert (Handelsblatt, 6.10.1970; ZBW PA WIA, Film 548). Vgl. dazu allgemein Dirk van Laak: Der Begriff „Infrastruktur" und was er vor seiner Erfindung besagte, in: Archiv für Begriffsgeschichte 41 (1999), S. 280–299; ders.: Das „vergrabene Kapital" und seine Wiederentdeckung. Das neue Interesse an der Infrastruktur. Vortrag gehalten am 20. Mai 2010 im Rahmen der Akademievorlesung der Berlin-Brandenburgischen Akademie der Wissenschaften „Globaler Wandel und Regionale Entwicklung". Herausforderungen für Berlin und Brandenburg, Berlin 2010.

[40] Weniger Staat, mehr Marktwirtschaft. Dietz empfiehlt sachgerechte Weiterentwicklung der Strukturpolitik (FAZ, 16.1.1973; ZBW PA WIA, Film 549); vgl. etwa Hans Friderichs: Die Privatinitiative bleibt tabu. Unternehmerische Leistungen soll der Staat nicht beeinflussen (Deutsche Zeitung, 25.5.1973; ebd.).

und amtierende wirtschaftspolitische Sprecher der SPD-Bundestagsfraktion Wolfgang Roth 1980 „Was Strukturpolitik ist":

> „Strukturpolitik ist die ‚Black Box' der Wirtschaftspolitik. Sie bedeutet für den einen den Verstoß gegen die edelsten Prinzipien der Sozialen Marktwirtschaft, für den anderen ist sie die notwendige Ergänzung der Marktwirtschaft und für dritte schließlich ist sie die Perspektive der Wirtschaftspolitik schlechthin. Alle aber, was sie auch unter Strukturpolitik verstehen, sehen ihre Unvermeidbarkeit selbst dann ein, wenn sie sie ‚eigentlich' ablehnen. In der Wissenschaft wird die Erörterung der Strukturpolitik, von ganz wenigen Ausnahmen abgesehen, sowohl von den unkritischen Verteidigern der Sozialen Marktwirtschaft als auch von entschiedenen Kritikern des Kapitalismus gemieden. Was Strukturpolitik nicht ist, darüber besteht weitgehend Konsens. Sie ist nicht Konjunkturpolitik. Sie setzt nicht global, sondern sektoral oder regional beim Angebot an. Sie ist keine Ordnungspolitik, denn sie beeinflußt nicht Regeln, sondern Abläufe. Sie ist nicht Verteilungspolitik, denn sie setzt nicht bei Einkommen oder Vermögen an. Strukturpolitik scheint also das zu sein, was übrigbleibt, eine Restgröße. [...] Trotz aller ordnungspolitischen Bekenntnisse halten offenbar in der praktischen Wirtschaftspolitik alle die Strukturpolitik für erforderlich. Damit können wir uns eine lange Begründung der Notwendigkeit sparen und gleich über die Aufgaben, Methoden und Möglichkeiten sprechen. [...] Strukturpolitik hat, so lautet unser Resümee, mehr Möglichkeiten als ihr zugestanden werden. Sie ist notwendiger denn je. Sie braucht unbefangenere Antworten als bisher. Um so schädlicher ist der permanente ideologische Kampf gegen eine Modernisierung der Strukturpolitik in Richtung auf eine vorausschauende Strukturpolitik."[41]

Dieser wirtschaftswissenschaftlich vorgebildete Politikakteur beschrieb „Strukturpolitik" mithin als genuine Domäne politisch-pragmatischen Handelns, deren Handlungslogiken sich der Beurteilung auf der Grundlage wissenschaftlicher Rationalitätskriterien im Sinne eines quantifizierenden Kosten-Nutzen-Kalküls a priori entziehen.

Anders als von Wolfgang Roth 1980 behauptet, hatten sich Wirtschaftswissenschaft und Wirtschaftspublizistik während des vorausgegangenen Jahrzehnts regelmäßig und intensiv mit strukturpolitischen Themen auseinandergesetzt. So kam eine vom Wirtschafts- und Sozialwissenschaftlichen Institut der Hans-Böckler-Stiftung angestellte Literaturrecherche 1976 auf mehrere Hundert Titel.[42] Das zeitgenössische Standardwerk zur sektoralen Strukturpolitik von Hans-Rudolf Peters hatte kurz zuvor auf 13 Seiten die einschlägige Forschungsliteratur aufgelistet.[43] Zu dieser Zeit widmeten auch das „Evangelische Staatslexikon" (1975) und das „Handwörterbuch der Wirtschaftswissenschaft (HdWW)" (1977) diesem Stichwort gehaltvolle Beiträge aus der Feder von Klaus Töpfer,[44] Walter Hamm[45] und Harald Jürgensen.[46]

Angesichts dessen erscheint es auf den ersten Blick unplausibel, dass Wolfram Engels sich im September 1976 auf dem Ottobeurer Wirtschaftswissenschaftlichen Seminar dem Komplex mit unverhohlener Abneigung näherte:

---

[41] Wolfgang Roth: Strukturpolitik zwischen Notwendigkeit und Möglichkeit, in: Diethard B. Simmert (Hrsg.): Wirtschaftspolitik – kontrovers, Köln 1980, S. 434–449, hier S. 434f., 449; vgl. ders. (Hrsg.): Investitionslenkung. Ergebnisse einer Diskussion zwischen jungen Unternehmern und Sozialdemokraten zum Problem von Markt und Lenkung, Reinbek 1976.

[42] Doris Langenbrinck (Bearb.): Investitionslenkung: Literaturverzeichnis, in: WSI-Mitteilungen 29 (1976), S. 547–556; dies. (Bearb.), Strukturpolitik: Literaturverzeichnis, in: ebd., S. 761–769; vgl. Hartwich: Globalsteuerung, S. 7.

[43] Hans-Rudolf Peters: Grundzüge sektoraler Strukturpolitik, Freiburg i. Br. ²1975.

[44] Klaus Töpfer: Strukturpolitik, in: Hermann Kunst u. a. (Hrsg.): Evangelisches Staatslexikon, 2. Bd., Stuttgart/Berlin 1975, Sp. 2584–2589.

[45] Walter Hamm: Strukturpolitik, sektorale, in: Willi Albers u. a. (Hrsg.): Handwörterbuch der Wirtschaftswissenschaft (HdWW), Bd. 7, Stuttgart/New York u. a. 1977, S. 479–491.

[46] Jürgensen: Raumwirtschaft II.

> „Das Wort ‚Strukturpolitik' ist in den letzten Jahren zu einer Art von Lückenbüßer für diejenigen
> Teile der Wirtschaftspolitik geworden, die sich unter anderen Bezeichnungen nicht unterbringen
> lassen: Alles, was weder Konjunkturpolitik im Sinne der Globalsteuerung, noch Wettbewerbspolitik
> ist, heißt ‚Strukturpolitik'. [...] Wir wollen den Begriff eng fassen. Als ‚Strukturpolitik' sollen wirt-
> schaftliche Maßnahmen gelten, die auf die Art und Belegenheit [räumliche Zuordnung] von priva-
> ten Investitionen einwirken sollen mit dem Ziel, den Wohlstand zu fördern. [...] In dieser Fassung
> ist ‚Strukturpolitik' gleichbedeutend mit ‚staatlicher Investitionslenkung' [...]".[47]

Allerdings stammte dieses Verdikt aus dem Munde des nachmaligen Gründungssprechers
des „Kronberger Kreises" – der Bastion jener ordoliberalen Angebotsökonomen, die sich
wachsender Kritik sozialdemokratisch und gewerkschaftlich orientierter Sozialwissenschaftler am vorgeblichen Attentismus der herrschenden Marktwirtschaftslehre ausgesetzt
sahen. Aus deren Ablehnung proaktiver Einwirkungen staatlicher Institutionen auf das
sektorale wie auch regionale Investitionsverhalten der deutschen Unternehmer machte
Engels denn auch 1976 keinen Hehl:

> „Kommen wir auf die Ausgangsfrage zurück, nämlich, welches die angemessene Organisations-
> form ist, um Strukturpolitik zu betreiben. Diese angemessene Organisationsform ist vom Typus
> her ein Markt, nicht eine Bürokratie."[48]

Die Position der kritischen Befürworter strukturformender Eingriffe in das Marktgesche-
hen war gerade erst durch eine mit einem Geleitwort des sozialdemokratischen Ressortchefs und Wirtschaftswissenschaftlers Hans Matthöfer versehene Streitschrift markiert
worden, mit der der Wirtschafts- und Sozialwissenschaftler Volker Hauff, seit 1972 Parla-
mentarischer Staatssekretär im Bundesministerium für Forschung und Technologie (SPD),
und der damals im Wissenschaftszentrum Berlin tätige Sozialwissenschaftler Fritz Scharpf
1975 für einiges Aufsehen gesorgt hatten:

> „Auch wenn die Strukturproblematik von vielen erst heute erkannt wird, ist der Strukturwandel
> unserer Wirtschaft doch keineswegs ein neues Phänomen. [...] An fast allen diesen Strukturverän-
> derungen der Vergangenheit war auch die staatliche Politik in der einen oder anderen Weise mit
> beteiligt – eher reaktiv als aktiv, eher bremsend als fördernd und immer in schlechtem Gewissen
> gegenüber den Geboten der neo-liberalen Orthodoxie. [...] Der Strukturwandel hat sich im Ver-
> gleich zu den letzten 25 Jahren beschleunigt, und er hat so viele Wirtschaftszweige gleichzeitig er-
> faßt, daß nur noch eine umfassend konzipierte, aktive staatliche Strukturpolitik die Gefahr einer
> lange schwelenden wirtschaftlichen Krise aufhalten kann."[49]

In diesem Sinne hatte Matthöfers Amtsvorgänger Horst Ehmke (SPD), der seit 1969 als
Kanzleramtschef zusammen mit seinem Planungschef Reimut Jochimsen als treibende
Kraft der gescheiterten Planungsanstrengungen agiert hatte, bereits Anfang 1974 gefor-
dert:

> „Eine aktive Technologiepolitik des Staates muß [...] so aussehen, daß die Entwicklung vor allem
> in jenen industriellen Sektoren gefördert wird, in denen der technologische Vorsprung gegenüber
> den weniger entwickelten Ländern noch besteht und auf absehbare Zeit gehalten werden kann."[50]

---

[47] Wolfram Engels: Strukturpolitik: Die ordnungspolitische Sicht, in: Gottfried Bombach u. a.
(Hrsg.): Probleme des Strukturwandels und der Strukturpolitik, Tübingen 1977, S. 413–433, hier
S. 413. Zur Person vgl. < https://de.wikipedia.org/wiki/Wolfram_Engels> (29. 11. 2016).

[48] Engels: Strukturpolitik, S. 430.

[49] Volker Hauff/Fritz W. Scharpf: Modernisierung der Volkswirtschaft. Technologiepolitik als Strukturpolitik, Vorwort Hans Matthöfer, Frankfurt a. M./Köln ²1977, S. 12.

[50] Ehmke fordert neue Industriestruktur. Nur durch überlegene Technologie kann die Bundesrepublik konkurrenzfähig bleiben (SZ, 24. 1. 1974; ZBW PA WIA, Film 549); vgl. etwa Heinz Heck: Technologische Flucht nach vorn. Export und Arbeitsplätze von morgen (FAZ, 23. 8. 1975; ebd.).

Hauff und Scharpf plädierten nun ebenfalls „für eine ‚Strategie des aktiven Strukturwandels'", die aber nicht zuletzt auch auf die „Frage" abgestellt sein müsse, „auf welche Weise in unserer Gesellschaft der […] erforderliche breite politische Konsens gewonnen werden kann".[51] Zwar hoben sie dabei die Bedeutung diskursiv-partizipativer Legitimationsstrategien jenseits institutionalisierter Repräsentationsformen bei der Durchsetzung von Maßnahmen zur Förderung des Strukturwandels hervor.[52] Die von ihnen vorgeschlagenen Rückkopplungsprozeduren orientierten sich jedoch an korporativen Veranstaltungen wie der Konzertierten Aktion, die gezielt regionalisiert werden sollten.[53]

Mit dieser Argumentation knüpften die beiden sozialdemokratischen Autoren unausgesprochen an jene Überlegungen an, die Friedrich-Wilhelm Dörge schon sieben Jahre zuvor (1968) publiziert hatte[54]. Bei den Neuen Sozialen Bewegungen fand dieser technokratisch-korporatistische Modernisierungsappell allerdings keinen Widerhall. Und der wirtschaftswissenschaftliche Mainstream distanzierte sich nun ganz ausdrücklich von strukturplanerischen Visionen jeglicher Art. Im Februar 1978 versammelte sich die List-Gesellschaft in Bochum unter dem unmissverständlichen Konferenztitel „Strukturpolitik – wozu? Technokratischer Interventionismus versus marktwirtschaftliche Ordnungspolitik" zu ihrem 14. List-Gespräch.[55] 15 Jahre zuvor, im Juni 1963, hatte diese Vereinigung in Frankfurt mit dem 2. List-Gespräch über „Planung ohne Planwirtschaft" die Enttabuisierung des Planungsbegriffs in der Bundesrepublik maßgeblich mit vorangetrieben.[56] Jetzt beantworteten ihre Sprecher die jahrelang hochkontrovers diskutierte Frage „Wettbewerb oder Interventionen als Regulativ der Branchenstruktur"[57] ohne weitere Umschweife im Sinne einer konsequent marktwirtschaftlichen Abkehr von der seinerzeit mit angestoßenen Hinwendung zu makroökonomischer Konjunktursteuerung des Staates. In seinem Schlusswort gab Albrecht Düren den Anwesenden ausdrücklich mit auf den Weg, dafür auch im (wirtschafts)politischen Raum aktiv zu werben.[58]

Ganz im Sinne dieses Appells formulierte der liberale Bundeswirtschaftsminister Otto Graf Lambsdorff in kaum verhohlener Auseinandersetzung mit den strukturpolitischen Ambitionen des sozialdemokratischen Regierungspartners bereits Ende 1978 ein strikt subsidiäres Credo, das nach dem Koalitionswechsel von 1982/83 zumindest auf Bundesebene zur Richtschnur der politischen Praxis erhoben wurde:

---

[51] Hauff/Scharpf: Modernisierung der Volkswirtschaft, S. 13f.
[52] Ebd., S. 129.
[53] Ebd., S. 113–116.
[54] Dörge: Strukturpolitik wohin?
[55] Hans Besters (Hrsg.): Strukturpolitik – wozu? Technokratischer Interventionismus versus marktwirtschaftliche Ordnungspolitik (Gespräche der List-Gesellschaft, N. F., 3), Baden-Baden 1978.
[56] Alfred Plitzko (Hrsg.): Planung ohne Planwirtschaft. Frankfurter Gespräch der List-Gesellschaft, 7.–9. Juni 1963, Basel/Tübingen 1964; vgl. dazu Ruck: Ein kurzer Sommer, S. 372.
[57] Walter Hamm: Wettbewerb oder Interventionen als Regulativ der Branchenstruktur, in: Dieter Cassel u. a. (Hrsg.): 25 Jahre Marktwirtschaft in der Bundesrepublik Deutschland, Stuttgart 1972, S. 118–131.
[58] Besters: Strukturpolitik, S. 157–160, hier v. a. S. 159; vgl. schon Albrecht Düren: Strukturanpassung in der Marktwirtschaft, in: Mitteilungen der List-Gesellschaft 8 (1973), Nr. 5, S. 95–110; vgl. etwa auch Hans-Rudolf Peters: Stabilisierungspolitische Gefahren protektionistischer sektoraler Strukturpolitik, in: Hans K. Schneider u. a. (Hrsg.): Stabilisierungspolitik in der Marktwirtschaft. Verhandlungen auf der Tagung des Vereins für Socialpolitik, Gesellschaft für Wirtschafts- und Sozialwissenschaften in Zürich, 1974, 2. Halbbd., Berlin 1975, S. 1341–1363; ders., Ordnungspolitische Grenzen sektoraler Strukturpolitik in marktwirtschaftlich orientierten Ordnungen, in: Bodo B. Gemper (Hrsg.): Stabilität im Wandel. Wirtschaft und Politik unter dem evolutionsbedingten Diktat. Festschrift für Bruno Gleitze zum 75. Geburtstage, Berlin 1978, S. 383–401.

„Strukturpolitik in der Bundesrepublik Deutschland soll die Marktkräfte nicht ersetzen, sondern ergänzen und unterstützen. Strukturpolitik ist deshalb kein Fremdkörper in einer marktwirtschaftlichen Ordnung. Die Bundesrepublik Deutschland verdankt ihren materiellen Wohlstand einem ständigen wirtschaftlichen Strukturwandel. Die Wirtschaftspolitik hat diesen Strukturwandel nicht aufzuhalten versucht, sondern ihn, wo es nötig war, abgefedert, um bruchartige Veränderungen zu vermeiden. Anpassung überholter Strukturen geschieht am ehesten durch Wettbewerb auf dem Markt. […] Strukturpolitik ist Hilfe zur Selbsthilfe. Die indirekte Förderung hat grundsätzlich deutlichen Vorrang vor direkten, gezielten Hilfen. Die Bundesregierung lehnt offizielle strukturpolitische Prognosen ab. […] Die Unternehmen müssen die strukturellen Entwicklungen selbst abschätzen und ihre autonomen Entscheidungen allein treffen. Grundlage der Strukturpolitik bleibt die freie Entscheidung von Unternehmern und Arbeitnehmern, aber der Staat verhält sich strukturpolitisch nicht abstinent."[59]

Damit wurde die regierungsamtliche Politik in den frühen 1980er Jahren grundsätzlich (wieder) mit der herrschenden Lehre der Wirtschafts- und Sozialwissenschaften, den Positionierungen der Unternehmervertretungen und kritischen Stimmen in der Wirtschaftspresse in Gleichklang gebracht.[60] Die von Lambsdorffs Ressort federführend bearbeitete Stellungnahme der Bundesregierung vom 31. August 1981 zu den nach der Regierungserklärung von Helmut Schmidt (SPD) vom 16. Dezember 1976 in Auftrag gegebenen, Ende 1980 von fünf wirtschaftswissenschaftlichen Forschungsinstituten vorgelegten Strukturberichten bekräftigte diese Linie während der beginnenden Agoniephase der sozialliberalen Koalition:

„Die Ergebnisse der Strukturberichterstattung belegen, daß für die ökonomische Analyse des sektoralen Strukturwandels bisher kein allgemein akzeptiertes theoretisches Konzept existiert. […] In den Berichten werden Entwicklungslinien und einzelne Bestimmungsfaktoren des Strukturwandels herausgearbeitet. Sie tragen zum Verständnis von Allokationsprozessen und strukturpolitischen Anforderungen in einer Marktwirtschaft bei. Die Institute halten langfristig angelegte Maßnahmen für am ehesten geeignet, um die drängenden Strukturprobleme zu beheben, die sich u. a. in Arbeitslosigkeit, Produktivitätsschwäche und Leistungsbilanzdefizit niederschlagen. Dies steht im Einklang mit einer Politik, die auf Investitionen, Innovationen, Wettbewerb und Strukturanpassung und nicht auf Protektion und Konservierung ausgerichtet ist. […] Neue Institutionen zur Lösung der Strukturprobleme werden in den Berichten – mit einer Ausnahme […] – nicht zur Diskussion gestellt. In vielen Bereichen sprechen sich die Institute dagegen für ein Mehr an marktwirtschaftlicher Steuerung aus. So wird beispielsweise die Einengung und Umgestaltung wichtiger Subventionskomplexe und der möglichst weitgehende Abbau von administrativen Hemmnissen und Regelungen gefordert. Dies entspricht auch der Haltung der Bundesregierung, […]."[61]

Unbeschadet dessen wurde auf speziellen Feldern (v. a. Landwirtschaft, Steinkohlebergbau, Stahlindustrie, Schiffbau) und in spektakulären Einzelfällen (z. B. Maxhütte im oberpfälzischen Sulzbach-Rosenberg, Gutehoffnungshütte Oberhausen, Arbed Saarstahl) weiterhin mit erheblichem Subventionsaufwand kontinuierlich wie ad hoc gegen die „reine Lehre" gesündigt. Dafür sorgten schon die zahlreichen Interessenten und Vetospieler im

---

[59] Otto Graf Lambsdorff: Die Bewältigung des Strukturwandels in der Marktwirtschaft, in: Aus Politik und Zeitgeschichte. Beilage zur Zeitschrift Das Parlament, Nr. B 47/78, 25. 11. 1978, S. 3–13, hier: Zusammenfassung; Beitrag abgedr. in: Simmert: Wirtschaftspolitik, S. 417–433; vgl. etwa Marktwirtschaft bleibt Richtschnur der Regierungspolitik. Lambsdorff-Antwort an die Opposition. Barzel: In der Strukturpolitik zeigt sich Hang zur Investitionslenkung (ZBW PA WIA, Film 551).

[60] Vgl. etwa Deutsche Wirtschaft kann Strukturwandel bewältigen. IW-Jahrestagung (Handelsblatt, 7. 11. 1979; ebd.); Wolff warnt vor einer falschen Strukturpolitik. DIHT-Vollversammlung (Handelsblatt, 14. 2. 1979; ebd.); Wolfgang Helmer: Unzureichende Strukturpolitik (FAZ, 24. 10. 1978; ebd.).

[61] Presse- und Informationsamt der Bundesregierung (Hrsg.): Stellungnahme der Bundesregierung zu den Strukturberichten 1980 (Aktuelle Beiträge zur Wirtschafts- und Finanzpolitik, 59/81, 31. 8. 1981), Bonn 1981, S. 6 f.; vgl. etwa Walter Kannengießer: Zwischen Matthöfer und Lambsdorff (FAZ, 20. 9. 1980; ZBW PA WIA, Film 551); vgl. allgemein Katterle: Grenzen, S. 82–85.

parlamentarisch-pluralistischen Parteien- und Verbändestaat Bonner Provenienz. Als treibende Kräfte taten sich dabei regelmäßig regionale Akteure hervor. Die föderale „Gemeinschaftsaufgabe Verbesserung der regionalen Wirtschaftsstruktur (GRW)" (GG Art. 91a),[62] die einschlägigen Strukturhilfefonds der Europäischen Gemeinschaften[63] sowie eine kaum übersehbare Zahl von Sonderprogrammen des Bundes und einzelner Länder boten dafür einen weiten Rahmen.

Von wirtschaftswissenschaftlichen Kommentatoren wurde und wird diese strukturpolitische Praxis seither regelmäßig unter Überschriften wie „Die subventionierte Unvernunft"[64] oder „Subventionen und kein Ende"[65] kritisiert. Ihre regionalen und sektoralen Protagonisten hat das zu Zeiten, als die europäische Beihilfekontrolle erst in den Kinderschuhen steckte, noch weniger angefochten als heute. Den Primat ihrer eigenlogischen Handlungsmaximen, wie ihn der Sozialdemokrat Wolfgang Roth 1980 formuliert hatte, hatte der CSU-Vorsitzende Franz Josef Strauß als Bundesfinanzminister schon Anfang 1968 im liberalen Leitorgan der Bundesrepublik verkündet. Sein Statement in der „Zeit" war zugleich eine politisch-pragmatische Absage an die Praxisrelevanz jener marktwirtschaftlichen Theorie, die er noch kurz zuvor als Student der Wirtschaftswissenschaften in München (1963–1966) aus erster Hand kennen gelernt hatte:

> „ZEIT: Was wird aus den Strukturprogrammen für die Ruhr und für die Saar? Strauß: Nun, das Kohleanpassungsgesetz und das noch ungeklärte Problem der Einheitsgesellschaft sind ja bereits wesentliche Teile eines solchen Strukturprogramms. Im übrigen werden auch sehr viele Phantasien mit solchen Strukturprogrammen verbunden. [...] ZEIT: Zum Eigentum gehört aber doch auch das Risiko, es zu verlieren. Wir müssen zwar die Umstrukturierung finanzieren, können aber doch Eigentümern keine Entschädigung aus Steuermitteln zahlen. Strauß: In einer rechtsstaatlich humanitären Demokratie ist es unmöglich, Strukturpolitik nach rein rationalen Gesichtspunkten zu betreiben. Eine rein rationale Politik würde darauf hinauslaufen, Subventionen für änderungsbedürftige Wirtschaftszweige zu verweigern und die dadurch frei werdenden Mittel auch nach rein rationalen Gesichtspunkten in die Wachstumsindustrien zu stecken."[66]

Dem hatten die Wirtschafts- und Sozialwissenschaften auch 15 Jahre später nicht mehr als die vage Hoffnung entgegenzusetzen, mit ihren Forschungsbefunden einer zumindest „rationaleren Strukturpolitik" den Weg zu bereiten.[67]

---

[62] Vgl. dazu etwa Stefan Grüner: Geplantes „Wirtschaftswunder"? Industrie- und Strukturpolitik in Bayern 1945 bis 1973, München 2009, S. 353ff.; ferner für Vieles Elisabeth Lauschmann: Ansatzmöglichkeiten einer regionalisierten Stabilisierungspolitik, in: Mändle u. a.: Wirtschaftspolitik in Theorie und Praxis, S. 189–200.

[63] Beginnend 1957/58 mit dem Europäischen Ausrichtungs- und Garantiefonds für Landwirtschaft (seit 1958) und dem Europäischen Sozialfonds (seit 1960).

[64] Hermann Priebe: Die subventionierte Unvernunft. Landwirtschaft und Naturhaushalt, Berlin ³1988. Der Autor war Professor für Agrarwesen an der Universität Frankfurt a. M. sowie Gründer und langjähriger Leiter des Instituts für ländliche Strukturforschung (IfLS). In den 1950er Jahren galt er als enger Berater von Bundeslandwirtschaftsminister Heinrich Lübke (CDU). <http://www.munzinger.de/search/portrait/Hermann+Priebe/0/12934.html> (29. 11. 2016).

[65] Henning Klodt: Subventionen und kein Ende, in: Jürgen Morlok (Hrsg.): Beiträge zum 80. Geburtstag von Otto Graf Lambsdorff (Der Freiheit verpflichtet, Bd. 2), Stuttgart 2007, S. 114–120, v. a. S. 118. Der Autor ist seit 1999 Professor am Kieler Institut für Weltwirtschaft und leitet dort seit 2008 das Zentrum Wirtschaftspolitik. <http://www.henning-klodt.de/kurz_cv.htm> (29. 11. 2016).

[66] Schiller ist nicht mein Rivale. Diether Stolze und Kurt Simon sprachen mit dem Finanzminister, in: Die Zeit, 26. 1. 1968, S. 17 f.; Zeit online, <http://www.zeit.de/1968/04/schiller-ist-nicht-mein-rivale> (12. 1. 2013).

[67] Thomas Rasmussen: Sektorale Strukturpolitik in der Bundesrepublik Deutschland. Theoretische Vorgaben, Maßnahmen und Ergebnisse, Göttingen 1983, Vorwort Harald Jürgensen/Erhard Kantzenbach, S. V.

Stefan Grüner
Strukturpolitik als Industriepolitik

Konzeption und Praxis in Westdeutschland

„Industriepolitik hat mit anderen Spielarten moderner Politik gemeinsam, daß man sie beschreiben, ja sogar betreiben kann, auch ohne sie definiert zu haben". Mit diesem Kurzresümee versuchte eine Referatsleiterin des Bundeswirtschaftsministeriums im Sommer 1979, ihr Tätigkeitsfeld zu umreißen.[1] Und in der Tat: Es hatte bis ins Jahr 1968 gedauert, bis sich eine westdeutsche Bundesregierung erstmals dazu entschließen konnte, ihre Grundsätze einer sektoralen Strukturpolitik offiziell und öffentlich zu definieren.[2] Industriepolitik war und ist fachwissenschaftlich nur schwer auf den Begriff zu bringen, und sie ist nicht nur in Deutschland politisch umstritten. In diesen beiden Tatsachen sind daher wohl auch wichtige Gründe für die späte konzeptionelle Festlegung zu suchen.[3]

In der Bundesrepublik steht Industriepolitik seit ihren Anfängen in einem auffälligen Spannungsverhältnis: Hat sie einerseits dem ordnungspolitischen Anspruch zu genügen, sich möglichst bruchlos in das wirtschaftspolitische Leitbild der Bundesregierungen einzufügen, so war doch ihre Praxis bereits früh von pragmatischeren Erwägungen im Hinblick auf ökonomische Effektivität, politische Opportunität oder soziale Gerechtigkeit beeinflusst. Seit den späten 1960er Jahren intensivierten sich die diesbezüglichen Diskussionen in Expertenkreisen und politischer Öffentlichkeit. Zur Debatte stand die Vereinbarkeit einer aktiveren industriepolitischen Rolle des Staates mit der gegebenen, ordnungspolitischen Grundorientierung der bundesdeutschen Marktwirtschaft. Seither sind die Diskussionen in fast zyklischen Abständen neu befeuert worden: Hierzu trug die Wahrnehmung von strukturellen Schwächen der bundesdeutschen Wirtschaft bei, die in Zeiten schlechter Konjunkturentwicklung ab den frühen 1970er Jahren deutlicher zutage traten. Im Gefolge der deutschen Einheit stellte sich die Frage nach dem politischen Umgang mit den industriellen Zonen in den neuen Bundesländern. Spätestens mit der Aufnahme industriepolitischer Ziele in den Maastricht-Vertrag im Jahre 1992 rückten überdies die Vorteile und Gefahren einer europäischen Industriepolitik in den Blick von Politikern und Ökonomen.[4]

---

[1] Melitta Büchner-Schöpf: Deutsche und europäische Industriepolitik, in: ifo-Schnelldienst 28 (1979), S. 5–13 (Zitat: S. 5).
[2] Verhandlungen des Deutschen Bundestages, Anlagen zu den stenographischen Berichten, 5. Wahlperiode, Bd. 118, Bonn 1968, Drucksache V/2469, S. 1–4 (Grundsätze der sektoralen Strukturpolitik – Neufassung).
[3] Der Beitrag bietet eine erweiterte und aktualisierte Version von: Stefan Grüner: Ensuring Economic Growth and Socioeconomic Stabilization. Industrial Policy in West Germany, 1950–1975, in: Christian Grabas/Alexander Nützenadel (Hrsg.): Industrial Policy in Europe after 1945. Wealth, Power and Economic Development in the Cold War, New York/Houndmills, Basingstoke 2014, S. 86–112.
[4] Vgl. hierzu Fritz Rahmeyer: Sektorale Strukturpolitik: Konzeption und Realität, Augsburg 1986, S. 1; Reiner Holzem: Industriepolitik und Wirtschaftsordnung. Ordnungstheoretische Bewertung von Schwerpunkten der europäischen Industriepolitik und der deutschen Forschungs- und Technologiepolitik, Frankfurt a. M. u. a. 1995, S. 1 f.; Johann Eekhoff: Die ordnungspolitische Problematik der Industriepolitik, in: Peter Oberender (Hrsg.): Industriepolitik im Widerstreit mit der Wettbewerbspolitik, Berlin 1994, S. 69–77.

DOI 10.1515/9783110523010-003

Der vorliegende Beitrag widmet sich den Grundlinien westdeutscher Industriepolitik in den Jahren zwischen 1950 und 1975. Dabei wird der definitorische Zugriff auf das Phänomen der Industriepolitik von einer mittleren Abstraktionsebene ausgehen. Als zu weit gefasst, da im Rahmen eines Sammelbandbeitrags nicht umsetzbar, erscheint eine Definition, die Industriepolitik als „jedes staatliche Handeln" versteht, „durch das auf die Verhaltensweisen und Entscheidungen in Industrieunternehmen eingewirkt wird".[5] So verstanden, wäre Industriepolitik als eine Querschnittsaufgabe zu begreifen, die all jene Aspekte verschiedener Politiken umfasst, die sich auf die Industrie auswirken, darunter Währungs-, Steuer- und Finanzpolitik, Handels- und Umweltpolitik, Sozial- und Gesundheitspolitik sowie manches mehr.[6] Dieser Beitrag wird hingegen einen mittleren Weg beschreiten und jene Aspekte sektoraler Strukturpolitik in den Mittelpunkt rücken, die sich auf die Industrie oder Teilbereiche der Industrie beziehen. Dass dabei Konzepte und Maßnahmen der sektoralen, industriepolitisch intendierten Strukturpolitik sachlich nicht stets eindeutig von der regionalen Strukturpolitik getrennt werden können, muss vorausgeschickt werden. Denn in der Regel zeigen industriepolitische Interventionen des Bundes ebenso regionale Wirkungen, wie umgekehrt regionalpolitisch orientierte Initiativen ihre Effekte auf die Sektoralstruktur des Wirtschaftsraumes Westdeutschland entfalten. Angesichts des vorgegebenen, begrenzten Umfangs wird sich dieser Beitrag jedoch auf die Grundzüge der sektoral intendierten Industriepolitik des Bundes im Betrachtungszeitraum konzentrieren. Die regionale Strukturpolitik der Bundesregierungen wird dort zu thematisieren sein, wo dies sachlich nötig ist; die Industriepolitik der Länder und regionale Impulse müssen hingegen ausgespart bleiben. Das gilt auch für die Rolle von Verbänden, Gewerkschaften und gesellschaftlichen Gruppen, die für den Betrachtungszeitraum seitens der historischen Forschung noch kaum quellennah und systematisch untersucht wurde.[7]

Eine große, quellengestützte Gesamtdarstellung zum Thema liegt für die Bundesrepublik bislang nicht vor. Vielmehr existiert neben eher systemtheoretisch oder volkswirtschaftlich orientierten und stark gegenwartsbezogenen Arbeiten, die historische Perspektiven nur teilweise einbinden,[8] eine Vielzahl von vorwiegend kleineren Studien, in denen sich das starke Interesse unter anderem der englischsprachigen Forschung an der bundes-

[5] So die Definition bei Holzem: Industriepolitik, S. 13.

[6] Ebd., S. 13–16.

[7] Zur Geschichte der regionalen Strukturpolitik des Bundes seien genannt: Helmut Karl: Entwicklung und Ergebnisse regionaler Wirtschaftspolitik in Deutschland, in: Hans H. Eberstein/Helmut Karl (Hrsg.): Handbuch der regionalen Wirtschaftsförderung, Köln [3]1996 (Loseblattsammlung), Teil A, Abschnitt II, S. 1–59; exemplarisch am Beispiel des Verhältnisses zwischen Bund und Bayern: Stefan Grüner: Geplantes „Wirtschaftswunder"? Industrie- und Strukturpolitik in Bayern 1945 bis 1973, München 2009, S. 191–223, 345–364, 396–418; zur Industriepolitik der Bundesländer auch: Ulrich Jürgens/Wolfgang Krumbein (Hrsg.): Industriepolitische Strategien. Bundesländer im Vergleich, Berlin 1991; Stefan Goch: Eine Region im Kampf mit dem Strukturwandel. Bewältigung von Strukturwandel und Strukturpolitik im Ruhrgebiet, Essen 2002; zur Rolle der Gewerkschaften: Peter Jansen/Ulrich Jürgens: Gewerkschaften und Industriepolitik, in: Wolfgang Schroeder/Bernhard Weßels (Hrsg.): Die Gewerkschaften in Politik und Gesellschaft der Bundesrepublik Deutschland. Ein Handbuch, Wiesbaden 2003, S. 429–450; Jürgen Kädtler/Hans-Hermann Hertle: Sozialpartnerschaft und Industriepolitik. Strukturwandel im Organisationsbereich der IG Chemie-Papier-Keramik, Opladen 1997; siehe hierzu auch den Beitrag von Sebastian Voigt im vorliegenden Band.

[8] Vgl. u. a. Peter Oberender/Frank Daumann: Industriepolitik, München 1995; Jürgen Simons: Industriepolitik. Theorie, Praxis, politische Kommunikation, Stuttgart 1997; Ulrich Brösse: Industriepolitik, München/Wien [2]1999; Michael J. Seitz: Staatliche Industriepolitik. Begründungen, Instrumente und Probleme, Baden-Baden 2000; Pierre-André Buigues: Industrial Policy in Europe, Japan and the

deutschen Industrieentwicklung seit den 1970er Jahren[9] dokumentiert; auch mit der internationalen Verortung westdeutscher Industriepolitik befasst sich eine wachsende Zahl von Untersuchungen.[10]

Dieser Beitrag wird sich unter Aufnahme des Forschungsstands zunächst mit den konzeptionellen und normativen Rahmenbedingungen für eine westdeutsche Industriepolitik auseinandersetzen (1.). Anschließend wird sich ein zweiter Abschnitt (2.) der industriepolitischen Praxis für die 1950er (2.1) und die „langen" 1960er Jahre (2.2) widmen. Anhand ausgewählter Beispiele soll die bundesdeutsche Industriepolitik in ihrer Eigenschaft als Krisenpolitik analysiert werden, die sich mit den vom strukturellen Wandel besonders schwer betroffenen Branchen zu befassen hatte; ein Ausblick wird dem Feld der Forschungs- und Technologiepolitik und dem hier umgesetzten industriepolitischen Gestaltungsanspruch gelten. Im Fazit soll das Dargestellte vergleichend eingeordnet werden (3.).

1. Der konzeptionelle Rahmen

Die industriepolitischen Ziele der Bundesregierungen sind bis 1968 nicht in Form einer eindeutigen, politisch gewollten und in der Öffentlichkeit kommunizierten Konzeption definiert worden. Die wirtschaftspolitischen Leitbilder der Bundesregierungen, die bis

---

USA. Amounts, Mechanisms and Effectiveness, Basingstoke u. a. 2009; Birger P. Priddat/Klaus-W. West (Hrsg.): Die Modernität der Industrie, Marburg 2012.

[9] Ulrich Hiemenz/Kurt von Rabenau: Effective Protection of German Industry, in: W. M. Corden/ Gerhard Fels (Hrsg.): Public Assistance to Industry. Protection and Subsidies in Britain and Germany, London/Kiel 1976, S. 7–45; Gerhard Fels: Overall Assistance to German Industry, in: ebd., S. 91–119; Jürgen B. Donges: Industrial Policies in West Germany's Not so Market-Oriented Economy, in: The World Economy 3/2 (1980), S. 185–204; Wyn Grant: The Political Economy of Industrial Policy, London u. a. 1982, S. 74–100; Frank D. Weiss: Industrial Policy and International Competitiveness in West Germany, in: Robert E. Driscoll/Jack N. Behrmann (Hrsg.): National Industrial Policies, Cambridge (Mass.) 1984, S. 229–244; Gerhard Wagenhals: Industrial Policy in the Federal Republic of Germany: A Survey, in: F. Gerard Adams/Lawrence R. Klein (Hrsg.): Industrial Policies for Growth and Competitiveness. An Economic Perspective, Lexington (Mass.)/Toronto 1985, S. 247–262; Peter J. Katzenstein (Hrsg.): Industry and Politics in West Germany. Toward the Third Republic, Ithaca/London 1989; Heidrun Abromeit: Government-Industry Relations in West Germany, in: Martin Chick (Hrsg.): Governments, Industries and Markets. Aspects of Government-Industry Relations in the UK, Japan, West Germany and the USA since 1945, Aldershot 1990, S. 61–83; Alphonse Losser: La politique industrielle en République Fédérale d'Allemagne, in: Revue d'Allemagne 22 (1990), S. 149–160; Alexander Eickelpasch (Hrsg.): Renaissance der Industrie, Berlin 2015; im breiteren chronologischen Zugriff: Gary Herrigel: Industrial Constructions. The Sources of German Industrial Power, Cambridge 2000; Guntram R.M. Hepperle: Zukunftsorientierte Industriepolitik. Möglichkeiten und Grenzen, Frankfurt a. M. 2004.

[10] W. M. Corden/Gerhard Fels: Public Assistance to Industry in Britain and Germany, in: Corden/ Fels: Public Assistance, S. 1–6; Guy de Carmoy: Subsidy Policies in Britain, France and West Germany: An Overview, in: Steven J. Warnecke: International Trade and Industrial Policies. Government Intervention and an Open World Economy, London/Basingstoke 1978; Wolfgang Neumann/Henrik Uterwedde: Industriepolitik. Ein deutsch-französischer Vergleich, Opladen 1986; Ljuba Kokalj/Horst Albach: Industriepolitik in der Marktwirtschaft. Ein internationaler Vergleich, Stuttgart 1987; Uwe Blaurock/Fernand Hörner/Klaus Mangold (Hrsg.): Schutz vo(r)m Staat. Industriepolitik in Deutschland und Frankreich, Freiburg i. Br. 2010; der deutsche Fall ist kaum vertreten in: Patrizio Bianchi/ Sandrine Labory (Hrsg.): International Handbook on Industrial Policy, Cheltenham/Northampton 2006. Umfassend angelegt hingegen: Christian Grabas/Alexander Nützenadel (Hrsg.): Industrial Policy in Europe after 1945. Wealth, Power and Economic Development in the Cold War, New York/ Houndmills, Basingstoke 2014.

gegen Mitte der 1960er Jahre öffentlich vertreten wurden, waren bestimmt von ordnungs- und konjunkturpolitischen Überlegungen. Es dominierten die für Westdeutschland bekannten Grundannahmen: Demzufolge hatte sich jegliche Industriepolitik in den ordnungspolitischen Rahmen der sozialen Marktwirtschaft einzufügen. Seine bestimmenden Grundelemente waren und sind das Privateigentum, die unternehmerische Freiheit, der freie Wettbewerb und die Koordination des Wirtschaftsgeschehens über Märkte; die soziale Komponente konkretisiert sich in der Aufgabe des Staates, soziale Härten zu mildern, die für einzelne Gruppen aus der Markttätigkeit erwachsen können. Im Gefolge der Wirtschafts- und Währungsreform von 1948 wurde der normative Rahmen dieser Wirtschaftsordnung sukzessive unter anderem durch das Gesetz gegen Wettbewerbsbeschränkungen von 1957, die Einrichtung einer unabhängigen Zentralbank (1957) und die schrittweise Rückkehr zum liberalisierten Außenhandel bis 1961 definiert.[11]

Industriepolitik durfte daher die steuernden Kräfte des Marktes nicht außer Kraft setzen, sondern sie sollte im Gegenteil die marktwirtschaftlichen Produktionsbedingungen verbessern, indem sie die Mobilität der Produktionsfaktoren erhöhte und die strukturelle Anpassungsfähigkeit förderte. Damit ging – vorläufig – eine ordnungspolitische Entscheidung gegen jegliche imperative Planung der Sektorenstruktur einher.[12] In dieser Sicht kam den Unternehmen die Aufgabe zu, auf strukturelle Wandlungsvorgänge zu reagieren. Staatliche Stellen hingegen hatten sich jeglicher Eingriffe zu enthalten, die geeignet waren, den strukturellen Wandel zu behindern. Waren sie dennoch nötig, so sollten sie jedenfalls ihrem Umfang und zeitlichen Verlauf nach begrenzt bleiben. Dies galt umso mehr, als die jüngere deutsche Vergangenheit und ihre Folgen die Wahrnehmung jeglicher Ansätze von staatlicher Lenkungspolitik in der Öffentlichkeit beeinflussten. Die Erfahrung der nationalsozialistischen Zwangs- und Kriegswirtschaft sowie die Perzeption der entstehenden Planwirtschaft in der DDR können daher mit erklären, weshalb die verantwortlichen Wirtschaftspolitiker in Westdeutschland so lange so großen Wert darauf legten, sich von industriepolitischen Steuerungsmaßnahmen zu distanzieren.[13] Dem gegenüber trat zurück, dass bereits die geistigen „Väter" der sozialen Marktwirtschaft in der Bundesrepublik die Notwendigkeit struktur- und industriepolitischer Interventionen keineswegs grundsätzlich verneinten. Für Ludwig Erhard etwa waren steuernde Eingriffe des Staates mit seiner Auffassung von Marktwirtschaft durchaus vereinbar, wenn sie der Förderung kleiner und mittlerer Betriebe dienten oder die Anpassung an Strukturveränderungen erleichterten. In der Landwirtschaft, in der Schwerindustrie oder im Steinkohlenbergbau akzeptierte er staatliches Eingreifen vor allem mit Blick auf die subventionspolitischen Maßnahmen des Auslands oder auf besondere nationalökonomische Erfordernisse.[14]

---

[11] Zum Rahmen: Werner Abelshauser: Deutsche Wirtschaftsgeschichte. Von 1945 bis zur Gegenwart, München ²2011, S. 87–105, 152–199; Kokalj/Albach: Industriepolitik, S. 244–246.

[12] Hans-Rudolf Peters: Konzeption und Wirklichkeit der sektoralen Strukturpolitik in der Bundesrepublik Deutschland, in: Gottfried Brombach u.a. (Hrsg.): Probleme des Strukturwandels und der Strukturpolitik, Tübingen 1977, S. 119–162, hier S. 129.

[13] Jürgen B. Donges: Industrial Policies in West Germany's Not so Market-Oriented Economy, in: The World Economy 3/2 (1980), S. 185–204, hier S. 189.

[14] Joachim Starbatty: Strukturpolitik im Konzept der Sozialen Marktwirtschaft?, in: Knut Wolfgang Nörr/Joachim Starbatty (Hrsg.): Soll und Haben – 50 Jahre Soziale Marktwirtschaft, Stuttgart 1999, S. 169–193, hier S. 171–175; speziell zu Eucken: Holzem: Industriepolitik, S. 17–40; zu Erhard auch: Bernhard Löffler: Soziale Marktwirtschaft und administrative Praxis. Das Bundeswirtschaftsministerium unter Ludwig Erhard, Wiesbaden 2002, S. 87–121.

Erst im zeitlichen Umfeld der Rezessionskrise von 1966/67 wurden im Bundeswirtschaftsministerium „Grundsätze der sektoralen Strukturpolitik" ausgearbeitet; im Herbst 1966 vom zuständigen Kabinettsausschuss für Wirtschaft gebilligt, wurden sie schließlich 1968 in veränderter Neufassung publiziert. Ihrem Anspruch nach traten diese „Grundsätze" dafür ein, eine Politik der flexiblen Strukturanpassung zu praktizieren. Das Ziel der Erhaltung von industriellen Strukturen sollte grundsätzlich nicht verfolgt werden, lediglich die Verlangsamung oder Beschleunigung struktureller Wandlungsprozesse kam in Frage. Neu war an diesem Konzept neben seinem umfassenden Regelungsanspruch vor allem die Definition von Bedingungen, die vor dem Einsatz des strukturpolitischen Instrumentariums erfüllt zu sein hatten. Nur wenn ein selbstläufiger Anpassungsprozess unzumutbare soziale Härten oder unerwünschte volkswirtschaftliche Konsequenzen nach sich ziehen würde, waren industriepolitische Eingriffe zulässig. Dabei hatten die auftretenden Schwierigkeiten nachweisbar den ganzen Wirtschaftszweig zu betreffen, längerfristiger Natur und so gravierend zu sein, dass sie durch Selbsthilfe der Unternehmen nicht zu beheben waren.[15]

Die vorwegnehmende Strukturgestaltung durch staatliche Maßnahmen wurde in den „Grundsätzen der sektoralen Strukturpolitik" von 1968 noch nicht ausdrücklich thematisiert. Erst mit Beginn der 1970er Jahre fanden auch solche Interventionen ihren konzeptionellen Niederschlag, die darauf abzielten, gezielte Veränderungsimpulse in Branchen zu setzen, die als besonders zukunftsträchtig erachtet wurden.[16] Darüber hinaus erweiterten die Bundesregierungen ihre industriepolitischen Zielsetzungen sukzessive um die Förderung des Umweltschutzes, der Forschung in den Unternehmen, der Grundlagenforschung, der Rohstoffsicherung oder auch der Einführung „ressourcensparender" Herstellungsverfahren.[17]

Die Ursachen für diese konzeptionelle Verdichtung westdeutscher Industriepolitik waren vielfältig: Seit Mitte der 1960er Jahre war eine Abschwächung des bundesdeutschen Wirtschaftswachstums erkennbar geworden. Eine Verknappung von Arbeitskräften machte sich bemerkbar und konnte auch durch Rationalisierungsmaßnahmen der Unternehmen nicht ausgeglichen werden. Um weiterhin zufriedenstellende Wachstumsraten zu erreichen, hoffte man daher im Bundeswirtschaftsministerium zunehmend auf die Wanderung von Arbeit und Kapital in volkswirtschaftlich möglichst ertragreiche Verwendungen. Sektorale Anpassungsprobleme waren zu erwarten: Aus bestimmten Wirtschaftszweigen wie der Landwirtschaft, dem Steinkohlenbergbau, der Werftindustrie oder der Textilwirtschaft waren derartige Probleme zu diesem Zeitpunkt bereits wohlbekannt. In dieser Situation waren die „Grundsätze der sektoralen Strukturpolitik" zweifellos dazu bestimmt, ein umfassendes Handlungskonzept bereitzustellen.[18]

Verständlich wird diese Festlegung auf dem Feld der Industriepolitik freilich nur im Zusammenhang jenes Strategiewechsels, den der Wirtschaftsminister der Großen Koali-

---

[15] Verhandlungen des Deutschen Bundestages, Anlagen zu den stenographischen Berichten, 5. Wahlperiode, Bd. 118, Bonn 1968, Drucksache V/2469, S. 1–4 (Grundsätze der sektoralen Strukturpolitik – Neufassung).

[16] Jahreswirtschaftsbericht 1971 der Bundesregierung, Bonn 1971, S. 33–36 (Ziff. 85–92), bes. S. 35 (Ziff. 90).

[17] Ebd., S. 31 (Ziff. 77), 34 (Ziff. 86); Jahreswirtschaftsbericht 1972 der Bundesregierung, Bonn 1972, S. 34 (Ziff. 69); Jahreswirtschaftsbericht 1974 der Bundesregierung, Bonn 1974, S. 17 (Ziff. 41); Jahreswirtschaftsbericht 1975 der Bundesregierung, Bonn 1975, S. 16 (Ziff. 31, Zitat).

[18] Vgl. hierzu Peters: Konzeption und Wirklichkeit, S. 125–127.

tion, Karl Schiller, seit 1966 in der bundesdeutschen Wirtschaftspolitik eingeleitet hatte.[19] Er war entschlossen, dem Staat eine aktivere, lenkende Rolle im Wirtschaftsablauf zuzuweisen und dafür die nötigen Instrumente bereitzustellen. Dafür kam es nicht nur darauf an, im Sinne des neuen Schlagworts von der „Globalsteuerung" eine antizyklische Ausgabenpolitik zu betreiben. Angesichts der Konjunkturabflachung 1966/67 und der krisenhaften Zuspitzung der Lage im westdeutschen Steinkohlenbergbau sah sich der Bund überdies unmittelbar zum strukturpolitischen Eingreifen genötigt. Durch die konzeptionelle Durchdringung der Problematik sollte daher den staatlichen Stellen industriepolitische Orientierungshilfe gegeben und zugleich das unkoordinierte Überborden von Strukturhilfen verhindert werden.[20]

Da sich die strukturschwachen Regionen der Bundesrepublik besonders anfällig für die Folgen der Rezessionsphase gezeigt hatten, fanden die genannten sektoralen Leitlinien ihre logische Ergänzung in den „Grundsätzen der regionalen Strukturpolitik": Deren Umsetzung sollte über ein Mehr an Koordination und Planung dazu beitragen, unter anderem industriepolitisch wirksame Fördermaßnahmen von Bund und Ländern so zu bündeln, dass ein regional möglichst ausgeglichenes Wirtschaftswachstum erreicht wurde.[21]

Wie sich bald zeigen sollte, wurden diese Ziele nur in begrenztem Maße erreicht. Im Hinblick auf die Bündelung sektoraler Maßnahmen erwiesen sich die Interessen der verschiedenen, mit Industrie- und Strukturpolitik befassten bundespolitischen Instanzen als zu vielfältig, die politischen Zwänge als zu stark, um wirklich bindende Vorgaben zu erlauben. Alles in allem waren die konzeptionellen Vorgaben so weit und interpretationsfähig gehalten, dass daraus ein konsequenter Abbau von bereits bestehenden, sektoralen Strukturerhaltungsmaßnahmen nicht gerechtfertigt oder gar durchgesetzt werden konnte.[22]

2. Praxis der Industriepolitik (1950–1975)

Schon von zeitgenössischen, überwiegend ausländischen Beobachtern wurde zu Recht darauf hingewiesen, dass die Wirtschaftspolitik der Bundesrepublik im Betrachtungszeitraum keineswegs dem „textbook model" einer Marktwirtschaft entsprach.[23] Ungeachtet aller offiziellen, vor allem auf Bundesebene anzutreffenden industriepolitischen Abstinenzerklärungen haben Bund und Länder seit den späten 1940er Jahren Einfluss auf den Umfang und die Struktur des sekundären Sektors genommen. Diese Interventionen reagierten auf Engpässe etwa in der Schwerindustrie oder auf regionale Notstände und erfolgten nur fallweise. So stand in Westdeutschland zunächst die Ausweitung der industriellen Produktionsbasis im Mittelpunkt der Bemühungen. Erst seit den späten 1950er Jahren

---

[19] Alexander Nützenadel: Stunde der Ökonomen. Wissenschaft, Politik und Expertenkultur in der Bundesrepublik 1949–1974, Göttingen 2005, S. 308–316.
[20] Verhandlungen des Deutschen Bundestages, Anlagen zu den stenographischen Berichten, 5. Wahlperiode, Bd. 118, Bonn 1968, Drucksache V/2469, S. 1–4 (Grundsätze der sektoralen Strukturpolitik – Neufassung); Steiner: Abschied von der Industrie?, S. 44–47.
[21] Ebd., S. 5f. (Grundsätze der regionalen Strukturpolitik). Dazu Stefan Grüner: Geplantes „Wirtschaftswunder", S. 353–364.
[22] Grundsätze der sektoralen Strukturpolitik (s. Anm. 20); Peters: Konzeption und Wirklichkeit, S. 126, 134.
[23] Donges: Industrial Policies, S. 185.

rückte die Aufgabe in den Vordergrund, auf Schrumpfungsprozesse in den „alten", vom Strukturwandel gezeichneten Industrien zu reagieren.

2.1 Die 1950er Jahre

Steuernde industriepolitische Eingriffe der Bundesregierungen trugen noch in den 1950er Jahren in hohem Maße den Charakter von Ad-hoc-Maßnahmen, die freilich die Tendenz aufwiesen, sich zu verstetigen. Drei signifikante Beispiele sollen zur Verdeutlichung herausgegriffen werden:

Industriepolitische Ziele wurden erstens über die Steuerung und Behebung von Engpässen im Bereich der Rohstoffgewinnung und des Verkehrswesens anvisiert. Das „Gesetz über die Investitionshilfe der gewerblichen Wirtschaft" von 1952 verpflichtete die bundesdeutschen Unternehmer, eine Milliarde DM aufzubringen, um damit den Investitionsbedarf von Grundstoff- und Schlüsselindustrien sowie des wichtigsten Verkehrsträgers zu decken. In den Genuss des Kapitaltransfers kamen der Bergbau, die eisenschaffende Industrie, die Energie- und Wasserwirtschaft sowie die Bundesbahn. Aus der Sicht der CDU/FDP-Regierungskoalition und der Unternehmerverbände ließ sich diese Form der befristeten Investitionslenkung einleuchtend begründen: Noch nach der Wirtschafts- und Währungsreform von 1948 waren im Bergbau und in der Grundstoffindustrie Formen von Zwangsbewirtschaftung wirksam. Aufgrund der resultierenden Preisbindung sowie der Produktionsverbote und Zwangsexporte sah sich unter anderem der Kohlenbergbau vorerst nicht in der Lage, kostendeckend zu arbeiten, und bedurfte daher dieser „spektakulären" staatlichen Intervention.[24]

Zweitens legten Bund und Länder bereits in den 1950er Jahren die Grundlagen für eine auch ökonomisch relevante Forschungs- und Technologiepolitik. Zwar standen dabei bis gegen Mitte der 1960er Jahre noch keineswegs wirtschaftspolitische Ziele im Fokus. Die staatliche Forschungsförderung orientierte sich vorerst an allgemeinen wissenschaftspolitischen Maximen und rückte den institutionellen Aufbau in den Vordergrund; an der industriepolitischen Verwendbarkeit von Forschungsergebnissen waren staatliche Stellen noch kaum interessiert.[25] Die wechselvolle Geschichte der „Fraunhofer-Gesellschaft zur Förderung der angewandten Forschung" (FhG), die 1949 als Neugründung neben Großforschungseinrichtungen wie die „Deutsche Forschungsgemeinschaft" und die „Max-Planck-Gesellschaft zur Förderung der Wissenschaften" (1948) trat, kann jedoch exemplarisch verdeutlichen, welches industrie- und strukturpolitisch relevante Innovationspotenzial zu dieser Zeit bereits im Aufbau begriffen war. Zwischen 1955 und 1965 entwickelte

---

[24] Abelshauser: Deutsche Wirtschaftsgeschichte, S. 163 (Zitat).

[25] Gerhard Bräunling/Dirk-Michael Harmsen: Die Förderungsprinzipien und Instrumente der Forschungs- und Technologiepolitik. Eine Analyse ihrer Wirksamkeit, Göttingen 1975; Jutta Gerjets: Forschungspolitik in der Bundesrepublik Deutschland. Kritische Analyse ihrer Zielsetzungen und Instrumente, Köln 1982; im international vergleichenden Zugriff: Otto Keck: West German Science Policy since the Early 1960's: Trends and Objectives, in: Research Policy 5 (1976), S. 116–157; ders.: The National System for Technical Innovation in Germany, in: Richard R. Nelson: National Innovation Systems. A Comparative Analysis, New York/Oxford 1993, S. 115–157. Dazu knapp auch Kokalj/Albach: Industriepolitik, S. 248. Am Beispiel eines Bundeslandes: Helmuth Trischler: Nationales Innovationssystem und regionale Innovationspolitik. Forschung in Bayern im westdeutschen Vergleich 1945 bis 1980, in: Thomas Schlemmer/Hans Woller (Hrsg.): Politik und Kultur im föderativen Staat 1949 bis 1973, München 2004, S. 117–194.

sich die FhG aus einer vorwiegend vom Sitzland Bayern protegierten Einrichtung zu einer bundesweit tätigen Organisation für die anwendungsorientierte, wirtschaftsnahe Forschung. Zudem richtete sich die bundesdeutsche staatliche Forschungsförderung seit etwa der Mitte der 1950er Jahre auf Forschungsfelder, die in der Folge eine zentrale Stelle im nationalen Innovationssystem einnahmen und erhebliche industriepolitische Relevanz erlangten. Hierzu zählten neben der neu einsetzenden militärisch verwertbaren Forschung vor allem die Luft- und Raumfahrt sowie die Kernforschung.[26]

Drittens fiel in der bundesdeutschen Wirtschaftspolitik schon sehr früh der Entschluss, materielle Ressourcen und Arbeitskraft in strukturschwache Regionen des Bundesgebiets zu lenken, die von den sozialökonomischen Kriegsfolgen in besonderem Maße betroffen waren. Zu den Empfängerregionen zählten zu Beginn der 1950er Jahre weite Gebiete in den Bundesländern Schleswig-Holstein, Hessen, Niedersachsen, Rheinland-Pfalz, Baden und Bayern. Dieser Initiative lag zunächst vor allem die Sorge zugrunde, wonach Verelendungsvorgänge in „Notstandsgebieten" das ökonomische Gleichgewicht der aufstrebenden westdeutschen Wirtschaft ernsthaft gefährden und zudem unerwünschte politische Folgen haben könnten. Industriepolitisch relevant ist diese regionale Wiederaufbau- und Förderpolitik, weil sie bis in die frühen 1970er Jahre ganz überwiegend dem industriell-gewerblichen Sektor zugutekam; der tertiäre Sektor wurde vorwiegend in Gestalt der Tourismusförderung einbezogen. Im Mittelpunkt der Fördermaßnahmen stand neben der Infrastrukturverbesserung vor allem die regionale Industrieansiedlung. Seit Ende der 1950er Jahre trat die Aufgabe hinzu, Ersatzindustrien in altindustriellen Regionen aufzubauen.

So entwickelte sich diese in der historischen Forschung noch kaum beachtete Form der Industrie- und Strukturpolitik zum Nukleus des vertikalen Finanzausgleichs in der Bundesrepublik. Zwischen 1951 und 1974 leitete der Bund auf diese Weise fast drei Mrd. DM an Bundesmitteln in die Länder. An erster Stelle in der Rangfolge der Fördersummen stand Bayern, das in hohem Maße profitierte, danach folgten Niedersachsen und Schleswig-Holstein; am Ende der Skala stand Nordrhein-Westfalen.[27] Der Bund schuf auf diese Weise vielfach erst die finanziellen Voraussetzungen dafür, dass die Länder in der Zeit der frühen Bundesrepublik zu einer gezielten Industrieansiedlungs- und Infrastrukturpolitik imstande waren. Als Hilfe zur Selbsthilfe konzipiert und äußerlich wenig spektakulär, entwickelten sich diese Transfers zu einem effektiven Hebel des Bundes, um strukturpolitisch Einfluss in den Ländern zu bewahren und im Sinne des Grundgesetzes das Gebot der „Einheitlichkeit der Lebensverhältnisse" (Art. 72 GG) im Staatsgebiet umzusetzen. Diese regional gerichtete Industriepolitik geriet in eine latente Krise, als im Zuge der Strukturprobleme im Kohlenbergbau die bisherige Förderkulisse erheblich ausgeweitet wurde und das System im Laufe der 1960er Jahre aus der Balance geriet.[28]

---

[26] Helmuth Trischler/Rüdiger vom Bruch: Forschung für den Markt. Geschichte der Fraunhofer-Gesellschaft, München 1999, S. 40–69; Trischler: Nationales Innovationssystem, S. 123–164; Johannes Weyer: Akteurstrategien und strukturelle Eigendynamiken. Raumfahrt in Westdeutschland 1945–1965, Göttingen 1993; Frank Rosenthal: Die Luft- und Raumfahrtindustrie zwischen Wettbewerb und Industriepolitik. Ein Handbuch zur deutschen (1908–1995) und westeuropäischen (1945–1995) Luft- und Raumfahrtindustrie, Frankfurt a. M. 1996; Joachim Radkau: Aufstieg und Krise der deutschen Atomwirtschaft 1945–1975. Verdrängte Alternativen in der Kerntechnik und der Ursprung der nuklearen Kontroverse, Reinbek bei Hamburg 1983; Wolfgang D. Müller: Geschichte der Kernenergie in der Bundesrepublik Deutschland, 2 Bde., Stuttgart 1990/1996.
[27] Grüner: Geplantes „Wirtschaftswunder", S. 345–364, hier S. 362.
[28] Karl: Entwicklung und Ergebnisse regionaler Wirtschaftspolitik, S. 1–59.

2.2 Die „langen" 1960er Jahre

Die „langen" 1960er Jahre, verstanden als die erweiterte Dekade zwischen den späten 1950er Jahren und dem Ende des Nachkriegsbooms 1973/74, stellen sich für die Praxis der westdeutschen Industriepolitik als eine Periode des Übergangs und der Neuformation dar. Auf eine Phase der „Inkubation" folgte seit dem Eintritt der Rezessionskrise von 1966/67 eine Zeit des beschleunigten Wandels, die mit der Herausbildung neuer Instrumente und der ansatzweisen Integration des Planungsparadigmas in die Industriepolitik einherging. Anpassungskrisen in altindustriellen Wirtschaftszweigen forderten indes teils schon vorher die Aufmerksamkeit der Wirtschaftspolitik ein. In Westdeutschland waren neben den besonders eklatanten Fällen des Kohlenbergbaus oder der Werft- und Textilindustrie nicht weniger als zwölf von 29 Industriebranchen betroffen, die im Zeitraum zwischen 1960 und 1970 Arbeitsplätze abbauen mussten.[29]

Alte Industrien in der Krise: drei Beispiele

Es war oben bereits vom Wandel der ökonomischen Rahmenbedingungen, vom Paradigmenwechsel in der bundesdeutschen Wirtschaftspolitik und von den Effekten kollektiver Krisenwahrnehmung die Rede, die als bestimmend dafür anzusehen sind, dass eine konzeptionelle Festlegung der bundesdeutschen Industriepolitik unabweisbar wurde. Als mindestens ebenso prägend ist die Sogkraft der industriepolitischen Praxis anzusehen. Gemeint ist insbesondere die Anpassungskrise des westdeutschen Steinkohlenbergbaus, die seit Ende der 1950er Jahre auf die politische Tagesordnung drängte: Sie und die in ihrem Zusammenhang angewendeten industriepolitischen Lösungskonzepte bilden einen weiteren wichtigen Katalysator für die Neujustierung der westdeutschen Industriepolitik gegen Ende der 1960er Jahre.

Der westdeutsche Steinkohlenbergbau blieb nach 1945 zunächst dem ökonomischen Wettbewerb entzogen. Um für den Wiederaufbau preiswerte Energie bereitzustellen, regulierte der Staat den Markt und setzte bis 1956 Höchstpreise für die geförderte Steinkohle fest. Die Freigabe der Kohlepreise im gleichen Jahr bot den Anlass für eine voranschreitende Absatzkrise, die ab 1958 zu ersten Entlassungen führte. Die nunmehr folgenden Interventionen der Bundesregierung hatten vor allem zum Ziel, die westdeutsche Steinkohle gegenüber dem Mineralöl und der billigeren Importkohle konkurrenzfähig zu halten, Rationalisierungsmaßnahmen im Bergbau anzustoßen und den Kohleabsatz im Bereich der Elektrizitätswirtschaft aufrechtzuerhalten. Dazu setzte die Bundesregierung auf Fracht- und Absatzhilfen, Steuerhilfen für Investitionen im Steinkohlenbergbau, finanzielle Hilfen zugunsten von Arbeitnehmern oder Einfuhrbeschränkungen für günstigere Auslandskohle. Ihr Ziel erreichte sie damit jedoch nicht: Der Anteil der Steinkohle am Energieverbrauch ging weiter zurück. Diese Tatsache setzte in der zweiten Hälfte der 1960er Jahre eine Kaskade weiterer industriepolitischer Eingriffe in Gang. Hatten die Bundesregierungen zunächst noch versucht, lediglich die Rahmenbedingungen zu setzen, innerhalb derer die Unternehmen selbst den Weg aus der Krise zu finden hatten, so erzwang die Komplexität der Krise immer umfangreichere Problemlösungsstrategien. Im Endeffekt war es eine Kombination aus Energie-, Sozial- und regionaler Wirtschaftspolitik,

---

[29] Neumann/Uterwedde: Industriepolitik, S. 50.

die insbesondere unter dem neuen Bundeswirtschaftsminister Schiller in den Mittelpunkt der staatlichen industriepolitischen Interventionen zur Krisenbehebung rückte.

Die Maßnahmen der Bundesregierung zielten nunmehr auf die Anpassung der Förderkapazitäten an die Nachfrage und auf die Unterstützung besonders wirtschaftlicher Steinkohlenbergwerke. Dazu wurde per Gesetz die Bildung von sechs „Gesamtgesellschaften" für das Bundesgebiet angeregt, die den Großteil der Grubenbetriebe einer Bergbauregion umfassen und deren Reorganisation lenken sollten. Um die regionale Wirtschaftsstruktur der Kohlenfördergebiete zu verbessern und Monostrukturen aufzulockern, wurde die Schaffung von Ersatzarbeitsplätzen in anderen Wirtschaftszweigen durch öffentliche Mittel gefördert; daneben kam die öffentliche Hand den Unternehmen bei der Stilllegung unrentabler Betriebe oder bei Rationalisierungsmaßnahmen zu Hilfe.[30] Allein in den Jahren zwischen 1958 und 1967 flossen so aus dem Bundeshaushalt finanzielle Hilfen in Höhe von 16,7 Mrd. DM an den Steinkohlenbergbau; weitere 400 Mio. DM wurden aus dem Haushalt des Landes Nordrhein-Westfalen finanziert. Zwischen 1970 und 1981 brachten Staat und Stromverbraucher mindestens weitere 13,4 Mrd. DM für den westdeutschen Steinkohlenbergbau auf.[31]

Die erste Ölpreiskrise von 1973/74 verschaffte der Steinkohle nur kurzzeitig verbesserte Absatzmöglichkeiten, veränderte jedoch die Rahmenbedingungen für die bundesdeutsche Energiepolitik grundsätzlich. Die bislang favorisierte Strategie, den Löwenanteil der angestrebten Kohlenfördermenge durch Vereinbarungen mit den beiden wichtigsten Abnehmergruppen – der Elektrizitätswirtschaft sowie der Eisen- und Stahlindustrie – sichern zu lassen, ließ sich nur mehr teilweise realisieren. Insbesondere die Strukturkrise, in die die westdeutsche Stahlindustrie seit 1975 geriet, führte zu einem drastischen Nachfragerückgang und dazu, dass das Prinzip der „Verstromung" von Steinkohle ab Mitte der 1970er Jahre ins Zentrum der bundesdeutschen Kohlenpolitik rückte. Hierbei wurde im Jahr 1974 die Ausgleichsabgabe „Kohlepfennig" eingeführt, die bis 1995 von den Stromverbrauchern aufzubringen war und die finanzielle Grundlage bereitstellte, um die Mehrkosten des Einsatzes von Steinkohle in den Kraftwerksunternehmen auszugleichen. Ein weiter voranschreitender Absatzrückgang ließ sich dadurch jedoch nicht vermeiden. Ungeachtet aller staatlichen Finanzhilfen konnte die Wettbewerbsfähigkeit der westdeutschen Steinkohle auf den Weltmärkten bis in die Gegenwart nicht wieder hergestellt werden.

Eine Einschätzung der bundesdeutschen industriepolitischen Initiativen zugunsten der Krisenbranche Steinkohlenbergbau wird differenziert ausfallen müssen. Legt man lediglich das Kriterium der Wachstumsförderung zugrunde, dann liegt eine negative Bewertung nahe: Zweifellos belasteten die staatlichen Eingriffe den Wachstumsprozess mit höheren Energiepreisen und verursachten erhebliche Kosten, die von öffentlichen Haushalten und Verbrauchern zu tragen waren. Bezieht man jedoch darüber hinaus sozial- und

---

[30] Gesetz zur Anpassung und Gesundung des deutschen Steinkohlenbergbaus und der deutschen Steinkohlenbergbaubetriebe vom 15.5.1968, in: Bundesgesetzblatt I/1968, Nr. 29, Bonn 1968, S. 365–384; dazu Kokalj/Albach: Industriepolitik, S. 260–264; Abelshauser: Deutsche Wirtschaftsgeschichte, S. 199–212; ders.: Der Ruhrkohlenbergbau seit 1945. Wiederaufbau, Krise, Anpassung, München 1984, S. 87–164; Christoph Nonn: Die Ruhrbergbaukrise. Entindustrialisierung und Politik 1958–1969, Göttingen 2001.

[31] Zoltán Jákli: Vom Marshallplan zum Kohlepfennig. Grundrisse der Subventionspolitik in der Bundesrepublik Deutschland 1948–1982, Opladen 1990, S. 109; Abelshauser: Ruhrkohlenbergbau, S. 161f.

regionalpolitische Aspekte in die Betrachtung mit ein, dann kann durchaus von einer Positivbilanz gesprochen werden. Nicht nur gelang es, die wirtschaftliche Leistungsfähigkeit einer Krisenbranche auf niedrigerem Niveau zu stabilisieren und damit eine erhebliche strukturelle Anpassungs- und Rationalisierungsleistung zu vollbringen. Vielmehr konnte einer ganzen Region der Absturz in den ökonomischen und sozialen Notstand erspart werden: Der strukturelle Umbau vollzog sich alles in allem als „geordneter Anpassungsprozeß". Nach wie vor bleibt es einer politischen Entscheidung vorbehalten, inwieweit der Erhalt der noch bestehenden bundesdeutschen Steinkohlenförderung aus Gründen der nationalen Versorgungssicherheit als erstrebenswert erachtet wird. Mit dem gemeinsam gefassten Entschluss von Bund und Ländern, die Subventionierung des Steinkohlenbergbaus bis 2018 einzustellen, fiel im Februar 2007 auf diesem Feld der Industriepolitik eine wichtige Vorentscheidung.[32]

Anders als die industriepolitischen Maßnahmen des Bundes zugunsten der heimischen Stahlindustrie, die im Wesentlichen außerhalb des Betrachtungszeitraums liegen,[33] setzte die industriepolitisch relevante Förderung des westdeutschen Schiffbaus bereits gegen Anfang der 1960er Jahre ein. Sie reagierte damit auf eine strukturelle Krise, welche die deutsche Schiffbauindustrie etwa zu diesem Zeitpunkt erfasst hatte und sich seither in Gestalt von sinkenden Weltmarktanteilen und abnehmender internationaler Konkurrenzfähigkeit deutscher Werften manifestierte. Da der Weltmarkt bis gegen Mitte der 1970er Jahre weiter expandierte und zunächst noch hinreichend Absatzmöglichkeiten bot, blieb die Strukturkrise vorerst latent; die Zahl der Beschäftigten sank allerdings bereits kontinuierlich von 113 000 (1958) auf 81 000 (1967) bzw. rund 55 000 (1982) Personen. Nach 1975 ging die Krise im deutschen Schiffbau mit ersten Unternehmensschließungen in ein akutes Stadium über. Um dem Vordringen japanischer Werften auf dem internationalen Markt Paroli zu bieten und „Verzerrungen" des internationalen Wettbewerbs auszugleichen, favorisierte die bundesdeutsche Politik ein kombiniertes Vorgehen: Es sah vor, für begrenzte Zeit Subventionen an die heimische Werftindustrie zu zahlen und gleichzeitig auf internationaler Ebene für den Subventionsabbau einzutreten.[34]

So stellte der Bund im Rahmen von „Werfthilfeprogrammen" ab 1961 eine ganze Reihe von unterschiedlich akzentuierten Finanzhilfen zugunsten der deutschen Schiffbauindustrie bereit: Neben Exportkrediten zählten dazu Investitionshilfen, Baukostenzuschüsse für Werften, Beihilfen für Reeder oder auch Beschaffungsmaßnahmen der Bundesmarine.

---

[32] Abelshauser: Ruhrkohlenbergbau, S. 163f. (Zitat: S. 164); Rahmeyer: Sektorale Strukturpolitik, S. 7–11; Kokalj/Albach: Industriepolitik, S. 260–270.

[33] Frank Wolter: Strukturelle Anpassungsprobleme der westdeutschen Stahlindustrie. Zur Standortfrage der Stahlindustrie in hochindustrialisierten Ländern, Tübingen 1974; Joachim Müller (Hrsg.): Krise in der Stahlindustrie, 2 Bde., Oldenburg 1983; Alexander Dieter: Die Krise der deutschen Stahlindustrie. Darstellung, Ursachenanalyse und theoretisch-empirische Überprüfung strategischer Konzepte der Krisenbewältigung, Würzburg 1993; Karl Eckart/Bronislaw Kortus: Die Eisen- und Stahlindustrie in Europa im strukturellen und regionalen Wandel, Wiesbaden 1995. Im allgemeineren Überblick: Peter Oberender/Georg Rüter: Stahlindustrie, in: Peter Oberender (Hrsg.): Marktökonomie. Marktstruktur und Wettbewerb in ausgewählten Branchen der Bundesrepublik Deutschland, München 1989, S. 29–77; im internationalen Vergleich: Gary Herrigel: Manufacturing possibilities. Creative Action and Industrial Recomposition in the United States, Germany, and Japan, Oxford 2010.

[34] Die wirtschaftliche Lage und die Strukturverhältnisse der Schiffbauindustrie in der BRD im internationalen Wettbewerb. Eine volkswirtschaftliche, betriebswirtschaftliche und produktionstechnische Untersuchung, hrsg. vom Bundesminister für Wirtschaft, Bonn 1964, S. 16; Jahreswirtschaftsbericht 1970 der Bundesregierung, Bonn 1970, S. 27 (Ziff. 73).

Anders als Teilen ihrer internationalen Konkurrenz blieb der westdeutschen Schiffbauindustrie die Begünstigung durch Importverbote, Zölle oder Steuervergünstigungen allerdings versagt.[35] Zwischen 1966 und 1990 zahlte der Bund rund 9,9 Mrd. DM an Subventionen an die westdeutsche Schiffbauindustrie; davon entfielen auf den Betrachtungszeitraum bis 1975 allein fast 2,5 Mrd. DM. In dieser Zeit konnte die Werftindustrie mit einer
relativ kontinuierlich fließenden staatlichen Unterstützung rechnen; zugleich stieg aufgrund der schrumpfenden Nettowertschöpfung dieser Branche der Anteil von Subventionen am Produktionswert – und damit die Intensität der Förderung – seit der Mitte der
1970er Jahre auf mehr als das Doppelte. Im internationalen Vergleich hielten sich die
westdeutschen Fördersätze für den Betrachtungszeitraum allerdings regelmäßig unter jenen Maximalgrenzen, die im Rahmen von EWG-Schiffbaurichtlinien seit 1969 gezogen
wurden. Auch fiel die Subventionierung durchwegs geringer aus als in anderen EG-Ländern.[36]

Bemisst man die Förderpolitik des Bundes zugunsten der deutschen Werftindustrie an
den ursprünglich gesetzten Zielen, dann erscheint der Befund eindeutig: Es war im Betrachtungszeitraum nicht möglich, auf der Grundlage einer internationalen Übereinkunft
im Rahmen einer gemeinsamen EG-Politik zur Vereinheitlichung und zum umfassenden
Abbau von Subventionen für die Schiffbauindustrie in den Mitgliedsstaaten zu gelangen.
Wenn solche Vereinbarungen über den Subventionsabbau wie etwa in den Jahren 1972
und 1975 zustande kamen, so scheiterten sie in den folgenden Krisenjahren gleichwohl an
dem politischen Druck, den betroffene Unternehmen, Arbeitnehmer und Wirtschaftsregionen zu entfalten verstanden. Die branchenbezogenen industriepolitischen Maßnahmen
der bundesdeutschen Wirtschaftspolitik sind daher gerechterweise auch als Reaktion auf
den „zersplitterte[n] Protektionismus" in den westeuropäischen Schiffbaunationen zu in-
terpretieren, der eine gemeinsame EG-Schiffbaupolitik nur in Ansätzen möglich machte.[37]

Zudem zeichnet sich im Rückblick ab, dass die Praxis der westdeutschen Förderpolitik
zeitweise gravierenden Fehleinschätzungen folgte. So war das seit 1961 aufgelegte Werft-
hilfeprogramm durchaus geeignet, die Wettbewerbsfähigkeit der deutschen Werften auf
dem Feld der Finanzierung von Schiffsneubauten international zu erhöhen. Als problematisch erwiesen sich jedoch jene staatlichen Investitionshilfen, die Bund und Länder
zwischen 1969 und 1974 gewährten, um die Serienfertigung von Großschiffen zu stärken:
Sie trugen damit dazu bei, Investitionsentscheidungen deutscher Werften auf Märkte hin
zu orientieren, auf denen sie gegenüber ihren schwedischen, japanischen und südkorea-
nischen Konkurrenten nicht auf Dauer bestehen konnten. Hinzu kamen Mängel bei der

---

[35] Götz Albert: Wettbewerbsfähigkeit und Krise der deutschen Schiffbauindustrie 1945–1990, Frankfurt a. M. 1998; speziell zu Form, Höhe und Wirkung von gewährten Subventionen ders.: Eine Branche im Stützkorsett. Subventionen in der deutschen Schiffbauindustrie in der Nachkriegszeit, in:
Jahrbuch für Wirtschaftsgeschichte 2 (1998), S. 199–217, bes. S. 203–215; Jürgen Langer: Subventionierung der deutschen Werftindustrie. Ziele und Auswirkungen, Hamburg 1974; Jahreswirtschaftsbericht 1975 der Bundesregierung, Bonn 1975, S. 17 (Ziff. 34). In markttheoretischem Zugriff: Helmut
Gröner/Martina Sindelar: Werftindustrie, in: Oberender (Hrsg.): Marktökonomie, S. 79–108.
[36] Die Subventionen zugunsten der Schiffbauindustrie in Westdeutschland erreichten bis einschließlich 1975 nominal eine Höhe von 2,44 Mrd. DM, real beliefen sie sich in Preisen von 1985 auf 4,86
Mrd. DM; Albert: Branche, S. 205–214.
[37] Detlef Rother: Strukturwandel im Weltschiffbau – Auswirkungen auf die westeuropäische Schiffbauindustrie, dargestellt an den Beispielen der Schiffbauindustrien der Bundesrepublik, Japans und
Schwedens. Erfolge und Mißerfolge sektoraler Strukturpolitik, in: Erfolg und Mißerfolg sektoraler
Strukturpolitik, Berlin 1985, S. 131–154 (Zitat: S. 146); Albert: Branche, S. 213–215.

Koordination öffentlicher Finanzhilfen, die nicht immer hinreichend spezifiziert und teils auch an Unternehmen vergeben wurden, die bei genauerer Betrachtung nicht förderungswürdig gewesen wären. Vieles spricht daher dafür, dass die noch in den 1970er Jahren gegebene Chance auf strukturelle Anpassungen im westdeutschen Schiffbau nicht rechtzeitig oder nicht in der richtigen Weise genutzt wurde. So gesehen, lässt sich die Schwerpunktverlagerung zu staatlichen Erhaltungssubventionen, die seit Mitte der 1970er Jahre die westdeutsche Werftenpolitik prägte, aus den im Vorfeld versäumten Restrukturierungsmaßnahmen überzeugend herleiten.[38]

Ähnlich der westdeutschen Steinkohle- und der Werftindustrie geriet die Textilindustrie bereits seit den späten 1950er Jahren in eine latente Krise.[39] Entgegen dem allgemeinen Trend innerhalb des sekundären Sektors erreichte hier die Zahl der Beschäftigten 1957 ihren Höhepunkt und nahm seither fast kontinuierlich ab. Mit 60 000 Entlassungen allein im Jahr 1958 reagierte die Branche auf sinkende Absatzmöglichkeiten, die ihre Ursache unter anderem in der wachsenden internationalen Konkurrenz und im Wandel der Konsumgewohnheiten westdeutscher Verbraucher hatten. Im Laufe der 1960er Jahre traten zu diesen krisengenerierenden Faktoren weitere hinzu, darunter die Effekte der Vollbeschäftigung und der resultierenden Konkurrenz um qualifizierte Arbeitskräfte sowie das im internationalen Vergleich relativ hohe Lohnniveau. Ungeachtet dessen sahen sich Unternehmen der bundesdeutschen Textilindustrie noch bis in die frühen 1970er Jahre in der Lage, im Zeitverlauf zwar abnehmende, doch nach wie vor vergleichsweise hohe Renditen zu erzielen. Diese waren keineswegs immer auf intensive Anstrengungen zur technischen Rationalisierung zurückzuführen: Vielmehr waren in bestimmten Produktionssparten noch über Jahrzehnte hinweg selbst auf veralteten Produktionsanlagen hohe Gewinnmargen möglich, wenn es gelang, die Gestehungskosten durch den Einsatz günstiger Arbeitskraft relativ niedrig zu halten. Diese Gegebenheit wirkte sich auf lange Frist gesehen jedoch keineswegs zum Vorteil der Branche aus.[40]

Anders als westdeutscher Kohlenbergbau und Werftindustrie, anders auch als in den meisten anderen EG-Ländern, erfuhr die westdeutsche Textilbranche seitens der Bundesregierung keine systematische Subventionierung über nationale Förderprogramme. Inspiriert durch die ersten Finanzhilfen des Bundes zugunsten des Ruhrbergbaus und aus Sorge vor der zunehmenden Liberalisierung der europäischen Märkte im Zeichen des Gemeinsamen Marktes, hatte die Textilindustrie seit Ende der 1950er Jahre solche staatlichen Hilfen durchaus eingefordert. Im Bundeswirtschaftsministerium verfolgte man indes eine anders gerichtete Strategie. So war Minister Erhard gewillt, den deutschen Textilproduzenten über die Aushandlung von textilen Importkontingenten im Rahmen von internationalen Handelsabkommen unter die Arme zu greifen. Eine zunächst als zeitlich begrenzt gedachte Ausnahmeregelung verstetigte sich in der Folge: Wie zahlreiche andere Industrieländer behielt die Bundesrepublik daher auch als GATT- bzw. WTO-Mitgliedsland quantitative Einfuhrrestriktionen für Textilgüter noch über Jahrzehnte hinweg bei. Unter westdeutscher Beteiligung wurden Quotenvereinbarungen zum Schutz der heimischen Textilindustrie vor Auslandskonkurrenz seit 1962 unter anderem im „Agreement on Inter-

---

[38] Langer: Subventionierung, S. 263–277; Albert: Branche, S. 215f.; Rother: Strukturwandel, S. 145–152.
[39] Vgl. hierzu auch den Beitrag von Karl Ditt im vorliegenden Band.
[40] Michael Breitenacher: Textilindustrie im Wandel, Frankfurt a. M. 1989, S. 29–121; Stephan H. Lindner: Den Faden verloren. Die westdeutsche und die französische Textilindustrie auf dem Rückzug (1930/45–1990), München 2001, S. 53–109.

national Trade in Cotton Textiles", im „Multifibre Arrangement" (1974) oder im „Agreement on Textiles and Clothing" (1995) fixiert. Damit gehörte auch in Westdeutschland die Textilbranche im Betrachtungszeitraum und darüber hinaus zu den vor Importkonkurrenz am besten geschützten Branchen. Vor diesem Hintergrund waren alle Bundesregierungen der Ansicht, dass dieser hohe protektionistische Schutz hinreichend sein müsse, um den Unternehmen die strukturelle Anpassung zu ermöglichen. Der Subventionsgrad der Textilindustrie lag daher noch gegen Ende der 1970er Jahre mit einem Wert von 1,3 Prozent der Nettowertschöpfung deutlich unter dem Durchschnitt des gesamten warenproduzierenden Gewerbes (2,1 Prozent).[41]

Die Ursachen für diese industriepolitische Ungleichbehandlung von Krisenbranchen waren vielgestaltig und reichten über rein ökonomische Faktoren hinaus. So kam in der Politik der Bundesregierungen zweifellos zum Tragen, dass die Textilbranche in Westdeutschland stark dezentral angesiedelt, vorwiegend kleinbetrieblich organisiert und in diverse Teilbranchen unterteilt ist. Anders als im Kohlenbergbau oder in der Werftindustrie manifestierten sich Krisenerscheinungen daher regional wie auch zeitlich nie in ähnlich konzentrierter Form. Der Handlungsdruck, der auf der bundesdeutschen Wirtschaftspolitik lag, verminderte sich zusätzlich, da der Unternehmerverband „Gesamttextil" ebenso wie die Gewerkschaften auf eine positive wirtschaftliche Gesamtentwicklung vertrauten: Brancheninternen Rationalisierungsmaßnahmen standen sie noch in den 1960er Jahren ebenso offen gegenüber wie dem sozial verträglich gestalteten Abbau von Arbeitskräften. Überdies sahen sich die stark zersplitterten Textilgewerkschaften kaum in der Lage, jenes Maß an Protestpotenzial und öffentlicher Aufmerksamkeit zu mobilisieren, das ihre Kollegen im Falle des Ruhrbergbaus aufzubieten verstanden.[42]

Auch nach 1969 änderte sich die Strategie der Bundesregierungen gegenüber der Textilindustrie nicht grundsätzlich. Diese Feststellung gilt selbst angesichts der Tatsache, dass die westdeutsche Entwicklungspolitik seit Mitte der 1960er Jahre deutliche Erfolge im Hinblick auf die beschleunigte Industrialisierung und die Exportsteigerung von Schwellenländern verbuchen konnte und damit dazu beitrug, westdeutschen Produzenten wachsenden Konkurrenzdruck zu bescheren. Dies traf im Betrachtungszeitraum insbesondere auf die Textil- und Bekleidungsproduktion zu, die in vielen Entwicklungsländern am Anfang des Industrialisierungsprozesses stand. Vielmehr favorisierte die bundesdeutsche Wirtschaftspolitik einen Prozess der internationalen Arbeitsteilung, in dem der heimischen Industrie gegenüber den Entwicklungs- und Schwellenländern überwiegend die Rolle des Exporteurs von Investitionsgütern zufallen sollte. In der westdeutschen Textilindustrie war nach dieser Logik der Beschäftigtenabbau, kombiniert mit Anstrengungen zur technischen Modernisierung und zur Produktivitätssteigerung, auch aus übergeordneten, weltmarktpolitischen Gründen unausweichlich und akzeptabel.[43]

---

[41] Breitenacher: Textilindustrie, S. 67–121; Christoph Buchheim: Die Wiedereingliederung Westdeutschlands in die Weltwirtschaft 1945–1958, München 1990, S. 155–158. Zum GATT-Abkommen Bettina Strube: Entwicklung der Textil- und Bekleidungsindustrie. Entwicklungen und Tendenzen der nationalen und internationalen Textil- und Bekleidungsbranche, unter Berücksichtigung des Welttextilabkommens im Rahmen des GATT bzw. der WTO, Diss., Berlin 1999; Lindner: Den Faden verloren, S. 109–145; Konrad Lammers: Subventionen und Strukturwandel. Zu den Chancen eines Abbaus staatlicher Hilfen, in: Wirtschaftsdienst 60 (1980), S. 539–546, hier S. 541.

[42] Lindner: Den Faden verloren, S. 114–120; Jansen/Jürgens: Gewerkschaften, S. 436–439.

[43] Dieter Schumacher: Arbeitsteilung mit Entwicklungsländern und Strukturwandel in der Bundesrepublik Deutschland, in: Konjunkturpolitik 28 (1982), S. 298–323; Jürgen Engel: Internationale

Eine umfassende Einschätzung darf freilich nicht übersehen, dass im föderalen System der Bundesrepublik in vielen Fällen den Länderregierungen die Aufgabe zufiel, konkursbedrohte Unternehmen zu unterstützen. Ungeachtet des Fehlens von nationalen, sektoral zugeschnittenen Förderprogrammen hatten Unternehmen der Textil- und Bekleidungsindustrie Anteil an einer wenig spektakulären, „stillen Strukturpolitik". Diese wurde auf Landesebene oft im Zusammenspiel mit dem Bund anhand von Bürgschaften, Zuschüssen oder Krediten geleistet und fand ihre Ergänzung durch regionalpolitische Fördermaßnahmen des Bundes etwa in Gestalt der „Zonenrandförderung". An dem oben genannten, unterdurchschnittlichen Subventionsgrad der Branche änderte jedoch auch diese Form der Unterstützung durch die öffentliche Hand nichts Grundsätzliches.[44]

Forschungs- und Entwicklungspolitik

Zwischen 1960 und 1971 verdreifachten sich die jährlichen Ausgaben staatlicher Stellen in Westdeutschland zugunsten von Forschung und Entwicklung (FuE) und stiegen damit schneller als alle übrigen Staatsausgaben im gleichen Zeitraum. In dieser förderpolitischen Expansionsbewegung kam ein Bewusstseinswandel zum Ausdruck, der die Forschungs- und Technologiepolitik in Westdeutschland sukzessive zu einem elaborierten Instrument der Industrie- und Strukturpolitik aufrücken ließ. Hatten sich Bund und Länder noch im Laufe der 1950er Jahre im Wesentlichen auf die Finanzierung von staatlichen Forschungsinstituten und Großprojekten konzentriert, so wurden im folgenden Jahrzehnt verstärkt auch Fördermittel an Unternehmen des produzierenden Sektors vergeben. Dies geschah unter der Devise, die „technologische Lücke" gegenüber dem Vorreiter USA zu schließen, und richtete sich daher überwiegend auf bestimmte, als besonders zukunftsträchtig erachtete Forschungsfelder: Neben der elektronischen Datenverarbeitung (1967) zählte dazu unter anderem die Biotechnologie, die im Programm „Neue Technologien" (1970) bereits eine gewisse Förderung erfuhr. Als Zielgruppe der neuorientierten bundesdeutschen Forschungspolitik wählte man vor allem Großunternehmen, die zugleich als Empfänger und beratende Ansprechpartner der staatlichen Forschungsförderung fungierten. Um 1973 entfielen so auf die 50 größten Industrieunternehmen, die staatliche Zuwendungen für FuE-Zwecke erhielten, nicht weniger als 93 Prozent der ausgeschütteten Mittel; im Jahr 1977 waren es immerhin noch 76 Prozent. Die sachlichen Schwerpunkte der Förderung lagen dabei noch 1979 auf den Feldern der Energie- und Informationstechnologie, der Verkehrstechnik und der Weltraumforschung.[45]

Wirtschaftsbeziehungen und Strukturwandel am Beispiel der bundesdeutschen Textil- und Bekleidungsindustrie, Bremen 1985; Ahmad Naini: Bundesrepublik Deutschland, in: Manfred Holthus/ Dietrich Kebschull (Hrsg.): Die Entwicklungspolitik wichtiger OECD-Länder. Eine Untersuchung der Systeme und ihrer außenwirtschaftlichen Implikationen, Bd. 1, Hamburg 1985, S. 503–637, hier S. 613–617, 624–626; zum außenwirtschaftlichen Rahmen Jürgen Bellers: Außenwirtschaftspolitik der Bundesrepublik Deutschland 1949–1989, Münster 1990, S. 223–234; Lindner: Den Faden verloren, S. 138–145.

[44] Carsten Rohde: Strukturwandel und staatliche Sanierungspolitik in der Textilindustrie, in: Wirtschaftsdienst 59 (1979), S. 238–242; Wiemann: Selektiver Protektionismus, S. 211 f.; Engel: Internationale Wirtschaftsbeziehungen, S. 139–141; Breitenacher: Textilindustrie, S. 78–82; Karl Lauschke: Strategien ökonomischer Krisenbewältigung. Die Textilindustrie im Westmünsterland und in Oberfranken 1945 bis 1975, in: Schlemmer/Woller: Politik, S. 195–279.

[45] Thomas Wieland: Neue Technik auf alten Pfaden. Biotechnologieförderung in der Bundesrepublik Deutschland, in: Christian Kehrt/Peter Schüssler/Marc-Denis Weitze (Hrsg.): Neue Technologien

Mit der Ausweitung der Förderstrukturen ging der wachsende Anspruch einher, For-
schungs- und Technologiepolitik konzeptionell in die Wirtschaftspolitik einzubinden.
Spätestens im Gefolge der Rezessionskrisen von 1966/67 und 1973/74 setzte sich die Vorstellung durch, wonach es Aufgabe des Staates sei, FuE-Hilfen gezielt als Hebel einzusetzen, um den intraindustriellen Strukturwandel voranzutreiben: Die Förderung von
technologiehaltigeren Produktionsstrukturen sollte dazu beitragen, gesamtwirtschaftliche
Wachstumsimpulse zu setzen und die internationale Wettbewerbsfähigkeit zu steigern.
Diese technologieorientierte Politik der Strukturanpassung zielte daher unter anderem
auf die Förderung von effizienteren Produktionsverfahren in der Investitionsgüterindustrie, die Förderung des Umweltschutzes oder auch auf die Grundlagenforschung in den
Bereichen Gesundheitswesen und Verteidigung.[46] Der wachsenden Kritik an der Konzentration der Fördergelder trug der Bund erst gegen Ende der 1970er Jahre durch die brei-
tere Streuung der Forschungs- und Entwicklungsförderung auch in Richtung kleiner und
mittlerer Unternehmen Rechnung.[47]

3. Fazit

Industriepolitische Eingriffe spielten in der Bundesrepublik Deutschland zwischen 1950
und 1975 eine geringere Rolle als in anderen europäischen Ländern wie etwa Frankreich
oder Großbritannien. Zugleich kamen sie seit den 1950er Jahren in intensiverer Weise
zum Tragen, als es Geist und Inhalt der „Grundsätze der sektoralen Strukturpolitik" von
1968 entsprochen hätte. Über den Betrachtungszeitraum hinweg stellte sich bundesdeutsche Industriepolitik als eine Kombination von Maßnahmen zur generellen Unterstützung und Regulierung der industriellen Entwicklung einerseits mit selektiver Intervention andererseits dar.[48] Dem korrespondierte die relative Unschärfe der staatlicherseits
öffentlich vertretenen industriepolitischen Ziele. Ein Gesamtkonzept industriepolitischer
Strategien, wie es in Frankreich unter anderem im Rahmen der „Planification" formuliert
wurde, hätte seine Urheber in Westdeutschland zwangsläufig dem Verdacht ausgesetzt,
Formen der dirigistischen Strukturlenkung anzustreben und damit die marktwirtschaftliche Ordnung grundsätzlich zu gefährden. Dass die Grenzen des „Sagbaren und des
Machbaren"[49] in Frankreich weiter gesteckt waren, hatte eine Reihe von Gründen: Die
lange interventionistische Tradition des Landes zählte ebenso dazu wie die Erfahrung des
Untergangs der Dritten Republik im Zweiten Weltkrieg. Die forcierte sozialökonomische
Modernisierung Frankreichs rückte damit nach 1945 für die Dauer von drei Jahrzehnten

---

in der Gesellschaft. Akteure, Erwartungen, Kontroversen und Konjunkturen, Bielefeld 2011, S. 249–
263; ders.: Neue Technik auf alten Pfaden? Forschungs- und Technologiepolitik in der Bonner Republik. Eine Studie zur Pfadabhängigkeit des technischen Fortschritts, Bielefeld 2009; zur Großforschung im Überblick: Margit Szöllösi-Janze/Helmuth Trischler: Entwicklungslinien der Großforschung in der Bundesrepublik Deutschland, in: dies. (Hrsg.): Großforschung in Deutschland,
Frankfurt a. M. 1990, S. 13–20. Zum Gesamtzusammenhang Kokalj/Albach: Industriepolitik, S. 282–
294.

[46] Lothar Scholz: Forschungs- und Technologiepolitik und Wirtschaftsstruktur, in: Erfolg und Mißerfolg sektoraler Strukturpolitik, Berlin 1985, S. 105–125, hier S. 108–114.

[47] Abromeit: Government-Industry Relations, S. 68–71; Rahmeyer: Sektorale Strukturpolitik, S. 20–27.

[48] Wagenhals: Industrial Policy, S. 254; Abromeit: Government-Industry Relations, S. 62.

[49] Zur Begrifflichkeit Willibald Steinmetz: Das Sagbare und das Machbare. Zum Wandel politischer
Handlungsspielräume: England 1780–1867, Stuttgart 1993.

zu einem breit konsensfähigen nationalen Ziel auf. Dies galt umso mehr, als die industrie-politische Erneuerungsstrategie einen Großteil ihrer Legitimation aus der kollektiven Wahrnehmung eines erheblichen Entwicklungsrückstands des industriellen Sektors im eigenen Land bezog. Staatlich initiierte industrielle Großprojekte, gelenkte Restrukturie-rungen des industriellen Sektors oder umfangreiche Verstaatlichungsmaßnahmen bilde-ten im Betrachtungszeitraum akzeptierte Instrumente der französischen Wirtschafts- und Industriepolitik.[50]

In Großbritannien bahnte unter anderem die traumatische Erfahrung der tief krisen-haften ökonomischen Entwicklung des Landes zwischen den Weltkriegen den Weg für eine früh dem keynesianischen Modell verpflichtete, stark interventionistisch geprägte Wirtschaftspolitik. Getragen von einem überparteilichen Konsens, doch vornehmlich un-ter der Ägide von Labour-Regierungen, wurde nach 1945 eine Form von Industriepolitik umgesetzt, deren Herzstück zunächst in Maßnahmen zur Verstaatlichung von Schlüssel-industrien bestand. Seit den späten 1950er Jahren traten subventions- und steuerpolitische Fördermaßnahmen zugunsten privater Industrien hinzu. Ungeachtet dieser Anstrengun-gen machte es einen Teil der strukturellen Schwäche der britischen Wirtschaft aus, dass die industrielle Entwicklung über den Betrachtungszeitraum hinweg von niedrigen Mo-dernitätsstandards, zurückbleibender Investitionstätigkeit und geringer Produktivität ge-kennzeichnet war. Vor dem Hintergrund von ebenfalls zurückbleibenden Wachstums- und Exportquoten stellten sich seit den 1960er Jahren Prozesse der Deindustrialisierung ein, die unter anderem die Kohle-, Schiffs- und Textilindustrie trafen und mit teils katastro-phal verlaufenden sozialökonomischen Krisenlagen ganzer Regionen einhergingen.[51]

Selbst ein knapp gehaltener internationaler Vergleich kann auf diese Weise deutlich machen, dass sich die unterschiedlichen Profile nationaler Industriepolitiken in Europa nur aus einer Vielzahl von Faktoren herleiten lassen. Aspekte der politischen Kultur spie-len dabei ebenso eine Rolle wie administrative Traditionen, historische Erfahrungsbestän-de oder divergierende ökonomische Entwicklungsgänge. Zweifellos wurden im Falle der Bundesrepublik – wie bereits gesehen – die ordnungspolitische Grundsatzentscheidung für die soziale Marktwirtschaft, die Erfahrung der NS-Zwangswirtschaft und das planwirt-schaftliche Konkurrenzmodell der DDR dahingehend wirksam, die Akzeptanz ökonomi-scher Lenkungsmaßnahmen über geraume Zeit hinweg niedrig zu halten. Daneben aber kam zum Tragen, dass sich in Westdeutschland vergleichsweise geringerer industriepoliti-scher Handlungsbedarf manifestierte. Anders als in Frankreich war hier der ökonomische Strukturwandel schon vor 1945 weiter vorangeschritten, der Anteil des sekundären Sek-tors an der nationalen Wertschöpfung höher und die Industriestruktur moderner. Selbst über die Zerstörungen und Demontagen der Kriegs- und Nachkriegszeit hinweg konnte an diesen strukturellen Vorsprung angeknüpft werden. Gegenüber dem Pionierland der Industrialisierung, Großbritannien, hingegen war in Westdeutschland die strukturelle

---

[50] Neumann/Uterwedde: Industriepolitik, S. 24–68; Hartmut Berg/Frank Schmidt: Industriepolitik in Deutschland und Frankreich: Ziele – Konzepte – Erfahrungen, in: Sylke Behrends (Hrsg.): Ord-nungskonforme Wirtschaftspolitik in der Marktwirtschaft. FS [Festschrift] für Prof. Dr. Hans-Rudolf Peters zum 65. Geburtstag, Berlin 1997, S. 397–424; William James Adams (Hrsg.): What's in a Name? French Industrial Policy, 1950–1975, in: Grabas/Nützenadel: Industrial Policy, S. 67–85.

[51] Sidney Pollard: The Development of the British Economy 1914–1980, London ³1983; Alex Cairn-cross: The British Economy since 1945. Economic Policy and Performance, 1945–1990, Oxford 1992; Thomas Mergel: Großbritannien seit 1945, Göttingen 2005, S. 50–63, 179–190; Martin Chick: The State and Industrial Policy in Britain, 1950–1974, in: Grabas/Nützenadel: Industrial Policy, S. 48–66.

und räumlich-monokulturelle Konzentration der „alten" Industrien nach 1945 weniger ausgeprägt, der industriepolitische Krisendruck erreichte angesichts einer bald boomenden, in hohem Maße von industrieller Expansion getragenen Wirtschaft ein geringeres Ausmaß.[52]

Eine – angesichts des Forschungsstandes – vorläufige Bilanz der für die Bundesrepublik in der Zeit der ökonomischen „Boomjahre" zu konstatierenden, „impliziten"[53] Industriepolitik wird gleichwohl durchmischt ausfallen. Von einiger Plausibilität erscheint die These, wonach hier staatliche Subventionen für die Industrie zu Beginn der 1970er Jahre offenkundig eine geringere Höhe erreichten als in Frankreich oder in Großbritannien. Aufgrund der erheblichen Probleme bei der Bereitstellung und Aufbereitung vergleichbaren Zahlenmaterials können derartige Angaben allerdings kaum mehr bieten als begründete, punktuelle Schätzungen oder Verweise auf Größenordnungen.[54] Gesicherte Zahlen zum Gesamtumfang staatlicher Subventionen sind für die Bundesrepublik erst seit Einführung der Subventionsberichterstattung des Bundes im Jahre 1967 verfügbar. Die Jahre zwischen 1950 und 1966 sind demgegenüber nur über wissenschaftliche Untersuchungen erschlossen, deren Zahlenmaterial nicht mit jenem der Subventionsberichte vergleichbar ist. Aufgrund der fortbestehenden unterschiedlichen Definitionsansätze, der unzureichenden Transparenz der staatlichen Subventionsziele und der politischen Brisanz des Themas sind daher Zahlenangaben für den Betrachtungszeitraum zwischen 1950 und 1975 wie auch darüber hinaus nur annäherungsweise möglich.[55]

Gleichwohl lässt sich festhalten, dass das Subventionsvolumen in der Bundesrepublik seit 1950 in zwei Schüben deutlich expandierte: zunächst ab Mitte der 1950er Jahre aufgrund der einsetzenden Hilfen für die Landwirtschaft, dann erneut seit Ende der 1960er Jahre. Bis Anfang der 1980er Jahre nahmen die Subventionen in absoluten Zahlen weiterhin zu, doch kehrte sich in dieser Phase ein anderer Trend um: Die Zuwachsraten von Finanzhilfen und Steuervergünstigungen blieben etwa seit Mitte der 1970er Jahre hinter denjenigen des Bundeshaushalts und des Steueraufkommens zurück. Lag der Anteil der Finanzhilfen am Bundeshaushalt zwischen 1966 und 1970 im Durchschnitt bei 9 Prozent, so waren es im Durchschnitt der Jahre 1976–1980 nur mehr 6,9 Prozent.[56]

Die Finanzhilfen des Bundes für die gewerbliche Wirtschaft nahmen an diesem Trend indes nicht teil. Lag ihr Anteil an den gesamten bundesstaatlichen Finanzhilfen zwischen 1966 und 1975 (14,8 Prozent) noch deutlich unter dem Anteil der Hilfen für die Landwirtschaft (38,6 Prozent), so rückten Subventionen für die gewerbliche Wirtschaft seit Mitte der 1970er Jahre in den Mittelpunkt der Subventionspolitik des Bundes: In den Jahren 1976–1982 steigerte sich ihr Anteil auf durchschnittlich 26 Prozent gegenüber 19,9 Prozent zugunsten der Landwirtschaft; eine ähnliche Entwicklung zeichnete sich im Bereich der Finanzhilfen der Länder ab. Die entscheidende Rolle hierbei spielte der Subventionsbedarf des westdeutschen Bergbaus, dem zwischen 1966 und 1982 maximal 78 Prozent (1968) jener Finanzhilfen zuflossen, die an die gewerbliche Wirtschaft gingen.

---

[52] Neumann/Uterwedde: Industriepolitik, S. 35, 41; Abelshauser: Deutsche Wirtschaftsgeschichte, S. 66–82.

[53] Neumann/Uterwedde: Industriepolitik, S. 25.

[54] Carmoy: Subsidy Policies, S. 53; Abromeit: Government-Industry Relations, S. 66.

[55] Zur Problematik Jürgen B. Donges/Klaus-Werner Schatz: Staatliche Interventionen in der Bundesrepublik Deutschland. Umfang, Struktur, Wirkungen, Kiel 1986, S. 18 f.; Jákli: Vom Marshallplan, S. 26–51; Démètre Zavlaris: Subventionen in der Bundesrepublik Deutschland seit 1951, Berlin 1970.

[56] Jákli: Vom Marshallplan, S. 41–43, 50 f.

In absoluten Zahlen ausgedrückt, profitierte diese im gleichen Zeitraum von Bundeshilfen in Höhe von fast 35,4 Mrd. DM. Davon entfielen alleine über 18,4 Mrd. (52 Prozent) auf den Bergbau, annähernd 3,0 Mrd. (8,5 Prozent) auf den Bereich Energie und Rohstoffversorgung, über 4,2 Mrd. (11,9 Prozent) auf Innovationsförderung und technologische Schwerpunktprogramme, fast 3,6 Mrd. (10,2 Prozent) auf ausgewählte Industriebereiche wie den zivilen Flugzeugbau sowie mehr als 3,2 Mrd. (9 Prozent) auf regionale Strukturmaßnahmen; nahezu 3,0 Mrd. (8,5 Prozent) gingen in „sonstige" Fördermaßnahmen.[57] Auf Branchen des industriellen Sektors bezogen, gehörten 1970 wie 1977 neben dem Bergbau der Schiffbau, das Nahrungs- und Genussmittelgewerbe, der Maschinenbau, die Chemische Industrie, die Elektrotechnik, die eisenschaffende Industrie sowie der Luft- und Raumfahrzeugbau zu den wichtigsten gewerblichen Subventionsempfängern. Die relativ starke Konzentration der Fördermittel, die bereits für das Feld der Forschungs- und Technologiepolitik zu konstatieren war, lässt sich in der Tendenz also auch für die bundesdeutsche industriebezogene Subventionspolitik in ihrer Gesamtheit feststellen. Für die überwiegende Zahl der Branchen hatten staatliche Transferzahlungen daher nur relativ geringe quantitative Bedeutung.[58]

Es ist hier nicht der Ort, die Effektivität der eingesetzten Mittel im Detail zu prüfen, zumal Aussagen über deren Wirkungsintensität generell mit erheblichen methodischen Schwierigkeiten befrachtet sind.[59] Zweifellos wäre es jedoch einseitig, die Industriepolitik des Bundes und der Länder lediglich einer ökonomischen Effizienzanalyse zu unterwerfen. Gewiss: Sofern allein marktökonomische Kriterien zugrunde gelegt werden, muss die industriepolitische Abschirmung einzelner Krisenbranchen vor dem internationalen Wettbewerb als Fehlsteuerung erscheinen, da sie mit „gesamtwirtschaftlichen Wohlfahrtsverlusten" einhergehen kann.[60] Gerade eine historisch argumentierende Darstellung kann jedoch die Bedeutung und Legitimität von zeitlich begrenzten Maßnahmen zur Verzögerung des ökonomischen Strukturwandels für Westdeutschland untermauern. Naturgemäß sind die sozial- und regionalpolitischen Effekte von sektoralen Fördermaßnahmen kaum zu quantifizieren. In ihren Wirkungen im Hinblick auf die sozialökonomische Stabilisierung von Krisenregionen oder generell den Erhalt des sozialen Friedens sind sie gleichwohl nicht zu überschätzen.[61]

Darüber hinaus förderte die Industriepolitik der „Boomjahre" zwischen 1950 und 1975 einen kollektiven Lernprozesses von Beteiligten und Beobachtern, der seit den 1970er Jahren von breit einsetzenden wissenschaftlichen Debatten zur strukturpolitischen „Steuerungsfähigkeit" des Staates begleitet wurde.[62] Möglichkeiten und Grenzen von sektoraler

---

[57] Berechnet nach Jákli: Vom Marshallplan, S. 44–47 (Tab. II/5, II/6 und II/7).

[58] Ulla Schwarze: Subventionen – Spürbare Beeinflussung des Wirtschaftsgefüges? Die sektorale Verteilung der Subventionen in der Bundesrepublik im Zeitraum 1970 bis 1977, in: Mitteilungen des Rheinisch-Westfälischen Instituts für Wirtschaftsforschung 31 (1980), S. 135–156.

[59] Schwarze: Subventionen, S. 136.

[60] Vgl. etwa Hartmut Berg/Frank Schmidt: Industriepolitik, in: Paul Klemmer (Hrsg.): Handbuch europäische Wirtschaftspolitik, München 1998, S. 849–943, hier S. 884; Martin Gornig: Gesamtwirtschaftliche Leitsektoren und regionaler Strukturwandel. Eine theoretische und empirische Analyse der sektoralen und regionalen Wirtschaftsentwicklung in Deutschland 1895–1987, Berlin 2000, S. 269 (Zitat).

[61] Vgl. dazu mit Bezug auf Nordrhein-Westfalen u. a. die Beiträge in: Stefan Goch (Hrsg.): Strukturwandel und Strukturpolitik in Nordrhein-Westfalen, Münster 2004.

[62] Hierzu stellvertretend für zahlreiche Publikationen: Wolfgang Bruder/Thomas Ellwein (Hrsg.): Raumordnung und staatliche Steuerungsfähigkeit, Opladen 1980.

Strukturpolitik traten in der Folge im öffentlichen Diskurs klarer zutage. So hat die Krisengeschichte des bundesdeutschen Ruhrbergbaus sowie der Werft- und der Textilindustrie deutlich vor Augen geführt, dass die gewählten industriepolitischen Mittel nicht in der Lage waren, grundsätzliche Standortvorteile von internationalen Konkurrenten dauerhaft auszugleichen. Zu den historisch gewachsenen Erfahrungsbeständen bundesdeutscher Industriepolitik seit den 1960er Jahren zählt daher nicht nur die klare Einsicht in die abträglichen Effekte von auf Dauer gestellten, branchenbezogenen Subventionszahlungen. Die „Lernfähigkeit" der wirtschaftspolitischen Akteure manifestierte sich seit der Mitte der 1970er Jahre darüber hinaus darin, dass Anpassungs- und Produktivitätshilfen im Spektrum der industriepolitisch intendierten Subventionen zunehmend an Bedeutung gegenüber reinen Erhaltungshilfen gewonnen haben.[63] Als ein prägnantes Beispiel historischen Lernens ist dieser Effekt immerhin bemerkenswert.

---

[63] Armin Gutowski/Eberhard Thiel/Manfred Weilepp: Analyse der Subventionspolitik. Das Beispiel der Schiffbau-, Luft- und Raumfahrtindustrie, Hamburg 1984, S. 19–47; Albert: Branche, S. 217; Rahmeyer: Sektorale Strukturpolitik, S. 28–30 (Zitat: S. 30).

Jörg Roesler
Strukturpolitik und Wirtschaftsplanung in der Industrie der DDR

1. Einleitung

Dieser Beitrag behandelt die Lenkung des strukturellen Wandels in der Wirtschaft Ostdeutschlands, also der Sowjetischen Besatzungszone Deutschlands (SBZ) und der DDR in den Jahren von 1945 bis 1975, und konzentriert sich hierbei auf die Industrie. Mit Sachsen-Thüringen beherbergte Ostdeutschland neben dem Rhein-Ruhrgebiet und Oberschlesien eines der drei ursprünglichen, d. h. in der Zeit der industriellen Revolution des 19. Jahrhunderts entstandenen Industriegebiete des Deutschen Reiches.[1] Während des Zweiten Weltkrieges entfiel auf den mittleren Teil Deutschlands ein Drittel der gesamten Industrieproduktion des Landes.[2]

Das sächsisch-thüringische Industrierevier hatte entscheidenden Anteil daran, dass sich in der DDR die Bruttowertschöpfung in der Industrie auf das 4,2fache des Bereichs Handel, Gastgewerbe und Reparaturen von Gebrauchsgütern und auf das 3,4fache der Bruttowertschöpfung im Bereich Verkehr und Nachrichtenübermittlung belief. Zwischen 1950 und 1975 entwickelte sich die Industrie in der DDR, wiederum gemessen an der Bruttowertschöpfung, 3,2-mal so schnell wie die Landwirtschaft, 1,7-mal schneller als Verkehr und Nachrichtenübermittlung und 1,3-mal schneller als der Bereich Handel, Gaststätten. Nur das Baugewerbe übertraf das Wachstum des Bereichs Industrie um 11 Prozent.[3] Angesichts dieser Dominanz und Dynamik des industriellen Sektors erscheint es gerechtfertigt, sich bei der Analyse der Methoden und Instrumente strukturellen Wandels in Ostdeutschland auf diesen Wirtschaftsbereich zu konzentrieren.

Bezüglich der industriellen Entwicklung nach 1945 wies die SBZ/DDR einige Merkmale auf, die diese von vielen anderen west- und mitteleuropäischen Staaten unterscheiden. Zunächst ist – erstens – das Ausmaß der Kriegszerstörungen zu nennen, auch wenn deren Umfang anfangs überschätzt worden ist. Zweitens ist der Umfang der Reparationen aufzuführen, die die Sowjetzone für ganz Deutschland an die Sowjetunion zu liefern hatte, nachdem entsprechende Lieferungen aus den Westzonen in die UdSSR bereits 1946 gestoppt worden waren. Hauptsächlich diese Wiedergutmachungsleistungen waren es, die bewirkten, dass 1950 der Kapitalbestand der Industrie gemessen an den 1936 erreichten Werten nur 72 Prozent betrug, gegenüber 122 Prozent in der Bundesrepublik.[4] Werden im geschichtlichen Rückblick bereits die bis 1948 vorgenommenen Demontagen und die bis 1953 von der Sowjetunion als Reparationsleistungen getätigten Entnahmen aus der laufenden Produktion in ihren Wirkungen auf die ostdeutsche Industrie unterschätzt, so

---

[1] Knut Borchardt: Perspectives on Modern German Economic History and Policy, Cambridge 1991, S. 32–42.
[2] Jaap Sleifer: Planning Ahead and Falling Behind. The East German Economy in Comparison with West Germany 1936–2002, Berlin 2006, S. 70.
[3] Gerhard Heske: Wertschöpfung, Erwerbstätigkeit und Investitionen in der Industrie Ostdeutschlands 1950–2000: Daten, Methoden, Vergleiche, Köln 2013, S. 82.
[4] Sleifer: Planning Ahead, S. 72.

DOI 10.1515/9783110523010-004

gilt dies erst recht für eine dritte Besonderheit der ostdeutschen Wirtschaftsentwicklung – die Folgen der Teilung Deutschlands. Die nach der Berliner Blockade 1948 eingeleitete und unter den Bedingungen des Kalten Krieges sich noch über ein Jahrzehnt verstärkende Abtrennung der ostdeutschen Industriebetriebe von ihren Rohstoffquellen und Zulieferungen im Westen Deutschlands sowie der sich bis zum Beginn der 1960er Jahre fortsetzende Wirtschaftskrieg machten den Aufbau neuer Industriezweige, deren Erzeugnisse die Lieferungen aus Westdeutschland zu ersetzen hatten, zu einem der vorrangigen Ziele der Industriepolitik der DDR; dies galt ebenso für die Wiederherstellung der Funktionstüchtigkeit oder den Ersatz der (teil-)demontierten Reparationsbetriebe. Die wichtigste – vierte – Besonderheit der auf die Strukturpolitik in der DDR einwirkenden Faktoren gegenüber den westeuropäischen und den meisten mitteleuropäischen Ländern war aber zweifellos eine andere: Das Steuerungsbemühen fand nicht unter marktwirtschaftlichen, sondern unter planwirtschaftlichen Bedingungen statt.

Im Folgenden wird zunächst dargestellt, welche Institutionen in der DDR für sektorale und regionale Strukturpolitik verantwortlich waren und unter welchen wirtschaftspolitischen Rahmenbedingungen sich diese vollzog. Dabei wird auf die Hervorhebung der wechselnden wirtschaftspolitischen Bedingungen, die in verschiedenen Phasen der DDR-Entwicklung wirksam waren, besonderer Wert gelegt. Anschließend werden zunächst die Grundzüge des sektoralen und dann die des regionalen Wandels zwischen 1950 und 1975 phasenweise dargestellt. Auch werden anhand historiographischer Daten Erfolge und Misserfolge der ostdeutschen Strukturpolitik benannt. Abschließend werden die Rahmenbedingungen und die Intensität bundesdeutscher und ostdeutscher Strukturpolitik über den Untersuchungszeitraum verglichen.

2. Die Lenkung des strukturellen Wandels in der Industrie unter den Bedingungen der DDR-Planwirtschaft

Das Wirtschaftssystem der DDR wurde bewusst als Gegenmodell zum marktverfassten System in der Bundesrepublik geschaffen. Dabei lagen dem DDR-Planungssystem weniger die spärlichen Hinweise von Karl Marx und Friedrich Engels über die zukünftige sozialistische und kommunistische Gesellschaftsordnung zugrunde als die Funktionspläne des sowjetischen Planungssystems, das sich sowohl unter den Herausforderungen der Weltwirtschaftskrise der 1930er Jahre als auch unter den Bedingungen der Verteidigung der Sowjetunion gegen die deutsche Aggression während des Zweiten Weltkrieges offensichtlich bewährt hatte.

Der Grundgedanke des Planungssystems war es, die nationale Wirtschaft insgesamt und in ihren Teilsystemen, also bis hin zu den Betrieben und Gemeinden, zu koordinieren und zu lenken. Dafür wurde in der DDR eine Institutionenordnung geschaffen, die – von der Reformperiode 1964–1970 einmal abgesehen – streng hierarchisch organisiert war. Sie bestand aus zwei an ihrer Spitze personell verbundenen Säulen: dem SED-Parteiapparat auf der einen und der staatlichen Verwaltung auf der anderen Seite. Innerhalb der SED berieten und entschieden auf der Grundlage von Beschlüssen des Zentralkomitees (ZK) der SED das Politbüro bzw. die Sekretariate des ZK alle grundlegenden wirtschaftlichen Fragen. Die Schlüsselpositionen nahmen dabei der Parteivorsitzende, d. h. der Erste Sekretär bzw. Generalsekretär der SED, sowie das für Wirtschaftsfragen verantwortliche Mitglied des Zentralsekretariats der SED ein.

Unter den Institutionen der Wirtschaftsverwaltung kam der Staatlichen Plankommission eine herausragende Rolle zu. Sie hatte die Volkswirtschaftspläne zu erarbeiten und die Verflechtungen zwischen den verschiedenen Wirtschaftssektoren bzw. Industriebereichen herzustellen. Auf diese Weise sollte ein rasches, aufeinander abgestimmtes Wachstum der Volkswirtschafts- bzw. Industriezweige erreicht werden, im Entwicklungstempo gestaffelt nach dem optimalen Beitrag der einzelnen Zweige zur Entwicklung der Gesamtwirtschaft. Hauptinstrument der Staatlichen Plankommission zur Lenkung der Industrie und anderer Wirtschaftsbereiche war der Perspektivplan. Im Zeitraum zwischen 1950 und 1975 handelte es sich dabei um Fünfjahrpläne bzw. Siebenjahrpläne, aus denen sich die bis ins Detail verbindlichen Jahrespläne ableiteten.

Die Leitung der verschiedenen Sektoren der Industrie oblag in der Regel Branchenministerien. So gab es Ministerien für Schwerindustrie, für Maschinenbau, für die Leicht- und Lebensmittelindustrie usw. Die letzte Entscheidung in allen wesentlichen strukturpolitischen Fragen oblag dem Ministerrat und seinem Präsidium. Die wichtigsten Mitglieder des Präsidiums des Ministerrats gehörten zugleich den Spitzengremien der SED an. Etwas verkürzt wird im Folgenden häufig von der SED-Führung gesprochen, wenn von den genannten Entscheidungsgremien die Rede ist.

Parallel zur Planung nach Sektoren vollzog sich die Planung nach Regionen, d. h. nach Bezirken, Kreisen, Städten und Gemeinden. Genau wie die Planung nach Sektoren war auch diejenige nach Regionen, ab Ende der 1950er Jahre als Territorialplanung bezeichnet, Bestandteil der zentralen Planung. Die Ausarbeitung der regionalen Pläne oblag den „örtlichen Staatsorganen", vor allem den Bezirks- und Kreisplankommissionen. Die Aufgabe der Territorialplanung

> „bestand in der Herstellung einer optimalen räumlichen Organisation des gesellschaftlichen Reproduktionsprozesses, insbesondere durch die Planung der Standortverteilung der Produktivkräfte im Gesamtterritorium der DDR und durch die komplexe Entwicklung der Gebiete".[5]

Die Standortverteilung der Industrie bildete das Kernstück der Territorialplanung. Sie galt als ausschlaggebender Faktor für die Gestaltung einer ökonomisch und sozial optimalen Raumstruktur. Sie sollte in Verbindung mit der Planung der Bevölkerungsentwicklung und der Arbeitskräfte im Territorium, den Planungen zur Siedlungs- und Infrastruktur, zur Flächennutzung und zur Erschließung geologischer und anderer natürlicher Ressourcen Hauptinstrument für die Herausbildung einer ausgewogenen Territorialstruktur sein. In der Planung der Standortverteilung der Industrie trafen sich gewissermaßen sektorale und regionale Planung. Beider Verknüpfung sollte „die dialektische Einheit von Zweig- und Territorialprinzip der Planung und Leitung der Wirtschaft" gewährleisten.[6]

3. Periodisierung der Industriepolitik, 1945–1975

Etwas ausführlicher auf die Periodisierung des 30 Jahre umfassenden Untersuchungszeitraumes (1945–1975) einzugehen, ist notwendig, da sich in den nach dem Ende der DDR von Historikern und auch Wirtschaftshistorikern verfassten Darstellungen die Tendenz

---

[5] Gerhard Kehrer: Industriestandort Ostdeutschland. Eine raumstrukturelle Analyse der Industrie in der DDR und in den neuen Bundesländern, Berlin 2000, S. 89.
[6] Ebd.

ausgebreitet hat, die Wirtschaftsentwicklung der DDR rückblickend als „aus einem Guss" zu betrachten, als eine – durch die Übernahme der Planwirtschaft bedingte – Fehlentwicklung von Anfang an,[7] die sich bestenfalls noch als ein „Untergang auf Raten" darstellen lässt.[8]

Anders als nach 1990 wurden in den vor 1989 erschienenen Publikationen zur Hervorhebung qualitativer Unterschiede der verschiedenen Entwicklungsetappen der DDR Periodisierungen ihrer Industriepolitik sowohl von ostdeutschen als auch westdeutschen Wissenschaftlern vorgenommen. Sie weichen je nach der Gewichtung der der Zeiteinteilung zugrunde liegenden Faktoren teilweise voneinander ab. Zwei der interessantesten Periodisierungsversuche seien hier kurz vorgestellt:

Der Wirtschaftswissenschaftler und -historiker Heinz-Dieter Haustein von der Hochschule für Ökonomie in Ost-Berlin hat 1976 zwischen „Abschnitten der wirtschaftlichen Entwicklung" unterschieden, „die sich mehr oder weniger deutlich in den Wachstumskennziffern der Effektivität voneinander abheben": Er hat die Phase der Beseitigung von Kriegsschäden und der Wiederingangsetzung der Wirtschaft (1945-1950) von einer des Ausgleichs von Disproportionen in der „sozialistischen Industrialisierung" (1951-1956) unterschieden. Danach folgt bei Haustein die Phase der sozialistischen Rekonstruktion der Industriebetriebe (1957-1960), der Stabilisierung der wirtschaftlichen Entwicklung (1961-1964) und des Beginns der Gestaltung der Wirtschaft des „entwickelten Sozialismus" mittels Reformen. Hausteins 1976 verfasste Periodisierung schließt mit den Jahren 1971-1973, der Phase der Konsolidierung der wirtschaftlichen Entwicklung und Beseitigung von Wachstumsdisproportionen.[9]

Die zweite bemerkenswerte Periodisierung der Industriepolitik der DDR wurde 1980 von Doris Cornelsen, der Leiterin der Abteilung „DDR und sozialistische Industrieländer" am Deutschen Institut für Wirtschaftsforschung in Berlin (West), vorgenommen. Sie unterschied in der Industriepolitik, beginnend mit dem Jahre 1946, die Phase der sozialistischen Industrialisierung, gekennzeichnet in der DDR durch grundlegende Umgestaltung der Industrie, durch Wiederaufbau sowie Beseitigung der Disproportionen innerhalb der Volkswirtschaft; gefolgt von der Phase der sozialistischen Rekonstruktion, gekennzeichnet durch die Neuausrüstung von Betrieben mit modernsten hochleistungsfähigen Maschinen und entsprechenden Technologien und durch rationale technologische Verfahren unter Ausnutzung vorhandener Maschinen und Ausrüstungen. Dieser wiederum folgte die Phase der Intensivierung, die als Aufgabe hat, mit den vorhandenen Produktionsanlagen und Gebäuden in gleicher Zeit mit der gleichen Zahl von Arbeitskräften mehr und bessere Produktionsmittel und Konsumgüter herzustellen und die Kosten je Erzeugniseinheit zu senken.[10]

Gestützt auf Haustein und Cornelsen und fokussiert auf den sektoralen Strukturwandel in der Industrie wird in diesem Beitrag zwischen der Phase der Wiederherstellung der volkswirtschaftlichen Strukturen (1945-1950), der Phase der sozialistischen Industrialisierung (1951-1958), der Phase der sozialistischen Rekonstruktion (1959-1963), der Phase

---

[7] André Steiner: Von Plan zu Plan. Eine Wirtschaftsgeschichte der DDR, München 2004, S. 7.

[8] Armin Mitter/Stefan Wolle: Untergang auf Raten. Unbekannte Kapitel der DDR-Geschichte, München 1993.

[9] Heinz-Dieter Haustein: Messung der volkswirtschaftlichen Intensivierung. Zur Methodologie, Berlin 1976, S. 85f.

[10] Doris Cornelsen: Die Industriepolitik der DDR. Veränderungen von 1945 bis 1980 (Arbeitspapier des DIW), Berlin 1980, S. 3f.

der sozialistischen Intensivierung (Reformperiode) (1964–1970) und der Konsolidierungsphase (1971–1975) unterschieden.

4. Strukturpolitik und sektoraler Strukturwandel

4.1 Die Phase 1945–1950

Im Juni 1945 übernahm die Sowjetische Militäradministration (SMAD) die Befehlsgewalt über die Sowjetische Besatzungszone. Der weitaus größte Apparat innerhalb des Hauptstabes der SMAD befasste sich mit Wirtschaftsfragen. Gesamtwirtschaftlich zuständig war die Planökonomische Abteilung der SMAD. Die im Juli 1945 gebildeten Deutschen Zentralverwaltungen standen unter unmittelbarer Leitung und Kontrolle der Fachabteilungen der SMAD; so war die Zentralverwaltung Industrie der Industrieabteilung der SMAD zugeordnet. Im Zuge einer Kompetenzerweiterung der ostdeutschen Verwaltungsorgane ordnete die sowjetische Militärverwaltung im Juni 1947 die Bildung der Deutschen Wirtschaftskommission an. Sie wurde zu einer Art Dachorganisation für die Koordinierung der für den wirtschaftlichen Aufbau und die Versorgung der Bevölkerung bedeutendsten Zentralverwaltungen. Das Arbeitsorgan der Kommission war die Abteilung für Wirtschaftsfragen, das entsprechende ostdeutsche Organ zur Planökonomischen Abteilung der SMAD.[11]

Die SMAD konzentrierte sich im Bereich Wirtschaft auf die Organisation der Reparationsleistungen. Strukturpolitische Ziele für Ostdeutschland verfolgte sie nicht, da man in Moskau mittelfristig mit einer Vereinigung der vier Besatzungszonen in einem militärisch neutralen Gesamtdeutschland rechnete.[12] Allerdings ergab sich aus der Anforderung konkreter Reparationsgüter, insbesondere sofern sie aus der laufenden Produktion stammten, die Notwendigkeit von Kapazitätserweiterungen. Das bekannteste Beispiel ist die Werftindustrie, die in den Ostseestädten an Stelle demontierter Flugzeugbetriebe entstand.[13]

Ungeachtet aller in der SED-Führung bereits vorhandener Vorstellungen einer separaten ostdeutschen Entwicklung, was auf wirtschaftlichem Gebiet die Orientierung auf die Schwerindustrie als führendem Industriezweig nach sowjetischem Vorbild bedeutete, ergaben sich die ersten industriepolitischen Ziele in der Sowjetischen Besatzungszone (SBZ) aus volkswirtschaftlichen Zwangslagen, die zu beseitigen eine unvermeidliche Aufgabe jeglicher Wirtschaftspolitik wurde: Die Kriegszerstörungen – hauptsächlich das Ergebnis von Bombardierungen durch die Westalliierten, aber auch das Resultat von Bodenkämpfen beim Vordringen der sowjetischen Truppen während der „Schlacht um Berlin" – waren groß. Sie betrafen etwa 40 Prozent der gesamten Industriekapazität. 1500 Großbetriebe sowie 8000 kleine und mittlere Betriebe waren (teil)zerstört worden. Von den Kriegszerstörungen besonders betroffen waren mit 20 bis 24 Prozent der Kapazität der Maschinenbau, der Fahrzeugbau, die Elektroindustrie und die holzverarbeitende Indus-

---

[11] Siegfried Kupper: Zone – Macht – Staat. Politische und ökonomische Entwicklungen in der sowjetischen Besatzungszone, Schkeuditz 2010, S. 104–113.

[12] Dietrich Staritz: Geschichte der DDR, erw. Neuausgabe, Stuttgart 1996, S. 16f.

[13] Horst Kohl/Günter Jacob/Hans-Joachim Kramm/Walter Roubitschek/Gerhard Schmidt-Renner (Hrsg.): Die Bezirke der Deutschen Demokratischen Republik, Gotha 1974, S. 42.

trie.[14] Die erste industriepolitische Aufgabe war es daher, die mehr oder weniger zerstörten Anlagen wieder instand zu setzen. Bei fast vollständigem Fehlen der Mittel für Neuinvestitionen war dies eine Herausforderung, die nur unter großem persönlichen Einsatz der Betriebsbelegschaften gelingen konnte und dank der „Aktivisten der ersten Stunde" auch gelang. Die Lösung dieser Aufgabe war identisch mit der Wiederherstellung der Industriestrukturen, wie sie sich im Gebiet zwischen Elbe/Saale und Oder/Neiße historisch entwickelt hatten. Diese Strukturen waren durch ein Übergewicht der verarbeitenden Industrie, vor allem der Textilindustrie sowie des Leichtmaschinenbaus (Werkzeugmaschinenbau, Elektromaschinenbau), gekennzeichnet.

Zweitens hatte die Industriepolitik in der SBZ/DDR auf die Reparationslasten zu reagieren, d. h. auf die Demontagen und die Entnahmen aus der laufenden Produktion zugunsten der Sowjetunion. Die Demontagen sollten sich auf das militärisch nutzbare Industriepotenzial beschränken, das auf Vorkriegsniveau zu reduzieren war. Tatsächlich aber hatten in den letzten Kriegsjahren alle Industriezweige von Bedeutung überwiegend oder zum großen Teil kriegswichtige Güter produziert, sodass es durch die Demontagen zu einer „industriellen Abrüstung" so gut wie aller Zweige kam, von denen allerdings die Grundstoffindustrien besonders betroffen wurden.[15] Angesichts der bis zum Frühjahr 1948 noch nicht endgültig geklärten Frage, welche Betriebe noch demontiert werden sollten und angesichts der fehlenden Mittel für Neuinvestitionen bestand in den ersten Nachkriegsjahren die einzige Möglichkeit, von deutscher Seite den Wiederaufbau der zu Wiedergutmachungsleistungen herangezogenen Industriekapazitäten zu beginnen, darin, auf die sowjetischen Demontagekommandanten einzuwirken, bei angesagten Teildemontagen arbeitsfähige Restkapazitäten übrig zu lassen, von denen aus eine Wiederbelebung der betrieblichen Produktion erfolgen konnte.[16]

Schuf der sowjetische Demontagestopp vom Frühjahr 1948, auf den die SED gegenüber der sowjetischen Führung wiederholt gedrängt hatte, endlich Klarheit über in der SBZ verbleibende Industriekapazitäten, so kam es im gleichen Jahr, in dem Kalter Krieg und Wirtschaftskrieg zwischen den beiden von den USA und der UdSSR geführten politischen Blöcken einsetzten, für die SBZ zu weiteren strukturellen Verwerfungen. Es handelte sich um die durch Lieferblockaden entstehende „Teilungsdisproportion", auf die die Industriepolitik in der SBZ/DDR nunmehr auch eine Antwort zu finden hatte.

Im Deutschen Reich war die verarbeitende Industrie des mitteldeutschen Raumes arbeitsteilig sowohl mit den westlichen Provinzen, vor allem den von der Schwerindustrie dominierten Industriegebieten an Rhein und Ruhr, als auch mit dem oberschlesischen Industriegebiet verflochten gewesen. Der Anteil des damaligen Mitteldeutschland, also des späteren Ostdeutschland, an den Industriekapazitäten des Deutschen Reiches, hatte 1937 bei Steinkohle nur 1,9 Prozent und bei der Eisenerzförderung nur 3,6 Prozent betragen. In der späteren SBZ/DDR wurden im gleichen Jahre nur 6,5 Prozent der Walzwerk-Fertigerzeugnisse Deutschlands hergestellt und nur 4,3 Prozent der Schmiede- und Pressstücke sowie 11,9 Prozent der Bleche. Dagegen hatte man in Mitteldeutschland 52 Prozent der Obertrikotagen, 62,9 Prozent der Gewebe, 68,2 Prozent der Schuhe, 66 Prozent der hochwertigen Kameras und 88,2 Prozent der Taschen- und Armbanduhren pro-

[14] Kupper: Zone – Macht – Staat, S. 254; Rainer Karlsch: Allein bezahlt? Die Reparationsleistungen der SBZ/DDR 1945–53, Berlin 1993, S. 282.
[15] Kupper: Zone – Macht – Staat, S. 258.
[16] Karlsch: Allein bezahlt?, S. 68.

duziert. Mit Bodenschätzen reichlich versehen war der mittlere Teil des Deutschen Reiches bei Braunkohle und Kalisalzen mit Anteilen von 71,3 Prozent bzw. 60,2 Prozent (1937) der Förderung.[17] Besonders intensiv waren die Verflechtungen der SBZ mit jenen Regionen, die 1949 zur Bundesrepublik wurden.

Mit dem Einsetzen der Blockaden und Gegenblockaden 1948 und der Reduzierung des Warenaustauschs zwischen den traditionellen Herstellergebieten im sogenannten Interzonenhandel bis Anfang der 1960er Jahre entstanden in der SBZ/DDR Produktionslücken. Diese gefährdeten das Funktionieren der gesamten ostdeutschen Industrie, sofern die Lieferungsdefizite nicht durch rasche Erhöhung der Produktion in den dort unterdurchschnittlich vertretenen Industriebranchen, vor allem also im Bereich der Schwerindustrie, ausgeglichen werden konnten.

Man kann die Industriepolitik der SBZ/DDR im ersten Nachkriegsjahrfünft angesichts der drei Zwangslagen, in denen sich die ostdeutsche Industrie befand, auch als Stopfen von Löchern bezeichnen, wobei sich immer wieder neue auftaten. Jedenfalls entbehrte der Wiederaufbau jeder strategischen Ausrichtung. Industriepolitisch lebte man während des ersten Nachkriegsjahrfünfts sozusagen von der Hand in den Mund. Praktisch konnte erst ab den 1950er Jahren damit begonnen werden, ideologische Vorstellungen von einer „richtigen" Industriestruktur, wie sie in der Sowjetunion in der Phase der sozialistischen Industrialisierung während dreier Fünfjahrpläne in den 1930er Jahren entwickelt worden waren und von der Führung der SED als Vorbild betrachtet wurden, zu verwirklichen.

4.2 Die Phase 1951–1958

Die Schaffung der DDR war die unmittelbare Antwort der sowjetischen Seite auf die Gründung der Bundesrepublik 1949. Ostdeutschland erhielt eine eigene Regierung, zu der ein Planungsministerium gehörte. Die SMAD wandelte sich zur SKK (Sowjetische Kontrollkommission). 1951 übernahm die aus dem Planungsministerium hervorgegangene Staatliche Plankommission die entscheidende Funktion in der Wirtschaftslenkung durch die DDR-Regierung.[18]

In der DDR-Geschichtsschreibung vor 1989 wurde der erste Fünfjahrplan 1951–1955 als „schöpferische Umsetzung von (sowjetischen) Vorstellungen von der sozialistischen Industrialisierung" charakterisiert,[19] der vorangegangene Zweijahrplan 1949–1950 habe dagegen noch ganz im Zeichen der „Wiederherstellung und Entwicklung der Friedenswirtschaft in der sowjetischen Besatzungszone gestanden".[20] Der so herausgestellte Unterschied in der Industriepolitik sollte aber nicht überbewertet werden. Manche Zwänge blieben. Zwar waren zwei der drei Handicaps für die industrielle Produktion im Nachkriegsjahrfünft beseitigt – die Inbetriebnahme der teilzerstörten Industrieanlagen war weitgehend abgeschlossen und weitere Demontagen und damit auch der Kampf um die Bewahrung von Restkapazitäten in den vom Abtransport der Produktionsanlagen betroffenen Betrieben waren beendet, allerdings nicht die Reparationslieferungen überhaupt: Die „Entnahmen aus der laufenden Produktion", d. h. die Lieferungen der Unternehmen, die 1946 in sowjetisches Eigentum übergegangen waren, umfassten, gemessen am

[17] Horst Barthel: Die wirtschaftlichen Ausgangsbedingungen der DDR, Berlin 1979, S. 182f.
[18] Jörg Roesler: Die Herausbildung der sozialistischen Planwirtschaft, Berlin 1978, S. 30–41.
[19] Rolf Badstübner u. a.: Geschichte der Deutschen Demokratischen Republik, Berlin 1981, S. 133.
[20] Parteivorstand der SED (Hrsg.): Der deutsche Zweijahrplan für 1949–50, Berlin 1948, S. 17.

Bruttosozialprodukt in den ersten acht Nachkriegsjahren, 22 Prozent, 1953 noch 13 Prozent des erzeugten Sozialprodukts.[21] Mit dem Niedergang des Interzonenhandels seit 1951 wurde gleichzeitig das durch das Handelsembargo des Westens verursachte Ausbleiben traditioneller Lieferungen von Rohstoffen, Halbzeugen und Fertigprodukten aus den Westzonen, die durch Eigenproduktion bzw. Importe aus dem Osten ersetzt werden mussten, immer spürbarer. Die entstehenden Zuliefer-Disproportionen konnten bis weit in die 1950er Jahre nicht durch Lieferungen der UdSSR, Polens und anderer Länder des Rates für gegenseitige Wirtschaftshilfe (RGW), des osteuropäischen Wirtschaftsverbandes, ausgeglichen werden.[22]

Der erste Fünfjahrplan proklamierte angesichts des westlichen Embargos die Forderung nach weitgehender Selbstversorgung der DDR-Industrie. Demgemäß verlangte er „die schnelle Weiterentwicklung der Brennstoffindustrie", den „Ausbau und Neubau von […] leistungsfähigen Schachtanlagen im Erzbergbau, die Rekonstruktion und den schnellen Ausbau der Metallurgie und die Rekonstruktion und Erweiterung der chemischen Werke".[23] Das Schwergewicht der Investitionen lag demzufolge, noch stärker als im 1950 ausgearbeiteten Plandokument vorgesehen, bei den Grundstoffindustrien. Laut Plan sollten 58 Prozent der Investitionen für die zentralgeleitete Industrie der DDR in die Grundstoffindustrie fließen, tatsächlich waren es 68 Prozent.[24] Auf den ersten Blick könnte diese Konzentration der Anstrengungen auf die Grundstoffindustrie als „Übererfüllung" einer vom sowjetischen Vorbild abgeleiteten, ideologisch begründeten Strukturpolitik interpretiert werden. Es darf aber nicht vergessen werden, dass eine Bevorzugung der Schwerindustrie mit Investitionen gleichermaßen der Aufgabe entsprach, die in den Nachkriegsjahren entstandenen, DDR-spezifischen volkswirtschaftlichen Disproportionen zu beseitigen oder wenigstens zu mildern, wie sie der sowjetischen Industrialisierungsideologie mit ihrer besonderen Betonung der Autarkie und der vorrangigen Entwicklung der Schwerindustrie gerecht wurde. Mit anderen Worten: Auch ohne die verinnerlichten ideologischen Leitlinien aus Moskau hätten SED-Führung und Staatliche Plankommission für den industriellen Strukturwandel im Fünfjahrplan 1951–1955 kaum andere Ziele setzen können.

4.3 Die Phase 1959–1963

Der zweite Fünfjahrplan hatte, strukturpolitisch an den ersten anknüpfend, die ökonomischen Entwicklungsziele für den Zeitraum 1956–1960 festgelegt. Er zielte in der Industrie auf die vorrangige Entwicklung des Maschinenbaus und der eigenen Rohstoffbasis, der Braunkohlen- und Kaliindustrie sowie, daraus abgeleitet, der Grundstoffchemie. Darüber hinaus sollte „das Zurückbleiben der Energiebasis hinter den Erfordernissen der Wirtschaft und Bevölkerung vollständig überwunden werden". Dazu waren umfangreiche Investitionen zur Erweiterung der Energiekapazitäten vorgesehen.[25]

---

[21] Siegfried Wenzel: Was war die DDR wert? Und wo ist dieser Wert geblieben? Versuch einer Abschlussbilanz, Berlin 2003, S. 42.

[22] Ebd., S. 48.

[23] Zentralkomitee der SED (Hrsg.): Unser Fünfjahrplan des friedlichen Aufbaus, Berlin 1950, S. 12–16.

[24] Cornelsen: Die Industriepolitik, S. 13.

[25] Zentralkomitee der SED (Hrsg.): Direktive für den zweiten Fünfjahrplan zur Entwicklung der Volkswirtschaft in der Deutschen Demokratischen Republik 1956 bis 1960, Berlin 1956, S. 15–18, 23–27, 30–39, hier v. a. S. 15.

Der bisherige Kurs, die extensive Erweiterung derjenigen Industriezweige fortzusetzen, die im Sinne volkswirtschaftlicher Proportionalität noch nicht genügend entwickelt waren, wurde 1958 durch die Einführung von Rekonstruktionsplänen modifiziert. Die Betriebe wurden für den nach Abbruch des Zweiten Fünfjahrplanes 1959 beginnenden Siebenjahrplan dazu aufgefordert, Rationalisierungsprojekte zu entwickeln, um die Produktion zu spezialisieren und zu konzentrieren. Das sollte helfen, die Produktionspaletten der einzelnen Betriebe zu verschlanken. Diese waren seit dem Beginn der Nachkriegszeit unter dem Motto: „Wo noch Kapazität vorhanden, da wird das volkswirtschaftlich benötigte Produkt hergestellt", entwickelt worden, weniger jedoch entsprechend den Grundsätzen der rationellen Fertigung. Damit sollte nun Schluss sein. Tatsächlich gelang es Anfang der 1960er Jahre, „in der Industrie das vor dem Krieg schon einmal erreichte Niveau rationaler Fertigungsorganisation wieder herzustellen".[26]

Über Rekonstruktion und Rationalisierung eines bestehenden Industriezweiges hinaus ging das Ende 1958 von der SED-Führung verabschiedete Chemieprogramm. Vorrang sollte in diesem Zweig von nun ab die Produktion hoch veredelter chemischer Erzeugnisse haben, insbesondere die Kunststofferzeugung und die Erzeugung synthetischer Fasern. Als Rohstoffbasis standen zusätzlich zur Braunkohle jährlich 5 Millionen Tonnen Erdöl zur Verfügung, die die Sowjetunion über eine neugebaute Pipeline zu liefern sich verpflichtete. Die Entwicklung der Erdölchemie war die Antwort auf einen weltweiten Entwicklungstrend und versprach auch Kostenvorteile gegenüber der traditionellen Kohlechemie. Das Kohle- und Energieprogramm sowie das Chemieprogramm beanspruchten mehr als die Hälfte aller Industrieinvestitionen im Siebenjahrplan.[27] Die verfügbaren Investitionsmittel reichten angesichts dessen nicht mehr aus, um auch noch den kostspieligen Luftfahrzeugbau, der während des Zweiten Fünfjahrplanes im Raum Dresden entwickelt worden war, weiter zu betreiben. Angesichts der knappen Akkumulationsmittel war der damals von der SED-Führung gefasste Entschluss, das intellektuelle Kapital der Heimkehrer, die als „personelle Reparationen" anderthalb Jahrzehnte in der UdSSR tätig gewesen waren, für den (Wieder-)Aufbau einer DDR-eigenen Flugzeugindustrie zu nutzen, eine eklatante Fehlentscheidung. Der Flugzeugbau spielte im Siebenjahrplandokument (über den Zeitraum 1959–1965) keine Rolle mehr, wurde 1960 drastisch eingeschränkt, seine Produktionskapazitäten seit 1962 anderweitig genutzt.[28]

Zu den blockübergreifenden Merkmalen des industriellen Strukturwandels gehörte zweifellos die Schaffung der industriellen Voraussetzungen für die Nutzung der Atomkraft als Energiequelle. Die in den 50er Jahren weltweit herrschende Atomeuphorie teilten auch der SED-Generalsekretär Walter Ulbricht sowie die Planer in der DDR. 1956 wurde das Kernkraftwerk Rheinsberg in Auftrag gegeben – ehe noch ein gleichartiger Schritt in der Bundesrepublik erfolgte. Doch in den 1960er Jahren brach die DDR den Aufbau einer eigenen Atomkraftwerksindustrie ab.[29] Im Abschnitt „Die Großbauten in den nächsten sieben Jahren" des Ende 1959 verabschiedeten Perspektivplanes fand die Atomkraft keine Erwähnung mehr.[30] Ulbricht erklärte 1960, dass dank der heimischen Braunkohle

[26] Steiner: Von Plan zu Plan, S. 90.

[27] Günter Wyschofsky: Die chemische Industrie, ein führender Industriezweig, Berlin 1964, S. 57–67.

[28] Cornelsen: Die Industriepolitik, S. 34–35.

[29] Wolfgang Mühlfriedel/Klaus Wießner: Die Geschichte der Industrie der DDR bis 1965, Berlin 1989, S. 287f.

[30] Zentralkomitee der SED (Hrsg.): Der Siebenjahrplan des Friedens, des Wohlstands und des Glücks des Volkes, Berlin 1959, S. 26–31.

keine Energielücke bestehe. Die ehrgeizigen Pläne des Leiters des Kernforschungszentrums Rossendorf bei Dresden für eine eigenständige Reaktorentwicklung erfuhren von Ulbricht eine entschiedene Abfuhr. Begründung: Dazu fehle der DDR die industrielle Basis.[31] Mehr noch als die Einstampfung des Flugzeugbaus lieferte die Entwicklung der Atomindustrie ein Beispiel für eklatantes Misslingen planwirtschaftlich organisierter hochrangiger Strukturmaßnahmen in der DDR.

4.4 Die Phase 1964–1970

In dieser Phase sollten durch eine gewisse Dezentralisierung der Planvorgaben und Investitionsmittel seitens der Staatlichen Plankommission und des Finanzministeriums sowie durch die Lenkung mittels „ökonomischer Hebel" alle Betriebe zum sparsamen Umgang mit Kapital und Arbeit angehalten werden. Damit, so meinte die SED-Führung, die mit dem „neuen ökonomischen System der Planung und Leitung der Volkswirtschaft" 1963 entsprechende Reformmaßnahmen einleitete, würden Mittel freigesetzt, die dazu benutzt werden sollten, in Wissenschaft und Technik zu investieren, um den „wissenschaftlich-technischen Höchststand" zu erreichen und „Spitzenprodukte" zu produzieren.[32]

Das Reformkonzept zielte auf die forcierte Entwicklung ausgewählter Industriezweige, die als Keimzelle moderner Technologie galten. Von diesen Branchen aus sollte sich dann das in den besonders geförderten Zweigen erreichte „Weltniveau" auf alle Industriebereiche ausbreiten. Auf der Basis des modifizierten Wirtschaftsreformprogramms, ab 1968 als „Ökonomisches System des Sozialismus" bezeichnet, wurde die „strukturkonkrete Planung" eingeführt. Ziel der sektoralen Umschichtungen war es, in den ausgewählten „Schwerpunktzweigen" der Elektrotechnik, Elektronik und des Gerätebaus Wissenschaft und Technik rasch voranzutreiben und sich dem Weltniveau zu nähern. In einzelnen Bereichen, so bei Werkzeugmaschinensystemen wie „Prisma 2" oder „Rota FZ 299", gelang es hinsichtlich der numerischen Steuerung flexibler Fertigungssysteme ein international beachtetes Leistungsniveau zu erreichen.[33] Allerdings stieß dieses neue strukturpolitische Programm zur Förderung wirtschaftlicher Entwicklungsdynamik gegen Ende der 1960er Jahre an die Grenze der ökonomischen Ressourcen der DDR. Während die auf der Basis der neuen Strategie ausgewählten Branchen sich rasch modernisieren konnten, führte das Programm zur Vernachlässigung von Investitionen in „Nichtschwerpunktzweigen" wie Konsumgüterindustrie, Energiewirtschaft oder Wohnungsbau. Ab 1970 beeinträchtigte es darüber hinaus durch ein System sich überlappender und schwer überschaubarer Vorrangigkeitsregelungen die Fähigkeit, die Entwicklung der Industrie „planmäßig, proportional" zu steuern. Unzureichende Zulieferungen hatten Stockungen in der Produktion und auch Mängel bei der Versorgung der Bevölkerung zur Folge.[34]

---

[31] Mike Reichert: Kernenergiewirtschaft in der DDR. Entwicklungsbedingungen, konzeptioneller Anspruch und Realisierungsgrad, St. Katharinen 1999, S. VII–VIII.

[32] André Steiner: From the Soviet Occupation Zone to the „New Eastern States", in: Hartmut Berghoff/Uta Andrea Balbier (Hrsg.): East German Economy 1945–2010. Falling Behind or Catching Up?, Washington/Cambridge, S. 17–49, hier S. 28–30.

[33] Jörg Roesler: Im Wettlauf mit Siemens. Die Entwicklung von numerischen Steuerungen im deutsch-deutschen Vergleich, in: Lothar Baar/Dietmar Petzina (Hrsg.): Deutsch-deutsche Wirtschaft 1945 bis 1990. Strukturveränderungen, Innovationen und regionaler Wandel. Ein Vergleich, St. Katharinen 1999, S. 349–389, hier S. 362f.

[34] Jörg Roesler: Geschichte der DDR, Köln 2016, S. 68.

4.5 Die Phase 1971–1975

Die aus der Überforderung der Industrie durch die Realisierung des „Ökonomischen Systems des Sozialismus" resultierende Unzufriedenheit mit den Reformvorhaben führte zum Sturz des Ersten Sekretärs der SED, Walter Ulbricht. Neuer Chef der SED wurde Erich Honecker. Ulbrichts Nachfolger hielt im Bereich der Wirtschaft eine Konsolidierungsphase für angeraten. Auf dem VIII. Parteitag der SED 1971 kritisierte er die Konzeption der „führenden Industriezweige" heftig. Rückbesinnung auf die realen Möglichkeiten der DDR, „planmäßig proportionale Entwicklung" und harmonische Eingliederung des Wachstums des einzelnen Zweiges in die Gesamtentwicklung waren von nun ab angesagt. Sektorale Umschichtungen sollten erst einmal unterbleiben. Der „bilanzierte Plan" wurde in den Mittelpunkt der Wirtschaftslenkung gestellt, ökonomische Stabilität zum Leitmotiv erhoben. Der neue Fünfjahrplan sah eine gleichmäßigere Verteilung der Investitionen zwischen den Industriezweigen und Wirtschaftsbereichen vor, von der – verglichen mit der Investitionsverteilung in der zweiten Hälfte der 1960er Jahre – insbesondere die Konsumgüterindustrien, die Energieerzeugung und der Wohnungsbau profitierten.[35]

5. Strukturpolitik und regionaler Strukturwandel

Nicht nur für den sektoralen Strukturwandel, auch für den regionalen existierten seit den ersten Nachkriegsjahren innerhalb der SED-Führung festgefügte Vorstellungen über vorzunehmende Veränderungen gegenüber der Zeit des Kapitalismus. Anzustreben war die Überwindung „ungerechtfertigter" wirtschaftlicher und sozialer Unterschiede zwischen den Regionen mit dem Ziel der Aufhebung der Gegensätze zwischen Stadt und Land. Politisch sollte mit der Schaffung von Stützpunkten der Arbeiterklasse in bisher nicht oder spärlich industrialisierten Gebieten auch in jenen bisher vernachlässigten Regionen eine nach den Vorstellungen der SED-Führung für unbedingt loyal gehaltene Bevölkerungsschicht heranwachsen.[36]

Die Regionalentwicklung der Wirtschaft war zunächst den fünf Provinz- bzw. Landesregierungen der Sowjetischen Besatzungszone – Mecklenburg-Vorpommern, Brandenburg, Sachsen-Anhalt, Sachsen und Thüringen – überlassen; selbstverständlich nur im Rahmen des von der (örtlichen) sowjetischen Militärverwaltung Gestatteten. Mit der Gründung zentraler ostdeutscher Wirtschaftsinstitutionen verringerten sich die Spielräume für die Einflussnahme der „örtlichen Organe" auf die regionalen Wirtschaftsstrukturen.

An Stelle der fünf Länder traten 1952 13 Bezirke.[37] Dem „Rat des Bezirks" unterstand nunmehr der bezirksgeleitete Industriesektor, den „Räten der Kreise" der jeweiligen Be-

---

[35] Zentralkomitee der SED (Hrsg.): Bericht zur Direktive des VIII. Parteitages der SED zum Fünfjahrplan für die Entwicklung der Volkswirtschaft der DDR in den Jahren 1971 bis 1975, Berlin 1972, S. 19–44.

[36] Rolf Bönisch/Gerhard Mohs/Werner Ostwald (Hrsg.): Territorialplanung, Berlin 1976, S. 10.

[37] Ab 1952 entsprachen in etwa die nördlichen Bezirke Rostock, Schwerin und Neubrandenburg dem Land Mecklenburg-Vorpommern, die mittleren Bezirke Potsdam und Frankfurt/Oder dem Land Brandenburg, die Bezirke Magdeburg (mittlerer Bezirk) und Halle (südlicher Bezirk) dem Land Sachsen-Anhalt, die südlichen Bezirke Dresden, Chemnitz/Karl-Marx-Stadt und Leipzig dem Land Sachsen und die südlichen Bezirke Erfurt, Gera und Suhl dem Land Thüringen. Berlin (Ost), die Hauptstadt der DDR, galt als 14. Bezirk.

zirke die kreisgeleitete Industrie.[38] Auch bezüglich der Gestaltung der regionalen Wirtschaftsstrukturen galt die Entwicklung in der Sowjetunion seit den 1930er Jahren als Vorbild. Dabei blieben allerdings in der DDR die Zielsetzungen des regionalen Strukturwandels wirtschaftspolitisch den angestrebten sektoralen Strukturveränderungen deutlich untergeordnet, auch wenn sie beide zeitlich parallel in Angriff genommen wurden. Das heißt, der Spielraum für die Territorialplanung innerhalb der nationalen Planungsorganisation blieb letztlich gering. Beispielhafte detaillierte Untersuchungen existieren dafür nicht. Rückblickend kritisch formulierte der Wirtschaftsgeograph Gerhard Kehrer auf Grund seiner gesammelten Erfahrungen im Jahre 2000:

> „Im Nachhinein kann festgehalten werden, dass die Umsetzung raumordnerischer Ziele bei der Standortverteilung der Industrie stets von branchenstrukturellen Entwicklungen abhängig war, wobei sektoral bezogene zentrale Festlegungen den Ausschlag gaben."[39]

Ging es bei den „Stalin'schen Fünfjahrplänen" der 1930er Jahre raumstrukturell um die Erschließung Sibiriens und Mittelasiens, so stand in der SBZ/DDR die stärkere Industrialisierung ihrer nördlichen Landesteile im Vordergrund. Als Ergebnis der deutschen Industrialisierung des 19. und des ersten Drittels des 20. Jahrhunderts war die Regionalstruktur der Industrie in der SBZ/DDR durch ein auffälliges Süd-Nord-Gefälle geprägt. 1950 umfasste der flächenmäßig kleinere Südraum (die späteren Bezirke Dresden, Karl-Marx-Stadt, Leipzig, Gera, Erfurt, Suhl und Halle) ca. 45 Prozent des ostdeutschen Territoriums, er stellte aber 78 Prozent der Industrieproduktion bereit. Auf den größeren Nordraum (die Bezirke Rostock, Schwerin, Neubrandenburg, Potsdam, Frankfurt/Oder und Cottbus) entfielen demgegenüber nur 22 Prozent der industriellen Erzeugung. Die ausgeprägte Polarisierung in der Regionalstruktur der ostdeutschen Industrie spiegelte sich deutlich in den Anteilen der drei sächsischen (37 Prozent) und der drei mecklenburg-vorpommerschen Bezirke (15 Prozent) an der Gesamtproduktion der DDR wider.[40] Weite Teile des Nordraumes der DDR trugen die Merkmale sozialökonomisch rückständiger Gebiete, während die Industrieregionen im Süden traditionell zu den in dieser Hinsicht am weitesten entwickelten Regionen Deutschlands gehörten. Diese Differenzen zu überwinden, setzte sich die SED-Führung zum Ziel.

Unter dem Gesichtspunkt der regionalen Strukturpolitik lassen sich für den Zeitraum 1945–1975 für die DDR drei Entwicklungsphasen unterscheiden: die Phase des Verzichts auf raumpolitische Veränderungen während der „Wiederherstellungsperiode" 1945–1950; die Phase der schwerpunktmäßigen Norderweiterung der industriellen Basis der DDR im Rahmen der „sozialistischen Industrialisierung" und „sozialistischen Rekonstruktion" 1951–1963 und die Phase der Konzentration der regionalen Strukturpolitik auf die bisher industriell schwach entwickelten Gebiete innerhalb des Südraumes 1964–1975.

5.1 Die Phase 1945–1950

In den ersten Nachkriegsjahren ging es – wie bereits dargelegt – darum, die durch Kriegszerstörungen, Demontagen und durch Abbruch der innerdeutschen Arbeitsteilung teilweise gelähmte ostdeutsche Industrie wieder funktionsfähig zu machen. Angesichts der

---

[38] Angela Scherzinger/Herbert Wilkens: Regionalplanung und regionale Wirtschaftsstruktur in der Deutschen Demokratischen Republik, Berlin 1979, S. 14f.
[39] Kehrer: Industriestandort Ostdeutschland, S. 57.
[40] Ebd.

Knappheit der verfügbaren Investitionsmittel musste selbst auf den Neubau bzw. die Erweiterung von Betrieben an bereits existierenden Standorten weitgehend verzichtet werden. Für den Aufbau neuer Industriezentren außerhalb der Ballungsgebiete bestand erst recht keine Möglichkeit. Nur scheinbar im Gegensatz dazu stand der Beginn des Schiffsbaus in Rostock und Wismar im Nachkriegsjahrfünft.[41]

5.2 Die Phase 1950–1963

Während der Phasen der „sozialistischen Industrialisierung" und „sozialistischen Rekonstruktion" war es in der DDR erstmals möglich, jenen Erfordernissen zu entsprechen, die die SED-Führung für die regionale Strukturpolitik formuliert hatte. Gelegenheit dazu bot die Wahl des Standortes für das (im Ersatz für ausbleibende Lieferungen aus dem Ruhrgebiet zu bauende) Eisenhüttenkombinat (EKO). Es wurde nicht – was aus sektoraler Sicht sicherlich rationaler gewesen wäre – in unmittelbarer Nähe der Standorte der sächsischen metallverarbeitenden Industrie, die das Werk mit Eisen und Stahl beliefern sollte, errichtet, sondern im Brandenburgischen als EKO Ost in Stalinstadt (später Eisenhüttenstadt) in Odernähe.[42] Entstand diese „erste sozialistische Stadt" der DDR „auf der grünen Wiese", so wurde für den Standort des ersten Erdölverarbeitungswerks der DDR das ebenfalls im Brandenburgischen in Odernähe gelegene Schwedt, eine ehemalige Residenz- und Kleinstadt im ländlichen Raum, ausgesucht. Der durch sowjetische Erdöllieferungen per Pipeline möglich gewordene Aufbau einer Petrolchemie in der DDR erfolgte auch in diesem Falle nicht in unmittelbarer Nähe der Verarbeitungszentren, die für die chemische Industrie der DDR traditionell im südlichen Sachsen-Anhalt, um die Städte Bitterfeld, Halle und Merseburg lagen, sondern entsprechend der regionalstrukturellen Konzeption der DDR-Führung im „industrieleeren" Nordosten der Republik.

Im Falle des Erdölverarbeitungswerks in Schwedt handelte es sich um das Hauptprojekt des 1959 begonnenen dritten Perspektivplanes der DDR, des Siebenjahrplanes. Anders als im Falle der beiden vorangegangenen Perspektivpläne wurden im Siebenjahrplanprogramm die Zielsetzungen für die regionale Strukturpolitik erstmals sehr deutlich angesprochen. Im „Gesetz über den Siebenjahrplan" hieß es: „Die Steigerung der industriellen Produktion ist in allen Industriebezirken und durch die Industrialisierung der nördlichen Bezirke zu erreichen."[43] Als erster Perspektivplan enthielt der Plan für 1959 bis 1965 einen explizit nach Regionen aufgeschlüsselten Abschnitt der zu realisierenden Vorhaben. Dieser Teil umfasste fast ein Drittel des Gesamtplanes.[44] Die Errichtung des Eisenhüttenkombinats Ost sowie des Erdölverarbeitungswerks Schwedt und der im großen Maßstab in den 1950er Jahren einsetzende Aufbau der Werften in Rostock und Wismar sind besonders anschauliche Beispiele der Industrialisierung des Nordens in seiner Verknüpfung von regionaler Entwicklungspolitik und sektoraler Schwerpunktsetzung.[45]

---

[41] Kohl/Jacob/Kramm/Roubitschek/Schmidt-Renner: Die Bezirke, S. 41, 45.
[42] Herbert Nikolaus/Lutz Schmidt: Einblicke. 50 Jahre EKO-Stahl, Eisenhüttenstadt 2000, S. 46–53.
[43] Gesetz über den Siebenjahrplan zur Entwicklung der Volkswirtschaft der Deutschen Demokratischen Republik in den Jahren 1959 bis 1965, in: Zentralkomitee der SED: Der Siebenjahrplan, S. 160.
[44] Ebd., S. 267–312.
[45] Martin Gornig: Gesamtwirtschaftliche Leitsektoren und regionaler Strukturwandel. Eine theoretische und empirische Analyse der Sektoren und regionalen Wirtschaftsentwicklung in Deutschland 1895–1987, Berlin 2000, S. 115.

5.3 Die Phase 1964–1975

Mit dem an den Siebenjahrplan anschließenden „Perspektivplan bis 1970" bekam die Strategie der regionalen Entwicklung eine veränderte Ausrichtung. Es ging im Rahmen des mit dem „neuen ökonomischen System der Planung und Leitung der Volkswirtschaft" (NÖS) einsetzenden Wirtschaftsreformprozesses nicht mehr nur um die nachholende Industrialisierung des Nordens, sondern auch um die Beseitigung regionaler Disparitäten des Industrialisierungsniveaus in den Südbezirken der DDR. Ziele raumstruktureller Industrievorhaben waren im Laufe der 1960er und zu Beginn der 1970er Jahre erstens jene kleineren Regionen Sachsens und Thüringens, die der historische Industrialisierungsprozess ausgespart hatte. Zweitens wurden im Rahmen der Wirtschaftsreform „moderne Industrien" in alten Industrieregionen angesiedelt, die zu schrumpfen drohten. Das war der Fall, wenn die Rohstoffbasis, derentwegen die Industrien ursprünglich dort angesiedelt worden waren, schwand oder weil durch die Rekonstruktion der alten Industriezweige Arbeitskräfte freigesetzt wurden, die nunmehr für neue Vorhaben zur Verfügung standen.

Charakteristisch für die erste Variante der veränderten regionalen Strukturpolitik war die Errichtung einer modernen Baumwollspinnerei in Leinefelde im „Eichsfeld", einer im Nordwesten Thüringens an der Westgrenze der DDR gelegenen bergigen Region zwischen Harz und Thüringer Wald. Das Eichsfeld galt früher als „Armenhaus Preußens" und war während der Weimarer Republik eines der bekannten Notstandsgebiete. Die im Rahmen des 1958 beschlossenen „Eichsfeldplanes" in Leinefelde errichtete größte Baumwollspinnerei der DDR (14 Prozent der Gesamterzeugung) beschäftigte nach ihrer Fertigstellung 4000 Menschen. Auch Teile des Thüringer Waldes, die ebenfalls den Charakter von Notstandsgebieten gehabt hatten, wie etwa der Raum um Sonnenberg und Ilmenau, wurden im Rahmen regionaler Entwicklungsprogramme durch Schaffung von Großbetrieben der elektrotechnischen und Glasindustrie gefördert.[46]

Bei der zweiten Variante regionaler Industrieansiedlungen während der 1960er und der beginnenden 1970er Jahre im Süden der DDR handelte es sich um die gezielte Ansiedlung von „Nachfolgeindustrien" in traditionellen Bergbauregionen, deren Kohle- bzw. Erzvorräte zu Ende gingen. Das traf für den Uranerzbergbau im östlichen und mittleren Erzgebirge ebenso zu wie für den Steinkohlebergbau im Zwickauer Raum. Im Süden Sachsen-Anhalts erschöpften sich die dort gelegenen Braunkohlereserven, die wegen ihrer vergleichsweise günstigen Lage (große Mächtigkeit, geringeres Deckengebirge) bereits seit Mitte des 19. Jahrhunderts industriell abgebaut worden waren.[47] Eine andere Schrumpfungsbranche war die Textilindustrie der DDR, die nach der deutschen Teilung und dem Ausbau der Textilindustrie in der Bundesrepublik allein für den Absatz in der DDR und in Osteuropa zu groß dimensioniert war.

Die alten Industrien wurden im Erzgebirge und Thüringer Wald vor allem durch die Wachstumsindustrien der im Rahmen der Wirtschaftsreform in Angriff genommenen „wissenschaftlich-technischen Revolution" abgelöst, wobei der Maschinen- und Fahrzeugbau sowie der Bereich Elektrotechnik, Elektronik und Gerätebau besonders hervorstachen. Parallel dazu fanden im südlichen Sachsen-Anhalt die im ausgehenden Bergbau nicht mehr beschäftigten Arbeitskräfte in den neuen Standorten der Petrolchemie um

---

[46] Kehrer: Industriestandort Ostdeutschland, S. 60.
[47] Horst Kohl/Günter Jacob/Hans-Joachim Kramm/Walter Roubitschek/Gerhard Schmidt-Renner (Hrsg.): Ökonomische Geographie der Deutschen Demokratischen Republik, Gotha u. a. 1969, S. 168, 176–178.

Halle (Leuna II, Mineralölwerk Lützkendorf, Chemiewerke Böhlen und Espenhain) ihr neues Auskommen, die in der Lausitzer Textilindustrie nicht mehr benötigten Beschäftigten im Chemiefaserkombinat Guben.[48]

Die Industrialisierung des Nordraumes fand in den 1960er und beginnenden 1970er Jahren ihre Fortsetzung durch den Ausbau der bereits in den 1950er Jahren aufgebauten Standorte an der Ostseeküste in Rostock, Wismar und auch in Stralsund bzw. nahe der Oder in Eisenhüttenstadt und in Schwedt. Als neuer Industriestandort kam in den 1960er Jahren das Halbleiterwerk in Frankfurt/Oder hinzu, eine Produktionsstätte der im „Perspektivplan bis 1970" als Schwerpunktzweig gesetzten und besonders geförderten elektronischen Industrie.[49]

Nach Abbruch der Wirtschaftsreformen 1971 und dem Auslaufen der in ihrem Rahmen in Angriff genommenen Investitionsvorhaben um die Mitte der 1970er Jahre wurde eine neue räumliche Industriepolitik wirksam. Sie war nicht mehr auf die vorrangige Industrieansiedlung im Nordraum und in anderen unterentwickelten Gebieten der DDR gerichtet. Im Fünfjahrplan für 1976–1980 wurde festgelegt:

> „Ein bedeutender Teil der Investitionsmittel ist zur beschleunigten Fertigstellung im Bau befindlicher Vorhaben, besonders der Intensivierung und Rationalisierung, einzusetzen. Die weitere territoriale Entwicklung der verarbeitenden Industrie vollzieht sich entsprechend den Erfordernissen der Intensivierung insbesondere an den traditionellen Industriestandorten".[50]

Damit ging eine Ära der regionalen Strukturpolitik in der DDR zu Ende, die 1951 begonnen hatte. Sie war dadurch gekennzeichnet gewesen, dass eine Symbiose zwischen der Entwicklung der sektoralen Struktur und der Setzung von Schwerpunktbranchen mit dem Bemühen verbunden worden war, die räumlichen Strukturen im Sinne des strategischen Zieles der „Überwindung ungerechtfertigter wirtschaftlicher und sozialer Unterschiede zwischen den Gebieten" umzugestalten. Welche Ergebnisse wurden bei der Verwirklichung dieses Zieles einer räumlich weitgehend ausgeglichenen Wohlstandsverteilung mit Hilfe der regionalen Strukturpolitik bis 1976 erreicht? Bei der Beantwortung dieser Frage stütze ich mich auf eigene Berechnungen auf der Grundlage einer 1979 veröffentlichten Studie von Mitarbeitern des Instituts für Deutsche Wirtschaftsforschung.[51] Die Ergebnisse für die bis in die Mitte des 20. Jahrhunderts agrarisch geprägte Nordregion, unterteilt in die heute wieder im Land Mecklenburg-Vorpommern vereinigten Nordbezirke und die heute zu Brandenburg zählenden Mittelbezirke (einschließlich der Nordhälfte Sachsen-Anhalts um Magdeburg), stelle ich der altindustrialisierten Südregion gegenüber.

Bekanntlich ist der historiographische Nachweis für den Erfolg strukturpolitischer Maßnahmen, ob es sich nun um solche sektoraler oder regionaler Art handelt, mit beträchtlichen Schwierigkeiten verbunden. Trotzdem lässt sich anhand der folgenden Ausführungen ein solcher Nachweis mit genügender Sicherheit treffen. Ein wichtiger Indikator des durch Industrialisierung zu überwindenden bzw. überwundenen Wohlstandsgefälles zwischen den Nordregionen und dem Süden ist die regionale Einkommensverteilung. Setzt man die Nettogeldeinnahmen je Einwohner des Südens gleich 100, dann lagen sie im Nordraum in dessen mittleren Bezirken (Frankfurt/Oder, Potsdam, Cottbus, Magde-

---

[48] Kehrer: Industriestandort Ostdeutschland, S. 63.

[49] Kohl/Jacob/Kramm/Roubitschek/Schmidt-Renner: Die Bezirke, S. 125.

[50] Zentralkomitee der SED (Hrsg.): Direktive des IX. Parteitages der SED zum Fünfjahrplan für die Entwicklung der Volkswirtschaft der DDR in den Jahren 1976–1980, Berlin 1976, S. 33.

[51] Scherzinger/Wilkens: Regionalplanung und regionale Wirtschaftsstruktur, S. 54–60.

burg) bei 95 und in dessen Nordbezirken (Rostock, Neubrandenburg, Schwerin) auf der Höhe des Wertes für den Südraum. Etwa gleicher Art waren die Unterschiede beim Einzelhandelsumsatz je Einwohner. Für diese Kennziffer erlauben die statistischen Daten auch einen Vergleich in der Entwicklung. Im Jahre 1960 lagen die Nordbezirke des Nordens beim Einzelhandelsumsatz bei 95 Prozent des Niveaus des Südraumes, die mittleren Bezirke bei 93 Prozent. 1977 lauteten die entsprechenden Vergleichswerte 103 und 98.

Bei den besonders begehrten, knappen und von der DDR überwiegend mit Devisen zu erwerbenden Südfrüchten war der Abstand zwischen Nord und Süd größer. Die Versorgung im Südraum gleich 100 gesetzt, belief sie sich 1976 in den mittleren Bezirken des Nordens auf 86 Prozent und in den nördlichen auf 87 Prozent. Deutlicher ausgeprägt waren auch die regionalen Differenzen bei der Kennziffer „Dienstleistungen und Reparaturen", deren Niveau – verglichen mit dem Süden – bei 83 Prozent (Nordbezirke) bzw. 88 Prozent (Mittelbezirke) lag. Näher am Niveau der Länder des altindustrialisierten Südens lag die Wohnungsversorgung des Nordraumes (Wohnungen je 1000 Einwohner), die 1978 in den nördlichen Bezirken 90 Prozent und in den mittleren Bezirken 97 Prozent des Niveaus der Wohnungsversorgung der südlichen Bezirke ausmachte.

Diese Vergleichsdaten legen davon Zeugnis ab, dass das Ziel der regionalen Strukturpolitik der SED-Führung, mit dem Mittel der Industrialisierung nicht nur eine Annäherung des ökonomischen, sondern auch des sozialen und des Wohlstandsniveaus zu erreichen, im Laufe der zweieinhalb Jahrzehnte, in denen dieses Ziel in den Perspektivplänen verankert war, in wesentlichen Bereichen annähernd erreicht wurde. Schwerwiegende Differenzen zwischen ursprünglichem Plan und erreichtem Ergebnis, wie es in der sektoralen Strukturentwicklung der DDR fallweise festzustellen ist, gab es auf raumstrukturellem Gebiet offensichtlich nicht.

Nur bei einigen Indikatoren – am deutlichsten im Bereich der Dienstleistungen und Reparaturen – gab es noch signifikante Differenzen zwischen dem früher agrarisch geprägten Norden und dem industrialisierten Süden. Ein Aufholen des Nordraumes war in den 1960er Jahren und auch noch in der ersten Hälfte der 1970er Jahre zu verzeichnen – mit Ausnahme des ersten Nachkriegsjahrfünfts also über die gesamte hier untersuchte Zeitperiode hinweg.

6. Schluss: Versuch der Gegenüberstellung der Strukturpolitik in der DDR und BRD 1945–1975

Die Verwirklichung von ökonomischen und sozialen Zielen mit Hilfe staatlicher Strukturpolitik wurde nicht nur im planwirtschaftlichen System der DDR, sondern auch in der „sozialen Marktwirtschaft" bundesrepublikanischer Prägung als Aufgabe gesehen. Burghard Müller-Kästner, langjähriger Chefvolkswirt der Kreditanstalt für Wiederaufbau in Frankfurt am Main, hat die frühe Phase der Strukturpolitik in der Bundesrepublik wie folgt beschrieben:

> „Zunächst dominierte die Aufgabe des Wiederaufbaus. Vor dem Hintergrund eines enormen Kapitalmangels und eines nicht funktionierenden Kapitalmarktes mußte die Wirtschaftspolitik versuchen, die wenigen verfügbaren Mittel […] in die prioritären Bereiche zu lenken. Das waren der Energiesektor und die Grundstoffindustrie".[52]

---

[52] Burghard Müller-Kästner: Zur Rolle staatlicher Intervention. Erfahrungen aus 40 Jahren Wirtschaftsgeschichte der Bundesrepublik, in: Harry W. Jablonowski/Rolf Simons (Hrsg.): Strukturpolitik

Diese Schilderung der Anfänge der bundesdeutschen Strukturpolitik klingt hinsichtlich der Zielsetzungen und der zur Verfügung stehenden Mittel ähnlich wie die in diesem Beitrag vorgenommene Beschreibung der strukturpolitischen Aufgaben und Möglichkeiten der DDR im Bereich der Entwicklung der Branchenpolitik. Die in der DDR mobilisierbaren Ressourcen waren – abgesehen einmal von den der Bundesrepublik durch den Marshallplan zur Verfügung gestellten Mitteln – durch das große Ausmaß der Reparationsleistungen erheblich geringer, der Investitionsbedarf infolge der unterschiedlichen Anforderungen, die der Ausgleich der Teilungsdisproportionen an die beiden Volkswirtschaften stellte, erheblich größer. Allerdings konnte die DDR-Regierung bereits im ersten vollständigen Haushaltsjahr 1950 weitgehend über die Einnahmen der staatseigenen Betriebe verfügen, in denen damals bereits 50,5 Prozent der Industrieproduktion erzeugt wurde[53] – ein Anteil, der bis 1972 auf fast 100 Prozent steigen sollte. Die Bundesregierung war dagegen bei der Gestaltung ihrer Strukturpolitik auf Steuereinnahmen aus einer Gewinnumverteilung in einer zu über 90 Prozent privaten Wirtschaft angewiesen.

Zur Auffächerung der bundesdeutschen Strukturpolitik kam es erst gegen Ende der 1950er Jahre bzw. in den 1960er Jahren. Beginnend mit der Krise des Kohlebergbaus gewann vor allem die sektorale Strukturpolitik an Gewicht. Nur „allmählich wurde auch die regional unterschiedliche Verteilung der Produktion und damit der Einkommen als Problem erkannt", schreibt Müller-Kästner.[54] Es bedurfte des Abtretens des langjährigen Wirtschaftsministers und zeitweiligen Bundeskanzlers Ludwig Erhard, ehe dessen Nachfolger und Wirtschaftsminister der großen Koalition Karl Schiller die Aufgabe stellte, für die Bundesrepublik eine Strukturpolitik „aus einem Guss" zu entwerfen[55] – eine Aufgabe, die sich die SED-Führung in der DDR bereits mit dem ersten Fünfjahrplan 1951–1955 gestellt hatte.

Die Differenzen in der Intensität der staatlichen Strukturpolitik in beiden deutschen Staaten machten seit der zweiten Hälfte der 1950er Jahre einige Wirtschaftswissenschaftler und -politiker der Bundesrepublik zum Gegenstand von Vergleichen; die Ergebnisse wurden mit einer gewissen Besorgnis zur Kenntnis genommen. Der wirtschaftspolitische Sprecher der CDU Fritz Hellwig z. B. warnte im Juni 1956 vor einer „bedrohlichen Überlegenheit totalitärer Systeme in der Frage der Produktivitätssteigerung und der Sicherung der Investitionsquote".[56]

Die Forderung des Neokeynesianers Karl Schiller nach einer „Strukturpolitik aus einem Guss", geäußert nach seinem Amtsantritt 1966, war – wenn man so will – die programmatische Antwort auf die in der Bundesrepublik erstmals ein Jahrzehnt zuvor formulierte strukturpolitische Herausforderung. Zwar erfüllten sich die Befürchtungen einiger US-amerikanischer und westeuropäischer Wirtschaftswissenschaftler nicht, wonach in naher Zukunft „Eastern Germany can be expected not only to be well ahead of its Eastern European neighbours, but also to be a serious competitor of the West".[57] Doch haben die mit großer Sorgfalt vorgenommenen Berechnungen des Kölner „Zentrums für Histori-

---

in Ost und West. Zwischen Steuerungsbedarf und ordnungspolitischem Sündenfall, Köln 1993, S. 43–57, hier S. 44.

[53] Falk Küchler: Die Wirtschaft der DDR. Wirtschaftspolitik und industrielle Rahmenbedingungen 1949 bis 1989, Berlin 1997, S. 17–19.

[54] Müller-Kästner: Zur Rolle staatlicher Intervention, S. 44f.

[55] Ebd., S. 45.

[56] Zitiert in: Alexander Nützenadel: Stunde der Ökonomen. Wissenschaft, Politik und Expertenkultur in der Bundesrepublik 1949–1974, Göttingen 2005, S. 179.

[57] Zitiert ebd., S. 182.

sche Sozialforschung" ergeben, dass es der DDR zwischen 1950 und 1975 immerhin gelang, das 1950 nach sehr ungleicher Belastung beider deutscher Staaten durch Reparationen und Teilungsfolgen auf 38,2 Prozent der Wirtschaftskraft der Bundesrepublik gesun-
kene ostdeutsche Leistungsniveau – gemessen als Bruttoinlandsprodukt je Einwohner
– auf 50,3 Prozent des westdeutschen Niveaus zu steigern.[58] Dies ist als Zeichen einer
insgesamt den seinerzeitigen Anforderungen entsprechenden sektoralen Strukturpolitik
der SBZ/DDR in den ersten drei Jahrzehnten ihrer Existenz zu werten. Hat man wesentliche Trends der Strukturentwicklung vor Augen wie im Energiebereich den Übergang von
der Kohle zur Atomkraft, im Chemiebereich von der Kohle zum Erdöl, im Maschinenbau
von der mechanischen zur elektronischen Steuerung, dann finden sich im Osten wie im
Westen Deutschlands Parallelentwicklungen mit dem Unterschied, dass sie in der DDR
über den Staatsplan liefen. Es wäre jedoch nicht richtig, den Zuwachs an ökonomischer
Leistungskraft in Ostdeutschland auf die Vorteile einer unter planwirtschaftlichen Bedingungen früher einsetzenden und umfassenderen sektoralen und regionalen Strukturpolitik zurückführen. In der Planung verankerte strukturpolitisch bedeutsame Vorhaben, die
dem internationalen Entwicklungstrend entsprachen, konnten auch gänzlich oder weitgehend scheitern, wie die Projekte Flugzeugbau und „friedliche Nutzung der Atomenergie"
bewiesen, ebenso das Projekt „Förderung der Mikroelektronik" (in den 1980er Jahren).
Nicht möglich war in der DDR-Planwirtschaft, dass sich Aufholprozesse entgegen den Vorgaben der zentralen Planung, gewissermaßen spontan, durchsetzen konnten. Dafür ein
gewichtiges Beispiel:

Parteichef Erich Honecker nahm nach der Ablösung von Walter Ulbricht 1971 von den
Plänen der vorrangigen Förderung mikroelektronischer Steuerungen Abstand, weil er
sich die Meinung des Wirtschaftswissenschaftlers und -historikers Jürgen Kuczynski zu ei-
gen gemacht hatte, die Auffassung, dass die wissenschaftlich-technische Revolution bereits
begonnen habe, sei „oberflächliches Geschwätz" und ein „solch falscher Kurs [müsse]
korrigiert werden".[59] Die mit der Forschung und Herstellung mikroelektronischer Steuerungen beschäftigten Unternehmen des Werkzeugmaschinenkombinats kämpften jedoch
auch nach 1971 um die Fortsetzung ihrer Aktivitäten. Daraufhin wurde der Generaldirektor des Kombinats von den für das Unternehmen zuständigen Planungsinstitutionen wiederholt gerügt, weil er bestrebt war, die Entwicklung mikroelektronischer Steuerungen
beizubehalten. Mithalten beim Weltniveau war dem Kombinat, auf sich gestellt, mangels
Investitionsmittel allerdings nicht mehr möglich. So konnte nicht verhindert werden, dass
es in der DDR 1971–1975 „zu erheblichen Verzögerungen bei der Schaffung von Produktionskapazitäten für die Herstellung numerischer Steuerungen" kam.[60] Auf dem Gebiet
der Mikroelektronik trat damit ein Rückstand ein, der in den folgenden anderthalb Jahrzehnten, bis zum Ende der DDR, nicht mehr aufgeholt werden konnte.

---

[58] Gerhard Heske: Volkswirtschaftliche Gesamtrechnung der DDR 1950–1989. Daten, Methoden, Vergleiche, Köln 2009, S. 67.
[59] Vgl. Jürgen Kuczynski: Vier Revolutionen der Produktivkräfte. Theorie und Vergleiche, Berlin
1975, S. 110.
[60] Jörg Roesler: Einholen wollen und aufholen müssen. Zum Innovationsverlauf bei numerischen
Steuerungen im Werkzeugmaschinenbau der DDR vor dem Hintergrund der bundesrepublikanischen Entwicklung, in: Jürgen Kocka (Hrsg.): Historische DDR-Forschung. Aufsätze und Studien,
Berlin 1993, S. 263–285, hier S. 277.

Sabine Mecking
Regionale Disparitäten, Raumordnung und das Ideal der Chancengerechtigkeit in Westdeutschland

Künstler erschaffen Kunstwerke. Pablo Picasso erklärte, er forme Dinge, wie er sie denkt, und nicht, wie er sie sieht. Auf diese Weise werden im Medium Bild Bildideen in die gegenständliche Welt gebracht.[1] Im Vergleich dazu muss die Arbeit einer Verwaltung blass erscheinen. Sie verwaltet und vollzieht nach, was durch Gesellschaftsprozesse vorgegeben wird. Dies zumindest war Anfang der 1960er Jahre eine weitverbreitete Sicht auf die Verwaltung. Nur wenige Jahre später wandelte sich diese Auffassung jedoch grundlegend. Vorstellungen, dass auch die Verwaltung „schöpferisch" im Sinne von gestalterisch agieren könne, setzten sich immer stärker durch. Welche Verwaltungs- bzw. Kunstwerke eine kreative Landes- und Strukturplanung im Zuge einer Verwaltungsreform hervorzubringen vermochte, um den öffentlichen Raum der Zukunft zu prägen, soll im Folgenden dargelegt werden.

Strukturpolitik gestaltet immer auch Lebenschancen von Menschen. Sie beeinflusst nicht zuletzt den Zugang zu Arbeit und Wohlstand, Mobilität und Bildung. Um dabei die Rahmenbedingungen der strukturpolitischen Steuerung von sozialökonomischem Wandel in Deutschland auszuloten, richtet sich der Blick auf die kommunale Struktur der Bundesrepublik. In den Fokus rücken Städte und Kreise als die durch die Bevölkerung wohl am unmittelbarsten erfahrbaren Träger öffentlicher Strukturpolitik und Leistungsverwaltung. Von Interesse ist, wie die Bundesländer auf die sich immer deutlicher abzeichnenden regionalen Disparitäten bzw. infrastrukturellen Stadt-Land-Unterschiede und die damit verbundenen Diskrepanzen in der Leistungskraft und der Ausstattung der Kommunen reagierten. Es ist zu fragen, wie die kommunale Landkarte Westdeutschlands im Zuge staatlicher Reform- und Steuerungsbestrebungen verändert wurde. Und inwieweit lassen sich dabei Unterschiede im Vorgehen der Bundesländer ausmachen?

Im Jahre 1960 gab es in Westdeutschland 425 Kreise mit 24 371 kreisangehörigen Gemeinden und 141 kreisfreie Städte. Während 47,7 Prozent der kreisfreien Städte 500 000 und mehr Einwohner zählten, verfügten 58,7 Prozent der kreisangehörigen Gemeinden über weniger als 5000 Einwohner.[2] Bereits diese Gegenüberstellung verdeutlicht, wie heterogen sich die kommunale Landschaft im Untersuchungszeitraum in der „alten" Bundesrepublik präsentierte. Dies betrifft nicht nur die Verhältnisse in den verschiedenen Bundesländern, sondern auch innerhalb eines Bundeslandes. Weitere Zahlen mögen dies tiefergehend veranschaulichen: So waren etwa die Gemeinden im noch weitgehend ländlich geprägten Bayern überdurchschnittlich klein. Bis Ende der 1960er Jahre gab es in Bayern rund 7100 Gemeinden, das waren mehr als dreißig Prozent aller in Westdeutschland existierenden Gemeinden. Zwei Drittel dieser bayerischen Kommunen hatten

---

[1] Vgl. Kurt Kusenberg: Picasso und die Entwicklung, in: Die Zeit vom 4. 3. 1954, Die Zeit Archiv/Zeit online, <http://www.zeit.de/1954/09/picasso-und-die-entwicklung> (14. 5. 2016). Der Beitrag basiert auf meinen Arbeiten Bürgerwille und Gebietsreform. Demokratieentwicklung und Neuordnung von Staat und Gesellschaft in Nordrhein-Westfalen 1965–2000, München 2012; Zwischen Effizienz und Legitimität. Kommunale Gebiets- und Funktionalreformen in der Bundesrepublik Deutschland in historischer und aktueller Perspektive, hrsg. mit Janbernd Oebbecke, Paderborn u. a. 2009.
[2] Werner Thieme/Günther Prillwitz: Durchführung und Ergebnisse der kommunalen Gebietsreform, Baden-Baden 1981, S. 38ff.

DOI 10.1515/9783110523010-005

weniger als 1000 Einwohner.[3] Das bevölkerungsreichste und dichtbesiedelte Bundesland Nordrhein-Westfalen wiederum hatte und hat die meisten Großstädte.[4] Mit rund 2300 Gemeinden umfasste es im Jahre 1968 ein knappes Zehntel der westdeutschen Gemeinden. In diesem Zehntel lebten etwa dreißig Prozent der bundesrepublikanischen Bevölkerung.[5] Gleichwohl hatte auch in Nordrhein-Westfalen zu dieser Zeit die kleinste Gemeinde nur etwa hundert Einwohner. Obwohl die genannten Zahlen den qualitativen Verhältnissen und den Stadt-Land-Unterschieden vor Ort kaum Rechnung tragen können, deuten diese Quantifizierungen doch bereits auf erhebliche Herausforderungen in der kommunalen und sozialökonomischen Struktur der Bundesländer hin.

Diesen Herausforderungen nahmen sich die zeitgenössische Politik und Verwaltung mittels umfassender Funktional- und Gebietsreformen an. In den Jahren zwischen 1965 und 1978 prägten die im Zuge einer umfassenden Verwaltungsreform in allen westdeutschen Flächenländern durchgeführten kommunalen Neuordnungen wie kaum eine andere Reform dieser Zeit die innenpolitische Diskussion.[6] Durch administrative und territoriale Neuordnungen wollten Bund und Länder räumlich und gesellschaftlich optimale Bedingungen für die Entwicklung von Gesellschaft und Wirtschaft schaffen. Insbesondere die Leistungskraft der Kommunen sollte neuen, vergleichbaren Standards genügen. Getragen von Fortschrittsenthusiasmus, d. h. im Vertrauen auf die Berechenbarkeit und damit Steuerung der Zukunft, schien der im Grundgesetz postulierte Grundsatz der „Einheitlichkeit der Lebensverhältnisse"[7] konkret einlösbar. Aus dem propagierten Ziel, eine möglichst hohe Chancengleichheit bzw. -gerechtigkeit im Land zu erzielen,[8] leitete sich zum einen die Aufgabe ab, die Bevölkerung nach dem Gleichheitsgrundsatz sowohl auf dem Land als auch in der Stadt mit breit gefächerten Leistungen der öffentlichen Hand

---

[3] Thieme/Prillwitz: Durchführung, S. 155.

[4] Vgl. Rudolf Schäfer: Stadtteilvertretungen in Großstädten, Bd. 2, Berlin 1982, S. 7. Siehe auch Tabelle „Überblick über die Einwohnerzahlen der Großstädte", in: Das Rathaus 28 (1975), S. 513. Bei den 69 Großstädten im Jahr 1975 handelte es sich um vier Städte mit mehr als einer Million Einwohnern, neun Städte lagen in der Größenordnung von 500 000 bis 1 000 000 Einwohnern, 20 zwischen 200 000 und 500 000 Einwohnern und 36 unter 200 000. Zur Situation vor der Neuordnung vgl. Aufstellung: Westdeutschlands große Städte und ihre „OBs", in: Archiv der sozialen Demokratie der Friedrich-Ebert-Stiftung, Bonn (AdsD), Bezirk Westliches Westfalen, Kommunalpolitik.

[5] Regierungsvorlage: Entwurf eines Gesetzes zur Änderung der Gemeindeordnung und des Kommunalwahlgesetzes (1. Lesung – Beratung), 9. 5. 1967, in: Archiv-Bibliothek-Dokumentation des Landtags Nordrhein-Westfalen, Düsseldorf (Archiv Landtag NRW), 6. WP, Plenarprotokoll 6/14, S. 397.

[6] Siehe hierzu u. a. Mecking/Oebbecke: Zwischen Effizienz und Legitimität; Axel Bernstein: Die Gebietsreform in Schleswig-Holstein. Die Neugliederung der Kreise in den 1960er und 1970er Jahren, Bielefeld 2010; Christina Steinbicker: Zwischen „Postkutschenzeit" und „Technokratie". Modernisierungsprozesse in der Verwaltungsreform in Rheinland-Pfalz 1965–1974, Münster 2009; Johannes Koenig: Verwaltungsreform in Hessen (1945–1981). Ziele – Strategien – Akteure, Darmstadt u. a. 2006; Mecking: Bürgerwille; Philipp Hamann: Gemeindegebietsreform in Bayern. Entwicklungsgeschichte, Bilanz und Perspektiven, München 2005; Olaf Stoffel: Die Effekte der Gemeindegebietsreform in Baden-Württemberg, Diss. phil., Heidelberg 1991; Wilfried Menke: Verwaltungs- und Gebietsreform in Niedersachsen. Der Landkreis Vechta im politischen Konflikt zwischen Land und Kommune, Diss. phil., Osnabrück/Vechta 1990.

[7] Vgl. Artikel 106 Abs. 3 Grundgesetz der Bundesrepublik Deutschland.

[8] Vgl. hierzu auch Willy Brandt in seiner Regierungserklärung vom 18. 1. 1973, in: Die großen Regierungserklärungen der deutschen Bundeskanzler von Adenauer bis Schmidt, eingeleitet und kommentiert von Klaus von Beyme, München/Wien 1979, S. 283–312, hier S. 298; siehe auch Artikel 3 Abs. 3 Grundgesetz.

zu versorgen. Zum anderen waren darüber hinaus die Voraussetzungen für ein gleichmäßiges Angebot auch privater Leistungsträger zu gewährleisten.

1. Ausgangssituation und Steuerungswille

Der langfristige Wandel vom preußisch geprägten Verwaltungsstaat zum modernen Leistungs- und Vorsorgestaat der Bundesrepublik zeigte sich u. a. in einer erheblichen Erweiterung der administrativen Infrastruktur und im Ausbau der öffentlichen „Daseinsvorsorge" seit den 1960er Jahren. Die Kommunen entwickelten sich zu wichtigen Trägerinnen staatlicher Leistungs- und Ordnungsverwaltung. Gleichzeitig veränderte sich auch der Anspruch der Bevölkerung: Die Bürger betrachteten den Staat nicht mehr primär als allgemeinen Garanten für Hilfe in direkten Notlagen. Stattdessen erwarteten sie immer stärker die individuelle Unterstützung durch die Verwaltung in unterschiedlichen Lebenslagen.

Das kommunale System war bundesweit den wachsenden öffentlichen Aufgaben- und Leistungskatalogen anzupassen. Insbesondere vor dem Hintergrund der Stagnationen des (Nachkriegs-)Wirtschaftsbooms sollte die kommunale Landkarte der Bundesrepublik neu geordnet werden, um Impulse für die sozialökonomische Entwicklung des Landes zu geben. Strukturdefizite und Fehlentwicklungen als Folge kurzsichtiger und unkoordinierter Expansionen im Rahmen eines schnellen Wiederaufbaus zeichneten sich überall in der Bundesrepublik deutlich ab.[9] Auch die Schwierigkeiten, die die ungleiche Bevölkerungsverteilung für die Bereitstellung und den Ausbau der Infrastruktur und des öffentlichen Leistungsangebotes mit sich brachte, wurden immer drückender spürbar. Mit der „modernen" Landes- und Raumplanung und den strukturpolitischen Steuerungskonzepten für ökonomische und gesellschaftliche Entwicklungen war die Hoffnung verbunden, Prosperität verstetigen zu können.[10] Eine Neuordnung der kommunalen Struktur versprach, beste räumliche Voraussetzungen für Lebensqualität und Industrieansiedlung zu schaffen. Besonders im Bildungssektor, im Bereich der allgemeinen Daseinsvorsorge, aber auch auf ökonomischem Felde wurden staatliche Regelungsmechanismen postuliert.[11] Über politi-

---

[9] Siehe darüber hinaus zum Forschungsstand Stefan Grüner: Strukturwandel und (Schwer-)Industrie – Forschungsstand und Perspektiven, in: Uwe Danker/Thorsten Harbeke/Sebastian Lehmann (Hrsg.): Strukturwandel in der zweiten Hälfte des 20. Jahrhunderts, Neumünster/Hamburg 2014, S. 124–157; siehe weiter z. B. zu Nordrhein-Westfalen Stefan Goch (Hrsg.): Strukturwandel und Strukturpolitik in Nordrhein-Westfalen, Münster 2004.

[10] Vgl. Dirk van Laak: Planung, Planbarkeit und Planungseuphorie, Version 1.0, in: Docupedia-Zeitgeschichte 16. 2. 2010, <https://docupedia.de/zg/Planung> (14. 5. 2016); Wendelin Strubelt/Detlef Briesen (Hrsg.): Raumplanung nach 1945. Kontinuitäten und Neuanfänge in der Bundesrepublik Deutschland, Frankfurt a. M./New York 2015; Michael Ruck: Gesellschaft gestalten. Politische Planung in den 1960er und 1970er Jahren, in: Mecking/Oebbecke: Zwischen Effizienz und Legitimität, S. 35–47; Christoph Nonn: Politische Planung während der 1960er Jahre und ihre Vorgeschichte: Kurzer Sommer der Utopie und langer Schatten, in: Hans Zinnkann (Red.): Der Kraftakt: Kommunale Gebietsreform in Nordrhein-Westfalen, hrsg. von der Präsidentin des Landtags Nordrhein-Westfalen, Düsseldorf 2005, S. 55–76; Michael Ruck: Ein kurzer Sommer der konkreten Utopie – Zur westdeutschen Planungsgeschichte der langen 60er Jahre, in: Axel Schildt/Detlef Siegfried/Karl Christian Lammers (Hrsg.): Dynamische Zeiten. Die 60er Jahre in beiden deutschen Gesellschaften, Hamburg ²2003, S. 362–401.

[11] Vgl. etwa Gerd Hardach: Krise und Reform der Sozialen Marktwirtschaft. Grundzüge der wirtschaftlichen Entwicklung in der Bundesrepublik der 50er und 60er Jahre, in: Schildt/Siegfried/Lammers: Dynamische Zeiten, S. 197–217; Anne Rohstock: Von der „Ordinarienuniversität" zur „Revolu-

sche Planungen sollten sowohl Fragen nach der Größe von Gemeinde- und Kreisgebieten, Einwohnermindestzahlen, der infrastrukturellen Ausstattung und der Steuer- und Wirtschaftskraft von Kommunen als auch Fragen nach der allgemeinen Wohlfahrt und der gesellschaftlichen Integration gelöst werden.[12]

Mit den neuen Analysemethoden der Verwaltungswissenschaft und der Raumordnung und Landesplanung schienen geeignete Instrumente vorhanden zu sein, um zukunftsweisende Lösungen zu finden. Das Schaffen größerer Kommunen sollte die Leistungskraft und Selbstverwaltung stärken und damit eine zeitgemäße Versorgung der Bevölkerung ermöglichen. Insbesondere waren die größeren Versorgungsunterschiede zwischen verschiedenen Regionen und vor allem auch zwischen Stadt und Land auszugleichen. Rasch mündeten wissenschaftliche Theorien über abstrakte Steuerungsmodelle in konkrete staatliche Reformvorhaben.[13]

Gebietsreformen waren kein neues Phänomen der 1960er und 1970er Jahre, schon früher hatte es Eingemeindungen und Städtezusammenschlüsse gegeben. Nach den Eingemeindungswellen Ende des 19. und Anfang des 20. Jahrhunderts sowie in den Weimarer Jahren existierten bereits kurz nach dem Zweiten Weltkrieg und zu Beginn der 1950er Jahre erneut Forderungen nach einer Gebiets- und Funktionalreform.[14] Angesichts der für die Versorgung der Bevölkerung zentralen Bedeutung der Kommunen in der Nachkriegszeit und wegen ihrer Aufwertung beim Aufbau eines demokratischen Staates waren allerdings zu diesem Zeitpunkt größere Eingemeindungspläne kaum opportun. In diesen Jahren galten die Gemeinden ebenso wie die Familie als existenzielle gesellschaftliche Basisinstitutionen.[15] Unmittelbar nach dem Krieg trugen sie die Hauptverantwortung für die Wiederherstellung des öffentlichen Lebens[16] und übernahmen nach dem Zusammenbruch des NS-Staates und der Reichs- und Staatsbehörden bis zur Bildung der Bundesländer alle staatlichen Aufgaben in ihrem Gebiet. Sie bewährten sich auch in der Folgezeit beim Wiederaufbau des weitgehend zerstörten Landes. Die Leistungen der Gemeinden, Städte und Kreise sowie ihrer Bürgermeister und Landräte fanden hierbei allgemein Anerkennung und prägten fortan das Bild der kommunalen Selbstverwaltung.[17]

---

tionszentrale"? Hochschulreform und Hochschulrevolte in Bayern und Hessen 1957–1976, München 2010; Georg Altmann: Vollbeschäftigung durch Planung? Das Reformprojekt „Vorausschauende Arbeitsmarktpolitik" in den 1960er Jahren, in: Matthias Frese/Julia Paulus/Karl Teppe (Hrsg.): Demokratisierung und gesellschaftlicher Aufbruch. Die sechziger Jahre als Wendezeit der Bundesrepublik, Paderborn u. a. [2]2005, S. 283–304.

[12] Vgl. Gabriele Metzler: „Geborgenheit im gesicherten Fortschritt". Das Jahrzehnt von Planbarkeit und Machbarkeit, in: Frese/Paulus/Teppe: Demokratisierung, S. 777–797, hier S. 785, 794–797.

[13] Vgl. hierzu weiter Franz-Werner Kersting/Clemens Zimmermann (Hrsg.): Stadt-Land-Beziehungen im 20. Jahrhundert, Paderborn 2015.

[14] Vgl. Wolfgang R. Krabbe: Die deutsche Stadt im 19. und 20. Jahrhundert, Göttingen 1989, S. 78f., 95–98.

[15] Bernhard Schäfers: Die westdeutsche Gesellschaft: Strukturen und Formen, in: Axel Schildt/Arnold Sywottek (Hrsg.): Modernisierung im Wiederaufbau. Die westdeutsche Gesellschaft der 50er Jahre, Studienausgabe, Bonn 1998, S. 307–315.

[16] Vgl. auch Thomas Ellwein: Der Staat als Zufall und als Notwendigkeit. Die jüngere Verwaltungsentwicklung in Deutschland am Beispiel Ostwestfalen-Lippe, Bd. 2, Opladen 1997, S. 473–478.

[17] Vgl. Christian Engeli: Neuanfänge der Selbstverwaltung nach 1945, in: Günter Püttner (Hrsg.): Handbuch der kommunalen Wissenschaft und Praxis, Bd. 1, Berlin u. a. [2]1981, S. 114–132; Hans-Georg Wehling: Kommunale Selbstverwaltung, in: Thomas Ellwein/Everhard Holtmann: 50 Jahre Bundesrepublik Deutschland. Rahmenbedingungen – Entwicklungen – Perspektiven, Opladen u. a. 1999, S. 544–564.

In den 1960er Jahren wurden dann die Pläne für Funktional- und Strukturreformen wieder intensiver aufgegriffen, da sich deren Notwendigkeit immer offensichtlicher abzuzeichnen schien. Eine am Leitbild der Raumentwicklung und am Postulat der Gleichwertigkeit der Lebensverhältnisse orientierte Anpassung der Territorial- und Verwaltungsgrenzen sollte daher durchgeführt werden. Die Neuordnungspläne orientierten sich an funktionalen Erfordernissen, angestrebt wurde eine Synchronisierung von sozialen und ökonomischen Entwicklungen mit den räumlich definierten Handlungsmöglichkeiten der Verwaltung auf kommunaler Ebene.[18]

Dabei galt lange (bis in die 1960er Jahre) die Auffassung, dass umfassende Gebietsreformen wegen der großen Beharrungskräfte eigentlich nur in Diktaturen oder nach militärischen Niederlagen möglich seien: z. B. in der Zeit der napoleonischen Herrschaft, als das deutsche Gebiet insgesamt neu vermessen wurde, oder im „Dritten Reich" im Zuge der „Gleichschaltung" der Länder. Die nach dem Zweiten Weltkrieg erfolgte Neuordnung der Länder durch die westlichen Besatzungsmächte sowie die Auflösung der Länder und die Neueinteilung in Bezirke und Kreise in der DDR zu Beginn der 1950er Jahre schienen diese verbreitete Einschätzung ebenfalls zu stützen. Doch schon bald demonstrierten die westdeutschen Bundesländer, dass auch Demokratien zu erheblichen Grenzveränderungen fähig waren, wenn sie strategisch und planvoll vorgingen. Ab Mitte der 1960er Jahre setzten sie Expertenkommissionen zur kommunalen und staatlichen Neugliederung ein.[19] Befürworter der Reform argumentierten, die Ordnung des Lebens mit den großen ökonomischen und gesellschaftlichen Herausforderungen seien nicht mehr innerhalb von Verwaltungsgrenzen aus dem Zeitalter der Postkutsche zu lösen. Kritiker vor Ort wandten sich allerdings gegen eine technokratische Neuordnung, die sich allein in einer Maßstabsvergrößerung erschöpfe. Insbesondere die bürgerschaftliche Identifikation in und mit kleineren Räumen sollte nicht zugunsten der am Reißbrett entworfenen anonymen Mammutgebilde geopfert werden.[20] Die Reformskeptiker waren jedoch zumeist in der Minderheit.

Ziel der Reform sei es, so war Ende der 1960er Jahre aus den Innenministerien von Nordrhein-Westfalen, Hessen, Rheinland-Pfalz oder Bayern zu hören, das räumliche Ungleichgewicht in der wirtschaftlichen und sozialen Entwicklung der Länder sowie überhaupt im Bundesgebiet langfristig zu überwinden und den Lebensstandard im Land anzugleichen und zu verbessern.[21] Die Versorgung der Bevölkerung sollte hinsichtlich ihrer Grundbedürfnisse in den Bereichen Wohnen, Arbeiten, Versorgung, Bildung, Verkehr oder Freizeit besser abgesichert bzw. für die Zukunft ausgebaut werden.

---

[18] Zu den Veränderungen vgl. Gerold Ambrosius/Hartmut Kaelble: Einleitung: Gesellschaftliche und wirtschaftliche Folgen des Booms der 1950er und 1960er Jahre, in: Hartmut Kaelble (Hrsg.): Der Boom 1948–1973. Gesellschaftliche und wirtschaftliche Folgen in der Bundesrepublik Deutschland und in Europa, Opladen 1992, S. 7–32.

[19] Mecking: Bürgerwille, S. 25.

[20] Zu den technischen und politischen Zielen der Reform vgl. Hans-Hermann Zahn: Die Einstellung der Bürger zu ihrer Gemeinde dargestellt am Beispiel Brackwede – Bielefeld, Baden-Baden 1982, S. 37–40. Zum Verhältnis von raumbezogener Identifikation und Identität vgl. Heinz-Werner Wollersheim: Identifikation. Ein heuristisches Modell zur Bestimmung eines Forschungsfeldes, in: ders./Sabine Tzschaschel/Matthias Middell (Hrsg.): Region und Identifikation, Leipzig 1998, S. 47–55; Detlev Ipsen: Regionale Identität. Überlegungen zum politischen Charakter einer psychosozialen Raumkategorie, in: Rolf Lindner (Hrsg.): Die Wiederkehr des Regionalen. Über neue Formen kultureller Identität, Frankfurt a. M. u. a. 1994, S. 232–254.

[21] Vgl. Thieme/Prillwitz: Durchführung, S. 159; siehe auch Landesregierung Nordrhein-Westfalen: Nordrhein-Westfalen-Programm 1975 (NWP 75), Düsseldorf 1970, S. 79ff.

Die Planungs- und Verwaltungsexperten auf Bundes- und Länderebene konstatierten im ländlichen Raum den Wunsch nach stärkerer Angleichung der ländlichen Lebensverhältnisse an die städtischen. Gleichzeitig seien in den Ballungszonen und Ballungsrandzonen die Städte von ihrem Umland abhängig, ohne dass sie auf dessen Entwicklung unmittelbar Einfluss nehmen könnten.[22] So hatten der Zuzug von Vertriebenen und Flüchtlingen als Folge des Krieges sowie die in der sogenannten Wirtschaftswunderzeit expandierenden Gewerbe- und Industrieunternehmen bereits kurz nach dem Krieg in vielen Städten den Wunsch nach Erweiterung des Stadtgebietes erwachen lassen. Die Städte fransten durch kleinere und größere Neubausiedlungen an ihren Rändern aus. Dabei war in den ersten Nachkriegsdekaden der Urbanisierungsprozess zwar nicht zum Stillstand gekommen – nicht zuletzt gab es in Klein- und Mittelstädten einen kräftigen Schub nachholender Urbanisierung –, doch lief dieser Prozess allmählich aus. Umso mehr machten sich dann gegenläufige Tendenzen bemerkbar, die mit dem Begriff der Suburbanisierung beschrieben werden. Das Ausgreifen der Kernstädte auf ihr Umland war nicht länger Zeichen eines überschießenden Bevölkerungswachstums, sondern ging mit zunächst relativen, dann auch absoluten Bevölkerungsverlusten in den Innenstädten einher. Schrittmacher war die Wohnsuburbanisierung, der Trend zum Eigenheim im Grünen.[23]

Der Kölner Stadtanzeiger fragte im Mai 1966: „Sterben die Städte?" Im Artikel wurde auf negative Entwicklungen in Nordamerika verwiesen: „Die USA, von denen man sagt, daß sie in der technischen und wirtschaftlichen Entwicklung Europa um zehn bis fünfzehn Jahre voraus seien, zeigen, wie sich innerhalb kurzer Zeit alte Städte völlig verwandeln."[24] Die Ausführungen bezogen sich auf die Verödung amerikanischer Innenstädte und die Entstehung von „das Land auffressenden Eigenheimsiedlungen" mit Einkaufszentren am Stadtrand. Solche „zerstörten Städte" dürfe es in Deutschland nicht geben, warnte die Zeitung.[25]

Mangelnder und teurer Wohn- und Gewerberaum hatte jedoch auch in Westdeutschland bereits den Bau von Wohnsiedlungen und Gewerbeanlagen im grünen Umland forciert. Aus Perspektive der Städte war vor allem die mit ihrem Platzmangel einhergehende

---

[22] Für die Bundesebene siehe das Gutachten der von der Bundesregierung 1955 eingesetzten Expertenkommission: Die Raumordnung in der Bundesrepublik Deutschland, Gutachten an den Sachverständigenausschuses für Raumordnung, Stuttgart 1961. Zur Landesplanung und zu den Landesentwicklungsprogrammen siehe Ulrich Ante/Volker Wille: Raumordnung, Landes- und Regionalplanung – Versuch eines Befundes aus zeitlicher und fachlicher Distanz, in: Akademie für Raumforschung und Landesplanung (Hrsg.): Zur geschichtlichen Entwicklung der Raumordnung, Landes- und Regionalplanung in der Bundesrepublik Deutschland, Hannover 1991, S. 430–439; Eberhard Wille (Hrsg.): Öffentliche Planung auf Landesebene. Eine Analyse von Planungskonzepten in Deutschland, Österreich und der Schweiz, Frankfurt a. M. u. a. 1986; Werner Ernst: Möglichkeiten und Grenzen der Landesplanung in unserer Zeit, in: Alfred Hartlieb von Wallthor/Franz Petri (Hrsg.): Grundfragen der Gebiets- und Verwaltungsreform in Deutschland, Münster 1973, S. 78–89.
[23] Vgl. Clemens Zimmermann: Suburbanisierung und Stadt-Land-Unterschiede in Deutschland, in: Revue d'Allemagne et des pays de langue allemande 41 (2009), S. 339–357.
[24] Helmut Falter: Sterben die Städte?, in: Kölner Stadt-Anzeiger vom 31.5.1966.
[25] Falter: Sterben; vgl. auch Jan Logemann: Down and Out Downtown? Transatlantische Unterschiede in der Entwicklung urbaner Einkaufsräume 1945–2000, in: Michael Prinz (Hrsg.): Die vielen Gesichter des Konsums. Westfalen, Deutschland und die USA 1850–2000, Paderborn u. a. 2016, S. 231–249; Gisela Mettele: Gemeinsinn in Suburbia? Die Gartenstadt als Utopie und zivilgesellschaftliches Experiment, in: Informationen zur modernen Stadtgeschichte 2007, S. 37–47; Friedrich Lenger: Urbanisierung als Suburbanisierung. Grundzüge der nordamerikanischen Entwicklung im 20. Jahrhundert, in: ders./Klaus Tenfelde (Hrsg.): Die europäische Stadt im 20. Jahrhundert. Wahrnehmung – Entwicklung – Erosion, Köln u. a. 2006, S. 437–475.

Abwanderung von Wirtschaftsunternehmen samt Steuergeldern in Nachbargemeinden und -kreise beklagenswert. Da die städtischen Zentren in der Regel aber dennoch weiterhin die Infrastruktur für die abgewanderten Menschen und Betriebe zur Verfügung stellten, leiteten sie aus Pendlerströmen und Wirtschaftsverflechtungen Ansprüche auf die Eingemeindung neuer Stadtgebiete ab.[26] Solche Gebietsverflechtungen, die sich an der Ausdifferenzierung von Arbeits- und Wohnbereichen orientierten und sich im Laufe der Zeit herausgebildet hatten oder für die Zukunft erwartet wurden, sollten zentrale Zuordnungskriterien der Gebietsreform werden.

Die Struktur- und Wirtschaftsprobleme vor Ort, Finanzprobleme der Kommunen, die Schwierigkeiten bei der Bereitstellung einer öffentlichen Grundausstattung, insbesondere einer als zeitgemäß empfundenen Infrastruktur in ländlichen Gebieten, wirtschaftliche Strukturschwächen und die Raumnot der Städte mussten – das war einhellige Meinung – behoben werden. Politiker und Ministerialbeamte waren der Überzeugung, durch die Herstellung eines ausgewogenen Verhältnisses von Fläche und Bevölkerung nicht nur eine Effizienzsteigerung und Vereinfachung der Verwaltung sowie eine Stärkung der Selbstverwaltung erzielen zu können, sondern auch Anstöße für das Wirtschaftswachstum und den Ausbau der öffentlichen wie privaten Daseinsvorsorge zu geben.

2. Die Reform: Ziele und Umsetzung

Ein wichtiger öffentlicher Impuls für die Durchführung der Reformen ging vom 45. Deutschen Juristentag im Jahre 1964 aus, auf dem die Leistungsfähigkeit der Verwaltungen kleinerer Gemeinden und Kreise und die Handlungsmöglichkeiten von Kommunen in Verdichtungsräumen als unzureichend gewertet wurden. Spätestens das Gutachten des Göttinger Staatsrechtlers Werner Weber animierte zum Handeln.[27] Die Bundesländer, denen die Zuständigkeit für Kommunalangelegenheiten oblag, reagierten auf die konstatierten Defizite mit Neuordnungsplänen. Im Rahmen von großen Verwaltungsreformen sollte sowohl eine territoriale Neugliederung (Gebietsreform) als auch eine Neuzuteilung von Aufgaben und Zuständigkeiten im politischen und staatlichen Mehrebenensystem (Funktionalreform) erfolgen.[28]

---

[26] Zum Suburbanisierungsschub der Nachkriegszeit vgl. Meik Woyke: „Wohnen im Grünen"? Siedlungsbau und suburbane Lebensstile im nördlichen Umland von Hamburg von den fünfziger bis zu den siebziger Jahren, in: Zeitgeschichte in Hamburg. Nachrichten aus der Forschungsstelle für Zeitgeschichte in Hamburg (FZH) 2005, Hamburg 2006, S. 22–49; Axel Priebs/Adelheid von Saldern/Rose Scholl (Hrsg.): Junge Städte in ihrer Region, Garbsen 2001.

[27] Werner Weber: Entspricht die gegenwärtige kommunale Struktur den Anforderungen der Raumordnung? Empfehlen sich gesetzgeberische Maßnahmen der Länder und des Bundes? Welchen Inhalt sollten sie haben? Gutachten für den 45. Deutschen Juristentag, München/Berlin 1964. Vgl. auch Frido Wagener: Neubau der Verwaltung. Gliederung der öffentlichen Aufgaben und ihrer Träger nach Effektivität und Integrationswert, Berlin 1969, S. 169–171; Ulrich Scheuner: Voraussetzungen der kommunalen Gebietsreform, in: Georg Christoph von Unruh/Werner Thieme/Ulrich Scheuner: Die Grundlagen der kommunalen Gebietsreform, Baden-Baden 1981, S. 57–127, hier S. 124f.

[28] Siehe hierzu weiter Alex Demirovic/Heike Walk (Hrsg.): Demokratie und Governance. Kritische Perspektiven auf neue Formen politischer Herrschaft, Münster 2011; Arthur Benz: Politik in Mehrebenensystemen, Wiesbaden 2009; siehe weiter Guido Thiemeyer: Nordrhein-Westfalen und die Entstehung des europäischen Mehrebenensystems 1950–1985, in: Geschichte im Westen 30 (2015), S. 145–166.

Auf Bundesebene wurde das große Reformvorhaben durch das Raumordnungsgesetz vom 8. April 1965 vorbereitet, mit dem Strukturverbesserungen in den Gemeinden gefordert wurden.[29] Im Folgenden legten zahlreiche Bundesländer Denkschriften und Regierungsentwürfe zur Gebiets- und Funktionalreform vor.[30] Nachdem Rheinland-Pfalz den Anfang gemacht hatte, bildeten auch die anderen Länder schnell entsprechende Sachverständigenkommissionen. Schon bald wurden überall in Westdeutschland die kommunalen Grenzen in Frage gestellt und viele von ihnen unter funktionalen Gesichtspunkten neu gezogen. Es handelte sich um große und umfangreiche Reformprojekte, die im Ergebnis so gut wie jeden Menschen unmittelbar in seiner Lebenswelt betrafen. Nicht selten wurden unter Missachtung gewachsener Strukturen neue Kommunen als Verwaltungs- und Planungseinheiten „von oben" definiert. Dabei verloren auch jahrhundertealte Ortschaften ihre Autonomie und wurden zu Einheiten zusammengeschlossen, die leistungsfähiger sein sollten.

Die neuen Zielvorstellungen waren sowohl durch verwaltungswissenschaftliche Überlegungen und Berechnungen hinsichtlich der zweckmäßigen Größe und Organisation von Verwaltungseinheiten als auch durch die Maßstäbe der Raumordnung und Landesplanung und durch struktur- und wirtschaftspolitische Gesichtspunkte geleitet.[31] Eine Vergrößerung der Gemeinden und Kreise sollte den in den weiten Raum ausgreifenden technischen und wirtschaftlichen Entwicklungen samt den gesellschaftlichen Veränderungen entsprechen. Es gab gutachterlich und rechtlich fixierte Vorstellungen zur Größe der neuen Kommunen, und dies differenziert nach ländlich und städtisch geprägten Räumen.

In Nordrhein-Westfallen sollten kreisfreie Kommunen zukünftig mindestens 150 000 bis 200 000 Einwohner haben. Erst mit dieser Einwohnerzahl – so der Chef-Raumplaner der Landesregierung, Friedrich Halstenberg – könnten sie wesentliche Kreisaufgaben im Gesundheitswesen, Veterinärbereich, Straßenverkehr und Berufsschulwesen auch wirtschaftlich optimal erledigen.[32] Für den ländlichen Raum wurde eine Gemeindemindestgröße von 5000 bzw. 8000 Einwohnern festgelegt. Die 5000-Einwohner-Marge sollte auch für bayerische Gemeinden oder Verwaltungsgemeinschaften gelten, damit ihre Leistungs- und Verwaltungskraft gewährleistet sei. Innerhalb einer Verwaltungsgemeinschaft konnten die bayerischen Gemeinden allerdings weiterhin über weniger Einwohner verfügen.[33] Neben

---

[29] Vgl. auch die Ausführungen von Bundeskanzler Adenauer zur Raumordnung in seiner Regierungserklärung am 6. 2. 1963, in: Bundesarchiv Koblenz (BArch), B 167, Nr. 514.

[30] Regierungsvorlage und Denkschrift der Landesregierung Rheinland-Pfalz über die Verwaltungsvereinfachung, in: Verwaltungsvereinfachung in Rheinland-Pfalz – Eine Dokumentation, hrsg. von der Staatskanzlei des Landes Rheinland-Pfalz, Mainz 1966, S. 67–200.

[31] Vgl. hierzu Friedrich Halstenberg: Grundlagen zu Zielen der Landesentwicklung in Nordrhein-Westfalen, in: Raumforschung und Raumordnung 31 (1973), H. 1, S. 1–5; siehe auch Andreas Pilger: Die Entdeckung der politischen Planung in Nordrhein-Westfalen. Entwicklung und Erprobung neuer Sichtweisen und Steuerungskonzepte durch die nordrhein-westfälische Landesregierung in den 1960er Jahren, in: Geschichte im Westen 21 (2006), S. 63–79; Karl Lauschke: Von der Krisenbewältigung zur Planungseuphorie. Regionale Strukturpolitik und Landesplanung in Nordrhein-Westfalen, in: Frese/Paulus/Teppe: Demokratisierung, S. 451–471, hier S. 459–470; Stefan Grüner: Geplantes „Wirtschaftswunder"? Industrie- und Strukturpolitik in Bayern 1945 bis 1973, München 2009.

[32] Skript des Vortrages von Friedrich Halstenberg vor der Volks- und Betriebswirtschaftlichen Vereinigung im Rheinisch-Westfälischen Industriegebiet am 24. 11. 1972 in Duisburg zum Thema: Städteverbände oder Eingemeindungen im Ruhrgebiet, in: Privatarchiv Franz-Werner Bröker, Bochum-Wattenscheid.

[33] Thieme/Prillwitz: Durchführung, S. 172f.

den Mindestgrößen wurden auch Mindestausstattungen diskutiert. Der Hauptgeschäftsführer des Deutschen Landkreistages, Friedrich-Constans Seifarth, legte 1967 dar, dass

> „eine 6-klassige Sonderschule mindestens 20 000 Einwohner,
> eine einzügige höhere Schule mindestens 20 000 bis 25 000 Einwohner,
> eine einzügige Realschule mindestens 30 000 bis 35 000 Einwohner,
> ein kleines Krankenhaus mindestens 25 000 Einwohner,
> ein Hallenbad mindestens 30 000 Einwohner und
> eine Bauaufsichtsbehörde mindestens 30 000 bis 40 000 Einwohner
> voraussetzen, um wirtschaftlich tragfähig zu sein".[34]

Die wissenschaftlich entwickelte und seitens der Landesregierungen und Ministerialbürokratien vorgenommene neue Typisierung der Gemeinden samt kommunaler Standardausstattung folgte somit einem an Einwohnerzahlen, Aufgaben- und Funktionszuschreibungen orientierten Schematismus. Gleiches galt für die Bestimmung von Zentren. Diese wurden nach einem abgestuften und aufeinander bezogenen zentralörtlichen Gliederungssystem ermittelt.[35] Entfernungen wurden nun nicht mehr in erster Linie geographisch betrachtet, sondern aus dem Blickwinkel der modernen Technik hinsichtlich der Erreichbarkeit mit öffentlichen Verkehrsmitteln und dem Auto sowie im Hinblick auf die wirtschafts- und strukturpolitischen Verflechtungen und Entwicklungen. Vor diesem Hintergrund bestanden in der Regel wenig Hemmungen und Hindernisse, größere Gemeinden und Kreise zu bilden, denn „im Zeitalter der modernen Kommunikation, der Massenmedien und aller sonstigen Informationsmöglichkeiten" spielten Raum und Entfernungen aus Sicht der Reformer „nicht mehr die Rolle, die [sie …] vor 100 und 150 Jahren gespielt" hatten. Damals bemaß sich die Größe des Kreises daran, dass „der Landrat an einem Tage mit dem Pferd jeden Ort des Landkreises erreichen konnte".[36] Ausschlaggebend waren nun jedoch die vorhandenen oder die sich entwickelnden sozialökonomischen Verflechtungsbeziehungen. Die Größe der zukünftigen Gemeinden wurde durch die von der Planung vorgegebenen Entwicklungsziele bestimmt. Nicht selten avancierte dabei das „Oberzentrum" – so die zeitgenössische Begrifflichkeit – zum Maßstab und Ziel der Neugliederung. Es galt, den „planerischen Flächenbedarf" der Städte und Kreise zu sondieren und zu ordnen.[37]

Die neuen Kommunen bildeten die Grundlage für die struktur- und wirtschaftspolitischen Entwicklungsmöglichkeiten der Region. Lokale Verflechtungsbereiche durften nicht mehr durch kommunale Grenzen durchschnitten werden.[38] Die Reformpläne wiesen landesweit ein kommunales Netzwerk mit Entwicklungsschwerpunkten und -achsen

---

[34] Friedrich-Constans Seifarth: Der ländliche Raum in der Zukunft, in: Raum und Siedlung (1967), H. 1, S. 11–13, hier S. 13.

[35] Siehe hierzu weiter: Karl R. Kegler: Deutsche Raumplanung. Das Modell der „Zentralen Orte" zwischen NS-Staat und Bundesrepublik, Paderborn 2015; Ariane Leendertz, Ordnung schaffen. Deutsche Raumplanung im 20. Jahrhundert, Göttingen 2008.

[36] So Dr. Fritz Vogt (FDP) in der 1. Lesung des Gesetzes zur Neugliederung der Gemeinden und Kreise des Neugliederungsraumes Bielefeld am 25. 4. 1972, in: Archiv Landtag NRW, 7. WP, Plenarprotokoll 7/46, S. 1700.

[37] Vgl. Landesregierung Nordrhein-Westfalen: Nordrhein-Westfalen-Programm 1975; Heinz Köstering/Martin Bünermann: Die Gemeinden und Kreise nach der kommunalen Gebietsreform in Nordrhein-Westfalen. Ein Handbuch zur kommunalen Neugliederung mit Verzeichnissen der neuen Gemeinden und Kreise und der aufgelösten Gemeinden sowie eine Karte mit den neuen Verwaltungsgrenzen, Köln 1975, S. 6–12; Wolfgang Gärtner: Der Landtag NRW und die kommunale Neugliederung in den sechziger und siebziger Jahren des 20. Jahrhunderts, in: Zinnkann: Der Kraftakt, S. 15–53, hier S. 19ff.

[38] Vgl. Friedrich Wilhelm von Loebell: Kommunale Neugliederung Nordrhein-Westfalen. Leitfaden zu Rechts-, Organisations- und Verfahrensfragen, Köln 1972, S. 8.

aus. Damit orientierte sich die Neuordnung nicht mehr punktuell am Wohl einer Kommune.[39] Vielmehr waren zur Schaffung zukunftsfähiger Großstrukturen Einzelinteressen und Bedürfnisse einer Kommune dem staatlichen Gestaltungswillen und den Entwicklungschancen der Region unterzuordnen. Wie dieser grundsätzliche Steuerungswille artikuliert und transportiert wurde, lässt sich exemplarisch dem von der nordrhein-westfälischen Landesregierung 1970 verkündeten „Nordrhein-Westfalen-Programm 1975" entnehmen. Das Programm sollte „die Entwicklungsperspektive des ganzen Landes bis zur Mitte der siebziger Jahre darstellen und die voraussehbaren Entwicklungstendenzen der weiteren Zukunft aufzeigen". Im Vorwort hieß es:

> „Die Zukunft Nordrhein-Westfalens erfordert Vorausschau und Planung. [...] Die erkennbaren sachlichen Notwendigkeiten sind in diesem Programm realistisch in die voraussehbaren finanziellen Verwirklichungsmöglichkeiten eingeordnet. Die Verantwortung einer Regierung erlaubt ihr nicht, in ihren Programmen eine utopische Fata Morgana der Wünsche an den Horizont der Entwicklung zu malen. Sie muß eine realistische Planung des Notwendigen und Möglichen zur Grundlage ihres Handelns machen. Wir werden in den siebziger Jahren kein Utopia verwirklichen, aber wir werden die Fundamente zu legen haben, von denen die neuen Dimensionen der Gesellschaft im Jahre 2000 gewonnen werden können, eine geschichtliche Wegmarke, die nicht mehr so fern ist: unsere Söhne und Töchter werden sich an ihr zu bewähren haben. Sie sollen dann nicht sagen müssen, daß ihre Väter versäumt hätten, ihnen die Voraussetzungen zur Bewältigung ihrer Zukunft zu schaffen."[40]

Die Hauptziele der Gebietsreform lassen sich in zwei Gruppen unterteilen. Die technischen Ziele hatten die Effektivitäts- und Leistungssteigerung der Verwaltungskraft der Gemeinden zum Inhalt. Gleichzeitig hoffte man, auf diese Weise auch struktur- und wirtschaftspolitische Anstöße zu geben, um lokale und regionale Räume als „Wachstumsmotoren" zu stärken.[41] Politisch zielte die Gebietsreform sowohl in quantitativer als auch in qualitativer Hinsicht auf ein günstigeres Verhältnis zwischen Bürgern und Verwaltung.[42] Die Gemeinde als soziales Gebilde war zu erhalten und zu fördern. Standen zunächst im Rahmen der Planung und administrativen Umsetzung der Reform die technischen Ziele im Vordergrund, so gewannen im Verlauf der Reform und Diskussionen zunehmend die politischen an Gewicht.[43]

---

[39] Vgl. z. B. Die kommunale und staatliche Neugliederung des Landes Nordrhein-Westfalen, Abschnitt A: Die Neugliederung der Gemeinden in den ländlichen Zonen: Gutachten, erstattet am 22. November 1966 durch die von der Landesregierung des Landes Nordrhein-Westfalen eingesetzte Sachverständigenkommission für die kommunale und staatliche Neugliederung des Landes Nordrhein-Westfalen, Siegburg 1967, S. 11. Ein Jahr später folgten zwei weitere Teilgutachten: Abschnitt B: Die Neugliederung der Städte und Gemeinden in den Ballungszonen und die Reform der Kreise: Gutachten, erstattet am 9. April 1968 durch die von der Landesregierung des Landes Nordrhein-Westfalen eingesetzte Sachverständigenkommission für die kommunale Neugliederung des Landes Nordrhein-Westfalen, Siegburg 1968; und Abschnitt C: Die staatliche und regionale Neugliederung des Landes Nordrhein-Westfalen: Gutachten, erstattet am 8. April 1968 durch die von der Landesregierung Nordrhein-Westfalen eingesetzte Sachverständigenkommission für die staatliche und regionale Neugliederung des Landes Nordrhein-Westfalen, Köln 1968.

[40] Landesregierung Nordrhein-Westfalen, Nordrhein-Westfalen-Programm 1975, Vorwort.

[41] Herbert Kiesewetter: Industrielle Revolution in Deutschland. Regionen als Wachstumsmotoren, Stuttgart 2004; siehe hierzu weiter Viktoria Durnberger/Stefan Grüner/Sabine Mecking: Konferenzbericht: Räume, Ressourcenzugang und Lebenschancen. Wahrnehmung und strukturpolitische Steuerung von sozialökonomischem Wandel in Deutschland, 1945–1975, in: Geschichte im Westen 28 (2013), S. 207–212.

[42] Der Begriff „Bürgernähe" fand sich auch in den kommunalpolitischen Grundsatzprogrammen und Überlegungen der CDU/CSU, SPD und FDP wieder. Zum Begriff Hans-Hermann Zahn: Bürgernähe und Gebietsreform, in: Sociologia Internationalis 15 (1977), S. 179–189.

[43] Vgl. auch die Schlussaussprache des von der Arbeitsgemeinschaft Historischer Kommissionen und landesgeschichtlicher Institute und vom Provinzialinstitut für westfälische Landes- und Volkskunde

Die verschiedenen Neugliederungsmodelle in den einzelnen Ländern, z. B. die Verbandslösung (Zusammenschluss mehrerer Kommunen) oder die Einheitsgemeinde (rechtlich selbstständige Kommune), deuten auf eine unterschiedliche Gewichtung der konkurrierenden Zielvorstellungen hin. Gleiches gilt für die unterschiedliche Intensität der Durchführung von Neugliederungsmaßnahmen. Abzuwägen war zwischen den Gefahren eines möglichen Identitätsverlustes durch großzügige Lösungen und den befürchteten Effektivitätsmängeln im Falle des Beibehaltens kleiner Einheiten. Sah man Eingemeindungen auch häufig als Folge eines unausweichlichen Anpassungsdrucks an ökonomische und siedlungsbedingte Entwicklungen und als zwangsläufigen Prozess der Großstadtbildung an, zeigte nicht zuletzt das sogenannte Londoner Modell, dass dies nicht der Fall sein musste. Im Agglomerationsraum um die britische Hauptstadt wurde 1965 der Verbund „Greater London" geschaffen. Hierbei handelte es sich um eine Verwaltungsregion aus 32 Boroughs (Stadtbezirke). Die angeschlossenen Bezirke behielten dabei die Verantwortung für die lokale Selbstverwaltung. Die raumübergreifenden Planungsaufgaben und öffentlichen Einrichtungen mit Zuständigkeitsbereich für den Gesamtraum sowie die Koordinierung der Zusammenarbeit zwischen den Bezirken gingen hingegen auf eine übergeordnete Instanz (Greater London Council) über. Und auch in den USA war anders als in Deutschland und in anderen europäischen Staaten eher eine abnehmende Tendenz zu Eingemeindungen zu verzeichnen.[44]

Mit der kommunalen Neuordnung des Bundesgebietes sank die Zahl der Gemeinden und Städte erheblich. Im Zuge der Gebietsreform verloren rund zwei Drittel der westdeutschen Gemeinden ihre Selbstständigkeit und die Zahl der Kreise halbierte sich. Die Flächen der verbleibenden Gemeinden und Kreise erfuhren in der Regel eine erhebliche Vergrößerung. Diese gravierenden territorialen Veränderungen sind nicht zuletzt angesichts der Tatsache, dass es sich dabei nicht um Folgen einer militärischen Auseinandersetzung handelte, sondern sie auf demokratischem Weg erzielt wurden, sehr erstaunlich. Einige Bundesländer nahmen die Gebietsreform angesichts der starken Verflechtungen in städtischen Ballungsgebieten oder den besonderen Problemlagen im ländlichen Raum besonders großflächig vor. Am weitesten gingen Nordrhein-Westfalen, Hessen und das Saarland. Aus alten kleinen Gemeinden wurden neue Einheitsgemeinden gebildet. In den übrigen Bundesländern gab es neben der Einheitsgemeinde auch noch Gemeindezusammenschlüsse auf einer Zwischenstufe wie z. B. die Verwaltungsgemeinschaft (Baden-

---

veranstalteten Kolloquiums „Grundfragen der Gebietsreform in Deutschland" am 17./18. 10. 1970 in Münster, in: Hartlieb von Wallthor/Petri: Grundfragen, S. 51–62.

[44] Vgl. Wagener: Neubau, S. 230 ff.; Mecking: Bürgerwille, S. 20–23. Siehe auch Nevil Johnson: Die kommunale Selbstverwaltung in England, in: Hans-Uwe Erichsen/Werner Hoppe/Adalbert Leidinger (Hrsg.): Kommunalverfassungen in Europa, Köln u. a. 1988, S. 19–37; Herbert Uppendahl: Kommunalreform in England und Wales: Ein komparativer Bericht, in: Dietrich Thränhardt (Hrsg.): Funktionalreform. Zielperspektiven und Probleme einer Verwaltungsreform, Meisenheim am Glan 1978, S. 247–303; Thomas R. Van Dervort: Planning and Citizen Participation in the Middle Tennessee Region: An American Experience, in: ebd., S. 179–206; Adelheid von Saldern: The Suburbanization of German and American Cities, in: Bulletin of the German Historical Institute Washington DC 38 (2006), S. 33–49; Franz Lang: Die counties im Kommunalsystem der USA, in: Der Landkreis 37 (1967), S. 60–63. Zur Kooperation in kommunalen Verbänden in Deutschland z. B. im Kommunalverband Großraum Hannover oder im Umlandverband Frankfurt am Main vgl. Hans-Georg Wehling: Zusammenarbeit über Gemeindegrenzen, 26. 1. 2007, Bundeszentrale für politische Bildung, <http://www.bpb.de/izpb/10451/zusammenarbeit-ueber-gemeindegrenzen?p=0> (14. 5. 2016).

Württemberg, Bayern), die Verbandsgemeinde (Rheinland-Pfalz) oder die Samtgemeinde (Niedersachsen). In Schleswig-Holstein bestand das Amt als Gemeindeverband grundsätzlich fort.[45]

Wie unterschiedlich intensiv die Eingemeindungs- und Zusammenschluss-Politik in den einzelnen Bundesländern betrieben wurde, zeigt sich bereits daran, dass in Schleswig-Holstein und Rheinland-Pfalz lediglich 17,9 bzw. 20,1 Prozent der Gemeinden ihre Selbstständigkeit aufgaben, während dieses Los in Hessen und im Saarland 84,2 bzw. 85,6 Prozent der Gemeinden und Städte ereilte. Absolut gesehen verloren in Bayern die meisten Gemeinden ihre kommunale Autonomie. Bemühungen der Bundesregierung bzw. des Bundesministers des Innern zur Vereinheitlichung der kommunalen Neuordnungen in den Bundesländern, z. B. auf Innenministerkonferenzen und in Sitzungen des Arbeitskreises „Kommunale Angelegenheiten" der Innenminister der Länder, stießen schnell an ihre Grenzen. Die Länder wiesen jegliches Koordinationsrecht des Bundes zurück und bestanden auf ihrer alleinigen Zuständigkeit in Kommunalfragen.[46]

Neben den politischen und strukturellen Besonderheiten in den einzelnen Bundesländern stellte sich dabei für den Reformgrad bzw. für das Durchsetzungspotenzial als wesentlich heraus, auf welcher Ebene die Reformbefürworter und -gegner aufeinandertrafen. In Schleswig-Holstein beispielsweise saßen sich die Konfliktparteien im Landtag in Form von Regierung und Opposition gegenüber, sodass weiträumige Neuordnungen bereits im Vorfeld blockiert wurden. Der Gesetzgeber griff nach der Kreisreform kaum in die Gemeindestruktur ein. In Nordrhein-Westfalen hingegen wurden großzügige Neugliederungen in einer Art Allparteienkoalition im Landesparlament verabschiedet: Alle im Landtag vertretenen Parteien sprachen sich für eine umfangreiche kommunale und staatliche Neugliederung des Landes aus. Die Auseinandersetzungen traten verstärkt auf kommunaler Ebene auf. In Hessen, wo zunächst mit der Funktionalreform begonnen worden war, galt es in der anschließenden territorialen Neugliederungsdebatte, zwischen den norddeutschen großflächigen Lösungen, wie z. B. in Nordrhein-Westfalen und Niedersachsen, und dem süddeutschen Weg mit dem Verzicht auf weiträumige Zusammenlegungen abzuwägen. Zunächst wurde Letzterem der Vorzug gegeben, die Maßnahmen sollten unter der Prämisse der Freiwilligkeit durchgeführt werden. Erst 1971/72 begann die Phase der gesetzlichen Zusammenschlüsse und konkreten Neugliederungsregelungen.[47] Eine „Retorten-Stadt" wie der Zusammenschluss von Gießen und Wetzlar samt einigen Umlandgemeinden zum „Oberzentrum" Lahn wurde allerdings nach zwei Jahren (1979) wieder rückgängig gemacht. Gegen diesen – aufgrund des enormen Ausmaßes – landesweit beachteten Zusammenschluss gab es zahlreiche Einwände. Die beiden vereinten Stadtkerne lagen etwa 15 Kilometer voneinander entfernt und die neue, geographische Stadtmitte befand sich auf der grünen Wiese.[48]

---

[45] Zwischen 1967 und dem bundesweiten Abschluss der Reform 1978 schrumpfte die Zahl der westdeutschen Gemeinden von 24 278 auf 8514. Gleichzeitig reduzierte sich die Zahl der Kreise von 425 auf 235. Mecking: Bürgerwille, S. 57 ff.; Thieme/Prillwitz: Durchführung, S. 75, 78 f.

[46] Ausarbeitung: Diskussionsgrundlagen zum Thema „Berücksichtigung raumordnerischer Gesichtspunkte bei einer gebietlichen Neuabgrenzung von Verwaltungsbezirken", undat. [April 1970], S. 2 f., in: BArch, B 134, Nr. 18248; Mecking: Bürgerwille, S. 58.

[47] Mecking: Bürgerwille, S. 421 f.

[48] Vgl. Thieme/Prillwitz: Durchführung, S. 207, 220; siehe weiter Koenig: Verwaltungsreform, S. 226 ff. Die beiden Städte, das kreisfreie Gießen und die Kreisstadt Wetzlar, hatten zu dieser Zeit rd. 50 000 bzw. 74 000 Einwohner.

3. Schlussbemerkungen: Gleichwertige Lebensverhältnisse und Chancengerechtigkeit

Staatliche und kommunale Verwaltungsstrukturen sind nicht statisch, sondern wurden und werden immer wieder an die sich verändernden demographischen, wirtschaftlichen oder technischen Verhältnisse angepasst. Die Reform- und Steuerungspolitik der 1960er und 1970er Jahre nahm für sich in Anspruch, rational, wissenschaftlich orientiert und damit ideologiefrei zu sein und zeitgemäß auf die strukturpolitischen Herausforderungen der Zeit zu reagieren.[49] Die bundesweit durchgeführte kommunale Neuordnung galt als Mittel einer gesellschaftlichen Modernisierung und damit verbunden einer Verbesserung der strukturpolitischen Verhältnisse. Die neue Raumordnung zielte dabei nicht allein auf eine „nachvollziehende" Anpassung an veränderte wirtschaftliche und soziale Gegebenheiten und Gewohnheiten, sondern vielmehr waren über die gegenwärtigen Verhältnisse hinaus auch zukünftige Herausforderungen zu berücksichtigen. Eine „antizipierende Reform" sollte die Kommunen und letztlich das gesamte Land zukunftsfähig machen.

Knüpfte die kommunale Neugliederung der späten 1960er und frühen 1970er Jahre dabei auch an eine traditionelle Eingemeindungspolitik der Städte an, so war sie doch von einer sehr viel größeren Dimension als frühere Maßnahmen. Dies betraf sowohl ihr räumliches Ausmaß als auch ihre inhaltliche Zielsetzung. Eingemeindungs- und Neuordnungsmaßnahmen wurden nun weniger hinsichtlich ihrer Folgen für eine Kommune, sondern vielmehr hinsichtlich ihrer strukturpolitischen und sozioökonomischen Wirkung für die Region beurteilt. Sie waren dabei nicht punktuell und kurzfristig orientiert, sondern möglichst umfassend an der industriegesellschaftlichen Dynamik und damit an der Zukunft ausgerichtet. Nach Vorstellung der Planer in Wissenschaft, Politik und Verwaltung sowie in weiten Kreisen der Gesellschaft konnten durch Eingriffe in die kommunale Struktur die sozialen und ökonomischen Entwicklungen langfristig positiv beeinflusst werden. Zielten frühere Reformen zumeist auf die Herstellung gleicher Verwaltungsverhältnisse, um Herrschaft bzw. Staatsgewalt effizient ausüben zu können, spielten bei den Reformen der späten 1960er und frühen 1970er Jahre neben der Erhöhung der Verwaltungs- und Finanzkraft sowie der Strukturförderung auch Leitbegriffe wie Chancengerechtigkeit und Stärkung der Demokratie eine wichtige Rolle. Es sollte – so der Anspruch – der räumliche Rahmen für die bestmöglichen, sozial gleichwertigen Lebensverhältnisse und damit Chancengerechtigkeit geschaffen werden.

---

[49] Vgl. Gabriele Metzler: Konzeptionen politischen Handelns von Adenauer bis Brandt. Politische Planung in der pluralistischen Gesellschaft, Paderborn u. a. 2004; Helmut Schelsky: Planung der Zukunft. Die rationale Utopie und die Ideologie der Rationalität, in: Soziale Welt 17 (1966), S. 155–172.

II. Regionale und sektorale Problemfelder und Lösungsstrategien

Stefan Goch
Tief im Westen ist es besser, als man glaubt?

Strukturpolitik und Strukturwandel im Ruhrgebiet[1]

Nordrhein-Westfalen und hier besonders das Ruhrgebiet gelten als altindustriell, Subventionsruinen und weniger attraktiv. Es soll außerhalb der Region Leute geben, die glauben, dass sich in dieser Gegend der Ruß noch auf die Fensterbänke legt und verarmte Gestalten durch die Ruinen des Industriezeitalters streifen. Es gibt immer noch das seit den 1920er Jahren diskutierte Bild konservativer Beobachter vom schmutzigen, landschaftlich verwüsteten und geistig, kulturell und sozial verwahrlosten Ruhrgebiet.[2]

Hier soll dagegen die These Herbert Grönemeyers diskutiert werden, dass es im Westen doch viel besser ist, als man glaubt.[3] Letztlich ist dies eine Frage der Bewertung jahrzehntelanger strukturpolitischer Bemühungen zahlreicher Akteure, für die Beurteilungsmaßstäbe heranzuziehen sind. Normativ ist über Erfolg, Misserfolg und Zukunftsaussichten zu urteilen. Gerade in Fragen des Strukturwandels lehren allerdings die letzten Jahre, dass sich normative Aussagen über Entwicklungsperspektiven immer wieder ändern, diverse hochfliegende Pläne gescheitert sind und die Begriffe für die Zukunftsgesellschaft wechseln. So kann als Beurteilungsmaßstab nur die in Nordrhein-Westfalen selbst formulierte Zielsetzung einer ökonomischen, sozialen und ökologischen Bewältigung des Strukturwandels herangezogen werden. Dabei hat die Beurteilung die regionalen Ausgangsbedingungen und Handlungsmöglichkeiten zu berücksichtigen.

Da Nordrhein-Westfalen als größtes Land der Bundesrepublik und als eine der größten Volkswirtschaften der Europäischen Union (EU) unterschiedliche regionale Entwicklungen aufweist und die Abweichungen von Bundestrends letztlich vor allem durch den Strukturwandel im Ruhrgebiet verursacht werden, erfolgt eine Konzentration auf die Problematik sogenannter Altindustrien und räumlich besonders auf das von der Schwerindustrie geprägte Ruhrgebiet. Dabei wird im Längsschnitt nach Erfolg und Misserfolg sowie nach den Zukunftschancen strukturpolitischer Bemühungen gefragt, um letztlich wirksame Strukturpolitiken zu identifizieren.

1. Die Ausgangslage

Trotz einer mittelalterlichen Vorgeschichte ist das Ruhrgebiet ein Produkt des Industriezeitalters,[4] geprägt von einem montanindustriellen Komplex aus Steinkohlenbergbau, Eisen und Stahl und deren Folgeindustrien. Es entstanden seit Mitte des 19. Jahrhunderts

---

[1] Dieser Beitrag knüpft an eine Reihe meiner Darstellungen zu Strukturwandel und Strukturpolitik an und entwickelt dort formulierte Analysen fort.

[2] Vgl. Hans-Heinrich Blotevogel: Das Ruhrgebiet. Vom Montanrevier zur postindustriellen Urbanität, in: Heinz, Heineberg/Klaus Temlitz (Hrsg.): Strukturen und Perspektiven der Emscher-Lippe-Region im Ruhrgebiet, Münster 2003, S. 5–17, hier S. 5f.

[3] „Bochum" aus dem Album von Herbert Grönemeyer: 4630 Bochum (1984): „[...] Tief im Westen, wo die Sonne verstaubt, ist es besser, viel besser, als man glaubt. [...]".

[4] Ferdinand Seibt/Gudrun Gleba/Heinrich Theodor Grütter/Herbert Lorenz/Jürgen Müller/Ludger Tewes (Hrsg.): Vergessene Zeiten: Mittelalter im Ruhrgebiet. Katalog zur Ausstellung im Ruhr-

DOI 10.1515/9783110523010-006

„Industriedörfer"[5] als wuchernde Gebilde aus Industrieanlagen, Siedlungen, Verkehrswegen, Brachen und Leerflächen, die kaum die Mindestausstattung an Infrastruktur gewährleisten konnten. Der Urbanisierungsprozess blieb eher defizitär, kleinräumige Identitäten haben sich bis in die Gegenwart gehalten.[6] Das Ruhrgebiet im besonders stark von der Industrie geprägten Bundesland Nordrhein-Westfalen ist allerdings von einem größeren rheinisch-westfälischen Verdichtungsraum nur schwer abzugrenzen, administrativ wird es mit dem Gebiet des heutigen, politisch-administrativ allerdings schwachen Regionalverbandes Ruhrgebiet erfasst.[7]

Nachdem erste Strukturprobleme infolge der beginnenden Mechanisierung der Schwerindustrie in den 1920er Jahren durch die nationalsozialistische Autarkiepolitik und Aufrüstung verdeckt worden waren, verhinderte nach der Befreiung vom Nationalsozialismus die Förderung der Schwerindustrie für den Wiederaufbau wiederum Strukturanpassungen im Ruhrgebiet.[8] Vielfach wurde übersehen, dass eine recht weitgehende strukturpolitische Planung für das Ruhrgebiet als schwerindustrielles Herz Westdeutschlands auf allen politischen Ebenen erfolgte – von der Europäischen Gemeinschaft für Kohle und

---

landmuseum Essen, Essen 1990, 2 Bde.; zentrales Beispiel: Ulrich Borsdorf (Hrsg.): Essen. Geschichte einer Stadt, Essen 2002.
[5] Detlev Vonde: Revier der großen Dörfer. Industrialisierung und Stadtentwicklung im Ruhrgebiet, Essen 1988; Klaus Tenfelde: Bergbau und Stadtentwicklung im Ruhrgebiet im 19. und 20. Jahrhundert, in: Heinrich Kaufhold/Winfried Reininghaus (Hrsg.): Stadt und Bergbau, Köln 2004, S. 117–134, hier S. 130. Vgl. Lutz Niethammer: Umständliche Erläuterung der seelischen Störung eines Communalbaumeisters in Preußens größtem Industriedorf, oder: Die Unfähigkeit zur Stadtentwicklung, Frankfurt a. M. 1979.
[6] Älterer Überblick: Wolfgang Köllmann/Hermann Korte/Dietmar Petzina/Wolfhard Weber (Hrsg.): Das Ruhrgebiet im Industriezeitalter. Geschichte und Entwicklung, 2 Bde., Düsseldorf 1990; zur Politik: Rainer Bovermann/Stefan Goch/Heinz-Jürgen Priamus (Hrsg.): Das Ruhrgebiet – ein starkes Stück Nordrhein-Westfalen. Politik in der Region 1946–1996, Essen 1996. Am Beispiel: Heinz Reif: Die verspätete Stadt. Industrialisierung, städtischer Raum und Politik in Oberhausen 1846–1929, Pulheim 1993; Quellenbände: Klaus Tenfelde/Thomas Urban (Hrsg.): Das Ruhrgebiet. Ein historisches Lesebuch, 2 Bde., Essen 2010.
[7] Vgl. zur Raumstruktur Nordrhein-Westfalens: Gerold Ambrosius: Weg im Industriezeitalter: Nordrhein-Westfälische Wirtschaftsregionen in historischer Perspektive, in: Stefan Goch (Hrsg.): Strukturwandel und Strukturpolitik in Nordrhein-Westfalen, Münster 2004, S. 56–80. Für das Ruhrgebiet auch: Achim Prossek: Bild-Raum Ruhrgebiet. Zur symbolischen Produktion der Region, Detmold 2009, S. 13f., 32–36; Stefan Goch: Das Ruhrgebiet: Kaum zu fassen, in: Achim Prossek/Helmut Schneider/Horst A. Wessel/Burkhard Wetterau/Dorothea Wiktorin (Hrsg.): Atlas der Metropole Ruhr. Vielfalt und Wandel des Ruhrgebiets im Kartenbild, Köln 2009, S. 10–13; Stefan Goch: Die Selbstwahrnehmung des Ruhrgebiets in der Nachkriegszeit, in: Klaus Tenfelde (Hrsg.): Raumbildung als mentaler Prozess: Schwerindustrielle Ballungsregionen im Vergleich, Essen 2008, S. 21–47, hier S. 21.
[8] Vgl. Dietmar Petzina: Industrieland im Wandel (1945–1980), in: Wilhelm Kohl (Hrsg.): Westfälische Geschichte, Bd. 3: Das 19. und 20. Jahrhundert. Wirtschaft und Gesellschaft, Düsseldorf 1984, S. 439–532, hier S. 442, 478; Dietmar Petzina: The Ruhr Area: Historical Development, in: Joachim Jens Hesse (Hrsg.): Die Erneuerung alter Industrieregionen. Ökonomischer Strukturwandel und Regionalpolitik im internationalen Vergleich, Baden-Baden 1988, S. 467–510, hier S. 498; Werner Plumpe: Das „Arbeitshaus" des neuen Staates? Die wirtschaftliche und wirtschaftspolitische Bedeutung Nordrhein-Westfalens für die Bundesrepublik zwischen 1946 und 1955, in: Landeszentrale für politische Bildung (Hrsg.): Der schwierige Weg zur Demokratie. Die Bundesrepublik vor 40 Jahren, Düsseldorf 1990, S. 251–264, hier S. 255. Vgl. auch Dietmar Petzina: Standortverschiebungen und regionale Wirtschaftskraft in der Bundesrepublik Deutschland seit den fünfziger Jahren, in: Josef Wysocki (Hrsg.): Wirtschaftliche Integration und Wandel von Raumstrukturen im 19. und 20. Jahrhundert, Berlin 1994, S. 101–127, hier S. 104f. Er weist darauf hin, dass die westlichen Industriegebiete schon seit den 1920er Jahren Schwächen gegenüber den schnell wachsenden süddeutschen Gebieten gezeigt hatten.

Stahl (EGKS, besser bekannt als „Montanunion") über den Bund mit dem Investitionshil-
fegesetz und zahlreichen weiteren Regelungen, die „Remontagekredite" des Landes
Nordrhein-Westfalen, den geförderten Bau von Wohnungen für die Industriearbeiter-
schaft und negative Zuzugssperren bis hin zur kommunalen Wiederaufbauplanung und
„Bodensperren" der Montankonzerne gegen mögliche Lohnkonkurrenz.[9] Die Notwendigkeit struktureller Wandlungen war aber vor allen den Akteuren in den Kommunen durchaus bewusst, wie die Ansiedlung von Bekleidungsindustrie[10] und anderen Leichtindustrien
mit Frauenarbeitsplätzen belegt. Zweimal wurde das Ruhrgebiet so durch Außensteuerung auf seine Rolle als montanindustrielles Kernland festgelegt – etwas theatralisch
könnte man von Opfern des Reviers reden.

Sozial blieb die Gegend eine männlich dominierte Arbeitergesellschaft, die durch unterschiedliche Zuwanderergruppen geprägt wurde. Vor allem waren kräftige Männer und
auch spezifische Familien- und Sozialstrukturen gefragt, seit den 1950er Jahren dann
auch entsprechende Arbeitskräfte aus den Anwerbeländern.[11]

2. Krise der Montanindustrie

Mitten in dem als Wunder wahrgenommenen Wiederaufbauboom Westdeutschlands
brach dann im Februar 1958 mit ersten Feierschichten die Kohlenkrise aus. Neben konjunkturellen Faktoren waren umfassende exogene Wandlungen im Energiesektor dafür
verantwortlich. Die deutsche Steinkohle, die zu etwa 80 Prozent im Ruhrgebiet gefördert
wurde, verlor seit den 1950er Jahren im Energiebereich rapide an Bedeutung: Erdöl sub-
stituierte die Steinkohle, zusammen mit „Edelenergien" wie Erdgas, Benzin und Heizöl,
die preislich günstiger, einfacher verwendbar, besser speicherbar, leichter transportierbar
und billiger zu fördern waren. Später kam die staatlich subventionierte Kernenergie hinzu. Durch die Entwicklung des Großschiffbaus fielen zudem die Frachtraten für die aufgrund der geologischen Lagerverhältnisse wesentlich kostengünstiger zu fördernde Importkohle, insbesondere auch nach der Wiedereröffnung des Suez-Kanals. Darüber hinaus konnte in der kohle- bzw. koksverbrauchenden Industrie durch technologische
Fortschritte bei der Verhüttungs- oder der Kraftwerkstechnologie und Rationalisierungsmaßnahmen eine bessere Nutzung der eingesetzten Energieträger und damit ein geringerer Bedarf an Steinkohle oder Koks erreicht werden. Gleichzeitig nahm langfristig die
Nachfrage nach Steinkohle bei Hauptabnehmern der Ruhrkohle ab, weil Branchen wie

---

[9] Stefan Goch: Eine Region im Kampf mit dem Strukturwandel. Strukturpolitik und Bewältigung
von Strukturwandel im Ruhrgebiet, Essen 2002, S. 128–134.
[10] Die Krise der Textil- und Bekleidungsindustrie, die vor allem auch das Westmünsterland traf,
machte diese Bemühungen später wieder zunichte. Vgl. den Beitrag von Karl Ditt in diesem Band;
sowie Karl Lauschke: Strategien ökonomischer Krisenbewältigung. Die Textilindustrie im Westmünsterland und in Oberfranken 1945 bis 1975, in: Thomas Schlemmer/Hans Woller (Hrsg.): Bayern im
Bund, Bd. 3: Politik und Kultur im föderativen Staat 1949 bis 1973, München 2004, S. 195–279; Stephan H. Lindner: Den Faden verloren. Die westdeutsche und die französische Textilindustrie auf
dem Rückzug (1930/45–1990), München 2001; regional: Birgit Beese/Brigitte Schneider: Arbeit an
der Mode. Zur Geschichte der Bekleidungsindustrie im Ruhrgebiet, Essen 2001.
[11] Als Einstieg Ingrid Wölk/Klaus Wisotzky (Hrsg.): Fremd(e) im Revier!? Zuwanderung und Fremd-
sein im Ruhrgebiet. Ein Projekt der Kulturhauptstadt Europas Ruhr.2010, Essen 2010; Markus Harze-
netter/Walter Hauser/Udo Mainzer/Dirk Zache (Hrsg.): Fremde Impulse. Baudenkmale im Ruhrgebiet, Münster 2010.

die Eisen- und Stahlindustrie nach Ende des Wiederaufbaus, mit nachlassender Investitionstätigkeit und mit einer verschärften internationalen Konkurrenz selbst nicht weiter expandierten oder schrumpften. Bei den Eisenbahnen nahm der Steinkohlenverbrauch durch das Vordringen von Dieselloks und mit der Elektrifizierung der Bahnstrecken ab.[12]

Auf die Überproduktion reagierte der Steinkohlenbergbau mit der Mechanisierung des Abbaus und der Steigerung der Arbeitsproduktivität. Gleichzeitig wurde die Förderung drastisch zurückgefahren, sodass ein Zwang zur Bildung von Zentralschachtanlagen, Stilllegung weniger profitabler Zechen und Personalabbau entstand. Das im sogenannten Wirtschaftswunder kaum abgefederte Laissez-faire und Krisenmanagement in der frühen Bergbaukrise bis 1966/67 führte auch mit Hilfe öffentlicher Gelder für Rationalisierungsmaßnahmen und Stilllegungsprämien zu einer passiven Sanierung des Ruhrbergbaus. Die CDU-geführte nordrhein-westfälische Landesregierung folgte in ihren planerischen Vorstellungen eher großstadtfeindlichen Leitbildern und Konzepten einer „Entballung", die eine Förderung zurückgebliebener ländlicher Gebiete vorsahen.[13]

Das Krisenmanagement, die Einzelmaßnahmen und ein ideologisch begründeter Steuerungsverzicht waren offensichtlich nicht geeignet, die Überproduktionskrise bei der Steinkohle sinnvoll zu steuern. Die Ende der 1950er Jahre begonnene Krise kumulierte nach Mitte der 1960er Jahre in einer „zweiten Kohlekrise". Im Ruhrgebiet wehten schwarze Fahnen.[14]

Die Erwartungen aller Akteure des Steinkohlenbergbaus richteten sich nun besonders an den Staat. Die Strukturkrise nach dem Ende der bundesrepublikanischen Rekonstruktionsperiode hatte ein derartiges Ausmaß erreicht, dass sich die Bergwerksgesellschaften zur Sicherung eines reibungslosen Ablaufs ihrer Sanierungsmaßnahmen zu sozialpolitischen Zugeständnissen und engerer Kooperation mit der Bergbau-Gewerkschaft gezwungen sahen. Die Arbeitnehmervertreter wiederum mussten angesichts ihrer Einsicht in die Notwendigkeit der Schrumpfung des Ruhrbergbaus auf die soziale Abfederung der Reduzierung der Steinkohlenförderung setzen. Mit der Montanmitbestimmung hatten Arbeitgeber und Gewerkschaft nun auch gelernt, miteinander zu kooperieren. Dabei hoffte man auf den Staat, der mindestens zum Teil die notwendigen finanziellen Mittel aufbringen sollte, was wiederum dem Interesse der Bergbauunternehmer entsprach, sich möglichst ihrer sozialen Verantwortung zu entziehen. Beim Staat wiederum verstärkte die Strukturkrise des Steinkohlenbergbaus im Zusammenwirken mit der konjunkturellen Krise 1966/67 die Tendenz, zur Sicherung von Systemloyalität, die auch durch neue Protestbewegungen und sozialen Protest von Betroffenen der wirtschaftlichen Krise in Frage gestellt wurde, in den Wirtschaftsprozess einzugreifen. Je auf verschiedene Art waren die drei Hauptakteure der Kohlenwirtschaft – Unternehmerschaft, Arbeitnehmerschaft mit ihrer Gewerkschaft und Staat – also aufeinander angewiesen.[15]

---

[12] Mit Belegen: Goch: Eine Region im Kampf, S. 160–163.

[13] Karl Lauschke: Von der Krisenbewältigung zur Planungseuphorie. Regionale Strukturpolitik und Landesplanung in Nordrhein-Westfalen, in: Matthias Frese/Julia Paulus/Karl Teppe (Hrsg.): Demokratisierung und gesellschaftlicher Aufbruch. Die sechziger Jahre als Wendezeit der Bundesrepublik, Paderborn 2003, S. 451–471, hier S. 454f. Vgl. Christoph Nonn: Die „Entballung" des Ruhrgebiets. Bergbau, Strukturpolitik und Raumordnung in Nordrhein-Westfalen 1958–1966, in: Geschichte im Westen 15 (2000), S. 7–30; Goch: Eine Region im Kampf, S. 178–186.

[14] Karl Lauschke: Schwarze Fahnen an der Ruhr. Die Politik der IG Bergbau und Energie während der Kohlekrise 1958–1968, Marburg 1984; auch Goch: Eine Region im Kampf, S. 188–193.

[15] Stefan Goch: La politique prise entre deux feux et plus. Entreprises et pouvoirs publics et reconversion dans la Ruhr après 1945, in: Jean-François Eck/Michel-Pierre Chélini (Hrsg.), PME et grandes entreprises en Europe du Nord-Ouest XIXe – XXe siècle: Activités, stratégies, performances,

Nach Regierungswechseln in der Bundesrepublik und im Land Nordrhein-Westfalen entstanden dann Voraussetzungen, zwischen allen Akteuren im Beziehungsgeflecht der Kohlenwirtschaft nach einer einvernehmlichen Lösung für den Ruhrbergbau zu suchen. Dabei wurde ein korporatistisches Krisenregulierungsmuster etabliert, in dem nun die Sozialpartner des Bergbaus und der Staat die Anpassung des Steinkohlenbergbaus koordinierten, zeitlich streckten und sozial abfederten. Nach der Bildung einer „Konzertierten Aktion Kohle" mit allen relevanten Akteuren einigte man sich am 14. Juni 1968 auf die Gründung einer „Ruhrkohle AG" als Einheitsgesellschaft. Hinter der Planung der Einheitsgesellschaft standen nicht nur technische Vorstellungen zur Rationalisierung, Felderbereinigung, Produktivitätserhöhung und vorausschauenden Branchenpolitik, sondern man erhoffte (längerfristig) auch eine Begrenzung der Subventionen für den Steinkohlenbergbau durch die Mobilisierung von Rationalisierungsreserven und Synergieeffekten. Mit der Neuordnung des Ruhrbergbaus in der Form der Ruhrkohle AG wurde mit Hilfe korporatistischer Abstimmungsmechanismen der Weg einer kontinuierlichen Anpassung der Steinkohlenförderung an die ökonomisch determinierte Entwicklung auf dem Energiesektor vollzogen. Der Staat übernahm die Absicherung des finanziellen Risikos, und die Gewerkschaft sorgte gegen entsprechende Wahrung von Beschäftigteninteressen für die Akzeptanz des eingeschlagenen Weges. Erreicht wurde mit einem Gesamtsozialplan eine sozialpolitische Abfederung, die für die Betroffenen nicht zu unterschätzen ist. 2018 werden nach der derzeitigen Beschlusslage alle öffentlich subventionierten deutschen Bergwerke geschlossen sein.[16] Es wird interessant sein, wie dann die Subventionierungen der deutschen Wirtschaft, die seit Jahrzehnten und schon länger zu Unrecht gerade dem Ruhrgebiet vorgehalten werden, visuell dargestellt werden – Zechentürme bieten sich dann ja nicht mehr an, vielleicht wählt man Mähdrescher der subventionierten konventionellen Landwirtschaftsfabriken oder Autos, deren Folgekosten die Allgemeinheit trägt.

Gegen Mitte der 1970er Jahre geriet auch die bundesdeutsche Eisen- und Stahlindustrie angesichts der internationalen Konkurrenz in die Krise, bei der dann eine eher konflikthafte asymmetrische Krisenregulierung unter weitgehender Aufrechterhaltung privatwirtschaftlicher Strukturen erfolgte.[17] Im gesamten montanindustriellen Komplex des Ruhrgebiets hatte dies einen gewaltigen Abbau von Arbeitsplätzen zur Folge.

Trotz aller fortbestehenden Wirtschaftsprobleme und vor allem fortbestehender Vorurteile ist für die Gegenwart nun festzustellen, dass der die Montanindustrie betreffende Strukturwandel im Ruhrgebiet weitgehend vollzogen ist – um eine Montanregion handelt es sich schon lange nicht mehr. Von den früheren knapp 500 000 Bergleuten sind in der Gegenwart etwa 15 000 übrig geblieben, auch bei Eisen und Stahl sind besonders am

---

Villeneuve d'Ascq 2012, S. 267–284; zur Montanmitbestimmung und zum regionalen Politikmodell: Bernd Faulenbach: Mitbestimmung und politische Kultur im Ruhrgebiet, in: Helmut Martens/Gerd Peter (Hrsg.): Mitbestimmung und Demokratisierung. Stand und Perspektiven der Forschung, Wiesbaden 1989, S. 216–228; Michael Zimmermann: Basisnahe Stellvertretung. Zur sozialdemokratischen Dominanz im Ruhrgebiet, in: Revierkultur 2 (1987), H. 2, S. 46–53.
[16] Vgl. aktuell Beiträge in: Michael Farrenkopf/Michael Ganzelewski/Stefan Przigoda/Inga Schnepel/ Rainer Slotta (Hrsg.): Glück auf! Ruhrgebiet. Der Steinkohlenbergbau nach 1945. Katalog der Ausstellung des Deutschen Bergbau-Museums Bochum vom 6. 12. 2009 bis 2. 5. 2010, Bochum 2009.
[17] Vgl. auch den Beitrag von Karl Lauschke in diesem Band; Goch: Eine Region im Kampf, S. 164 ff.; Dietmar Petzina: Zwischen Neuordnung und Krise. Zur Entwicklung der Eisen- und Stahlindustrie im Ruhrgebiet seit dem Zweiten Weltkrieg, in: Ottfried Dascher/Christian Kleinschmidt (Hrsg.), Die Eisen- und Stahlindustrie im Dortmunder Raum. Wirtschaftliche Entwicklung, soziale Strukturen und technologischer Wandel im 19. und 20. Jahrhundert, Dortmund 1992, S. 525–544.

Rhein nur mehr etwa 25 000, allerdings wettbewerbsfähige Arbeitsplätze[18] von ehemals 220 000 Arbeitsplätzen im Kern dieser Branchen vorhanden. Das Ruhrgebiet hatte aber nicht nur das Problem der schrumpfenden Montanindustrie, sondern die ganze gewachsene Produktionsstruktur war vom Strukturwandel betroffen. Gleichzeitig vollzog sich in Nordrhein-Westfalen wie überall in der Bundesrepublik ein Strukturwandel vom Produktionssektor zum (produktionsorientierten) Dienstleistungsbereich, der wegen der differenzierten Wirtschaftsstruktur in den Teilräumen des Landes abgesehen von den Textilregionen insgesamt weniger dramatisch verlief.[19] So ist der ganze produzierende Sektor massiv geschrumpft, gerade auch in den letzten Jahren, von ursprünglich über 60 Prozent Erwerbstätigen im produzierenden Sektor auf unter 30 Prozent.

Tab. 1: Entwicklung der Erwerbstätigen nach Wirtschaftsbereichen in Prozent und September-Quoten der arbeitslosen abhängigen Erwerbspersonen ohne Soldaten (Regionalverband Ruhr [RVR], Nordrhein-Westfalen [NRW], Bundesrepublik Deutschland [BRD])[20]

Jahr	Erwerbstätige: Land- und Forstwirtschaft in %			Erwerbstätige: Produzierendes Gewerbe in %			Erwerbstätige: Dienstleistungen in %			Arbeitslosenquote in % (Sept.)		
	RVR	NRW	BRD	RVR	NRW	BRD	RVR	NRW	BRD	RVR	NRW	BRD
1950	4,5	11,7	23,3	63,4	55,1	43,3	32,1	33,2	33,4		4,8	10,3
1961	2,4	6,4	13,6	61,3	56,4	47,7	36,3	37,2	38,8		0,4	0,5
1970	1,5	4,3	9,1	58,4	55,7	49,4	40,0	40,1	41,5	0,6	0,5	0,5
1980	1,4	2,5	5,3	51,7	48,4	45,3	47,0	49,2	49,4	5,3	4,4	3,5
1990	1,2	2,2	3,6	44,4	42,5	40,6	54,4	55,3	55,8	10,8	8,4	6,6
2000	1,2	1,7	2,5	33,3	33,5	33,5	65,4	64,9	64,0	12,2	9,5	10,0
2005	1,1	1,5	2,3	29,2	30,5	30,8	68,4	68,0	66,9	16,2	13,0	12,5
2010	1,1	1,5	2,3	27,8	29,5	29,7	71,1	69,0	68,0	12,1	9,2	8,1

Das Ruhrgebiet hat angesichts des massiven Arbeitsplatzabbaus, der nur zum Teil durch neue Dienstleistungsarbeitsplätze aufgefangen werden konnte, immer noch erhebliche, sich aber abschwächende Beschäftigungsprobleme.

Die Entwicklungsunterschiede zwischen dem Ruhrgebiet und dem Landes- und Bundesdurchschnitt waren aber grundsätzlich Ergebnis paralleler Entwicklungstendenzen. Die Sektoralstruktur der Region entspricht in der Gegenwart näherungsweise der des Bundesgebietes, das Ruhrgebiet ist schon eher unterindustrialisiert und weist Entwicklungsrückstände vor allem bei den produktionsorientierten und den hochspezialisierten (Beratungs-)Dienstleistungen auf. Bei relativ hoher Arbeitslosigkeit ist das Ruhrgebiet wirtschaftsstrukturell zu einem „normalen" Agglomerationsraum geworden. Das Ruhrgebiet ist keine monostrukturierte Montanregion mehr, sondern eine diversifizierte und damit weniger krisenanfällige Wirtschaftsregion mit Kohle und Stahl geworden. Bedeutende, nach dem derzeitigen Wissensstand zukunftsträchtige Wirtschaftszweige wurden angesiedelt. Um die „alten" Branchen Kohle, Eisen und Stahl, Chemie und Energie sind

---

[18] Vgl. Blotevogel: Ruhrgebiet, S. 5.
[19] Als Überblick: Goch: Strukturwandel und Strukturpolitik.
[20] Nach Angaben des Regionalverbandes Ruhr. Die Änderungen der Berechnung sowie die Präsentation der Daten durch öffentliche Einrichtungen bereiten erhebliche Schwierigkeiten. Mit der Einführung des Sozialgesetzbuchs, Zweites Buch (SGB II) änderten sich die Grundlagen der Arbeitsmarktstatistik, sodass neuere Vergleiche erst ab 2005 möglich sind.

Netzwerke neuer Produktionslinien, Produkte und Verfahren entstanden. Insgesamt ist das Ruhrgebiet aber auch mit einer Reihe von Schwächen in der differenzierten Dienstleistungs- und Wissensgesellschaft angekommen.[21] Die Strukturkrise des Ruhrgebiets stellt bis zur Gegenwart die zentrale Ursache der Abweichungen der ökonomischen Entwicklung des Landes Nordrhein-Westfalen gegenüber anderen Bundesländern dar. Beispielsweise lag die Quote aller arbeitslosen Zivilpersonen im November 2015 im RVR-Gebiet bei 11,0 Prozent, in Nordrhein-Westfalen bei 8,1 Prozent, in Nordrhein-Westfalen ohne RVR bei 7,0 Prozent und damit einen Prozentpunkt über dem gesamten Bundesgebiet.[22] So war und ist auch für das Land Nordrhein-Westfalen die Bewältigung des Strukturwandels im Ruhrgebiet eine zentrale Aufgabe.

3. Bemühungen der regionalen Strukturpolitik seit den 1960er Jahren

Die zunächst sektorale, dann die ganze schwerindustriell geprägte Region erfassende Krise machte neben der koordinierten und abgefederten Schrumpfung der Schwerindustrie weitergehende strukturpolitische Bemühungen für die betroffenen Regionen notwendig. Langfristig konnte insbesondere mit einer aktiven Struktur- und Regionalpolitik der unterschiedlichen politischen Ebenen (Kommunen, regionale Akteure, Land, Bund, EU), aber insbesondere des Landes Nordrhein-Westfalen, ein struktureller Wandel im Ruhrgebiet gefördert werden. Im Prozess des Strukturwandels ist es dabei den verschiedenen Akteuren im Ruhrgebiet in den letzten Jahrzehnten immer wieder erfolgreich gelungen, Mittel zur sozialen Abfederung zu mobilisieren, sodass der Strukturwandel sich relativ friedlich vollzog.

3.1 Bundespolitik: Gemeinschaftsaufgabe zur Verbesserung der regionalen Wirtschaftsstruktur

Nachdem die sektorale Bergbaukrise mit der Bildung einer Einheitsgesellschaft angegangen worden war, dienten erste größere Gemeinschaftsprogramme von Bund und Land, die in die Gemeinschaftsaufgabe „Verbesserung der regionalen Wirtschaftsstruktur" als Instrument der Wirtschaftsförderung im „kooperativen Föderalismus" mündeten, vorrangig dem Ausbau der Infrastruktur sowie der Förderung von Neuansiedlungen von Unternehmen. Gleichzeitig wurde bundesweit im Sinne einer Modernisierung der Volkswirtschaft mit einem Ausbau der Forschungs- und Technologiepolitik begonnen. Bis zur Gegenwart gelang es in dem auf Interessenausgleich und Kompromiss orientierten Planungsausschuss von Bundes- und Ländervertretern allerdings höchstens zum Teil, die begrenzten Fördermittel auf die vom Strukturwandel besonders betroffenen Gebiete zu konzentrieren; stattdessen sah eine wenig problemadäquate politische Schwerpunktsetzung die Förderung landwirtschaftlich geprägter Räume und des sogenannten Zonenrandgebietes vor. Auch blieb das Förderinstrumentarium der Gemeinschaftsaufgabe hauptsächlich an unspezifizierten Neuansiedlungen oder Erweiterungen von Unterneh-

---

[21] Z. B. Goch: Eine Region im Kampf.
[22] Aktuelle Angaben des Regionalverbandes Ruhr sind jeweils abrufbar über <http://www.metropole ruhr.de/regionalverband-ruhr/statistik-analysen.html> (21.6.2015) bzw. den dort angegebenen Kontakt.

men orientiert. Eine Komponente zur vorausschauenden strukturellen Wandlung in den Förderregionen war nicht vorgesehen. Erst in den 1980er Jahren wurde die regionale Wirtschaftsstrukturpolitik unter dem Druck der Akteure aus den vom Strukturwandel besonders betroffenen Regionen umgestaltet, um auch Problemen industrieller Räume besser gerecht zu werden. Für besondere Krisenregionen wurden darüber hinaus Sonderprogramme aufgelegt. Die Mittel, die von Bund und Land kofinanziert wurden, konnten nun in die Regional- und Strukturpolitik des Landes fließen. Nachdem die Vernachlässigung der altindustriellen Regionen in den 1980er Jahren zeitweise ein Ende gefunden hatte, wurden die Hilfen der Gemeinschaftsaufgabe „Verbesserung der regionalen Wirtschaftsstruktur" nach 1990 auf die neuen Bundesländer konzentriert.[23] Diese Politik nach Himmelsrichtungen wird gerade aus den wieder vernachlässigten westdeutschen Regionen mit Problemen des Strukturwandels heftig kritisiert.

3.2 Landespolitik: Ein Lernprozess

Vor allem in Nordrhein-Westfalen musste man sich um die Folgen der Krise für die betroffene Region Ruhrgebiet „kümmern". In einem langen kooperativen kommunikativen Prozess lernten die Akteure im Land, vernetzt mit Kommunen, Gewerkschaften und Unternehmen und zahlreichen Initiativen, mit dem regionalen Strukturwandel umzugehen und für die größte Montanregion Europas Zukunftsperspektiven zu erarbeiten. Dabei kam der Montanindustrie und dem Revier zugute, dass korporatistische bzw. tripartistische Strukturen in Ruhrbergbau Tradition hatten, sich dann mit der Montanmitbestimmung verfestigt hatten und auf die Region ausstrahlten und eine kooperative Politik für das Ruhrgebiet ermöglichten.[24]

Die Regional- und Strukturpolitik des Landes Nordrhein-Westfalen begann in einem Klima der Planungsbegeisterung der 1960er Jahre. Angesichts des offensichtlichen Versagens der Selbststeuerungspotenziale der Wirtschaft setzte die Landesregierung auf politische Steuerung und vorausschauende Planung. Zentrale strukturpolitische Maßnahmen, die über Jahrzehnte fortgeführt wurden, waren Infrastrukturprojekte wie der landesweite Ausbau der Hochschulen und der Schulen in ihrem Vorfeld. Das Ruhrgebiet erhielt die ersten Universitäten, zahlreiche Fachhochschulen und wissenschaftliche Einrichtungen. Der Ausbau der Schulen betraf vor allem den Sekundärbereich zur Erlangung der Hochschulreife, insbesondere mit den Gesamtschulen als Gymnasien der „kleinen Leute" konnten Bildungsdefizite aufgeholt werden. Intergenerationell war die Qualifizierung der Kinder der Industriebeschäftigten wohl eine der folgenreichsten und auch erfolgreichsten Politiken. Bis zur Gegenwart gilt Bildung als ein Schlüssel wirtschaftlichen Erfolgs – damals spielte anfangs allerdings nicht ökonomische Rationalität, sondern Chancengleichheit oder doch Chancengerechtigkeit eine zentrale Rolle.[25] Im engeren Sinne

---

[23] Ausführlich: Goch: Eine Region im Kampf, S. 246–288, mit Belegen.

[24] Rolf G. Heinze/Josef Schmid: Mesokorporatistische Strategien im Vergleich: Industrieller Strukturwandel und die Kontingenz politischer Steuerung in drei Bundesländern, in: Wolfgang Streeck (Hrsg.): Staat und Verbände, Wiesbaden 1995, S. 65–99; Bernd Faulenbach: Merkmale und Entwicklungslinien der politischen Kultur des Ruhrgebiets, in: Bovermann/Goch/Priamus: Ruhrgebiet, S. 365–377.

[25] Regionalverband Ruhr (Hrsg.): Metropole Ruhr. Landeskundliche Betrachtungen des neuen Ruhrgebiets, Essen 2013, S. 77ff.; Regionalverband Ruhr (Hrsg.): Bildungsbericht Ruhr, Münster 2012.

strukturpolitische Infrastrukturmaßnahmen für die Region waren die Verbesserung der Verkehrsinfrastruktur, erste Umweltmaßnahmen, der Ausbau regionaler Erholungseinrichtungen und Stadterneuerungsmaßnahmen und insbesondere die Flächen- bzw. Brachenmobilisierung für Neuansiedlungen.

Zur Ergänzung der sektoralen Energie- und Kohlepolitik des Bundes konzipierte die nordrhein-westfälische Landesregierung zunächst ein integriertes Strukturpolitikprogramm, das mit neuen Formen regionaler Strukturpolitik an die Stelle der miteinander oft kaum abgestimmten Einzelmaßnahmen treten sollte. Das „Entwicklungsprogramm Ruhr" für den Zeitraum von 1968 bis 1973 war wirksam und erfolgreich, indem es vor allem infrastrukturelle Defizite des Ruhrgebiets beseitigte, (harte) Standortbedingungen verbesserte und auch konkrete Verbesserungen des Lebensstandards der Bevölkerung mit sich brachte. Eine gezielte Diversifizierung der Wirtschaftsstruktur des Ruhrgebiets, über den relativ unspezifischen Neuansiedlungsansatz hinaus, wurde aber noch nicht betrieben bzw. allein der Wirtschaft überlassen.[26]

Das „Entwicklungsprogramm Ruhr" wurde im März 1970 in das „Nordrhein-Westfalen-Programm 1975" einbezogen und damit auf das ganze Land ausgeweitet, um nach den Erfahrungen im Ruhrgebiet nun auch Strukturwandelprobleme in anderen Regionen des Landes Nordrhein-Westfalen anzugehen. Die Förderung der Ansiedlung neuer Betriebe wurde aufgrund der enttäuschten Hoffnungen auf Neuansiedlungen ergänzt um die Förderung der Umstellung bestehender Betriebe, also auf die Bestandspflege ausgedehnt. Dabei sprach sich die Landesregierung gegen eine strukturerhaltende Politik aus, sie wollte wachstumsstarke Betriebe mit hoher Produktivität und die Diversifizierung fördern. Eine bis in die Gegenwart verfolgte Strategie war dabei die Ansiedlung großer Einkaufszentren vom Bochumer Ruhr-Park (1964) bis zum CentrO Oberhausen (1996) und dem Essener Limbecker Platz (2008). Besonders bewährte sich bei diesen ersten Strukturpolitikprogrammen der integrative Handlungsansatz, der verschiedene Teilpolitiken aufeinander abstimmte.[27] Mit standortbezogenen Förderkombinationen wurden erste Schritte in Richtung einer teilräumlichen Differenzierung und der Einbeziehung regionaler Akteure getan.[28] Das Nordrhein-Westfalen-Programm konnte sicherlich auch recht problemlos ablaufen, weil gesamtwirtschaftlich Wachstum erreicht wurde und in den öffentlichen Haushalten keine wesentlichen Probleme bestanden.[29]

Gegen Mitte der 1970er Jahre entwickelte die Strukturpolitik eine Reihe weiterer differenzierter Maßnahmen. Ausgehend von der Wirtschaftsstruktur der Regionen sollten die dort vorhandenen Betriebe so gefördert werden, dass sie durch Umstellungen den sich wandelnden Anforderungen wieder gerecht werden konnten. Produkte dieser Reindustrialisierungsstrategie für das Ruhrgebiet waren das „Technologieprogramm Bergbau", das „Technologieprogramm Stahl" und das „Technologieprogramm Energie". Mit diesen Programmen wurde auf eine Revitalisierung in den für die Region typischen

---

[26] Ausführlich: Landesregierung Nordrhein-Westfalen: Entwicklungsprogramm Ruhr 1968–1973, Düsseldorf 1968.

[27] Goch: Eine Region im Kampf, S. 301–312; kritischer Lauschke: Von der Krisenbewältigung zur Planungseuphorie, S. 463, 469.

[28] Lauschke: Von der Krisenbewältigung zur Planungseuphorie, S. 466f.

[29] Vgl. Dietmar Petzina: Wirtschaft und Arbeit im Ruhrgebiet 1945 bis 1985, in: Köllmann/Korte/Petzina/Weber: Ruhrgebiet, Bd. 1, S. 491–567, hier S. 531, 534f.; Joachim Jens Hesse: The Ruhr Area: Politics and Policies of Revitalization, in: ders.: Erneuerung, S. 543–573, hier S. 554. Zeitgenössisch: Landesregierung NRW: Nordrhein-Westfalen-Programm, Halbzeitbericht, Düsseldorf 1973.

Branchen gesetzt, also bisherige funktionale Spezialisierungen beibehalten und fortent-wickelt.[30]

Die krisenhafte Entwicklung auf dem Arbeitsmarkt nicht nur im Ruhrgebiet leitete Ende der 1970er Jahre neue strukturpolitische Aktivitäten in Nordrhein-Westfalen ein. Statt vorrangig auf Reindustrialisierung wurde nunmehr auch auf Neoindustrialisierung gesetzt. Das bedeutete eine Auffächerung der technologiefördernden Maßnahme auf weitere, für die krisengeschüttelte Region neue Industrien, wobei sich die Region gewissermaßen im Prozess der Umstrukturierung der räumlich-funktionalen Spezialisierung neue „Aufgaben" suchen sollte. Diese Diskussionen in Politik und begleitender Wissenschaft fielen in eine Zeit, als von der Öffentlichkeit mit besonderem Interesse der Aufstieg neuer, vor allem asiatischer Industrienationen, neuer Technologien (Computer, Kommunikationstechnologien) und neuer Regionen (Silicon Valley) wahrgenommen und diskutiert wurde, während auf dem „alten Kontinent" ernsthafte Wirtschaftsprobleme auf mangelnde Innovationsfähigkeit zurückgeführt wurden. So folgte in Nordrhein-Westfalen 1978 das „Technologieprogramm Wirtschaft", das nun auch andere Branchen als die für das Ruhrgebiet traditionellen einbezog und insbesondere auch mittelständische Betriebe fördern sollte. Neben der projektbezogenen Förderung von Produkt- und Prozessinnovationen unterstützte es auch Institutionen des Wissens- und Technologietransfers und der Innovationsberatung. In diesem Kontext entstanden in ganz Nordrhein-Westfalen zahlreiche Technologiezentren.[31] Mit solcher Technologieförderung, die dann auch die Akteure der Wirtschaft einbezog, Projekte zur Humanisierung der Arbeitswelt für die Beschäftigten berücksichtigte und sich auf die zeitgenössisch als relevant angesehenen Technologiefelder konzentrierte, war man in Nordrhein-Westfalen auf der Höhe der Zeit.

Mit der Ausweitung speziellerer Förderprogramme stellte sich rasch auch die Frage nach der Koordinierung der verschiedenen Fördermöglichkeiten. Dazu wurden nun in der Landesplanung Möglichkeiten geschaffen, die verschiedenen Förderungen standortbezogen zusammenzufassen und aufeinander abzustimmen. Das nächste übergreifende Programmpaket, das „Aktionsprogramm Ruhr" für den Zeitraum 1980–1984, war dann aber vor allem das Resultat gestiegenen Problemdrucks angesichts beunruhigender Arbeitslosenzahlen. Im „Aktionsprogramm Ruhr" wurde stärker als bisher auf eine Neoindustrialisierung, technologische Innovationen und Tertiärisierung gesetzt. Die Programmentwicklung nahm einige Zeit in Anspruch, weil erstmals ein neuer Weg beschritten und ein neuer Politikstil praktiziert wurde. Die Landesregierung griff schon im Implementationsprozess die Kritik an den bis dahin aufgelegten Strukturpolitikprogrammen auf. Es hatte sich nämlich als immer schwieriger für die Planungsinstanzen erwiesen, teilräumlich differenzierte und realitätsgerechte Programme zu entwickeln und auch durchzusetzen. Einzelne Bewohner, gesellschaftliche Gruppen, Verbände und andere Organisationen bis hin zu der neuen Erscheinung der Bürgerinitiativen meldeten ihre Ansprüche auf Partizipation an den Planungsprozessen an. Die Landesregierung hoffte, solchen Schwie-

---

[30] Presse- und Informationsamt der Landesregierung NRW: Nordrhein-Westfalen-Initiative Zukunftstechnologien, Düsseldorf 1984, S. 10ff.; Rolf G. Heinze/Josef Hilbert/Helmut Voelzkow: Entwicklungen und Perspektiven industrieller Produktion in Nordrhein-Westfalen, in: dies. (Hrsg.): Strukturwandel und Strukturpolitik in Nordrhein-Westfalen. Entwicklungstrends und Forschungsperspektiven, Opladen 1992, S. 11–93.

[31] Franz Josef Jelich: Strukturkonservatismus und Innovation. Neue Handlungsansätze der Strukturpolitik in den 1980er und 1990er Jahren, in: Goch: Strukturwandel und Strukturpolitik, S. 200–216, hier S. 201–206.

rigkeiten durch eine „Politik des Dialogs" begegnen und mit partizipatorischen Formen einen neuen Aufbruch im Revier initiieren zu können. Das „Aktionsprogramm Ruhr" wurde schließlich auf der Grundlage von Diskussionen auf einer Ruhr(gebiets)konferenz im Mai 1979 erstellt.[32]

Die grundlegenden Ziele des „Aktionsprogramms Ruhr" waren ein Abbau der Arbeitslosigkeit durch arbeitsmarktpolitische Maßnahmen und einen Ausbau der Berufsbildung, eine Technologie-, Innovations- und Technologietransferförderung, eine Intensivierung der Stadterneuerung, eine Bodenmobilisierung durch Wiedernutzung von Brachen, ein Ausbau des Umweltschutzes durch Sanierung stark umweltbelastender Anlagen, eine Förderung rationellerer und umweltfreundlicherer Kohlenutzung, eine Stärkung der Finanz- und Investitionskraft der Kommunen zur Verbesserung der Infrastrukturleistungen und der regionalen Wirtschaftsförderung, ein gezielter Ausbau kultureller Aktivitäten und Erholungsmöglichkeiten sowie eine Förderung von Theatern, Museen und Denkmälern. Materiell brachte die im „Aktionsprogramm Ruhr" vorgesehene Politik zur Verbesserung der Infrastruktur der Ruhrgebietsstädte auch sichtbare Erfolge. Die zahlreichen alten und neuen Maßnahmen der Stadtsanierung, Stadtentwicklung und Wohnumfeldverbesserung zeitigten langsam Resultate. Bei den wirtschaftsfördernden Maßnahmen wurden die Mittel allerdings auch in Wirtschaftszweige gesteckt, die sich für den Umstrukturierungsprozess als weniger bedeutend erwiesen. Da die Montankonzerne auch wesentliche Teile der Fördermittel zu ihrer Modernisierung erhielten, verfolgte das „Aktionsprogramm Ruhr" offensichtlich auch eine Reindustrialisierungsstrategie und verbesserte neben der sozialen Abfederung als klassisches Infrastrukturprogramm vor allem Standortqualitäten.[33]

Die Fortentwicklung der Neoindustrialisierungsstrategie für die Regionen Nordrhein-Westfalens stellte dann die im Juli 1984 vorgestellte „Nordrhein-Westfalen-Initiative Zukunftstechnologien" mit einer Laufzeit von 1985 bis 1988 dar. Diese war das Ergebnis von Überlegungen zur Erweiterung des technologiepolitischen Instrumentariums, zu dessen differenzierter Verwendung und zur Integration unterschiedlicher Ressortpolitiken sowie zur verstärkten Berücksichtigung sozialer und ökologischer Fragen. Der neue Name signalisierte, dass eine stärkere Konzentration auf die als zukunftsträchtig geltenden Technologien erfolgen sollte. In der Initiative Zukunftstechnologien wurden neben den fortgeführten älteren Programmen das Technologieprogramm Zukunftstechnologien, das Programm zur sozialverträglichen Technikgestaltung (SoTech „Mensch und Technik"), die Förderung des Technologietransfers und die technologisch orientierte Forschungsförderung zusammengefasst. Es konzentrierte sich auf acht Arbeitsfelder: Umwelttechnologien, Energietechnologien, Mikroelektronik, Mess- und Regeltechnik, Informations- und Kommunikationstechnologien, Biotechnologien, Humanisierungstechnologien und Werkstofftechnologien. Die Landesregierung unterstützte die Entwicklung neuer Produkte und Verfahren, den Einsatz von vorhandenen Technologien für neue Anwendungsmöglichkeiten und die Untersuchungen der wirtschaftlichen Verwertbarkeit. Dabei förderte das Strukturpolitikprogramm vorrangig kleinere und mittlere Betriebe, konnte aber auch bei den vom Land erwünschten Technologien von Großunternehmen genutzt werden.[34] Die „Nordrhein-

---

[32] Goch: Eine Region im Kampf, S. 317–324. Vgl. Landesregierung Nordrhein-Westfalen, Politik für das Ruhrgebiet. Aktionsprogramm Ruhr, Zwischenbericht, Düsseldorf 1983, S. 5.
[33] Petzina: Wirtschaft, S. 556f.
[34] Presse- und Informationsamt der Landesregierung NRW: Nordrhein-Westfalen-Initiative Zukunftstechnologien, Düsseldorf 1984.

Westfalen-Initiative Zukunftstechnologien" wurde auch über 1988 hinaus mehrfach umbenannt und reorganisiert fortgeführt. Neben den branchenübergreifenden Technologieprogrammen und den Programmen zur Innovationsförderung in der Altindustrie bestanden und bestehen in Nordrhein-Westfalen bis zur Gegenwart zahlreiche Technologieinitiativen für bestimmte Branchen oder Technologien, die als zukunftsweisend gelten.

In der ersten Hälfte der 1980er Jahre wurde in Nordrhein-Westfalen zunehmend deutlich, dass die Disparitäten zwischen den verschiedenen Regionen Nordrhein-Westfalens nicht schematisch mit immer gleichen Strategien und Instrumenten angegangen werden konnten; die Teilräume des Landes wiesen offensichtlich unterschiedliche strukturelle Probleme auf und stellten jeweils eigene Raumtypen dar, für die eine zentrale Strukturpolitik als ungeeignet erkannt wurde. Zudem erschien es sinnvoll, regionale Entscheidungsträger und endogene Potenziale zu mobilisieren, um damit neue produktive Kräfte zu gewinnen und sparsamer mit Ressourcen umzugehen. Strukturpolitik musste also (weiter) regionalisiert werden. Damit ordnete sich Nordrhein-Westfalen auch in einen Trend zur Dezentralisierung, Regionalisierung, Föderalisierung und der Stärkung regionaler Entscheidungsstrukturen ein, und setzte auf diese Weise seinen Lernprozess fort.[35] Kernelemente einer regionalisierten Entwicklungsstrategie wurden die regionale Erarbeitung von Entwicklungskonzepten auf der Grundlage einer Analyse der regionalen Stärken und Schwächen mit Hilfe einer Kooperation der für die Entwicklung relevanten Akteure. Begründungszusammenhänge für endogene Entwicklungsstrategien stammten aus dem Kontext der Dezentralisierungs- und Entbürokratisierungsdiskussion, aus der nicht nur im Umfeld von Bürgerinitiativen und Alternativbewegungen geführten Diskussion um Ausweitung von Partizipation, aus der Entwicklungshilfe und aus regional orientierten Managementkonzepten. Zudem versprach die Alternative zu den zentralistischen Strategien Legitimationsdruck zu mildern und schien bei gesunkenen finanziellen Handlungsspielräumen zur Mobilisierung neuer sozialer und politisch-kultureller Ressourcen in den Regionen, bei den Betroffenen und den regionalen Akteuren in der Lage zu sein. Weiterhin folgte aus der Innovationsorientierung der Strukturpolitik notwendig eine Offenheit gegenüber unterschiedlichen Entwicklungen in den Teilräumen des Ruhrgebiets und des Landes.[36]

In einem regionalisierten Diskussionsprozess unter Beteiligung zahlreicher Akteure sollten daraufhin in einem Strukturpolitikprogramm „Zukunftsinitiative Montanregionen" (ZIM) alle Kräfte von Kommunen, Land, Bund, Europäischen Gemeinschaft (EG) und Sozialpartnern gebündelt werden. Eine „Kommission Montanregionen" erarbeitete unter Verarbeitung praktischer Erfahrungen der lokalen und regionalen Akteure eine ausführliche Analyse der Situation, wobei auch die Besonderheiten der Teilregionen schärfer herausgearbeitet wurden. Die „Zukunftsinitiative Montanregionen" von 1987 stellte dann ein „Dach" über den verschiedenen Förderprogrammen dar. Sie wurde dabei weniger als ein neues Programm denn als ein Handlungsleitfaden zur Modernisierung bestehender Programme und zur Koordination und Kooperation zwischen den verschiedenen Akteuren der Region verstanden. Vor allem eine Regionalisierung der Struktur-

---

[35] Vgl. Rainer Danielzyk/Gerald Wood: Innovative Strategien der politischen Regionalisierung in Nordrhein-Westfalen, in: Heineberg/Temlitz: Strukturen, S. 19–31; Rolf G. Heinze/Helmut Voelzkow (Hrsg.): Regionalisierung der Strukturpolitik in Nordrhein-Westfalen, Opladen 1997.
[36] Vgl. Arthur Benz/Dietrich Fürst/Heiderose Kilper/Dieter Rehfeld (Hrsg.): Regionalisierung. Theorie, Praxis, Perspektiven, Opladen 1999.

politik und die dabei geforderten konsensualen und sozialpartnerschaftlichen Strategien wurden als prozedurale Innovation begriffen. Konkret gab die Landesregierung aber die Aktionsfelder vor, auf denen Projekte entwickelt werden sollten. Dies waren Innovations- und Technologieförderung, Förderung der zukunftsorientierten Qualifikation der Arbeitnehmer, Ausbau und Modernisierung der Infrastruktur sowie Verbesserung der Umwelt- und Energiesituation. Die Zukunftsinitiative war also eigentlich kein neues Programm, wenn auch zusätzliche Mittel zur Verfügung gestellt wurden, sondern eine Bündelung bisheriger Programme nach neuen regionalisierten Verfahrensregeln.[37]

Die „Zukunftsinitiative Montanregionen" wurde ab 1989 angesichts des „Interesses" anderer Landesteile unter dem Namen „Zukunftsinitiative für die Regionen Nordrhein-Westfalens" (ZIN) über das ganze Land ausgedehnt. Grundüberlegung von ZIN war über die Zukunftsinitiative für die Montangebiete hinausgehend, die Einsicht in die Notwendigkeit, Strukturpolitik angesichts der Konkurrenz regionaler Wirtschaftsstandorte im Rahmen der EG-Integration insgesamt zu regionalisieren, die Region also grundsätzlich zur Implementationsebene von Strukturpolitikprogrammen zu machen. Letztlich handelt es sich auch bei ZIN wiederum um die Zusammenfassung vorhandener Programme und die Anwendung der im Ruhrgebiet entwickelten Verfahren zur Aktivierung der Teilräume. Die Landesregierung forderte von Regionalkonferenzen der relevanten Akteure eine Analyse der regionalen Situation, eine qualitative Einschätzung der künftigen regionalen Entwicklung, einen Entwurf politischer Gestaltungsperspektiven in Form von regionalen Leitbildern und „regionalen Entwicklungskonzepten" und die Anmeldung entsprechend begründeter Projekte, die diese Vorstellungen operationalisierten.[38]

Die Fortsetzung der regionalisierten Strukturpolitik stellten in den Teilräumen Nordrhein-Westfalens ab 1997 die „Regionalen" als Zusammenschlüsse von regionalen Akteuren dar, die sich im Konsens Leitbilder und Projekte erarbeiteten und in Kooperation umsetzten.[39] Vor dem Hintergrund weiterer Zechenschließungen, der eskalierenden Stahlkrise und der niedergeschlagenen Stimmung im Revier ergriff die Landesregierung neben den Zukunftsinitiativen eine weitere Initiative. Anknüpfend an den Reformgeist der 90-jährigen Geschichte von Bauausstellungen als Stadtplanungsinstrument sollte eine Bauausstellung im Revier als neues strukturpolitisches Projekt der ökonomischen und ökologischen Erneuerung der Emscherregion – und ausdrücklich nicht als „Architektur-Schau" – dienen. Die Konzentration auf den Emscher-Lippe-Raum beruhte auf der Erkenntnis, dass die innerregionale Disparität im Ruhrgebiet für die Disparität des gesamten Ruhrgebiets gegenüber anderen Verdichtungsräumen verantwortlich war. Inhalt der „Internationalen Bauausstellung Emscher Park" (IBA) war ein integriertes regionales Entwicklungsprogramm, das über die bisherigen Bauausstellungen hinauswies. Das Strukturpolitikprogramm für die Emscherzone sollte in zahlreichen Projekten zu einer nachhaltigen Umorientierung der örtlichen Akteure führen und durch seine Pluralität systematische Defizite des Planungsprozesses umgehen. Konkrete Ziele dieses Strukturprogramms

---

[37] Ministerium für Wirtschaft, Mittelstand und Technologie des Landes Nordrhein-Westfalen: Bericht der Kommission Montanregionen des Landes Nordrhein-Westfalen, Düsseldorf 1989 (Textband und Tabellenband).
[38] Joachim Jens Hesse/Angelika Benz/Arthur Benz/Holger Backhaus-Maul: Regionalisierte Wirtschaftspolitik. Das Beispiel „Zukunftsinitiative Montanregionen", Baden-Baden 1991.
[39] Ministerium für Bauen und Verkehr des Landes Nordrhein-Westfalen/ILS – Institut für Landes- und Stadtentwicklungsforschung: Die Regionalen in Nordrhein-Westfalen. Impulse für den Strukturwandel, Dortmund 2006.

waren die Beseitigung der Standortnachteile, die ökologische, städtebauliche und soziale Erneuerung, die Entwicklung neuer Möglichkeiten für Arbeit, Kultur und Wohnen sowie die längerfristige Verbesserung der Lebensbedingungen. Als „regionales Strukturprogramm" des Landes Nordrhein-Westfalen und der 17 Städte an der Emscher diente die IBA besonders der Verbesserung der „weichen" Standortfaktoren, wobei durch ein Höchstmaß an Mitwirkungsmöglichkeiten lokale Potenziale mobilisiert werden sollten. Inhaltlich orientierte sich die Internationale Bauausstellung an Leitprojekten, die unter neuem Titel schon länger praktizierte Projektformen fortentwickelten: Emscher-Landschaftspark, ökologische Verbesserung des Emscher-Systems, Umnutzung von Industriedenkmälern, Arbeiten im Park, Entwicklung neuer Wohn- und Siedlungsformen und Stärkung kultureller Aktivitäten. Für ihre Leitprojekte definierte die IBA der Tradition von Bauausstellungen entsprechend Qualitätsstandards und bemühte sich um eine auch sinnlich wahrnehmbare Baukultur.[40]

Das strukturpolitische Programm IBA bestand letztlich aus einer Anzahl von Projekten, die von den örtlichen Trägern unter Anerkennung der Qualitätsstandards einer vom Land befristet geschaffenen IBA-Planungsgesellschaft und mit deren Unterstützung umgesetzt wurden. Mit Hilfe von Projekten hoffte man die komplexen Aufgaben der Bewältigung von Strukturwandel und der Revitalisierung auf ein handhabbares Maß reduzieren zu können. Der Planungsgesellschaft kam als Koordinationsstelle also vor allem eine politikfeldübergreifende Moderatorenrolle zu. Schließlich wurden über 120 Projekte umgesetzt. Bis zur Endpräsentation 1999 wurden Grünflächenplanungen für etwa 300 Quadratkilometer vorgenommen, 350 Kilometer offener Abwasserkanäle umgestaltet, 17 Technologiezentren geschaffen, 3000 Wohnungen denkmalgerecht saniert, weitere 3000 Wohnungen neu errichtet und viele Industriedenkmäler erhalten. Indem Industrie- und Technikdenkmäler von der IBA restauriert und neuen Nutzungen zugeführt wurden, griff das Projekt die historische und kulturelle Identität des Ruhrgebiets auf. Dieser Teil der IBA setzte ältere Ansätze zur Restaurierung und Nutzung von Industriedenkmälern und zur Darstellung industrieller Lebenswelten fort. Während bei den IBA-Projekten im sozialen und kulturellen Bereich die Mobilisierung neuer Akteure und Potenziale durchaus gelang, erwies sich die Umsetzung von Qualitätsstandards und IBA-Philosophie in „harten" Bereichen, die die ökonomische Entwicklung des nördlichen Ruhrgebiets betrafen, als schwieriger. Vor allem aber gelang es der IBA, jenseits der Projekte und deren z. T. schwierigen Umsetzung wesentlich die Bilderwelt vom Ruhrgebiet zu beeinflussen und vom Aufbruch in ein neues, aber nicht traditionsvergessenes Ruhrgebiet zu künden.[41]

---

[40] Karl Ganser: Die Internationale Bauausstellung Emscher Park. Strukturpolitik für Industrieregionen, in: Heiner Dürr/Jürgen Gramke (Hrsg.): Erneuerung des Ruhrgebiets. Regionales Erbe und Gestaltung für die Zukunft. Festschrift zum 49. Geographentag Bochum 3.–9. Oktober 1993, Paderborn 1993, S. 189–195, hier S. 191, 194. Insgesamt zu Zielen: Rolf Kreibich/Arno S. Schmid/Walter Siebel/Thomas Sieverts/Peter Zlonicky (Hrsg.): Bauplatz Zukunft. Dispute über die Entwicklung von Industrieregionen, Essen 1994.

[41] Stefan Goch: Sinnstiftung durch ein Strukturpolitikprogramm. Die Internationale Bauausstellung Emscher Park, in: Gregor Betz/Ronald Hitzler/Michaela Pfadenhauer (Hrsg.): „Urbane Events", Wiesbaden 2011, S. 67–84. Recht positive Bilanzen: Fachgebiet Städtebau, Stadtgestaltung und Bauleitplanung der Fakultät Raumplanung der TU Dortmund (Hrsg.): Internationale Bauausstellung Emscher Park. Die Projekte 10 Jahre danach, Essen 2008; Henry Beierlorzer/Joachim Boll/Karl Ganser: Siedlungskultur. Neue und alte Gartenstädte im Revier, Wiesbaden 1999; Jörg Dettmar/Karl Ganser (Hrsg.): Industrienatur. Ökologie und Gartenkunst im Emscher Park, Stuttgart 1999; Andrea Höber/Karl Ganser (Hrsg.): IndustrieKultur. Mythos und Moderne im Ruhrgebiet, Essen 1999.

Die Erfahrungen mit der Regionalisierung und der Projektorientierung der Strukturpolitik griffen dann nach der Jahrtausendwende die verbundspezifischen Projekte in Nordrhein-Westfalen auf. Dies lässt sich als Beginn einer reflexiven Weiterentwicklung der Regionalisierung verstehen. Hierfür wurde die Strukturwandel-Agentur „Projekt Ruhr GmbH" als Moderator installiert. Der aufgrund der bisherigen Erfahrungen formulierte Anspruch ging dahin, dass die regionalisierte Strukturpolitik noch besser abgestimmt und zielgenauer ausgerichtet werden musste. Hierbei wurde davon ausgegangen, dass industrielle Verflechtungsstrukturen für regionale Entwicklung von zentraler Bedeutung sind. Vor allem kleine und mittlere Unternehmen sahen sich zunehmend Herausforderungen gegenüber, die sie nicht mehr allein, sondern nur noch im Verbund bzw. im Rahmen eines innovativen regionalen Umfeldes bewältigen konnten. Das Ziel der Verbundprojekte bestand daher darin, die Innovationsprozesse in den Regionen durch Verbünde von Unternehmen und Netzwerken zwischen Unternehmen, Verbänden, Forschungs-, Entwicklungs- und Qualifizierungseinrichtungen, Kommunen und Staat zu stärken. Zwischen 1994 und 1999 wurden insgesamt 35 verbundspezifische Einzelprojekte gefördert.[42]

Die verbundspezifischen Projekte gaben Impulse, die sich zu einer Neuorientierung der Strukturpolitik verdichteten. Diese erfolgte sukzessive unter Stichworten wie „Cluster", „regionale Netzwerke" und „Kompetenzfelder".[43] Dabei ging es darum, ein regionales Profil herauszuarbeiten und in seiner Entwicklung zu unterstützen, verschiedenartige regionale Kompetenzen von neuen Technologien über strategisches Wissen bis hin zur Facharbeiterqualifikation gezielt auszubauen und damit die knapper werdenden strukturpolitischen Mittel strategisch zu bündeln. Regionale Akteure aus Unternehmen, Politik und Verwaltung, Gewerkschaften und Verbänden sollten so miteinander vernetzt werden, dass ihren Aktivitäten eine gemeinsame Orientierung zugrunde liegen und damit eine strategische Bündelung auf Basis eines gemeinsamen Leitbilds möglich werden sollte. Der erhoffte Vorteil aus dem Zusammenwirken der verschiedenen Akteure sollte eine verstärkte Innovations-Dynamik sein. Zudem wurde davon ausgegangen, dass in einer derartigen Konstellation vielfältige informelle Prozesse wie z. B. ein Wissensaustausch ablaufen. Als zentrale Kompetenzfelder wurden angesehen: Informations- und Kommunikationstechnologien, Logistik, Mikrostrukturtechnik und Mikroelektronik, neue Werkstoffe, Medizintechnik und Gesundheitswirtschaft, Design, Wasser- und Abwassertechnik, Maschinenbau, Tourismus und Freizeit, Energie und neue Energietechniken, Bergbautechnik und neue Chemie.[44]

Cluster- bzw. Kompetenzfeldpolitik hing von dem aktiven Beitrag aller Beteiligten ab, war von daher weniger planbar oder von den Ergebnissen her definierbar als frühere Konzepte der Strukturpolitik. Auf Kompetenzfelder ausgerichtete Strukturpolitik sollte eher als Katalysator für die Interaktion wirtschaftlicher und öffentlicher Akteure wirken. Strukturpolitisch stand dabei der Gedanke einer von gemeinsamen Zielen und Leit-

---

[42] Dieter Rehfeld: Know how vor Ort. Die Regionalisierung der Strukturpolitik seit den 1980er Jahren, in: Goch: Strukturwandel und Strukturpolitik, S. 217–241, hier S. 227 ff.

[43] Matthias Kiese: Regionale Clusterpolitik in Deutschland. Bestandsaufnahme und interregionaler Vergleich im Spannungsfeld von Theorie und Praxis, Marburg 2012; Peter Vieregge/Ingo Dammer: EU-Cluster- und Strukturpolitik 2007–2013. Ein Ausblick am Beispiel Nordrhein-Westfalens, in: Thomas Becker/Ingo Dammer/Jürgen Howaldt/Stephan Killich/Achim Loose (Hrsg.): Netzwerkmanagement, Berlin u. a. 2007, S. 23–33; Rolf G. Heinze/Josef Schmid/Rasmus C. Beck (Hrsg.): Strategische Wirtschaftsförderung und die Gestaltung von High-Tech-Clustern. Beiträge zu den Chancen und Restriktionen von Clusterpolitik, Baden-Baden 2009.

[44] Rehfeld: Know how, S. 235 f.

bildern getragenen Kooperation im Mittelpunkt, demokratietheoretisch ging es um die breite Beteiligung möglichst vieler gesellschaftlicher Gruppen mit dem Ziel der Stärkung der Zivilgesellschaft, innovationstheoretisch ging es darum, einen optimalen Rahmen für einen sich selbst verstärkenden Innovationsprozess zu gestalten.[45] Angesichts der zunehmenden Orientierung von Akteuren der Wirtschaft am (kurzfristigen) *shareholder value* und der zahlreichen entlarvten „Nieten in Nadelstreifen" waren oft die Akteure der öffentlichen Hand treibende Kräfte einer Revitalisierung der Regionen im Land und bei der Bewältigung des Strukturwandels. Gerade in Nordrhein-Westfalen spielte die öffentliche Hand in Fortführung korporatistischer Handlungsansätze eine bedeutsame Rolle.

3.3 Kommunalpolitik zur Bewältigung des Strukturwandels

Da Ausgangspunkt der jüngeren strukturpolitischen Strategien zur Revitalisierung des Ruhrgebiets die vor Ort bereits vorhandenen Kompetenzen waren, kam den Städten und damit der Kommunalpolitik zentrale Bedeutung zu. Hier wurden die Projekte der Strukturpolitik konkret umgesetzt. Für den über Jahrzehnte andauernden Strukturwandel im Ruhrgebiet lässt sich insgesamt feststellen, dass die Kommunalpolitiker der Region eine Akteursgruppe waren, die sich im Rahmen ihrer Handlungsmöglichkeiten und eben auch des gesellschaftlich vorhandenen Wissens um die Steuerung von Strukturwandelprozessen um Zukunftsperspektiven für ihre Stadtteile und Städte bemühten.[46] In jüngerer Zeit bemühen sie sich im Rahmen unterschiedlicher Programme um eine Integration unterschiedlicher Politikfelder zu einer ganzheitlichen Strategie des Stadt(teil)umbaus, wobei sie eben auch mit den Hinterlassenschaften von 150 Jahren montanindustrieller Nutzung der Region umzugehen haben, konkret mit riesigen Brachflächen und den dazugehörigen ökonomischen und sozialen Strukturen. Ausgehend von erhaltender Stadterneuerung und Wohnumfeldverbesserungen wurden die innovativen Projekte des Stadtumbaus vom „Sozialen Brennpunkt" über den „Stadtteil mit besonderem Erneuerungsbedarf" bis zum Projekt „Soziale Stadt" und „Stadtumbau West" in Nordrhein-Westfalen bzw. im Ruhrgebiet entwickelt.[47]

Vor allem „vor Ort" hing die Bevölkerung an den baulichen Relikten der Schwerindustrie, verteidigte zäh manchen Förderturm und manches charakteristische Gebäude der

---

[45] Ebd., S. 237f.

[46] Stefan Goch: Les dirigeants communaux sont-ils obtus? Politique municipale et reconversion dans le bassin de la Ruhr/Sind Kommunalpolitiker Betonköpfe? Handlungsspielräume der Kommunalpolitik im Strukturwandel des Ruhrgebiets, in: Jean-François Eck/Peter Friedemann/Karl Lauschke (Hrsg.): La reconversion des bassins charbonniers. Une comparaison interrégionale entre la Ruhr et le Nord/Pas-de-Calais/Strukturwandel in altindustriellen Regionen, Nord/Pas-de-Calais und das Ruhrgebiet im Vergleich, Villeneuve-d`Ascq 2006, S. 107–124.

[47] Regionalverband Ruhr: Metropole Ruhr, S. 27–30. Berichte: Institut für Landes- und Stadtentwicklungsforschung des Landes NRW (Hrsg.): Stadt macht Zukunft. Neue Impulse für eine nachhaltige Infrastrukturpolitik, Dortmund 2001; Stadt Essen (Hrsg.): Analyse qualitativer Prozesse bei der Umsetzung des Programms „Soziale Stadt NRW". Studie im Rahmen der Evaluation des integrierten Handlungsprogramms „Soziale Stadt" in Nordrhein-Westfalen, Essen 2008; Stadt Essen (Hrsg.): Soziale Kontextbedingungen der Stadtteilentwicklung. Indikatorengestütztes Monitoring im Rahmen der Evaluation des integrierten Handlungsprogramms „Soziale Stadt" in Nordrhein-Westfalen, Essen 2008; Deutsches Institut für Urbanistik (Hrsg.): Die soziale Stadt. Eine erste Bilanz des Bund-Länder-Programms „Stadtteile mit besonderem Erneuerungsbedarf – die soziale Stadt", Berlin 2002; Friedrich-Ebert-Stiftung (Hrsg.): Das Programm „Soziale Stadt". Kluge Städtebauförderung für die Zukunft der Städte, Bonn 2010; Walter Hanesch (Hrsg.): Die Zukunft der „Sozialen Stadt". Strategien gegen soziale Spaltung und Armut in den Kommunen, Wiesbaden 2011.

Montanbetriebe, das die Nahräume im Ruhrgebiet geprägt hatte. Diese Hinterlassenschaften der Schwerindustrie wurden vielfach zu Kulturstätten umgestaltet oder als Industriekultur umgedeutet. Nicht ganz unumstritten ist auf diese Weise die schwerindustrielle Vergangenheit mit ihren Landmarken und „Leuchttürmen" im Ruhrgebiet allgegenwärtig, der Abschied von der Vergangenheit visuell nicht vollzogen – aber warum nicht Kathedralen und Schlösser der (industriellen) Arbeit zeigen, wenn andere Regionen auf Kathedralen und Schlösser untergehender Religionen und untergegangener (autoritärer) Herrscher setzen.[48] Gerade die süddeutschen Länder können auch mit vorindustriellen Relikten glänzen, weil sie lange rückständig waren, die Entwicklung (dank der Hilfen aus dem Ruhrgebiet) ‚schmutziger" Industrie bzw. fordistischer Massenproduktion überspringen konnten und auch in ökonomisch guten Zeiten keine Proletarisierung erlebten. Die Umdeutung und nostalgische Verklärung der schwerindustriellen Vergangenheit hat auch zur Versöhnung mit dem schwierigen Wandlungsprozess und zu einem regionalen Selbstbewusstsein geführt. Und nach anfänglichen Abneigungen und Konflikten dürfte auch die Tatortfigur Horst Schimanski zu einer Identifikationsfigur geworden sein in einer Region, die sich ihres schwierigen Wandlungsprozesses bewusst ist.[49]

Allerdings stellen Kleinräumigkeit, administrative Zersplitterung beispielsweise in 53 kommunale Einheiten und das sich daraus ergebende „Kirchturmdenken" ein zentrales Hindernis nicht nur für gemeinsames Handeln dar, etwa wenn es um das regionale Marketing geht.[50] Für regionale Wirtschaftsförderung und Standortmarketing hat der Regionalverband Ruhr allerdings 2007 die „Wirtschaftsförderung metropoleruhr GmbH" gegründet, die die Orientierung an Kompetenzfeldern zu einer Orientierung an Leitmärkten fortentwickelt hat.[51]

3.4 Europäische Regional- und Industriepolitik

Wie die regionale Strukturpolitik in Nordrhein-Westfalen auf die Handlungs- und Kooperationsfähigkeit der lokalen Akteure in den Kommunen und der Akteure aus Wirtschaft und Gesellschaft angewiesen war und diese besonders förderte, so hat seit dem Aufbau einer europäischen Regionalpolitik auch die Abstimmung mit der europäischen Ebene für die nordrhein-westfälische Politik zur Bewältigung des Strukturwandels an Bedeutung

---

[48] Der Diskussionsansatz von Ulrich Heinemann ist leider nicht systematisch aufgegriffen worden: Ulrich Heinemann: Industriekultur. Vom Nutzen zum Nachteil für das Ruhrgebiet, in: Industriedenkmalpflege und Geschichtskultur 2003, H. 1, S. 56–58. Zur Regionsproduktion mittels Industriekultur und Landmarken: Prossek, Bild-Raum, S. 76–93; und neuerdings Stefan Berger: Industriekultur und Strukturwandel in deutschen Bergbauregionen nach 1945, in: Klaus Tenfelde/Stefan Berger/Hans-Christoph Seidel (Hrsg.): Geschichte des deutschen Bergbaus, Bd. 4: Rohstoffgewinnung und Strukturwandel. Der deutsche Bergbau im 20. Jahrhundert, Münster 2013, S. 571–601.

[49] Vgl. zu Schimanski: Prossek, Bild-Raum, S. 40–45.

[50] Stefan Goch: Mehr als der Kampf Dortmund vs. Essen um die „Vorherrschaft". Innerregionale Konkurrenzen im Ruhrgebiet, in: Jürgen Mittag/Ingrid Wölk (Hrsg.): Bochum und das Ruhrgebiet: Großstadtbildung im 20. Jahrhundert, Essen 2005, S. 329–362; Stefan Goch: Im Dschungel des Ruhrgebiets. Akteure und Politik in der Region, Bochum 2004; Christa Reicher/Klaus Kunzmann/Jan Polivka/Frank Roost/Yasemin Utku/Michael Wegener (Hrsg.): Schichten einer Region. Kartenstücke zur räumlichen Struktur des Ruhrgebiets, Berlin 2011; Jörg Bogumil/Rolf G. Heinze/Franz Lehner/Klaus Peter Strohmeier: Viel erreicht – wenig gewonnen. Ein realistischer Blick auf das Ruhrgebiet, Essen 2012, S. 136ff. Vgl. Daniela Fleiß: Auf dem Weg zum „starken Stück Deutschland". Image- und Identitätsbildung im Ruhrgebiet in Zeiten von Kohle- und Stahlkrise, Duisburg 2010.

[51] Regionalverband Ruhr: Metropole Ruhr, S. 44f.

gewonnen. Das Land Nordrhein-Westfalen hat zahlreiche Förderprogramme mit der Kommission der Europäischen Union entwickelt, mittlerweile fließt viel Geld „aus Europa" in nordrhein-westfälische Projekte zur Innovationsförderung und sozialen Bewältigung des Strukturwandels. Beispiele sind die Gemeinschaftsinitiativen für Kohleregionen im Ruhrgebiet und im Aachener Revier (Rechar), für Stahlregionen (Resider) oder grenzüberschreitende Maßnahmen (Interreg) und Maßnahmen für ländliche Gebiete.[52] Die europäische Ebene hatte aus einer Perspektive „von oben" wohl die Problematik regional differenzierter Entwicklungsprozesse in besonderer Weise erkannt und ging bei der Implementierung von Regionalpolitik frühzeitig dazu über, das regionale Wissen um die Probleme des Strukturwandels vor Ort bei der Programmentwicklung zu berücksichtigen und spezifische „Regionale Aktionsprogramme" in Abstimmung mit lokalen und regionalen Akteuren aufzulegen.

Im Jahr 2010 wurde das Ruhrgebiet zur Kulturhauptstadt Europa gewählt und präsentierte damit die Ergebnisse eines 50-jährigen Strukturwandels. Gleichzeitig positionierte sich die Region als Standort von Kultur- und Kreativwirtschaft und als touristisches Ziel.[53] Beide Branchen gelten als zukunftsweisend und sind auch schon seit den Anfängen in den 1970er Jahren zentraler Gegenstand der nach außen und innen gerichteten Selbstdarstellung des Ruhrgebiets und der Bemühungen um die Verbesserung des Images der Region als einem der weichen Standortfaktoren.

3.5 Konzept Ruhr

Kleinräumig haben sich nach Jahren der Regionalisierung, Projektförderung und Netzwerkbildung auch stabile Kooperationsstrukturen herausgebildet.[54] Seit 2007 erarbeiteten im Rahmen des „Konzepts Ruhr" Städte und Kreise sowie der Regionalverband Ruhr (RVR) auf freiwilliger Basis gemeinschaftliche Ziele der nachhaltigen Stadt- und Regionalentwicklung, die jährlich überprüft und aktualisiert wurden. Die gemeinsam definierten Ziele wurden durch eine langfristig angelegte Projektliste im Rahmen eines Ideenwettbewerbs „Kooperation Ruhr" umgesetzt. So sind bereits zahlreiche teilräumliche Spezialisierungen und Kooperationen vom „Last Mile Logistik Netzwerk" über Krankenhaus-Kooperationen bis zum „WiR – Wohnen im Revier" als Gemeinschaft kommunaler Wohnungsunternehmen entstanden.[55] Solche Netzwerke vereinen unterschiedliche Gebietskörperschaften, andere Akteure des öffentlichen Sektors und auch private Vereinigungen aus der Zivilgesellschaft. Rückschläge bei der Ausbildung funktionaler Differenzierungen im Ruhrgebiet gab es allerdings gleichwohl immer wieder: Der Kulturbereich gilt nicht erst seit dem Großereignis der Kulturhauptstadt „RUHR.2010" als ein wichtiges Potenzial, und so bemühen sich viele Ruhrgebietsstädte um Investitionen in diesem Bereich, sodass sich nicht nur bei den Konzerthäusern inzwischen Doppelstrukturen ergeben haben.

---

[52] Vgl. Goch: Mehr als der Kampf, S. 385f.

[53] Regionalverband Ruhr: Metropole Ruhr, S. 60–65; Jürgen Mittag (Hrsg.): Die Idee der Kulturhauptstadt Europas. Anfänge, Ausgestaltung und Auswirkungen europäischer Kulturpolitik, Essen 2008; Zentrum für Kulturforschung (Hrsg.): Mit Kultur zur Metropole? Evaluation der Kulturhauptstadt Europas RUHR.2010, Berlin 2011.

[54] Reicher/Kunzmann/Polivka/Roost/Utku/Wegener: Schichten, S. 218f.; Benz/Fürst/Kilper/Rehfeld: Regionalisierung, S. 29f.

[55] Vgl. RVR_Datenbank der Kooperationen <http://www.metropoleruhr.de/regionalverband-ruhr/kooperationen.html> (21.6.2015).

Im Mittelpunkt des Statusberichts 2012 zum Konzept Ruhr standen strategische Ansätze und Projekte an den Schnittstellen der Themen Stadt, Bildung und Klima. Mit der Zusammenführung dieser Bereiche trugen die Städte und Kreise den besonderen Herausforderungen der nachhaltigen Regionalentwicklung und funktionalen Aufgabenverteilung in der nicht mehr monostrukturellen „Metropole Ruhr" Rechnung und stellten sich zugleich auf die Rahmenbedingungen der nächsten EU-Förderperiode ein.[56]

4. Regional Governance

In dem gesamten Prozess der strukturpolitischen Bemühungen um den Strukturwandel im Ruhrgebiet ist ein Lernprozess zu erkennen, der zunehmend regionale Eigenarten, Traditionen, Prägungen und eben dann auch endogene Potenziale berücksichtigte und zur Ausbildung eines neuen Politikmodells bzw. zur Ergänzung bisheriger Steuerungsformen geführt hat: Es entstanden Formen der lokalen und regionalen Selbststeuerung, die Steuerungsformen von Markt und Staat mit ihren Defiziten ergänzten durch Kooperation und Netzwerkbildung unterschiedlichster Akteure. Diese Veränderung prozeduraler Formen der Struktur- und Regionalpolitik stellt letztlich eine gesellschaftliche und politische Innovation dar, indem zwischen Marktsteuerung und Marktversagen auf der einen Seite und Staatshandeln und Defiziten staatlicher Steuerung auf der anderen Seite intermediäre Aktionsformen gefunden wurden, die auch neue zivilgesellschaftliche Ressourcen erschließen und damit gewissermaßen Selbsthilfepotenziale mobilisieren. Für diese (Mit-)Steuerung durch unterschiedliche Akteure bzw. die Einbeziehung unterschiedlicher Akteure hat sich jenseits des offiziellen Staats- bzw. Regierungshandelns als *government* der Begriff der *governance* eingebürgert, im regionalen Kontext ist von *regional governance* die Rede.

Regional governance dient als Oberbegriff für zahlreiche sehr unterschiedliche, wenig strukturierte Verhandlungssysteme zur regionalen Selbststeuerung. Das Ruhrgebiet ist ein Beispiel eines tripartistischen Handlungsmodells, in dem Unternehmen, Arbeitnehmervertreter und Akteure der öffentlichen Hand mit weiteren zivilgesellschaftlichen Akteuren Strategien und konkrete Projekte zur Bewältigung regionalen Strukturwandels entwickeln. Regulierungsformen wandelten sich in der Struktur- und Regionalpolitik für das Ruhrgebiet wie insgesamt mit der Transformation des westeuropäischen Wohlfahrtsstaates.[57]

5. Folgen des Neoliberalismus

Vor dem Hintergrund der sozialen Situation im Ruhrgebiet ist die tripartistische Krisenbewältigung aber keine reine Erfolgsgeschichte. Mit der Orientierung am Kern der gewerkschaftlich organisierten schwerindustriellen Belegschaften blieben die Interessen von Teilen der Ruhrgebietsbevölkerung unberücksichtigt. Es hat sich eine Schicht von Modernisierungsverlierern und ausgegrenzten städtischen Unterschichten um Arme, Alte, Aus-

---

[56] Regionalverband Ruhr (Hrsg.): Konzept Ruhr & Wandel als Chance. Statusbericht 2011/2012, Essen 2012.
[57] Helmut Voelzkow: Jenseits nationaler Produktionsmodelle? Die Governance regionaler Wirtschaftscluster, Marburg 2007. Überblick: Arthur Benz/Susanne Lütz/Uwe Schimank/Georg Simonis (Hrsg.): Handbuch Governance. Theoretische Grundlagen und empirische Anwendungsfelder, Wiesbaden 2007.

länder (und Menschen mit bestimmten Migrationsgeschichten), Alleinerziehende (und zerfallende Familien) und die gerade dort lebenden Kinder der Region gebildet. Die Arbeitslosigkeit ist im Ruhrgebiet auch nach Jahrzehnten des Strukturwandels teilräumlich noch deutlich überdurchschnittlich und das Qualifikationspotenzial ist niedriger als in typischen Großstädten. Das ist ja auch erwartbar nach 150 Jahren Montangeschichte. Dabei ist auch manches Problem nicht hausgemacht, sondern ein gesamtbundesrepublikanisches. Auch demographischer Wandel sowie Suburbanisierung und Segregation und damit unterschiedliche Sozialräume sind letztlich normal und schon von der frühen Soziologie erkannt worden. Dass Hochqualifizierte woanders wohnen als Geringqualifizierte, ist ebenso erwartbar. Allerdings hat sich in der Längsschnittperspektive im Ruhrgebiet etwas verändert: Während in den 1960er bis in die 1980er Jahre mit der Expansion des Bildungssektors eine neue Mittelschicht aus den Kindern der aufstiegsorientierten Facharbeiter- und Angestelltenschaft und ansatzweise auch der assimilationsbereiten Gastarbeiterfamilien entstand, vollzog sich in den 1980er Jahren ein grundlegender Wandel des gesellschaftspolitischen Klimas. Unter dem Eindruck krisenhafter Wirtschaftsentwicklung gewannen neoliberale Vorstellungen an Boden, folgten Maßnahmen zum Sozialabbau und nach dem Volksbegehren gegen die kooperative Schule erlahmte der Reformwillen im Bildungssystem und mit ihm mancher ehemals engagierter Junglehrer. Mit der allgemeinen Entsolidarisierung der schwarz-gelben Wendezeit erfolgte eine Abgrenzung gegen „die Ausländer" und eine Zerstörung von Integrationschancen für die zweite Generation der Zuwanderer, die eine dritte Generation nun nicht mehr sehen kann und will. Indem die Aufsteiger in die Mittelschichten durch Strukturwandel und Arbeitslosigkeit gefährdet wurden, grenzten sie sich umso mehr ab, und die soziale Durchmischung begann sich aufzulösen. In der immer heterogenen Ruhrgebietsgesellschaft zerfielen unter dem politisch herbeigeführten Druck zunehmender sozialer Notlagen informelle Solidarpotenziale und familiäre Selbsthilfestrukturen. Verschiedenste sogenannte Liberalisierungsmaßnahmen bis hin zur Ermöglichung von Privatfernsehen sowie die Finanzierung der untergegangenen DDR, die den kommunalen Haushalten immer mehr die Handlungsspielräume nahm, gaben Teilen der Ruhrgebietsgesellschaft den Rest: Seit Ende der 1980er Jahre entstand eine neue Unterschicht, die dann als „Prekariat" bezeichnet wurde. Das Unglück der Ausgegrenzten wird nun aber vielfach nicht mit strukturellen Faktoren, sondern durch individuelle Unzulänglichkeit erklärt. In einem „Lebensrhythmus der Arbeitslosigkeit" und zerfallender „Aufstiegsmotivation der alten Unterschicht" werden Ursachen für den Schwund von „Humanvermögen" gesehen. Der konstatierbare Schwund an qualifizierten Arbeitskräften wird auch auf kulturelle Defizite bzw. fehlende Moral von Unterschichtenangehörigen zurückgeführt. Strukturelle Ursachen der bewusst herbeigeführten Unterschichtung der deutschen Gesellschaft, jahrzehntelange Vorherrschaft neoliberaler Lohndrückerei und Entrechtung der Arbeitnehmer, werden so durch individualisierende Schuldzuweisungen ersetzt. Aber auch das ist wohl ein normaler Vorgang – in den Zeiten des Kapitalismus gab es immer solche ehemals als unterproletarisch bezeichneten Schichten. Nur war in der kurzen Zeit des rheinischen Kapitalismus oder der sozialen Marktwirtschaft mit ihrem Korporatismus, der besonders auch von Ruhrgebietsakteuren mitgeprägt wurde, zwischen der zweiten Hälfte der 1950er Jahre und der zweiten Hälfte der 1970er Jahre eine solche Schicht nur sehr schmal und kaum sichtbar.[58]

---

[58] Vgl. allgemein z. B. aus historischer Perspektive: Hans-Ulrich Wehler: Die neue Umverteilung. Soziale Ungleichheit in Deutschland, München 2013; sowie Sozialraumanalysen, z. B.: Klaus Peter

6. Ergebnis: Ein neues Ruhrgebiet!?

Nach Jahrzehnten der Politik für die Montanregion existiert das alte Ruhrgebiet nicht mehr – die letzten Zechen und die wenigen Bergleute prägen die Region nicht mehr, nach der Deindustrialisierung dominieren die Dienstleistungen, (Produktions-)Arbeitsplätze für weniger qualifizierte Tätigkeiten sind massiv abgebaut worden, an die Stelle der relativ homogenen Arbeitergesellschaft bzw. der Gesellschaft der „kleinen Leute" ist eine differenzierte „moderne" Gesellschaft getreten. Statt Massenproduktion setzt sich zunehmend spezialisierte Produktion mit spezialisierten produktionsorientierten Dienstleistungen durch. Aus der monostrukturierten Region ist ein „Tausendfüßler"[59] geworden, dem wie anderswo im Rahmen des fortlaufenden Strukturwandels zwar immer wieder Beine wegbrechen, der aber genügend hat und manchmal wachsen auch welche nach.[60] Also braucht das Ruhrgebiet im Unterschied zu früherer relativer Homogenität eine funktionale Differenzierung, die für die gesamte Region Synergieeffekte durch gemeinsame Aufgabenerledigung produzieren, allerdings für die vielen kleinen Zentren im polyzentrischen Raum auch einige Veränderungen mit sich bringen dürfte. Zwischen den Teilräumen wird es zu Aufgabenteilungen kommen müssen, die wiederum gesamtregional abgestimmt werden müssen. So müssen die Einkaufszentren unterschiedliche Ausrichtungen haben, die 30 Technologiezentren jeweils andere Arbeitsschwerpunkte entwickeln, Krankenhäuser, Schulen und viele andere Einrichtungen sogenannte Alleinstellungsmerkmale erarbeiten.

Am Ende des Strukturwandels der Montanindustrie steht aber bei allen fortbestehenden Schwierigkeiten das neue Ruhrgebiet. So weist das Ruhrgebiet bis zur Gegenwart mindestens teilräumlich immer noch Defizite der wirtschaftlichen Entwicklung auf, allerdings vor dem Hintergrund einer mit anderen Branchen und Regionen kaum zu vergleichenden Schrumpfung eines ganzen industriellen Komplexes. Dieser Strukturwandel hat sozialverträglicher als in anderen Regionen stattgefunden, auch wenn jedes Opfer des Wandels zu bedauern bleibt. Mit vielen Schwierigkeiten wurde der Strukturwandel im Ruhrgebiet also ökonomisch, ökologisch und sozial relativ erfolgreich und nachhaltig bewältigt, wobei der Erfolg der zahlreichen Maßnahmen zur Revitalisierung der Region insbesondere auch darin zu suchen ist, nunmehr vielseitig in die Zukunft zu gehen.

Am Beispiel des Ruhrgebiets wird besonders deutlich, dass struktureller Wandel halbwegs sozial vertretbar und ökologisch wie eben dann auch ökonomisch nur mit Hilfe der öffentlichen Hand zu bewältigen ist. Dabei wurden vor allem von den regionalen Akteuren und besonders auch denen, die die hochorganisierten Arbeitnehmer im Kern der Ruhrindustrie vertraten, in einem Lernprozess korporatistische bzw. tripartistische Politikmodelle entwickelt. Zentraler Faktor der Strukturpolitik in und für die Region Ruhrgebiet war eine frühzeitig unter allen relevanten Akteuren herausgebildete Fähigkeit zur

---

Strohmeier: Bevölkerungsentwicklung und Sozialraumstruktur im Ruhrgebiet, Essen 2002; Institut für Landes- und Stadtentwicklungsforschung und Bauwesen des Landes Nordrhein-Westfalen (Hrsg.): Sozialraumanalyse. Soziale, ethnische und demographische Segregation in den nordrhein-westfälischen Städten, Dortmund 2006; sowie mittlerweile zahlreiche Untersuchungen der Städte.

[59] Vgl. auch Prossek: Bild-Raum, S. 13.

[60] Insofern ist die Hoffnung auf neue wirtschaftliche Kräfte in größerem Maßstab für eine moderne Gesellschaft nicht angemessen. Vgl. Lauschke: Von der Krisenbewältigung zur Planungseuphorie, S. 470.

Kooperation über Interessengegensätze und vor allem über die Grenzen der institutionellen Fragmentierung des politischen Systems hinweg. Während öffentliche Gelder der von den Gewerkschaften notwendig geforderten sozialen Abfederung dienten und die Verluste der Privatwirtschaft sowie die hinterlassenen Schäden in der Region vergesellschaftet wurden, fanden Arbeitgeber- und Arbeitnehmer-Organisationen – natürlich nicht konfliktfrei – zu abgestimmtem Vorgehen bei der Reduzierung der Schwerindustrie und ansatzweise auch zur Revitalisierung der Region. Die beschränkten Handlungsmöglichkeiten wurden durch Kooperationen als quasi immaterielle Ressourcen erweitert. Dabei kam den politischen Akteuren zugute, dass es sich bei der Montanindustrie um einen Wirtschaftszweig handelte, der über Erfahrungen der Kooperation der drei zentralen Akteure Unternehmen, Arbeitnehmervertretungen und Staat verfügte. In der besonderen Situation der frühen Nachkriegszeit hatte die Montanindustrie mit der Montanmitbestimmung eine besondere Form industrieller Beziehungen erhalten, die sich zu einer spezifischen Mitbestimmungskultur auf betrieblicher, unternehmerischer und regionaler Ebene fortentwickelten. Verschiedene Formen kooperativer bzw. korporatistischer Politik waren eine zentrale prozedurale Innovation strukturpolitischer Bemühungen und bezogen zahlreiche regionale Akteure in die Bewältigung des Strukturwandels mit ein. Aus der Sicht der langjährigen Erfahrungen mit Strukturpolitik im Ruhrgebiet sind zentrale Elemente von Zukunftsstrategien:

Ökonomischer und ökologischer Strukturwandel ist eine unendliche Geschichte. Trotz der Notwendigkeit von Verhandlungsprozessen, Kooperation, Kompromiss und Konsens kann letztlich nicht auf die ordnende öffentliche Hand verzichtet werden. Dabei dauert sozialverträglicher Strukturwandel lange und verursacht hohe Kosten. Das Suchen nach regional adäquaten strukturpolitischen Strategien ist nicht nur eine Frage nach Maßnahmen auf verschiedenen Politikfeldern, sondern auch ein Problem von *politics* im Sinne der Entwicklung von prozeduralen Formen, die regionale Entscheidungsprozesse zu einer einvernehmlich zu gestaltenden ökonomischen, ökologischen und sozialen Bewältigung von Strukturwandel ermöglichen. Die Ausgestaltung von *regional governance* ist dabei je nach ökonomischen Voraussetzungen, politisch-administrativen Bedingungen und besonderen kulturellen und mentalen Prägungen und Traditionen unterschiedlich – funktionale Äquivalente von *regional governance* sind aber in jedem Falle nötig. Jenseits von *policy*-Transfer sind also regional angepasste *politics*-Formen selbst zu entwickeln. Inhaltlich können sich Regionen im Sinne von Neoindustrialisierung neue Aufgaben suchen oder im Sinne von Reindustrialisierung an vorhandene Potenziale und Kompetenzen anknüpfen, wobei die Erarbeitung von Innovationen und die Erarbeitung von Alleinstellungsmerkmalen besonders erfolgreich ist. Im internationalisierten Wettbewerb ist eine mindestens konkurrenzarme Spezialisierung im Sinne der Herausbildung spezifischer Cluster bzw. Kompetenzfelder besonders gewinnbringend, da sich im Modernisierungsprozess zunehmend flexible Spezialisierung gegen Massenproduktion durchsetzt. Monostrukturen müssen dabei durch vielfältige Strukturen ersetzt werden.

Abschließend bleibt festzuhalten: In einer sich modernisierenden und damit differenzierenden Wirtschaft und Gesellschaft ist also eine Erfolg versprechende strukturpolitische Strategie die einer zentralen Steuerung regionaler Eigenentwicklung und Spezialisierung – oder *government* mit Hilfe von *regional governance*. Damit ist im Ruhrgebiet und dort erlernt für das ganze Land Nordrhein-Westfalen viel erreicht, zumal unter Berücksichtigung der Ausgangslagen. Das Ruhrgebiet erhielt wieder eine Zukunft, weil man hier gelernt hat, mit Wandel umzugehen, sich auch durch Rückschläge nicht entmutigen zu lassen.[61] Wie sang schon Grönemeyer: „Du bist keine Schönheit, vor Arbeit ganz grau!, Liebst dich ohne Schminke; bist 'ne ehrliche Haut; leider total verbaut" und „Du bist keine Weltstadt!, Auf deiner Königsallee finden keine Modenschauen statt. Hier wo das Herz noch zählt, nicht das große Geld!"[62]

---

[61] Vgl. die Rezension von Stefan Goch zu: Jörg Bogumil/Rolf G. Heinze/Franz Lehner/Klaus Peter Strohmeier: Viel erreicht – wenig gewonnen. Ein realistischer Blick auf das Ruhrgebiet, Essen 2012, in: forum Geschichtskultur Ruhr 2012, H. 2, S. 82–84.
[62] Grönemeyer: Bochum (1984).

Karl Lauschke

Unternehmerisches Handeln, Standortbedingungen und regionalpolitische Reaktionen

Hüttenwerke des Klöckner-Konzerns in Bremen, Niedersachsen und Nordrhein-Westfalen[1]

1. Unternehmen im Raum

Das Verhältnis von Unternehmen zum Raum wird in der Wirtschaftsgeschichte im Anschluss an Alfred Weber gemeinhin unter dem Gesichtspunkt von Standortfaktoren gefasst.[2] Dabei wird danach gefragt, inwieweit bei der Wahl eines Ortes für die Ansiedlung eines Werkes die Ausstattung mit natürlichen Ressourcen, die Verkehrslage, das Arbeitskräftepotenzial oder andere spezifische Gegebenheiten maßgeblich waren. Zu Recht ist gegen diesen Ansatz eingewandt worden, dass er sich auf Raumstrukturen bezieht, wie sie zu einer bestimmten Zeit vorzufinden sind, Veränderungsprozesse also außer Acht lässt und daher insgesamt statisch bleibt.[3] Standortfaktoren wandeln sich jedoch, und die Vorteile, die sie zunächst boten, dauern nicht unbedingt an. Die Verwendung anderer Rohstoffe gewinnt an Bedeutung, die Preisrelationen zwischen den eingesetzten Mitteln verschieben sich, oder neue Transportmöglichkeiten eröffnen sich. Einmal errichtet, kann der Standort eines Werkes dagegen nicht ohne weiteres aufgegeben und die Produktion verlagert werden, sofern – wie etwa bei Hüttenwerken – in den technischen Anlagen erhebliches Kapital gebunden ist.

Darüber hinaus können staatliche Maßnahmen das unternehmerische Standortverhalten maßgeblich beeinflussen, sei es, dass positive Anreize und Hilfen geboten werden, sei es, dass umgekehrt Auflagen gemacht oder Leistungen versagt werden. Sowohl die relevanten politischen Akteure als auch die Ausrichtung der von ihnen verfolgten Politik variieren jedoch mit der Zeit. So ging es nach dem Ende des Zweiten Weltkrieges zunächst darum, die alten Produktionsstandorte wiederherzustellen, und um das wirtschaftliche Wachstum zu fördern, vertraute der Bund auf die Kräfte des Marktes, statt selbst planend in die Standortentscheidungen einzugreifen.[4] In dem Maße, wie sich die Strukturunterschiede

---

[1] Der Beitrag stellt ein Zwischenergebnis eines von der Hans-Böckler-Stiftung geförderten Forschungsprojektes zur „betrieblichen Interessenvertretung in einer ‚altindustriellen' Branche" dar. Das Projekt stützt sich auf Akten verschiedener Provenienz im Umfang von rund 20 laufenden Metern, die provisorisch erschlossen wurden, vorübergehend in einem eigenen Projektarchiv in Bremen aufbewahrt und nach Abschluss des Forschungsprojekts dem Bremer Staatsarchiv übergeben werden. Dabei handelt es sich vor allem um Protokolle der Betriebsratssitzungen, Unterlagen der Betriebsratswahlen, Informationsblätter des Betriebsrats und der gewerkschaftlichen Vertrauenskörperleitung, Flugblätter und Betriebszeitungen politischer Gruppen, Protokolle der Sitzungen des Betriebsrats mit dem Werksvorstand, Unterlagen von Beirats- bzw. Aufsichtsratssitzungen von Klöckner, Sammlung von Zeitungsausschnitten.
[2] Toni Pierenkemper: Unternehmensgeschichte. Eine Einführung in ihre Methoden und Ergebnisse, Stuttgart 2000, S. 176–183.
[3] Hubert Kiesewetter: Raum und Region, in: Gerold Ambrosius/Dietmar Petzina/Werner Plumpe (Hrsg.): Moderne Wirtschaftsgeschichte. Eine Einführung für Historiker und Ökonomen, München 2006, S. 127.
[4] Wolfgang Krumbein/Hans-Dieter von Frieling/Uwe Kröcher/Detlev Sträter: Zur Historie einer kritischen Regionalwissenschaft. Auch eine Einleitung, in: dies. (Hrsg.): Kritische Regionalwis-

DOI 10.1515/9783110523010-007

zwischen den Regionen verfestigten, ging der Bund Mitte der 1960er Jahre dazu über, stärker für gleichwertige Lebensbedingungen einzutreten. Mit dem Ende des „kurzen Traums immerwährender Prosperität" (Burkhart Lutz)[5] erstarben nach der ersten Ölkrise 1973 rasch alle Hoffnungen, die regional ungleiche Entwicklung zentralstaatlich ausgleichen zu können, und unter dem Druck, die Beschäftigung angesichts steigender Massenarbeitslosigkeit so weit wie möglich zu sichern, traten an die Stelle einer vorausschauenden Planung auf der Ebene der Länder „inkrementalistische Einzelfall-Entscheidungen".[6] Nach der Wiedervereinigung waren die alten Bundesländer erst recht weitgehend auf sich selbst angewiesen, im Wettbewerb untereinander Industriestandorte zu sichern.

Am Beispiel des Klöckner-Konzerns, der Hüttenwerke an verschiedenen Orten der Bundesrepublik Deutschland betrieb, soll den Fragen nachgegangen werden, in welcher Weise Standortbedingungen die Unternehmensentscheidungen beeinflusst haben, wie der Konzern mit Veränderungen der Standortfaktoren umgegangen ist und mit welchen Maßnahmen er versucht hat, schwindenden Standortvorteilen zu begegnen. Da die Hüttenwerke in verschiedenen Bundesländern liegen, können darüber hinaus die unterschiedlichen politischen Reaktionen auf die Existenzbedrohung der Werke verglichen werden, wie sie durch den europäischen und zunehmend auch globalen Wettbewerb unter den Stahlkonzernen heraufbeschworen wurden. Auf diese Weise lässt sich prüfen, inwieweit der Standort in einer bestimmten Region auch auf staatlicher Seite das Interesse am Erhalt des Werkes beeinflusst hat und somit auch in dieser Hinsicht einen wichtigen Faktor in der Unternehmensentwicklung darstellt.

2. Unter dem Dach des Klöckner-Konzerns

Nach der Neuordnung der Eisen- und Stahlindustrie gehörten im Januar 1952 wieder zwei Unternehmen zum Klöckner-Konzern, die schon seit Februar 1923 unter dem gemeinsamen Dach von Klöckner zusammengefasst waren: die Hüttenwerk Haspe AG in Hagen mit 5440 Beschäftigten und die Georgsmarienwerke AG mit der Georgsmarienhütte und dem Stahlwerk Osnabrück, die zusammen 8401 Menschen beschäftigten.[7] Beide Unternehmen waren Mitte des 19. Jahrhunderts gegründet worden, allerdings unter ganz unterschiedlichen Voraussetzungen.

Die Hütte im westfälischen Haspe wurde im August 1847 als „Pudlings-Eisen-Frischerei mit Walzwerk und Zubehör" inmitten eines vorindustriellen Gewerbegebietes gegründet.[8] Vor dem Hintergrund des Eisenbahnbooms entwickelte sich die Hütte zunächst rasch, beschäftigte Mitte der 1860er Jahre rund 1400 Menschen, verpasste jedoch den Anschluss an die technisch fortschreitende Entwicklung und geriet ab Mitte der 1870er Jahre immer wieder in wirtschaftliche Schwierigkeiten. Mit dem Einstieg von Peter Klöck-

senschaft. Gesellschaft, Politik, Raum – Theorien und Konzepte im Überblick, Münster 2008, S. 7–40.

[5] Burkhart Lutz: Der kurze Traum immerwährender Prosperität. Eine Neuinterpretation der industriell-kapitalistischen Entwicklung im Europa des 20. Jahrhunderts, Frankfurt a. M./New York 1984.

[6] Krumbein u. a.: Historie, S. 23.

[7] Gloria Müller: Strukturwandel und Arbeitnehmerrechte. Die wirtschaftliche Mitbestimmung in der Eisen- und Stahlindustrie 1945–1975, Essen 1991, S. 104f.

[8] Andreas Berger: Die Industrialisierung im Hagener Raum zwischen 1815 und 1914, Dortmund/Münster 2009.

ner Mitte der 1890er Jahre, der ab 1899 den Vorsitz im Aufsichtsrat übernahm, erfuhr das Werk – parallel zur Hochindustrialisierung in Deutschland – einen kontinuierlichen Aufstieg.[9] Durch die Errichtung einer eigenen Hochofenanlage, die wegen geringerer Kosten und der „Erhaltung seiner hiesigen angestammten Kundschaft"[10] in Haspe selbst erstellt wurde und nicht am Rhein, wurde es zu einem integrierten Hüttenwerk ausgebaut, dessen Belegschaft vor dem Ersten Weltkrieg auf rund 2500 Beschäftigte wuchs.

Der „Georgs-Marien-Bergwerks- und -Hüttenverein", benannt nach König Georg V. von Hannover und seiner Frau Marie, wurde im April 1856 gegründet, um in unmittelbarer Nähe geeigneter Rohstoffvorkommen „auf der grünen Wiese" südlich von Osnabrück ein Hüttenwerk zu errichten.[11] Diese „schwerindustrielle Insel", innerhalb der für die zugewanderten Arbeitskräfte aus Hannover und dem Harz eine separate Gemeinde errichtet wurde, musste gegen den Widerstand der katholischen, industriefeindlichen Bauernschaft durchgesetzt werden, und nur durch königliche Protektion konnte die Hütte wirtschaftlich schwierige Phasen überstehen. Gemeinsam mit dem Eisen- und Stahlwerk zu Osnabrück, das 1869 in der Nähe durch Hamburger Finanzkreise errichtet wurde, entwickelte sich der „Georgs-Marien-Bergwerks- und Hüttenverein" zu einem Unternehmen, das die Nachfrage nach hochwertigen Produkten seitens der Eisenbahn sowie des Schiffs- und des Brückenbaus bediente und Mitte der 1890er Jahre mehr als 4000 Menschen beschäftigte. Die Kohle musste zwar kostenträchtig aus dem entfernten Ruhrgebiet beschafft werden, aber auf der anderen Seite lagen die Werke näher zu den norddeutschen Häfen und Werften. Nach dem Ersten Weltkrieg erwarb Peter Klöckner Anteile am Unternehmen, wurde 1923 sein Alleinbesitzer und verschmolz es mit dem Hüttenwerk Haspe einschließlich eisenverarbeitender Werke im Rheinland zur Klöckner-Werke AG.

Die Klöckner-Werke gingen nicht in den 1926 gegründeten Vereinigten Stahlwerken auf, sondern blieben unabhängig. An dem Verbund der Hüttenwerke in Georgsmarienhütte und in Hagen-Haspe änderte auch die Neuordnung der Eisen- und Stahlindustrie nach 1945 nichts. Nach Ansicht der Stahltreuhändervereinigung waren diese räumlich weit auseinander liegenden Werke nämlich „in ihrem Aufbau und in ihrem Fertigungsprogramm so aufeinander abgestimmt, daß sie in dieser horizontalen Zusammenfassung ein leistungsfähiges und wirtschaftliches Gesamtunternehmen ergaben".[12] Dieses Gesamtunternehmen, für eine kurze Zeit unter dem Namen „Nordwestdeutscher Hütten- und Bergwerksverein", wurde als arbeitsteiliger, sich geradezu optimal ergänzender Komplex charakterisiert:

> „Das Produktionsprogramm der Gruppe erfaßt Erzeugnisse für die Investitionsgüter- (in erster Linie in Georgsmarienhütte und Osnabrück) wie für die Konsumgüterindustrie (nur in Haspe); [...]

---

[9] Monika Löcken: Die Hasper Hütte im Umfeld der westfälischen Eisen- und Stahlindustrie. Eine wirtschafts-, sozial- und technikgeschichtliche Einordnung, in: Dirk Bockermann (Hrsg.): Hasper Gold. Ein Lesebuch zur Geschichte der Hasper Hütte, Hagen 1998, S. 9–19.

[10] Aussage des damaligen technischen Direktors der Hasper Hütte, zitiert nach Ulrich Beutel/Dierk Hobein: Chronologie zur Geschichte der Hasper Hütte, in: ebd., S. 151.

[11] Susanne Meyer: Schwerindustrielle Insel und ländliche Lebenswelt: Georgsmarienhütte 1856–1933, Münster 1991; Oliver Driesen: Schwarz wie Schlacke, rot wie Glut. Die erstaunliche Geschichte der Georgsmarienhütte und ihrer Unternehmensgruppe, Hamburg 2006; Werner Beermann/Klaus Biener/Günter Büker/Hans Günter Geck/Oswald Hannig/Dieter Hoffmann: 27 210 000 Tonnen Stahl, rund 400 000 000 Arbeitsstunden. Die Chronik der Georgsmarienhütte – 1945 bis 1992 – ein Unternehmen der Klöckner-Werke AG, Georgsmarienhütte 2006.

[12] Die Neuordnung der Eisen- und Stahlindustrie im Gebiet der Bundesrepublik Deutschland. Ein Bericht der Stahltreuhändervereinigung, München/Berlin 1954, S. 161.

Georgsmarienhütte und Osnabrück sind in größerem Umfang auf Eisenbahnaufträge des In- und Auslandes angewiesen. Die Produktion des Werkes Haspe dient zum Teil einer großen Anzahl benachbarter Kunden der Kleineisenindustrie".[13]

3. Bremen – ein neues Werk an der Küste

Bestand hatte diese regionale Konstellation der Hüttenwerke von Klöckner, wie sie sich über Jahrzehnte herausgebildet hatte, jedoch nicht. Schon zum Zeitpunkt des Berichts der Stahltreuhändervereinigung im Jahr 1954 plante der Konzern nach amerikanischem Vorbild ein ganz neues, integriertes Hüttenwerk an der Küste mit einer Jahresleistung von 4 bis 5 Mio. Tonnen Rohstahl zu errichten;[14] im Vergleich dazu erzeugte die Hütte in Haspe Mitte der 1950er Jahre lediglich 0,7 Mio. Tonnen und die August-Thyssen-Hütte in Duisburg, die größte in Deutschland, immerhin 2,4 Mio. Tonnen Rohstahl. Ausschlaggebend für diese Entscheidung waren das erwartete starke Anwachsen der Nachfrage nach Stahlerzeugnissen, das entsprechend leistungsfähige Anlagen erforderlich machte, und insbesondere der Trend zum Flachstahl, wie er nicht zuletzt für die Automobilindustrie gebraucht wurde. Die „trockenen" Werke waren wegen ihrer geographischen Lage beide recht kostenintensiv, und insbesondere das Hüttenwerk Haspe bot keinen Platz für eine Erweiterung, während für die Georgsmarienwerke „ein Zusammenlegen der Qualitäts- und Edelstahlerzeugung vorgesehen war".[15] Als Standort für das neue Werk hatte der Konzernvorstand anfangs noch Castrop-Rauxel mitten im Ruhrgebiet in Betracht gezogen, wo Peter Klöckner bereits 1928 wegen der Nähe zur eigenen Zeche und der Anbindung an den Rhein-Herne-Kanal ein komplett neues Flachstahlwerk geplant hatte, aber auch Wesel am Niederrhein, das noch verkehrsgünstiger lag.[16] Angeregt durch neue Werksgründungen in den Niederlanden und Frankreich, wo „nasse" Hüttenwerke an der Küste errichtet wurden, fiel schließlich die Wahl auf Bremen.

Der Standort bot nicht nur eine große Fläche, die auch künftigen Werkserweiterungen ausreichend Raum ermöglichte, sondern versprach vor allem geringere Transportkosten. Da der spezifische Koksverbrauch in Hochöfen stetig sank,[17] bot die Lage unmittelbar in den Kohlerevieren den Hüttenwerken immer weniger Kostenvorteile, zumal ausländische Kohle billiger war als die Ruhrkohle, während auf der anderen Seite zunehmend Erz aus Übersee eingeführt werden musste; bei den Klöckner-Werken belief sich sein Importanteil auf rund 80 Prozent.[18] Hinzu kamen andere Rohstoffe wie Heizöl, Kalkstein oder Schrott, die zu einem großen Teil ebenfalls aus dem Ausland bezogen wurden. Als Knotenpunkt verschiedener Wasserwege lag Bremen nach Ansicht von Klöckner besonders verkehrsgünstig:

„Diese Stadt hat den am weitesten landeinwärts gelegenen Seehafen an einem Fluß, der in diesem Fall gleichzeitig über die Weser, den Küstenkanal und Mittellandkanal mit dem übrigen Kanalnetz,

---

[13] Ebd., S. 162.

[14] Wilhelm Heemeyer/Werner Asbeck: Der Neubau der Hütte Bremen der Klöckner-Werke AG im Küstengebiet der Nordsee, in: Stahl und Eisen 80 (1960), S. 1443–1448 und S. 1711–1727.

[15] Ebd., S. 1443.

[16] Andrea Kleeß: Der Phönix von der Weser. 50 Jahre Stahl aus der Hütte am Meer, Bremen 2007, S. 20–35.

[17] Zwischen 1950 und 1960 verringerte sich der spezifische Koksverbrauch von 1,1 Tonne je Tonne Roheisen auf 0,75 Tonnen; Müller, Strukturwandel, S. 368f.

[18] Klöckner-Werke AG, Duisburg, in: Stahl und Eisen 77 (1957), S. 1781f.

vor allem dem Dortmund-Ems-Kanal, aber auch allen sonstigen deutschen Wasserstraßen verbunden ist."[19]

Diese Lage, ergänzt durch das Bundesbahnnetz, war für die Belieferung des geplanten Hüttenwerks ebenso vorteilhaft wie für den künftigen Absatz seiner Stahlerzeugnisse.

Der Plan, an der Weser ein Hüttenwerk zu errichten, traf auch auf das Interesse von Bremen, dessen Senat „sich in jeder Weise hilfsbereit zeigte", wie sich der langjährige Aufsichtsratsvorsitzende der Klöckner-Werke erinnerte, und der Bremer Werksvorstand berichtete: „Die [...] verstärkte Sicherung der bremischen Wirtschaft gegen Krisenanfälligkeit veranlasste den Senat, wesentlich, z. B. bei der Beschaffung des Geländes und bei der Bereitstellung von Wohnungen für die Belegschaft, zu helfen."[20] Schon Anfang des 20. Jahrhunderts war der Versuch unternommen worden, Bremen ein industrielles Standbein zu verschaffen und die Stadt unabhängig von der Schifffahrt und dem Handel zu machen. Die Errichtung der Norddeutschen Hütte, 1908 gegründet und 1927 von Krupp erworben, blieb jedoch in Ansätzen stecken. Die Anlage wurde nie zum Stahl- und Walzwerk erweitert und schließlich nach 1945 bis auf die Kokerei und das Zementwerk demontiert.[21] Mit dem Bau des Hüttenwerks, mit dem im Juni 1955 begonnen wurde, nachdem die Landesregierung das Gelände um die von Krupp übernommenen Restanlagen der Norddeutschen Hütte gegen heftige Widerstände der betroffenen Bauern bereitgestellt hatte, konnte sich Bremen Hoffnung machen, tausende Arbeitsplätze zu schaffen und die eigene Wirtschaftskraft zu stärken. Im Juni 1957 wurde der erste Stahl geschmolzen, und nach und nach lief die Produktion an. Im Januar 1958 nahm die Warmbreitbandstraße, das Herzstück der Hütte zur Produktion von Flachstahlerzeugnissen, ihren Betrieb auf, nachdem die erste Warmbreitbandstraße in der Bundesrepublik bereits im Juli 1955 auf der August-Thyssen-Hütte in Betrieb gegangen war. Mit dem Anblasen des Hochofens im April 1959 wurde die erste Baustufe nach insgesamt rund vier Jahren abgeschlossen. Bis Mai 1960 stieg die Belegschaft auf rund 4000 Beschäftigte.[22]

Nachdem für den ersten Bauabschnitt bereits 360 Mio. DM aufgewandt worden waren, wobei die öffentliche Hand insgesamt weitere 140 Mio. DM beigesteuert hatte, um eine ausreichende Infrastruktur bereitzustellen, konzentrierte sich das Investitionsprogramm der Klöckner-Werke auch in den folgenden Jahren auf das Hüttenwerk in Bremen. Um seine Kapazität von 0,6 Mio. Tonnen Rohstahl jährlich auf 1,7 Mio. Tonnen zu erhöhen, beschloss der Aufsichtsrat im Februar 1960, es weiter auszubauen.[23] Neben dem Kaltwalzwerk, das u. a. im Juni 1962 um eine Tandemstraße erweitert wurde, konnte im Juli 1966 ein zweiter, größerer Hochofen angeblasen werden, und im Oktober 1968 ging ein modernes Blasstahlwerk in Betrieb. Bis Mai 1969 wuchs die Belegschaft dadurch auf fast 5900 Beschäftigte. Nach dem Konkurs der Borgward-Gruppe, eines Bremer Automobilkonzerns mit insgesamt rund 20 000 Beschäftigten, im September 1961 war das eine willkommene Entwicklung.[24] Mit der Errichtung einer Stranggussanlage und einer zweiten, besonders leistungsfähigen Warmbreitbandstraße, die beide im Januar 1973 fertig gestellt wurden, sowie eines dritten Hochofens, der im Mai 1973 das erste Roheisen erzeugte,

[19] Heemeyer/Asbeck: Neubau, S. 1443.
[20] Zitiert nach ebd., S. 1444.
[21] Kleeß: Phönix, S. 16f.
[22] Bekanntmachung zur Betriebsratswahl 1960, Projekt-Archiv, Ordner 2.
[23] Klöckner-Werke AG, Duisburg, in: Stahl und Eisen 80 (1960), S. 1829f.
[24] Wilhelm Eberwein/Jochen Tholen: Borgwards Fall. Arbeit im Wirtschaftswunder. Borgward, Goliath, Lloyd, Bremen 1987.

fand der Ausbau des Hüttenwerks in Bremen, dessen Belegschaft Ende 1973 rund 6800 Beschäftigte zählte, einen Abschluss. Die Krise der Stahlindustrie, die 1975 für alle Unternehmen überraschend eintrat und zu einer dramatischen Unterauslastung der Hüttenwerke führte, entzog weiteren Expansionsplänen jede Grundlage.

4. Die Kehrseite: Der Niedergang der Hütte im nordrhein-westfälischen Haspe

In dem Maße, wie das Bremer Werk ausgebaut wurde, wurden umgekehrt im nordrhein-westfälischen Werk in Haspe nach und nach Anlagen stillgelegt: im Juni 1961 die Fein- und Mittelblechstraße, im Oktober 1967 das Blechwalzwerk und im Dezember 1967 das Siemens-Martin-Werk. Parallel dazu wurde Schritt für Schritt die Produktion nach Bremen verlagert. Dieser Entwicklung fiel ein Großteil der Arbeitsplätze zum Opfer. Die Belegschaft, die 1957 mit über 7000 Beschäftigten den höchsten Stand erreicht hatte, zählte 1969 infolgedessen nur noch weniger als 4000 Beschäftigte.[25]

Bereits im Geschäftsbericht 1959/60 war die Konzentration auf die „nasse" Hütte an der Küste unmissverständlich angekündigt worden: Die Lage der Hütte in Haspe und der Georgsmarienhütte

> „abseits der großen Wasserwege, ihre frachtliche Vorbelastung und bauliche Auslegung sowie die historisch gewachsene Struktur ihres Produktionsprogrammes gestatteten keine bedeutende Kapazitätsausweitung bei diesen Werken; hier war daher die Errichtung moderner Anlagen für Massenerzeugnisse, die auf die Dauer nur auf der Basis einer größeren Rohstahlproduktion wirtschaftlich betrieben werden können, unmöglich".[26]

Zwar wurde auch in die Hasper Hütte investiert, aber in ihrem Produktionsprogramm konzentrierte sie sich zunehmend auf ein recht enges und zudem nicht sonderlich wachstumsträchtiges und ertragreiches Marktsegment: die Herstellung von Walzdrahterzeugnissen. So wurde zwar die Drahtstraße, die im Juli 1956 in Betrieb gegangen war, nach nur sechs Jahren stillgelegt, aber mit der neuen kontinuierlichen Drahtstraße, die Ende der 1950er Jahre geplant worden war und im März 1962 ihre Produktion aufnahm, wurde die Hütte zu einem – wie es im Geschäftsbericht hieß – „Einzweckwerk mit wirtschaftlicher Massenerzeugung der dort hergestellten Qualitäten und Spezialitäten"[27] umgewandelt.

Ab August 1968 zeichnete sich immer deutlicher ab, dass auch das veraltete und Umwelt belastende Thomas-Stahlwerk stillgelegt und damit die Metallurgie eingestellt würde.[28] Die Ruhrkohle, die eingesetzt wurde, war mittlerweile zu teuer geworden, und auch das Erz konnte nicht mehr aus dem nahen Siegerland bezogen werden. Obwohl die Fusion der Klöckner-Hüttenwerke mit der Salzgitter AG und der Ilseder Hütte zur Nordstahl AG, die im Februar 1969 angestrebt wurde und den Standort in Haspe in Frage stellte, nicht zustande kam, war der weitere Niedergang der Hütte nicht mehr aufzuhalten. Als im Oktober 1971 die Absicht bekannt wurde, die „Flüssigphase" in Haspe tatsächlich einzustellen und das Halbzeug für die Drahtstraße von dritter Seite zu beziehen, sodass mindestens weitere 2500 Arbeitsplätze verloren gingen und nur noch ein deutlich kleinerer Weiterverarbeitungsbetrieb übrig bliebe, wies der Vorstandsvorsitzende der Klöckner-Werke darauf hin, dass es

---

[25] Beutel/Hobein: Chronologie, S. 174.
[26] Zitiert nach ebd., S. 172.
[27] Ebd.
[28] Jupp Hartmann: Hagen – Das Ende einer Stahlstadt, in: Revier-Redaktion (Hrsg.): Brennpunkt Stahlkrise. Ursachen und Lösungsperspektiven, Duisburg 1981, S. 64–74.

„unabhängig von der gegenwärtigen Konjunkturentwicklung […] seit Jahren bekannt [ist], daß aus Standortgründen die Produktion der Hochöfen und des Thomas-Stahlwerks [in Haspe] nicht aufrechtzuerhalten ist. Hinzu kommt, daß die behördlich verlangte Entstaubung [der Konverter] technisch schlecht durchführbar [ist] und wirtschaftlich nicht vertreten werden kann."[29]

Noch im Juli 1971 hatte der nordrhein-westfälische Arbeitsminister den Vorstand gedrängt, endlich die Entstaubung der Thomas-Konverter durchzuführen, die bereits Ende 1963 von der Gewerbeaufsicht angeordnet, aber gerichtlich angefochten worden war.[30] Schon damals hatte der Vorstand den Einbau von Filteranlagen als wirtschaftlich nicht tragbar und für die gesamte Hütte existenzgefährdend bezeichnet.

Im März 1972 beschloss der Aufsichtsrat, die Metallurgie als „strukturverbessernde Maßnahme" bis Ende Juli stillzulegen. Investitionen in den Standort sollten allerdings dazu beitragen, wenigstens „die Drahtstraße für die Zukunft zu sichern",[31] wie der Arbeitsdirektor der Hasper Hütte versicherte. Die Beschäftigten, die daraufhin ausscheiden mussten, aber über einen Sozialplan materiell entschädigt wurden, gingen in Rente, traten in den vorzeitigen Ruhestand oder fanden eine neue Arbeit, teilweise bei anderen Stahlunternehmen im Ruhrgebiet, die händeringend Arbeitskräfte suchten, teilweise auch auf der Hütte in Bremen. Die Zahl der Arbeitslosen blieb in Hagen vergleichsweise niedrig; die Arbeitslosenquote lag nur knapp über dem Landesdurchschnitt und bewegte sich am unteren Rand der Ruhrgebietsstädte.[32] Soziale Unruhe breitete sich nicht aus.

Der Restbetrieb, durch den zunächst noch rund 1000 Arbeitsplätze erhalten blieben, bestand jedoch nicht länger als – wie von vornherein zugesichert – zehn Jahre. Im April 1979 wurde die Feineisenstraße stillgelegt und im Dezember 1982 schließlich auch der letzte, noch verbliebene Teil der Hütte, die Drahtstraße mit 237 Beschäftigten. Stilllegungsgrund war ein Tauschgeschäft mit dem belgischen Stahlkonzern Cockerill, mit dem Klöckner seit 1979 kooperierte. Durch die Quotenzuteilungen, die von der Kommission der Europäischen Gemeinschaften beschlossen worden waren, um die Auswirkungen der Krise in der europäischen Eisen- und Stahlindustrie abzumildern, hatte sich Klöckner von Anfang an stark benachteiligt gesehen, da die neue Warmbreitbandstraße in Bremen, die im Januar 1973 in Betrieb gegangen war, nicht ausgelastet werden konnte und große Verluste verursachte. Durch Quotentausch mit Cockerill suchte Klöckner sich zu helfen. Im November 1982 vereinbarten beide Konzerne, dass Cockerill die Walzdrahtproduktion von Klöckner übernahm, während Klöckner dafür im Gegenzug einen Teil von dessen Warmbreitbandproduktion erhielt.

5. Der Krebsgang der Georgsmarienhütte im niedersächsischen Osnabrück

Die Georgsmarienhütte war gegenüber dem „nassen" Standort des Bremer Werkes benachteiligt und versuchte das dadurch auszugleichen, dass sie sich jenseits des Massenstahls auf die Herstellung von Spezial- und Edelstahl spezialisierte. Zu diesem Zweck wur-

---

[29] Schriftliche Stellungnahme des Vorstandsvorsitzenden der Klöckner-Werke AG vom 19. 10. 1971, zitiert nach Beutel/Hobein: Chronologie, S. 175.
[30] Ebd.
[31] Zitiert nach ebd., S. 176.
[32] Jupp Hartmann: Beispiel Hagen: Erst die Stahlerzeugung – dann die Weiterverarbeitung, in: Jens Bünnig/Jupp Hartmann/Uwe Höffkes/Siegfried Jäger: Stahlkrise – Regionalkrise. Ursachen, Verlauf und regionale Auswirkungen der Stahlkrise, Duisburg 1983, S. 76–92.

de Anfang 1960 beschlossen, mit einem Investitionsvolumen in Höhe von über 60 Mio. DM eine neue, großzügig dimensionierte Mittelstahlstraße zu errichten, die nach vierjähriger Bauzeit 1965 in Betrieb ging und das Herzstück der Georgsmarienhütte bildete.[33] Allerdings war der den Walzwerken vorgeschaltete Bereich, in dem der Stahl noch nach dem Siemens-Martin-Verfahren erzeugt und anschließend in Kokillen abgegossen wurde, bevor er dann ausgewalzt wurde, technisch veraltet. Zur Sicherung des Standortes forderte die Leitung der Hütte deshalb, in Georgsmarienhütte einen leistungsfähigen Elektroofen zu errichten.[34] Zwar beschloss die Konzernführung in Duisburg, das alte, 1905 errichtete Siemens-Martin-Werk I Anfang 1972 stillzulegen, von einem Ersatz war jedoch keine Rede. Besorgt um ihre Arbeitsplätze protestierte die Belegschaft im Oktober 1971 gegen die Pläne des Konzerns, der sich anscheinend ganz auf den Ausbau der Hütte in Bremen zu Lasten der anderen Hüttenwerke konzentrierte.[35] Davon unbeeindruckt entschied der Konzernvorstand im August 1972, den dringend benötigten Elektrolichtbogenofen im benachbarten Stahlwerk Osnabrück statt auf der Georgsmarienhütte zu bauen. Auf Dauer schien der Erhalt der Georgsmarienhütte damit nicht mehr gesichert zu sein. Die Hütte, die einen Teil ihres Rohstahls nun aus Osnabrück beziehen musste, kam aus den roten Zahlen nicht heraus. Die Belegschaft, die 1970 noch mehr als 6000 Beschäftigte gezählt hatte, sank bis Ende 1973 auf rund 4300 Beschäftigte ab, und dieser Belegschaftsabbau setzte sich in den folgenden Jahren weiter fort.[36]

In dieser Lage wurde die Georgsmarienhütte 1975 von der Krise der Eisen- und Stahlindustrie erfasst, die den Wettbewerb zwischen den Unternehmen europaweit enorm verstärkte und zunehmend ganze Standorte in ihrem Fortbestand bedrohte. Innerhalb eines Jahres ging die Menge des erzeugten Rohstahls in der Bundesrepublik Deutschland um fast 25 Prozent zurück, und der Auslastungsgrad fiel von 88 auf weniger als 65 Prozent. In der Branche bestanden Überkapazitäten, die die Stahlkonzerne außerordentlich stark belasteten. Sie erlitten massive Verluste, die nur durch die Auflösung stiller Reserven teilweise aufgefangen werden konnten.[37]

Mit dem Beschluss des Konzernvorstandes der Klöckner-Werke AG im März 1979, auf der Georgsmarienhütte ein modernes Stahlwerk zu errichten, um die Rohstahlerzeugung vor Ort sicherzustellen, schien die alte Forderung schließlich doch noch erfüllt zu werden. Ab November 1981 nahm das neue, mit Mitteln des Bundesforschungsministeriums geförderte Werk, dessen Bau so sehnlich erhofft worden war, seinen Betrieb auf. Das Elektrostahl-Verfahren, das dabei angewandt wurde, hatte Klöckner selbst entwickelt und schon seit 1973 im stillgelegten Siemens-Martin-Werk der Georgsmarienhütte erprobt. Von dieser Innovation, die eine geradezu revolutionäre Umwälzung der gesamten „Flüssigphase" und damit erhebliche, Erlös verbessernde Einspareffekte versprach, erwartete der Konzern langfristig einen technologischen Vorsprung und durch die damit verbundene Reduktion der Kosten nachhaltige Wettbewerbsvorteile. Nach Ansicht der Konzernlei-

---

[33] Georgsmarienhütte GmbH (Hrsg.): 150 Jahre Stahl aus Georgsmarienhütte 1856–2006, Osnabrück o. J. [2006], S. 86.
[34] Driesen: Schwarz wie Schlacke, S. 52 f.
[35] Georgsmarienhütte GmbH: 150 Jahre, S. 101 f.
[36] Ebd., S. 266.
[37] Alexander Dieter: Die Krise der deutschen Stahlindustrie. Darstellung, Ursachenanalyse und theoretisch-empirische Überprüfung strategischer Konzepte der Krisenbewältigung, Diss., Würzburg 1992, S. 105–115.

tung war für die Georgsmarienhütte damit der „Aufbruch zu neuen Ufern"[38] eingeleitet worden. Neben der Versorgungssicherheit durch den Einsatz heimischer Energieträger stellte die Anlage einen deutlich geringeren spezifischen Energieverbrauch in Aussicht; gegenüber herkömmlichen Verfahren sollten bis zu 40 Prozent Energie eingespart werden können.[39] Dadurch, dass sowohl Schrott als auch Eisenschwamm oder Roheisen eingesetzt werden konnte, war die Anlage in der Verwendung des Rohstoffes darüber hinaus flexibel. Zudem belastete das neue Stahlwerk nicht nur die Umwelt in geringerem Ausmaß als Siemens-Martin- oder Elektroöfen, sondern man ging auch davon aus, dass es eine um mehr als das Vierfache höhere Produktivität aufweisen würde. Tatsächlich war das Verfahren jedoch unausgereift und verbesserte nicht die Lage, sondern hing im Gegenteil – wie sich aber erst später herausstellte – wie ein Klotz am Bein der Hütte und verursachte Verluste in Millionenhöhe.

Im Oktober 1984 wurde bekannt, dass die Klöckner-Werke AG und die Krupp-Stahl AG beabsichtigten, ihre Stahlbereiche unter Beteiligung des australischen Rohstoffkonzerns Conzinc Riotinto of Australia (CRA) in einer neuen Gesellschaft zusammenzufassen. Mit der Fusion sollten zwei Unternehmen der Eisen- und Stahlindustrie vereinigt werden, die zusammen mit rund 5 Mrd. DM hoch verschuldet und in ihrer Existenz über kurz oder lang gefährdet waren, da sie außerordentliche Verluste machten. Als Starthilfe rechneten sie mit einer staatlichen Mitgift in Millionenhöhe; von insgesamt 850 Mio. DM war dabei die Rede.[40] Für den Konzernvorstand bildete das Vorhaben „eine wohl einmalige Chance […], mit einem großen Sprung die Stahlkrise zu überwinden".[41] Ziel war es, mit der neuen Gesellschaft, die jährlich voraussichtlich 9 Mio. Tonnen Rohstahl erzeugen und über 40 000 Mitarbeiter beschäftigen würde, neben Thyssen „ein im Weltmaßstab auf Dauer technisch und wirtschaftlich wettbewerbsfähiges Unternehmen zu schaffen".[42] Die Kehrseite bestand allerdings darin, dass die Georgsmarienhütte im Zuge der Fusion geschlossen werden sollte. Damit waren alle Arbeitsplätze der inzwischen auf etwa 2500 Personen geschrumpften Belegschaft direkt bedroht. Angesichts der Gefahr, dass sich die sozialen Probleme der gesamten, von der Hütte dominierten Region weiter zuspitzten, kam es im Oktober 1984 zu großen Protestaktionen, um politischen Druck auf die Landesregierung auszuüben, von deren Zustimmung die Zahlung der staatlichen Finanzhilfen abhängig war.[43]

Damit hatten die von der geplanten Stilllegung betroffenen und um ihre wirtschaftliche Existenz kämpfenden Menschen Erfolg. Während einer Landtagsdebatte im November 1984 pries der niedersächsische Ministerpräsident das Klöckner-Stahlerzeugungs-Verfahren, das in der Georgsmarienhütte seit drei Jahren angewandt wurde, als „das Verfahren der Zukunft", denn es bestünde „eine sehr gute Chance, daß bei der zu erwartenden Entwicklung der Kostenbedingungen auf dem Weltmarkt das KS-Verfahren für die Stahl-

---

[38] Vor die Füße, in: Der Spiegel vom 19. 11. 1984, S. 84f.

[39] Das Klöckner-Stahlerzeugungsverfahren im Werk Georgsmarienhütte, in: Stahl und Eisen 101 (1981), S. 639f.

[40] Druck von oben, in: Der Spiegel vom 29. 10. 1984, S. 56–59; Heinz-Günter Kemmer: Milliarden – für was? Bonn soll den Abbau von Arbeitsplätzen finanzieren, in: Die Zeit vom 30. 11. 1984 (www.zeit. de/1984/49/ Zugriff: 28. 12. 2013).

[41] Niederschrift über die gemeinsame Sitzung der Beiräte Bremen-Georgsmarienwerke und Mannstaedt-Werke mit Werksvorständen, des Aufsichtsrats Klöckner Draht mit Geschäftsführern und des Aufsichtsrats Maxhütte mit Vorständen am 24. 10. 1984 in Duisburg, Projekt-Archiv, Ordner 27.

[42] Ausführungen von Dr. Herbert Gienow auf der Hauptversammlung der Klöckner-Werke AG am 29. 5. 1985, S. 12, Projekt-Archiv, Ordner 28.

[43] Georgsmarienhütte GmbH: 150 Jahre, S. 153–155.

industrie immer interessanter werden wird".[44] Die Landesregierung könne es auf keinen Fall hinnehmen, dass der Standort, an dem dieses vielversprechende und zudem staatlich geförderte Verfahren industriell erprobt werde, nun geschlossen werden solle. Sie war erst recht nicht dazu bereit, die Vernichtung von Arbeitsplätzen im eigenen Land mitzufinanzieren. Unmissverständlich erklärte der Ministerpräsident deshalb vor dem Landtag: „Es gibt nicht eine müde Mark vom Land Niedersachsen, wenn der Standort Georgsmarienhütte nicht aufrechterhalten wird".[45]

Nach dem Scheitern des Fusionsplans musste Klöckner allen widrigen Bedingungen der Eisen- und Stahlindustrie zum Trotz seine Anstrengungen darauf richten, die geplanten kostensenkenden und ergebnisverbessernden Maßnahmen rigoros im Alleingang weiterzuführen. Mit Blick auf die dabei zu bewältigenden Aufgaben stimmte der Vorstand die Arbeitnehmervertreter auf schwierige Zeiten ein:

> „Das in diesem kleineren Rahmen natürlich geringere verfügbare Volumen mache die Erreichung dieses Zieles erheblich schwerer und sozial härter als im Rahmen einer Fusion. Die daraus resultierenden Belastungen würden sich auf alle Werke des Stahlbereichs verteilen."[46]

Auch wenn die Georgsmarienhütte nach Angabe der Unternehmensleitung „eine beachtliche Marktstellung im Reigen der deutschen und europäischen Produzenten"[47] einnahm, so blickte sie doch einer unsicheren Zukunft entgegen. Die Belastung durch technologische Probleme des neuen, hoch gelobten Stahlwerks, die allmählich zu Tage traten, und die hohe Verschuldung des Konzerns, die den Handlungsspielraum für Investitionen stark einengte,[48] erschwerten alle Sanierungsbemühungen. 1986/87 erwirtschaftete die Georgsmarienhütte zum zweiten Mal hintereinander einen Jahresverlust in Höhe von 100 Mio. DM.[49] Im Februar 1987 konnte zwar mit finanzieller Unterstützung des Landes Niedersachsen eine moderne Stranggießanlage in Betrieb genommen werden;[50] einen Hochleistungs-Elektroofen, wie vom Werk gefordert, um sein Überleben zu sichern, genehmigte der Konzern jedoch nicht.

Nach dem Produktionsrückgang in der Eisen- und Stahlindustrie, der die Kapazitätsauslastung 1987 auf etwa 77 Prozent senkte, erholte sich die Branche im folgenden Jahr wieder. Trotzdem gerieten die Klöckner-Hütten in immer größere Schwierigkeiten. Im Herbst 1988 verspekulierte sich Klöckner & Co., die Säule des Konzerns, die stets große Gewinne erwirtschaftet hatte, bei Warentermingeschäften und verursachte dadurch so hohe Verluste, dass ihre Zahlungsunfähigkeit nur durch ein massives finanzielles Engagement der Deutschen Bank abgewendet werden konnte.[51] Klöckner & Co. wurde dadurch bis in die Grundfesten erschüttert und am Jahresende 1988 von der Vereinigten Industrie-Unternehmungen AG (VIAG), einer Holdinggesellschaft, die in verschiedenen Branchen engagiert war, übernommen. In der Folge verschlechterte sich die wirtschaftliche Lage auch der Klöckner-Werke AG. Die Klöckner Stahl GmbH zeigte zunehmend „Auf-

---

[44] Niedersächsischer Landtag, 10. Wahlperiode, 63. Plenarsitzung am 7. 11. 1984, S. 5824 (www.landtag. niedersachsen.de/dokumentation/ Zugriff: 4. 1. 2014).

[45] Ebd., S. 5825.

[46] Ausführungen von Dr. Herbert Gienow auf der Hauptversammlung der Klöckner-Werke AG am 29. 5. 1985, S. 4, Projekt-Archiv, Ordner 28.

[47] Ebd., S. 24.

[48] Die Hütte war ihr Schicksal, in: manager magazin 15 (1985), H. 12, S. 54–63.

[49] Driesen: Schwarz wie Schlacke, S. 60.

[50] Georgsmarienhütte GmbH: 150 Jahre, S. 134f.

[51] Klöckner an Klöckner-Werke?, in: Der Spiegel vom 28. 11. 1988, S. 124.

lösungserscheinungen".[52] 1991 wurde die Georgsmarienhütte schließlich aus diesem Unternehmen, in dem nur noch das Bremer Werk verblieb, ausgegliedert und ab April unter der Bezeichnung „Klöckner Edelstahl GmbH" als eigenständiges Tochterunternehmen der Klöckner-Werke AG weitergeführt.

In dieser ungewissen Phase suchte die Werksleitung engeren Kontakt zum niedersächsischen Wirtschaftsministerium mit dem Ziel, Fördermittel des Landes für zukunftssichernde Technologien zu erlangen, um ein modernes Edelstahlwerk mit einer Jahresleistung von 500 000 Tonnen Stahl bei einer Belegschaft von 1300 Mitarbeitern zu schaffen.[53] Wie im Rückblick auf das seit 1981 betriebene, hoch gelobte Stahlwerk eingestanden wurde, hatte „die vermeintlich stolze Ingenieursleistung […] die Hütte aufgrund ihrer technischen Probleme […] bis zu eine Milliarde Mark" gekostet.[54] Angesichts der prekären finanziellen Lage scheute der Konzernvorstand jedoch die Investition in den nach seiner Ansicht „maroden" Standort. Der Vorstand der Georgsmarienhütte verhandelte hinter den Kulissen weiter mit der Landesregierung und konnte zu guter Letzt im September 1992 erreichen, dass das Land Niedersachsen den Investitionsplan unterstützte. Voraussetzung war, dass sich die Georgsmarienhütte vom nahezu zahlungsunfähigen Konzern trennte und selbstständig machte.

Durch ein Management-Buy-out, d. h. die Übernahme durch das im erworbenen Unternehmen tätige Management, wurde die Georgsmarienhütte schließlich gerettet: Gegen einen symbolischen Betrag von 2 DM erwarb Jürgen Großmann, seit 1980 bei Klöckner, seit 1988 Werksvorstand der Georgsmarienhütte und seit November 1991 zudem im Vorstand der Klöckner-Werke AG, im April 1993 das Werk. Zu diesem ungewöhnlichen Schritt hatte er sich entschlossen, nachdem er mit Hilfe fachkundiger Berater die Möglichkeit geprüft hatte, die Georgsmarienhütte erfolgreich weiter zu betreiben und unabhängig vom Klöckner-Konzern zu einem leistungsfähigen und kostengünstigen Edelstahlwerk auszubauen.

6. Die Bremer Hütte in der Krise

Das Hüttenwerk in Bremen war zwar hochmodern, und mit dem weiteren Ausbau des Werkes Anfang der 1970er Jahre, der durch den neuen Großhochofen, die Stranggussanlage und die neue Warmbreitbandstraße die Rohstahlkapazität auf jährlich 3,1 Mio. Tonnen anheben sollte, schien die Hütte für den internationalen Wettbewerb gut gerüstet zu sein.[55] Allein für die Warmbreitbandstraße samt ihrer Nebenanlagen hatte Klöckner 650 Mio. DM investiert. Aber die in den Ausbau gesetzten Erwartungen erfüllten sich nicht. Im Gegenteil änderte die Krise, die entgegen allen Prognosen 1975 plötzlich ausbrach, die Verhältnisse ebenso tiefgreifend wie nachhaltig. In der Annahme einer wachsenden Nachfrage waren in der Eisen- und Stahlindustrie weltweit Kapazitäten ausgebaut worden; da tatsächlich aber nicht mehr eine so große Menge an Stahlerzeugnissen abgesetzt werden konnte, wie prognostiziert worden war, ging die Schere zwischen Erzeugungsmöglichkeiten und Verbrauch immer weiter auseinander. Die daraus resultierende Unterauslastung der Anlagen ließ die Stückkosten bei sinkenden Preisen ansteigen und drückte so

---

[52] Driesen: Schwarz wie Schlacke, S. 67.
[53] Ebd., S. 68.
[54] Ebd., S. 56.
[55] Kleeß: Phönix, S. 66–71.

massiv auf die Ertragslage der Unternehmen. Überschüssige Kapazitäten wurden jedoch nicht abgebaut und an die Marktverhältnisse angepasst, sondern stiegen in Deutschland bis 1978 sogar noch weiter an. Mit der Zuteilung verbindlicher Produktionsquoten versuchte die Kommission der Europäischen Gemeinschaften im Oktober 1980, der Probleme Herr zu werden und einen ruinösen Wettbewerb zu verhindern, nachdem eine Regelung auf freiwilliger Basis zwischen den großen europäischen Stahlproduzenten (EUROFER) gescheitert war.[56]

Die Warmbreitbandstraße auf der Hütte in Bremen wurde für Klöckner zur Achillesferse statt zum Hoffnungsträger. Ihrer Quote waren Produktionsmengen aus dem Jahr 1974 zugrunde gelegt worden, als die Anlage noch nicht voll ausgefahren werden konnte. Die so verordnete Unterauslastung der Warmbreitbandstraße lag bei lediglich 37 Prozent und verursachte hohe Verluste, die finanziell kaum lange tragbar waren.[57] Klöckner war deshalb nicht nur aus der EUROFER-Vereinbarung ausgeschert, sondern verstieß zudem gegen die Quotenregelung, die von der Kommission der Europäischen Gemeinschaften anschließend festgelegt worden war, auch wenn der Konzern damit rechnen musste, mit einem Bußgeld belegt zu werden.

Für eine bessere, obwohl immer noch unzureichende Auslastung der Warmbreitbandstraße in Bremen sorgten Lieferungen an das Kaltwalzwerk Haidhof der oberpfälzischen Maxhütte, des einzigen vollintegrierten, 1853 gegründeten Hüttenwerks in Bayern, benannt nach König Maximilian II.[58] Diese Beziehung wurde dadurch verstärkt, dass Klöckner das Werk in Sulzbach-Rosenberg 1976 zunächst zu 51 Prozent und drei Jahre später vollständig vom Flick-Konzern übernahm.[59] Schnell zeigte sich, dass die Maxhütte für Klöckner neben der technologischen Forschung, die dort im Bereich der Stahlerzeugung betrieben wurde, „vorrangig ein Objekt in der Quotierungspolitik war, das zur Sicherung der Auslastung der Stammwerke benutzt werden sollte".[60] Im Jahr 1983, also in einer Phase der Krisenverschärfung, bot der Konzern das bayerische Werk zum Verkauf an und trennte sich im Jahr darauf von der Mehrheit seiner Anteile, sodass die Maxhütte nun über eigene Produktionsquoten verfügte. Mit dem Erwerb des Kaltwalzwerks Haidhof durch Klöckner konnte schließlich 1985 trotz eines gegenteiligen Votums des Aufsichtsrats der Maxhütte die Produktionsquote auf das Bremer Werk übertragen werden. Im März 1987 wurde das Kaltwalzwerk stillgelegt; wenige Tage später meldete die Maxhütte mit insgesamt rund 4500 Beschäftigten Konkurs an.[61] Im Alleingang ohne den Klöckner-Konzern, der die Maxhütte offenbar ausgeschlachtet hatte, schien ein Weiterbetrieb über eine Auffanggesellschaft möglich zu sein.[62] Mit der „Neuen Maxhütte" konnten zumindest 1700 Arbeitsplätze, wenngleich nicht dauerhaft, erhalten werden; ab 1992 geriet das Hüttenwerk erneut in Schwierigkeiten.

---

[56] Dieter: Krise, S. 236–253.

[57] Kleeß: Phönix, S. 116f.

[58] Doris Fuchs/Christoph Nuber/Frank Rehberg: Betriebsübergreifende Modernisierungskrisen und die Rolle von Arbeitnehmervertretungen bei ihrer Bewältigung – analysiert am Beispiel der Maxhütte/Oberpfalz, München 1996; siehe auch Dietmar Süß: Kumpel und Genossen. Arbeiterschaft, Betrieb und Sozialdemokratie in der bayerischen Montanindustrie 1945 bis 1976, München 2003.

[59] Klöckner-Werke AG übernehmen Maxhütte, in: Stahl und Eisen 96 (1976), S. 896; Rückgang der Verluste bei der Klöckner-Werke AG, in: ebd., 99 (1979), S. 491–493.

[60] Fuchs/Nuber/Rehberg: Modernisierungskrisen, S. 54.

[61] Ganz salopp, in: Der Spiegel vom 27. 4. 1987, S. 133 und 136.

[62] Maxhütte: Aus für den König der Oberpfalz, in: Der Spiegel vom 5. 10. 1987, S. 71–82.

Mit der Quotenregelung sah sich Klöckner für die Modernisierungsbemühungen, die das Unternehmen bis in die 1970er Jahre angestrengt hatte, durch die Kommission der Europäischen Gemeinschaften bestraft, ja im Extremfall sogar in seiner Existenz bedroht. Die hohen Investitionen in leistungsfähige Anlagen liefen Gefahr, sich nicht auszuzahlen und das Unternehmen in den Ruin zu stürzen. Die Klage vor dem Europäischen Gerichtshof blieb jedoch erfolglos, und da Klöckner die Quoten überschritten hatte, um wirtschaftlich überleben zu können, wurde das Unternehmen trotz aller Proteste im Mai 1983 zu einem Bußgeld in Höhe von mindestens 125 Mio. DM verurteilt.

Auch der Standortvorteil an der Küste, der ausschlaggebend für die Errichtung der Hütte in Bremen gewesen war, bestand nicht ohne weiteres fort. Eine kostengünstige Versorgung mit den benötigten Rohstoffen, vor allem Erz, Kohle und Koks, war abhängig von einem entsprechend groß dimensionierten Umschlagsort. Der Werkshafen, der im Juli 1957 den Betrieb aufnahm, löste zwar den alten Hüttenhafen ab, der hinter einer Schleuse lag und nur mit Schiffen bis zu einer Tragfähigkeit von 10 000 Tonnen angelaufen werden konnte. Doch erst mit dem Weserport in Bremerhaven, der im Oktober 1964 in Betrieb ging, konnten Großfrachter mit einer Tragfähigkeit von bis zu 80 000 Tonnen entladen werden, um den Erzbedarf zu befriedigen, auch wenn die Eisenbahn anschließend den Weitertransport zu den Hochöfen übernehmen musste.[63] Mit der Krise und dem gestiegenen Wettbewerbsdruck waren diese strukturellen Gegebenheiten jedoch nicht mehr hinreichend, um kostengünstig mit Rohstoffen beliefert zu werden; erschwerend kam hinzu, dass Klöckner durch den Hüttenvertrag teuren Koks von der Ruhrkohle AG beziehen musste.[64] Die Erweiterung des Werkshafens, die im Mai 1983 abgeschlossen wurde, änderte daran zunächst ebenfalls nur wenig. Anfang 1986 wurde festgestellt, dass „beim Erzzulauf ein Kostennachteil von 9,– DM/Fe-t Erz gegenüber Wettbewerbern an der Rheinschiene" bestehe.[65] Zur Sicherung des Standortes in Bremen plante Klöckner deshalb, an Stelle von Weserport unmittelbar am Hochofenwerk den Hafen Osterort so weit auszubauen, dass in einer ersten Erweiterungsstufe Frachter mit bis 40 000 Tonnen Erz, sogenannte Selbstentlader, anlegen konnten.[66] Trotz des Widerstands aus den Reihen der regierenden Bremer SPD, die darauf drängte, am Weserport festzuhalten, der – gefördert mit öffentlichen Mitteln – 170 Menschen Arbeit gab,[67] setzte sich Klöckner durch. Im September 1991 wurde die erste Ausbaustufe des Hafens Osterort fertiggestellt, und mit dem Endausbau, der Ende 1992 abgeschlossen wurde, just zu einem Zeitpunkt, als die Hütte in Bremen vor dem Konkurs stand, war es ihr möglich, die „Erzzulaufkosten auf den niedrigsten Wert aller Standorte in Deutschland" zu senken.[68]

Seit Mitte der 1970er Jahre hatten die Klöckner-Werke immer wieder finanzielle Schwierigkeiten zu überwinden. Die Zahlungsunfähigkeit, über die seit Anfang 1983 in der

---

[63] Kleeß: Phönix, S. 53f.
[64] Protokoll über die ordentliche Sitzung des Arbeitskreises Hannover der Eisen- und Stahlindustrie am 1. und 2. 9. 1977 in Peine, Projekt-Archiv, Ordner 61.
[65] Niederschrift über die 48. Sitzung des Beirats Bremen-Georgsmarienwerke der Klöckner-Werke AG am 27. 2. 1986 in Duisburg, Projekt-Archiv, Ordner 27.
[66] Niederschrift über die Sitzung des Ausschusses für Investitionen und Finanzen des Aufsichtsrats der Klöckner-Werke AG am 15. 6. 1988 in Duisburg, Projekt-Archiv, Ordner 31.
[67] Pressemitteilung der SPD-Landesorganisation Bremen vom 16. 5. 1988, ebd.
[68] Ausführungen des Vorstandsvorsitzenden der Klöckner-Werke AG, Dr. Hans Christoph von Rohr, auf der Hauptversammlung am 17. 6. 1993, Projekt-Archiv, Ordner 39.

Öffentlichkeit spekuliert wurde,[69] konnte nur abgewendet werden, weil das Hüttenwerk Beihilfen vom Bund und vom Land erhielt und ab 1984 außerdem die Möglichkeit bestand, Quoten zu kaufen und zu tauschen. Trotz angespannter Haushaltslage war das Land Bremen bereit, finanzielle Mittel zur Strukturhilfe in Höhe von 71 Mio. DM zur Verfügung zu stellen, damit das Unternehmen einen Betrag in doppelter Höhe vom Bund erhalten konnte. Das Land erbrachte diesen „beispiellosen finanziellen Kraftakt", wie es der Wirtschaftssenator formulierte,[70] weil die industrielle Basis durch die Werftenkrise bereits tief erschüttert war und angesichts der hohen Arbeitslosigkeit weitere Arbeitsplatzverluste unbedingt verhindert werden sollten. Zwar hatte sich in der Nachfolge der Borgward-Pleite der Automobilkonzern Daimler-Benz in Bremen niedergelassen und sein Werk dort nach und nach ausgebaut. Mit der Stilllegung der Schiffswerft Aktien-Gesellschaft „Weser" (AG Weser) Ende Dezember 1983, die selbst durch einen spektakulären Arbeitskampf nicht verhindert werden konnte, waren jedoch rund 6000 industrielle Arbeitsplätze verloren gegangen, ohne dass sich die Landesregierung in der Lage sah, die Werft wie von der Belegschaft erhofft zu retten.[71] Auch die Maßnahmen zur Stützung der Bremer Hütte stellten keine dauerhafte Lösung dar, aber in diesem Fall demonstrierte die Landesregierung, dass sie bereit war, im Interesse der regionalen Strukturpolitik eine aktive Rolle im Krisenmanagement zu spielen.

Nach der Übernahme der Klöckner-Holding durch die VIAG Ende 1988 wurde die finanzielle Lage der Klöckner-Werke zunehmend prekärer. Zugleich lockerte sich die Konzernstruktur derart, dass der Spielraum für die Hütte in Bremen wuchs, einen eigenständigen, vom Konzern unabhängigen Weg einzuschlagen. Eine Bilanzanalyse auf Arbeitnehmerseite Anfang 1989 kam zu dem Schluss, „dass die Finanzierung des Gesamtgeschäfts immer mehr oder weniger einer Gratwanderung" glich.[72] Die Schieflage wurde allerdings zeitweilig von einer guten Konjunktur überdeckt. Nach vorübergehender Beruhigung verschlechterte sich ab 1990 wieder die Lage auf dem Stahlmarkt. Das Hüttenwerk in Bremen, wegen seiner Verschuldung besonders anfällig, geriet in eine akute Existenzkrise. Am 11. Dezember 1992, dem „schwarzen Freitag" der Hütte, musste schließlich die Klöckner-Werke AG mit ihren Tochterunternehmen, der Klöckner Stahl GmbH und der Klöckner Edelstahl GmbH, einen Vergleichsantrag stellen.[73]

Bei der Suche nach einem Kooperationspartner, mit dem gemeinsam eine tragfähige wirtschaftliche Perspektive möglich schien, wurde eine Zusammenarbeit mit dem niederländischen Unternehmen Hoogovens erwogen. Dagegen stemmte sich der Betriebsrat der Bremer Hütte mit aller Macht, da er durch den Wegfall der Flüssigphase den Verlust von rund 3000 Arbeitsplätzen befürchtete. Unter den gegebenen Umständen drängte er trotz aller „Störmanöver", die von führenden Ruhrindustriellen, aber auch von Vertretern der Deutschen Bank unternommen wurden, die den Klöckner-Kern noch Ende 1988 vor der Zahlungsunfähigkeit gerettet hatte, nachdrücklich auf eine regionale Lösung, um nicht zum Spielball fremder Konzerne zu werden, die die Hütte letztlich nur ausschlach-

[69] Viel geschönt, in: Der Spiegel vom 21. 2. 1983, S. 98 f.

[70] Nordsee-Zeitung vom 1. 2. 1984, zitiert nach Kleeß: Phönix, S. 131 f.

[71] Hans Ziegenfuß/Heiner Heseler/Hans Jürgen Kröger (Hrsg.): „Wer kämpft, kann verlieren, wer nicht kämpft, hat schon verloren", Hamburg 1984.

[72] IG Metall-Vorstand, Abteilung Wirtschaft: Bilanzanalyse. Klöckner-Werke AG (Konzern) für das Geschäftsjahr: 1987/88, 24. 2. 1989, Projekt-Archiv, Ordner 33.

[73] Betriebsrat der Klöckner Stahl GmbH/Arbeiterkammer Bremen/Angestelltenkammer Bremen/ IG Metall Bremen (Hrsg.): Die Hütte. Chronik eines Widerstandes, Bremen 1994, S. 16.

ten wollten. Unter der Parole „Die Hütte für Bremen und Bremen für die Hütte"[74] suchte er mit Unterstützung der Öffentlichkeit nach geeigneten Partnern und fand sie im Oktober 1993 in einem Konsortium, das von den Bremer Stadtwerken angeführt wurde, sowie in der Hanseatischen Industrie-Beteiligungen GmbH. Diese übernahm vorübergehend ebenfalls ein Drittel des Kapitals der in „Stahlwerk Bremen" umbenannten Hütte, um es später dem belgischen Unternehmen SIDMAR zu übertragen, das Interesse an einem Einstieg signalisiert hatte. Mit der Unterzeichnung des „Interessentenmodells" am 2. Februar 1994 war nach der Georgsmarienhütte auch der Überlebenskampf der Bremer Hütte vorerst beendet.[75]

7. Fazit: Unternehmerisches Handeln und regionalpolitische Lösungen

Im Unterschied zum Steinkohlenbergbau, der in den 1960er Jahren in eine schwere Krise geriet, die durch massive zentralstaatliche Eingriffe reguliert wurde, hielt sich der Bund aus den Verhältnissen der Eisen- und Stahlindustrie weitgehend heraus. Solange die Gesamtwirtschaft weiter expandierte, lag es allenfalls an den Ländern, Investitionsentscheidungen durch finanzielle Anreize zu ihren Gunsten zu beeinflussen. Auch nach Ausbruch der Krise 1975 stellte es der Bund den Unternehmen anheim, ihre Probleme selbst zu bewältigen. Die Konzerne folgten dann jeweils eigenen Strategien, ohne dass der Bund auf die Ordnung der Branche im nationalen Maßstab grundlegend Einfluss nahm. Das Konzept der von der Bundesregierung eingesetzten Stahlmoderatoren, das Anfang 1983 vorgelegt wurde, um unternehmensübergreifende Kooperationen und marktstabilisierende Maßnahmen anzuregen,[76] konnte politisch nicht umgesetzt werden und blieb folgenlos. Die Bewältigung der Krise überließ man dem Wettbewerb unter den Stahlkonzernen, deren mächtigste Vertreter an der Rheinschiene konzentriert waren; politische Unterstützung für einzelne, wirtschaftlich bedrängte Werke war – wenn sie überhaupt gewährt wurde – nur auf Länderebene zu erwarten. Nicht ohne Grund wurde von Betriebsräten der Hüttenwerke außerhalb des Ruhrgebiets angemahnt, dass sich die IG Metall mehr um die Standorte in der Peripherie kümmern solle,[77] und „das fehlende solidarische Vorgehen"[78] in den eigenen Reihen kritisiert.

Die Auseinandersetzungen um die Entwicklung der einzelnen Werke wurden mehr oder weniger dezentral vor Ort geführt, und ihr Ausgang war nicht zuletzt davon abhängig, welche Handlungsfreiheit der lokale Werksvorstand besaß und welche Strategie er konkret verfolgte, welche Ziele die Belegschaft vertrat und über welche Durchsetzungsfähigkeit sie dabei verfügte sowie schließlich welche politische Unterstützung bzw. welche finanziellen Hilfen die Betroffenen in der Region im Konfliktfall von der Landesregierung erhielten, um Arbeitsplätze zu erhalten oder den Fortbestand des Werkes insgesamt zu sichern. Die Schließung der Hütte in Hagen-Haspe, noch vor Ausbruch der Krise eingeleitet, stellte weder ein struktur- noch ein sozialpolitisches Problem im Ruhrgebiet dar,

---

[74] So das Motto einer Demonstration am 14. 10. 1993; ebd., S. 31.
[75] Ebd., S. 40.
[76] Die Vorschläge der Stahlmoderatoren, in: Stahl und Eisen 103 (1983), S. 52A–52H.
[77] Protokoll über die ordentliche Sitzung des Arbeitskreises Nord der Eisen- und Stahlindustrie am 23. und 24. 9. 1982 in Bad Iburg, Projekt-Archiv, Ordner 62.
[78] Protokoll über die ordentliche Sitzung des Arbeitskreises Nord der Eisen- und Stahlindustrie am 5. und 6. 5. 1983 in Osnabrück, ebd.

das ein Eingreifen der Landesregierung erforderlich gemacht hätte, auch wenn sich die Belegschaft gegen den Beschäftigungsabbau zu wehren suchte. Die Stilllegung – Teil des Modernisierungsprozesses der Branche – verlief ohne gravierende soziale Verwerfungen und war politisch verkraftbar; das Industriepotenzial des Landes war in keiner Weise gefährdet. Die oberpfälzische Maxhütte wiederum stellte zwar den Hauptarbeitgeber in der Region, aber das Land Bayern war nicht bereit, in größerem Maße öffentliche Mittel für ihren Weiterbetrieb zu investieren, nachdem Klöckner sie ausgeschlachtet hatte. „Subventionierungen von ‚Altindustrien' widersprachen […] einer ‚Modernisierungspolitik' der CSU-Regierung, die Bayern als einen modernen Industriestaat betrachtete, der sich auf sogenannte neue Technologien (z.B. Luft- und Raumfahrt) und Dienstleistungen stützte".[79] Ihr Interesse ging kaum über eine Abfederung der sozialen Folgen hinaus.

Bei allen Unterschieden stellten sich sowohl bei der Georgsmarienhütte als auch der Bremer Hütte die Verhältnisse anders dar als bei den Klöckner-Hütten in Bayern und Nordrhein-Westfalen. Die Landesregierungen in Bremen ebenso wie in Niedersachsen ließen sich bei der Rettung der Hüttenwerke von regional- bzw. industriepolitischen Gründen leiten. Beide konnten der drohenden Schließung nicht tatenlos zusehen, da sie um einen wichtigen Industriestandort fürchten mussten und steigende regionale Arbeitslosigkeit abwenden wollten. Sie verhalfen den Hüttenwerken mit finanziellen Zusagen bzw. einer Bürgschaft zu einem Neustart unter veränderten Besitzverhältnissen, der deshalb möglich war, weil Klöckner sich mit dem Vergleichsantrag Ende 1992 ganz aus der Branche zu lösen begann, um sich auf andere Geschäftsfelder zu konzentrieren. Beide Landesregierungen konnten ihr finanzielles Engagement auch verantworten, denn die Werke hatten durchaus eine tragfähige wirtschaftliche Perspektive. Die Probleme lagen nicht zuletzt in ihrer technischen Ausstattung begründet: der unterausgelasteten Warmbreitbandstraße in Bremen und dem unausgereiften Elektrostahl-Verfahren bzw. dem fehlenden Elektrolichtbogenofen in Georgsmarienhütte. Während sich das Management der Georgsmarienhütte für ein Konzept stark machte, das die einhellige Zustimmung sowohl der Belegschaft als auch der Landesregierung fand und auf diese Weise die Existenz des Werkes sichern konnte, sah sich die Belegschaft der Bremer Hütte gezwungen, zunächst eine vom Management favorisierte Option abzuwehren, bevor die Landesregierung für ein Konzept gewonnen werden konnte, das Aussicht bot, das Werk zu retten.

Am Beispiel der Eisen- und Stahlindustrie zeigt sich, dass der Wandel von Branchen innerhalb eines nationalen oder noch größeren Wirtschaftsraums ohne die Berücksichtigung ihrer regionalen Differenzierungen nicht angemessen analysiert werden kann. Die Entwicklung von Wirtschaftszweigen unterliegt nicht nur ökonomischen Regeln, sondern wird gerade in Zeiten der Krise auch maßgeblich von politischen Kräften nicht zuletzt auf der Mesoebene beeinflusst.

---

[79] Fuchs/Nuber/Rehberg: Modernisierungskrisen, S. 68.

Karl Ditt
„Passive Sanierung"

Der Niedergang der bundesdeutschen Textilindustrie und die Reaktionen von Staat und Unternehmern am Beispiel von Bayern, Baden-Württemberg und Nordrhein-Westfalen

1. Fragestellung

Die Geschichte der Textilindustrie in der Bundesrepublik ist die Geschichte eines drastischen Schrumpfungsprozesses: Dies zeigt ein Blick auf die Entwicklung ihrer Beschäftigtenzahlen. Von der Mitte des 20. bis zum Beginn des 21. Jahrhunderts fielen sie von 650 000 auf knapp 90 000 Arbeitnehmer.[1] Der Beitrag der Textilindustrie zum Bruttoinlandsprodukt sank zwischen 1960 und 1990 von 1,4 auf 0,6 Prozent.[2] Seit dem Jahre 1957 war die Handelsbilanz für Textilien negativ, d. h., der Wert ihrer Importe übertraf den Wert ihrer Exporte. In den 1980er Jahren zählte die Bundesrepublik zusammen mit Hongkong gemessen am Wert zu den größten Textilimporteuren der Welt.[3]

Dieser Niedergang geht vor allem auf eine wachsende Konkurrenz und den Wandel der Nachfrage zurück. Die Konkurrenz auf dem Binnenmarkt, d. h. die Importe, stammte bis zur Mitte der 1990er Jahre etwa zu zwei Dritteln aus Europa, insbesondere aus den Ländern der Europäischen Gemeinschaft. Etwa ein Viertel kam überwiegend aus Asien, insbesondere aus Hongkong und Südkorea. Deren Anteil an der Welttextilproduktion wuchs vor allem in den 1960er und 1970er Jahren deutlich.[4] Ihre Vorteile bestanden in

---

[1] Vgl. Joachim Eisbach: Branchenanalyse der Textil- und Bekleidungsindustrie in Ostwestfalen-Lippe, Bielefeld 1983, S. 4f.; Horst Kasselmann: Produktions- und Beschäftigungseffekte des textilen Außenhandels. Eine empirische Untersuchung auf der Grundlage eines intrasektoralen Input-Output-Modells für die Textilwirtschaft, Frankfurt a. M. 1989, S. 12ff.; Jahrbuch der deutschen Textil- und Modeindustrie 2006, hrsg. vom Gesamtverband textil + mode, S. 44.
[2] Vgl. Jörg von Netzer: Textilindustrie unter Konkurrenzdruck, in: Norbert Berthold/Karl-Hans Hartwig (Hrsg.): Veränderte Arbeitsteilung in Europa – Brauchen wir eine Industriepolitik?, Baden-Baden 1994, S. 29–39, hier S. 29.
[3] Vgl. Philipp Schoeller: Strategien bei standortbedingten Kostennachteilen gegenüber Entwicklungs- und Schwellenländern. Eine Analyse anhand der deutschen Textilindustrie unter besonderer Berücksichtigung der Baumwoll-Spinnereien und -Webereien, Renningen-Malmsheim 1996, S. 58; Michael Breitenacher: Textilindustrie im Wandel, Frankfurt a. M. 1989, S. 109; Peter Mühleck: Krise und Anpassung der deutschen Textil- und Bekleidungsindustrie im Lichte der Fordismus-Diskussion, Frankfurt a. M. 1992, S. 311; Bettina Strube: Entwicklung der Textil- und Bekleidungsindustrie. Entwicklungen und Tendenzen der nationalen und internationalen Textil- und Bekleidungsbranche, unter Berücksichtigung des Welttextilabkommens im Rahmen des GATT bzw. der WTO, Diss., Berlin 1999, S. 128.
[4] Andere Erdteile wie Amerika oder Afrika spielten mit 2 bis 3 bzw. 3 bis 4 Prozent der Importe kaum eine Rolle. Vgl. Jens Jessen: Die Bedeutung der Importkonkurrenz für ausgewählte Erzeugnisse der Textil- und Bekleidungsindustrie, Opladen 1973, S. 2; OECD: Textile and Clothing Industries. Structural Problems and Policies in OECD Countries, Paris 1983, S. 12; Jürgen Reckfort: Der Markt für Textilien und Bekleidung – Strukturen, Entwicklungen, Trends, Münster 1997, S. 11f. Vgl. auch Tradition eines Familienunternehmens in fünf Generationen. 1825–1960 CKT. Herausgegeben anläßlich des 125jährigen Bestehens der Baumwoll-Spinnerei und Weberei C. Kümpers & Timmerman, Rheine, Darmstadt 1960, S. 51.

DOI 10.1515/9783110523010-008

niedrigen Löhnen, langen Arbeits- und kurzen Urlaubszeiten,[5] die die Nachteile der höheren Transportkosten und der Einfuhrzölle bei weitem kompensierten. Das machte sich vor allem bei den einfachen Textilien bemerkbar, deren Rohstoffkosten gering waren: Sie begannen bundesdeutsche Produkte sowohl vom Binnenmarkt als auch von den Exportmärkten zu verdrängen.[6] Hierin lag wohl die entscheidende Ursache dafür, dass die bundesdeutsche Textilindustrie ihre Preise zurücknehmen musste sowie einen drastischen Betriebs- und Beschäftigtenabbau erfuhr. Davon wurde vor allem die Wirtschaft in den Ländern Nordrhein-Westfalen, Baden-Württemberg und Bayern getroffen, in denen sich während der 1950er Jahre 83 Prozent und während der frühen 1990er Jahre 73 Prozent der Textilbeschäftigten konzentrierten.[7]

Die bundesdeutsche Textilindustrie erfuhr jedoch nicht nur eine wachsende Konkurrenz, sondern auch einen deutlichen Rückgang der Nachfrage durch ihren Hauptabnehmer, die Wäsche- und Bekleidungsindustrie, die zu Beginn der 1980er Jahre etwa 60 Prozent der bundesdeutschen Textilproduktion absorbierte.[8] Sie stand mit ihren vergleichsweise hohen Lohnkosten vor ähnlichen Problemen wie die Textilindustrie. Auf die wachsende Konkurrenz reagierte sie seit den 1970er Jahren vor allem damit, dass sie ihre Produktion nach Süd- und Osteuropa, dann in die Entwicklungsländer verlagerte, dort zum Teil auch ihre Vorprodukte einkaufte und ihre Waren anschließend reimportierte.[9] In der Bundesrepublik verblieben häufig nur Design, Einkauf, Marketing, Vertrieb und Verwaltung.[10] Im Folgenden wird danach gefragt, wie die Wirtschaftspolitik des Bundes

---

[5] Vgl. Kasselmann: Produktions- und Beschäftigungseffekte, S. 20 f.; Breitenacher: Textilindustrie im Wandel, S. 70 ff.; Konrad Neundörfer/Ernst-Heinrich Stahr (Hrsg.): Wettbewerbsverhältnisse und Wettbewerbsverzerrungen im Welttextilhandel, Frankfurt a. M. 1985. Im Vergleich zu den westlichen Industrienationen wies die bundesdeutsche Textilindustrie in den 1990er Jahren die höchsten Arbeits-, zudem auch die höchsten Energiekosten auf. Vgl. Bernhard Jäger/Jürgen Reckfort/Ebbo Tücking: Deregulierung. Wirtschaftspolitische Maßnahmen zur Unterstützung unternehmerischer Anpassungsstrategien in der Textil- und Bekleidungsindustrie, Münster 1997, S. 249 f.; Roman Riesch: Lage und Perspektiven der Textil- und Bekleidungsindustrie, Diss., Mainz 2000, S. 228 ff.
[6] Vgl. Jessen: Bedeutung, S. 70 f.
[7] Vgl. Horst Jecht/Hannelore Kahmann/Lieselotte Niedermayer/Alois Oberhauser/Walter Rott/Helmut Wellenreuther: Textilindustrie, in: Erwin von Beckerath (Hrsg.): Handwörterbuch der Sozialwissenschaften, Bd. 10, Göttingen 1959, S. 345–368, hier S. 349; Klaus Schworm: Die Agglomerations- und Deglomerationstendenzen in der Textilindustrie, in: Armin Gebhardt/Hans Baumann/Klaus Schworm (Hrsg.): Agglomerations- und Deglomerationstendenzen in der westdeutschen Industrie, München 1967, S. 227–266; Jürgen Reckfort/Michael Ridder: Die münsterländische Textilwirtschaft. Bedeutung, Struktur, Entwicklung und Potentiale zur Stärkung der Wettbewerbsfähigkeit aus regionaler Sicht, Münster 1996, S. 20; Jürgen Dispan: Bekleidungswirtschaft. Branchenanalyse 2009. Strukturwandel – Entwicklungstrends – Herausforderungen – arbeitsorientierte Handlungsfelder, München 2009, S. 9.
[8] Vgl. Michael Breitenacher: Textilindustrie. Strukturwandlungen und Entwicklungsperspektiven für die achtziger Jahre, Berlin 1981, S. 31; Jürgen Engel: Internationale Wirtschaftsbeziehungen und Strukturwandel am Beispiel der bundesdeutschen Textil- und Bekleidungsindustrie, Bremen 1985, S. 15. Vgl. für Nordrhein-Westfalen Herbert Giese: Textilindustrie in NRW – Der Wandel wurde Programm, in: Stefan Goch (Hrsg.): Strukturwandel und Strukturpolitik in Nordrhein-Westfalen, Münster 2004, S. 290–301, hier S. 299. Vgl. generell zu den Abnehmern der Textilindustrie Breitenacher: Textilindustrie im Wandel, S. 13.
[9] Vgl. z. B. OECD: Textile and Clothing Industries, S. 59; Jutta Belke: Alte Industriestrukturen und ‚Neue Industriedistrikte‘. Zur Kritik des Modells am Beispiel der Haustextilienindustrie Deutschlands, Frankfurt a. M. 1995, S. 179 ff.
[10] Vgl. Joachim Niebuhr: Von der Wachstums- zur Schrumpfungsindustrie – Strukturwandel in der Bekleidungsindustrie, in: Joachim Fischer u. a.: Arbeitsstrukturierung und Organisationswandel in

und der Länder sowie die Unternehmer selbst auf die wachsende Konkurrenz, den Nachfragerückgang und den Niedergang der Textilindustrie insgesamt reagierten.[11]

2. Reaktionen des Staates

Die wachsende Konkurrenz der Billiglohnländer traf nicht nur die bundesrepublikanische, sondern auch die Wirtschaft aller westlichen Industrieländer. Offiziell setzten sie sich für die Liberalisierung des Welthandels ein. Dazu hatten sie im Jahre 1947 ein Allgemeines Zoll- und Handelsabkommen (General Agreement on Tariffs and Trade = GATT) abgeschlossen, das an Stelle einseitiger Festsetzungen oder bilateraler Länderabkommen generelle Festlegungen für den Welthandel vorsah. Danach sollten tendenziell die Einfuhrzölle abgebaut und ein fairer Wettbewerb auf den Weltmärkten ermöglicht werden. Faktisch ließen sie sich zumeist von dem Gesichtspunkt leiten, ein ausgewogenes Verhältnis zwischen dem Schutz der einheimischen Industrien und den Interessen der einheimischen Konsumenten an billiger Belieferung zu finden. Deshalb war im Rahmen des GATT der Erlass von Zöllen und Importrestriktionen im Falle einer übermächtigen Konkurrenz, so unter anderem für die Textilindustrie, zulässig. Dadurch sollte den betroffenen Branchen Zeit zur Anpassung, d. h. zur Reduzierung der Produktionskapazitäten und der Belegschaften oder zur Steigerung der Konkurrenzfähigkeit, gegeben werden. Die Bundesrepublik trat diesem Abkommen im Jahre 1951 bei.[12]

In den Jahren 1961/62 schlossen die insgesamt 30 in der GATT-Runde vereinigten Industrie- und Entwicklungsländer zudem ein sogenanntes Baumwolltextilabkommen ab, das die Restriktionsmöglichkeiten für die entsprechenden Garn- und Stoffimporte spezifizierte.[13] Angesichts des weiteren Niedergangs der Textilindustrie in den westlichen Ländern und der zunehmenden Substituierung der Baumwollgarne und -stoffe wurde diese Vereinbarung im Jahre 1973 durch das sogenannte Multi-Faser-Abkommen bzw. Welttex-

der Bekleidungsindustrie, Frankfurt a. M. 1983, S. 20–36; Eisbach: Branchenanalyse, S. 30; Ulrich Adler/Michael Breitenacher: Bedeutung, Probleme und Zukunft des passiven Veredlungsverkehrs für die Textil- und Bekleidungsindustrie, München 1995.

[11] Diese Fragestellung ist aus historischer Perspektive vor allem von Stephan H. Lindner: Den Faden verloren. Die westdeutsche und die französische Textilindustrie auf dem Rückzug (1930/45–1990), München 2001, ders.: It Could Have Been Worse: The West German Cotton Industry, 1945–1990, in: Douglas A. Farnie/David J. Jeremy (Hrsg.): The Fibre that Changed the World. The Cotton Industry in International Perspective, 1600–1990s, Oxford 2007, S. 307–335, und Karl Lauschke: Strategien ökonomischer Krisenbewältigung. Die Textilindustrie im Westmünsterland und in Oberfranken 1945 bis 1975, in: Thomas Schlemmer/Hans Woller (Hrsg.): Bayern im Bund, Bd. 3: Politik und Kultur im föderativen Staat 1949 bis 1973, München 2004, S. 195–279, behandelt worden.

[12] Vgl. generell Wolf von Wedel-Parlow: Vom Zoll zur freiwilligen Exportbeschränkung: eine Rekonstruktion des Wandels des handelspolitischen Instrumentariums seit den 30er Jahren, in: Zeitschrift für Wirtschaftspolitik 44 (1995), S. 255–288; Benno Engels: Multifaserabkommen und GATT-Verhandlungen, in: ders. (Hrsg.): Weiterentwicklung des GATT durch die Uruguay-Runde? Zielsetzungen und Probleme der Verhandlungen zu den „Neuen" Themen sowie zum Agrar- und Textilbereich, Hamburg 1992, S. 167–188; Strube: Entwicklung, S. 19ff.; Gesamttextil (Konrad Neundörfer/Ernst-Heinrich Stahr) (Hrsg.): Die Sache mit dem Welttextilabkommen. Tatsachen. Meinungen, Hintergründe, Frankfurt a. M. ³1985. Vgl. zur (Textil-)Zollpolitik der Bundesrepublik in den 1950er Jahren R. Sack: Entwicklung und Strukturveränderungen der westdeutschen Textileinfuhr von 1950 bis 1960, in: Mitteilungen des Rheinisch-Westfälischen Instituts für Wirtschaftsforschung 13 (1962), S. 73–110.

[13] Vgl. Kasselmann: Produktions- und Beschäftigungseffekte, S. 22ff.

tilabkommen (WTA) auf Woll- und Chemiefasergarne und -stoffe erweitert. Ziel dieses in der Folgezeit periodisch verlängerten, verfeinerten und von einer wachsenden Zahl von Ländern akzeptierten Abkommens war, in den Industrieländern „Marktstörungen" durch zu hohe Importe aus den Entwicklungs- und Schwellenländern zu verhindern und stattdessen die Liberalisierung des Handels „geregelt" zuzulassen. Infolgedessen entwickelten sich die Textil- und die Bekleidungsindustrie zu den am besten geschützten Branchen der westlichen Industrieländer.[14] In den 1980er Jahren sollen etwa 50 Prozent der Menge und 40 Prozent des Wertes der Textilimporte der Bundesrepublik vom WTA erfasst worden sein.[15] Erst im Jahre 1994 machte die inzwischen 117 Länder umfassende 8. GATT-Runde einen ernsthaften Schritt, um weltweit die Handelshemmnisse abzubauen, und gründete dazu die World Trade Organisation (WTO). Jetzt schien in den westlichen Ländern die Textil- und Bekleidungsindustrie auf Kernbereiche geschrumpft und überlebensfähig. Deshalb sollte der Protektionismus stufenweise bis zum Jahre 2005 auslaufen, um im Sinne der Liberalisierung des Welthandels eine effektive internationale Arbeitsteilung in den günstigsten Standorten zu erzielen.[16]

Die Bundesregierung beteiligte sich an den GATT-Abkommen in einer Situation widerstreitender Interessen.[17] Einerseits wirkten die Textilunternehmer, die im Gesamtverband der Textilindustrie in der Bundesrepublik Deutschland („Gesamttextil") zusammengeschlossen waren, auf sie ein. Sie wollten sich gegen eine als unfair empfundene Auslandskonkurrenz schützen lassen. Denn diese schotte nicht nur selbst ihren Markt ab, sondern genieße auch ungerechtfertigte Preisvorteile, weil sie aufgrund staatlicher Exportsubventionierungen und ausbeuterischer Arbeitsbedingungen Dumpingpreise offeriere; zudem würden auf der bundesdeutschen Textilindustrie höhere Steuern lasten. In ihren damit verbundenen Forderungen auf Zollschutz und Kontingentierung wurden sie von der Gewerkschaft Textil-Bekleidung unterstützt, der es um den Erhalt der Arbeitsplätze ging.[18] In der Tat konnte es nicht im Interesse des Staates sein, tatenlos einem rapiden

---

[14] Vgl. Michael Breitenacher/Anton Gälli/Klaus Grefermann: Perspektiven des Welttextilhandels. Optionen zur Erneuerung des Welttextilabkommens aus der Sicht der Bundesrepublik, Südkoreas und Brasiliens, München 1986; Liselotte Gass/Konrad Neundörfer/Ernst-Heinrich Stahr: Vorwärtsstrategie für den Welttextilhandel, Frankfurt a. M. 1990, S. 107.

[15] Vgl. Konrad Neundörfer: Das vierte Welttextilabkommen. Verlängerungsprotokoll und zweiseitige Verträge der EG. Texte und Kommentar, Frankfurt a. M. 1987, S. 8. Zugleich wurden aber auch den Entwicklungs- und Schwellenländern, die ebenfalls ihren Binnenmarkt z. T. extrem schützten und ihre Textilexporte subventionierten, Liberalisierungsmaßnahmen auferlegt. Vgl. Breitenacher: Textilindustrie im Wandel, S. 73ff.

[16] Vgl. Philip von Schöppenthau: Multifaserabkommen – Quo vadis? Der Welttextilhandel nach der Uruguay Runde, in: Außenwirtschaft 48 (1993), S. 309–336; Heinz Hauser/Kai-Uwe Schanz: Das neue Gatt. Die Welthandelsordnung nach Abschluß der Uruguay-Runde, München 1995; Strube: Entwicklung, S. 32ff.; Jäger/Reckfort/Tücking: Deregulierung, S. 116ff.; Riesch: Lage, S. 46ff.; Silvia Jungbauer: Das Jahr danach. Quotenliberalisierung 2005 – handelspolitische Rück- und Ausblicke, in: Jahrbuch der Textil- und Modeindustrie 2005, hrsg. vom Gesamtverband der deutschen Textil- und Modeindustrie, S. 12–18.

[17] Vgl. auch die Abwägungen des Parlamentarischen Staatssekretärs im Bundesministerium für Wirtschaft anlässlich einer Jubiläumsveranstaltung von Gesamttextil: Martin Grüner: Textilpolitik der Bundesregierung, in: Gesamtverband der Textilindustrie in der Bundesrepublik Deutschland – Gesamttextil – e. V. (Hrsg.): Bewährung mit der Marktwirtschaft. 25 Jahre Gesamttextil Reden in der Jubiläumsveranstaltung und Jahreshautversammlung von Gesamttextil am 4. Dezember in Bonn, Frankfurt a. M. 1974, S. 5–15.

[18] Vgl. generell Wilhelm Hardt: Einige Probleme des internationalen Textilhandels, hrsg. vom Gesamtverband der Textilindustrie in der Bundesrepublik Deutschland – Gesamttextil, Frankfurt a. M.

Zusammenbruch zahlreicher Textilunternehmen und der Entlassung tausender von Arbeitskräften in häufig strukturschwachen Regionen zuzusehen.

Andererseits wollte die Bundesregierung den Interessen der Konsumenten an billiger Importware entgegenkommen sowie die Preis- und Lohnsteigerungen der inländischen Produzenten bremsen. Zudem war sie der Auffassung, dass die Entwicklungs- und Schwellenländer die Chance bekommen müssten, eine Industriewirtschaft aufzubauen und Absatz zu finden. Dafür sei insbesondere die Textilindustrie gut geeignet, da sie nur gering qualifizierte Arbeitskräfte erfordere. Der Aufbau einer Textilindustrie in diesen Ländern schaffe zudem eine potenzielle Nachfrage für den bundesdeutschen Textilmaschinenbau, dessen Produktion in den 1970er und 1980er Jahren zu über 90 Prozent exportiert wurde.[19] Letztlich erschienen der Bundesregierung die Entwicklungspolitik sowie die Arbeitsplätze des Textilmaschinenbaus wohl als zukunftsreicher als die Unterstützung der Textilindustrie, die als wenig konkurrenzfähig galt und nicht künstlich erhalten werden sollte.[20] Schließlich hatten die Textilindustriellen in Reaktion auf die Ende der 1950er Jahre einsetzende Strukturkrise die Löhne, die innerhalb des industriellen Lohnspektrums bereits relativ gering waren, weiter reduziert und damit das Lohnspektrum gerade für die Arbeit der Frauen nach unten weiter ausgedehnt:[21] eine Maßnahme, die nicht im sozialpolitischen Interesse des Staates war.

Die Entwicklungs- und Schwellenländer wiesen ihrerseits darauf hin, dass sie in die Lage versetzt werden müssten, die Importe aus den Industrieländern auch bezahlen zu können. Dies sei nur möglich, wenn sie Devisen erwirtschafteten. Dafür kamen vor allem Agrarprodukte und Textilien in Frage. Deshalb wandten sich auch die bundesdeutschen Industrien des Maschinenbaus, der Chemie und weiterer Branchen gegen zu hohe Importzölle auf Textilien.[22] Es verwundert somit nicht, dass die Bundesrepublik eine vergleichsweise liberale Politik verfolgte, d. h. sich gegenüber den Textilimporten auf relativ mäßige Zollsätze beschränkte, ja in der Zeit der größten Textilkrise, den 1970er Jahren,

---

1980; Neundörfer/Stahr: Wettbewerbsverhältnisse; Wilhelm Wunden: Die Textilindustrie der Bundesrepublik im Strukturwandel, Basel 1959, S. 145ff.; Engel: Wirtschaftsbeziehungen, S. 11, 148ff. Zu den Klagen und Forderungen der Textilindustrie aus westfälischer Perspektive vgl. Paul Kümpers: Westfalens Textilindustrie und ihre Stellung in der Weltwirtschaft und in der EWG, in: Westfalenspiegel 12/7 (1963), S. 1–6. Für die Gewerkschaft vgl. z. B. Berthold Keller: Herausforderungen der 80er Jahre für die Gewerkschaft Textil-Bekleidung, in: Gewerkschaftliche Monatshefte 33 (1982), S. 40–50; Engel: Wirtschaftsbeziehungen, S. 11; Alex Gertschen: Klassenfeinde – Branchenpartner? Unternehmer und Gewerkschaft der westdeutschen Textilindustrie vor der Herausforderung der Internationalisierung, 1949–1979, Baden-Baden 2013.
[19] Vgl. Matthias Scherf: Überlebensstrategien der deutschen Textilmaschinenunternehmen bei stagnierender Nachfrage, Münster 1987; Breitenacher: Textilindustrie im Wandel, S. 19; Eisbach: Branchenanalyse, S. 29f. Vgl. auch Sack: Entwicklung, S. 76. Im Jahre 1981 stammte etwa die Hälfte der exportierten Textilmaschinen aus Nordrhein-Westfalen, so etwa aus Mönchengladbach. Vgl. Wiebke Buchholz-Will/Rainer Skrotzki/Wolfram Wassermann: Krisenanpassung und Arbeitsbedingungen in der nordrhein-westfälischen Textil- und Bekleidungsindustrie, in: Jahrbuch Arbeit und Technik in Nordrhein-Westfalen 1985, S. 281–294, hier S. 283; Christian G. Schulze zur Wiesch: Die Entwicklung der Textilindustrie am Mittleren Niederrhein nach 1945, Diss., Münster 1997, S. 165ff.
[20] Vgl. Lindner: Faden, S. 112ff.; Engel: Wirtschaftsbeziehungen, S. 11, 136ff.
[21] Vgl. Eisbach: Branchenanalyse, S. 7.
[22] Vgl. Ludger Selg: Die Textil- und Bekleidungsindustrie, in: Umbruch im Produktionsbereich? Branchenanalysen: Chemische Industrie, Maschinenbau, Automobilindustrie, Elektrotechnische Industrie, Textil- und Bekleidungsindustrie und Bauindustrie in der BRD, Frankfurt a. M. 1985, S. 311–360, hier S. 344f.

die Zölle sogar senkte.[23] Während der frühen 1980er Jahre sprach sich zudem das liberal geführte Bundeswirtschaftsministerium im Vorfeld des dritten Welttextilabkommens sogar dafür aus, das GATT-Abkommen nicht zu verlängern, sondern aufzuheben.[24]

Angesichts der weltweiten Standortverschiebungen innerhalb der Textilindustrie, den internationalen Handelsregulierungen und den übergeordneten Interessen der nationalen Wirtschaftspolitik hatten die Länder innerhalb der Bundesrepublik kaum Spielraum, gegen den Niedergang ihrer Textilindustrien anzugehen. In einzelnen ihrer Regionen und Gemeinden hatte die Textilindustrie seit vorindustrieller Zeit quasi eine Monopolposition als industrieller Arbeitgeber;[25] die Textilkrise führte hier zu Betriebsschließungen, überproportional hohen Arbeitslosenraten, Protesten und Abwanderungen.[26] Dies galt vor allem für die 1970er und 1980er Jahre, in denen sich die Beschäftigtenzahlen vielfach halbierten und in der die übrige Wirtschaft aufgrund des Niedergangs weiterer altindustrieller Branchen kaum noch – wie in den 1950er und 1960er Jahren – freigesetzte Textilarbeiterinnen und -arbeiter aufnehmen konnte.

Die Reaktion der Länder konnte nicht in eigenen handelspolitischen Schutzmaßnahmen zugunsten ihrer Textilindustrie bestehen: Hierfür fehlten ihnen die Kompetenzen. Allenfalls konnten sie in dieser Frage auf die Bundesregierung einwirken, bei der Festsetzung der Importkontingente die Konjunkturlage zu berücksichtigen und mit der Strukturpolitik abzustimmen. Letztlich waren sie sich wohl – wie sich etwa in den Jahren

---

[23] Vgl. für die 1970er Jahre Breitenacher/Gälli/Grefermann: Perspektiven, S. 120 ff. Vgl. auch zur deutlich höheren Unterstützung der Textilindustrie in Frankreich Lynn Krieger Mytelka: In Search of a Partner: the State and the Textile Industry in France, in: Stephen S. Cohen/Peter Gourevitch (Hrsg.): France in a Troubled World Economy, London 1982, S. 132–150.

[24] Vgl. Selg: Textil- und Bekleidungsindustrie, S. 345 f.; Lindner: Faden, S. 138 ff. Sie gab dann aber dem Druck der bundesdeutschen Gewerkschaften nach. Diese argumentierten seit den 1980er Jahren in Übereinstimmung mit den Unternehmern, dass die hohe Konkurrenzfähigkeit der Textil- und Bekleidungsprodukte der Entwicklungsländer nicht zuletzt auf ein Sozial- und Ökodumping zurückgehe, d. h. auf die Ausbeutung der Arbeitskraft und die Belastung der Umwelt. Vgl. Riesch: Lage, S. 57 ff.; Jäger/Reckfort/Tücking: Deregulierung, S. 123 ff.

[25] Der Prozentsatz der Beschäftigten in der Textil- und Bekleidungsindustrie an den Industriebeschäftigten insgesamt lag während der 1950er Jahre z. B. in den westmünsterländischen Kreisen zwischen 50–80; in den 1960er Jahren bei 40–70 und in den 1980er Jahren bei 20–30, in der niedersächsischen Grafschaft Bentheim sogar noch bei 40–50 Prozent. Vgl. die Literaturangaben in: Karl Ditt: Wirtschaftlicher Wandel in Textilregionen während des 19. und 20. Jahrhunderts: Die Industrialisierung Minden-Ravensbergs und des Westmünsterlandes im Vergleich, in: Westfälische Forschungen 50 (2000), S. 293–331, hier S. 319 ff. Vgl. ferner Thomas Hauff: Die Textilindustrie zwischen Schrumpfung und Standortsicherung. Weltwirtschaftliche Anpassungszwänge, unternehmerische Handlungsstrategien und regionalökonomische Restrukturierungsprozesse in der Textilindustrie des Westmünsterlandes, Dortmund 1995, S. 129; Lauschke: Strategien, S. 229; Reckfort/Ridder: Textilwirtschaft, S. 26 ff.

[26] Vgl. zu den Arbeitslosenraten in Nordrhein-Westfalen: Der Minister für Wirtschaft, Mittelstand und Technologie des Landes Nordrhein-Westfalen (Hrsg.): Wirtschaftliche Lage in Nordrhein-Westfalen. Strukturanalyse 1950–1987, Düsseldorf 1987, S. 44; R. Brune/M. Koppel: Der Arbeitsmarkt in den Wirtschaftsregionen Nordrhein-Westfalens in den siebziger Jahren, in: RWI-Mitteilungen 34 (1983), S. 135; Karlheinz Hottes: Struktur und Probleme der Industrie in Westfalen, in: Peter Weber/Karl-Friedrich Schreiber (Hrsg.): Westfalen und angrenzende Regionen. Festschrift zum 44. Deutschen Geographentag in Münster, Teil I, Paderborn 1983, S. 125. Speziell für Gronau vgl. Ulrike Alff/Antje Niesert: Gronau und Enschede vor dem Wandel? Stellungnahmen zur Vorbereitung und Zukunft der Grenzstädte in Bezug auf Europa '93, in: Alois Mayr/Klaus Temlitz (Hrsg.): Münsterland und angrenzende Gebiete. Jahrestagung der Geographischen Kommission in Münster 1993, Münster 1993, S. 129, und die Berichterstattung in: Stadt Gronau: Statistisches Jahrbuch, Ausgabe 1982 ff.

1973/74 bei der Diskussion im Landtag Nordrhein-Westfalens zeigte – bewusst, dass der Strukturwandel unvermeidlich sei, d. h., dass eine „Flurbereinigung" in der Textilindustrie nicht vermieden werden und dass ein Protektionismus der Exportnation Bundesrepublik nur schädlich sein könne.[27] Deshalb war ihre Neigung, branchenspezifische Beihilfen zur Vermeidung von Arbeitslosigkeit auszugeben, gering, zumal sich dadurch ein Fass ohne Boden zu öffnen schien. Allenfalls engagierten sie sich durch Investitionsbeihilfen zur Förderung von Modernisierungs- und Rationalisierungsprozessen im Rahmen der Regionalpolitik, um die räumliche Ungleichheit der Lebensverhältnisse nicht zu stark werden zu lassen.[28]

Nur in Ausnahmefällen, etwa wenn ein textiles Großunternehmen mit mehreren tausend Beschäftigten unterzugehen drohte, engagierten sich die Länder etwa durch die Bereitstellung von Bürgschaften, Investitionszulagen oder Kapitalbeteiligungen. Diese Subventionen mussten jedoch häufig abgeschrieben werden, so etwa 1972 bei Schulte & Dieckhoff im westfälischen Horstmar, 1976 bei der Glöggler Gruppe in Augsburg sowie 1978 und 1980 bei van Delden in Gronau. Diese Unternehmen setzten im Unterschied zum italienischen Weg,[29] aber ganz im Sinne der zeitgenössischen ökonomischen und politischen Diskussion in der Bundesrepublik darauf, durch Betriebszusammenschlüsse und die Forcierung der Massenproduktion ihre Konkurrenzfähigkeit zu steigern und damit der asiatischen Konkurrenz auf ihrem eigenen Feld Paroli zu bieten.[30] Das war jedoch der Weg in den Konkurs. Die technische und organisatorische Rationalisierung der Herstellung von Massenkonsumprodukten konnte auf Dauer nicht die deutlich niedrigeren Lohnkosten in Südostasien und in Osteuropa kompensieren. Zudem erforderte der deutsche Binnen- und der EWG-Markt, die das Gros der Textilproduktion abnahmen, eher höherwertige Waren.

In allen drei Bundesländern ging deshalb die Beschäftigung in der Textilindustrie während der zweiten Hälfte des 20. Jahrhunderts deutlich zurück; überproportional büßte

---

[27] Vgl. Protokolle des Landtages Nordrhein-Westfalen, Drucksache 7/3214 vom 12. 11. 1973, Plenarprotokoll 7/90 vom 18. 12. 1973, Drucksache 3581 vom 20. 2. 1974 und Plenarprotokoll 7/96 vom 7. 3. 1974.
[28] Vgl. z. B. Hans Hopfinger: Erfolgskontrolle regionaler Wirtschaftsförderung. Zu den Auswirkungen der Regionalpolitik auf Arbeitsmarkt und Wirtschaftsstruktur am Beispiel der Textilindustrie im Regierungsbezirk Oberfranken, Erlangen 1982.
[29] Vgl. Geoffrey Shepherd: Textiles: New Ways of Surviving in an Old Industry, in: ders./François Duchêne/Christopher Saunders (Hrsg.): Europe's Industries. Public and Private Strategies for Change, London 1983, S. 26–51.
[30] Vgl. Buchholz-Will/Skrotzki/Wassermann: Krisenanpassung, S. 284; Schoeller: Strategien, S. 18. Vgl. zu dem in den 1960er/70er Jahren dominierenden Glauben an die Vorteile von Großbetrieben in der Textilindustrie Franz Fabian: Produktionstechnischer Fortschritt, Mindestbetriebsgröße und Konzentration in der Textilindustrie – untersucht am Beispiel der westdeutschen Baumwollspinnerei und -weberei, Münster 1969; Hendrik van Delden: Der Konzentrationsprozeß in der Textilindustrie unternehmensstrategische und technologische Bedingungen für seine Entfaltung, in: Zeitschrift für allgemeine und textile Marktwirtschaft 1973, H. 1, S. 61–78; Gerd Thormählen: Die Großunternehmen der westdeutschen Textilindustrie im Strukturwandel, Diss., Hamburg 1978; Breitenacher: Textilindustrie. Strukturwandlungen, S. 78 ff.; Olaf Plessow: Konzentration und Marketing am Beispiel der Textil- und Bekleidungsindustrie in der Bundesrepublik Deutschland, Diss., Berlin 1988, S. 133 ff.; Thomas Hauff: Gronau: Aufstieg und Niedergang des führenden Spinnereizentrums im westmünsterländischen Textilindustriegebiet, in: Gerhard Mietzner/Winfried Semmelmann/Hermann Josef Stenkamp (Hrsg.): Geschichte der Textilindustrie im Westmünsterland, Vreden 2013, S. 179–219; Lindner: Faden, S. 148 ff.; Engel: Wirtschaftsbeziehungen, S. 88 ff.

Nordrhein-Westfalen ein,[31] während Baden-Württemberg seinen Anteil halten und faktisch mit Nordrhein-Westfalen gleichziehen, Bayern seinen Anteil sogar steigern konnte, wie Tabelle 1 zeigt.

Tab. 1: Beschäftigte in der Textilindustrie der Bundesrepublik 1950–1994 absolut und in Prozent[32]

Land	1950		1960		1981		1994	
	absolut	in %	absolut	in %	absolut	in %	absolut	in %
NRW	208 315	39,5	220 122	35,9	75 450	26,7	44 821	26,8
Baden-Württemberg	141 122	26,7	168 721	27,5	93 505	33,1	44 446	26,6
Bayern	91 495	17,3	116 265	19,0	62 890	22,3	33 431	20,0
Bund	527 674	100,0	613 765	100,0	282 408	100,0	167 317	100,0

Für die überproportionale Einbuße in Nordrhein-Westfalen scheinen zwei Faktoren ausschlaggebend gewesen zu sein: zum einen, wie Karl Lauschke hervorgehoben hat, die vergleichsweise geringen Schutzmaßnahmen der lange Zeit SPD/FDP-geführten Landesregierung. Sie konzentrierte sich eher auf die Erhaltung des Bergbaus im Ruhrgebiet, deren Beschäftigte in der Regel zu den Wählern der Sozialdemokratie gehörten, als etwa auf die Unterstützung der Textilindustrie des ländlich geprägten Münsterlandes, deren Beschäftigte eher der CDU nahestanden.[33] Zum anderen wurden in Nordrhein-Westfalen Textilien hergestellt, die besonders hoher Konkurrenz unterlagen bzw. ersetzbar waren. Dazu gehörte etwa die Herstellung von Jutetextilien im Raum Emsdetten oder die Leinenherstellung im Raum Bielefeld. Dort konnten die Unternehmen aufgrund ihrer hohen Rohstoffkosten nur noch Nischenprodukte absetzen; viele machten in den 1980er Jahren dicht. Zudem wurden in der Baumwollregion um Mönchengladbach und im Westmünsterland vergleichsweise grobe, einfache Garne und Stoffe hergestellt, die besonders stark der Konkurrenz des Weltmarkts unterlagen. Diese Struktur und Marktsituation der nordrhein-westfälischen Textilindustrie dürften den überproportionalen Beschäftigtenrückgang in diesem Bundesland während der 1970er Jahre erklären.

---

[31] Vgl. auch Rudolf Krupp/Bernd Meyer: Die Entwicklung der Textilindustrie des Landes Nordrhein-Westfalen im Vergleich zu den übrigen Bundesländern von 1963 bis 1971, in: Zeitschrift für allgemeine und textile Marktwirtschaft 1971, S. 331–359; Norbert Jaeger: Strukturpolitik und regionaler Wandel in der Bundesrepublik Deutschland dargestellt am Beispiel der Textilindustrie, Diss., Bonn 1985, S. 72ff. Mit dieser überproportionalen Beschäftigteneinbuße kontrastiert das Phänomen, dass die Exportquote der nordrhein-westfälischen Textilindustrie in den Jahren 1978 und 1983 mit 39 bzw. 46 Prozent höher als in Baden-Württemberg (18 bzw. 35 Prozent) und Bayern (27 bzw. 37 Prozent) lag. Jedoch stieg die Exportquote der Textilindustrie zwischen 1978 und 1983 in den süddeutschen Ländern deutlich schneller als in Nordrhein-Westfalen. Das deutet darauf hin, dass ein Vorsprung abgebaut wurde. Vgl. Kurt Geppert/Bernd Görzig/Wolfgang Kirner: Die wirtschaftliche Entwicklung der Bundesländer in den siebziger und achtziger Jahren – eine vergleichende Analyse, Berlin 1987, S. 98ff.

[32] Zusammengestellt aus: Rudolf-Christoph Meier: Textilindustrie. Strukturelle Probleme und Wachstumschancen, Berlin 1964, S. 25; Landesamt für Datenverarbeitung und Statistik Nordrhein-Westfalen (Hrsg.): Beiträge zur Statistik des Landes Nordrhein-Westfalen, H. 643: Das Textilgewerbe in Nordrhein-Westfalen 1981–1988, Düsseldorf 1990, S. 28; Giese: Textilindustrie, S. 292; Hauff: Textilindustrie, S. 78ff.; Jäger/Reckfort/Tücking: Deregulierung, S. 43; Reckfort/Ridder: Textilwirtschaft, S. 20. Vgl. auch Lauschke: Strategien, S. 196f., 222f.; für die 1930er Jahre Gerd Höschle: Die deutsche Textilindustrie zwischen 1933 und 1939. Staatsinterventionismus und ökonomische Rationalität, Stuttgart 2004, S. 23ff.

[33] So die Argumentation von Lauschke: Strategien, S. 238ff.

Die nordrhein-westfälische Landesregierung hielt sich jedenfalls mit Subventionsmaßnahmen zurück.[34] Unterstützungen erfolgten eher dadurch, dass die Infrastruktur der jeweiligen Textilregion – z. B. durch die Verbesserung der Verkehrsverbindungen (u. a. Bau der Autobahn A 31, „Ostfriesenspieß"), die Bereitstellung von Flächen für Gewerbeparks, den Bau von Bildungseinrichtungen etc. – gestärkt wurde, um Betriebe anderer Branchen zur Ansiedlung anzuregen.[35] In Bayern und Baden-Württemberg profitierte dagegen die Textilindustrie während der 1950er Jahre zunächst von Betriebsneugründungen der aus Ostdeutschland, insbesondere aus Sachsen und Schlesien zugezogenen Textilunternehmer.[36] Der Textilindustrie Württembergs nutzte zudem der Nachfrageaufschwung der Maschenwaren, die Textilindustrie Oberfrankens profitierte von den sogenannten Grenzlandhilfen, die Bund und Land z. B. in Form von Kreditverbilligungen gaben.[37]

3. Reaktionen der Textilunternehmer

Die Textilunternehmer selbst zeigten – jenseits der Forderung nach Schutzzöllen – mehrere Reaktionen, um der wachsenden Konkurrenz zu begegnen. Zum Ersten investierten sie in die Modernisierung ihres Maschinenparks. Seit Ende der 1950er Jahre gingen die Webereien zunächst verstärkt zum Einsatz von Halbautomaten über.[38] Zwischen 1965 und 1977 stieg dann der Prozentsatz der Webautomaten an der Gesamtzahl der Webstühle in der Bundesrepublik von 79 auf 99 Prozent, einen der höchsten Werte in Europa.[39] Abgesehen von der Einsparung an Arbeitskraft gehörten zu den technologischen Moder-

---

[34] Vgl. Lauschke: Strategien, S. 242.

[35] Vgl. z. B. Raimund Pingel: Berufliche Qualifikation und regionaler Strukturwandel. Das Beispiel Kreis Borken, in: Informationen zur Raumentwicklung, H. 6/7 (1982), S. 463; Bericht der Landesregierung Nordrhein-Westfalen gemäß § 20 des Landesplanungsgesetzes in der Fassung der Bekanntmachung vom 1. August 1972 (Schriftenreihe des Ministerpräsidenten des Landes Nordrhein-Westfalen, H. 35), Düsseldorf 1973, S. 39; Jürgen Geisler: Innovative Unternehmen im Münsterland. Empirische Erhebung des Innovationsverhaltens und der Nutzung technologieorientierter Infrastruktur zu Beginn der 1990er Jahre, Münster 1998, S. 16f.

[36] Vgl. Lindner: Faden, S. 91; Karl Lauschke: Die süddeutsche Textilindustrie im 20. Jahrhundert, in: Karl Borromäus Murr/Wolfgang Wüst/Werner K. Blessing/Peter Fassl (Hrsg.): Die süddeutsche Textillandschaft. Geschichte und Erinnerung von der Frühen Neuzeit bis in die Gegenwart, Augsburg 2010, S. 85–93, hier S. 90f.

[37] Vgl. Hermann Woll, Die Wirk- und Strickwarenindustrie in Baden-Württemberg, in: Jahrbücher für Statistik und Landeskunde von Baden-Württemberg 3 (1958), S. 153–165; Alfons Frey: Die industrielle Entwicklung Bayerns von 1925 bis 1975. Eine vergleichende Untersuchung über die Rolle städtischer Agglomerationen im Industrialisierungsprozess, Berlin 2003, S. 170; Lindner: Faden, S. 136; Lauschke: Strategien, S. 245ff.

[38] Vgl. Hans-Jürgen Weißbach unter Mitarbeit von Barbara Weißbach: Rationalisierungsprozesse in der Textilindustrie: arbeitspolitische Risiken und Chancen, in: Ludger Pries/Rudi Schmidt/Rainer Trinczek (Hrsg.): Trends betrieblicher Produktionsmodernisierung. Chancen und Risiken für Industriearbeit. Expertenberichte aus sieben Branchen, Opladen 1989, S. 269–313, hier S. 277f. Vgl. zur Technik der halbautomatischen und automatischen Webstühle sowie der Arbeitsbelastung Erich Wedekind: Der Einfluß der Automatisierung auf die Struktur der Maschinen- und Arbeitszeiten am mehrstelligen Arbeitsplatz in der Textilindustrie, Köln 1958.

[39] Vgl. OECD: Textile and Clothing Industries, S. 24; R. J. Smith: Schützenlose Webmaschinen, in: Lars Nabseth/George F. Ray (Hrsg.): Neue Technologien in der Industrie. Eine internationale Studie über die Verbreitung von acht Produktionsverfahren, München 1978, S. 300–351. Vgl. ebenso für NRW Buchholz-Will/Skrotzki/Wassermann: Krisenanpassung, S. 285.

nisierungsprozessen auch die Erhöhung der Spindel- und Schützengeschwindigkeiten, seit den 1960er Jahren auch die Einführung des Offen-End-Spinnens[40] und der Texturiertechnik in der Garnerzeugung sowie der Maschen- und der Nadelfilztechnik in der textilen Flächenproduktion. In den 1970er Jahren erfolgte dann der Einsatz von Prozessrechnern, die den Produktionsprozess überwachten, steuerten und regelten.[41] Damit stieg die Kapitalintensität des textilindustriellen Arbeitsplatzes bis zur Mitte der 1970er Jahre knapp auf den Durchschnitt, bis zum Ende der 1980er Jahre auf knapp das Doppelte der Anlagekosten eines Arbeitsplatzes in der verarbeitenden Industrie.[42] Es verwundert deshalb nicht, dass die jährliche Produktivitätssteigerung der Textilindustrie zwischen 1960 und 1991 diejenige der bundesdeutschen Industriewirtschaft insgesamt mit 4,4 zu 2,8 Prozent deutlich übertraf.[43] Auch im Vergleich zur außereuropäischen Konkurrenz konnten zwar deutliche Produktivitätsgewinne erzielt werden. Je länger, je deutlicher zeigte sich jedoch, dass gerade in Ostasien die Zeitspanne, in der alte durch neue Maschinen ersetzt wurden, kürzer wurde, sodass der zeitliche Genuss der Produktivitätsvorteile schrumpfte.

Zum Zweiten gingen die Textilunternehmer in den 1970er Jahren zur Verlängerung der Arbeitszeiten durch die Einführung des Dreischichtsystems über. Bereits in den Jahren 1953/54 hatte eine amerikanische Expertengruppe, die die Bundesrepublik besuchte, festgestellt, dass die Maschinenlaufzeiten in der bundesdeutschen Textilindustrie deutlich unter denen der USA lagen. In der Baumwollweberei liefen sie – bei 56 Stunden pro Woche – im Jahr etwa 2900 Stunden, in den USA dagegen knapp 6000 Stunden, während in der Baumwollspinnerei das Verhältnis etwa 3500 zu 5900 Stunden betrug. Die Empfehlung hatte deshalb gelautet, zum Mehrschichtbetrieb überzugehen, um das Fixkapital besser auszunutzen. Zudem würde die Notwendigkeit, die Technologie kontinuierlich zu modernisieren, den Kapitaleinsatz steigern. Damit nehme zugleich der Zwang zu, die Arbeitskraft stärker auszunutzen. Diejenigen Unternehmen, die dieser Logik nicht folgten, würden aus dem Markt ausscheiden: ein sinnvoller Prozess, da überschüssige Kapazitäten nur zu Preisdumping führen würden.[44] Daraufhin stiegen die Maschinenlaufzeiten der

---

[40] Vgl. Jürgen Ripken: Innovationsprozesse in der Textilindustrie – Das Offen-End-Spinnverfahren, Frankfurt a. M. 1981; Thomas Kosche: Ring oder Rotor? Die Geschichte des Offen-End-Spinnens und einer gründlichen Fehleinschätzung, in: Technikgeschichte 58 (1991), S. 209–235.

[41] Vgl. VDI-Berichte 411: Textile Arbeitswelt von morgen durch Automatisierung und Prozeßsteuerung. Tagung Mönchengladbach 1981, Düsseldorf 1981.

[42] Vgl. Lauschke: Strategien, S. 219; Dirk Schallenberg: Akquisitionen und Kooperationen. Eine entscheidungsorientierte Analyse von Unternehmenszusammenschlüssen in der Textilwirtschaft, Bergisch Gladbach 1995, S. 29.

[43] Vgl. Buchholz-Will/Skrotzki/Wassermann: Krisenanpassung, S. 285; Michael Grömling/Jürgen Matthes: Globalisierung und Strukturwandel der deutschen Textil- und Bekleidungsindustrie, Köln 2003, S. 32; Mühleck: Krise, S. 306; Kasselmann: Produktions- und Beschäftigungseffekte, S. 18f. Zwischen 1995 und 2007 verdoppelte sich die Umsatzproduktivität pro Beschäftigten der Textilindustrie erneut. Vgl. Dispan: Bekleidungswirtschaft, S. 10. Konsequenz dieses Automatisierungsprozesses war die Erhöhung der Zahl der zu überwachenden Maschinen. Während zu Beginn der 1950er Jahre ein Weber 15 Webstühle bediente, waren es zu Beginn der 1970er Jahre 30 Webstühle. Vgl. Siegfried Braun: Ablauf und soziale Folgen von technischen und arbeitsorganisatorischen Veränderungen in einer Weberei (Oktober 1968), Göttingen 1968; Weißbach: Rationalisierungsprozesse, S. 279.

[44] Vgl. Rationalisierungs-Kuratorium der Deutschen Wirtschaft, RKW-Auslandsdienst: Produktivitätsprobleme in der deutschen Textilindustrie. Erkenntnisse und Empfehlungen auf Grund der Beratung einiger deutscher Textilbetriebe durch amerikanische Sachverständige, München 1958, S. 12ff.

deutschen Textilindustrie zwischen 1953 und 1988 von 2900 auf knapp 5500 Stunden an.[45] Der Wert war immer noch deutlich niedriger als in zahlreichen europäischen Ländern und vor allem als in Singapur, Indonesien oder Südkorea, wo in dieser Zeit mehr als 8400 Stunden pro Jahr gearbeitet wurden.[46] In den 1960er Jahren gingen zahlreiche Betriebe zum Zwei-, in den 1970er Jahren zum Dreischichtsystem über. Nur das Verbot der Sonntagsarbeit verhinderte, dass die Textilunternehmen – wie in anderen westlichen Industrienationen – auch das Wochenende durcharbeiten ließen, obwohl die Unternehmerorganisation Gesamttextil immer wieder entsprechende Vorstöße unternahm und darauf verwies, dass damit die Herstellungskosten um 6 bis 8 Prozent gesenkt werden könnten.[47] Im Jahre 1979 leisteten 19 Prozent der in der Produktion der Textilindustrie Beschäftigten Schichtarbeit: doppelt so viel wie in der Industrie insgesamt.[48]

Die technologischen Modernisierungen und die Einführung der Schichtarbeit reduzierten den Anteil der Löhne an den Produktionskosten und setzten Arbeitskräfte frei. Insbesondere im Jahrzehnt zwischen 1970–1980 rollten die Entlassungswellen. In den nordrhein-westfälischen Spinnereien gingen 46 Prozent und in den Webereien 44 Prozent der Arbeitsplätze verloren.[49] Dennoch konnten der technologische Vorsprung und die Ausdehnung der Arbeitszeiten in der bundesdeutschen Textilindustrie die Kostenvorteile zahlreicher Schwellenländer nicht vollständig kompensieren, sodass es letztlich keine Möglichkeiten gab, sich auf dem Markt der einfachen Massenwaren zu behaupten.[50]

Infolgedessen wandten sich die überlebenden Textilunternehmer weitgehend von der Herstellung einfacher Garne und Stoffe ab und spezialisierten sich – und dies war ihre dritte Reaktion – auf die Herstellung von Qualitätswaren mit besonderem Design und für besondere Zwecke. Anfang der 1980er Jahre machten Wäsche und Bekleidung 60 Prozent ihrer Produktion aus, Heimtextilien (Gardinen, Teppiche, Möbel- und Dekorationsstoffe) 30 Prozent und spezifische Gewebe für technische Zwecke, die besondere physikalische, chemische oder funktionale Eigenschaften hatten und deren Produktion eines gewissen *Know-hows* bedurfte, 10 Prozent. Letztere werden vor allem in der Automobil-, Bahn-, Schiffs- und Flugzeug-, Möbel- und Verpackungsindustrie, der Medizintechnik sowie der Bau- und Agrarwirtschaft eingesetzt. Der Anteil der technischen Gewebe stieg bis zum Jahre 2006 auf über 40 Prozent und übertraf damit den Absatz für Bekleidung und Heim-

---

[45] Vgl. Breitenacher: Textilindustrie im Wandel, S. 71 ff.; Hauff: Textilindustrie, S. 91 f. Zur Maschinenlaufzeit in der Textilindustrie im internationalen Vergleich im Jahre 2000 vgl. Grömling/Matthes: Globalisierung, S. 41.

[46] Vgl. Schoeller: Strategien, S. 90 f.; Breitenacher/Gälli/Grefermann: Perspektiven, S. 91; Neundörfer/Stahr: Wettbewerbsverhältnisse, S. 10 f., 23, 77; Gesamttextil: Auf dem Weg zum Europäischen Binnenmarkt. Ein Leitfaden für die deutsche Textilindustrie, Frankfurt a. M. 1988, S. 21 f.

[47] Vgl. Weißbach: Rationalisierungsprozesse, S. 301; Strube: Entwicklung, S. 82; Sonntagsarbeit in Europa. Eine vergleichende Untersuchung ihres Einflusses in der Textilindustrie. Gutachten erstattet von der Gherzi Textil Organisation, Zürich, im Auftrag von Gesamttextil, Frankfurt a. M. 1988, S. 8.

[48] Vgl. Werner Friedrich/Karl Ch. Röthlingshofer: Schichtarbeit in der Industrie, München 1980, S. 17, 146 ff.

[49] Vgl. z. B. Engel: Wirtschaftsbeziehungen, S. 67 ff.

[50] Vgl. Hauff: Textilindustrie, S. 89 ff.; Klaus Backhaus/Markus Voeth: Strategische Allianzen. Erfolgversprechender Weg zur Existenzsicherung in der Textil- und Bekleidungsindustrie?, in: Verband der Nordwestdeutschen Textilindustrie/Forschungsstelle für Textilwirtschaft an der Universität Münster (Hrsg.): 12. Zukunftssymposium Textil „Kooperation in der Textilwirtschaft". Existenzsicherung in der textilen Kette durch horizontale und vertikale Kooperation. Realität – Vision – Utopie? 22. 11. 1994, Münster 1994, S. 10–38, hier S. 20 ff.

textilien.[51] Diese Produkte wurden häufig von neuen Textilunternehmen hergestellt. Dies war ein Zeichen dafür, dass auch in einem hart umkämpften, niedergehenden Markt Entwicklungsmöglichkeiten existierten, die die Innovationsfähigkeit und Flexibilität der etablierten Unternehmen überforderten.[52]

Zum Vierten schließlich versuchten die Textilunternehmer, ihre Produktion auf den in den 1970er Jahren deutlich werdenden Wandel des Konsumentenverhaltens einzustellen, das sich von der billigen Massenware stärker auf individuelle Qualitätsware orientierte und das vom Marketing rasch aufgenommen wurde. Diese Kundenorientierung bedeutete eine genauere Mode- und Marktbeobachtung mit entsprechenden Prognoseentwicklungen sowie die Flexibilisierung der Produktion mit der *Quick-Response*-Strategie, der Herstellung von Kleinserien und der *Just-in-time*-Produktion mit der Beschleunigung des Transportflusses.[53] Dafür erwies sich die Existenz bzw. der Aufbau lokaler und regionaler Netzwerke, d. h. Weiterentwicklungen traditioneller früh- und hochindustrieller Vorwärts- und Rückwärtskopplungen, als besonders nützlich.[54] Hierin lag wohl auch eine Ursache dafür, dass in den 1990er Jahren im Unterschied zum Bergbau sowie zur Eisen- und Stahlindustrie Verschmelzungs- und Zentralisierungstendenzen z. B. zur Ersparung von Entwicklungs-, Marketing- und Vertriebskosten – unter anderem durch die Gründung einer Deutschen Textil AG – nicht realisiert wurden.[55]

4. Schluss: Behauptung auf niedrigem Niveau

Abschließend seien die Ursachen der Krise der Textilindustrie sowie die Reaktionen des Staates und der Unternehmen noch einmal zusammengefasst. Deutlich wurde, dass sowohl die zunehmende Konkurrenz als auch der rationalisierungsbedingte Produktivitäts-

[51] Vgl. E. Helmstädter: Das Ausgabeverhalten der deutschen Textilkonsumenten. Vortrag anläßlich der Bundesversammlung des Textilgroßhandels am 4. Mai 1979 in Hamburg, hrsg. vom Gesamtverband des Deutschen Textilgroßhandels e. V., Hamburg 1979, S. 1; Ernst-Heinrich Stahr: Textilindustrie. Eine Branche behauptet sich im Strukturwandel, in: der arbeitgeber 35/5 (1983), S. 180–183, hier S. 180; Grömling/Matthes: Globalisierung, S. 69, 91; Schoeller: Strategien, S. 51, mit einer Aufzählung der Textiltypen, ihres Wertes und ihrer Abnehmerbranchen; Forschungskuratorium Textil e. V. (Hrsg.): Textilforschung in Deutschland. Perspektiven 2015, Eschborn 2006; Breitenacher: Textilindustrie im Wandel, S. 18f., 124ff. Vgl. für Nordrhein-Westfalen Giese: Textilindustrie, S. 299f. Vgl. als Beispiel Friedrich H. Rödlich: Von der Bleicherei zur Textilchemie. Strukturwandlungen der Textilveredlung seit 1945, dargestellt am Beispiel des Westmünsterlandes, Frankfurt a. M. 1998, S. 203ff.

[52] Vgl. dazu die Kurzcharakteristik der 25 umsatzstärksten Textilunternehmen der Bundesrepublik im Jahre 1988 in: Bernhard Nagel: Quick-Response-Strategien in der Textil- und Bekleidungsindustrie, Düsseldorf 1991, S. 76ff.; Lindner: Faden, S. 171ff.

[53] Vgl. generell Michael J. Piore/Charles F. Sabel: Das Ende der Massenproduktion. Studie über die Requalifizierung der Arbeit und die Rückkehr der Ökonomie in die Gesellschaft, Frankfurt a. M. 1989; Hans-Horst Hensche: Zeitwettbewerb in der Textilwirtschaft: Das Quick Response Konzept, in: Joachim Zentes (Hrsg.): Moderne Distributionskonzepte in der Konsumgüterwirtschaft, Stuttgart 1991, S. 275–308; Verband der Nord-Westdeutschen Textilindustrie Münster (Hrsg.): 11. Zukunftssymposium Textil „Wachstumschancen im Verdrängungswettbewerb", 8. Dezember 1992, o. O. o. J.; Frank Bierbaum: Strategisches Verhalten in stagnierenden Branchen – Eine Darstellung am Beispiel der deutschen Textilindustrie, Gronau 1992, S. 244ff.; Strube: Entwicklung, S. 136ff.; Giese: Textilindustrie, S. 299.

[54] Vgl. Belke: Industriestrukturen, mit regionalen Beispielen.

[55] Vgl. Hauff: Textilindustrie, S. 96ff.; Schoeller: Strategien, S. 256ff.; Schallenberg: Akquisitionen, S. 9ff.

und Produktionszuwachs dazu führten, dass in der Bundesrepublik seit Ende der 1950er Jahre zahlreiche Textilbetriebe geschlossen werden mussten. Die Konkurrenz bestand in den Textilimporten. Seit Ende der 1950er Jahre nahm der Anteil, der aus Asien stammte, zu; er machte aber bis in die 1980er und 1990er Jahre kaum mehr als ein Viertel aller Textilimporte aus. Diese Importe sorgten vor allem in den 1960er und 1970er Jahren dafür, dass bundesdeutsche Unternehmen, die einfache Textilien produzierten, vom Markt verschwanden oder sich auf die Herstellung höherwertiger oder besonderer Textilien umstellen mussten. In dieser Zeit lag die Quote der bundesdeutschen Textilexporte nur zwischen 4 und 14 Prozent der Produktion. Das war zu wenig, um die Verluste auf dem Binnenmarkt zu kompensieren.[56]

Quantitativ bedeutsamer war die Konkurrenz aus den europäischen Ländern. Sie stellten in den 1960er bis 1990er Jahren mehr als die Hälfte aller Textilimporte.[57] Der Niedergang der bundesdeutschen Textilindustrie, d. h. die Schließung zahlreicher Betriebe, dürfte also nur zu einem kleinen Teil auf die überlegene Preiskonkurrenz der asiatischen Länder, zum größeren Teil dagegen auf die Importe aus Europa und auf eine rationalisierungsbedingte Überproduktion zurückgegangen sein.[58] Aufgrund der Mitgliedschaft in der Freihandelszone der Europäischen Wirtschaftsgemeinschaft (EWG) bzw. Europäischen Gemeinschaft (EG) waren gegen diese Importe kaum politische Schutzmaßnahmen möglich.

Die bundesdeutsche Textilindustrie konnte sich jedoch aufgrund technologischer und organisatorischer Rationalisierungsmaßnahmen, flexibler Produktions- und Handelsweisen sowie des Übergangs zu höherwertigen und technischen Textilien, in denen Deutschland derzeit weltweit führend ist,[59] auf niedrigem Niveau behaupten. Ausdruck dieser Steigerung der Konkurrenzfähigkeit ist die anhaltende Erhöhung der Exportquote. Sie stieg von 4 Prozent im Jahre 1950 über 14 Prozent im Jahre 1970 auf 29 Prozent im Jahre 1989 und betrug im Jahre 2005 bereits 45 Prozent.[60] Die bundesdeutsche Textilindustrie konnte also seit den 1960er Jahren den wachsenden Importen von Textilien durch einen wachsenden Export begegnen. In den 1980er Jahren war sie der größte Textilexporteur

---

[56] Vgl. Eisbach: Branchenanalyse, S. 15, 22 f.; Kasselmann: Produktions- und Beschäftigungseffekte, S. 1 f.

[57] Vgl. Regina Konle-Seidl: Die Textil- und Bekleidungsindustrie in der Bundesrepublik Deutschland, Nürnberg 1992, S. 3 ff.; Lindner: Faden, S. 118 ff., 138; Lauschke: Strategien, S. 217; Reckfort: Markt, S. 11 f.

[58] Trotz drastischer Schließungsprozesse von Spinnereien und Webereien übertraf die Produktion der verbliebenen Unternehmen den Ausfall der Kapazitäten, da die Produktion an Garn und Geweben in der BRD weiter stieg. Vgl. Herwig Strolz: Der Weltmarkt zur Jahrtausendwende, in: Zukunftssymposium Textil „Globales Operieren – Zukunftsstrategien für die deutsche Textilindustrie", 29. November 1990, Münster 1991, S. 5–28, hier S. 6. Vgl. auch Selg: Textil- und Bekleidungsindustrie, S. 323 f.

[59] Vgl. Jungbauer: Das Jahr danach, S. 12 ff.; Kirsten Rahmann: Im Gespräch mit ... Dr. Markus Kerber, Hauptgeschäftsführer BDI, in: textil + modewelt 2011 + 12, S. 7.

[60] Vgl. Mühleck: Krise, S. 350 f.; Dean Spinanger: Kann Deutschland als Standort für die Textil- und Bekleidungsindustrie gesichert werden?, in: Die Weltwirtschaft (1993), S. 92–116. In Nordrhein-Westfalen steigerte die Textilindustrie ihre Exportquote zwischen 1960, 1976 und 1990 von 8 über 21 auf 31 Prozent, d. h. etwas stärker als im bundesdeutschen Durchschnitt. Vgl. Karl Lauschke: Wandel und neue Krisen: Die alten Industrien in den 1970er und 1980er Jahren, in: Goch (Hrsg.), Strukturwandel und Strukturpolitik, S. 136–162, hier S. 157; Manfred Zachcial/Jürgen Galonska/Hans-Heinz Kreuter/Heiner Sassenfeld: Die nordrhein-westfälische Wirtschaft im weltwirtschaftlichen Strukturwandel. Strukturanalyse und Anpassungserfordernisse, Opladen 1979, S. 18 f.

der Welt; fiel in den 1990er Jahren jedoch auf den vierten Platz zurück. Von den Exporten gingen in den 1980/90er Jahren knapp 90 Prozent in den hart umkämpften europäischen Markt.[61]

Vor dem Hintergrund dieser Strukturwandlungen und dieser Weltmarktstellung erscheinen aus wirtschaftspolitischer Perspektive sowohl die internationale als auch die nationale staatliche Reaktion auf die wachsende Konkurrenz der Billiglohnländer sowie die Herstellung einer Freihandelszone innerhalb Europas als durchaus erfolgreich. Die GATT-, Baumwoll- und Welttextil-Abkommen, denen sich die bundesdeutschen Regierungen nicht in den Weg stellten, verhinderten den völligen Zusammenbruch der Textilindustrie bzw. ermöglichten eine Streckung des unausweichlichen Reduzierungsprozesses. Die Länderregierungen innerhalb der Bundesrepublik schalteten sich nur in Einzelfällen großbetrieblicher Krisen unterstützend ein, ohne den Schrumpfungsprozess damit auf Dauer verhindern zu können oder zu wollen. Die zukunftsweisenden Maßnahmen des Staates beschränkten sich im Wesentlichen auf die Unterstützung von Textilforschungszentren (Aachen, Krefeld, Denkendorf) und -instituten,[62] d. h. auf angewandte Wissenschaftspolitik; damit wurde zweifellos die Erschließung des Wachstumsfeldes der technischen Textilien gefördert. Hinzu kamen auf Länderebene wirtschaftspolitische Maßnahmen, die über den Ausbau von Infrastrukturmaßnahmen die vielfach monoindustriellen, tendenziell rückständigen Regionen für die Ansiedlung von „Ersatzindustrien" attraktiver machten.

Abgesehen von der wirtschafts- und außenpolitischen Zurückhaltung des Staates schien das Ausbleiben weiterer Subventions- und Fördermaßnahmen auch auf den im Vergleich zu Landwirtschaft, Montanindustrie und Schiffsbau schwachen politischen Druck der zumeist mittelständischen Unternehmer und der Gewerkschaften zurückzugehen. Die Unternehmerorganisation Gesamttextil war durchaus bereit, rationalisierungsunwillige Unternehmen bankrottgehen zu lassen, und forderte weniger Schutz oder Subventionen als „Waffengleichheit", d. h. die Herstellung international gleicher Arbeitsbedingungen etwa auf dem Feld der Arbeitszeit oder der Kinderbeschäftigung.[63]

Die Gewerkschaft Textil-Bekleidung dachte in puncto Rationalisierung ähnlich.[64] Sie konnte in Nordrhein-Westfalen seit den 1960er Jahren bei anhaltendem Arbeitsplatzabbau vor allem Sozialleistungen erstreiten, in Bayern Lohnkürzungen verhindern, aber nicht wie im Falle der Montanindustrie Bund und Land für Schutzmaßnahmen und Absatzgarantien gewinnen. Sie unterstützte zwar zeitweise die Schutzbestrebungen von Gesamttextil – ihre Fähigkeit, ihre Mitglieder zu mobilisieren und politischen Einfluss auszuüben, war jedoch aufgrund der begrenzten Organisationsquote und der Struktur der Textilbeschäftigten vergleichsweise gering. Die Anteile der ausländischen und der weiblichen Arbeitskräfte waren vergleichsweise hoch. Vor der Wahl, für den Erhalt der Betriebe zu kämpfen, sich gewerkschaftlich zu organisieren und damit deren Stellung gegenüber

---

[61] An der Spitze standen jetzt China, Hongkong und Italien. Vgl. Breitenacher/Gälli/Grefermann: Perspektiven; Strube: Entwicklung, S. 125; Grömling/Matthes: Globalisierung, S. 14; Jäger: Deregulierung, S. 64; Reckfort: Markt, S. 10 f.; Marcus Jacoangeli: Die Textil- und Modebranche in Deutschland: Innovativ aus Tradition, in: textil + modewelt 2010 +11, S. 4–6.

[62] Vgl. Lauschke: Strategien, S. 221; Jacoangeli: Textil- und Modebranche, S. 6.

[63] Vgl. Lindner: Faden, S. 115; von Netzer: Textilindustrie, S. 37. Zudem wies die Organisation Gesamttextil darauf hin, dass auch die Entwicklungsländer ihre Textilexporte subventionieren und ihren eigenen Markt abschotten, d. h. den Wettbewerb verfälschen würden. Vgl. Hardt: Probleme.

[64] Vgl. Lindner: Faden, S. 115 f.

Land und Bund zu stärken oder abzuwandern, wählten viele Textilbeschäftigte die zweite Möglichkeit, insbesondere wenn sie – wie in den 1950er und 1960er Jahren dank der einsetzenden Industrialisierung des ländlichen Raumes – leicht neue Arbeitsmöglichkeiten finden konnten. Viele der weiblichen Beschäftigten sahen auch ihr Arbeitsverhältnis eher als befristet oder als Zusatzeinkommen für die Familie an – dementsprechend hoch war die Fluktuationsrate in den Belegschaften.[65] Schließlich war die Textilindustrie auch eher mittelbetrieblich organisiert und konnte im Unterschied zum Bergbau sowie der Eisen- und Stahlindustrie weniger einfach Arbeitermassen mobilisieren, wie etwa der Augsburger Textilindustrielle Christian Gottfried Dierig in den 1950er Jahren gegenüber der Bundesregierung einräumen musste.[66] Jedenfalls blieben die Anstöße seitens der Tarifparteien zu einer ausgeprägten staatlichen Subventionspolitik vergleichsweise schwach.

Die Textilindustrie gehörte damit zu denjenigen altindustriellen Branchen, die relativ wenig geschützt wurden: Der Staat setzte aus übergeordneten Motiven auf eine „passive Sanierung", er sah letztlich nur zu, wie sie unter dem Druck des Weltmarktes schrumpfte. Durch Rationalisierungen, Spezialisierungen und Umstrukturierungen auf neue Produkte, d. h. letztlich durch ein *upgrading* ihrer Produktion, sowie durch eine deutliche Ausdehnung ihres Auslandsabsatzes gelang es der bundesdeutschen Textilindustrie jedoch im späten 20. Jahrhundert, sich aus eigener Kraft auf einem deutlich niedrigeren Niveau zu stabilisieren und Überlebensperspektiven zu gewinnen.

---

[65] Vgl. z. B. Dierk Hartleb: Eine Stadt gibt sich nicht auf, in: Kommunalpolitische Blätter 4/1983, S. 281–285; Lauschke: Strategien, S. 225 ff.; Schoeller: Strategien, S. 68 ff. Der gewerkschaftliche Organisationsgrad in der Textil- und Bekleidungsindustrie war jedoch zwischen 1974 und 1985 mit 38 bzw. 47 Prozent vergleichsweise hoch. Vgl. Karin Figge/Sigrid Quack: Frauenbeschäftigung in der bundesdeutschen Textil- und Bekleidungsindustrie – Entwicklungen und Perspektiven unter Berücksichtigung des europäischen Binnenmarktes. WZB Discussion Paper FS I 90-10. Berlin: Wissenschaftszentrum für Sozialforschung, Berlin 1990, S. 110.
[66] Vgl. Gertschen: Klassenfeinde, S. 70.

Rainer Karlsch
Industrielle Kerne in Ostdeutschland

Entstehung, Erhalt und Wandel

1. Vorbemerkung

In den Debatten um die Transformation der ostdeutschen Wirtschaft nach 1990 spielte der Erhalt von industriellen Kernen eine zentrale Rolle. Darunter wurden aus den ehemaligen Kombinaten der DDR hervorgegangene Unternehmen des produzierenden Gewerbes mit mehr als 1000 Beschäftigten verstanden. Ohne solche Großunternehmen, so die gängige Argumentation, fehle den betreffenden Regionen in ihrer Wirtschaftsstruktur ein entscheidendes Element. Es drohten eine dauerhafte wirtschaftliche Rückständigkeit, die fortgesetzte Abwanderung von Fachkräften und jungen Menschen sowie soziale Verwerfungen. Angesichts dieser hier nur angedeuteten Entwicklungen konzentrierte sich die Politik in den 1990er Jahren auf den Erhalt von besonders symbolträchtigen Unternehmen. Dazu gehörten das Eisenhüttenkombinat Ost (EKO) in Eisenhüttenstadt im Land Brandenburg, die Warnowwerft Warnemünde in Mecklenburg-Vorpommern und das Leuna-Werk nahe Merseburg in Sachsen-Anhalt. Im Folgenden wird die Entstehung bzw. der Ausbau dieser drei Standorte als Folge staatlicher Industriepolitik nach dem Zweiten Weltkrieg und das Ringen um ihren Erhalt nach der deutschen Einheit dargestellt.

2. Die Entstehung von industriellen Kernen

2.1 Warnowwerft Warnemünde

Vor dem Zweiten Weltkrieg gab es in Mecklenburg-Vorpommern abgesehen von der Rostocker Neptunwerft keine nennenswerten Schiffbaukapazitäten.[1] Die traditionellen Zentren des Seehandels und Schiffbaus lagen an der Nordseeküste. Zur wichtigsten Industrie im dünn besiedelten und agrarisch geprägten Mecklenburg-Vorpommern entwickelte sich im Zuge der nationalsozialistischen Aufrüstung der Flugzeugbau mit Werken in Wismar, Rostock und Warnemünde. Der Anteil der dort Beschäftigten an der Gesamtzahl der Industriebeschäftigten in Mecklenburg-Vorpommern lag 1939 bei rund 30 Prozent.[2] Damit war es nach Kriegsende vorbei. Die Flugzeugwerke in der gesamten sowjetischen Besatzungszone (SBZ) wurden komplett demontiert.[3] Die Landespolitik – von 1945 bis 1952 existierten in der SBZ/DDR fünf Länder – stand vor der Frage, ob überhaupt und wenn ja, wie der Verlust von zehntausenden Industriearbeitsplätzen kompensiert werden sollte.

---

[1] Vgl. Kathrin Möller: Wunder an der Warnow. Zum Aufbau der Warnowwerft und ihrer Belegschaft in Rostock-Warnemünde (1945 bis 1961), Bremen 1998.
[2] Vgl. Lutz Budraß/Dag Krienen/Stefan Prott: Nicht nur Spezialisten. Das Humankapital der deutschen Flugzeugindustrie in der Industrie- und Standortpolitik der Nachkriegszeit, in: Lothar Baar/Dietmar Petzina (Hrsg.): Deutsch-Deutsche Wirtschaft 1945 bis 1990. Strukturveränderungen, Innovationen und regionaler Wandel. Ein Vergleich, St. Katharinen 1999, S. 466–529, hier S. 472.
[3] Vgl. Rainer Karlsch/Jochen Laufer (Hrsg.): Sowjetische Demontagen in Deutschland 1944–1949. Hintergründe, Ziele und Wirkungen, Berlin 2002.

DOI 10.1515/9783110523010-009

Zudem nahm allein Mecklenburg-Vorpommern bis 1950 fast eine Million Flüchtlinge und Vertriebene auf. Das entsprach rund 45 Prozent der Wohnbevölkerung. Damit stand Mecklenburg-Vorpommern bei der Flüchtlingsaufnahme an der Spitze aller Länder der vier Besatzungszonen.[4]

Angesichts dieser Problemlagen wirkten die Wirtschaftskonzepte der Schweriner Landesregierung hilflos. Ideen zur Ansiedlung einer Filmindustrie in Rostock scheiterten ebenso schon im Ansatz wie Konzepte zum Aufbau einer breit gefächerten mittelständischen Industrie. Der Rückfall in die agrarisch geprägten Strukturen der Vorkriegszeit schien unausweichlich zu sein. Dem entgegen wirkte überraschenderweise die sowjetische Reparationspolitik. Die Sowjetunion war überspitzt ausgedrückt eine Weltmacht ohne Flotte. Aus diesem Grund wollte sie ihre Wirtschaft durch die Vergabe von Aufträgen an Weften in Polen und den Neubau von Werften in der SBZ entlasten. Dem entgegen standen allerdings die Beschlüsse der Siegermächte auf der Potsdamer Konferenz (28. Juli – 2. August 1945), die einschneidende Beschränkungen des deutschen Industrieniveaus vorsahen. Unter anderem wurde der Bau von Hochseeschiffen untersagt. Daher konnte die sowjetische Besatzungsmacht an mehrere Binnenwerften in der SBZ zunächst nur Reparatur- und Bergungsaufträge vergeben.[5] Nachdem sich jedoch die Teilung Deutschlands immer deutlicher abzeichnete, ordnete die sowjetische Militäradministration in Deutschland (SMAD) im Sommer 1948 den Aufbau von Werften an der Ostseeküste in Rostock, Warnemünde, Stralsund und Wolgast an.

Exemplarisch soll an dieser Stelle auf die Warnowwerft in Warnemünde eingegangen werden. Der Ministerpräsident von Mecklenburg, Wilhelm Höcker (SED), sein Wirtschaftsminister, Siegfried Witte (CDU), und auch der Betriebsleiter der Warnowwerft, Friedrich Tops, standen dem SMAD-Befehl Nr. 112 vom 23. Juni 1948 zum Ausbau der Werft skeptisch gegenüber. Sie konnten sich aber mit ihren Bedenken bei den Besatzungsbehörden kein Gehör verschaffen. In den ersten Jahren war die Warnowwerft ausschließlich mit der Hebung und Reparatur von Schiffswracks beschäftigt.[6] Dieses Notprogramm hatte angesichts des Stahlmangels, auf den später noch eingegangen wird, den Vorteil, dass der Umfang der zu ersetzenden Platten und Profile weitaus geringer war als bei Neubauten. Ab Mitte 1950 begann der Übergang von der Reparatur- zur Neubauwerft. Die Belegschaft wuchs von ca. 1200 Beschäftigten 1948 auf mehr als 10 000 im Jahr 1953.[7] Damit hatte sich die Warnowwerft in wenigen Jahren von einem mittelständischen Betrieb zu einem Großbetrieb entwickelt, der ganz überwiegend für den sowjetischen Bedarf produzierte.

Für die Küstenregion und auch für das Hinterland war mit dem Aufbau der Werftindustrie an der Ostsee ein Industrialisierungsschub verbunden.[8] Die in der Nachkriegszeit entstandenen Strukturen blieben bis zum Ende der DDR und zum Teil darüber hinaus prägend. Zweifellos war der Ausbau der Werftindustrie in Mecklenburg auf die sowjetischen Reparationsinteressen zurückzuführen und insofern fremdbestimmt. Für die an die Sowjetunion gelieferten Schiffe erhielt die DDR bis Ende 1953 Gutschriften auf dem

---

[4] Vgl. Matthias Beer: Flucht und Vertreibung der Deutschen. Voraussetzungen, Verlauf, Folgen, München 2011.

[5] Vgl. Rainer Karlsch: Umfang und Struktur der Reparationsentnahmen aus der SBZ/DDR 1945–1953. Stand und Probleme der Forschung, in: Christoph Buchheim (Hrsg.): Wirtschaftliche Folgelasten des Krieges in der SBZ/DDR, Baden-Baden 1995, S. 43–78.

[6] Vgl. Diedrich Strobel/Günther Dame: Schiffbau zwischen Elbe und Oder, Herford 1993.

[7] Vgl. Möller: Wunder, S. 55.

[8] Vgl. Strobel/Dame: Schiffbau, S. 111.

Reparationskonto, die noch nicht einmal die Selbstkosten deckten.[9] Auch nach dem Ende der Reparationsperiode wirkte der an die 1944er Stopp-Preise gebundene Mechanismus der Preisbildung nach. Erst in den 1970er Jahren verkehrten sich die Außenhandelspreise für die von der DDR gebauten und in die Sowjetunion gelieferten Schiffe nach Meinung von Branchenkennern zugunsten der DDR. „Der Schiffbau lebte und funktionierte wie die gesamte DDR in einer Art Schicksalsgemeinschaft mit der UdSSR."[10]

2.2 Eisenhüttenkombinat Ost (EKO) in Eisenhüttenstadt

Infolge der sowjetischen Reparationsforderungen entstanden in der SBZ/DDR mit dem Hochseeschiffbau an der Ostseeküste, dem Uranerzbergbau in Sachsen und Thüringen sowie dem Schwermaschinenbau in Sachsen, Sachsen-Anhalt und Brandenburg Industriezweige, die es vor 1945 nicht oder nur in bescheidenem Umfang gegeben hatte. Diese „Reparationsindustrien" waren material- und kostenintensiv. Ihr Auf- und Ausbau hing entscheidend von der Verfügbarkeit bei Eisen und Stahl ab. Damit war das gravierendste strukturelle Problem für die Wirtschaft auf dem Gebiet der späteren DDR verbunden: die Eisen- und Stahlindustrie spielte dort nur eine untergeordnete Rolle.[11] Ihre Anteile an der deutschen Roheisen- und Rohstahlerzeugung lagen 1936 bei weniger als zwei bzw. rund sieben Prozent.[12] Eisen wurde nur von der Maxhütte in Unterwellenborn in Thüringen produziert. Wichtigster Stahlerzeuger war die zum Flick-Konzern gehörende Mitteldeutsche Stahlwerke AG mit Werken in Riesa, Gröditz, Freital, Lauchhammer, Brandenburg und Hennigsdorf.[13] Obwohl der Anteil dieser Werke an der gesamtdeutschen Rohstahlerzeugung nicht groß war, so verfügte der Flick-Konzern doch über eine regionale Vorrangstellung.[14] Den entscheidenden limitierenden Faktor bildete die Rohstoffversorgung. Daher verzichteten die sächsischen und brandenburgischen Werke auf eine vollständige Produktionskette und griffen auf Schrott als den wichtigsten Grundstoff zurück.

Nach Kriegsende standen die genannten Werke zur Disposition. Die Besatzungsmacht verfolgte eine Politik der „industriellen Abrüstung". Ziel war die Schwächung des ehemaligen Kriegsgegners, die Zerstörung seines rüstungswirtschaftlichen Potenzials sowie der Transfer von Gütern und Know-how zugunsten des Wiederaufbaus in der UdSSR. Schon bald sollte sich erweisen, dass die auf der Potsdamer Konferenz ausgehandelte reparationspolitische Teilung Deutschlands eine Aufrechterhaltung der wirtschaftlichen Einheit unmöglich machte. Zu diesem Zeitpunkt waren die Entscheidungen zur Demontage der Stahlwerke in der SBZ aber schon gefallen.[15] Die Eisen- und Stahlindustrie verlor im Zuge der Demontagen rund Dreiviertel ihrer Kapazitäten.[16]

---

[9] Vgl. Karlsch: Umfang, S. 72.

[10] Strobel/Dame: Schiffbau, S. 209.

[11] Vgl. Karl Eckart/Bronislaw Kortus: Die Eisen- und Stahlindustrie in Europa im strukturellen und regionalen Wandel, Wiesbaden 1995, S. 25.

[12] Berechnet nach: Statistisches Jahrbuch für die Eisen- und Stahlindustrie 1936, S. 11.

[13] Vgl. Kim Christian Priemel: Flick. Eine Konzerngeschichte vom Kaiserreich bis zur Bundesrepublik, Göttingen 2007, S. 132.

[14] Ebd., S. 185 f.

[15] Vgl. Jochen Laufer: Politik und Bilanz der sowjetischen Demontagen in der SBZ/DDR 1945–1950, in: Rainer Karlsch/Jochen Laufer: Sowjetische Demontagen in Deutschland 1944–1949, S. 31–77, hier S. 50 f.; Sebastian Fink: Das Stahl- und Walzwerk Riesa in beiden deutschen Diktaturen 1933 bis 1963. Ein Vergleich, Leipzig 2012, S. 275–281.

[16] Vgl. Rainer Karlsch: Umfang und Struktur der Reparationsentnahmen, S. 51.

Die Demontagen in der gesamten Wirtschaft erreichten schließlich ein solches Ausmaß, dass der Leiter der Wirtschaftsabteilung der SMAD, Konstantin I. Kowal, das Entstehen eines „ökonomischen Vakuums" fürchtete. Ein Kurswechsel in der Reparationspolitik wurde im Sommer 1946 mit der Bildung von Sowjetischen Aktiengesellschaften (SAG) eingeleitet und im Januar 1947 von Stalin bestätigt.[17] Noch wenige Wochen zuvor hatte Kowal gegenüber der Riesaer Werkleitung erklärt, dass er dort kein neues Stahlwerk sehen mochte. Im Oktober 1947 befahl er dann aber den Wiederaufbau der Stahl- und Walzwerke in Riesa und Hennigsdorf sowie eine Modernisierung der Maxhütte in Unterwellenborn.[18] Später wurden auch das Gröditzer Werk und zuletzt das Stahl- und Walzwerk Brandenburg ins Wiederaufbauprogramm einbezogen. Ob in der SBZ eine von den anderen Besatzungszonen unabhängige Stahlindustrie aufgebaut werden sollte, war zu diesem Zeitpunkt noch offen. Die Firmenleitungen, die SMAD und die Deutsche Wirtschaftskommission (DWK) – die zentrale Verwaltungsinstanz bis zur Gründung der DDR – setzten zunächst noch auf die Aufrechterhaltung der innerdeutschen Arbeitsteilung. Da der Mangel an Steinkohle und Stahl den größten Engpass für die Wirtschaftsentwicklung in der SBZ und die Erfüllung der Reparationspläne darstellte, wurden diese Branchen bevorzugt mit Material und Arbeitskräften versorgt.[19] Der Wiederaufbau der Stahlindustrie konnte mit Ausnahme des Stahl- und Walzwerkes Brandenburg bereits 1950 abgeschlossen werden.[20]

Dennoch begrenzten die Engpässe bei Roheisen und Stahl schon bald das Wachstum der metallverarbeitenden Industrie. Da sich die sowjetischen Reparationsforderungen zunehmend auf diese Branche und den bereits erwähnten Schiffbau konzentrierten, bestand akuter Handlungsbedarf. Einen Ausweg sah die Hauptverwaltung (HV) für Industrie der DWK in der verstärkten Nutzung einheimischer Rohstoffe und dem Aufbau eines großen neuen Roheisenwerks. Ende 1948 erteilte der Leiter der HV, Fritz Selbmann, dem Direktor des Instituts für Eisenhüttenkunde an der Bergakademie Freiberg, Ernst Diepschlag, den Auftrag für die Konzipierung eines Roheisenwerks. Wenig später wurde eine Hochofen-Kommission berufen.[21] Tonangebend waren Wissenschaftler der Bergakademie Freiberg und der Forschungsstelle für Roheisen der Maxhütte Unterwellenborn. Um mit der Vorprojektierung beginnen zu können, bedurfte es der Zustimmung der SMAD, an die sich Selbmann im Februar 1949 mit dem Vorschlag wandte, ein neues Werk nahe Magdeburg zu bauen.[22] Dorthin hätte schwedisches Eisenerz und Steinkohle von der Ruhr über den Mittellandkanal geliefert werden können. Mit diesem Projekt wäre die innerdeutsche Arbeitsteilung fortgeschrieben worden. Die SMAD äußerte sich zum Vorschlag von Selbmann nicht, sondern wartete weitere Stellungnahmen der Kommission ab. Deren Mitglieder brachten neben Magdeburg noch andere Standorte ins Spiel: Kratzwiek, Brandenburg sowie einen nicht näher bezeichneten Ort an der Oder. Entscheidend war die Frage, woher das Eisenerz kommen sollte. Diepschlag plädierte für einen

---

[17] Vgl. Rainer Karlsch: Allein bezahlt? Die Reparationsleistungen der SBZ/DDR 1945–53, Berlin 1993, S. 102–104.

[18] Vgl. Niederschrift über die Verhandlungen in Riesa am 10.10.47, Bundesarchiv Berlin (BArch), DC-15, Nr. 618.

[19] Vgl. Horst Barthel: Die wirtschaftlichen Ausgangsbedingungen der DDR, Berlin 1978, S. 133.

[20] Vgl. Sebastian Fink: Das Stahl- und Walzwerk, S. 278; Helmut Kinne: Geschichte der Stahlindustrie der Deutschen Demokratischen Republik, Düsseldorf 2002, S. 127.

[21] Vgl. Fritz Selbmann: Acht Jahre und ein Tag. Bilder aus den Gründerjahren der DDR, Berlin 1999, S. 245 f.

[22] Vgl. EKO Stahl GmbH (Hrsg.): Einblicke. 50 Jahre EKO Stahl, Eisenhüttenstadt 2000, S. 46.

Standort „nördlich von Berlin-Stettin". Sogenannte Küstenwerke, so argumentierte er, hätten bisher immer sehr wirtschaftlich gearbeitet. Ihm schwebte der Kauf und anschließende Ausbau des Eisenwerkes Kratzwieck am Stettiner Haff vor. Doch dieser Gedanke war fern der politischen Realitäten – die Region gehörte inzwischen zur Volksrepublik Polen – und wurde rasch fallengelassen.[23] Ende 1949, d. h. nach der doppelten deutschen Staatsgründung, kristallisierte sich heraus, dass die Rohstoffe für das neue Werk aus dem Osten kommen sollten.[24] Damit war auch der Standort Magdeburg hinfällig.

Als es zwischen Februar und August 1950 zu einem von den Alliierten Hohen Kommissaren verordneten Stopp von Eisen- und Stahllieferungen aus Westdeutschland kam, stärkte dies die Position derjenigen in der DDR-Wirtschaftsverwaltung, die für den Aufbau eigener Kapazitäten eintraten. Andernfalls wäre, so ihre Argumentation, der Ausbau des Schwermaschinenbaus der DDR, des „Herzstücks des ersten Fünfjahrplans" (1951–1955), zu leicht verwundbar gewesen.[25] Da auch nicht mit einer raschen Steigerung von Stahlimporten aus dem Ostblock gerechnet werden konnte, setzten sich die Befürworter der Autarkievariante durch. Rund zwei Drittel der gesamten Roheisenproduktion der DDR sollten fortan aus dem neuen Werk kommen.[26]

Als Standort für das neue Werk sprach sich der Generalsekretär der SED, Walter Ulbricht, Anfang 1950 für Fürstenberg an der Oder aus.[27] Er begründete dies mit den Luftwarnzeiten. Ein weiter westlich gelegenes Werk wäre von amerikanischen Luftbasen in Westdeutschland noch schneller zu erreichen. „Das können wir doch aber nicht als Begründung öffentlich sagen", wurde ihm entgegengehalten. „Natürlich nicht", antwortete Ulbricht. „Das neue Werk wird mit sowjetischem Erz aus Kriwoi Rog und polnischer Steinkohle, die von Schlesien her auf der Oder rangeholt wird, arbeiten. Es wird also ein Freundschaftswerk sein, so wollen wir argumentieren, ja?"[28]

Dietrich Zauleck, Hauptabteilungsleiter für Metallurgie im Ministerium für Planung, favorisierte aus Gründen der günstigeren Transportkosten einen Standort an der Küste. Er warf im März 1950 in einem Schreiben an den Stellvertretenden Vorsitzenden des Ministeriums für Planung, Bruno Leuschner, die Frage auf, ob es aus politischen Gründen gerechtfertigt sei, „ein derartiges Hüttenwerk zu errichten, das bei der Einheit Deutschlands keine Daseinsberechtigung mehr" habe.[29] Außerdem empfahl er darüber nachzudenken, ob es nicht günstiger wäre, in der UdSSR einen Hochofen zu bauen und von dort die DDR mit Roheisen zu beliefern. Mit seinen ökonomisch wohldurchdachten Vorschlägen konnte er sich jedoch nicht durchsetzen.

Anfang Juni 1950 brachte der Leiter der HV Metallurgie des Ministeriums für Industrie, Maximilian-Heinrich Krämer, ein konkretes Gelände nahe Fürstenberg an der Oder

---

[23] Vgl. Niederschrift über die 3. Sitzung der Ausschüsse Hochofen und Niederschachtofen in Unterwellenborn am 24. 8. 1949, BArch, NY 4113, Nr. 16, Bl. 80. Das 1896 von Henckel von Donnersmarck am Stettiner Haff gegründete Werk verfügte über drei Hochöfen.

[24] Vgl. Memoiren Fritz Selbmann, BArch, NY 4113, Nr. 17, Bl. 74f.

[25] Vgl. Jörg Roesler: „Eisen für den Frieden". Das Eisenhüttenkombinat Ost in der Wirtschaft der DDR, in: Rosemarie Beier (Hrsg.): Aufbau West – Aufbau Ost. Die Planstädte Wolfsburg und Eisenhüttenstadt in der Nachkriegszeit, Ostfildern 1997, S. 149–157, hier S. 150f.

[26] Vgl. Wolfgang Mühlfriedel, Klaus Wießner: Geschichte der Industrie der DDR bis 1965, Berlin 1989, S. 219.

[27] Vgl. EKO Stahl GmbH: Einblicke, S. 47.

[28] Zitiert nach: ebd.

[29] Zauleck an Leuschner, 3. 3. 1950, BArch, DE-1, Nr. 11942, Bl. 4.

ins Spiel.[30] Seinem Vorschlag stimmten Ulbricht, die Minister Heinrich Rau und Fritz Selbmann und der Leiter der Zentralen Kommission für staatliche Kontrolle, Fritz Lange, wenige Tage später zu.[31] Inzwischen hatte Ulbricht in Moskau und Warschau die Rohstofffrage klären können. Er konnte sodann auf dem Parteitag der SED am 24. Juli 1950 das Projekt verkünden, sprach aber nur allgemein von einem neuen Hüttenwerk am Ufer der Oder. Noch war demnach die Entscheidung für Fürstenberg nicht definitiv.[32] Die Debatte lief noch gut einen Monat weiter. Zauleck setzte sich weiterhin nachdrücklich für einen Standort an der Küste ein.[33] Rau unterstützte jetzt diesen Vorschlag, was den inzwischen zum Verantwortlichen für den Bau des Hüttenkombinats bestimmten Industrieminister Selbmann zu gereizten Reaktionen veranlasste.[34]

In die Standortfindung schalteten sich nun auch noch die Landesplaner des Ministeriums für Aufbau ein. Sie sprachen sich für Fürstenberg vor allem aus Gründen der Arbeitsbeschaffung und der vermeintlich günstigen Transportverhältnisse aus.[35] Ihr Votum hatte aber nur wenig Gewicht, zumal sich die DDR frühzeitig zu einem Zentralstaat entwickelte. Zwar existierten noch bis Juli 1952 fünf Landesregierungen, doch diese hatten bereits nach der Bildung der DWK 1948 und des Ministeriums für Planung 1950 – aus diesem Ministerium ging 1951 die Staatliche Plankommission (SPK) hervor – einen Teil ihrer Kompetenzen eingebüßt. Die Ämter für Landesplanung wurden nach der Gründung der DDR im Oktober 1949 dem Bauwesen zugeordnet und im Ministerium für Aufbau wurde eine Hauptabteilung Landesplanung gebildet.[36] Zur entscheidenden Beratung am 30. Juli 1950 in Fürstenberg hat man Vertreter dieser Hauptabteilung jedoch gar nicht erst eingeladen.

Für die Standortfindung war vielmehr die Abstimmung zwischen der Besatzungsmacht und der SED-Führung ausschlaggebend. „Aus besonderen Gründen", so erklärte der Vertreter der Sowjetischen Kontrollkommission (SKK), Sillin, komme die Küstenvariante nicht in Frage.[37] Die höheren Transportkosten erklärte er für nachrangig. Aus strategischen Gründen sprach sich die SKK, die Nachfolgeorganisation der SMAD, für den Schienentransport aus. Die Standortfrage für das wichtigste und teuerste Projekt des Fünfjahrplans (1951–1955) wurde demnach aus militärstrategischen Gründen in Absprache zwischen der SKK und Ulbricht entschieden. Das Ministerium für Planung fand mit seinen ökonomisch sinnvollen Überlegungen, die der DDR auf lange Sicht viel Geld gespart hätten, kein Gehör. Eine Anfrage an die UdSSR hinsichtlich des Direktbezuges von Roheisen wurde gar nicht erst gestellt und wäre wohl auch zwecklos gewesen.

---

[30] Vgl. Axel Gayko: Investitions- und Standortpolitik an der Oder-Neiße-Grenze 1950–1970. Frankfurt a. M. u. a. 2000, S. 130f.
[31] Vgl. Bericht der Kommission Eisenhüttenkombinat Ost über die Tätigkeit und die Ergebnisse in der Zeit vom 15. 3. bis 23. 3. 1951, I. Vorgeschichte, BArch, DG-2, Nr. 1692, Bl. 514f.
[32] Vgl. Gayko: Investitions- und Standortpolitik, S. 130–139.
[33] Vgl. Rau an Selbmann, 27. 7. 1950, BArch, DE-1, Nr. 11123, Bl. 12f.
[34] Vgl. Selbmann an Rau und Zauleck, 2. 8. 1950, ebd., Bl. 14.
[35] Vgl. Untersuchungen zur Standortwahl für die Wohnstadt des EKO, Ministerium für Aufbau, Hauptabteilung (HA) Landesplanung, 10. 11. 1950, ebd., DE-1, Nr. 5141, Bl. 94–100.
[36] Vgl. Gerhard Kehrer: Abriss der Entwicklung der Territorialplanung in der DDR – Die Raumplanung zwischen Anspruch und Wirklichkeit, in: Karl Eckart/Gerhard Kehrer/Konrad Scherf: Raumplanung und Raumforschung in der DDR, Berlin 1998, S. 25–93, hier S. 27f.
[37] Vgl. HA Metallurgie, Dr. Kraemer, 31. 7. 1950, betr.: Geländebesichtigung zur Festlegung des Standortes des Hüttenkombinats Ost am 30. 7. 1950, BArch, DE-1, Nr. 11123, Bl. 2.

In der Wirtschaftspolitik der sowjetischen Führung und ihrer Satelliten nahm der Aufbau nationaler Schwerindustrien eine Schlüsselstellung ein. Diese Programmatik hatten alle kommunistischen Parteiführer verinnerlicht. Bei der Umsetzung der „eisernen Konzeption", auch als „sozialistische Industrialisierung" bezeichnet, folgten sie unisono sowohl theoretischen Dogmen – aus der Reproduktionstheorie von Karl Marx wurden die Prioritäten der Produktionssphäre und der Investitionsgütererzeugung abgeleitet – und mehr noch militärischen Erwägungen. In den Debatten um die Irrwege staatlicher Strukturpolitik wird oft darauf verwiesen, dass die SED-Führung unnötigerweise das sowjetische Industrialisierungsmodell kopiert und damit volkswirtschaftliche Ressourcen fehlgeleitet habe.[38] Die Frage ist aber, welche Alternativen es zum Aufbau der Eisen- und Stahlindustrie gegeben hätte, in einer Zeit, in der ein westliches Stahlembargo über die DDR verhängt worden war und es im Ostblock noch nicht einmal ansatzweise Spezialisierungsabkommen gab. Der große Nachfrageüberhang bei Eisen und Stahl erklärt das hohe Tempo, mit dem dann der Ausbau der Branche begann. Nur einen Tag nachdem der Ministerrat das Gesetz über den Fünfjahrplan verabschiedet hatte, starteten am 18. August 1950 die Projektierungs- und Bauarbeiten für das Eisenhüttenkombinat Ost. Die Arbeiten kamen in schnellem Tempo voran, doch das Projekt drohte an Planungsfehlern zu scheitern. Noch bis Mitte der 1950er Jahre musste das Werk mit Sonderkrediten gestützt werden.

Nach Überwindung der Anlaufprobleme produzierte das Eisenhüttenkombinat Ost (EKO) von Jahr zu Jahr mehr Eisen und Stahl. Dies grenzte an ein Wunder, denn die Eisen- und Stahlindustrie der DDR litt unter permanenten Rohstoffengpässen. Die Belieferung mit Eisenerz und Koks stockte immer wieder.[39] Nur auf höchster Ebene konnten die Probleme im Rohstoffhandel mit der Sowjetunion, mit Polen und mit der ČSR geklärt werden. Aus Sicht der Planer verlief der Ausbau der Eisen- und Stahlindustrie dennoch erfolgreich. Zwischen 1950 und 1955 sank der Importanteil der DDR bei Roheisen von 46 auf 16 Prozent.[40] Das EKO symbolisierte daher für die sich herausbildende ostdeutsche Wirtschaftselite wie kein anderes Werk den „Aufbau aus eigener Kraft".[41]

2.3 Leuna II

Während das Eisenhüttenkombinat Ost „auf der grünen Wiese" gebaut wurde, sollte der Bau eines petrochemischen Werkes Ende der 1950er Jahre direkt neben dem Leuna-Werk, dem damals größten Chemiewerk der DDR, stattfinden. Seinen einstigen Ruf als „Hochburg der Technik" verdankte das Leuna-Werk den in den 1920er Jahren errichteten Hochdrucksynthesen für die Produktion von Ammoniak, Methanol und Benzin. Kriegszerstörungen und Demontagen trafen das Leuna-Werk, dem Ende 1946 nur noch rund ein Viertel der vormaligen Kapazitäten verblieben, besonders hart.[42] Der Ausgleich

---

[38] Vgl. Helga Schultz: Die sozialistische Industrialisierung – toter Hund oder Erkenntnismittel? [Diskussion], in: Jahrbuch für Wirtschaftsgeschichte (JWG) 1999/2, S. 105–113.
[39] Vgl. Dierk Hoffmann: Otto Grotewohl (1894-1964). Eine politische Biographie, München 2009, S. 485f.
[40] Vgl. Jörg Roesler: Eisen, S. 158.
[41] Vgl. Stefan Unger: Eisen und Stahl für den Sozialismus. Modernisierungs- und Innovationsstrategien der Schwarzmetallurgie in der DDR von 1949 bis 1971, Berlin 2000.
[42] Errechnet nach: Jahresberichte 1945–1947, Landesarchiv Sachsen-Anhalt (LASA), Abt. Merseburg, LWA, Nr. 693–695.

der Verluste dauerte mehr als zehn Jahre. Erst Ende der 1950er Jahre zeichnete sich eine neue Perspektive ab. Im Rahmen des im November 1958 beschlossenen Chemieprogramms sollte ein petrochemischer Komplex entstehen.[43] Voraussetzung dafür war der Bau einer Erdölpipeline von der Sowjetunion in mehrere Länder des Ostblocks. Die vier Bezugsländer – Ungarn, Polen, ČSR und DDR – sollten künftig den größten Teil ihrer Rohölbezüge über die neue Erdölleitung „Freundschaft" erhalten.[44] Neben der Beteiligung am Bau der Pipeline stellten der Bau einer Raffinerie in Schwedt an der Oder, eines Chemiefaserwerkes in Guben und eines petrochemischen Komplexes direkt neben dem Leuna-Werk die wichtigsten Vorhaben des Chemieprogramms dar.

Hier soll nur die Standortentscheidung für den petrochemischen Komplex näher betrachtet werden. Wo das neue Werk entstehen sollte, das war hoch umstritten. Die Zentrale Standortkommission der Staatlichen Plankommission (SPK) plädierte aus Kostengründen für eine Erweiterung des Leuna-Werks. Die Vorplanungen liefen unter dem Begriff „Leuna II". Damit wurde zum Ausdruck gebracht, dass neben dem „Altwerk", das nach wie vor ganz überwiegend auf dem Rohstoff Braunkohle basierte, eine Erdölraffinerie sowie petrochemische Anlagen entstehen sollten. Gegen die Standortplanung der SPK meldete der Rat des Bezirkes Halle im September 1959 grundsätzliche Bedenken an. Die Ratsvertreter fürchteten eine „Überagglomeration", d. h. eine zu starke Zusammenballung großer Industrieanlagen und entsprechende Umweltprobleme sowie soziale Folgekosten.[45] Gemessen an der Bevölkerungszahl verfügte der Kreis Merseburg bereits über den höchsten Anteil an Industriearbeitsplätzen in der gesamten DDR. Die Ratsvertreter schlugen daher der SPK anstelle des Baus von Leuna II vor, die Projektierung der Raffinerie in Schwedt/Oder zu ergänzen. Dazu ist anzumerken, dass die Verantwortung für die gebietsräumliche Planung – in der DDR wurde dafür der Begriff Territorialplanung eingeführt – inzwischen der SPK übertragen worden war.[46] Die endgültige Entscheidung über die Neuansiedlung von Industriewerken lag also bei der SPK. Deren Zentrale Standortkommission nahm die Einwände des Rates des Bezirks Halle, des Amtes für Wasserwirtschaft und der Nationalen Volksarmee zur Kenntnis und ließ Alternativen prüfen.[47] Aus Zeit- und Kostengründen wurde dann aber von einem Neubau „auf der grünen Wiese" Abstand genommen.

Erwogen wurde eine Produktionsverlagerung an den „Altstandort" Schkopau. Doch dem dortigen Buna-Werk fehlte der Platz für eine Erweiterung, und der Ausbau der Energieerzeugung wäre teurer als in Leuna gewesen.[48] Die Oberingenieure beider Werke sprachen sich daher für Leuna als Standort aus. Die Leitung des Leuna-Werks unterstützte die Argumentation der Zentralen Standortkommission auch deshalb, weil sie sich vom Bau des neuen Werkteils die Lösung einiger Probleme des alten Werks, z. B. die Erweiterung der Tankkapazitäten, versprach.

---

[43] Vgl. Rainer Karlsch: Wie Phönix aus der Asche? Rekonstruktion und Strukturwandel in der chemischen Industrie in beiden deutschen Staaten bis Mitte der sechziger Jahre, in: Baar/Petzina: Deutsch-Deutsche Wirtschaft, S. 262–303, hier S. 291f.

[44] Vgl. Materialien des RGW über den Bau der Erdölleitung, Juli – November 1958, Wirtschaftsarchiv der Russischen Föderation (RGAE) Moskau, Fonds 4372, Kat. 77, Akte 302, Bl. 230–240.

[45] Vgl. Rat des Bezirks Halle an SPK, Abt. Perspektivplanung, 7. 9. 1959, BArch, DE-1, Nr. 17793.

[46] Vgl. Kehrer: Raumplanung, S. 31f.

[47] Vgl. Amt für Wasserwirtschaft an den Leiter der Abt. Chemie der SPK, Prof. Winkler, 15. 9. 1959, BArch, DE-1, Nr. 17793.

[48] Vgl. Untersuchung über die Möglichkeiten der Produktionsverlagerungen von dem VEB Leuna-Werke „Walter Ulbricht" nach dem VEB Chemische Werke Buna, 25. 4. 1959, ebd.

Am 24. Oktober 1959 bestätigte die Zentrale Standortkommission der SPK allen Bedenken zum Trotz das Projekt. Die angeführten Einwände wurden in einer Reihe von Auflagen berücksichtigt. So sollten rund 2000 Arbeitskräfte für Leuna II aus dem alten Werk gewonnen werden und die Abwasserreinigung sollte dem neuesten Stand entsprechen. Eine spätere nochmalige Erweiterung von Leuna II wurde ausgeschlossen.[49] Eingehalten wurden diese Auflagen allerdings nicht.

In den ersten Planungen wurde für das Gesamtprojekt mit Investitionen in Höhe von 562,5 Mio. Mark gerechnet.[50] Einige Zielgrößen, so für Ethylen, wurden später noch nach oben korrigiert, was Kostensteigerungen nach sich zog. Wichtige Technologien, darunter Verfahren zur Herstellung von Hochdruckpolyethylen, wurden aus dem westlichen Ausland importiert.[51] Der Aufbau von Leuna II dauerte bis Ende der 1960er Jahre. Im Ergebnis entstanden eine Raffinerie und mehrere Anlagenkomplexe zur Verarbeitung petrochemischer Grundstoffe. Das industriepolitische Dilemma der DDR manifestierte sich dennoch auch am Standort Leuna. Ein vollständiger Übergang von der Kohle- zur Erdölchemie gelang nicht.

3. Das Ringen um den Erhalt industrieller Kerne

Nach der friedlichen Revolution vom Herbst 1989 und dem Fall der Mauer war zu entscheiden, was aus volkseigenen Kombinaten und Betrieben werden sollte. Die Bürgerbewegung „Demokratie Jetzt" brachte Anfang 1990 die Idee einer treuhänderischen Verwaltung des Volksvermögens ins Spiel.[52] Dabei herrschte die Vorstellung, dass es Volksvermögen zu bewahren und zu verteilen gelte. Die Übergangsregierung unter Ministerpräsident Hans Modrow (PDS) griff diesen Ansatz auf und gründete am 1. März 1990 eine Treuhandanstalt. Privates Unternehmertum sollte sich nach dem Konzept der Modrow-Regierung auf kleinere Betriebe, das Handwerk und den Handel beschränken. Die volkseigenen Kombinate sollten in Kapitalgesellschaften umgewandelt werden. Nach den Volkskammerwahlen vom 18. März 1990, die von der „Allianz für Deutschland", einem Wahlbündnis unter Führung der CDU, gewonnen wurden, war das ursprüngliche Treuhandkonzept allerdings obsolet. Der neue und zugleich letzte Ministerpräsident der DDR, Lothar de Maizière (CDU), ließ ein neues Treuhandgesetz ausarbeiten, das am 17. Juni 1990 von der Volkskammer verabschiedet wurde. Es zielte auf eine schnelle und umfassende Privatisierung der ostdeutschen Wirtschaft.[53]

Anfang 1991 machte sich in der Öffentlichkeit zunehmend Ernüchterung über die wirtschaftliche Situation in den neuen Bundesländern breit. Die Privatisierung war bis dahin nur schleppend vorangekommen, und die erhofften Verkaufserlöse blieben aus.

---

[49] Vgl. Rainer Karlsch: Zur Industrialisierung industriearmer Gebiete, in: Zeitschrift für Geschichtswissenschaft 1990, H. 3, S. 235–240.
[50] Vgl. Leuna-Werke, Wirtschaftlichkeitsprüfung, 25. 9. 1959, BArch, DE-1, Nr. 17793.
[51] Vgl. Leuna-Werke (Hrsg.): Zahlen und Fakten zur Betriebsgeschichte, H. 54, Zur Entwicklung von Leuna II, Leuna 1986, S. 5.
[52] Vgl. Wolfram Fischer/Harm Schröter: Die Entstehung der Treuhandanstalt, in: Wolfram Fischer/ Herbert Hax/Hans Karl Schneider (Hrsg.): Treuhandanstalt. Das Unmögliche wagen, Berlin 1993, S. 17–40.
[53] Vgl. Wolfgang Seibel: Das zentralistische Erbe, in: Aus Politik und Zeitgeschichte, B 43–44/94 vom 28. 10. 1994, S. 3–13.

Stattdessen stiegen die Arbeitslosenzahlen. Die Treuhandanstalt (THA) wirkte in dieser Situation als Puffer. Nicht die Bundesregierung stand im Zentrum der mit wachsender Verbitterung vorgetragenen Kritik der Belegschaften, sondern die „größte Staatsholding der Welt". Deren Präsidentin, Birgit Breuel, wollte am eingeschlagenen Kurs festhalten und lehnte es ab, Industriepolitik zu betreiben.[54] Doch Bundes- und Landespolitiker sowie Gewerkschaftsfunktionäre konnten nicht weiter tatenlos zusehen, wie die ostdeutsche Wirtschaft abstürzte, und selbst in der THA mehrten sich Stimmen, die ein Umdenken verlangten. Im Frühjahr 1991 beschloss daraufhin das nach den ersten gesamtdeutschen Wahlen vom Dezember 1990 gebildete dritte Kabinett Kohl das „Gemeinschaftswerk Aufschwung Ost". Das Sieben-Punkte-Programm umfasste u. a. die Entwicklung einer leistungsfähigen Infrastruktur, um Industrieansiedlungen zu erleichtern, den Abbau von Investitionshemmnissen und die Förderung privater Investitionen durch Zuschüsse, Kredite und Abschreibungsmöglichkeiten. Die Politik nahm nun zunehmend Einfluss auf die Tätigkeit der THA, was sich insbesondere bei den großen Privatisierungen zeigen sollte. Der Auftrag der THA, die in ihrem Besitz befindlichen Unternehmen schnellstmöglich zu privatisieren, blieb unverändert bestehen, doch wurde nun versucht, einer De-Industrialisierung Ostdeutschlands durch den Erhalt von „Leuchttürmen" entgegenzuwirken. Herausragende Beispiele dafür waren die Privatisierung der Werften, des EKO und des Leuna-Werks.

3.1 Warnowwerft Warnemünde

Im Juni 1990 wurde das Kombinat Schiffbau, zu dem seit 1979 alle großen Werften und Schiffbauzulieferer gehörten, in die Deutsche Maschinen- und Schiffbau AG (DMS AG) umgewandelt. Die DMS AG gehörte in einigen Schiffbausparten (Fischereischiffe, Frachtschiffe) zu den größten Produzenten der Welt.[55] Hauptabnehmer war die UdSSR. Insgesamt waren bei der DMS AG mit ihren 24 Betrieben rund 54 000 Beschäftigte tätig, knapp 5900 allein bei der Warnowwerft. Die Produktionskapazitäten der DMS AG lagen 1990 bei rund 80 Prozent der westdeutschen Kapazitäten, bei allerdings deutlich niedrigerer Produktivität.[56] Die Chancen für die Privatisierung wurden vom Vorstand der DMS AG dennoch als gut eingeschätzt, da noch für mehrere Jahre Großaufträge aus der UdSSR vorlagen.

Bereits Mitte August 1990 wurde ein Kooperationsvertrag zwischen der Bremer Vulkan AG und der DMS AG abgeschlossen. Dieser sah auch die Möglichkeit eines Zusammenschlusses vor. Früher als andere Anbieter erkannte der Vorstand der Bremer Vulkan AG die Chance, im Zuge der Privatisierung der ostdeutschen Werften einen Technologiekonzern aufzubauen, dem hohe staatliche Subventionen zufließen würden. Allerdings spitzte sich die wirtschaftliche Lage bei der DMS AG 1991 dramatisch zu. Die 1989/90 noch in Transferrubel geschlossenen Verträge mit der Sowjetunion erwiesen sich nach der Einführung der D-Mark als verlustbringend. Noch schlimmer wirkte sich der Zerfall der Sowjetunion aus. Bereits fertiggebaute Schiffe wurden nicht abgenommen und nicht bezahlt. Nachteilig wirkten auch Verträge, die noch kurz vor der Währungs- und Wirtschaftsunion

---

[54] Vgl. Birgit Breuel: Der Winter kommt auch für die Treuhandanstalt. Eine Bilanz, in: Rüdiger Liedtke (Hrsg.): Die Treuhand und die zweite Enteignung der Ostdeutschen, München 1993, S. 85–91, hier S. 87.
[55] Vgl. Jörg Raab: Steuerung von Privatisierung. Eine Analyse der Steuerungsstrukturen der Privatisierung der ostdeutschen Werft- und Stahlindustrie 1990–1994, Wiesbaden 2002, S. 112.
[56] Vgl. ebd., S. 115.

mit westdeutschen Reedern abgeschlossen worden waren. Alles in allem drohten den ost-deutschen Werften bis 1993 Verluste in Höhe von 2,3 Mrd. DM.[57]

Die THA setzte in dieser Situation darauf, Vorstand und Aufsichtsrat der DMS AG mit westdeutschen Managern und Bankern zu besetzen, die über Erfahrungen im maritimen Geschäft verfügten.[58] Erste Sanierungskonzepte für die DMS AG, die unter anderem eine Zusammenlegung der Warnowwerft und der Neptunwerft vorsahen, wurden von der IG Metall abgelehnt. Die Schweriner Koalitionsregierung von CDU und FDP reagierte auf die dramatische Lage der Werften hilflos und war innerlich zerstritten. Der Plan zur Zu-sammenlegung der Warnowwerft und der Neptunwerft unter Einstellung des Schiffbaus auf der Neptunwerft wurde realisiert. Kapazitäts- und Personalabbau allein eröffneten je-doch noch keine neuen Perspektiven.

Bei der THA war man sich darüber im Klaren, dass mit der Privatisierung der ostdeut-schen Werftindustrie eine für Mecklenburg-Vorpommern eminent wichtige strukturpoliti-sche Entscheidung anstand. Der Leitungsausschuss der THA lehnte daher eine Alleinver-antwortung für den ostdeutschen Schiffbau ab und wollte die Bundesregierung mit in die Verantwortung ziehen.[59] Während der Vorstand der DMS AG das Unternehmen zwar ver-schlanken, aber als eigenständigen, ggf. noch eine Zeitlang in öffentlichem Besitz befind-lichen Konzern weiterführen wollte, setzte die THA darauf, das Unternehmen schnellst-möglich zu privatisieren, entweder in Gänze an die Bremer Vulkan AG zu verkaufen oder in Teilen an Vulkan und andere westdeutsche Bewerber. In der Zwischenzeit hatten das Bon-ner Wirtschaftsministerium und die Landesregierung von Mecklenburg-Vorpommern Ge-spräche mit internationalen Investoren angebahnt, um der einseitig auf die Bremer Vulkan AG gerichteten Strategie etwas entgegenzusetzen. Ende 1991 zeigte sich der norwegische Kvaerner Konzern, der zweitgrößte europäische Schiffbaukonzern, an einem Erwerb der Matthias-Thesen-Werft in Wismar und der Neptun-Warnowwerft – entstanden durch die Fu-sion von Neptunwerft und Warnowwerft – interessiert. Zwei grundsätzliche Ansätze standen zur Entscheidung: die Verbundlösung, d. h. die Übernahme der DMS AG durch die Bremer Vulkan AG, oder Einzelprivatisierungen an mehrere Interessenten. Die Verbundlösung wur-de vom Vorstand der DMS AG und von der IG Metall favorisiert, die Landesregierung und das Bundeswirtschaftsministerium setzen hingegen auf eine internationale Lösung.

Entscheidend beeinflusst wurden die Verhandlungen durch die Europäische Kommis-sion. Sie hatte im September 1991 einen Grundsatzbeschluss zur Anwendung von Bei-hilfekontrollen auf die Arbeit der THA gefasst. Finanzielle Unterstützungen bei der Priva-tisierung von THA-Unternehmen mussten seitdem von der Europäischen Kommission genehmigt werden. Ihr umfassendes Mitspracherecht bei der Neugestaltung von Schlüs-selindustrien, die in Europa unter besonderem Wettbewerbsdruck standen, setzte die Kommission durch. Der Handlungsspielraum der Bundesregierung respektive der THA wurde dadurch eingeschränkt. Angesichts der Überkapazitäten auf dem europäischen Schiffbaumarkt untersagte Brüssel im März 1992 vorerst jede weitere finanzielle Beglei-tung des ostdeutschen Schiffbaus. Eine Zustimmung für künftige Zuwendungen wurde an einen rund 40-prozentigen Kapazitätsabbau geknüpft. Die Europäische Kommission

---

[57] Vgl. ebd., S. 120.
[58] Vgl. Michael Christian Ensser: Sensible Branchen – die Integration ostdeutscher Schlüsselindust-rien in die Europäische Gemeinschaft. Eine Prozessanalyse über die Transformation des Schiff-bausektors, Konstanz 1997, S. 116f.
[59] Vgl. ebd., S. 124.

nahm nicht nur die Rolle eines Kontrolleurs wahr, sondern entwickelte sich zu einem entscheidenden Akteur im Prozess der Privatisierung ostdeutscher Schlüsselindustrien.

Auf höchster politischer Ebene wurde schließlich der Verkauf der ostdeutschen Werften abgestimmt. Das Bundeswirtschaftsministerium und das Bundesfinanzministerium empfahlen der THA, die ostdeutschen Werften mit Blick auf die nötige Zustimmung der EG-Kommission und aus wettbewerbspolitischen Gründen nicht an einen, sondern mindestens an zwei Interessenten zu veräußern.[60] So kam es letztendlich Mitte März 1992 zu einer Privatisierung unter Einbeziehung vieler marktferner Erwägungen. Der Kvaerner Konzern erhielt den Zuschlag für die Neptun-Warnowwerft, die Matthias-Thesen Werft und das Dieselmotorenwerk Rostock gingen an die Bremer Vulkan AG. Kvaerner schraubte in den folgenden Monaten seine finanziellen Forderungen an die THA immer höher. Am 1. Oktober 1992 wurde die Warnowwerft an Kvaerner verkauft und der Unternehmensname in Kvaerner Warnowwerft GmbH geändert.[61]

Der norwegische Konzern hielt sich an die mit der THA vereinbarten Zusagen, investierte bis Ende 1995 fast 500 Mio. DM in den Umbau der Werft und erhielt 1900 Arbeitsplätze. Die Warnowwerft wurde mit erheblichen staatlichen Zuwendungen (Altschuldenübernahme, Verbesserung der Eigenkapitalausstattung, Verlustausgleich, Investitionsbeihilfen u. a.). in Höhe von rund 1 Mrd. DM zu einer der modernsten europäischen Werften umgebaut.[62] Es war eine Erfolgsgeschichte von kurzer Dauer. Im Sinne einer strukturkonservativen Industriepolitik konnte zwar bis Ende der 1990er Jahre der Arbeitsplatzabbau bei der Kvaerner Warnow Werft GmbH, wie im gesamten ostdeutschen Schiffbau, verzögert, aber nicht aufgehalten werden.[63] Die von der EU-Kommission festgelegte Begrenzung der Kapazität ließ nur noch Kleinserienfertigung zu. Das war ein entscheidender Konkurrenznachteil gegenüber den asiatischen Schiffbauunternehmen. Die Funktion eines „Leuchtturms" konnte die Warnowwerft bestenfalls noch eingeschränkt wahrnehmen. Nach mehreren Eigentümerwechseln wurde die Werft im Jahr 2009 an den russischen Investor Vitalij Jusufov verkauft und hat sich seitdem im Werftenverbund Nordic Yards auf den Bau von Spezialschiffen konzentriert.[64]

3.2 Eisenhüttenkombinat Ost

Angesichts der Stahlkrise in Westeuropa, der dortigen seit Mitte der 1970er Jahre vorhandenen Überkapazitäten, der komplizierten Beihilferegelungen der EU und des seit 1980 bestehenden Quotensystems, war auch das Schicksal der ostdeutschen Stahlstandorte ungewiss.[65] Neue Kapazitäten wurden von der westeuropäischen Stahlindustrie sehr kritisch gesehen. Sie hoffte auf neue Märkte, aber nicht auf neue Produzenten. Da sich Patriotismus nicht in den Bilanzen darstellen ließ, wie der Vorsitzende der Thyssen Holding Heinz Kriwet betonte, und die eigenen Restrukturierungsprobleme das Denken der Vorstände

---

[60] Vgl. ebd., S. 181.

[61] Vgl. ebd., S. 139.

[62] Vgl. Groß ist besser. Die ostdeutschen Werften erhalten Milliardensubventionen, die Käufer machen ein gutes Geschäft, in: Der Spiegel, 22. 6. 1992.

[63] Vgl. Marion Eich-Born: Schiffbauindustrie in Mecklenburg-Vorpommern: innovativer Wachstumsmotor oder regionale Entwicklungsbremse, in: dies. (Hrsg.): Innovationen für Mecklenburg-Vorpommern – Strategien für einen Wachstumspfad, Rostock 2004, S. 7–48, hier S. 29.

[64] Vgl. Evelin Stebner: Gewinnrealisierung im deutschen Schiffbau. Herausforderungen der Langfristfertigung in der internationalen Bilanzierung, Wiesbaden 2014, S. 38.

[65] Raab: Steuerung, S. 161.

dominierten, hielt sich die westdeutsche Stahlindustrie mit einem Engagement in Ostdeutschland zurück.[66]

Das Stahlwerk mit der größten Symbolkraft war aus den bereits dargelegten Gründen das EKO. Im Mai 1990 wurde der Stammbetrieb des ehemaligen Bandstahlkombinats in eine Aktiengesellschaft umgewandelt. Mit einem prominent besetzten Aufsichtsrat entstand im Herbst 1990 ein Machtzentrum, das der THA Paroli bieten konnte. So übernahm der glänzend vernetzte Hamburger Wirtschaftsprüfer Otto Gellert den Vorsitz des Aufsichtsrates und blieb Mitglied des Verwaltungsrates der THA. Vorschläge der THA zur Teilprivatisierung wurden vom Vorstand, Aufsichtsrat und Betriebsrat der EKO Stahl AG, die in einem solchen Fall die Schließung vieler Betriebsteile fürchtete, entschieden abgelehnt. Der Vorstand der EKO Stahl AG setzte auf das Schließen der technologischen Lücke und Kapazitätsreduzierungen. Damit war eine Zielrichtung vorgegeben: der Standort Eisenhüttenstadt würde nur eine Chance haben, wenn das EKO zu einem voll integrierten Stahlwerk mit Warmbandstraße ausgebaut wird.[67] Dies sollte in Kooperation mit westdeutschen Stahlherstellern, zu denen es seit vielen Jahren Handelsbeziehungen gab, erreicht werden. Die EKO Stahl AG arbeitete mit Unterstützung der Preussag-Salzgitter AG und der Krupp Stahl AG ein Sanierungskonzept aus. Im Januar 1991 gründeten die Krupp Stahl AG und die EKO Stahl AG ein gemeinsames Stahlhandelsunternehmen.

Die enorme politische Bedeutung des Erhalts des Stahlstandorts Eisenhüttenstadt wurde von der Bundesregierung früh erkannt, was schließlich dazu führte, dass Bundeswirtschaftsminister Jürgen Möllemann (FDP) am 31. Oktober 1991 eine Bestandsgarantie für den Standort gab und das EKO als einen industriellen Kernbereich definierte.[68] Derart in Zugzwang gebracht, schwenkte die Präsidentin der THA, Birgit Breuel, nur einen Tag später auf die bis dahin von ihr strikt abgelehnte Linie der Rettung „industrieller Kerne" ein.[69] Festgeklopft wurde die Entscheidung für eine Gesamtprivatisierung des EKO Ende Januar 1992 bei einem Treffen von Bundeskanzler Helmut Kohl, Treuhandpräsidentin Birgit Breuel und dem Vorsitzenden der IG Metall Franz Steinkühler.[70]

Bereits einen Monat zuvor hatte die THA die EKO Stahl AG zum Verkauf ausgeschrieben. Ende Februar 1992 beschloss der Verwaltungsrat der THA den Verkauf der EKO Stahl AG an die Krupp Stahl AG, da nur Krupp den Bau einer Walzanlage, und damit die Schließung der technologischen Lücke in Eisenhüttenstadt, in Aussicht gestellt hatte. Krupp setzte darauf, größere Teile der ostdeutschen Stahlindustrie zu erwerben, um seine Konkurrenzposition gegenüber der Thyssen Stahl AG zu verbessern. Allerdings wollte Krupp die für den Standort Eisenhüttenstadt nötigen Modernisierungsinvestitionen nur zu einem geringen Teil selbst aufbringen. Ende Oktober 1992 zog sich die Krupp Stahl AG aus den Verhandlungen zurück. Der europäische Stahlmarkt litt unter Überkapazitäten und billigen Importen. Dies setzte die gesamte Branche unter Druck.

THA, Bundeswirtschaftsministerium und EKO Stahl AG reagierten auf den Ausstieg von Krupp offensiv mit einem Konzept zur eigenständigen Sanierung des EKO. Dies war ein klares Signal an die westdeutsche Stahlindustrie, dass der Stahlstandort Eisenhütten-

---

[66] Vgl. Vom Gegner zum Retter. Nach dem Ausstieg der Italiener in Ostdeutschland sind nun westdeutsche Investoren gefragt, in: Die Zeit, 20.5.1994.

[67] Vgl. Wolfgang Seibel: Verwaltete Illusionen: die Privatisierung der DDR-Wirtschaft durch die Treuhandanstalt und ihre Nachfolger 1990–2000, Frankfurt a.M. 2005, S. 263–270.

[68] Raab: Steuerung, S. 185.

[69] Vgl. Seibel: Verwaltete Illusionen, S. 261.

[70] Vgl. Raab: Steuerung, S. 190.

stadt erhalten bleiben sollte. Allerdings lehnte nun die Europäische Kommission das von der Bundesregierung unterstützte Konzept für EKO Stahl ab, das Zuwendungen zur Modernisierung des Standorts in Höhe von rund 2 Mrd. DM vorsah. Ohne einen privaten Investor und einen weiteren Kapazitätsabbau hatte das Sanierungskonzept in Brüssel keine Chance. Die THA führte daraufhin 1993 mit einer Reihe von Interessenten Verhandlungen. Ende Oktober wurde schließlich die Privatisierung der EKO Stahl AG an den italienischen Riva Konzern beschlossen. Nach langem Tauziehen stimmte der EU-Ministerrat den Beihilfen für das EKO zu. Die westdeutsche Stahlindustrie lief gegen diese Entscheidung, mit der ein italienisches Familienunternehmen in den Genuss von hohen Subventionen aus dem deutschen Staatshaushalt kommen sollte, Sturm. Im Mai 1994 platzte der Riva-Deal.

Für Bundes- und Landesregierung, THA und die EKO Stahl AG schien sich ein Desaster anzubahnen. Dennoch hielten alle Akteure am Ziel des Erhalts des industriellen Kerns fest und setzten nun wieder auf eine „gesamtdeutsche" Lösung. Doch alle Appelle zur Solidarität mit dem EKO blieben fruchtlos. Daraufhin bahnte die THA im Herbst 1994 Gespräche mit dem größten belgischen Stahlproduzenten Cockerill-Sambre an. Die THA hatte kaum noch eine Wahl und stand unter Erfolgszwang. Die Bundesregierung hatte sich auf den Erhalt des Standorts festgelegt. Im Oktober 1994 beschloss der Vorstand der THA den Verkauf an Cockerill. Das belgische Unternehmen erwarb 60 Prozent der Anteile an der EKO Stahl AG, 40 Prozent verblieben noch für eine Übergangszeit bei der THA bzw. deren Nachfolgegesellschaft der Bundesanstalt für vereinigungsbedingte Sonderaufgaben (BvS). Auf Druck der Belgier und der EU-Kommission musste die Bundesregierung das Sanierungskonzept später noch mehrfach nachbessern. Die Restrukturierung wurde bis 1998 abgeschlossen. Die EKO-Privatisierung war eine der wenigen Erfolgsgeschichten für die Transformation großer Kombinate in Ostdeutschland.

Die ostdeutsche Stahlindustrie durchlief innerhalb von wenigen Jahren einen Schrumpfungs- und Modernisierungsprozess, der in Westdeutschland mehr als zwei Jahrzehnte gedauert hatte. Im Zuge dessen ging die Jahresproduktion von rund 9 Mio. Tonnen Stahl 1989 auf rund 3 Mio. Tonnen im Jahr 1994 zurück, und die Zahl der Beschäftigten sank von ca. 86 000 auf weniger als 11 000.[71] Berücksichtigt man noch die Ausgliederungen von Zulieferern und Dienstleistern an den Stahlstandorten, so kommt man in etwa auf 20 000 Arbeitsplätze, die erhalten blieben. Die Produktion ging bis 1994 um rund zwei Drittel zurück, und die Zahl der Beschäftigten sogar um drei Viertel. Erst 1997 wurde das Produktionsniveau von 1990 (nicht von 1989) in etwa wieder erreicht. Dieses Jahr kann daher als Schlusspunkt der Transformationsperiode gesehen werden.

Im Land Brandenburg konnten mit EKO Stahl und Werken in den Städten Brandenburg und Hennigsdorf „Leuchttürme" erhalten werden. Sie gehören zu den umsatzstärksten ostdeutschen Unternehmen. Im Vergleich zur gesamten ostdeutschen Industrie kann man die Restrukturierung der Stahlindustrie als gelungen bezeichnen. Ein Gradmesser dafür ist ihr Anteil von mehr als 13 Prozent an der gesamten deutschen Stahlproduktion, der sich stabilisiert hat und deutlich über den Werten anderer Bereiche des produzierenden Gewerbes liegt.[72]

---

[71] Vgl. Stahl- und Eisenindustrie in Mitteldeutschland, in: Fokus Mittelstand. Wirtschaftsinformationen aus Mitteldeutschland, September 2008, hrsg. von der Sachsen Bank, S. 14.

[72] Die Angaben wurden dem Autor im April 2012 freundlicherweise von der Wirtschaftsvereinigung Stahl zur Verfügung gestellt und beruhen auf Zahlen des Statistischen Bundesamtes, Außenstelle Düsseldorf sowie laufenden Erhebungen der Wirtschaftsvereinigung Stahl.

3.3 Leuna

Die Ausgangssituation der Leuna-Werke AG für den „Kaltstart"[73] in die Marktwirtschaft war ähnlich schlecht wie in der übrigen chemischen Industrie der DDR. Die meisten Technologien waren veraltet. Mindestens 50 Prozent des Anlagevermögens und große Teile der Infrastruktur waren komplett verschlissen.[74] Neben abbruchreifen Anlagen gab es in Leuna aber auch sehr moderne Anlagen. Die Raffinerie und die Methanol-Erzeugung waren in den 1980er Jahren mit Aufwendungen in Milliardenhöhe umgebaut und mit Anlagen aus dem westlichen Ausland ausgerüstet worden. Auch einige für den Export nach Westeuropa wichtige Geschäftsfelder waren gut ausgestattet. Dies änderte nichts an dem generellen Befund, dass das Unternehmen eines grundlegenden Umbaus bedurfte, um fortbestehen zu können.

Unwägbarkeiten gingen von den Altlastenproblemen aus. Vor deren Regelung war es schwer, Investoren zu finden. Das gravierendste Problem war aber die Gefährdung der einstigen Marktpositionen. In Zeiten der Planwirtschaft war das Leuna-Werk im Inland de facto ein Monopolist und brauchte sich um den Absatz seiner Produkte nicht zu sorgen. Das Exportgeschäft, vornehmlich mit Mineralölerzeugnissen, lag in den Händen des staatlichen Außenhandels. Nach der Einführung der DM gab es für die Leuna-Werke AG keine bequemen Märkte mehr. Die westdeutsche Chemieindustrie war willens und in der Lage, einen großen Teil der einst Leuna vorbehaltenen Märkte in den neuen Bundesländern und in Osteuropa mit zu versorgen. Zur bitteren Wahrheit gehörte auch der Befund, dass westeuropäische Unternehmen auf Grund ihres Produktivitätsvorsprungs und größerer Anlagen mit deutlich weniger Personal einen viel höheren Umsatz erzielten als Leuna. Ein massiver Personalabbau war unausweichlich.

Ein erstes im Herbst 1990 von der Unternehmensberatung Arthur D. Little erarbeitetes Sanierungskonzept ging davon aus, dass die Leuna-Werke AG bis Ende 1993 die größten Probleme überwinden könne.[75] Rein betriebswirtschaftlich war der Fortbestand des Unternehmens allerdings kaum zu begründen. Das Hauptargument der Unternehmensberater lief darauf hinaus, die Stilllegungskosten gegen die Aufwendungen für einen Fortbestand des Unternehmens abzuwägen. Die dem Sanierungskonzept zugrundeliegenden Annahmen erwiesen sich jedoch als zu optimistisch. Schneller als erwartet schrumpften die Umsätze auf dem Inlandsmarkt, die Exporte in die Sowjetunion bzw. nach Russland brachen 1991/92 fast vollständig ein und die Eintrübung der Weltchemiekonjunktur verschärfte die ohnehin kritische Lage.[76] Am 8. Mai 1991 kam der Chemie-Lenkungsausschuss der THA zu dem Ergebnis, dass eine Weiterführung der Raffinerie in Leuna aus betriebswirtschaftlicher Sicht nicht rentabel sei.[77] Die Raffinerie war zwar technisch in einem guten Zustand, aber nicht kompakt gebaut und zu klein dimensioniert. Das schlug sich in höhe-

---

[73] Gerlinde Sinn/Hans-Werner Sinn: Kaltstart. Volkswirtschaftliche Aspekte der deutschen Vereinigung, München 1993.
[74] Vgl. Armin Köhler/Eberhard Sandmann: Tendenzen der Beschäftigungsentwicklung und Personalpolitik in Unternehmen der chemischen Industrie Sachsen-Anhalts. Teilbericht des Verbundprojekts: Analyse des Transformationsprozesses der großchemischen Industrie Sachsen-Anhalts in mikro-, makroökonomischer, regionaler und sozialpolitischer Sicht, Merseburg 1993.
[75] Vgl. ADL, Sanierungskonzept 24. 10. 1990/26. 11. 1990.
[76] Vgl. Jürgen Daßler: Das Ganze Leuna soll es sein, in: Leuna-Werke GmbH (Hrsg.): LEUNA. Metamorphosen eines Chemiewerks, Wettin 1997, S. 289–312, hier S. 300f.
[77] Vgl. Birgit Breuel (Hrsg.): Treuhand intern. Tagebuch, Frankfurt a. M./Berlin 1993, S. 95f.

ren Betriebskosten nieder.[78] Von der Wettbewerbsfähigkeit der Raffinerie, als Ausgangs-punkt für die angeschlossene Petrochemie, hing aber die Zukunft des Standorts ab.

Vehement wurde von den Belegschaften und den Gewerkschaften, vor allem vom Chef der Industriegewerkschaft Chemie-Papier-Keramik, Hermann Rappe, eine Änderung der bisherigen Politik der THA gefordert. Rappe verlangte eine Gleichbehandlung von Priva-tisierung und Sanierung, sah aber gleichwohl in einem staatlichen Chemiekonzern – in der Diskussion war die Bildung einer Chemieholding unter dem Namen „Vereinigte Che-mische Industrie Sachsen-Anhalts" – nur den letzten Ausweg. Eine derartige Staatsholding war jedoch für die westdeutsche Chemieindustrie völlig inakzeptabel.

Die Politik reagierte. Am 10. Mai 1991 besuchte Bundeskanzler Helmut Kohl erstmals das Chemiedreieck in Sachsen-Anhalt. Tausende ostdeutsche Chemiearbeiter erwarteten ein Signal der Hoffnung. Sie wurden nicht enttäuscht. Der Kanzler entwarf im Klubhaus des Buna-Werks in Schkopau ein realistisches, aber dennoch Optimismus weckendes Zu-kunftsbild. Im vorbereiteten Redetext stand Folgendes: „Daß die ehemalige DDR-Chemie heute nicht ohne massive Hilfe auf den Weltmärkten konkurrieren kann, ist gewiß nicht die Schuld der Menschen, die hier arbeiten und leben. Sie haben selbst am meisten da-runter zu leiden. Und sie können sich darauf verlassen, daß diese Region Unterstützung und Hilfe erhält."[79] Helmut Kohl wich vom Manuskript ab und erklärte: „Ich werde alles tun, daß dieses Chemiedreieck erhalten bleibt und eine Zukunft hat. Das ist eine Kernre-gion im wiedervereinigten Deutschland, deren Perspektiven die Menschen natürlich zu-tiefst bewegen."[80] Diese Aussage ging über den ursprünglichen Text hinaus und wurde von den Belegschaften, Landespolitikern und Medien als eine Bestandsgarantie für die Großbetriebe im Chemiedreieck aufgefasst.

In den Chefetagen der westdeutschen Chemieindustrie war man über das „Kanzlerver-sprechen" nicht erfreut. Die Sanierung der großen Standorte des Chemiedreiecks, so ein oft wiederholtes Argument, würde Milliarden DM kosten und zum Entstehen von Überka-pazitäten führen. Doch das Signal der Politik konnte die THA nicht ignorieren. Freilich blieb ihr genügend Interpretationsspielraum bezüglich des Umfangs und der Qualität der künftigen Strukturen der chemischen Industrie in Ostdeutschland. Die THA gab mehre-re Gutachten zum Chemie- und Mineralölkonzept für die neuen Bundesländer in Auf-trag. Die Experten kamen zu harten Schlüssen und bewerteten die Produktivität der ost-deutschen Mineralölwirtschaft gerade einmal mit 25 Prozent der westdeutschen.[81] Den Standort Leuna schätzten sie insgesamt als unrentabel ein. Daher argumentierten die Unternehmensberater, das Kanzlerversprechen im Hinterkopf, mit volkswirtschaftlichen Opportunitätsüberlegungen. Sie errechneten Stilllegungskosten für die Leuna-Werke AG in Höhe von 5,2 Mrd. DM, gegenüber einer Anschubfinanzierung für den Erhalt des Standortes von 4,3 Mrd. DM.[82] Diese Rechnung war methodisch fraglich, doch die dahin-terstehende Logik leuchtete ein.

Noch vor der Bekanntgabe ihres Sanierungskonzepts für die ostdeutsche Großchemie hatte die THA entschieden, die Raffineriestandorte Leuna und Zeitz, zusammen mit der

---

[78] Vgl. Frank Zimnol: Leuchtturm im Chemiedreieck. Die TOTAL Raffinerie in Mitteldeutschland, Wettin 2007, S. 21.

[79] Vgl. Rede von Bundeskanzler Kohl vom 10.5.1991, Dow-Unternehmensarchiv, Rep. X, Nr. 1134.

[80] Vgl. Bernhard Brümmer: Das Kanzlerversprechen, Halle/S. 2002, S. 24.

[81] Vgl. Breuel: Treuhand intern, S. 96.

[82] Vgl. Daßler: Das Ganze Leuna, S. 291.

Minol AG „in einem Paket" zu privatisieren. Die Verknüpfung mit dem Minol-Tankstellen-netz sollte die Chancen für die Privatisierung der Raffinerien verbessern. Den Auftrag für die weltweite Ausschreibung dieses Pakets erhielt die Investmentbank Goldman Sachs.[83] Das profitable Tankstellennetz versprach einen sofortigen Marktzugang und diente als Köder. Goldman Sachs empfahl der THA, dem Angebot des TED-Konsortiums den Zu-schlag zu erteilen, da es neben dem höchsten Kaufpreis das höchste Investitionsvolumen bedeutete sowie die größte Zahl von Arbeitsplätzen garantierte. Zum TED-Konsortium ge-hörten Elf Aquitaine S.A., Thyssen Handelsunion AG und Deutsche SB-Kauf GmbH. Elf Aquitaine gehörte zu 51,5 Prozent der französischen Staatsholding Erap und war eine verlässliche Stütze der französischen Wirtschaft. Während die anderen Bewerber, darun-ter die Deutsche BP AG, die alte Raffinerie umbauen wollten, war Elf Aquitaine entschlos-sen, nichts Altes mehr anzufassen, sondern komplett neu zu bauen.

Für Elf Aquitaine stellte das geplante Engagement in Ostdeutschland eine strategische Entscheidung dar. Der Konzern besaß in Deutschland keine eigene Raffinerie und war bei der Belieferung seines Tankstellennetzes von Dritten abhängig, was langfristig keine Perspektive bot. Die Wiedervereinigung eröffnete nicht nur die Chance, Raffineriekapa-zitäten zu erwerben, sondern sich auch einen größeren Marktanteil in Deutschland zu sichern. Im Sommer 1991 war Elf Aquitaine bei der Privatisierung der Raffinerie in Schwedt/Oder zu kurz gekommen und hatte dort nur einen Anteil von 8,33 Prozent er-werben können. Ein zweites Mal wollte der französische Konzern nicht hintenanstehen. Der Präsident von Elf Aquitaine, Loïk Le Floch-Prigent, hatte daher, nach eigenem Be-kunden, dem französischen Präsidenten François Mitterrand Lobbying-Maßnahmen vor-geschlagen, denen der Präsident zugestimmt habe.[84] Wie keine andere Privatisierung zeigte der TED-Vertrag das Zusammenspiel zwischen Staat und Wirtschaft in Frankreich auf der einen sowie zwischen der französischen und der deutschen Regierung auf der an-deren Seite.[85]

Obwohl noch nicht alle offenen Fragen vollständig geklärt waren, wurde – nicht zuletzt auf Grund politischen Drucks – der Hauptvertrag am 23. Juli 1992 paraphiert. Die im Ver-trag garantierte Investitionssumme belief sich auf 3,3 Mrd. DM, wobei aber von einem höheren Volumen ausgegangen wurde, nämlich 4,3 Mrd. DM. Ferner wurden 2550 Voll-zeitarbeitsplätze garantiert, 550 in der Raffinerie selbst und 2000 in Gemeinschaftsunter-nehmen mit Dienstleistern.[86]

Noch mehrfach drohte das Prestigeprojekt am Streit über Beihilfen, Gesellschafteran-teile und den Konditionen für die neue Raffinerie zu scheitern. Wohl oder übel musste die THA 1994 Anteile an der „Raffinerie 2000" übernehmen. Erst am 11. Mai 1995 fand die Grundsteinlegung für die Raffinerie 2000 (später: Mitteldeutsche Erdöl-Raffinerie GmbH (MIDER) bzw. TOTAL Raffinerie Mitteldeutschland GmbH) statt. Danach ging es zügig voran. Nach einer Bauzeit von nur zweieinhalb Jahren nahm die Raffinerie ihre

---

[83] Vgl. Die Privatisierung bzw. der Neubau der Erdölraffinerie in Leuna und die Veräußerung des Minol-Tankstellennetzes, in: Abschlussbericht des 1. Untersuchungsausschusses, Deutscher Bundes-tag 14. Wahlperiode, Bundestagsdrucksache 14/9300, S. 302–325, hier S. 304.

[84] Vgl. „Es ist Geld geflossen." Der Exchef von Elf Aquitaine, Loïk Le Floch-Prigent, über die Beste-chungspraxis seines Konzerns und die Hintergründe der Leuna-Affäre, in: Die Zeit, 7. 6. 2001.

[85] Vgl. Dominik von Achten: Die Treuhandanstalt und der Markt in den neuen Bundesländern. Er-folge und Probleme französischer und britischer Unternehmen bei der Erschließung des ostdeut-schen Marktes, München 1997, S. 150.

[86] Vgl. ebd., S. 307.

Produktion auf. Das war es, was für die Menschen der Region zählte. Leuna blieb ein bedeutender Raffinerie- und Chemiestandort.

Im Übrigen ging es nicht allein um den Neubau einer Raffinerie. Die Konfiguration und die Fahrweise der Raffinerie und der Methanol-Anlage wurden von vornherein so gestaltet, dass eine kostengünstige Rohstoffversorgung petrochemischer Anlagen am Standort möglich war. Die Erhaltung und der Ausbau stoffwirtschaftlich begründeter Synergiepotenziale sollten sich als ein Plus im weiteren Verlauf der Privatisierung erweisen. Für ausländische Unternehmen bot sich mit einem Engagement in Leuna die Chance zur Errichtung von „Brückenköpfen" im deutschen Markt. Die großen westdeutschen Chemieunternehmen blieben hingegen angesichts ausreichender eigener Kapazitäten zurückhaltend. So war es kein Zufall, dass die erste Privatisierung im Chemiebereich an das belgische Unternehmen Union Chimique Belge (UCB) erfolgte. Nur drei Monate später übernahm Elf Atochem, eine hundertprozentige Tochtergesellschaft von Elf Aquitaine, das ebenfalls zur Methanol-Folgechemie gehörende Geschäftsfeld Harnstoff/Formaldehyd. Als größte Chemie-Privatisierung in Leuna wurden schließlich im November 1993 die Verträge zum Verkauf des Geschäftsfeldes Caprolactam an die belgische DOMO-Gruppe unterzeichnet. Weitere Geschäftsfeldprivatisierungen an internationale Unternehmen oder auch auf dem Wege des Management-Buy-out/Management-Buy-in (MBO/MBI) folgten 1994/95. Neue Wege wurden bei der Restrukturierung der Infrastruktur und dem Aufbau eines geschlossenen Chemieparks durch die im Dezember 1995 gegründete InfraLeuna GmbH beschritten, die als Low-Profit-Gesellschaft nach einem genossenschaftlichen Modell arbeitet.[87] Mit der Etablierung eines Chemieparks wurde ein neuer, so bis dahin in der westdeutschen Industrie nicht praktizierter Weg zur Modernisierung altindustrieller Standorte beschritten. In der Fachpresse wurde diese aus der Not geborene Lösung als „überholende Modernisierung" oder auch als „Bocksprungstrategie" gefeiert.[88]

An der Schwelle zum neuen Jahrtausend war die Restrukturierung des Chemiestandortes Leuna weitgehend abgeschlossen. Rund 9000 Arbeitsplätze blieben erhalten bzw. wurden neu geschaffen. Das entsprach etwa 35 Prozent der bis 1990 vorhandenen Arbeitsplätze.[89] Fast 9 Mrd. DM wurden bis Ende 1997 investiert. Ein Blick auf die Eigentümer bzw. Betreiber der neuen Anlagen zeigt, dass in Leuna nach 1990 ein zuvor undenkbarer Wandel stattgefunden hatte. Vor allem französische, belgische und amerikanische Firmen prägen seitdem die Entwicklung des Standorts.

4. Resümee

Für die Entstehung der vorstehend betrachteten Industriestandorte waren in keinem Fall allein wirtschaftliche Kriterien ausschlaggebend. Der Ausbau der Warnowwerft zu einer Großwerft, wie auch anderer Werften an der Ostseeküste, basierte auf einer Entscheidung der sowjetischen Besatzungsmacht im Jahr 1948. Im Zuge des Wandels ihrer Reparations-

---

[87] Vgl. Werner Popp: Rückblick auf 15 Jahre InfraLeuna. Konzept und Wirklichkeit, Manuskript Leuna 2011.
[88] Vgl. Horst Kern/Ulrich Voskamp: Bocksprungstrategie – Überholende Modernisierung zur Sicherung ostdeutscher Industriestandorte?, in: Mitteilungen aus dem Soziologischen Forschungsinstitut Göttingen, Nr. 21 (1994), S. 98–138.
[89] Vgl. BvS-Pressemitteilung vom 4. 3. 1996.

politik – von den rein destruktiven Demontagen zu Lieferungen aus der laufenden Produktion – entstand in der SBZ/DDR ein neuer Industriezweig. Hauptkunde der Warnowwerft blieb bis zum Ende der DDR die Sowjetunion.

Die 1950 von der SED-Führung getroffene Entscheidung zum Aufbau des Eisenhüttenkombinats Ost spiegelte die aus der Teilung Deutschlands resultierenden Sachzwänge. Ohne eine eigene Eisen- und Stahlproduktion wäre die Wirtschaft der DDR kaum lebensfähig gewesen. Die Standortwahl wurde entscheidend von der Rohstofffrage beeinflusst. Zur Versorgung der DDR-Wirtschaft mit Rohstoffen aus der Sowjetunion, vor allem Eisenerz, Erdöl und Erdgas, gab es unter den Prämissen der Herrschaftssicherung und der Planwirtschaft keine Alternative. Dies zeigt auch der dritte hier vorgestellte Fall des Leuna-Werks. Die Errichtung eines petrochemischen Komplexes hatte die Zusage sowjetischer Erdöllieferungen zur Voraussetzung. Spielraum gab es bei der Standortfindung und der Wahl der Technologien. Die Zentrale Standortkommission der SPK entschied sich für eine Verdichtung des „Altstandorts" Leuna, trotz erheblicher Bedenken der lokalen Akteure. Ausschlaggebend dafür waren Zeit- und Kostengründe.

Mit der deutschen Einheit änderten sich die Rahmenbedingungen für die drei Standorte komplett. Aus rein betriebswirtschaftlicher Sicht besaßen weder die Warnowwerft noch das EKO und auch nicht die Leuna-Werke in den bestehenden Strukturen Überlebenschancen. Die Vorstellung, diese Werke nach ihrer Umwandlung in Aktiengesellschaften rasch zu privatisieren, erwies sich als illusorisch. Entgegen allen Beteuerungen der Präsidentin der THA, nach rein markwirtschaftlichen Kriterien zu handeln, agierte die Anstalt gerade im Falle der Privatisierungen in der Stahl- und Chemieindustrie und der Werften in hohem Maße politisch und suchte nach „europaverträglichen" Lösungen. Dies waren selten die betriebswirtschaftlich besten Lösungen. Die Politik zum Erhalt „industrieller Kerne" wurde an allen drei Standorten umgesetzt. Die EKO-Privatisierung gehörte zu den wenigen Fällen, in denen der THA eine Komplettprivatisierung gelang. Für Leuna erwies sich der Weg des Neubaus der Raffinerie und der Teilprivatisierung der Chemiegeschäftsfelder als gangbar und führte zum Erhalt des Standorts, der heute zu den modernsten seiner Art in Europa gehört. Die Werftenprivatisierung, dies zeigt auch das Beispiel der Warnowwerft, litt vor allem an den von der EU-Kommission vorgegebenen Kapazitätsbegrenzungen. Der Aufbau von langfristig wettbewerbsfähigen Strukturen war so kaum möglich.

III. Strukturpolitische Diskurse, Wahrnehmungen und Deutungen

Thomas Schlemmer
Erfolgsmodelle?

Politik und Selbstdarstellung in Bayern und Baden-Württemberg zwischen „Wirtschaftswunder" und Strukturbruch „nach dem Boom"

1. „Wir können alles. Außer Hochdeutsch."

Im Herbst 1999 gelang der baden-württembergischen Landesregierung unter dem christdemokratischen Ministerpräsidenten Erwin Teufel ein echter Marketing-Coup. Unter dem Slogan „Wir können alles. Außer Hochdeutsch." startete sie eine viel beachtete Imagekampagne, die oft kopiert wurde, in ihrer provokanten Mischung aus Selbstbewusstsein und Selbstironie aber unerreicht geblieben ist. Der Stolz auf glänzende Wirtschaftsdaten oder Arbeitsmarktzahlen und die Überzeugung, aus eigener Kraft erfolgreicher zu sein als andere Länder der Republik, ermöglichte es, spielerisch mit dem traditionellen, in Geschichte und Dialekt wurzelnden Unterlegenheitsgefühl im Süden und Südwesten Deutschlands umzugehen und aus der Not gleichsam eine Tugend zu machen.[1]

Während sich andere Bundesländer daraufhin einen wahren Wettlauf um die pfiffigsten Werbesprüche lieferten, hieß es in der bayerischen Staatskanzlei, „man habe so etwas nicht nötig".[2] Das ist allerdings nur die halbe Wahrheit, denn der Bayerische Rundfunk bemüht sich nicht umsonst unter dem Titel „Da bin ich daheim", die Einheit und Vielfalt Bayerns gleichermaßen darzustellen.[3] Zudem hat sich der Spruch „Mia san mia", den die Spieler des FC Bayern München seit Jahren auf ihren Trikots tragen, zu einer Art inoffiziellem bayerischen Wahlspruch entwickelt. Auffällig sind auch hier der Stolz auf die eigene Leistung, ein an Arroganz grenzendes Selbstbewusstsein und das Gefühl, irgendwie anders zu sein als die Menschen im Rest der Bundesrepublik. Als Werbeträger eignen sich solche Slogans vor allem deshalb, weil sie Assoziationen von – überwiegend positiv konnotierten, wenn auch zuweilen widersprüchlichen oder geradezu paradoxen – harten und weichen Standortfaktoren miteinander verbinden und eine wahre Flut von Bildern evozieren, die als gemeinhin typisch für Bayern oder Baden-Württemberg gelten: weltoffene Provinzialität, Natur und *Hightech*, Neuschwanstein und BMW oder Kuckucksuhr und Daimler-Benz. Dass diese Verbindung von Tradition und Moderne aber vergleichsweise neuen Datums ist, als Produkt geschickter Vermarktung gelten muss und nicht zuletzt sozioökonomische Veränderungen reflektiert, die weit in die Geschichte der Bundesrepublik zurückreichen, wird dabei freilich zumeist vergessen. Das gilt auch für die Tatsache, dass diese Entwicklungen nur zum Teil das Resultat gezielter politischer Steuerung sind. Vielmehr beruhen sie auf längerfristigen, von der Politik nur schwer beeinflussbaren Prozessen und auf kontingenten Faktoren.[4]

---

[1] Vgl. dazu Rolf Grauel: Was Werbung treibt. Wir können alles. Außer Werbung, in: brand eins 10/2003, S.16ff., und mit Blick auf die Rolle des Dialekts Werner König: Wir können Alles. Außer Hochdeutsch. Genialer Werbespruch oder Eigentor des deutschen Südens? Zum Diskriminierungspotential dieses Slogans, in: Sprachreport 29 (2013), H.4, S.5–14.
[2] Die Zeit vom 15.8.2007: „Deutschlandkarte: Welche Slogans werben für die Bundesländer?"
[3] Vgl. Bayerisches Fernsehen: Da bin ich daheim; www.br.de/fernsehen/bayerisches-fernsehen/sendungen/da-bin-ich-daheim/index.html (letzter Zugriff: 29.10.2015).
[4] Für Bayern vgl. Stefan Grüner: Geplantes „Wirtschaftswunder"? Industrie- und Strukturpolitik in Bayern 1945 bis 1973, München 2009.

DOI 10.1515/9783110523010-010

In diesem Beitrag geht es somit um Strukturwandel und Kommunikationsstrategien, wobei auch danach zu fragen ist, wie erfolgreich die als Klassenbeste verkauften Bayern und Baden-Württemberger nun wirklich gewesen sind. Schließlich lassen Spitzenpolitiker aus München und Stuttgart kaum eine Gelegenheit aus, um Selbstbewusstsein zu demonstrieren oder Ratschläge in den Westen, Norden und Osten Deutschlands zu schicken. In diesem Sinne ließ etwa Ministerpräsident Horst Seehofer die Republik in einer Regierungserklärung wissen: „Der Fortschritt spricht bayerisch!" Und: „Lernen vom Besseren heißt lernen von Bayern!"[5] Zwar sind die Töne aus Stuttgart seit dem Regierungswechsel von Schwarz-Gelb zu Grün-Rot und Grün-Schwarz leiser geworden, und die „Südschiene" hat aufgrund der neuen politischen Konstellationen in Baden-Württemberg an bundespolitischer Bedeutung verloren,[6] aber die These, es gäbe eine besondere süddeutsche Erfolgsgeschichte, wird noch immer kaum ernsthaft hinterfragt oder gar bezweifelt.

Nach einem kurzen Blick auf die historische Forschung zum Problemkomplex Föderalismus nähere ich mich dem Thema Strukturwandel und Kommunikationsstrategien zwischen „Wirtschaftswunder" und Strukturbruch „nach dem Boom"[7] in drei Schritten. Die erste Frage gilt der Rolle und dem Gewicht von Landespolitik im föderativen System der Bundesrepublik. Dann folgt, zweitens, eine kurze Bestandsaufnahme der sozioökonomischen Entwicklung in Bayern und Baden-Württemberg unter besonderer Berücksichtigung von Unterschieden und Gemeinsamkeiten. Drittens geht es schließlich um die Entwicklungsziele und die Fortschrittsparadigmen, die die Landesregierungen in München und Stuttgart bis weit in die 1970er Jahre hinein propagierten. Am Ende dieses Aufsatzes werden einige Thesen stehen – zur Periodisierung der Geschichte der „alten" Bundesrepublik aus der Perspektive der Länder ebenso wie zum Paradigma des Erfolgs.

2. Stiefkind Föderalismus

Wer an die Gründung der „Bonner Republik"[8] denkt, der erinnert sich rasch an einen Satz, mit dem Arnulf Baring vor mehr als 45 Jahren seine klassische Studie zur Außen- und Sicherheitspolitik der Bundesrepublik in den 1950er Jahren eröffnet hat: „Im Anfang war Adenauer."[9] Dieses Diktum hat zwar nicht wenig Widerspruch erfahren, doch vor allem die Generation der Mitlebenden hat Barings Zuspitzung als treffende Beschreibung der

---

[5] Bayern. Die Zukunft. Regierungserklärung des Bayerischen Ministerpräsidenten Horst Seehofer, MdL, am 12.11.2013 im Bayerischen Landtag, hrsg. von der Bayerischen Staatskanzlei, München o.J., S. 3, 5.

[6] Vgl. Süddeutsche Zeitung vom 26.4.2011: „Kollisionen auf der Südschiene"; Rhein-Neckar-Zeitung vom 26.9.2014: „Bayern und Baden-Württemberg beleben ‚Südschiene' neu"; Spiegel-Online vom 21.11.2014: „Kretschmann auf Grünen-Parteitag: Mahner aus dem Musterländle".

[7] Vgl. Anselm Doering-Manteuffel/Lutz Raphael: Nach dem Boom. Perspektiven auf die Zeitgeschichte seit 1970, 3., ergänzte Aufl., Göttingen 2012; zum „Strukturbruch" im letzten Drittel des 20. Jahrhunderts bzw. zum „Nebeneinander von Kontinuitäten und Strukturbrüchen" vgl. ebd., S. 12–16 (Zitat: S. 16).

[8] Dieser zunächst in der politischen Publizistik geprägte Begriff ist in den letzten Jahren zunehmend auch von der historischen Forschung verwendet worden; vgl. etwa Thomas Brechenmacher: Die Bonner Republik. Politisches System und innere Entwicklung der Bundesrepublik, Berlin 2010.

[9] Arnulf Baring: Außenpolitik in Adenauers Kanzlerdemokratie. Bonns Beitrag zur Europäischen Verteidigungsgemeinschaft, München/Wien 1969, S. 1; der folgende Abschnitt ist angelehnt an Thomas Schlemmer/Hans Woller: Einleitung, in: dies. (Hrsg.): Politik und Kultur im föderativen Staat 1949 bis 1973, München 2004, S. 1–21.

Geschichte der Bundesrepublik in ihren Kinder- und Jugendjahren verstanden. Die suggestive Kraft dieser „biblische[n] Formel"[10] drängte andere Akteure ebenso an den Rand des kollektiven Gedächtnisses wie die historischen Rahmenbedingungen und die Institutionen, die vor 1949 entstanden waren und die das Gesicht des neuen westdeutschen Staates entscheidend prägen sollten. Mit Blick auf die Institutionen könnte man in Abwandlung von Barings Zitat sogar ernsthaft behaupten: „Am Anfang waren die Länder".[11]

Als erste Kristallisationskerne deutscher Staatlichkeit nach dem Untergang des Dritten Reichs bildeten sie gleichsam die natürlichen Bausteine für das neue westdeutsche Haus, dessen Grundriss seit dem Sommer 1948 immer deutlicher zu sehen war.[12] Dass die Länder über das Recht des Erstgeborenen und damit über eine eigenständige, vom Bund unabhängige Legitimation verfügten, prägte auch die politische Kultur der Bundesrepublik, ganz zu schweigen davon, dass sie nicht wenig zur Integration einer von den Folgen des Zweiten Weltkriegs schwer gezeichneten Gesellschaft beigesteuert haben. Der Föderalismus trug von Anfang an „der tief verwurzelten Beziehung zur Heimat und der Bindung an die eigene Region der meisten Deutschen Rechnung".[13]

Die Historiographie zur Geschichte der „Bonner Republik" ist der Bedeutung und Funktion der Länder zwischen 1949 und 1990 bisher nur teilweise gerecht geworden, auch wenn inzwischen einige wegweisende Studien zu einzelnen Ländern, Institutionen und Politikfeldern vorliegen.[14] Man könnte – eine Formulierung von Werner K. Blessing aufgreifend – zuspitzen, die historische Forschung sei mit „Länderblindheit" geschlagen.[15] Fast scheint es so, als seien die Länder als letzte Reste deutscher Staatlichkeit der natürliche Anknüpfungspunkt für eine traditionell auf den Staat ausgerichtete Geschichtswissenschaft gewesen und als hätten sie diese Funktion praktisch sofort verloren, sobald der gewohnte Orientierungsrahmen wieder greifbar war. Damit wurden die Länder, ja das föderative System und seine Mechanismen insgesamt, zu einem zweitrangigen Forschungsobjekt degradiert und in die Sphäre der oft als angestaubt und provinziell belächelten Landesgeschichte verwiesen. Für die an Politikgeschichte interessierten Zeithistoriker waren die Länder offensichtlich nicht attraktiv genug, für die Sozial- und Wirtschaftshistoriker waren sie als Untersuchungsraum zu begrenzt, für die Vertreter der Alltags- und Mikrohistorie dagegen zu groß, und auch die Vertreter neuer Ansätze aus dem Bereich der Ideen- und Kulturgeschichte haben um die Länder bisher einen mehr oder weniger

---

[10] Hartmut Palmer: Die Anfänge der Bundesrepublik: „Im Anfang war Adenauer", in: Spiegel-Special 1/2006: Die 50er Jahre. Vom Trümmerland zum Wirtschaftswunder, S. 74–80, hier S. 77.

[11] Ernst-Hasso Ritter: Zur Entwicklung der Landespolitik, in: Thomas Ellwein/Everhard Holtmann (Hrsg.): 50 Jahre Bundesrepublik Deutschland. Rahmenbedingungen, Entwicklungen, Perspektiven, Opladen 1999, S. 343–362, hier S. 343.

[12] Vgl. Peter Graf Kielmannsegg: Nach der Katastrophe. Eine Geschichte des geteilten Deutschland, Berlin 2000, S. 84f.; zur weiteren Entwicklung vgl. ebd., S. 311–315.

[13] Gerhard A. Ritter: Über Deutschland. Die Bundesrepublik in der deutschen Geschichte, München 1998, S. 51.

[14] Vgl. Adolf M. Birke/Udo Wengst: Die Bundesrepublik Deutschland. Verfassung, Parlament und Parteien 1945–1998, 2., ergänzte und aktualisierte Aufl., München 2010, S. 78f., 86, 122f.; das generell geringe Interesse zeigen die Forschungsberichte von Udo Wengst: Deutschland seit 1945. Teil VI, in: Geschichte in Wissenschaft und Unterricht 58 (2007), S. 446–468, und Axel Schildt: Deutschland seit 1945. Teil II, in: Geschichte in Wissenschaft und Unterricht 62 (2011), S. 735–759.

[15] Werner K. Blessing: Politischer Anspruch und wirtschaftlicher Aufstieg. Zu Bayerns Stellung in Europa seit den 1950er Jahren, in: Wolf D. Gruner/Paul Hoser (Hrsg.): Wissenschaft, Bildung, Politik. Von Bayern nach Europa. Festschrift für Ludwig Hammermayer zum 80. Geburtstag, Hamburg 2008, S. 479–494, hier S. 485.

großen Bogen gemacht. Um nur ein Beispiel zu nennen: Das Sachregister von Edgar Wolfrums 2005 erschienener Gesamtdarstellung über die Geschichte der Bundesrepublik zwischen 1949 und 1990 verzeichnet unter dem Schlagwort Föderalismus bei mehr als 650 Seiten gerade einmal sechs Einträge.[16] Intensiver hat sich die Politische Wissenschaft mit diesem Themenfeld auseinandergesetzt, wobei gesagt werden muss, dass vor allem neueren Publikationen häufig die historische Dimension fehlt.[17]

Mit ihrem Desinteresse am föderativen System der Bundesrepublik verfehlt die Geschichtswissenschaft jedoch nicht nur einen Teil der politischen Realität; auch die Lebenswirklichkeit der Menschen, die nicht zuletzt von den Ländern und den Strukturprinzipien des westdeutschen Föderalismus bestimmt wurde, bleibt blass. Schließlich kommt bis heute „für den Alltag der Menschen in Deutschland […] der Politik der Länder eine zentrale Rolle zu".[18] Denn auch wenn der Spielraum für eine eigenständige Politik von Anfang an begrenzt war und durch die Entwicklung zum „unitarischen Bundesstaat"[19] schon in den 1950er und 1960er Jahren weiter zurückging, konnten die Länder durchaus etwas bewegen. „Landespolitik mit eigenem Profil"[20] war also möglich, wobei zu bemerken ist, dass die Wissenschaft „die regional sehr unterschiedlichen Politikstile als Sonderfall regionaler Verhaltensstile" bisher ziemlich stiefmütterlich behandelt hat.[21]

Ohne diese Aspekte hier vertiefen zu können, sei festgestellt, dass es zweifellos einen Unterschied machte, ob ein Land über längere Zeit hinweg von der SPD oder von der Union regiert wurde. Allerdings waren diese Unterschiede nicht so groß, wie Wahlkämpfer und Parteiprogramme glauben machen wollten. Sonderwege „im Sinne einer radikalen Abweichung von Durchschnittswerten oder anerkannten Normgrößen" hätte der auf Konsens, Ausgleich und Einheitlichkeit ausgerichtete „Verbundföderalismus" auch kaum zugelassen.[22] Für systemimmanenten Pluralismus, für Neuerungen und Experimente, die sich im Rahmen der letztlich vom Grundgesetz bestimmten Grenzen hielten, war er dagegen durchaus offen. Manfred G. Schmidt hat die föderative Ordnung der Bundesrepublik treffend mit einem Eisenbahnnetz verglichen, auf dem sich die Züge – also die Länderregierungen und die sie tragenden Parlamentsmehrheiten – durch die Anzahl der Waggons, die Farbe oder das Personal unterscheiden und auch in der Lage sind, Bestimmungsort, Haltestellen und Geschwindigkeit selbst zu wählen, wobei sie jedoch stets an das Streckennetz gebunden bleiben.[23]

---

[16] Vgl. Edgar Wolfrum: Die Bundesrepublik Deutschland 1949–1990, Stuttgart 2005, S. 613.
[17] Vgl. z. B. Klaus Detterbeck/Wolfgang Renzsch/Stefan Schieren (Hrsg.): Föderalismus in Deutschland, München 2010, oder – auf Bayern bezogen – Manuela Glaab/Michael Weigl (Hrsg.): Politik und Regieren in Bayern, Wiesbaden 2013; dieses Buch rezipiert die Ergebnisse der Landes-Zeitgeschichte kaum. Historisch zufriedenstellend abgestützt sind dagegen die Beiträge in Jürgen Zimmermann (Hrsg.): Handbuch der deutschen Bundesländer, 3., erw. und aktualisierte Aufl., Bonn 1997.
[18] Hans-Georg Wehling: Landespolitik und Länderpolitik im föderalistischen System Deutschlands – zur Einführung, in: Herbert Schneider/Hans-Georg Wehling (Hrsg.): Landespolitik in Deutschland. Grundlagen, Strukturen, Arbeitsfelder, Wiesbaden 2006, S. 7–21, hier S. 7.
[19] Nach Konrad Hesse: Der unitarische Bundesstaat, Karlsruhe 1962.
[20] Kielmannsegg: Nach der Katastrophe, S. 314.
[21] Hans-Georg Wehling: Landespolitik und politische Kultur in der Bundesrepublik Deutschland, in: Schneider/Wehling (Hrsg.): Landespolitik in Deutschland, S. 87–107, hier S. 101.
[22] Manfred G. Schmidt, Die Politik des mittleren Weges. Besonderheiten der Staatstätigkeit in der Bundesrepublik Deutschland, in: Aus Politik und Zeitgeschichte 9–10/90, S. 23–31, hier S. 24.
[23] Vgl. Manfred G. Schmidt: CDU und SPD an der Regierung. Ein Vergleich ihrer Politik in den Ländern, Frankfurt a. M./New York 1980, S. 134.

Die Forschung hat sich bisher nicht allzu viel Mühe gegeben, die Fahrpläne und den Verkehr auf den Haupt- und Nebenstrecken des bundesdeutschen Föderalismus zu erkunden.[24] So wissen wir abgesehen von eher allgemeinen Befunden erstaunlich wenig über Formulierung, Inhalte und Umsetzung der Landespolitik in vergleichender Perspektive. Diese allgemeinen Befunde lauten: Sozialdemokratisch geführte Landesregierungen legten mehr Gewicht auf reformorientierte Bildungspolitik, expansive Sozialpolitik und aktive Beschäftigungspolitik, während sich die von der Union geführten intensiver um die Förderung von Wirtschaft und Landwirtschaft, um den Ausbau der Infrastruktur sowie um die innere Sicherheit kümmerten;[25] auch Selbstdarstellung zur politischen Integration war hier früher ein Thema.

3. Vom Nord-Süd- zum Süd-Nord-Gefälle

Das geringe Interesse an den Ländern und an der Politik der Landesregierungen ist umso erstaunlicher, als in den 1980er Jahren ein Begriff die Runde machte, der aktuelle Entwicklungen reflektierte und 150 Jahre sozial- und wirtschaftsgeschichtlicher Entwicklung einfach umzukehren schien. Aus dem Nord-Süd-Gefälle von Wohlstand, Wirtschaftskraft und politischem Einfluss schien ein Süd-Nord-Gefälle zu werden, wobei sich insbesondere Beobachter nördlich der Mainlinie verwundert die Augen rieben. Mit Blick auf die Emporkömmlinge Baden-Württemberg und Bayern schrieb beispielsweise das Nachrichtenmagazin „Der Spiegel" in der ersten Ausgabe des Jahres 1985:

> „Das Land vom Neckar bis zum Bodensee, einst eine Insel der Kargheit zwischen üppigen Kohle- und Kornrevieren, ist die Kernzone westdeutscher Wirtschaftsherrlichkeit geworden. Penetrant und eckig, sogar beim Remstaler Wein mit einem Schuß Schulmeisterei und mit pietistischer Moral, haben die Schwaben ihr Land nach vorne gebracht. Aus dem alten industriellen Nord-Süd-Gefälle ist das neue Süd-Nord-Gefälle geworden. Als Erfinder dieses Begriffs gibt sich [...] Bayerns Wirtschaftsminister Anton Jaumann zu erkennen. Denn die Bayern haben – mit Akquisitionstalent und geschlitzten Ohren – kräftig bei der Trendwende mitgeschoben. Sie brachten nicht so sehr die Wirtschaftstradition ihres Landes als die Weite und Vielfalt ihrer Landschaft ein. Sie verkauften ihr Ambiente, wo die Schwaben ihre Talente verkauften. Körperlich spürbar zwischen Schwabmünchen und Ammersee weicht die Spätzle-Kargheit dem Weißwurst-Barock, das pingelige Fachwerk den ausladenden Dächern des Alpenvorlandes, unter denen sich mit der großen Mutter CSU alles findet und alles arrangiert."

Und weiter:

> „Die das gefingert haben – von den feinen Preußen und Hanseaten ständig unterschätzt – das waren die fleischigen Berg- und Biergesichter, heißen sie Strauß oder Goppel, Heubl oder Schörghuber, der Ochsensepp und selbst der Vogel-Jochen, als er noch in München war. Diese Postkartentypen haben Bayern zu dem befördert, was es heute ist: das Bundesland mit dem höchsten wirtschaftlichen Wachstum. Ein zweites Musterland. Ein Land natürlich – kein Ländle. Bayern und Baden-Württemberg sind damit auf lange Sicht die neuen Zentren des industriellen Wohl-

---

[24] Vgl. aber Christiane Kuller: Familienpolitik im föderativen Sozialstaat. Die Formierung eines Politikfeldes in der Bundesrepublik, München 2004, oder Anne Rohstock: Von der „Ordinarienuniversität" zur „Revolutionszentrale"? Hochschulreform und Hochschulrevolte in Bayern und Hessen 1957–1976, München 2010.

[25] Vgl. hierzu die Studien zu einzelnen „Arbeitsfeldern", in: Schneider/Wehling (Hrsg.): Landespolitik in Deutschland, insbesondere die Beiträge von Gerd F. Hepp (Bildungspolitik als Länderpolitik, S. 240–279), Josef Schmid und Susanne Blancke (Arbeitsmarkt- und Sozialpolitik in den Bundesländern, S. 295–315) und Rainer Prätorius (Sicherheitspolitik der Länder, S. 316–332).

stands der Deutschen geworden – und die Länder mit der höchsten Lebensqualität, mißt sie sich am Geschmack des ausgehenden 20. Jahrhunderts."[26]

Aus diesen Zeilen spricht vor allem zweierlei: zum einen die Überraschung über die ökonomische Entwicklung seit den frühen 1970er Jahren, die insbesondere in früheren Boom-Regionen West- und Norddeutschlands mit ihrer an Kohle, Stahl und Schiffbau orientierten altindustriellen Wirtschaftsstruktur zu Krisen und Massenarbeitslosigkeit geführt hatte,[27] und zum anderen die Überraschung über den Erfolg Baden-Württembergs und Bayerns – eines Erfolgs, dessen Wurzeln so mysteriös zu sein schienen, dass sich die Journalisten aus Hamburg nur durch einen Griff in die Mottenkiste der Stereotype zu helfen wussten: Im „Spiegel" findet sich etwa die bemerkenswerte Alliteration, Bayern sei „eine schillernde Mischung aus Biedermeier, Bigotterie und Brachialgewalt",[28] und für den „Stern" war Bayern noch vor wenigen Jahren schlicht und einfach eine „Provokation".[29]

Die teils grotesken, teils feindseligen Zerrbilder, die sich die Journalisten der linksliberalen Medien in der altehrwürdigen Hansestadt Hamburg von Süddeutschland im Allgemeinen und Bayern im Besondern machten, wären eine eigene Untersuchung wert. Man kann sich jedoch des Eindrucks nicht erwehren, dass sich Beobachter und Kommentatoren angesichts einer Entwicklung verwundert die Augen rieben, die sie nur schwer erklären konnten und die all ihren Vorurteilen von den rückständigen, schwerfälligen, grobschlächtigen und dialektsprechenden Ureinwohnern des tiefen deutschen Südens Hohn sprachen. War dieser ebenso unerwartete wie anhaltende Erfolg der lange belächelten Emporkömmlinge auch verdient? Beruhte er nicht auf dem skandalösen Hang zur Korruption und anderen moralisch zweifelhaften Eigenschaften, die man insbesondere bei den hinterfotzigen Bayern zu erkennen glaubte?[30] Beschreiben oder besser: karikieren ließ sich damit – immer wieder Gift und Galle spuckend[31] – einiges, treffend analysieren nur wenig, abgesehen davon, dass den Autoren dieser Artikel wichtige Fakten entgingen: die Krise der Textil- und Montanindustrie auch im Süden der Republik mit einschneidenden Folgen für bestimmte Regionen, die disproportionale Landesentwicklung,[32] die Gewinner und Verlierer gleichermaßen hervorbrachte, und die Dynamik politischer Ent-

---

[26] Der Spiegel vom 31. 12. 1984: „Der große Treck nach Süden. Spiegel-Redakteur Werner Meyer-Larsen über das veränderte Wohlstandsgefälle der Bundesrepublik Deutschland".

[27] Vgl. allgemein Andreas Wirsching: Abschied vom Provisorium. Geschichte der Bundesrepublik Deutschland 1982–1990, München 2006, S. 223–288, sowie Ulrich Herbert: Geschichte Deutschlands im 20. Jahrhundert, München 2014, S. 898 ff.; mit Blick auf das Ruhrgebiet vgl. Stefan Goch: Eine Region im Kampf mit dem Strukturwandel. Bewältigung von Strukturwandel und Strukturpolitik im Ruhrgebiet, Essen 2002.

[28] Der Spiegel vom 19. 9. 1988: „Aus den Bergen kommt die Rettung".

[29] Stern vom 12. 9. 2013: „Bayern, eine Provokation".

[30] Vgl. Der Spiegel vom 3. 10. 1994: „Große Welt im Rautengitter"; Stern vom 12. 9. 2013: „Bayern, eine Provokation".

[31] So verglich das Hamburger Lifestyle-Magazin „Max" (zitiert nach Focus vom 28. 5. 2001: „Der Primus") Bayern mit Texas: „Beide halten sich für Elite qua Herkunft und ignorieren bräsig die Welt jenseits von Almen und Prärie. Beide schaffen den Spagat zwischen Kuh und Computer, halten das Kirchlich-Konservative für das wahre Moderne, Rassismus für Folklore und gelten ihren Nachbarn als eifrige Kungelbrüder."

[32] Vgl. Karl Lauschke: Strategien ökonomischer Krisenbewältigung. Die Textilindustrie im Westmünsterland und in Oberfranken 1945 bis 1975, in: Schlemmer/Woller (Hrsg.): Politik und Kultur, S. 195–279; Jaromìr Balcar: Politik auf dem Land. Studien zur bayerischen Provinz 1945 bis 1972, München 2004.

scheidungen, die zwischen zupackendem Mut und bewahrendem Zögern oszillierte, aber letztlich die Gunst der Stunde nutzte.[33]

Was aber machte Teile Süd- und Südwestdeutschlands für Investoren und Arbeitnehmer attraktiver als andere Landstriche der Bundesrepublik, oder anders gewendet: Was ließ „alte Industrieregionen alt", verbraucht und perspektivlos erscheinen?[34] Der Geograph und Regionalforscher Bernhard Butzin benannte am Beispiel des Ruhrgebiets vier Faktoren, die wesentlich für den „Alterungsprozeß" verantwortlich seien: die von den grundbesitzenden Montankonzernen verfügte „Bodensperre", die neue Industrieansiedlungen zu einem schwierigen Unterfangen machte, die „Bildungssperre" durch das Fehlen von Universitäten, Fachhochschulen und qualifizierten Arbeitsplätzen nicht zuletzt im tertiären Sektor, die „Innovationsblockade" durch die einseitige, innovationsfeindliche Ausrichtung der mittelständischen Betriebe auf die montanindustrielle Monostruktur sowie die effiziente „Interessenkoalition" zwischen Politik und Sozialpartnern, die weniger auf Innovationen als auf bestandserhaltende Subventionen setzte. „Die Folgen dieser hermetischen Abschottung des regionalen Wirtschaftssystems" seien gravierend: „die Sklerotisierung der Branchen- und Infrastruktur", verbunden mit einem „genetischen Entwicklungsschaden mit Langzeitwirkung", der sogar dazu führe, dass die Bewohner ihr „Stück Heimatidylle aus einer prinzipiell kaum als identifikations- und liebenswürdig erachteten Region" ausgrenzten.

Dieser Befund zeigt, dass neben harten Standortfaktoren wie Infrastruktur, Lohnniveau, Arbeitsmarkt, Branchenstruktur und Bildungssystem in den 1970er Jahren zunehmend auch weiche Standortfaktoren wie politisches Klima, landschaftliche Attraktivität, Freizeitwert, Lebensqualität und Identifikationspotenzial in den Vordergrund rückten.[35] Stadt- und Regionalsoziologen wie Detlev Ipsen begannen, nach dem „Verhältnis des ökonomischen" Raums zum „kulturellen" Raum zu fragen, und versuchten, die Relevanz von Raumbildern im Prozess des Auseinanderdriftens süd-, west- und norddeutscher Regionen zu bestimmen.[36] Sie verwiesen darauf, dass sich der „Raum [...] durch seine Entwicklung oder Nicht-Entwicklung ein kulturelles Bild" schaffe; zugleich werde „ein bestimmter Entwicklungstypus durch das Bild auf den konkreten Raum projiziert", sodass „Raumentwicklung und Raumbild [...] eine nur schwer zu lösende Beziehung" eingingen. Raumbilder könnten positive Entwicklungen beschleunigen, anderswo aber „retardierend" wirken; in diesen Fällen klebe das „Bild an dem Raum" und signalisiere „eine Vernutzung". Raumbilder – und dieser Hinweis ist wichtig – entstehen freilich nicht von selbst, und sie werden nicht auf dem Reißbrett entworfen. Sie sind ein Konstrukt, das auf der Interdependenz von realer „Raumbeschaffenheit" und Imagination beruht, und sie sind „handlungsaktiv",

---

[33] Vgl. Thomas Schlemmer: Zweierlei Zukunft. Betriebsschließungen in der Bundesrepublik als Chance und Bedrohung, in: Martin Löhnig/Mareike Preisner/Thomas Schlemmer (Hrsg.): Ordnung und Protest. Eine gesamtdeutsche Protestgeschichte von 1949 bis heute, Tübingen 2015, S. 175–192, und Thomas Schlemmer: Industriemoderne in der Provinz. Die Region Ingolstadt zwischen Neubeginn, Boom und Krise 1945 bis 1975, München 2009, S. 201–244.

[34] Vgl. hierzu und zum Folgenden Bernhard Butzin: Was macht alte Industrieregionen alt? – Das Beispiel Ruhrgebiet, in: Berichte zur deutschen Landeskunde 67 (1993), S. 243–254, Zitate S. 244ff.

[35] Zur Bedeutung der weichen Standortfaktoren vgl. Manfred Sinz/Wendelin Strubelt: Zur Diskussion über das wirtschaftliche Süd-Nord-Gefälle unter Berücksichtigung entwicklungsgeschichtlicher Aspekte, in: Jürgen Friedrichs/Hartmut Häußermann/Walter Siebel (Hrsg.): Süd-Nord-Gefälle in der Bundesrepublik? Sozialwissenschaftliche Analysen, Opladen 1986, S. 12–50, hier S. 32f.

[36] Vgl. Detlev Ipsen: Raumbilder. Zum Verhältnis des ökonomischen und kulturellen Raumes, in: Informationen zur Raumentwicklung 1986/1–2, S. 921–931; die Zitate finden sich auf S. 922, 928.

das heißt „einem bestimmten Lebensstil, dem Muster räumlich bezogener Verhaltensweisen", verhaftet.

Als halb materiell, halb soziale Gebilde lassen sich Raumbilder jedoch formen, und hier sind wir bei der Frage nach Agenten, Propagandisten, Vermarktern und Multiplikatoren angelangt. Man kann davon ausgehen, dass Landesregierungen als ressourcenreichen regionalpolitischen Akteuren eine zentrale Rolle dabei zukommt, wie die verschiedenen harten und weichen Standortfaktoren vermarktet wurden. Auf diesem Feld waren offenbar die Unions-geführten Landesregierungen in den süddeutschen Bundesländern erheblich erfolgreicher als die SPD-geführten im Westen und Norden der Republik, nicht zu sprechen von „dem Gefühl, daß sich Landesregierungen und lokale Behörden im Süden aufgeschlossener gegenüber den Belangen der privaten Wirtschaft zeigen als im Norden".[37] Eine Umfrage unter 300 Managern und Inhabern von Unternehmen mit mehr als 500 Beschäftigten ergab 1985 folgendes Bild: Während sich bei ökonomischen „Struktur- und Rahmenbedingungen […] zum Zwecke von Industrieansiedlungen kaum ein bundesweites Süd-Nord-Gefälle" feststellen ließ, gab es „überdeutliche" Unterschiede bei der Beurteilung der „wirtschaftspolitischen Rahmenbedingungen, und zwar je nach parteipolitischer Ausrichtung der jeweiligen Landesregierung".[38] Danach waren Bundesländer mit einer strukturellen Mehrheit für CDU und CSU wie Baden-Württemberg und Bayern bei Standortentscheidungen für die Unternehmer erheblich attraktiver als Bundesländer, die von der SPD regiert wurden.

Wenn Detlev Ipsen recht hat, wurden diese Entscheidungen zugunsten von Standorten im Süden der Republik nicht zuletzt durch den Zeitgeist begünstigt, schien dort doch „die Lebenswelt […] nicht im gleichen Maße durch Ökonomie und Staat kolonisiert, wie dies in den altindustriellen Regionen und Räumen" der Fall war, die sich „sozialdemokratischer Modernisierungspolitik" im Zeichen des Fordismus „unterworfen" sahen.[39] Je stärker das Verlangen nach Ursprünglichkeit oder Natur wuchs und je mehr solche Begriffe mit Lebensqualität und Freiheit konnotiert waren, desto attraktiver wurden Regionen, in denen es noch keine durchgreifende oder nur eine gebremste Modernisierung gegeben hatte.[40] Ein Paradebeispiel dafür, dass es gerade die „Ungleichzeitigkeit moderner und protomoderner Elemente" gewesen ist,[41] die reizvoll wirkte und aus der sich Kapital schlagen ließ, ist Oberbayern mit München als urbanem Zentrum, der – zumindest teilweise inszenierten – Idylle des Alpenvorlands und dem teils belächelten, teils bewunderten Eigen-Sinn seiner Bewohner. Wo sich die seit den 1970er Jahren zunehmend krisenhafte Industriemoderne nur unvollständig entfaltet hatte, öffneten sich nun politisch-mentale Räume, „um hypermoderne Ökonomien durchsetzen zu können".

---

[37] Eckart van Hooven: Der Norden braucht eine klare Perspektive, in: Rüdiger von Voss/Karl Friedrich (Hrsg.): Das Süd-Nord-Gefälle. Gemeinsame Strategien für neue Strukturen, Stuttgart 1986, S. 153–159, hier S. 156.

[38] Walter Tacke: Süd-Nord-Gefälle – oder eine neue Völkerwanderung in Sicht?, in: ebd., S. 11–21, hier S. 18.

[39] Ipsen: Raumbilder, S. 930.

[40] Vgl. Detlev Ipsen/Thomas Fuchs: Die Modernisierung des Raumes. Blockierung und Öffnung: Raumbilder als historische Bedingungen regionaler Entwicklung in Nordhessen und Oberbayern, in: 1999. Zeitschrift für Sozialgeschichte des 20. und 21. Jahrhunderts 6 (1991), H. 1, S. 13–33, hier S. 31ff.

[41] Ipsen: Raumbilder, S. 930; das folgende Zitat findet sich bei Ipsen/Fuchs: Modernisierung des Raumes, S. 33.

Die politische Ikonographie, auf die die CSU seit den 1970er Jahren setzte, war gleichermaßen Ergebnis wie Triebfeder eines Prozesses, der zur Durchsetzung eines auf drei Säulen ruhenden Raumbilds führte: bayerisches Idyll, moderne Ökonomie und Infrastruktur, CSU. Pate für diese Strategie stand die Münchner Agentur für Kommunikation und *Public Relations* „Team 70", die seit 1969 zunächst auf kommunaler Ebene für die CSU tätig war und dann bis in die 1990er Jahre die Wahlkampagnen und Werbemittel der Partei prägte.[42] Die Bildsprache von „Team 70" setzte auf eine Verschmelzung der Symbole von Freistaat und Partei, nutzte gezielt die Effekte bekannter Landschaften und inszenierte das harmonische Nebeneinander von Fortschritt und Tradition, wie ein klassisches Wahlplakat für die Landtagswahl im November 1970 zeigt: die futuristisch anmutenden Anlagen der Erdfunkstelle in Raisting am Ammersee inmitten der bäuerlichen Kulturlandschaft Oberbayerns samt Wallfahrtskirche und den Alpen im Hintergrund.[43] Diese „Bayern-Linie", die sich in den 1970er Jahren im Zusammenspiel von Werbefachleuten und Parteimanagement rasch durchsetzte, wirkte in der CSU mit ihren altbayerischen, schwäbischen und fränkischen Traditionskernen identitätsstiftend und half, historisch-kulturelle oder konfessionelle Gegensätze zu überwinden.[44]

Ob „Team 70" das „Image der CSU zu einem modisch-bayerischen Markenartikel" entpolitisiert hat, wie der Spiegel 1986 mutmaßte, sei dahingestellt.[45] Dagegen spricht zumindest die Tatsache, dass bestimmte Bayern-Bilder zunehmend *politisiert* wurden, die man kaum mehr ohne Assoziationen zur CSU betrachten konnte. Der Erfolg dieser Strategie, den auch kritische Beobachter widerstrebend anerkennen mussten, ließ nicht lange auf sich warten.[46] So wurden auch andere Auftraggeber auf „Team 70" aufmerksam, darunter die CDU in Baden-Württemberg, die die Münchner Agentur mit dem Ziel engagierte, nach bayerischem Muster bei Wahlkämpfen „gezielt die Identifikationen zwischen Land und Partei" zu fördern.[47] Viele der zu politischen Zwecken eingesetzten Inszenierungen von Bayern und Baden-Württemberg stammen also aus derselben Werkstatt.

4. Konvergenzen und Divergenzen im Süden der Republik

Was nun die Entwicklung Bayerns und Baden-Württembergs angeht, so sei diese anhand einiger sozioökonomischer Basisdaten skizziert, um ein besseres Bild des Strukturwandels zu gewinnen, der politischen Auseinandersetzungen, öffentlichen Diskursen und der dabei verwendeten Bildersprache zugrunde lag. Beginnen wir mit Bayern, um anschließend

---

[42] Vgl. Renate Höpfinger: Agentur „Team 70", in: Historisches Lexikon Bayerns; www.historisches-lexikon-bayerns.de/artikel/artikel_46377 (letzter Zugriff: 4.11.2015).

[43] Vgl. Hans Zehetmair/Peter Witterauf: CSU plakativ. 60 Jahre gestaltete Politik, München 2005, S. 21.

[44] Vgl. Thomas Helmensdorfer: Ein Wahlkampf ist kein „beauty contest" – Politische Werbung von Team '70, in: Renate Höpfinger/Henning Rader/Rudolf Scheutle (Hrsg.): Franz Josef Strauß – Die Macht der Bilder, München 2015, S. 33–42, zur „Bayern-Linie" vgl. S. 34f. Thomas Helmensdorfer fungierte bis 1997 als Geschäftsführer der Werbeagentur „Team 70".

[45] Der Spiegel vom 29.9.1986: „Pate im Wurzelgeflecht".

[46] Vgl. Herbert Riehl-Heyse: CSU. Die Partei, die das schöne Bayern erfunden hat, München 1979, S. 72–76.

[47] Fred Sepaintner: Baden-Württemberg 1960 bis 1992, in: Hans-Martin Schwarzmaier u.a. (Hrsg.): Handbuch der baden-württembergischen Geschichte, Bd. 4: Die Länder seit 1918, Stuttgart 2003, S. 591–895, hier S. 646.

kurz Baden-Württemberg gleichsam als Kontrastfolie daneben zu legen und dann nach Unterschieden und Gemeinsamkeiten zu fragen.

1939 lebten in Bayern rechts des Rheins fast 7,2 Millionen Menschen, 1950 zählte man zwei Millionen mehr; die meisten „Neubürger" waren Flüchtlinge aus den Ostgebieten des untergegangenen Deutschen Reichs oder Heimatvertriebene aus alten deutschen Siedlungsschwerpunkten in Ostmittel- und Südosteuropa. Bis Anfang der 1970er Jahre nahm die Bevölkerung Bayerns langsam, aber kontinuierlich zu – von 9,5 Millionen 1961 auf 10,8 Millionen Einwohner 1974 –, wobei die Entwicklung viel bewegter war, als die bloßen Zahlen vermuten lassen: Bayern war nämlich zunächst ein Auswanderungsland, dem Jahr für Jahr Tausende und Abertausende den Rücken kehrten. Dieser Trend schlug erst Ende der 1950er Jahre um, als der Freistaat für Zuwanderer aus anderen Teilen der Republik zunehmend attraktiver wurde und als schließlich auch zahlreiche Arbeitsmigranten zunächst aus Italien, Jugoslawien und Griechenland, dann aus der Türkei nach Bayern kamen.[48]

Die große Nachfrage nach ausländischen Arbeitskräften war eine direkte Folge des forcierten ökonomischen Strukturwandels, der in der zweiten Hälfte der 1950er Jahre seine volle Dynamik zu entfalten begann. 1950 hatten noch 30,6 Prozent aller Erwerbspersonen ihr Auskommen in der Land- und Forstwirtschaft gefunden, 1961 waren es 21,6 Prozent, 1974 aber nur noch 12,3 Prozent. Dagegen wuchs der Anteil der Erwerbspersonen in Industrie und Handwerk von 36,3 Prozent 1950 auf 44,5 Prozent 1961 und 47,4 Prozent 1970; im Zuge der mit dem Ölpreisschock verbundenen Wirtschaftskrise sank diese Quote dann bis 1974 auf 46,2 Prozent. Auch der Sektor Handel, Verkehr und Dienstleistungen hatte beachtliche Zuwachsraten zu verzeichnen. Der Anteil der Erwerbspersonen, die hier beschäftigt waren, hatte 1950 nur 28,7 Prozent betragen; 1961 errechneten die Statistiker für diesen Sektor bereits einen Anteil von 33,5 Prozent und 1974 von 41,5 Prozent. Bei genauerer Betrachtung zeigt sich allerdings, dass man es nicht mit der „Aufeinanderfolge zweier Aufholprozesse" zu tun hat; vielmehr vollzog sich in Bayern „sozusagen kumulativ eine Angleichung der Wirtschaftsstruktur an den Bundesdurchschnitt". Bayern entwickelte sich, mit anderen Worten, gleichzeitig von einem Agrarland zu einer Industrie- *und* Dienstleistungsregion, wobei die Tatsache, dass die ökonomische Struktur Bayerns schon früh „ein starkes ‚tertiäres‘ Gepräge" aufwies, ebenso bemerkenswert ist wie die auffällige „‚Tertiarisierung‘ des Industriesektors".[49]

Dies sind nicht die einzigen Besonderheiten der „Spät- und Vollindustrialisierung" Bayerns nach dem Zweiten Weltkrieg.[50] Zu nennen wären außerdem die Schwäche von Branchen wie Kohle, Eisen und Stahl, die sich zunächst als schweres Handicap, dann aber als Entwicklungschance erwies, die Vorreiterrolle von Wachstumsbranchen wie Elektroindus-

---

[48] Vgl. Thomas Schlemmer/Hans Woller: Einleitung, in: dies. (Hrsg.): Gesellschaft im Wandel 1949 bis 1973, München 2002, S. 1–23, hier S. 3–5; die folgenden Angaben finden sich ebd. Datengrundlage sind insbesondere die Erhebungen des Bayerischen Statistischen Landesamts, vor allem die Statistischen Jahrbücher für Bayern zwischen 1952 und 1975. Allgemein vgl. Dirk Götschmann: Wirtschaftsgeschichte Bayerns. 19. und 20. Jahrhundert, Regensburg 2010.

[49] Paul Erker: Industriewirtschaft und regionaler Wandel. Überlegungen zu einer Wirtschaftsgeschichte Bayerns 1945–1995, in: Maximilian Lanzinner/Michael Henker (Hrsg.): Landesgeschichte und Zeitgeschichte. Forschungsperspektiven zur Geschichte Bayerns nach 1945, Augsburg 1997, S. 41–51, hier S. 45; die vorstehenden Zitate finden sich ebd. Zum Gesamtzusammenhang vgl. Gerold Ambrosius: Agrarstaat oder Industriestaat – Industriegesellschaft oder Dienstleistungsgesellschaft? Zum sektoralen Strukturwandel der deutschen Wirtschaft im 20. Jahrhundert, München 2001, S. 50–69.

[50] Alf Mintzel: Geschichte der CSU. Ein Überblick, Opladen 1977, S. 49.

trie, Flugzeug-, Fahrzeug- und Maschinenbau oder Petrochemie sowie das vergleichsweise krisenfeste Nebeneinander von groß-, mittel- und kleinbetrieblichen Strukturen. Dennoch bleibt mit Paul Erker festzuhalten, „dass dieser etwas andere Weg der Industrialisierung, der in Bayern sich geradezu als Paradebeispiel einer Industrialisierung präsentierte, die verspätet und nicht durch die schwerindustriellen Grundstoffindustrien, sondern durch die ‚neuen‘, forschungs- und technologieintensiven Investitionsgüterindustrien geprägt war", kein Sonderweg gewesen ist, sondern als regionale Ausprägung säkularer Veränderungsprozesse verstanden werden muss.[51]

Verglichen mit den Krisen und Erschütterungen, die die Industrialisierung in der zweiten Hälfte des 19. Jahrhunderts ausgelöst hatte,[52] verlief der sozioökonomische Strukturwandel nach 1945 trotz seiner weitreichenden Konsequenzen ohne gravierende gesellschaftliche Konflikte.[53] Die sozialen Kosten dieses Strukturwandels blieben nicht zuletzt deshalb relativ gering, weil er sich vor dem Hintergrund eines außergewöhnlichen ökonomischen Booms vollzog, der breiten Bevölkerungsschichten in ganz Westeuropa in relativ kurzer Zeit ungeahnte Lebenschancen eröffnete und zugleich politische Handlungs- und Verteilungsspielräume schuf, die seit den 1950er Jahren unter anderem dazu genutzt wurden, um das Netz sozialer Sicherung immer enger zu knüpfen oder „subventionsgesteuerte Befriedungs- und Harmonisierungsstrategien" zu finanzieren. Die verspätete Industrialisierung Bayerns zog damit weder die verspätete Bildung eines Industrieproletariats noch die „politisch-kulturelle und soziale Entwurzelung" besonders betroffener Bevölkerungsschichten nach sich.[54]

Gleichwohl hatte der Strukturwandel tiefgreifende Folgen. Am stärksten traf er die Landwirtschaft. Hatten die Statistiker 1949 in Bayern rund 392 000 land- und forstwirtschaftliche Betriebe mit einer Nutzfläche von mehr als zwei Hektar gezählt, so waren es 1960 353 600, 1971 291 600 und 1975 nur noch 269 300. Bereits in den 1950er Jahren war die Zahl der Bauernhöfe im Freistaat um 9,8 Prozent zurückgegangen. Zwischen 1960 und 1971 erreichte der Strukturwandel aber eine ungeahnte Dynamik, als die Zahl der land- und forstwirtschaftlichen Betriebe um 17,5 Prozent schrumpfte. In den folgenden Jahren schwächte sich das Tempo dieses Prozesses nur leicht ab; bis 1975 wurden aber noch einmal 7,6 Prozent der bayerischen Bauernhöfe aufgegeben. Dabei konnten die bayerischen Bauern noch nicht einmal das Argument ins Feld führen, sie hätte es besonders hart getroffen. Im Bundesdurchschnitt ging die Zahl der land- und forstwirtschaftlichen Betriebe mit einer Nutzfläche von mehr als zwei Hektar nämlich wesentlich schneller zurück: zwischen 1949 und 1960 um 13,9 Prozent und zwischen 1960 und 1971 um 24 Prozent.[55]

---

[51] Vgl. Paul Erker: Keine Sehnsucht nach der Ruhr. Grundzüge der Industrialisierung in Bayern 1900–1970, in: Geschichte und Gesellschaft 17 (1991), S. 480–511, hier S. 511; das vorstehende Zitat findet sich bei Erker: Industriewirtschaft, in: Lanzinner/Henker (Hrsg.): Landesgeschichte und Zeitgeschichte, S. 41.
[52] Zur plurizentrischen und polymorphen Industrialisierung in Deutschland vgl. Hubert Kiesewetter: Industrielle Revolution in Deutschland: Regionen als Wachstumsmotoren, Stuttgart 2004.
[53] Vgl. hierzu und zum Folgenden Schlemmer/Woller: Einleitung, in: dies. (Hrsg.): Gesellschaft im Wandel, S. 6–8.
[54] Alf Mintzel: Die Christlich-Soziale Union in Bayern, in: ders./Heinrich Oberreuter (Hrsg.): Parteien in der Bundesrepublik Deutschland, Bonn 1990, S. 199–236, hier S. 204.
[55] Vgl. Andreas Eichmüller: Landwirtschaft und bäuerliche Bevölkerung in Bayern. Ökonomischer und sozialer Wandel 1948–1970. Eine vergleichende Untersuchung der Landkreise Erding, Kötzting und Obernburg, München 1997, S. 108–110, und Statistisches Jahrbuch für Bayern 32 (1978), S. 131.

Bayern hatte vieles gemeinsam mit Baden-Württemberg, seinem Nachbarn im Westen: Dazu gehört das Bevölkerungswachstum – im Südweststaat war ein Bevölkerungszuwachs von 6,5 Millionen Menschen im Jahr 1950 auf 8,9 Millionen im Jahr 1970 zu verzeichnen;[56] dazu gehört die kleinräumige Siedlungsstruktur mit wenigen urbanen Ballungszonen und ausgedehnten ländlich geprägten Räumen; dazu gehört die historisch bedingte innere Heterogenität beider Länder, die man zwar heute von außen kaum mehr wahrnimmt, die aber aufgrund unterschiedlicher kultureller Traditionen und sozioökonomischer Gegebenheiten lange Zeit von erheblicher politischer Bedeutung war und die sich noch immer nicht vollständig abgeschliffen hat;[57] dazu gehört der Agrarstrukturwandel, der den Beschäftigtenanteil im primären Sektor von 23 Prozent 1950 auf 7,5 Prozent im Jahr 1970 schrumpfen ließ, ohne dass Teile des Landes freilich ihre landwirtschaftliche Grundierung völlig verloren hätten. Und dazu gehört das ausgesprochen hohe Gewicht der verarbeitenden Industrie, die in Baden-Württemberg 1970 einen Anteil von 48,5 Prozent an allen Beschäftigten aufwies; in Bayern lag der Anteil an Erwerbspersonen im produzierenden Gewerbe im selben Jahr nur unwesentlich niedriger. Von der vielzitierten „postindustriellen Modernität"[58] war bis in die 1980er Jahre weder in Bayern noch in Baden-Württemberg viel zu spüren.

Hier beginnen jedoch auch die Unterschiede. Insbesondere Teile Württembergs hatten früher Anschluss an die Industrialisierung gefunden als weite Teile Süd- und Nordbayerns außerhalb von Industrieinseln wie Nürnberg, München und Augsburg, das mit seiner Textil- und Maschinenbauindustrie zu den Keimzellen der Moderne in Bayern gehörte, oder den Gemeinden des oberbayerischen Pechkohlereviers.[59] Das Entwicklungsgefälle zwischen Bayern und Baden-Württemberg war noch Ende der 1950er Jahre unübersehbar, als die bayerische Staatsregierung ihre Anstrengungen zur Erschließung des Landes verstärkte. Dabei nahmen sich die federführenden Wirtschafts- und Strukturpolitiker zweifellos die vergleichsweise krisenfeste Ökonomie des erfolgreichen Nachbarn im Westen zum Vorbild und verspürten „Keine Sehnsucht nach der Ruhr".[60] So heißt es in einer offiziösen Broschüre aus dem bayerischen Wirtschaftsministerium:

„Wird man auch in Bayern eine landwirtschaftlich-gewerbliche Mischstruktur, die für weite Teile Baden-Württembergs so charakteristisch ist, herbeiführen können? Oder besteht die Gefahr einer Zusammenballung von Betrieben an einigen wenigen Orten, die den Charakter von Industrie-

---

[56] Diese und die folgenden Zahlen nach Herbert Schneider: Baden-Württemberg, in: Zimmermann (Hrsg.): Handbuch der deutschen Bundesländer, S. 50–83, hier S. 53–55. Zur sozioökonomischen Entwicklung vgl. Willi A. Boelcke: Sozialgeschichte Baden-Württembergs 1800–1989. Politik, Gesellschaft, Wirtschaft, Stuttgart 1989, S. 402–492, sowie – unter besonderer Berücksichtigung des letzten Drittels des 20. Jahrhunderts – Hilde Cost/Margot Körber-Weik (Hrsg.): Die Wirtschaft von Baden-Württemberg im Umbruch, Stuttgart 2002.

[57] Vgl. Alf Mintzel: Regionale politische Traditionen und CSU-Hegemonie in Bayern, und Gerd Mielke: Alter und neuer Regionalismus: Sozialstruktur, politische Traditionen und Parteiensystem in Baden-Württemberg, beide Beiträge in: Dieter Oberndörfer/Karl Schmitt (Hrsg.): Parteien und regionale Traditionen in der Bundesrepublik Deutschland, Berlin 1991, S. 125–180, 299–313.

[58] Axel Schildt: Materieller Wohlstand – pragmatische Politik – kulturelle Umbrüche. Die 60er Jahre in der Bundesrepublik, in: ders./Detlef Siegfried/Karl Christian Lammers (Hrsg.): Dynamische Zeiten. Die 60er Jahre in den beiden deutschen Gesellschaften, Hamburg 2000, S. 21–53, hier S. 23.

[59] Vgl. Klaus Megerle: Württemberg im Industrialisierungsprozeß Deutschlands. Ein Beitrag zur regionalen Differenzierung der Industrialisierung, Stuttgart 1982; Karl Bosl: Die „geminderte" Industrialisierung in Bayern, in: Claus Grimm (Hrsg.): Aufbruch ins Industriezeitalter, Bd. 1: Linien der Entwicklungsgeschichte, München 1985, S. 22–39.

[60] Hermann Bößenecker: Bayern, Bosse und Bilanzen. Hinter den Kulissen der weiß-blauen Wirtschaft, München u. a. 1972, S. 303.

städten annehmen werden? Werden womöglich altvertraute Städtebilder der Industrialisierung zum Opfer fallen oder werden gar unsere bevorzugten Erholungs- und Fremdenverkehrsorte durch lärmende und rauchende Betriebe schweren Schaden erleiden?"[61]

Eine zweite Differenz ist politischer Natur. Mit der CSU entstand 1945 in Bayern eine eigenständige Regionalpartei, während die christdemokratischen Landesverbände in Südwestdeutschland 1950 in der CDU aufgingen. Damit unterschieden sich aber auch die Gestaltungsansprüche und die Handlungsoptionen der Unionspolitiker in Bayern und Baden-Württemberg grundlegend voneinander. Die CSU beschränkte sich zwar bei Wahlen und Mitgliederwerbung auf Bayern, doch ihre Ambitionen reichten weit darüber hinaus und zielten – vor allem wenn es um Fragen des Föderalismus ging – auf den Bund und sogar auf die europäischen Institutionen.[62] Die südwestdeutschen Christdemokraten konnten dagegen zu keiner Zeit so eigenständig und hemdsärmelig-eigensüchtig agieren wie ihre christsozialen Kollegen, die zudem versiert darin waren, die Rollen zwischen Landes- und Bundespolitikern nach dem alten Motto zu verteilen: „Getrennt marschieren, vereint schlagen!" Wie die CSU in Bayern pochte auch die CDU in Baden-Württemberg spätestens seit den 1970er Jahren darauf, *die* „Partei des Landes zu sein, dessen Gestaltung sie als ihr Verdienst reklamierte".[63] Der Anspruch, die Interessen Baden-Württembergs auch im Bund durchzusetzen, kollidierte jedoch mit der Tatsache, dass die südwestdeutsche CDU eben doch nur Teil einer Bundespartei war und sich im Zweifelsfall dem Zwang zum Kompromiss beugen musste.

Baden-Württemberg galt zumindest bis zum Wahlsieg von Grün-Rot im März 2011 wie Bayern als Stammland der Union[64] mit einer chronisch schwachen Sozialdemokratie, doch bei genauerem Hinsehen fällt ein wichtiger Unterschied auf: In beiden Ländern stellten zwar seit 1945 beziehungsweise seit 1952 zumeist CDU und CSU die Ministerpräsidenten, doch die politischen Kräfteverhältnisse und die Koalitionen glichen sich nur zum Teil. Der politische Liberalismus war im Südwesten der Bundesrepublik immer stärker als im Süden, die CDU in Baden-Württemberg konnte das politische System des Landes nicht so hegemonialisieren, wie es der CSU in Bayern gelang, und die SPD konnte sich in Stuttgart – mit Unterbrechungen – immerhin bis 1972 als Koalitionspartnerin in der Regierung halten,[65] während sie in Bayern seit 1957 ununterbrochen in der Opposition ist und die CSU zwischen 1966 und 2008 alleine regieren konnte.[66]

---

[61] Wolfgang Helwig: Bayern ruft Industrie, in: Raumordnung – Landesplanung. Landesplanung in Bayern, München/Passau o. J. (1958), S. 10–13, hier S. 10. Zum Gesamtzusammenhang vgl. Thomas Schlemmer/Stefan Grüner/Jaromír Balcar: „Entwicklungshilfe im eigenen Lande". Landesplanung in Bayern nach 1945, in: Matthias Frese/Julia Paulus/Karl Teppe (Hrsg.): Demokratisierung und gesellschaftlicher Aufbruch. Die sechziger Jahre als Wendezeit der Bundesrepublik, Paderborn u. a. 2003, S. 379–450.

[62] Auf diesen weitreichenden Gestaltungsanspruch verwies zu Recht Blessing: Politischer Anspruch und wirtschaftlicher Aufstieg, in: Gruner/Hoser (Hrsg.): Wissenschaft, Bildung, Politik, S. 482–487.

[63] Sepaintner: Baden-Württemberg 1960 bis 1992, in: Schwarzmaier u. a. (Hrsg.): Handbuch der baden-württembergischen Geschichte, Bd. 4, S. 646.

[64] Vgl. hierzu eine der wenigen vergleichenden Arbeiten: Werner Burger: Die CDU in Baden-Württemberg und die CSU in Bayern. Eine vergleichende Analyse, Freiburg i. Br. 1984.

[65] Auf diesen Unterschied verwiesen auch Marcus Obrecht/Tobias Haas: Der Landtag von Baden-Württemberg, in: Siegfried Mielke/Werner Reutter (Hrsg.): Landesparlamentarismus. Geschichte, Struktur, Funktionen, 2., durchgesehene und aktualisierte Aufl., Wiesbaden 2012, S. 67–104, hier S. 71–74.

[66] Vgl. dazu ausführlich Alf Mintzel: Die CSU-Hegemonie in Bayern. Strategie und Erfolg, Gewinner und Verlierer, Passau 1999.

Diese Konstellation hatte erhebliche Auswirkungen auf die Landespolitik. In Bayern tat sich die CSU vor allem zwischen 1957 und 1966 schwer mit Reformen, die auf eine Modernisierung des Landes zielten.[67] Vor allem die im konservativen Katholizismus und im bäuerlichen Milieu verhafteten Kräfte konnten sich kaum oder nur langsam mit einer Politik zugunsten der modernen Industriegesellschaft anfreunden. In Baden-Württemberg musste die CDU zwischen 1953 und 1972 mit den Liberalen und/oder der SPD regieren, die schon früh Begriffe wie Reform und Fortschritt für sich entdeckt hatten. Baden-Württemberg nahm denn auch ehrgeizige Projekte wie den Umbau des Schulwesens oder den Ausbau der Hochschulen früher und energischer in Angriff als Bayern.[68] Als sich jedoch der Parteiflügel um Franz Josef Strauß in der CSU endgültig durchgesetzt hatte, definierte die Partei auch ihr Verhältnis zu Reform und Fortschritt neu. So erklärte der Landesvorsitzende im Juli 1968:

> „Wir sind, wenn auch mit beiden Füßen auf dem Boden unserer Geschichte, unserer Landschaft und unserer Tradition stehend, alles andere als Gegner von Reformen. Wir kleben nicht an überlebten Strukturen, wir haften nicht an überkommenen Dingen, die ihren Wert verloren haben, weil die Zeit längst fortgeschritten ist."[69]

Einige Monate später spitzte Strauß diese Position in der Debatte um das neue Grundsatzprogramm seiner Partei noch einmal zu: „Konservativ sein, heißt an der Spitze des Fortschritts zu marschieren; konservativ heißt, ständig Neues zu schaffen, was der Konservierung wert ist."[70] Gestützt auf einen Modernisierungskonsens, der den Gegensatz von Tradition und Fortschritt aufzuheben versuchte, und gestützt auf sichere absolute Mehrheiten konnte die CSU ihre Variante einer angebotsorientierten Strukturpolitik nun umso stringenter verwirklichen.

In diesem Zusammenhang ist noch ein letzter Punkt von Bedeutung: Die in Baden-Württemberg tiefer als in Bayern verankerte bürgerlich-liberale Tradition führte – verbunden mit einer differenzierteren Hochschullandschaft[71] – früher als in Bayern zur Entstehung einer politisch-gesellschaftlichen Strömung, die den klassischen Fortschrittsbegriff kritisch hinterfragte und Widerstand gegen als gefährlich erachtete Großprojekte organisierte. Die erfolgreichen Proteste gegen das Kernkraftwerk Wyhl Mitte der 1970er Jahre sind ein Beleg dafür.[72] In Bayern waren vergleichbare Großprojekte noch bis Mitte der 1980er Jahre durchsetzbar; hier wirkte das Fortschrittsparadigma der Wirtschafts-

---

[67] Vgl. dazu den Überblick von Thomas Schlemmer: Zwischen Tradition und Traditionsbildung. Die CSU auf dem Weg zur Hegemonialpartei 1945 bis 1976, in: Mitteilungshefte des Instituts für Soziale Bewegungen 24 (2000), S. 159–180.

[68] Vgl. Wilfried Rudloff: Bildungsboom und „Bildungsgefälle". Räumliche Disparitäten, regionale Bildungsplanung und Bildungsexpansion in der alten Bundesrepublik, in: Westfälische Forschungen 60 (2010), S. 335–371.

[69] IfZ-Archiv, ED 720/24, Rede von Franz Josef Strauß vor der CSU-Landesversammlung am 12. 7. 1968.

[70] Münchner Merkur vom 16. 12. 1968: „Souverän stand Strauß vor seinem Auditorium". Zu den Vorstellungen der Zukunftsgestaltung in den Unionsparteien vgl. Martina Steber: A Better Tomorrow. Making Sense of Time in the Conservative Party and the CDU/CSU in the 1960s and 1970s, in: Journal of Modern European History (JMEH) 13 (2015), S. 317–336, hier S. 328–335.

[71] Vgl. die Momentaufnahme von Rudolf Walter Leonhardt: Auf in den Kampf! Hochschulen in Baden-Württemberg, in: Die Zeit vom 16. 2. 1973, S. 15f.

[72] Vgl. Jens Ivo Engels: Geschichte und Heimat. Der Widerstand gegen das Kernkraftwerk Wyhl, in: Kerstin Kretschmer (Hrsg.): Wahrnehmung, Bewusstsein, Identifikation: Umweltprobleme und Umweltschutz als Triebfedern regionaler Entwicklung, Freiberg 2003, S. 103–130.

wunderjahre offenbar länger nach. Dazu passt auch ein Befund von Jürgen Falter, der auf der Basis demoskopischen Materials Indizien dafür gefunden hat, dass die in Bayern an-zutreffenden politischen Grundeinstellungen Anfang der 1980er Jahre insgesamt deutlich konservativer gewesen sind als im Rest der Republik, und zwar weitgehend unabhängig von der Sozialstruktur.[73] Die Befürworter materieller Werte seien in Bayern zahlreicher gewesen als im Bund, in Bayern hätten die Befragten eher für einen starken Staat plädiert und die ideale Partei im politischen Koordinatensystem weiter rechts verortet als die Be-fragten aus anderen Bundesländern.

5. Fortschritt in Bayern und Baden-Württemberg

An diesem Punkt ist die Frage nach dem Fortschrittsparadigma und den Entwicklungszie-len aufgeworfen, die die von den Unionsparteien gestellten oder zumindest dominierten Landesregierungen in Stuttgart und München ihrer Strukturpolitik zugrunde legten. Auf-schluss darüber gibt etwa der Beitrag, den kein Geringerer als der bayerische Ministerprä-sident Alfons Goppel für ein Buch mit dem spektakulären Titel „Bayern auf dem Weg in das Jahr 2000" verfasste, das 1971 in der Reihe „Zukunftsperspektiven der deutschen Bun-desländer" erschien. Unter der bezeichnenden Überschrift „Ein Land plant seine Zu-kunft" schrieb der CSU-Politiker, bei der gegenwärtigen Geschwindigkeit der Veränderun-gen auf allen Ebenen des menschlichen Lebens sei „Neues schon alt, bevor es richtig zur Kenntnis genommen werden" könne. Der Staat trete immer weniger als „Hoheits- und Herrschaftsträger", aber dafür zunehmend als „Leistungsträger und Verteilungsverant-wortlicher" in Erscheinung und werde in einer immer komplexeren Welt mit einer Fülle von Anforderungen konfrontiert. Daher genüge reaktives Handeln nicht mehr.[74] Weiter bemerkte Goppel:

> „Die Zeit, in der sich die Politik einer Regierung auf fachlich begrenzte Maßnahmen und kurzfris-tige Zeiträume einstellen konnte, gehört der Vergangenheit an. Die Komplexität aller Lebensvor-gänge fordert ständige Beobachtung, genaue Analyse, Beratung und organisierte Vorausschau als Schlüsselaufgaben moderner Politik. Auf wissenschaftlichem, technischem und wirtschaftlichem Gebiet müssen die Zusammenhänge erfaßt, muß langfristig und großräumig vorausgedacht wer-den. Der moderne Staat der Daseinsvorsorge kann Gegenwart und Zukunft seiner Bürger nur si-chern, wenn er sich vorausschauend und ordnend in den Entwicklungs- und Umstrukturierungs-prozeß einschaltet. Systematische und rationale Vorbereitung von Entscheidungen über politische Ziele und der darauf ausgerichteten Programme und Maßnahmen auf einer möglichst breiten Informationsbasis ist vonnöten."

Diese Passage enthält praktisch alle Elemente, die für konzeptionelle Überlegungen zur Gestaltung von Politik in den späten 1960er und frühen 1970er Jahren typisch sind: das Eingeständnis, Regierungshandeln im traditionellen Sinn sei an eine Grenze gestoßen, einen ungebrochenen Glauben an die Wissenschaft und ihre Möglichkeiten zur Analyse und langfristigen Prognose sowie die Überzeugung, die Zukunft von Wirtschaft und Ge-

---

[73] Vgl. Jürgen W. Falter: Bayerns Uhren gehen wirklich anders. Politische Verhaltens- und Einstel-lungsunterschiede zwischen Bayern und dem Rest der Bundesrepublik, in: Zeitschrift für Parlaments-fragen 13 (1982), S. 504–521, hier S. 514–519.
[74] Alfons Goppel: Ein Land plant seine Zukunft, in: Ernst Schmacke (Hrsg.): Bayern auf dem Weg in das Jahr 2000. Prognosen, Düsseldorf 1971, S. 11–29, hier S. 11; die folgenden Zitate finden sich ebd., S. 12, 22f.

sellschaft lasse sich mit den richtigen Instrumenten maßgeblich beeinflussen. Man würde nicht vermuten, dass dieses emphatische Bekenntnis zum Planungsgedanken aus der Feder eines konservativen Politikers stammt. Goppel versäumte es denn auch nicht zu betonen, dass die bayerische Staatsregierung davon überzeugt sei, ihre Ziele ließen sich „nicht planifikatorisch oder dirigistisch" verwirklichen; es könnten lediglich „die freien unternehmerischen Kräfte in der Wirtschaft [...] gezielt gefördert und unterstützt werden". Nach seinem Lob der Planung musste dieses liberale Bekenntnis, das Goppel zudem im letzten Drittel seines Aufsatzes versteckte, aber fast schon wie eine Randbemerkung wirken.

In unserem Zusammenhang ist dieses Buch und dieses Statement des bayerischen Ministerpräsidenten nicht zuletzt deshalb interessant, weil es ein doppeltes Gegenstück gibt: ein Buch über Baden-Württembergs Weg in das Jahr 2000 und einen Beitrag des damaligen Regierungschefs Hans Filbinger, den man heute fast nur noch wegen seiner NS-Vergangenheit als Marinerichter ohne Gnade kennt[75] und dessen Rolle als konservativer Reformpolitiker beinahe vergessen ist,[76] obwohl er seinerzeit in einer Reihe mit Helmut Kohl in Rheinland-Pfalz oder Ernst Albrecht in Niedersachsen stand. Das Credo des CDU-Politikers unterschied sich wenig von dem seines Amtskollegen Alfons Goppel, wenn man davon absieht, dass Filbinger in seinen Ausführungen noch weiter ging, was die Reichweite und den Tiefgang der Reformpolitik betraf. Die Mischung aus Zeitgeist, eigener Überzeugung und politischen Rücksichtnahmen auf den sozialdemokratischen Koalitionspartner ließ Filbinger eine Vision zeichnen, die mit dem, was man gemeinhin konservativ nennt, nur wenig gemein hatte.[77] Und er verteidigte diese Form der Landesentwicklung, die auf Industrie, Wachstum, Zentralisierung und Planung setzte, auch noch zwanzig Jahre später, als längst andere Leitbegriffe wie Dienstleistungsgesellschaft, Ökologie, Nachhaltigkeit und endogene Regionalentwicklung Konjunktur hatten. So kommentierte er einen nicht unkritischen Beitrag zur regionalen Wirtschaftspolitik in Baden-Württemberg noch 1992 mit den Worten:

> „Ein [...] Gebiet waren die Notstandsgebiete in Nordbaden [...] – ‚badisch Sibirien', ein alter Begriff. Dort war ein Entleerungsgebiet mit Landflucht; der Begriff Landflucht wurde damals großgeschrieben. Insbesondere die Jugend wanderte ab. [...] Ich nenne noch Hohenlohe, wo es ganz ähnlich gewesen ist, und schließlich Oberschwaben. Was machte man? Wir haben einen Hohenlohe-Plan gemacht, ebenso Pläne für Oberschwaben, für Nordbaden und das südliche Oberrheingebiet. [...] Das führte dann zu einer übergreifenden Ordnung, die wir Raumordnung und Landesplanung nannten, zusammengefaßt im *Landesentwicklungsplan*. Das Ziel war die Herstellung gleichwertiger Lebensverhältnisse in Stadt und Land. [...] Dieser Entwicklungsprozeß, der über 20, 30 Jahre gelaufen ist, hat bewirkt, daß Baden-Württemberg in seiner Leistungskraft an die Spitze der Bundesländer gekommen ist."[78]

---

[75] Vgl. sehr kritisch Wolfram Wette (Hrsg.): Filbinger – eine deutsche Karriere, Springe 2006, sowie aus persönlicher Sicht unter Heranziehung von Hans Filbingers Tagebüchern Susanna Filbinger-Riggert: Kein weißes Blatt. Eine Vater-Tochter-Biografie, Frankfurt a. M./New York 2013.

[76] Vgl. Erik Lommatzsch: Umweltpolitische Positionen Hans Filbingers, in: Historisch-Politische Mitteilungen 19 (2012), S. 253–268, hier S. 253f.

[77] Vgl. Hans Filbinger: Ein Land plant seine Zukunft, in: Ernst Schmacke (Hrsg.): Baden-Württemberg auf dem Weg in das Jahr 2000. Prognosen, Düsseldorf 1971, S. 10–27.

[78] Vgl. Willi A. Boelcke: Erfolge und Mißerfolge der regionalen Wirtschaftspolitik, in: Meinrad Schaab (Hrsg.): 40 Jahre Baden-Württemberg. Versuch einer historischen Bilanz (1952–1992). Colloquium am 2. Juli 1992 in Freiburg i. Br., Stuttgart 1993, S. 61–65; die zitierte Replik Filbingers findet sich ebd., S. 69f. (Hervorhebung im Original).

Ob Baden-Württemberg tatsächlich zum Primus unter den Ländern der „alten" Bundesrepublik avancierte, sei dahingestellt. In unserem Zusammenhang geht es vor allem darum, dass sich in Baden-Württemberg und Bayern gleichermaßen ein Fortschrittsnarrativ – oder wenigstens wirkmächtige Residuen davon – erhalten hat, das Überzeugungen transportiert, wie man sie um 1960 in allen Teilen der Bundesrepublik finden konnte. Zumindest in West- und Norddeutschland waren diese aber mit der Strukturkrise „nach dem Boom" im letzten Drittel des 20. Jahrhunderts brüchig oder sogar unglaubwürdig geworden.[79] Oder mit anderen Worten: Während sich anderswo Krisen- oder gar Endzeitstimmung breitmachte, blieben in Baden-Württemberg und Bayern – aller Kritik an der Planungseuphorie vergangener Tage zum Trotz[80] – Überzeugungen lebendig, die mit der Krise von Stahl, Kohle und Schiffbau im Westen und Norden Deutschlands spätestens mit der zweiten Ölkrise 1979/80 zu Grabe getragen wurden.[81]

Zu diesen Überzeugungen gehört der Glaube an die Politik oder besser: der Glaube an die Möglichkeit, sozioökonomischen Strukturwandel durch staatliche Interventionen steuern und in die richtige Richtung lenken zu können. Ein herausragendes Beispiel ist die von Edmund Stoiber nach seiner Wahl zum bayerischen Ministerpräsidenten im Jahr 1993 initiierte und lautstark propagierte „Zukunftsoffensive" für den Freistaat, die über den Verkauf von Staatsbeteiligungen finanziert wurde. Interessant sind dabei die Reaktionen der Presse. So schrieb etwa Nina Grunenberg in der „Zeit":

> „Alle rätseln über die Zukunft. Nicht die Bayern. Kaum jemand vertraut noch in die Zukunft. Kein Problem in Bayern. Auf Zukunft gäbe es kein Copyright […]. Die Bayern widersprechen. Sie sind sicher, daß sie die Zukunft längst gepachtet haben. Mögen andere den Diskurs über die ‚reflexive Moderne' pflegen: In der bayerischen Staatskanzlei wird gehandelt – zuversichtlich, überzeugt, motiviert und erschreckend zielbewußt für alle, die noch Zweifel haben."[82]

Diese Interpretation war Wasser auf die Mühlen derer, die hinter der „Zukunftsoffensive" standen. Nicht nur, dass Bayern, die Staatsregierung und die CSU – ohne sie auch nur zu nennen – in eins gesetzt und damit Vorstellungen vom schwarzen Monolithen im Süden der Bundesrepublik befestigt wurden, auch der Erfolg schien gleichsam vorprogrammiert zu sein. Dieses Muster der aktiv gestaltenden, von der CSU getragenen, erfolgreichen Modernisierungspolitik hat sich so weit verfestigt, dass sich selbst Experten mitunter schwertun, kurzschlüssige Deutungen abzuwehren – selbst wenn sie allzu suggestive Fragen von Journalisten mit dem Verweis auf die Interdependenz von günstigen Rahmenbedingungen, richtungweisenden politischen Entscheidungen und glücklichen Zufällen zu kontern versuchen, ohne die sich die Entwicklung in Bayern, aber auch in Baden-Württemberg

---

[79] Zu Zukunftserwartungen und Fortschrittsverständnis zwischen Boom und Krise vgl. Elke Seefried: Bruch im Fortschrittsverständnis? Zukunftsforschung zwischen Steuerungseuphorie und Wachstumskritik, in: Anselm Doering-Manteuffel/Lutz Raphael/Thomas Schlemmer (Hrsg.): Vorgeschichte der Gegenwart. Dimensionen des Strukturbruchs nach dem Boom, Göttingen 2016, S. 425–449.

[80] Vgl. Schlemmer/Grüner/Balcar: Landesplanung in Bayern, in: Frese/Paulus/Teppe (Hrsg.): Demokratisierung und gesellschaftlicher Aufbruch, S. 448–450; Michael Ruck, Ein kurzer Sommer der konkreten Utopie. Zur westdeutschen Planungsgeschichte der langen 60er Jahre, in: Schildt/Siegfried/Lammers (Hrsg.): Dynamische Zeiten, S. 362–401, hier S. 392–400.

[81] Vgl. Winfried Süß: Der keynesianische Traum und sein langes Ende. Sozioökonomischer Wandel und Sozialpolitik in den siebziger Jahren, in: Konrad H. Jarausch (Hrsg.): Das Ende der Zuversicht. Die siebziger Jahre als Geschichte, Göttingen 2008, S. 120–137.

[82] Die Zeit vom 13. 10. 1995: „Der Prophet der Moderne. Alle reden von der Zukunft. Die Bayern machen sie".

nicht erklären lässt.[83] Es wäre zu fragen, inwieweit sich diese Fama erfolgreicher Modernisierungspolitik im Sinne einer *self-fulfilling prophecy* mittlerweile zu einem Standortfaktor sui generis gemausert hat, der insbesondere in engen Entscheidungssituationen von ausschlaggebender Bedeutung sein kann.

6. Das „achte Weltwunder" und die Geschichte der Bundesrepublik

Die Ergebnisse dieses Beitrags seien abschließend in vier Thesen zusammengefasst: Bayern und Baden-Württemberg hatten, *erstens*, viel gemeinsam. Die Unions-geführten Landesregierungen taten freilich auch viel dafür, um diese Gemeinsamkeiten möglichst stark hervortreten zu lassen und die Idee der „Südschiene" im föderativen System der Bundesrepublik lautstark zu propagieren. Dass dahinter die real existierenden Unterschiede zurücktraten und dass die Ergebnisse nicht selten hinter den Ansprüchen zurückblieben, steht auf einem anderen Blatt. *Zweitens* hatten die Propagierung und politische Umsetzung eines an der industriellen Moderne orientierten Fortschrittsparadigmas, wie es sich bis zum Ende der 1960er Jahre in Bayern wie in Baden-Württemberg durchgesetzt hatte, weitreichende Folgen in denjenigen Regionen der beiden Bundesländer, die diesen Fortschritt jahrzehntelang nur neidvoll aus der Ferne verfolgt hatten. Für die meisten Menschen in diesen Regionen waren die Versprechungen der industriellen Moderne auch dann noch attraktiv, als sie anderswo bereits unglaubwürdig, ja sogar furchteinflößend geworden waren. Daraus ergibt sich, *drittens*, die Frage nach den Zäsuren. Die 1970er Jahre gelten vielfach als eine Art „Wasserscheide"[84] in der deutschen und europäischen Geschichte des 20. Jahrhunderts – mit den entsprechenden Konsequenzen für Politik, Wirtschaft und Gesellschaft. In Süddeutschland scheinen sich aufgrund sozioökonomischer und kultureller Dispositionen bestimmte Überzeugungen und Verhaltensweisen erheblich länger gehalten zu haben, die gemeinhin mit der industriellen Moderne assoziiert werden, als in anderen Teilen der Bundesrepublik. Damit erscheinen aber auch bestimmte Periodisierungsangebote der Forschung zumindest fraglich, und es ließe sich durchaus die These vertreten, dass der Boom in Bayern und Baden-Württemberg später zu Ende ging als in anderen Teilen der Republik.

Viertens ist die Frage nach dem Erfolg der Entwicklungsmodelle in Baden-Württemberg und Bayern zu stellen. Was Erfolg ist – und was nicht –, hängt vom Erkenntnisinteresse und vom Standort des Betrachters ab. Man könnte vier Kriterien ansetzen: politische Stabilität, soziale Integration, ökonomische Prosperität und politisch-kulturelle Identität. Vor allem, wenn man die Schwierigkeiten berücksichtigt, vor denen Bayern und Baden-Württemberg noch in den 1950er Jahren standen – genannt seien lediglich die Schlagworte Wiederaufbau, Integration der Flüchtlinge und Heimatvertriebenen, Bewältigung des Strukturwandels in den Jahren des sogenannten Wirtschaftswunders sowie „innere Staatsgründung" in Baden-Württemberg nach 1952 –, so fällt das Urteil cum grano salis positiv aus, auch wenn die Schattenseiten des Erfolgs noch eingehender untersucht werden

---

[83] Vgl. Der Spiegel (Spiegel Extra: München) vom 11.5.2009: „Wer hat, dem wird gegeben.' Der Historiker Helmut Trischler über Legenden um Bayerns Aufstieg vom Agrarland zur Hightech-Region, Franz Josef Strauß und den Matthäus-Effekt"; ähnlich auch: Die Zeit vom 10.9.1998: „Immer auf den größten Haufen".

[84] Geoff Eley: End of the Post-War? The 1970s as a Key Watershed in European History, in: JMEH 9 (2011), S. 12–17.

müssten.[85] Was die Frage nach der politisch-kulturellen Identität betrifft, so ergab sich diese weder in Baden-Württemberg noch in Bayern von selbst, sondern sie war das Resultat einer gezielten Identitäts- und Heimatpolitik, die auf gewachsenen Traditionen aufbauen konnte und diese umzuformen oder zu überwölben vermochte.[86] Was den Freistaat angeht, so fühlten sich Umfragen zufolge im Jahr 2009 88 Prozent der Befragten eng oder sehr eng mit Bayern verbunden und immerhin 84 Prozent lobten die „besondere bayerische Lebensqualität".[87] Und 2015 gaben 73 Prozent der Befragten an, sie seien „stolz ein, Bayer zu sein", wobei der hohe Anteil an jungen Menschen auffällt, die sich mit Bayern identifizieren.[88]

Neben der Identitäts- und Heimatpolitik dürften es vor allem die Wohlstandsgewinne gewesen sein, die bei Wahlen lange Zeit vor allem den Regierungsparteien zugutekamen. Die CDU in Baden-Württemberg und die CSU in Bayern schafften es nicht zuletzt deshalb, ein lange Zeit glaubwürdiges Narrativ der Einheit von Land und Partei zu schmieden – ein Narrativ, das mittlerweile freilich viel an Integrationskraft verloren hat, wie die CSU in Bayern bei den Landtagswahlen 2008 und die CDU in Baden-Württemberg bei den Landtagswahlen 2011 erfahren musste. Diesen Erosionsprozess belegt auch ein zweiter Blick auf die schon zitierte demoskopische Studie aus dem Jahr 2009. Auf die Frage nach den Gründen, stolz oder sogar sehr stolz auf Bayern zu sein, nannten 91 Prozent der Befragten die „schönen Landschaften", 81 Prozent die „lebendigen Traditionen" und 79 Prozent die „wirtschaftlichen Erfolge". Aber nur 51 Prozent waren sehr stolz oder stolz darauf, wie in Bayern „Politik funktioniert"; immerhin 47 Prozent waren „nicht sehr stolz" oder „überhaupt nicht stolz" darauf – ein für die „Staatspartei" CSU ernüchterndes Ergebnis.[89]

Dass sich Bayern-Stolz, Heimatverbundenheit und Lebensgefühl immer schwerer in Wählerstimmen ummünzen lassen, hat mit soziokulturellen und -strukturellen Faktoren ebenso zu tun wie mit der veränderten Erwartungshaltung der Wählerinnen und Wähler. Die Heimatverbundenheit bezieht sich dabei offensichtlich stärker als früher auf Region und Wohnort, aber nicht unbedingt auf den Freistaat Bayern als Ganzes.[90] Diese „Ausdifferenzierung" des Heimatbewusstseins" lässt aber auch ungleiche Lebenschancen und Wohlstandsdifferenzen stärker hervortreten und verschafft ihnen größere politische Virulenz. „Gleichwertigkeit der Lebensverhältnisse", lautet das immer populärere Schlagwort, das aber auch den Föderalismus als Unterschiede anerkennendes Strukturprinzip und somit das Lebenselixier der CSU in Frage stellt. Für diese Entwicklungen – aufgrund seiner wirtschaftlichen Stärke und der Lebensqualität ist vor allem Südbayern ein bevorzugtes

---

[85] Vgl. etwa Wilfried Rudloff: Im Schatten des Wirtschaftswunders. Soziale Probleme, Randgruppen und Subkulturen 1949 bis 1973, in: Schlemmer/Woller (Hrsg.): Gesellschaft im Wandel, S. 347–467.
[86] Vgl. Thomas Mergel: Staatlichkeit und Landesbewußtsein. Politische Symbole und Staatsrepräsentation in Bayern und Nordrhein-Westfalen 1945 bis 1975, in: Schlemmer/Woller (Hrsg.): Politik und Kultur im föderativen Staat, S. 281–347; Obrecht/Haas: Landtag von Baden-Württemberg, in: Mielke/Reutter (Hrsg.): Landesparlamentarismus, S. 67f., 72.
[87] Generationenstudie 2009: Heimatgefühl und Leben in Bayern. Generationenspezifische und regionale Unterschiede von Einstellungen zu Politik und Heimat, hrsg. von der Hanns-Seidel-Stiftung, München 2009, S. 23, 33; die folgenden Angaben finden sich ebd., S. 28.
[88] Vgl. Andreas Egger/Birgit van Eimeren: Heimatverbundenheit in Bayern nimmt weiter zu. Kernergebnisse der BR-Studie 2015, in: Silke Franke/Holger Magel (Hrsg.): Heimat zwischen Tradition und Fortschritt, München 2016, S. 9–21, hier S. 12f.
[89] Generationenstudie 2009, S. 28.
[90] Vgl. Manuela Glaab/Michael Weigl: Politik und Regieren in Bayern: Rahmenbedingungen, Strukturmerkmale, Entwicklungen, in: dies. (Hrsg.): Politik und Regieren in Bayern, S. 19–96, hier S. 73–76; die folgenden Zitate finden sich ebd., S. 73f.

Ziel von Arbeitsmigration – scheint nicht zuletzt die Zuwanderung verantwortlich zu sein. Die Neu-Bayern aus dem In- und Ausland sind jedoch anderen Traditionen verhaftet und können mit sinnstiftenden Elementen wie bayerischer (Staats-)Geschichte, Brauchtum oder Dialekt wenig anfangen. Eine Erosion des bekannten „bayerischen Identitätsnarrativs" ist die Folge. Oder wie es am Ende einer vor kurzem erschienenen Exploration der bayerischen Seele zur Erklärung des „Prinzip[s] Bayern" heißt:

> „Überall zeigten sich Kratzer, Schrammen und Risse, deren kantige und eckige Bruchränder ein wuseliges, mit sich und seiner Identität ringendes, Mythen erzeugendes und in Mythen gefangenes […] Wesen offenbaren. Dieses innere Wesen zwingt die Bayern zu ständigen Improvisationen. Doch nur wer ständig improvisiert und sich dabei auch mal verirrt, kann von sich behaupten zu leben."[91]

Die Individualisierung und Pluralisierung von Bayern- und Heimatbildern, die auch aus diesen Zeilen spricht, können politisch nicht ohne Konsequenzen bleiben. „Die traditionelle Inszenierung" der CSU und der von ihr getragenen Staatsregierung als Bannerträger bayerischer Eigenstaatlichkeit, Interessen und Kultur „fällt so zunehmend schwerer und erzielt immer weniger die gewünschten Unterstützungseffekte".[92] Daran ändern wohl auch glänzende Strukturdaten und Zukunftsaussichten nichts. So ist es nicht ausgemacht, dass es der CSU wie früher gelingen wird, etwa aus einem „Ranking der Regionen 2016" Kapital zu schlagen – einem „Erfolgs-Atlas", der unter den Top Ten der 402 deutschen Landkreise und kreisfreien Städte neun bayerische nennt.[93]

Doch dieser Ausblick auf die aktuelle Situation greift zu weit voraus. Lange Zeit schienen die Wahlsiege von CDU und CSU in Bayern und Baden-Württemberg geradezu vorprogrammiert – Wahlsiege, die bei interessierten Beobachtern wie beim politischen Gegner vielfach ungläubiges Staunen auslösten. Als ein führender Bonner Sozialdemokrat 1974 nach den Ursachen für den triumphalen Erfolg der CSU und das schlechte Abschneiden seiner eigenen Partei gefragt wurde, antwortete er lediglich schulterzuckend, in Bayern gingen eben die Uhren anders.[94] Der verbreitete Rekurs auf Stereotypen oder gar mystifizierende Bemerkungen, die die CSU als eine Art bayerisches Mirakel erscheinen lassen, tragen jedoch nicht dazu bei, den anhaltenden Erfolg dieser Partei zu erklären. Der CSU, die seit langem an ihrer eigenen Legende feilt und darum bemüht ist, den „Mythos Bayern"[95] gleichsam schwarz einzufärben, kommt eine solche Sichtweise entgegen. So erklärte Generalsekretär Erwin Huber auf die Frage nach den politischen Perspektiven seiner Partei im Oktober 1994: „In Bayern haben die Wittelsbacher 800 Jahre regiert. Wir erst 37. Da is' noch viel drin."[96] Schon 1972 hatte man im „Spiegel" mit Blick auf Baden-Württemberg lesen können, der deutsche Südwesten sei nicht nur das „klassische Land der CDU", sondern so etwas „wie ein achtes Weltwunder".[97] Metaphysische Kategorien haben der historischen Forschung nur selten gut getan. Sie sollten uns vielmehr stutzig machen und dazu bringen, unsere Anstrengungen zu intensivieren, um die Geschichte der Bundesrepublik im interregionalen Vergleich besser verstehen zu können.

---

[91] Thomas Kernert: Dicke Lederhose. Das Prinzip Bayern. Ein Erklärungsversuch, München, 2016, S. 251.
[92] Glaab/Weigl: Politik und Regieren in Bayern, in: dies. (Hrsg.): Politik und Regieren in Bayern, S. 74.
[93] Vgl. Focus vom 26.11.2016: „Das Ranking der Regionen 2016".
[94] Vgl. Carol Carl-Sime: Bavaria, the CSU and the West German Party System, in: West European Politics 2 (1979), S. 89–107, hier S. 89.
[95] Robert Roßmann (Hrsg.): Mythos Bayern, München 2003.
[96] Der Spiegel vom 3.10.1994: „Große Welt im Rautengitter".
[97] Der Spiegel vom 17.4.1972: „Im Südwesten ein achtes Weltwunder? Spiegel-Report über Baden-Württemberg – ‚Das klassische Land der CDU'".

Veit Damm
Konzepte gegen die Entindustrialisierung
Strukturpolitische Diskurse und die Neugestaltung des Industriestandorts Saarland

1. Einleitung

In den westeuropäischen Montanregionen setzte im letzten Drittel des 20. Jahrhunderts ein Prozess des krisenhaften Strukturwandels ein, der die seit der Hochindustrialisierung gewachsene industrielle Welt dauerhaft veränderte.[1] Dieser Prozess erzwang einerseits eine Neugestaltung der Industriestandorte und ging mit der Durchsetzung hocheffizienter, auf technologieintensiver Wertschöpfung beruhender Produktionsweisen einher, mit denen sich auch die sogenannten alten Industrien auf dem Weltmarkt behaupten konnten. Andererseits war er verbunden mit dem Abbau industrieller Arbeitsplätze und sozialer Sicherheit sowie einer Zunahme von innergesellschaftlichen Verteilungskonflikten und einer wachsenden Schere zwischen Armut und Reichtum, weshalb die Prozesse des Strukturwandels eine enorme innenpolitische Bedeutung besaßen. Landesplanerische und strukturpolitische Initiativen sowie Subventionen waren daher ein wichtiges wirtschaftspolitisches Instrument zur Steuerung des Strukturwandels. Dies galt besonders für die Montanindustrie, die im Untersuchungszeitraum noch eine zentrale Rolle als Arbeitgeber und „Rückgrat" regionaler Wirtschaftskreisläufe spielte. Der Aufsatz will in diesem Zusammenhang am Beispiel des saarländischen Montanreviers strukturpolitische Diskurse um den Erhalt und die Neugestaltung des regionalen Industriekerns nachzeichnen und nach der Bedeutung von Initiativen der regionalen Wirtschaftsförderung bei der Bewältigung des Strukturwandels fragen.

Dabei sollen die aus den Strukturdebatten hervorgegangenen Leitbilder sowie Konzepte gegen Tendenzen der Entindustrialisierung vorgestellt und analysiert werden, wobei es im Saarland besonders um die Schrumpfung der Kohle- und Stahlbranche ging.[2] Darüber hinaus wird der spezifischen regionalen Wahrnehmung des Strukturwandels als Krise besondere Aufmerksamkeit geschenkt und ihr Einfluss auf strukturpolitische Entscheidungen in den Blick genommen. Ein Schwerpunkt liegt dabei auf den Bemühungen um eine Förderung der Region durch Bonn und Brüssel sowie auf Diskussionen über den zweckmäßigen Einsatz von Subventionen, die eine Schlüsselrolle in den saarländischen Strukturdebatten spielten. Die saarländische Wirtschaftsregion wandelte sich zwischen den 1960er und 1980er Jahren von einem monoindustriell geprägten Bergbau- und Stahlrevier zu einem diversifizierten Produktionsstandort der Automobil-, Maschinenbau- und Spezialstahlindustrie. Für diesen Prozess will der Aufsatz die Funktionen untersuchen, die Subventionen und anderen Instrumenten der regionalen Wirtschaftsförderung in den Debatten zur Bewältigung des Strukturwandels – im Spannungsfeld von Erhalt und Modernisierung des Industriestandorts – zugewiesen wurden. Darüber hinaus soll der Frage nachgegangen werden, inwiefern spezifische regionale Wahrnehmungen des Strukturwandels als ein Er-

---

[1] Vgl. Anselm Doering-Manteuffel: Langfristige Ursprünge und dauerhafte Auswirkungen. Zur historischen Einordnung der siebziger Jahre, in: Konrad H. Jarausch (Hrsg.): Das Ende der Zuversicht? Die siebziger Jahre als Geschichte, Göttingen 2008, S. 318.
[2] Zum Begriff vgl. Christoph Nonn: Die Ruhrbergbaukrise. Entindustrialisierung und Politik 1958–1969, Göttingen 2001.

DOI 10.1515/9783110523010-011

klärungsfaktor dafür dienen können, dass sich im Saarland Alternativkonzepte – etwa für einen Abschied von der Kohle- und Stahlindustrie – nicht durchsetzen konnten.

2. Der Strukturwandel als politisches Problem

Die Bemühungen um den Erhalt der industriellen Basis und die Restrukturierung von regionalen Industriekernen im letzten Drittel des 20.Jahrhunderts sind in der Literatur bislang sehr unterschiedlich beurteilt worden. Positive Bewertungen konstatieren ihre Bedeutung bei der langfristigen Sicherung industrieller Arbeitsplätze und sehen sie als eine Voraussetzung für die erfolgreiche deutsche industrielle Entwicklung. So gilt das industriell geprägte deutsche Produktionsregime seit den Erfahrungen steigender Arbeitslosenzahlen im Zuge der Finanzkrise 2008/09[3] in Europa wieder als Vorzeigemodell. Besonders in südeuropäischen Staaten wie in Spanien oder Griechenland, aber auch in vergleichsweise stark deindustrialisierten Ländern wie Großbritannien oder Frankreich wird die Förderung einer wettbewerbsfähigen nationalen Industrie als Schlüsselfaktor für die Bekämpfung konjunkturell wie strukturell bedingter Arbeitslosigkeit und die Stabilisierung wirtschaftlichen Wachstums angesehen. Als eine der Grundlagen der erfolgreichen deutschen industriellen Entwicklung ist die Förderung wachsender regionaler Wirtschaften herausgearbeitet worden, in denen Landesregierungen und andere lokale Akteure die Schlüsselfiguren sind.[4] Dabei wurden insbesondere die Fokussierung auf komparative Standortstärken sowie die Modernisierung bestehender Unternehmen als auch ihre Vernetzung und die Clusterbildung in der Region als Beiträge zum Erhalt der regionalen Wettbewerbsfähigkeit angesehen.[5]

Im Gegenzug gehen pessimistische Interpretationen davon aus, dass strukturpolitische Initiativen in den Montanregionen eine erfolgreiche Bewältigung des Strukturwandels verhinderten. Dabei wird insbesondere kritisiert, dass staatliche Maßnahmen und Erhaltungssubventionen (veraltete) montanindustrielle Strukturen perpetuiert hätten, während marktgerechte Anpassungsmechanismen und der Aufbau neuer (moderner) Wirtschaftszweige blockiert worden seien. Dabei wurde insbesondere die Notwendigkeit einer stärkeren Umstrukturierung und Tertiarisierung der Montanregionen betont. Als Vorbild dient etwa die Tertiarisierung der Wirtschaftsstruktur Luxemburgs, das sich zwischen 1960 und 1990 vom Stahlstandort zum Finanzplatz entwickelte. Für das Saarland wurde vor dem Hintergrund des dortigen Erhalts des Montanindustriekerns ein Scheitern bei der Bewältigung des Strukturwandels konstatiert.[6]

Bislang existieren kaum historische Studien, die zur Versachlichung dieser Debatte beitragen können. Dabei bleibt unklar, welche Bedeutung die genannten Positionen in den zeitgenössischen Diskursen hatten. Grundlegende Arbeiten existieren bislang vor allem

---

[3] Zur Finanzkrise 2008/09 vgl. Paul Krugman: Die neue Weltwirtschaftskrise, Bonn 2009; sowie zum Vergleich mit 1873/79 Margrit Grabas: Die Gründerkrise von 1873/79 – Fiktion oder Realität? Einige Überlegungen im Kontext der Weltfinanz- und Wirtschaftskrise von 2008/2009, in: Jahrbuch für Wirtschaftsgeschichte 2011/1. Konjunkturen und Krisen in der neueren Geschichte, S. 69–96.

[4] Vgl. Gary Herrigel: Industrial Constructions. The Sources of German Industrial Power, Cambridge 2000, S. 143ff.

[5] Vgl. Ernst A. Brugger: „Endogene Entwicklung". Ein Konzept zwischen Utopie und Realität, in: Informationen zur Raumentwicklung 1984, S. 1–19.

[6] Vgl. Gesa Miehe-Nordmeyer: Ökonomische Anpassung an Schocks. Das Beispiel der Regionen Saarland, Lothringen und Luxemburg, Frankfurt a. M. 2001, S. 189ff. Dort auch weiterführende Literaturangaben.

zum Verlauf und zu den Voraussetzungen des Strukturwandels. Demnach verschlechterten seit den 1960er Jahren neue Entwicklungen des internationalen Handels, der Binnennachfrage und der Herstellungstechnologien wesentlich die Rahmenbedingungen für die Kohle- und Stahlbranche in den westlichen Industrieländern.[7] Dies galt besonders im Vergleich zu den 1940er und 1950er Jahren, wobei drei wesentliche Entwicklungen festzustellen waren: Erstens stagnierten mit dem Auslaufen des Wiederaufbaubooms tendenziell die Nachfrage und der Verbrauch von Kohle und Stahl, die noch bis Ende der 1950er Jahre stark zugenommen hatten. Zweitens wurde die marktbeherrschende Stellung der großen Produzenten, die bis in die 1960er Jahre hinein praktisch keine ausländische Konkurrenz auf ihren Heimatmärkten gekannt hatten, durch Importe infolge der Liberalisierung des Handels und neuer Transportmöglichkeiten aufgeweicht. Drittens ermöglichten Automatisierungstechniken und Basisinnovationen seit den 1940er Jahren – wie etwa in der Stahlherstellung das Oxygenverfahren und der Ausbau des Elektroofens – verbesserte Qualitäten, erhöhte Herstellungskapazitäten und niedrigere Kosten in der Produktion, die die bisher angewendeten Verfahren unrentabel machten und hohe Investitionskosten in neue Anlagen nach sich zogen.[8]

So wurden etwa im Saarland infolge der Kohlekrise seit den 1960er Jahren rund 30 000 Arbeitsplätze in der Montanindustrie abgebaut; bis 1980 wurde in diesem Zusammenhang bei gleichbleibender Bevölkerungsentwicklung mit 100 000 bis 120 000 fehlenden Arbeitsplätzen in der Region gerechnet.[9] Mit Initiativen zur Auflockerung der Wirtschaftsstruktur sollten die regionalen Probleme bewältigt und die Zukunftsfähigkeit des Industriestandorts verbessert werden. Dazu zählten einerseits Bemühungen um Neuansiedlungen vor allem im Bereich der Weiterverarbeitung von Stahl- und Kohleprodukten, wobei Investitionshilfen als Anreize eine wichtige Rolle spielten. Andererseits wurden Maßnahmen in bestehenden Unternehmen gefördert, die auf eine Erhöhung der Produktivität und eine Umstellung der Produktion von Massen- auf Qualitätsgüter zielten.[10] Im Folgenden sollen die wichtigsten regionalen Debatten im Zusammenhang mit diesen Maßnahmen skizziert und die dabei entstandenen Konzepte herausgearbeitet werden.

3. Strukturpolitische Debatten und Konzepte in Wissenschaft und Landespolitik

Unter den deutschen Bundesländern war das monoindustriell von Bergbau und Stahl geprägte Saarland überdurchschnittlich stark und besonders früh von den Problemen des Strukturwandels, das heißt einer Schrumpfung der traditionellen Industrien und einer

---

[7] Vgl. Nonn: Ruhrbergbaukrise; Kenneth Warren: Bethlehem Steel. Builder and Arsenal of America, Pittsburgh 2010, S. 182 ff.

[8] Vgl. Hermann Marcus/Karlheinz Oppenländer: Eisen- und Stahlindustrie. Strukturelle Probleme und Wachstumschancen, Berlin 1966.

[9] Vgl. Karl Lauschke: Die halbe Macht. Mitbestimmung in der Eisen- und Stahlindustrie 1945 bis 1989, Essen 2007, S. 261; Marcus Hahn: Das Saarland im doppelten Strukturwandel, Saarbrücken 2003, S. 315, 318. Zur Kohlekrise vgl. grundlegend: Nonn: Ruhrbergbaukrise; Werner Abelshauser: Der Ruhrkohlenbergbau seit 1945. Wiederaufbau, Krise, Anpassung, München 1984; Karl Lauschke: Schwarze Fahnen an der Ruhr. Die Politik der IG Bergbau und Energie während der Kohlenkrise 1958–1968, Marburg 1984.

[10] Vgl. Wolfgang Streeck/Arndt Sorge: Industrial Relations and Technical Change. The Case for an Extended Perspective, in: Richard Hyman (Hrsg.): New Technology and Industrial Relations, New York 1988, S. 19–47.

daraus resultierenden Beschäftigungskrise, betroffen. Zwischen 1964 und 1968 stieg die Arbeitslosenquote um mehr als das Vierfache an und betrug 1968 fast das Dreifache des Bundesdurchschnitts.[11] Die allgemeinen Probleme der Montanbranche wurden in der Region durch veraltete Produktionsstrukturen, eine geringe Verflechtung der einzelnen Unternehmen, eine ungünstige Verkehrsinfrastruktur sowie Nachteile aus dem verspäteten Beitritt zur Bundesrepublik noch verschärft. Bereits seit den frühen 1960er Jahren war die saarländische Politik daher von Strukturdebatten um die Ausrichtung von Fördermaßnahmen zur Neugestaltung des Industriestandorts geprägt, dessen Fortbestand in seiner bisherigen Form unter anderem von Wirtschaftsinstituten in Frage gestellt wurde.[12] Konzeptionell standen sich in der Diskussion zwei Lager gegenüber:

Einerseits wurde in Anlehnung an wissenschaftliche Gutachter die Ansicht vertreten, die Förderung und den Ausbau der Montanindustrie aufzugeben und die Regionalwirtschaft umzustrukturieren, um neue Arbeitsplätze zu schaffen. So kam der Freiburger Ökonom Josef Heinz Müller zu dem Schluss, dass die saarländische Montanindustrie aufgrund von Entwicklungsrückständen und Standortnachteilen im Bundesvergleich auf Dauer nicht wirtschaftlich arbeiten könne und daher aus der Liste der förderungswürdigen Industrien gestrichen werden sollte. Ähnlich negativ beurteilte der Stuttgarter Geograf Gerhard Isenberg die Zukunftsaussichten des saarländischen Montanstandorts, der insbesondere den Kontrast zur wachstumsstarken Wirtschaftsstruktur im Raum Württemberg-Hohenzollern herausarbeitete. Entsprechend sahen beide Gutachter besondere Chancen für die Region in einer Auflockerung der Wirtschaftsstruktur sowie in der Förderung von montanfremden Industrien und in den damit verbundenen staatlichen Ansiedlungsanreizen.[13]

Andererseits ging ein zweites Lager davon aus, dass gerade im Erhalt und einer stärkeren Förderung der Montanindustrie der Schlüssel zur Gesundung der Wirtschaftsregion liege. Die Neugestaltung des Industriestandorts sollte demnach über die Eckpfeiler einer Modernisierung und Restrukturierung der Kohle- und Stahlbranche sowie die Ansiedlung von montannahen Branchen zur Stützung des Sektors durchgeführt werden. So ging Olaf Sievert, Mitglied im Sachverständigenrat zur Begutachtung der gesamtwirtschaftlichen Entwicklung davon aus, dass der saarländische Standort bereits über eine zukunftsfähige Wirtschaftsstruktur mit der Montanindustrie als Kern verfüge und die bestehenden Beschäftigungsprobleme durch Subventionen für die Kohle- und Stahlbranche zu lösen seien. Dabei wurde zugleich auf die zentrale Funktion der Montanindustrie für die Finanzkraft und Eigenständigkeit des Saarlandes hingewiesen. In dieser Hinsicht betonten andere Gutachter zudem, dass Neuansiedlungen eine Schwächung der bestehenden Industrien darstellen könnten, vor allem im Wettbewerb um die knappen jungen und gut ausgebildeten Arbeitskräfte in der Region.[14] Plädiert wurde daher für eine Förderung

---

[11] Vgl. Statistisches Landesamt Saarland, Statistisches Handbuch für das Saarland 1982, Saarbrücken 1983, S. 78; Sachverständigenrat zur Begutachtung der gesamtwirtschaftlichen Entwicklung, Wachstum, Beschäftigung, Währungsunion-Orientierung für die Zukunft. Jahresgutachten 1997/98, Wiesbaden 1997, S. 317.

[12] Vgl. Hahn: Strukturwandel, S. 310ff.; Heinz Müller: Probleme in der Wirtschaftsstruktur des Saarlandes, Freiburg i. Br. 1966, S. 112ff.

[13] Ebd.

[14] Bruno Tietz: Die sozialökonomische Entwicklung im Saarland und in der Stadt Saarbrücken bis zum Jahre 1975. Bestandsaufnahmen, Verflechtungsanalysen, Projektionen, wirtschaftspolitische Konsequenzen, Saarbrücken 1965.

der Diversifizierung der Kohle- und Stahlindustrie etwa im Bereich der Petrochemie oder der Stahl-Weiterverarbeitung sowie für Ansiedlungsanreize für dem Montanbereich nahestehende Industrien, zu denen auch die Auto- und Zuliefererbranche gezählt wurden.[15]

Die CDU-Landesregierung ging in der Strukturdebatte davon aus, dass bei der Bewältigung der Beschäftigungskrise der Weg mit dem geringsten Risiko eingeschlagen werden müsse.[16] Laut Ministerpräsident Franz-Josef Röder ergaben sich drei Alternativen, die teilweise aus den unterschiedlichen wissenschaftlichen Bewertungen der Strukturprobleme abgeleitet wurden: (1.) die Förderung und Beibehaltung des Montankerns als Ganzes; (2.) eine partielle Förderung des Montankerns und (3.) eine gezielte Umstrukturierung der Regionalwirtschaft ohne weitere Förderung der Montanindustrie. Die Landesregierung wählte die erste Option, wobei offensichtlich politischen Gründen der Vorrang vor ökonomischem Effizienzdenken eingeräumt wurde. So ging auch Röder davon aus, dass der Fortbestand des Montankerns zum Erhalt der Identität und Produktionskraft des Saarlandes als eigenständigem Bundesland unverzichtbar sei. Zudem wäre ein Verzicht auf die Förderung der Montanbranche aufgrund der prekären Finanzlage etwa der Saarbergwerke in den 1960er Jahren einer Abwicklung gleichgekommen und hätte den Personalabbau im Bergbau weiter beschleunigt. Im Gegenzug betonte Röder daher die Notwendigkeit sozialpolitischer Maßnahmen zur Absicherung der vom Strukturwandel betroffenen Beschäftigten und begründete weitere Maßnahmen zur Förderung der Montanindustrie damit, dass sich die Landesregierung „die Anliegen der Bergleute […] zur persönlichen Aufgabe gemacht" habe.[17] Jedoch konnte die wirtschaftspolitische Begründung Röders, der Erhalt des Montankerns stelle den besten Weg zur Absicherung gegen konjunkturelle Schwankungen und zur Aufrechterhaltung des hohen Lohnniveaus in der Region dar, angesichts der Konjunkturreagibilität der Branche und der bereits erfolgten Stellenkürzungen wenig überzeugen.

Entsprechend griff die SPD-Opposition den Kurs der Regierung als Interessenpolitik zur Konservierung der bestehenden Großbetriebe an. Der Landesregierung wurde vorgeworfen, wichtige industrielle Neuansiedlungen zu blockieren.[18] Die Kritik spitzte sich besonders seit der bundesweiten Rezession 1966/67 und der zeitgleichen Verschärfung der Kohlekrise zu, die als Ergebnis einer verfehlten CDU-Wirtschaftspolitik dargestellt wurde. Die SPD befürwortete nun verstärkt Maßnahmen zur Auflockerung der saarländischen Industriestruktur, die durch ein umfassendes Programm für Neuansiedlungen von Unternehmen und Werbemaßnahmen für die Region durchgeführt werden sollte. Wenngleich die Landesregierung mit steigenden Arbeitslosenzahlen zunehmend unter Druck geriet, wandte sich die CDU weiter gegen eine „pauschale Umstrukturierung"; demgegenüber mahnte der saarländische Wirtschaftsminister Reinhard Koch (CDU) die Notwendigkeit eines „differenzierten Vorgehens" an.[19] Eine Nebendebatte entfaltete sich um die Einbe-

---

[15] Olaf Sievert: Entwicklungsaussichten der Saarwirtschaft im deutschen und westeuropäischen Wirtschaftsraum, Saarbrücken 1964.

[16] Strukturprogramm Saar. Möglichkeiten einer aktiven Sanierung der Saarwirtschaft. Ansatzpunkte, Maßnahmen, Kosten, vorgelegt von der Planungsgruppe beim Ministerpräsidenten des Saarlandes, Saarbrücken 1969.

[17] Hahn: Strukturwandel, S. 348.

[18] Damit wurde auf ein Ansiedlungsprojekt für ein Zweigwerk des Automobilherstellers Opel von 1961 angespielt, das die Landesregierung blockiert hatte. Daraufhin wurde das Zweigwerk im 50 Kilometer entfernten Kaiserslautern gebaut. Vgl. auch Hahn: Strukturwandel, S. 341.

[19] Ebd., S. 344.

ziehung planerischer Elemente in die regionale Wirtschaftspolitik. Während die SPD-Opposition eine programmorientierte Politik unter Einbeziehung „dirigistischer Maßnahmen" forderte, verteidigte die konservativ geführte Landesregierung zumindest rhetorisch die Position eines „Vorrangs freier Unternehmertätigkeit vor staatlicher Planung". Tatsächlich enthielt jedoch auch die Konzeption der Landes-CDU zum Erhalt des Montankerns starke planerische Elemente – insofern blieb die konservative Position in dieser Debatte ambivalent. Demgegenüber konnte die Landes-SPD hier an das populäre wirtschaftspolitische Konzept der Schiller'schen Globalsteuerung anknüpfen, das die Sozialdemokraten – seit 1966 Regierungspartner in der Großen Koalition – auf Bundesebene vertraten.

Als Kompromiss zwischen den Ansätzen der Opposition und der Landesregierung wurde unter dem Druck der anhaltenden Krise schließlich die einseitige strukturpolitische Zielsetzung eines Erhalts des Montankerns um ein Programm zur Förderung der wirtschaftlichen Zusammenarbeit im deutsch-französisch-luxemburgischen Grenzraum erweitert. Es wurde in einem „Strukturprogramm Saar" der Landesregierung verankert, das 1969 vorgestellt wurde. Zur Schaffung neuer Arbeitsplätze sollten dabei einerseits Projekte der Zusammenarbeit von Bergbau-, Stahl- und Energieunternehmen im sogenannten Montandreieck Saarland-Lothringen-Luxemburg unterstützt und initiiert werden. Dies bezog sich sowohl auf öffentliche Hilfen beim Ausschöpfen von grenzübergreifenden Rationalisierungspotenzialen in Kohle- und Stahlunternehmen als auch auf das Vorhaben einer neu aufzubauenden deutsch-französischen Chemieindustrie auf Basis der regionalen Kohle. Ebenso sollten Ansiedlungsanreize von 20 Prozent der Investitionskosten für Niederlassungen von multinationalen, besonders französischen und luxemburgischen Unternehmen aus montannahen Branchen gewährt werden, die Zugang zum deutschen Markt suchten. Hatte die Landesregierung die Grenzlage des Saarlandes bislang als Standortnachteil und die benachbarten Regionen Lothringen und Luxemburg als wirtschaftliche Konkurrenten gewertet, wurde die Lage in der Mitte der Europäischen Wirtschaftsgemeinschaft (EWG) nun als Vorteil umgedeutet und die wirtschaftliche Zusammenarbeit in der Region „als einzig zukunftsträchtige Entwicklungschance für das Saarland" dargestellt. Auf diesem Weg sollte zugleich ein Zugang zu den regionalen Förderprogrammen der EG und des Bundes erreicht werden, die seit 1969 (EG-Regionalfonds, Gemeinschaftsaufgabe) erheblich ausgebaut wurden. Ferner gelang der Landesregierung dabei ein Schulterschluss mit der Opposition, wobei immer häufiger die Gemeinsamkeit der Interessen betont und ein geschlossenes Auftreten für die regionalen Interessen gegenüber Bund und EG ermöglicht wurde.

Zusammenfassend zeigte der Verlauf der Strukturdebatten, dass der Problemdruck in der Montanindustrie einen starken Einfluss auf die vertretenen Positionen ausübte. Insbesondere die Befürchtung, eine Umstrukturierung der Wirtschaft würde zu Lasten der Bergleute und der Beschäftigten in der Montanbranche insgesamt gehen oder sogar die wirtschaftliche Eigenständigkeit des Bundeslandes infrage stellen, schmälerte die Chancen für eine Durchsetzung von Visionen, die die Zukunft der saarländischen Wirtschaft in einer Aufgabe des Montankerns sahen. Zudem blieb das Schlagwort der Umstrukturierung letztlich unkonkret und setzte ein Restrukturierungspotenzial der Region voraus, das noch ohne Beispiel war und erst nachgewiesen werden musste. Im Folgenden soll daher untersucht werden, wie die skizzierte Strukturdebatte der 1960er Jahre die Umgestaltung des saarländischen Industriestandorts im Sinne einer Weichenstellung beeinflusste. Dazu werden kurz die eingeleiteten Strukturmaßnahmen und ihre Folgen in den Bereichen der Förderung der Montanindustrie, der Neuansiedlung von montannahen Branchen und der ökonomischen grenzübergreifenden Zusammenarbeit skizziert, die über den weiteren Verlauf der Debatte entschieden.

4. Ansätze zur Umstrukturierung der Regionalwirtschaft infolge der Kohlekrise

Die ersten Förderprogramme waren bereits seit 1963 infolge der Kohlekrise ins Leben gerufen worden. Im Saarland führte der Strukturwandel auf dem Energiemarkt, der sich in einer sinkenden Nachfrage nach Steinkohle zeigte, zwischen 1957 und 1974 zu einem Rückgang der Kohleproduktion um fast die Hälfte von 16,29 Millionen Tonnen auf 8,93 Millionen Tonnen. Im selben Zeitraum sank die Zahl der Beschäftigten in der Saarbergwerke AG, dem größten saarländischen Arbeitgeber, von 63 961 auf 21 411 Personen. Bis 1967 wurden zehn von 16 Gruben geschlossen. Erst durch die Ölpreisschocks 1973 und 1979 und die damit verbundene Verunsicherung auf dem Energiemarkt wurde der Rückgang von Produktion und Beschäftigung kurzfristig unterbrochen.[20] Zur Verzögerung des Beschäftigungsabbaus wurden als ein erster Schritt Fördermaßnahmen zur Umstrukturierung der Saarbergwerke initiiert, mit denen das Staatsunternehmen – die Saarbergwerke AG gehörte zum industriellen Vermögen des Bundes und des Landes – neue Absatzmärkte erschließen sollte. Dazu zählten vor allem Maßnahmen zur Diversifizierung des Unternehmens, wie der Eintritt in die Mineralölwirtschaft, die Kohlechemie sowie den Fernwärmemarkt.[21] Für letzteres Ziel wurde die Tochtergesellschaft „Saarländische Fernwärme GmbH" gegründet, die ihrerseits Fördermittel von Land und Bund erhielt. Auf diesem Wege sollte erreicht werden, dass die Expansion des Heizöls – als dem Hauptkonkurrenten der Kohle auf dem Wärmemarkt – gebremst, der Absatz schwer verkäuflicher Kohle gefördert und Dampf aus einem bestehenden Kraftwerk für die Versorgung der Region mit Fernwärme genutzt werden konnte.[22] Diese Ziele konnten weitestgehend erreicht werden. Die Gesellschaft begann zunächst mit der Belieferung von Teilen der Stadt Saarbrücken mit Fernwärme und dehnte ihre Aktivitäten später über die gesamte Bundesrepublik aus.

---

[20] Vgl. Christian Augustin/Olaf Sievert: Die wirtschaftliche und soziale Entwicklung im Grenzraum Saar-Lor-Lux, Saarbrücken 1978; Miehe-Nordmeyer: Ökonomische Anpassung; Guy Schmit: Der Saar-Lor-Lux-Raum. Strukturen, Probleme und Entwicklungen in einer altindustrialisierten Grenzregion, Köln 1989; Wolfgang Brücher: Struktur- und Standortveränderungen der saarländischen Eisen- und Stahlindustrie unter dem Druck der Krise, in: ders. (Hrsg.): Das Saarland, Bd. 1.: Beharrung und Wandel in einem peripheren Grenzraum, Saarbrücken 1989, S. 227–242. Vgl. übergreifend Uwe Röndigs: Globalisierung und europäische Integration. Der Strukturwandel des Energiesektors und die Politik der Montanunion 1952–1962, Baden-Baden 2000; Sebastian Kerz: Bewältigung der Stahlkrisen in den USA, Japan und der Europäischen Gemeinschaft, Göttingen 1991, S. 8–97; sowie zum Ruhrgebiet: Werner Abelshauser: Der Ruhrkohlenbergbau seit 1945. Wiederaufbau, Krise, Anpassung, München 1984; Lauschke: Schwarze Fahnen; Nonn: Ruhrbergbaukrise; Werner Plumpe: Krisen in der Stahlindustrie der Bundesrepublik Deutschland, in: Friedrich-Wilhelm Henning (Hrsg.): Krisen und Krisenbewältigung vom 19. Jahrhundert bis heute, Frankfurt a. M. 1998, S. 70–91; Lauschke: Die halbe Macht (mit einem Kapitel über das Saarland S. 259–283). Vgl. auch Stefan Goch (Hrsg.): Strukturwandel und Strukturpolitik in Nordrhein-Westfalen, Münster 2004.
[21] Vgl. Peter Dörrenbächer: Unternehmerische Anpassungsprozesse. Ein industriegeographisches Arbeitsmodell, dargestellt am Beispiel der Saarbergwerke AG, Saarbrücken 1992, S. 238ff.
[22] Ebd., S. 243.

Zum geplanten Eintritt der Saarbergwerke in die Mineralölwirtschaft und chemische Industrie wurden die Errichtung einer Raffinerie im Saarland und Anlagen zur Herstellung von Stickstoffen und Phthalsäure geplant. Die Landesregierung unterstützte die Ausweitung der Unternehmensaktivitäten.[23] Damit sollten zugleich die Umstrukturierung der Saarwirtschaft vorangetrieben und die erwarteten Umsatzrückgänge im traditionellen Bergbaubereich ausgeglichen werden. 1967 nahm die erste Raffinerie im Saarland den Betrieb auf, zuvor war bereits eine Rohöldestillationsanlage in Niedersachsen von den Saarbergwerken zugekauft worden. Mit der Verbreiterung der Unternehmensbasis sollte unter anderem der Marktanteil der Kohle, „der mit vernünftigen Mitteln nicht zu verteidigen" sei, durch Aktivitäten im Rohölbereich ersetzt werden.[24] Der Erfolg blieb begrenzt, in den 1980er Jahren musste der Raffineriebetrieb wieder eingestellt werden und der Einstieg in die Kohlechemie erwies sich als unrentabel. Jedoch wurden der Strukturwandel im Saarland und der Beschäftigtenabbau in dem Bergwerksunternehmen wesentlich verlangsamt.

Über die Förderung der Saarbergwerke hinaus wurden zudem mehrere von Tagebau-Schließungen betroffene Standorte als Bundesausbaugebiet oder Industrialisierungspunkte deklariert, um ihre Attraktivität für industrielle Neuansiedlungen zu erhöhen. Weiter wurden im Saarland nach den Zollsenkungen der EWG bis 1968[25] grenznahe Standorte in Hinblick auf den europäischen Markt attraktiv für Wirtschaftsansiedlungen. Herausragend zu nennen ist die Ansiedlung des Ford-Werkes in Saarlouis im Jahr 1966, für die sich Bundeskanzler Ludwig Erhard im Vorfeld der Bundestagswahl 1965 beim Kölner Ford-Vorstand eingesetzt hatte. Saarlouis hatte sich dabei gegen das luxemburgische Schengen und einen französischen Standort für ein neues Ford-Werk durchsetzen können. Darüber hinaus gab es verschiedene Programme zur Förderung der bestehenden Industrien aus dem Bundesarbeitsministerium in Form von Kleinkrediten.[26]

Als Reaktion auf die deutsche Rezession von 1966/67 wurden diese Maßnahmen stark ausgebaut. Mit dem Gesetz zur Anpassung und Gesundung des deutschen Steinkohlenbergbaus von 1968 stellte das Bundesarbeitsministerium weitere Mittel zur Senkung der Investitionskosten im Bergbau zur Verfügung. Zudem wurde auf Bundesebene ein Programm zur Verbesserung der regionalen Infrastruktur verabschiedet. Ab 1969 wurde das Saarland zur Förderungsregion im fünfjährigen Investitions-Aktionsprogramm des Bundes zur Verbesserung der regionalen Wirtschaftsstruktur, das als Gemeinschaftsaufgabe definiert wurde. Es wurde mit dem im selben Jahr verabschiedeten Strukturprogramm Saar verknüpft. Demnach wurden Wachstumszonen definiert, die je nach Potenzial und Krisenanfälligkeit mit 20 Prozent (Homburg, Saarlouis, Neunkirchen, St. Ingbert, St. Wendel) oder 15 Prozent Beihilfe (Merzig, Nennig, Saarbrücken, Völklingen, Lebach, Losheim) auf die Investitionskosten subventioniert wurden.[27] Daraufhin siedelten sich zahlreiche Unternehmen aus dem Bereich des Maschinen- und Fahrzeugbaus sowie der Zulifererindustrie an oder wurden neu gegründet. Neben Ford waren dies z. B. die Robert Bosch GmbH, die Zahnradfabrik Friedrichshafen AG (ZF) oder die HYDAC (Hydraulic Accessory) GmbH.

---

[23] Ebd., S. 240.
[24] Ebd., S. 239.
[25] Vgl. Gabriele Clemens: Geschichte der europäischen Integration. Ein Lehrbuch, Paderborn 2008, S. 146f.
[26] Vgl. David Burtenshaw: Problem Regions of Europe, Oxford 1976, S. 27f.
[27] Vgl. ebd., S. 28.

Die Pläne für eine Förderung der wirtschaftlichen Zusammenarbeit im Grenzraum wurden mit den Investitionshilfen verknüpft und entsprechende Zuschüsse für die Ansiedlung französischer und luxemburgischer Unternehmen im Saarland gewährt. Als Initialprojekt der grenzübergreifenden Kooperation diente das Vorhaben, die Lothringer Bergwerke Houillères du Bassin de Lorraine (HBL) als Partner in die Diversifizierung der Saarbergwerke und den Aufbau einer regionalen deutsch-französischen Chemieindustrie einzubinden. Die HBL verfügten im Bereich der Kohlechemie bereits über längere Erfahrungen und über größere Produktionskapazitäten, und sie planten mittelfristig den Einstieg in die rentablere Petrochemie.[28] Das Vorhaben einer Zusammenarbeit fußte dabei auch auf der gemeinsamen Erfahrung der Strukturkrise des Erzbergbaus und der Kohlekrise[29] im Montandreieck Saar-Lor-Lux. In Lothringen waren zwischen 1957 und 1967 ebenfalls mehrere Gruben geschlossen worden. Zudem sollte die Ansiedlung einer eigenen Chemieindustrie in der Region, die im Alleingang der Saarbergwerke nur wenig vorangekommen war, weiter forciert werden, sodass davon ausgehend eine deutsch-französische Ammoniakproduktion und die Einbindung der neu gebauten Raffinerie im Saarland in eine petrochemische Verbundwirtschaft ermöglicht wurden.[30] Wenngleich sich diese Pläne als zu ambitioniert erwiesen und an den hohen Investitionskosten scheiterten, stellten sie doch eine Weichenstellung für die Zusammenarbeit im grenzübergreifenden Wirtschaftsraum dar. So wurden in den Jahren 1968 und 1969 im Saarland mit dem Strukturprogramm Saar und in Lothringen mit dem Programm „Organisation d'études d'aménagement de l'aire métropolitaine de Metz, Nancy, Thionville" (kurz: „OREAM-Lorraine") Projekte entwickelt, die diese Vorhaben aufnahmen und weitertrieben.[31] Beschlossen wurden dabei grenzübergreifende Raumplanungen zur Verbindung des ostlothringischen Kohlebeckens, des Industrieraums Saarbrücken und der grenznahen Zonen Luxemburgs.

Ausgelöst durch die Investitionshilfen und grenzübergreifenden Raumplanungen siedelten sich zahlreiche Niederlassungen französischer Industrieunternehmen (u. a. Michelin, Kléber Colombes) im Saarland neu an, wobei der Schwerpunkt wiederum in der Fahrzeug- und Zuliefererindustrie lag. Im lothringisch-luxemburgisch-saarländischen Grenzraum stieg der Grad der Kapitalverflechtung weiter an, er hatte bereits seit Ende der 1950er Jahre zugenommen.[32] Verstärkt wurde französisches Kapital in saarländischen Unternehmen angelegt. Dies betraf sowohl den Maschinen- und Fahrzeugbau als auch die Montanindustrie (Saint Gobain). Insgesamt waren in den 1970er Jahren französische Investoren an rund 20 Betrieben im Saarland beteiligt. Zugleich gab es rund 67 Industrieunternehmen im lothringischen Département Moselle mit saarländischen Beteiligungen besonders in der Investitionsgüterindustrie.[33] Auch luxemburgische Unternehmen beteiligten sich stärker an der saarländischen Industrie, so übernahm etwa 1971 der luxemburgische Stahlkonzern Aciéries Réunies de Burbach-Eich-Dudelange (ARBED) einen bedeutenden Anteil an den Röchling'schen Eisen- und Stahlwerken in Völklingen.[34] Begünstigt

---

[28] Vgl. Dörrenbächer: Anpassungsprozesse, S. 238; Die Zeit vom 27. 10. 1967.
[29] Zur Kohlekrise vgl. Nonn: Ruhrbergbaukrise.
[30] Vgl. Die Zeit vom 27. 10. 1967.
[31] Vgl. Saarwirtschaft 1/1974, S. 3ff.
[32] Vgl. Augustin/Sievert, Saar-Lor-Lux, S. 122f.
[33] Vgl. ebd.
[34] Vgl. Josef Esser: Krisenregulierung. Zur politischen Durchsetzung ökonomischer Zwänge, Frankfurt a. M. 1983, S. 66.

wurden Neuansiedlungen und Investitionen durch den Ausbau der Verkehrsinfrastruktur, mit dem sowohl die innerregionale Mobilität verbessert als auch die isolierte Lage der Region aufgebrochen und damit die Standortattraktivität verbessert werden sollte. Zwischen Dillingen und Neunkirchen entstand eine Autobahnverbindung in Richtung Luxemburg, und 1968 wurde der Flughafen Saarbrücken-Ensheim eröffnet. 1972 wurden zudem die wichtigen Zuglinien elektrifiziert und Container-Terminals in Saarbrücken, Homburg und Dillingen errichtet. Weiter gehörte zur Verbesserung der Verkehrsinfrastruktur das 1973 vom Bund beschlossene Projekt der Saarkanalisierung, durch das die Transportbedingungen für die Stahlwerke in Dillingen, Völklingen, Brebach und Burbach verbessert werden sollten.

Als Ergebnis der Strukturmaßnahmen und Investitionshilfen entstanden im Saarland zwischen 1968 und 1973 – auch begünstigt durch die gute Konjunktur[35] – knapp 40 000 neue industrielle Arbeitsplätze besonders im Fahrzeug- und Maschinenbau. Zusätzlich wurde der Beschäftigtenabbau in der Montanindustrie seit 1969 deutlich gebremst.[36] Die saarländische Wirtschaft wuchs 1969 um 9,5 Prozent und 1970 um 7,9 Prozent und lag damit zwischen 1 und 2 Prozent über dem Bundesdurchschnitt (1969: 8,2 Prozent; 1970: 5,9 Prozent),[37] die Arbeitslosigkeit halbierte sich zwischen 1968 und 1969 und sank 1970 weiter auf 1,1 Prozent.[38] Zugleich wandelte sich die Struktur der saarländischen Wirtschaft. Während die Bedeutung des Dienstleistungssektors weiter schwach blieb, war ein intraindustrieller Strukturwandel zu verzeichnen, in dem die Investitionsgüterbranche zur zweiten Säule der saarländischen Wirtschaft neben der Montanindustrie (1977: 58 800 Beschäftigte) wurde. Die neu entstandenen Arbeitsplätze (ca. 40 000) konnten die weggefallenen Stellen im Steinkohlenbergbau (ca. 42 500) weitestgehend ersetzen, sie hätten aber eine Gesamtabwicklung der Saarbergwerke (ca. 64 000 Beschäftigte) nicht kompensieren können. Insofern erwies es sich aus beschäftigungspolitischer Sicht als eine Notwendigkeit, den Montankern durch Fördermittel zu erhalten, um zur Vollbeschäftigung zurückzukehren.

5. Die Neuorganisation der Stahlindustrie

Diese Notwendigkeit galt umso mehr, als sich zeigte, dass die Ansiedlungserfolge nur ein vorübergehendes Phänomen darstellten. Bereits zwischen 1973 und 1975 verlangsamte sich das Tempo des Wirtschaftswachstums im Saarland wieder. Seit Mitte der 1970er Jahre gelang es nicht mehr, nennenswerte industrielle Neuansiedlungen in die Region zu ziehen. Dabei wurde deutlich, dass das Potenzial einer Umstrukturierung der saarländischen Wirtschaft durch Neuansiedlungen begrenzt war. Nicht nur die weltwirtschaftlichen Turbulenzen infolge des Ölpreisschocks 1973 führten zu einem merklichen Rückgang industrieller Investitionen. Als Reaktion auf die globale Wirtschaftskrise 1974/75 endete auch

---

[35] Die Forschung hat die gute Konjunktur am Ende der 1960er Jahre zuletzt wesentlich auf Programme der staatlichen (keynesianistischen) Konjunktursteuerung zurückgeführt. Vgl. zur Konjunkturpolitik: Nonn, Ruhrbergbaukrise.
[36] Vgl. Burtenshaw: Problem Regions, S. 28.
[37] Statistisches Amt des Saarlandes (Hrsg.): Statistisches Handbuch für das Saarland 1976, Saarbrücken 1976, S. 390.
[38] Ebd.

die Zeit der „keynesianistischen" Globalsteuerung der Wirtschaft durch große staatliche Konjunktur- und Ausgabenprogramme.

Dadurch wurden die Möglichkeiten für eine Fortsetzung der bisherigen Strukturpolitik eingeschränkt, die auf Großinvestitionen in die regionale Infrastruktur und finanziellen Ansiedlungsanreizen für Unternehmen beruht hatte, die wesentlich auf Bundesmitteln basierten. Zudem verzeichneten die neu angesiedelten Industrien im Bereich des Fahrzeugbaus und der Zuliefererbranchen starke Nachfragerückgänge infolge der gestiegenen Öl- und Benzinpreise; mehrere Niederlassungen großer Automobilzulieferer zogen sich wieder von der Saar zurück.[39] Infolge der Krise wuchs nun paradoxerweise wieder die (beschäftigungspolitische) Hoffnung auf die – selbst angeschlagene und lange als Abwicklungsfall betrachtete – regionale Montanindustrie, zumal sich die Arbeitslosigkeit im Saarland stark erhöhte. Sie erreichte 1978 den höchsten Wert unter den deutschen Bundesländern (Saar: 7,2 Prozent; Bund 4,3 Prozent) und betrug 1982 bereits 9,3 und 1984 sogar 12,6 Prozent, wobei sie durchschnittlich mehr als 2 bis 3 Prozent über den Werten des Bundes lag. Ohne die Stahl- und Kohleindustrie, so der Vorsitzende der saarländischen SPD-Fraktion, Friedel Läpple, könnten wir hier nun „gleich alles dichtmachen".[40]

Die Vision einer umfassenden Umstrukturierung der saarländischen Wirtschaft durch Neuansiedlungsprogramme verlor in den politischen Debatten der 1970er und 1980er Jahre daher vermehrt an Gewicht. Demgegenüber beschäftigte sich der regionalpolitische Diskurs nun vor allem mit der Möglichkeit von Direktsubventionen zur Modernisierung der bestehenden Stahlindustrie, womit gleichzeitig der Kohlenbergbau, der in der regionalen Stahlindustrie einen wichtigen Kunden hatte, unterstützt werden sollte. Dabei sollten weiterhin grenzübergreifende Kooperationen gefördert und insbesondere die Ausschöpfung von Rationalisierungspotenzialen zwischen saarländischen und luxemburgischen Unternehmen der Stahlbranche mit Subventionen bezuschusst werden. Auf diesem Wege, so die Grundannahme, könnten nicht nur alle bestehenden Unternehmen als Arbeitgeber erhalten, sondern auch andere Industriezweige und die ganze Wirtschaftsregion gestützt und stabilisiert werden.[41] Neue Wachstumspotenziale sollten zudem durch eine engere Vernetzung der Stahlindustrie mit den verbliebenen, neu angesiedelten Fahrzeug- und Maschinenbauunternehmen entstehen. Als Leitbilder der nachhaltigen, regionalen Wirtschaftspolitik galten dabei nun nicht mehr die Umstrukturierung der Regionalwirtschaft, sondern die Fokussierung auf komparative Standortstärken durch die Restrukturierung von bestehenden Unternehmen sowie die Clusterbildung in der Region.[42]

Die veränderten Ansätze der Strukturpolitik wurden im saarländischen Landtag parteiübergreifend unterstützt, was auch auf den Druck der hohen Arbeitslosenquoten zurückzuführen war. CDU, FDP und SPD bildeten 1977 eine sogenannte Stahlfraktion, die den politischen Austausch über eine mögliche subventionsgestützte Modernisierung der regionalen Unternehmen in Gang setzen sollte.[43] Die strukturpolitische Arbeit bezog sich dabei vor allem auf eine Verständigung über die Restrukturierung des größten saarländischen Stahlherstellers Röchling-Burbach, eines deutsch-luxemburgischen Zusam-

---

[39] Vgl. Burtenshaw: Problem Regions; Der Spiegel vom 11. 4. 1977.
[40] Der Spiegel vom 11. 4. 1977.
[41] Vgl. Bundesfinanzminister Hans Matthöfer in der Saarbrücker Zeitung vom 7./8. 3. 1981.
[42] Vgl. Brugger: „Endogene Entwicklung".
[43] Vgl. Lauschke: Die halbe Macht, S. 261; Der Spiegel vom 11. 4. 1977.

menschlusses.[44] Er sollte zu einem Dachunternehmen der regionalen Eisen- und Stahlindustrie ausgebaut und von einem Massen- zu einem Spezialstahlproduzenten umgeformt werden. Im Mittelpunkt der 1978 von Bund und Land zunächst mit Bürgschaftskrediten in Höhe von 900 Mio. DM geförderten Bemühungen[45] standen dabei mehrere regionalpolitische Ziele: Erstens ging es um die Entstehung nachhaltiger Arbeitsplätze in der Qualitätsstahlherstellung durch die Errichtung eines neuen Oxygen-Großstahlwerks bei Röchling-Burbach und gleichzeitig um die Erhaltung bestehender Produktionsstätten im Sinne der regionalen sozialen Kohäsion zur Sicherung der Beschäftigung. Zweitens sollte die Entstehung von Lieferbeziehungen innerhalb der regionalen Industrien befördert werden. Unter anderem bildeten sich dabei in der Folge enge Lieferbeziehungen zwischen Röchling-Burbach und den Automobilzuliefer- und Maschinenbauunternehmen Bosch und Michelin heraus, z. B. für die Belieferung mit Reifendraht. Diese Unternehmen hatten sich Anfang der 1970er Jahre im Saarland angesiedelt. Drittens wurde eine Verbundwirtschaft zwischen verschiedenen Stahlstandorten in der Saarregion unterstützt. So arbeiteten seit 1980 die ehemaligen Konkurrenzunternehmen Röchling-Burbach und die Dillinger Hütte auf Initiative der Landesregierung zusammen. Viertens wurde schließlich die Förderung einer grenzübergreifenden Arbeitsteilung innerhalb des sogenannten Montandreiecks Saar-Lor-Lux angestrebt. Durch eine Koordinierung der Wirtschaftspolitik sollte dabei einem ruinösen Konkurrenzkampf zwischen den Montanindustrien der drei angrenzenden Regionen entgegengewirkt werden.

Kritik an der – neben CDU, FDP und SPD von den Gewerkschaften mitgetragenen – saarländischen Strukturpolitik kam nun insbesondere aus anderen Bundesländern. So wurde aus nordrhein-westfälischen, niedersächsischen und baden-württembergischen Montanstandorten kritisiert, dass öffentliche Finanzhilfen im Saarland dazu genutzt würden, alte und nicht überlebensfähige Industrieanlagen zu erhalten und damit auch den Wettbewerb unter den deutschen Stahlstandorten zu verzerren.[46] Die Konfliktlinien in den strukturpolitischen Debatten verlagerten sich dabei zunehmend von der Binnen- auf die nationale Ebene. Das Magazin „Der Spiegel" prangerte in einem Artikel von 1977 eine „verfehlte Strukturpolitik" im Saarland sowie eine konzeptlose und kurzsichtige Verwendung von „Subventions-Millionen aus Bonn" an, die die hohen Arbeitslosenquoten zu verantworten habe.[47] In der Vergangenheit seien eine zu zaghafte und unüberlegte Umstrukturierungspolitik betrieben und Standortprobleme konserviert worden – eine Politik, die in den späten 1970er Jahren durch den Erhalt der Hütten- und Grubenindustrie fortgesetzt werde.

In der öffentlichen Kritik tauchten dabei viele bereits bekannte Positionen aus den innersaarländischen Strukturdebatten der 1960er Jahre wieder auf. Sie mischten sich mit allgemeinen Argumenten von Subventionsgegnern, die betonten, dass durch die Förderung der regionalen Industrie mit staatlichen Kreditbürgschaften ineffiziente Unternehmen begünstigt würden und der Strukturwandel behindert würde. Wenn überhaupt, so die

---

[44] Das Unternehmen „Stahlwerke Röchling-Burbach GmbH" entstand 1971 aus einer Teilfusion der „Röchling'schen Eisen- und Stahlwerke GmbH" und des zur luxemburgischen „Aciéries Réunies de Burbach-Eich-Dudelange S.A."-Gruppe gehörenden Werks „Burbacher Hütte" im Saarland und wurde nach der Vollfusion 1982 in „Arbed-Saarstahl GmbH" bzw. 1986 in „Saarstahl GmbH" umbenannt.
[45] Bewilligt im Bundes-Nachtragshaushalt für 1977. Vgl. Werner Abelshauser: Nach dem Wirtschaftswunder. Der Gewerkschafter, Politiker und Unternehmer Hans Matthöfer, Bonn 2009.
[46] Vgl. Miehe-Nordmeyer: Ökonomische Anpassung.
[47] Der Spiegel vom 11. 4. 1977.

Meinung der führenden Wirtschaftsinstitute, seien Strukturhilfen nur für die Beschleunigung des Einsatzes neuer Technologien vertretbar.[48] Diese Position wurde in den politischen und ökonomischen Debatten seit den 1970er Jahren zunehmend populärer, wobei die Kritik an der saarländischen Strukturpolitik mit der Forderung nach einem umfassenden Subventionsabbau in der Bundesrepublik verknüpft wurde.[49] So wurde erstens betont, dass die Finanzhilfen für die saarländische Stahlindustrie zwar sektorspezifischen Zielen nutzten, dafür aber gesamtwirtschaftliche Nachteile hätten; sie dienten vor allem den Einkommensinteressen der davon Begünstigten.[50] Zweitens wurde aus innovationstheoretischer Sichtweise befürchtet, dass die Subventionen durch den Erhalt alter Industrien die Durchsetzung von Innovationen behinderten. Drittens beklagten schließlich auch Wettbewerbstheoretiker, dass die Subventionen eine Verzerrung des Wettbewerbs der Standorte bewirkten, sodass schwache Standorte, wozu auch das saarländische Montanrevier gezählt wurde, erhalten blieben und eine Konzentration an den produktivsten Standorten verhindert würde. Befürworter des liberalen Weltmarktes kritisierten die Subventionen daher als „Sündenfall" und Behinderung des marktlichen Koordinierungsmechanismus, wodurch notwendige Marktbereinigungen verhindert würden.[51]

Aus der saarländischen, überparteilichen „Stahlfraktion" heraus wurde nicht versucht, zu widerlegen, dass ein staatliches Engagement – ökonomisch gesehen – Effizienznachteile gegenüber einer marktgesteuerten Modernisierung besäße. Die Landespolitiker verwiesen zur ökonomischen Rechtfertigung der Subventionen lediglich in Einklang mit der regionalen Industrie auf Prognosen eines langfristig zu erwartenden wachsenden Stahlbedarfs auf dem Weltmarkt. Ein stärkeres Gewicht in der Subventionsdebatte erhielten jedoch politische Argumente. Es wurden etwa die Zweckmäßigkeit der Protektion der Stahlindustrie im Sinne nationaler Versorgungssicherheit oder auch die Bedeutung des Erhalts einer gemeinsamen Stahlindustrie als integrationspolitisches Ziel in der EG betont.[52] Zudem wurde im Saarland von einer beschäftigungspolitischen Alternativlosigkeit staatlicher Strukturmaßnahmen ausgegangen. Der saarländische Wirtschaftsminister Werner Klumpp (FDP) verwies auf die langfristig nicht mehr gegebene internationale Wettbewerbsfähigkeit der saarländischen Stahlindustrie z. B. gegenüber der wachsenden Konkurrenz aus Fernost: „Wenn man in Japan 15 000 Stammarbeiter braucht, um zwölf Millionen Tonnen Stahl im Jahr zu erzeugen, und an der Saar 36 600 Arbeitnehmer für die Produktion von sechs Millionen Tonnen, ist das eine Rechnung, die auf Dauer nicht aufgehen kann."[53]

Entsprechend zeichneten Landespolitiker, Industrie und Gewerkschaften düstere Untergangsszenarien für den Fall eines Ausbleibens öffentlicher Hilfen. Dabei wurden ein unausweichlicher wirtschaftlicher Kollaps des Bundeslandes, eine „Auswanderung der Bürger" und eine Verarmung der Region heraufbeschworen.[54] Überzeugungskraft erhielt die Argumentation auch durch die strukturellen Schwierigkeiten der saarländischen

---

[48] Jahresgutachten 1982/83 des Sachverständigenrates zur Begutachtung der gesamtwirtschaftlichen Entwicklung, Deutscher Bundestag, Drucksache 9/2118 vom 23. 11. 1982, S. 158f.
[49] Vgl. Zoltán Jákli: Vom Marshallplan zum Kohlepfennig. Grundrisse der Subventionspolitik in der Bundesrepublik Deutschland 1948–1982, Opladen 1990.
[50] Vgl. ebd.
[51] Vgl. Norbert Berthold: Dauerkrise am europäischen Stahlmarkt – Markt- oder Politikversagen?, Bad Homburg 1994.
[52] Vgl. Kerz: Stahlkrisen, S. 48f.
[53] Der Spiegel vom 11. 4. 1977.
[54] Ebd.

Stahlbranche, die in Jahren mit starken Nachfrageeinbrüchen auf dem Weltmarkt wiederholt in existenzielle Probleme geraten war. Die Mitglieder der „Stahlfraktion" betonten, dass es sich dabei nicht um „das Schicksal einer Branche, sondern [um das] der ganzen Region" handele und es letztlich um „die ökonomische Existenz des Landes insgesamt" gehe.[55] Diese Dramatisierungsstrategie erwies sich insofern als erfolgreich, als sie an populäre Ängste anknüpfen konnte, die in Subventionen einen notwendigen Schutz vor ruinösem Wettbewerb und der Vernichtung von Arbeitsplätzen sahen.[56] Auch Bundeskanzler Helmut Schmidt sowie Oppositionsführer Helmut Kohl erachteten die subventionsgestützte Restrukturierung aus innenpolitischen Gründen trotz zunehmender haushaltspolitischer Probleme und gesamtwirtschaftlicher Bedenken als „alternativlose" Maßnahme.[57] Bei der erfolgreichen Inszenierung der Dramatisierung spielte die enge Zusammenarbeit der regionalen Akteure aus Industrie, Gewerkschaften und den verschiedenen Parteien eine Schlüsselrolle. Denn auch in den Unternehmen wurde immer wieder das Nahen eines „wirtschaftlichen Notstandsfalls"[58] betont. Dabei rückten in den Jahren großer Nachfrageeinbrüche die lokalen Stahlhersteller Neunkircher Eisenwerk, Dillinger Hütte und Röchling-Burbach – auch vor dem Hintergrund eines Generationswechsels an den Unternehmensspitzen – zusammen. Dieses geschlossene Auftreten war einerseits eine entscheidende Voraussetzung für die Bewilligung von Finanzhilfen, ermöglichte andererseits aber auch eine Weichenstellung für den Erhalt des Industriekerns und seine Modernisierung nach den regionalen Bedürfnissen.

Daran änderte sich auch nichts Grundlegendes, als sich die Debatte seit 1982 weiter zuspitzte. Nach neuen Einbrüchen der Stahlkonjunktur schnellten die zur Neugestaltung des Stahlstandorts benötigten Mittel in die Höhe, im Gegenzug kündigte die neue christlich-liberale Bundesregierung jedoch eine wirtschaftspolitische „Wende" und einen stärkeren Subventionsabbau an.[59] Das strukturpolitische Engagement hatte zwar durchaus Anfangserfolge verbuchen können, die Arbeitslosigkeit im Saarland ging zwischen 1978 und 1980 leicht von 7,2 auf 5,9 Prozent zurück. Seit den frühen 1980er Jahren traten aber zunehmend tieferliegende strukturelle Schwächen des saarländischen Stahlstandorts zutage.[60] Dazu zählten unter anderem zu hohe Kosten in der Roheisenerzeugung, daneben aber auch unterschiedliche Interessen der deutschen und luxemburgischen Unternehmenspartner sowie hohe Personal- bzw. Sozialplankosten. Weitere Strukturmaßnahmen bezogen sich daher unter anderem (1.) auf die Förderung einer Verbundwirtschaft in der Roheisenerzeugung, in die alle saarländischen Hütten eingebunden wurden; (2.) eine Neuordnung der Eigentümerstrukturen, wobei das Land zwischenzeitlich in die Eigentümerrolle eintrat; sowie (3.) eine Auslagerung der Sozialplanverpflichtungen an eine landeseigene Beschäftigungsgesellschaft, die die Unternehmen von Sozialplankosten entlasten sollte. Dabei erhöhten sich die von Land und Bund – in Form von Bürgschaftskrediten, Investitionszuschüssen und bedingt rückzahlbaren Zuwendungen – beschlossenen Finanzhilfen für die Umstrukturierung im Zeitraum zwischen 1981 und 1985 auf mehr als

---

[55] Lauschke: Die halbe Macht, S. 261.

[56] Vgl. Reinhard Klimmt: Auf dieser Grenze lebe ich. Die sieben Kapitel der Zuneigung, Blieskastel 2003.

[57] Vgl. Andreas Wirsching: Abschied vom Provisorium. Geschichte der Bundesrepublik Deutschland 1982–1990, München 2006.

[58] Der Spiegel vom 11. 4. 1977.

[59] Zur Debatte vgl. Wirsching: Abschied.

[60] Vgl. ebd.

3,2 Mrd. DM.[61] Darüber hinaus sagte die Landesregierung weitere Zuschüsse in Höhe von 78,5 Millionen DM für die Beschäftigungsgesellschaft zu.[62]

Zahlreiche Wirtschaftsinstitute und Subventionsgegner, darunter die Bundes-FDP als Koalitionspartner in der Bundesregierung, forderten vor allem aus grundsätzlichen Erwägungen nach dem Regierungswechsel 1982 eine Einstellung dieser Hilfen. Sie propagierten dabei einen Rückzug des Staates aus der Strukturpolitik. Durch eine Umstrukturierung der saarländischen Wirtschaft sollten nach den Erfordernissen des Marktes langfristig neue Arbeitsplätze entstehen, wobei die Stellen in der Stahlindustrie gegebenenfalls aufgegeben werden müssten.[63] Der Sachverständigenrat der Bundesregierung argumentierte in seinem Jahresgutachten für 1982/83, dass „dem Staat Subventionen an die Stahlindustrie [auf Dauer] teurer zu stehen [kommen] als die Hinnahme von Arbeitslosigkeit".[64] Jedoch blieb der regionalpolitische Einfluss dieser Stimmen gering, weil damit keine kurzfristige wirksame Lösung für die bestehenden Beschäftigungsprobleme angeboten werden konnte. Der beschäftigungspolitische Druck an der Saar war bereits derart groß, dass dem Erhalt der bestehenden Arbeitsplätze – auch aus innenpolitischen Gründen – Priorität eingeräumt wurde. In dieser Frage herrschte unter den regionalen Akteuren weitgehende Einigkeit, während die Bundesregierung zwischen finanz- und arbeitsmarktpolitischen Erwägungen gespalten blieb.[65] Daher konnte sich nicht nur die Einstellung der geplanten Strukturhilfen nicht durchsetzen, vielmehr wurden im Laufe der 1980er Jahre teilweise noch weitreichendere Strukturmaßnahmen in Angriff genommen oder weitergeführt. Dazu zählte etwa der Wasserstraßenanschluss der Stahlwerke an der Saar für die Großschifffahrt zur Mosel und zum Rhein, der ab 1987 die Dillinger Hütte mit den großen Überseehäfen verband. Bis 2001 wurden zudem Saarlouis, Völklingen und Saarbrücken angeschlossen. Andere Strukturmaßnahmen bezogen sich auf kommunale Initiativen zur Einrichtung von Industrieparks auf stillgelegten Stahlwerksflächen etwa des Neunkircher Eisenwerks und der Burbacher Hütte oder auf die Vernetzung der Stahlunternehmen und ihrer Kunden durch Datenfernübertragung (DFÜ).

6. Fazit und Ausblick: Die Neugestaltung des saarländischen Industriestandorts

Zusammenfassend ist festzustellen, dass sich in den Strukturdebatten um die Neugestaltung des saarländischen Industriestandorts eine Umstrukturierung und Aufgabe des Montankerns als Konzept gegen die Entindustrialisierung in der Praxis nicht durchsetzen konnte. Zu groß war die beschäftigungspolitische Abhängigkeit von der Montanindustrie im kleinsten Flächenbundesland, die in den 1960er Jahren noch mehr als 100 000 Beschäftigte aufwies. Es gelang nicht, konkrete Umstrukturierungskonzepte zu entwickeln, die den Wegfall der Montanindustrie als Arbeitgeber hätten kompensieren können. In

---

[61] Eigene Berechnungen.
[62] Vgl. Lauschke: Die halbe Macht, S. 282.
[63] Vgl. Wirsching: Abschied, S. 252.
[64] Jahresgutachten 1982/83 des Sachverständigenrates zur Begutachtung der gesamtwirtschaftlichen Entwicklung, S. 158f.
[65] Vgl. Wirsching: Abschied, S. 252.

den Debatten wurden daher das Festhalten am bestehenden Industriekern und die Restrukturierung auf dessen Basis als Strategie für die Region gewählt, um eine Entindustrialisierung zu verhindern und die Beschäftigungsmöglichkeiten in der Montanindustrie nicht aufgeben zu müssen. Diese Strategie hatte in der Praxis vor allem deshalb Erfolg beim Erhalt und der Weiterentwicklung der regionalwirtschaftlichen industriellen Basis, weil sie auf der Zusammenarbeit von regionalen Akteuren aus Unternehmen, Landesregierung und Gewerkschaften aufbauen konnte.

Im Ergebnis wurde bis 1989 eine Verbundwirtschaft der vier großen, seit dem 19. Jahrhundert oder länger ansässigen Traditionshersteller Röchling, Burbacher Hütte, Dillinger Hütte und Neunkircher Eisenwerk AG aufgebaut, die auf hochprofitable Qualitätsstähle spezialisiert war und regionale sowie globale Kunden der Automobil- und Maschinenbauindustrie belieferte. Die Unternehmen wurden dabei unter dem Dach einer landeseigenen Holding zusammengeführt, die in den 1990er Jahren reprivatisiert wurde. Auf diesem Weg blieben rund 15 000 Arbeitsplätze in der Stahlindustrie erhalten. Außerdem gelang es durch die öffentlichen Finanzhilfen, den Strukturwandel so lange zu verzögern, bis die Stahlkonjunktur Mitte der 1990er wieder anzog.[66] Dabei profitierten die restrukturierten Unternehmen von der stark gewachsenen Stahlnachfrage im Zuge des Globalisierungsschubs insbesondere nach der Öffnung Osteuropas und dem Fall des Eisernen Vorhangs, wobei sich die Weltrohstahlproduktion zwischen 1984 und 2010 etwa verdoppelte. Darüber hinaus hatte der Erhalt des Stahlstandorts aber auch positive Effekte für die Kohlegrubenindustrie, in der 1989 noch mehr als 24 000 Personen beschäftigt waren.[67] Im Bergbau gelang es durch Erhaltungssubventionen, den Strukturwandel bis 2012 zu verzögern, als die letzte saarländische Zeche geschlossen wurde.

Zugleich veränderte sich die Wirtschaftsstruktur langsam durch die Umwandlung von montanindustriellen Brachflächen in Gewerbeparks. Auf diesen Flächen zogen im Laufe der 1980er und 1990er Jahre teils Behörden und Gewerbebetriebe als neue Nutzer in den verbliebenen Werkshallen und Bürogebäuden ein, teils siedelten sich Unternehmen von Zukunftsindustrien der Computer- und IT-Branche an (IT Park Burbach). Darüber hinaus hatten der Ausbau der Infrastruktur und die Bereitstellung von Industrieflächen positive Nebeneffekte für die allmähliche Entwicklung und Expansion der in den 1960er und 1970er Jahren angesiedelten Automobil- und Maschinenbauunternehmen, die seit Ende der 1980er Jahre rasch wuchsen. Sie konnten an dem traditionellen Industriestandort auch von einem guten Angebot an qualifizierten Arbeitskräften profitieren, die nach dem Niedergang von Teilen der Stahlindustrie nicht nur aus dem Saarland, sondern auch aus Lothringen in die Fahrzeugbranche strömten.

---

[66] Vgl. Geschäftsberichte Saarstahl/Dillinger Hütte (Stand 1989).
[67] Vgl. Geschäftsberichte der Saarbergwerke AG.

Lu Seegers und Christoph Strupp
Hafen- und Handelsstadt oder Stadt der Industrie?

Wirtschaftspolitik und Deutung des Strukturwandels in Hamburg

Am 6. Mai 1950 eröffnete Hamburgs Erster Bürgermeister Max Brauer (SPD) im Rathaus den ersten „Überseetag" in der Hansestadt. Er fand am Vortag des Hamburger „Hafengeburtstags" statt, mit dem die Stadt an die Verleihung der Hafenrechte in einer – allerdings gefälschten – Urkunde Kaiser Friedrich Barbarossas vom 7. Mai 1189 erinnert. Offizieller Veranstalter des Überseetags war nicht die Stadt, sondern der 1948 neu gegründete „Übersee-Club", der die Wiedereingliederung Hamburgs in die internationalen Wirtschaftsbeziehungen fördern sollte. Der Bürgermeister dürfte den Intentionen der Organisatoren entsprochen haben, wenn er in seiner Begrüßungsansprache in Anwesenheit des deutschen Vizekanzlers Franz Blücher (FDP), des französischen Hohen Kommissars André François-Poncet und mehrerer hundert geladener Gäste aus der Wirtschaft hervorhob, Handel, Import und Export seien „für uns eine Frage auf Leben und Tod". Den Gästen solle sich „kundtun, daß wir, getreu der Tradition der Vorväter, Hamburg als die Metropole des Handels wieder erstehen sehen wollen, daß wir es wollen, nicht nur um Hamburgs willen, sondern um Deutschlands, um Europas willen".[1] Hamburgs erster Nachkriegsbürgermeister Rudolf Petersen, 1950 Präsident des Übersee-Clubs, postulierte eine besondere ethische Verpflichtung des Kaufmanns, der „in hansischem Geist die Gemeinschaft der Völker bejaht" und das „Hamburger Abendblatt" vermerkte, dass beim Überseetag „viel von der Erneuerung der Hanse" gesprochen worden sei.[2]

Die Überseetage dienten wirtschaftspolitischem „Networking" und finden jährlich mit Vertretern des Senats und prominenten Gastrednern bis heute statt. Ebenso wie die Hafengeburtstage, die seit 1977 als mehrtägiges Volksfest begangen werden und inzwischen hauptsächlich Touristen-Rummel bieten, stehen sie symbolisch für eine Orientierung Hamburgs auf Hafen und Handel, die sich scheinbar ungeachtet der ökonomischen und politischen Umbrüche, der Krisen und des Strukturwandels auch in der zweiten Hälfte des 20. Jahrhunderts fortsetzte. Dass es dabei um mehr ging als um die Identität der Stadt, um hanseatische Traditionspflege und ein werbewirksames Image, unterstreichen die mehrstelligen Millionenbeträge, die Hamburg jedes Jahr direkt und indirekt in seinen Hafen investiert und die Vehemenz, mit der man über Jahrzehnte hinweg den Ausbau der Verkehrsverbindungen, die Erweiterung der Flächen und die Modernisierung der Infrastruktur im Hafen betrieben hat. Ebenfalls den wirtschaftlichen Interessen des Hafens geschuldet war und ist der Nachdruck, mit dem sich Hamburger Politiker parteiübergreifend in den 1950er und 1960er Jahren für gute Beziehungen zu den sozialistischen Staaten Osteuropas einsetzten und heute z. B. Russland und China umwerben. Auch die Skepsis gegenüber „kleinräumigen" europäischen Zusammenschlüssen wie der 1957 gegründeten Europäischen Wirtschaftsgemeinschaft (EWG), die das „Tor zur Welt" von seinen Han-

---

[1] Staatsarchiv Hamburg (StaHH) 131-1 II, 1375, Unterakte 1950, Bl. 56–60, hier Bl. 56, 60, Rede von Herrn Bürgermeister Brauer anläßlich des Überseetages in Hamburg am 6. 5. 1950 im Festsaal des Rathauses.
[2] Zitate nach: Außenhandel ist unser Schicksal! in: Hamburger Abendblatt (HA) vom 8. 5. 1950; Wind aus Übersee, in: ebd.

DOI 10.1515/9783110523010-012

delspartnern in Skandinavien, Osteuropa, Amerika und Asien abzuschneiden drohte, ist in diesem Zusammenhang zu sehen.

Dem stand allerdings seit den späten 1940er Jahren eine wirtschaftspolitische Deutungslinie zur Seite, die ein diversifizierteres Bild der Wirtschaftsstruktur Hamburgs zeichnete und zumindest rhetorisch stärker auf einen grundlegenden Wandel gerichtet war. Dabei wurde insbesondere die Bedeutung der Industrie für die Stadt betont. Im März 1971 formulierte der damalige Wirtschaftssenator Helmuth Kern (SPD) auf einem Empfang anlässlich der Leipziger Frühjahrsmesse geradezu ketzerisch, Hamburg betrachte sich „nicht als Hafenstadt, sondern als die Industrie-, Handels-, und Dienstleistungsmetropole des norddeutschen Raumes".[3] Nach 1945 stand die Wirtschaftspolitik Hamburgs über Jahrzehnte in einem eigentümlichen Spannungsverhältnis von fortgesetzter Betonung alter maritimer bzw. hanseatischer Identifikationsmuster und konkreter Förderung des Hafens einerseits und der Forderung nach einer breiteren wirtschaftlichen Basis andererseits. Die Gründe dafür sollen im Folgenden näher beleuchtet werden. Insbesondere wird danach gefragt, warum Bezugnahmen auf das Ideal des „Hanseatischen" bei der kommunikativen Vermittlung der Wirtschaftspolitik in Hamburg nach 1945 relevant blieben, obwohl oder gerade weil die Bedeutung des Ausbaus der Industrie für Hamburg betont wurde.

Wichtige Anhaltspunkte lieferten dabei neben den Verlautbarungen aus Senat, Bürgerschaft und Handelskammer auch die Wirtschaftsberichterstattung der größten Hamburger Tageszeitung, des 1948 von Axel Springer gegründeten „Hamburger Abendblattes", und der seit 1946 erscheinenden überregionalen Wochenzeitung „Die Zeit" des Verlegers Gerd Bucerius. Während das „Hamburger Abendblatt" die Hamburger Wirtschaftspolitik vornehmlich aus der lokalpolitischen Perspektive und häufig personenbezogen darstellte, präferierte „Die Zeit" in ihrem Wirtschaftsteil eine Betrachtungsweise, bei der es tendenziell eher um die größeren Linien von Konjunktur und Wirtschaftspolitik ging, dabei freilich immer wieder auch pointiert auf Hamburg bezogen.[4]

1. Hamburg und das Hanseatische

Wie sich nicht zuletzt beim ersten Überseetag 1950 gezeigt hatte, war die Fortdauer maritimer Tradition in Hamburg als wirtschaftspolitisches Leitbild eng verknüpft mit Rekursen auf das Hanseatische. Sie waren seit dem 19. Jahrhundert zentral für das Stadtimage Hamburgs und für die Selbst- und Fremdverortung von Angehörigen der politischen und wirtschaftlichen Elite der Hansestadt. Die Hamburger Wirtschaftspolitik vertrat traditionell vor allem die Interessen der Hafenwirtschaft und der international agierenden, auf den Außenhandel fokussierten Kaufmannschaft. Es kann folglich davon ausgegangen wer-

---

[3] StaHH 135-1 VI, 2248: Staatliche Pressestelle Hamburg: Hamburg-Empfang in Leipzig, 15. 3. 1971.
[4] Vgl. zum „Hamburger Abendblatt" Karl Christian Führer: Medienmetropole Hamburg. Mediale Öffentlichkeiten 1930–1960, München/Hamburg 2008, S. 491–495, 508–520, zur „Zeit" Axel Schildt: Immer mit der Zeit. Der Weg der Wochenzeitung DIE ZEIT durch die Bonner Republik – eine Skizze, in: ders./Christian Haase (Hrsg.): DIE ZEIT und die Bonner Republik. Eine meinungsbildende Wochenzeitung zwischen Wiederbewaffnung und Wiedervereinigung, Göttingen 2008, S. 9–27, hier S. 15f., speziell zur Wirtschaftsberichterstattung Alexander Nützenadel: Konjunktur und Krise. Die Wirtschaftsberichterstattung der ZEIT zwischen Expertenkultur und Politik (1946–1990), in: ebd., S. 130–143.

den, dass der rhetorische Bezug auf hanseatische Traditionen zur Artikulation und Legitimation wirtschaftlicher Interessen diente. Im Umkehrschluss könnte man annehmen, dass das wirtschaftspolitische Konzept einer systematischen Industriepolitik abseits der Hafenwirtschaft weniger Durchsetzungskraft besaß, eben weil sich die Protagonisten dabei nicht auf das Hanseatische beziehen konnten.

Bis weit in das 20. Jahrhundert hinein bezeichneten die Begriffe „Hanseaten" und „hanseatisch" nicht nur die geografische Herkunft aus den Hansestädten Hamburg, Bremen und Lübeck, sondern damit verbunden eine spezifische soziale Herkunft. Noch im Duden des Jahres 1977 bezog sich der Begriff „Hanseat" neben der historischen Zuschreibung als einem der Hanse angehörender Kaufmann auf die Bewohner der drei genannten Städte und dort besonders auf diejenigen „aus der vornehmen Bürgerschicht".[5] Dabei stellten das Sozialprofil des Überseekaufmanns klassischen Zuschnitts sowie die im Handelsbürgertum gepflegten Wertvorstellungen und Leitbilder („ehrbarer Kaufmann") Kristallisationspunkte dar. Selbst- und Fremdzuschreibungen von – stets männlich gedachten Hanseaten – manifestierten sich darüber hinaus in einem Verhaltenskodex, der sich im 19. Jahrhundert verselbstständigt hatte. Ein hanseatischer Kaufmann zu sein, war verknüpft mit Attributen wie Ehrlichkeit, Vertrauenswürdigkeit und Solidität. Insbesondere der Überseehändler galt zudem als welterfahren und mutig, dabei nüchtern die Risiken und Chancen eines Geschäfts kalkulierend. Hinzu kamen Zuschreibungen eines Lebensstils, bei denen sich Wohlstand, Bescheidenheit und Zurückhaltung zu einer Gesamthaltung bürgerlicher Vornehmheit verdichteten.

Als lokales Identifikationsangebot, dem nicht zuletzt eine nationale Vorbildhaftigkeit zugeschrieben wurde, diente das Hanseatische im 20. Jahrhundert auf vielfältige Weise dazu, Politik und Herrschaft zu legitimieren.[6] So hatte der oft beschworene „Hanseatengeist" im „Dritten Reich" eine rassistisch-kolonialistische Eroberungsmentalität bezeichnet, mit der Hamburger Kaufleute zu „Pionieren" im „Volkstumskampf" in Mittel- und Osteuropa stilisiert worden waren. Nach 1945 bot das Hanseatische der Hansestadt durch Elemente wie Rationalität, Pragmatismus und Nüchternheit wiederum Potenzial zur Abgrenzung gegenüber dem Nationalsozialismus, der nunmehr mit Fanatismus, Verantwortungslosigkeit und Gewalt assoziiert wurde. Auf dieser Basis gelang es Angehörigen der politischen, wirtschaftlichen und wissenschaftlichen Elite, das Bild eines hamburgischen „Sonderfalls" für die Zeit des Nationalsozialismus zu kreieren und die Mitverantwortung für Verbrechen des Regimes zu marginalisieren. Rekurse auf das Hanseatische waren folglich in Hamburg nach 1945 populär, weil sie für den maritimen Charakter der Hansestadt ebenso wie für die vermeintlich genuin demokratische Tradition des Stadtstaats und eine „vernünftige" Wirtschaftspolitik standen. Der hanseatische Kaufmann galt zumindest in Hamburg als Synonym für den Wiederaufbau Deutschlands.

Ein solches Narrativ hatte bereits in den 1920er Jahren in politischen Grußworten kursiert. So betonte etwa Bürgermeister Carl Petersen, der ältere Bruder von Rudolf Petersen, im Jahr 1928 anlässlich des 25-jährigen Bestehens des Vereins Hamburger Exporteure, dass nach dem Ersten Weltkrieg niemand „mutiger, tatkräftiger und zielbewußter ans

---

[5] Duden. Das große Wörterbuch der deutschen Sprache in sechs Bänden, Bd. 3: G-Kal, Mannheim u. a. 1977, S. 1147.
[6] Vgl. dazu ausführlicher Lu Seegers: Hanseaten und das Hanseatische in Diktatur und Demokratie. Politisch-ideologische Zuschreibungen und Praxen, in: Zeitgeschichte in Hamburg 2014, hrsg. von der Forschungsstelle für Zeitgeschichte in Hamburg (FZH), Hamburg 2015, S. 71–83.

Werk gegangen [ist], als es galt, Zerstörtes wieder aufzubauen und Verlorenes zurückzugewinnen", als der „hamburgische Überseekaufmann". Dies wäre nicht möglich gewesen, so Petersen, ohne die „alten und reichen Auslandserfahrungen, über die gerade der Hamburger Kaufmann verfügt".[7]

Das Bild vom Außenhandel als bedeutsamster Wirtschaftszweig Hamburgs und vom Kaufmann, der dank spezifischer Charaktereigenschaften und persönlicher Beziehungen Kriegsfolgen wirtschaftlich überwand und international über eine hohe Reputation verfügte, wurde nach 1945 vielfach wieder aufgenommen.[8] So hatte Rudolf Petersen bei seiner Antrittsrede als Bürgermeister im Mai 1945 formuliert:

> „Hamburg ist seit den Zeiten der Hanse nicht nur Mittler im Austausch materieller Güter mit dem Ausland und in den letzten Jahrhunderten insbesondere mit Amerika und Übersee gewesen. Es ist auch und das ist vielleicht noch wichtiger, der Mittler gewesen zwischen deutschem Geistesgut und angelsächsischer Lebensauffassung und Lebenssitte. […] Nur mit Vertrauen darauf, daß in freier Wirtschaft hanseatischer Unternehmungsgeist sich eine neue Mitte in Hamburgs Mauern bauen kann, werden wir den Wiederaufbau schaffen."[9]

Petersen spielte darauf an, dass Hamburgs Außenhandel in der Zeit des Nationalsozialismus und während des Zweiten Weltkriegs der staatlichen Autarkiepolitik und Beschränkungen auch und gerade in den Handelsbeziehungen nach Übersee unterworfen gewesen war. Hamburg hatte in wirtschaftlicher Hinsicht tatsächlich eine Art Sonderfall im „Dritten Reich" dargestellt, da die ökonomischen Traditionen, Orientierungen und Strukturen der Stadt mit den Schwerpunkten der nationalsozialistischen Politik nur bedingt kompatibel gewesen waren. Dies hatte im Ergebnis jedoch nicht zu Distanz der Hansestadt gegenüber dem NS-Regime geführt, sondern vielmehr zu einer intensiven Verstrickung in die NS-Herrschaft und ihre Verbrechen.[10] Der „hanseatische Unternehmergeist" und seine völkerverbindende Wirkung, die Rudolf Petersen 1945 und auch 1950 beim Überseetag beschwor und auf die bei offiziellen Anlässen und in der Hamburger Presse fortan immer wieder Bezug genommen wurde, implizierte demgegenüber eine Distanz der Hamburger Kaufleute zum NS-Regime und diente gleichzeitig der Rechtfertigung einer vermeintlichen Pionierrolle Hamburgs beim Wiederaufbau Deutschlands.

Im „Hamburger Abendblatt" erschien etwa im Dezember 1949 ein Artikel von Rudolf Stephan über „Glanz und Elend des hanseatischen Exporteurs". Stephan beschrieb hier, wie es den Überseekaufleuten dank ihrer hohen Vertrauenswürdigkeit im Ausland gelang, alte Geschäftskontakte nach Übersee wieder zu aktivieren. Zudem schrieb er den Hamburger Überseekaufleuten ein quasi angeborenes wirtschaftliches Durchhaltevermögen zu, wenn er mit ihnen die Bewohner „jener vulkanische[n] Himmelsstriche" assoziierte, „die sich dort nach jedem Ausbruch erneut ansiedeln und den Kampf mit den Naturgewalten nicht aufgeben".[11] In ähnlicher Manier hatte das „Hamburger Abend-

---

[7] StaHH 135-1 I–IV, 7044: Ansprache von Bürgermeister Dr. Petersen bei der Feier des 25jährigen Bestehens des Vereins Hamburger Exporteure, 19. 5. 1928.

[8] Als Beispiel für eine solche Berichterstattung in der unmittelbaren Nachkriegszeit siehe z. B.: Der Außenhändler wartet ab, in: Die Zeit vom 19. 12. 1946.

[9] StaHH 131-1 II, 2798: Antrittsrede des Hamburger Bürgermeisters Rudolf Petersen, S. 1.

[10] Frank Bajohr: Hamburg im „Dritten Reich". Rückblick und Ausblick, in: Zeitgeschichte in Hamburg 2013, hrsg. von der Forschungsstelle für Zeitgeschichte in Hamburg (FZH), Hamburg 2014, S. 15–33, hier S. 21.

[11] Glanz und Elend des hanseatischen Exporteurs, in: HA vom 24. 12. 1949. Der Artikel stellte einen Auszug aus Stephans Beitrag in dem Band: Erich Lüth (Hrsg.): Neues Hamburg. Zeugnisse vom Wiederaufbau der Stadt, Bd. IV, Hamburg 1949, S. 65–73, dar.

blatt" zwei Monate zuvor ein Treffen des Ibero-Amerikanischen Vereins Hamburg-Bremen beschrieben: „Die Veranstaltung trug im besten Sinne hanseatisches Gepräge". Aus allen Reden und Trinksprüchen habe der „Geist des guten Willens zur Wiederanknüpfung von Beziehungen" gewirkt, „die jahrhundertelang beide Seiten aufs wertvollste befruchtet haben".[12]

Am 22. November 1954 schließlich berichtete die Zeitung über eine Tagung der Evangelischen Akademie Loccum, bei der es thematisch um das „Erbe der Hanse" ging. In dem Artikel wurde der anwesende Erste Bürgermeister Kurt Sieveking – er stammte aus einer Hamburger Kaufmannsfamilie und war 1953 dem Sozialdemokraten Max Brauer im Amt nachgefolgt – zitiert: „Wenn der Name hanseatischer Kaufleute in aller Welt nicht so einen guten Klang gehabt hätte, wäre der Wiederaufbau sicher nicht so schnell vorangegangen". In der Aussage von Sieveking schwang nicht nur der angenommene Anteil des Hamburger Außenhandels am „deutschen Wirtschaftswunder" mit, er verwies auch auf ein Deutungsmotiv, das bereits seit dem Kaiserreich virulent war: Hamburg habe aufgrund seines Hafens einen besonderen Stellenwert für die deutsche Wirtschaft, der weit über das Lokale hinausreiche.

2. Hamburger Wirtschaft im Wiederaufbau

Realwirtschaftlich gesehen waren der Hafen und der Außenhandel jedoch in den ersten Jahren der Nachkriegszeit zunächst nur bedingt erfolgreich. 1949 erreichte der Hafen mit einem Umschlag von 9,5 Millionen Tonnen nur 37 Prozent des Vorkriegsniveaus. Bis Mitte der 1950er Jahre hinkte Hamburg hinter der allgemeinen wirtschaftlichen Aufwärtsentwicklung der Bundesrepublik hinterher. Überlegungen zu einer wirtschaftspolitischen Neuorientierung waren den realpolitischen Gegebenheiten der Aufspaltung Deutschlands in vier Besatzungszonen und dem beginnenden Kalten Krieg mit der zunehmenden Abschließung Osteuropas geschuldet. Unter diesen Bedingungen konnte Hamburg seine bisherige Stellung als „zentraler norddeutscher Güterumschlagort im Handel nach allen Richtungen" nicht mehr zurückgewinnen.[13] Handelsströme und Verkehrswege verschoben sich gegenüber der Zwischenkriegszeit dauerhaft. Diesen durch die Weltpolitik von außen aufgezwungenen Strukturwandel konnte der Stadtstaat nicht rückgängig machen. Daraus nun allerdings den Schluss zu ziehen, dass es „mit der Hafenstadt als solcher [...] vorbei" sei, wie Bundeskanzler Konrad Adenauer noch im Januar 1958 im CDU-Parteivorstand drastisch formulierte,[14] kam nicht in Frage. Man sah aber jenseits der klassischen maritimen Orientierung „die Notwendigkeit, mit konkreten Maßnahmen eine Erweiterung der bestehenden und den Aufbau neuer Industrien zu fördern", wie z.B. Wirtschaftssenator Karl Schiller (SPD) im Januar 1949 forderte.[15]

---

[12] Geist des guten Willens, in: HA vom 13. 10. 1949.

[13] Arnold Sywottek: Hamburg seit 1945, in: Werner Jochmann (Hrsg.): Hamburg. Geschichte der Stadt und ihrer Bewohner, Bd. 2: Vom Kaiserreich bis zur Gegenwart, Hamburg 1986, S. 377–466, hier S. 378.

[14] Zitiert nach Günter Buchstab (Bearb.): Adenauer: „… um den Frieden zu gewinnen". Die Protokolle des CDU-Bundesvorstands 1957–1961, Düsseldorf 1994, S. 57. Vgl. auch Frank Bajohr: Hanseat und Grenzgänger. Erik Blumenfeld – eine politische Biographie, Göttingen 2010, S. 94f.

[15] StaHH 131-1 II, 1372: Besprechungen im Hamburger Rathaus zu Fragen der Wirtschaft 1945–1957, Sitzung vom 14. 1. 1949, Bl. 376–377, hier Bl. 376.

Tatsächlich wies die Stadt hier günstige Voraussetzungen auf, denn schon im Kaiserreich hatten Industriebetriebe – sowohl unmittelbar mit dem Hafen verbundene wie die großen Werften, eisenverarbeitende Zulieferer, Raffinerien oder Nahrungsmittelbetriebe, als auch hafenferne Unternehmen aus der Textil- oder Arzneimittelbranche – eine erhebliche Rolle für Wertschöpfung und Arbeitsmarkt gespielt. Politisch und gesellschaftlich bestimmend blieben in der Hansestadt allerdings die Kaufleute.[16] Das änderte sich auch nicht, als im „Dritten Reich" die „Handelskammer" offiziell zu einer „Industrie- und Handelskammer" wurde und durch das „Groß-Hamburg-Gesetz" von 1937 und den Anschluss der preußischen Nachbarstädte Altona, Wandsbek und Wilhelmsburg das Industriepotenzial der Stadt weiter gestärkt wurde.[17]

Nach dem weitgehenden Zusammenbruch des Außenhandels im Zweiten Weltkrieg und den Zerstörungen von Betrieben und Anlagen durch den Luftkrieg setzte der Senat im Juli 1946 auf Anregung der britischen Besatzungsmacht eine Kommission unter der Leitung Karl Schillers ein, die in ihrem Gutachten zu dem Schluss kam, dass die Industrieproduktion im Vergleich zu 1938 zwar nur noch ein Drittel betrage, was auch den bis 1951 bestehenden alliierten Beschränkungen für den Schiffbau und dem Rohstoffmangel geschuldet war. Die Produktionskapazität liege aber bei 75 Prozent, gerade auch in „Friedensbranchen" wie Glas- und Schuhherstellung, Metallwaren oder Fischverarbeitung, und sei durch ein wirtschaftspolitisches Sofortprogramm nach einer Übergangsphase auf 96 Prozent zu steigern.[18] Dass Hamburg nun allerdings nicht im Sinne Adenauers von seiner Stellung als größter deutscher Seehafen ließ und es nicht zu der von Schiller angeregten systematischen Förderung der Industrie kam, sondern eine „gleichsam naturwüchsig wiederbelebte hafenbedingte Wirtschaftsstruktur"[19] fortbestand, hatte mehrere Gründe.

Zunächst einmal war das Stadtimage Hamburgs aufs engste mit der Hafenwirtschaft verbunden. Hamburg galt Ende des 19. Jahrhunderts als „Welthafen" und „Welthafenstadt". Zugleich erblickten Binnenländer in ihr ein Synonym für den wirtschaftlichen und politischen Aufstieg des Deutschen Kaiserreichs.[20] Der Slogan vom „Tor zur Welt", der auf einen gleichnamigen Roman aus der Zeit des Ersten Weltkriegs zurückging, gewann Ende der 1920er Jahre, bedingt durch die noch junge Fremdenverkehrswerbung, rasch an Popularität. Dabei stellten Seeschifffahrt, Handel und Hafen die zentralen Bezugspunkte dar. Auch das Motto „Mein Feld ist die Welt", das der damalige Generaldirektor der Hapag, Albert Ballin, zum Werbespruch seiner Reederei erkoren hatte, schwang dabei mit und suggerierte die Internationalität der Hafenstadt.[21] Im nationalsozialistischen Hamburg wurde die Rede vom „Tor zur Welt" weiter geführt, wenn auch etwas anders konnotiert, nämlich zum

---

[16] Vgl. Werner Jochmann: Handelsmetropole des Deutschen Reiches, in: ders. (Hrsg.): Hamburg, S. 15–129, hier S. 23–25; Herbert Flohr: Industriepolitik im Ballungsraum. Entwicklungen zwischen 1945 und 1965, in: Gerhard Schröder u. a.: Staat und Wirtschaft, Bd. 3: Rückkehr zum Markt. Wiederaufbau nach 1945, Hamburg 1982, S. 371–425, hier S. 373.

[17] Vgl. als Überblick Klaus Weinhauer: Handelskrise und Rüstungsboom. Die Wirtschaft, in: Hamburg im „Dritten Reich", hrsg. von der Forschungsstelle für Zeitgeschichte in Hamburg (FZH), Göttingen 2005, S. 191–224.

[18] Vgl. Karl Schiller: Denkschrift zur künftigen wirtschaftlichen Entwicklung Hamburgs, im Auftrag des Senats der Hansestadt Hamburg erstattet von der Gutachter-Kommission Prof. Dr. Schiller, Hamburg 1947.

[19] Sywottek: Hamburg, S. 409.

[20] Vgl. Lars Amenda/Sonja Grünen: „Tor zur Welt". Hamburg-Bilder und Hamburg-Werbung im 20. Jahrhundert, Hamburg 2008, S. 27.

[21] Vgl. ebd., S. 32f.

einen im Sinne von Kaufleuten und Seefahrern aus Hamburg als „Pionieren des Deutsch-tums" und zum anderen im Sinne von repräsentativen städtebaulichen Großprojekten. Geradezu inflationär wurde die „Tor-zur-Welt"-Metapher anlässlich der 750-Jahrfeier des Hamburger Hafens 1939 genutzt, bevor sie im Zweiten Weltkrieg, insbesondere nach den schweren Luftangriffen vom Sommer 1943, von der politischen Agenda verschwand.[22]

Nach 1945 wurde in Hamburg jedoch schnell wieder Bezug genommen auf das Bild vom „Tor zur Welt". Denn die Stadt ließ sich auf diese Weise als Opfer konnotieren, da das „Tor" infolge von Krieg und Zerstörung „geschlossen" worden sei. Mit der Beseitigung der Kriegsschäden und der Zunahme des Schiffsverkehrs kehrten auch die maritimen Bilder zurück, und der Slogan fungierte nun als Gradmesser der wirtschaftlichen Lage: „Hamburgs Hafen – wieder Tor zur Welt" lautete der Titel einer offiziellen Broschüre Mitte der 1950er Jahre. Zahlreiche Hamburg-Bücher und Stadtführer präsentierten den Hafen in Wort und Bild als wirtschaftliches „Herz" und Motor der Stadt.[23] Selbst wenn Hamburg zunehmend auch durch den Autoverkehr, neugebaute Durchgangsstraßen und Bürohochhäuser – nicht zuletzt für die nach 1945 expandierende Medienbranche – ge-kennzeichnet war, blieben die maritimen Bilder weiter bestehen und besaßen eine nicht zu unterschätzende emotionale Bindekraft.[24]

Neben der Bedeutung des Hafens für das Selbstverständnis der Stadt und ihrer Bürger gab es aber auch politische und ökonomische Gründe, die einer wirtschaftspolitischen Umorientierung im Weg standen: So leitete Hamburg nach 1945 seinen – frühzeitig ge-sicherten – Anspruch auf fortdauernde staatliche Eigenständigkeit aus seiner Verantwor-tung für den Hafen ab, einer Verantwortung, die man aus hamburgischer Perspektive im nationalen Interesse für ganz Deutschland wahrnahm.[25] Zudem war bald absehbar, dass sich die düstersten Prophezeiungen über die Zukunft von Hafen und Handel nicht be-wahrheiteten: In den späten 1950er Jahren waren die Umschlagszahlen der Zwischen-kriegszeit wieder erreicht, und auch wenn die Zuwachsraten geringer als in den Konkur-renzhäfen Bremen, Rotterdam und Antwerpen ausfielen und der Stadtstaat sich gegen-über dem Bund immer wieder als besonders benachteiligt und deshalb besonders förderungsbedürftig darstellte, so profitierte eben auch Hamburg von dem Aufschwung des Welthandels und der expandierenden bundesdeutschen Wirtschaft in den ersten Jahren des „Booms".[26] Die Beseitigung der Kriegsschäden im Hafen ging zügig voran. Im Übrigen nutzte man den Wiederaufbau zur Modernisierung der Anlagen und warb bald mit dem Slogan des „schnellen Hafens". Einflussreiche Protagonisten der Hafenwirt-schaft wie Ernst Plate, von 1945 bis 1966 amtierender Vorstandschef der städtischen Hamburger Hafen- und Lagerhaus-Aktiengesellschaft (HHLA), der von 1953 bis 1957 sogar der Landesregierung angehörte und den neu geschaffenen Posten eines „Hafen-senators" bekleidete, oder Hafenbaudirektor Friedrich Mühlradt sorgten dafür, dass die Interessen des Hafens politisch hohe Priorität genossen.[27] Dabei konnten sie sich auf

---

[22] Vgl. ebd., S. 36.
[23] Vgl. ebd., S. 37.
[24] Vgl. ebd., S. 38.
[25] Vgl. Sywottek: Hamburg, S. 424–426.
[26] Vgl. den Überblick in: Arnold Kludas/Dieter Maass/Susanne Sabisch: Hafen Hamburg. Die Ge-schichte des Hamburger Freihafens von den Anfängen bis zur Gegenwart, Hamburg 1988, S. 183–203, 244–253.
[27] Vgl. Ernst Plate. Würdigungen seiner Person und seiner Arbeit beim Abschied aus dem aktiven Berufsleben, Hamburg 1967; Hafenbaudirektor Dr. Mühlradt 40 Jahre im Staatsdienst, in: Hambur-ger Hafen-Nachrichten 12 (1959), Nr. 9, S. 38.

eine informelle große „Hafenkoalition" stützen, die von den in der Hamburgischen Bürgerschaft vertretenen Parteien SPD, CDU und FDP über die Handelskammer und andere Interessenorganisationen der Wirtschaft sowie die Gewerkschaften bis zu Zeitungs- und Zeitschriftenverlagen reichten, die mit zahlreichen Veröffentlichungen den Mythos „Hafen" befeuerten.

Plate war seit 1953 die treibende Kraft hinter der sogenannten „Politik der Elbe", einer Politik intensiver freundlicher Kontaktpflege mit der DDR und den Staaten Osteuropas über die Systemgrenzen hinweg – und entgegen den Leitlinien der bundesdeutschen Außenpolitik –, die dem Hafen sein früheres Hinterland im Osten so gut wie möglich wieder öffnen sollte. In Richtung Westen erwiesen sich die Befürchtungen Plates und anderer über negative Konsequenzen der Gründung der EWG mit ihren wirtschaftlichen Kraftzentren Nordfrankreich, Belgien und dem Rhein-Ruhr-Raum als weitgehend unbegründet. Die westeuropäische wirtschaftliche Einigung verstärkte die Randlage Hamburgs nicht, und Brüssel mischte sich zumindest in den ersten Jahrzehnten auch nicht durch gemeinschaftliche Regelungen des Verkehrssektors in die Angelegenheiten des Hafens ein.[28]

3. Hamburg als Industrieplatz?

Die Hamburger Industrie hatte bis zur Währungsreform 1948 unter Rohstoffmangel und der unzureichenden Energieversorgung gelitten. Die Zukunft wichtiger Branchen wie der Raffinerien und der Petrochemie war in der Besatzungszeit offen, dasselbe galt für den Schiffbau. Bei der Großwerft Blohm und Voss endeten die von den Alliierten verfügten Demontagen erst im April 1951. Solange die Kriegsschäden in der Stadt nicht beseitigt waren, konkurrierte die Industrie zudem bei Arbeitskräften, Material und Flächen mit dem Wohnungsbau und dem Wiederaufbau der Infrastruktur. So waren 1954 rund 270 000 Quadratmeter Industrie- und Gewerbeflächen an verschiedenen Standorten durch Behelfsheime belegt. Dass die von Wirtschaftssenator Karl Schiller postulierte Umorientierung auf eine stärkere staatliche Förderung der Industrie in Wirtschaftskreisen der Stadt auf wenig Widerhall stieß, zeigte sich bereits daran, dass die 1949 angeregte Gründung einer eigenen Industrieförderungsgesellschaft scheiterte.[29] In der Öffentlichkeit nutzte Schiller ausgerechnet den Slogan vom „Tor zur Welt", um für die Ansiedlung von mittelgroßen Betrieben der „Veredelungs-, Konsumgut- und Produktionsmittelindustrie" zu werben, die sich in der unmittelbaren Nachkriegszeit als besonders standfest erwiesen hatten.[30] 1951 zitierte das „Hamburger Abendblatt" Schiller anlässlich der Premiere des Stadtwerbefilms „Deutschlands Tor zur Welt" und nahm die Rhetorik einer stärkeren Ansiedlung von Industrie auf, da die Hansestadt sich sonst vorhalten müsse, wichtige

---

[28] Vgl. Christoph Strupp: Das Tor zur Welt, die „Politik der Elbe" und die EWG. Hamburger Europapolitik in den 1950er und 1960er Jahren, in: Clio online: Themenportal Europäische Geschichte (2010), <http://www.europa.clio-online.de/2010/Article=455> (29. 1. 2016).

[29] Vgl. Wir handeln für Hamburg. 350 Jahre Handelskammer Hamburg, hrsg. von der Handelskammer Hamburg, Hamburg 2015, S. 183; Flohr: Industriepolitik, S. 376–391; Bajohr: Hanseat, S. 89. Zahl der Behelfswohnheime nach: StaHH 131-1 II, 9557: Ansiedlung von Industriebetrieben, Unterakte, Bl. 20/6: Drucksache für die Senatssitzung Nr. 99, 30. 1. 1954, Senator Ziegeler, Nachtragshaushalt 1953, Freimachung und Herrichtung von Staatsgrund für die Ansiedlung von Industrie- und Gewerbebetrieben.

[30] Karl Schiller: Das Tor zur Welt, in: Die Zeit vom 21. 7. 1949.

Entwicklungen zu verpassen.[31] Der einflussreiche langjährige Präses der Handelskammer, Albert Schäfer, wandte sich allerdings im Jahr darauf ausdrücklich gegen eine „Industrialisierung um jeden Preis", insbesondere durch An- und Abwerbung von Betrieben, und brachte auch seine Skepsis gegenüber staatlichen Wirtschaftshilfen zum Ausdruck.[32]

Eine 1952 veröffentlichte Denkschrift von Handelskammer und Wirtschaftsbehörde über „Hamburg als Industrieplatz" hob indes die Bedeutung der Industrie für Hamburg hervor, die das verlorene Hinterland des Hafens ausgleichen müsse, und wies darauf hin, dass von 600 000 unselbständig Beschäftigten in der Hansestadt 28 Prozent in Industriebetrieben arbeiteten. Darunter fielen neben den Seehafenindustrien auch hafenferne Betriebe im Maschinenbau, in der Elektro-, Textil- oder Zigarettenindustrie. Rechnete man Handwerk und Kleingewerbe hinzu, kam man auf 45 Prozent der Beschäftigten gegenüber 34 Prozent in den klassischen hafennahen Branchen Handel und Verkehr. Damit war Hamburg die größte Industriestadt Westdeutschlands, allerdings gab es keine systematische Lenkung – von dem massiven Ausbau der Industriekapazitäten vor allem in der Petrochemie, der zu dieser Zeit etwa in Rotterdam schon im Gang war, war die Hansestadt weit entfernt.[33]

Die Unentschiedenheit staatlicher Wirtschaftspolitik kam in einem Beitrag Karl Schillers im Frühjahr 1953 zum Ausdruck, in dem er zwar explizit für eine „aktive Industriepolitik in Hamburg" eintrat, gleichwohl aber betonte, dass sich neue Industrien keineswegs in Konkurrenz, sondern komplementär zur Hamburger Hafenwirtschaft ansiedeln sollten. Ziel der Industriepolitik müsse es sein, der „hamburgischen Wirtschaft den notwendigen Konjunktur- und Beschäftigungsausgleich zu ermöglichen". Dabei kämen vor allem Zulieferer- und Reparaturbetriebe für den Schiffs- und Maschinenbau in Frage, weil diese unabhängig vom schwankenden Hafenumschlag die „Standortgunst" des Hafens nutzen könnten bzw. diesem zuträglich seien. Keinesfalls könne es darum gehen, Industrien um ihrer selbst willen „auf der grünen Wiese" anzusiedeln. Dementsprechend räumte Schiller etwa der Konsumgüterproduktion nur begrenzte Expansionsmöglichkeiten ein.[34]

Dass Schiller in der Öffentlichkeit zwar für eine Industrieansiedlungspolitik eintrat, aber dabei nun penibel darauf achtete, den Primat des Hafens nicht zu unterminieren, hatte neben der eher ideellen Sorge um das Image der Hansestadt auch einen konkreten materiellen Grund. So betonte etwa der „Zeit"-Redakteur Rudolf Stephan in derselben Ausgabe, in der Schillers Artikel erschien, in Hamburger Handelskreisen sei man schon seit Jahren besorgt über einen zunehmenden „Direkt-Export" der Industrie, also den Auslandsvertrieb von Waren durch die Hersteller selbst ohne Einschaltung von Zwischenhändlern.[35] Auch wenn solche Befürchtungen aufgrund der positiven Entwicklung des deutschen Außenhandels 1953 nicht akut waren, stellten sie doch ein dauerhaftes Argument gegen „zu viel Industrie" in Hamburg dar. Zunehmende Beachtung sollte dieses

---

[31] Werben für Hamburg, in: HA vom 19. 10. 1951.

[32] Zitiert nach Flohr: Industriepolitik, S. 397.

[33] Hamburg als Industrieplatz, hrsg. von der Handelskammer Hamburg und der Behörde für Wirtschaft und Verkehr der Freien und Hansestadt Hamburg, Hamburg 1952. Vgl. auch Werner Lichey: Hamburg als Industrieraum, in: Wilhelm Brünger (Hrsg.): Hamburg. Großstadt und Welthafen, Kiel 1955, S. 185–193. Zu Rotterdam: Ferry de Goey: Ruimte voor industrie. Rotterdam en de vestiging van industrie in de haven 1945–1975, Delft 1990.

[34] Karl Schiller: Aktive Industriepolitik in Hamburg, in: Die Zeit vom 19. 3. 1953.

[35] Vgl. Rudolf Stephan: Der Kaufmann muss auf „Sieg" reiten. Außenhandel gibt der Hansestadt das Gepräge, in: Die Zeit vom 19. 3. 1953. Siehe auch: Wirtschaft feiert Übersee-Tag. Zugleich: 50 Jahre „Verein Hamburger Exporteure", in: Die Zeit vom 7. 5. 1953.

Motiv in der zweiten Hälfte der 1950er Jahre finden, als große Konzerne und Betriebe wie Thyssen und Klöckner, aber auch der Lebensmittelproduzent Rudolf August Oetker eigene Handelsflotten aufbauten.[36]

Der Geschäftsführer der Handelskammer, Hans Bielfeldt, sprach mit Blick auf die Entwicklung der Hamburger Industrie nach Kriegsende rückblickend 1960 von „organischem Wachstum" und kam zu dem Schluss, „letzten Endes entsprach es aber wohl hamburgischer Art, daß man derartige Dinge nicht offiziell organisierte". Man sei „nun einmal der Meinung, daß der Staat keine Maßnahmen zur künstlichen Umdirigierung von Wirtschaftsaktivitäten treffen sollte", schon gar nicht durch „Anwerbungsmethoden, die einer öffentlichen Beleuchtung nicht standhalten".[37] Zudem war „Industrie" auch schon in den 1950er Jahren nicht uneingeschränkt mit „Erfolg" gleichzusetzen: Trotz des allgemeinen wirtschaftlichen Aufschwungs sah sich die Wirtschaftsbehörde in den 1950er Jahren mit Krisen z. B. in der Fischindustrie, im Schiffbau oder bei dem Ottenser Eisenwerk konfrontiert, einem Unternehmen mit 3500 Beschäftigten, das 1953 von dem Industriellen Willy Schlieker übernommen wurde. Auch gefährdeten der Aufbau einer Ölindustrie in Köln und die Pläne für Ölpipelines in Rotterdam und Wilhelmshaven hamburgische Interessen.

Ende der 1950er Jahre machte ein neues Schlagwort die Runde: der „Zug der Industrie an die Küste". Steigender Importbedarf an Kohle und Erz schien es weltweit vor allem für die Montanindustrie interessant zu machen, Produktionsanlagen in Seehafennähe aufzubauen. Sie wiederum sicherten den Häfen ein ständiges Transportaufkommen und stärkten den finanziell attraktiven Loco-Verkehr, d. h. den Verkehr mit Gütern, die im näheren Umfeld des jeweiligen Hafens verbleiben. In Europa waren vor allem Rotterdam, aber auch Antwerpen und Le Havre mit Neuansiedlungen – auch von deutschen Unternehmen – erfolgreich, in der Bundesrepublik gelang es Bremen, ein Stahlwerk des Klöckner-Konzerns anzuziehen.[38] Dagegen schien Hamburg wirtschaftspolitisch auf der Stelle zu treten: So scheiterten z. B. im Herbst 1960 Verhandlungen mit der Kölner Ford AG über den Bau eines Werkes mit bis zu 6000 Arbeitsplätzen im Stadtteil Billbrook, weil die vorgesehene Fläche nicht kurzfristig von Behelfsheimen geräumt werden konnte und den Kölnern die Grundstückspreise und die Transportkosten zu hoch waren.[39]

4. „Ist Hamburg noch das Tor zur Welt?" Diskursverschiebungen in den 1960er Jahren

Auf die zunehmenden Kapazitätsprobleme des Hafens, der in der zweiten Hälfte der 1950er Jahre den Umschlagshöchststand aus der Zwischenkriegszeit überschritt, reagierte

---

[36] Vgl. Blaue Front, in: Der Spiegel vom 13. 12. 1961, S. 40–56, hier S. 46.

[37] Hans Bielfeldt: Gedanken über eine hamburgische Industriepolitik. Vortrag, Hamburg 1960, S. 8, 12.

[38] Vgl. Friedrich Mühlradt: Industriestandortfragen und Seehäfen, in: Hamburger Hafen-Nachrichten 10 (1957), Nr. 9, S. 24; Das Stahlwerk am seeschiffstiefen Wasser, in: Der Weserlotse 11 (1958), Nr. 5, S. 1 f.; Walter R. Schloesser: Europas Stahl geht an die Küsten, in: Handbuch für Hafenbau und Umschlagstechnik 8 (1963), S. 92–94; Robert Federspiel: Industrialisierung der Seehäfen, in: Internationale Transport-Zeitschrift 27 (1965), S. 2361; Wilhelm Throm: Deutscher Stahl künftig aus Rotterdam? in: Frankfurter Allgemeine Zeitung vom 27. 5. 1965. Vgl. hierzu auch den Beitrag von Karl Lauschke in diesem Band.

[39] Vgl. StaHH 131-1 II, 9557: Ansiedlung von Industriebetrieben, Unterakte, Engelhard an Mitglieder der Senatskommission „Ansiedlung des Zweigwerkes eines Großunternehmens der Stahl- und Eisenverarbeitenden Industrie in Hamburg", 30. 11. 1960.

der Senat 1961 mit dem Hafenerweiterungsgesetz, das 2500 Hektar zusätzliche Flächen im Südwesten der Stadt auswies. Zudem sicherte sich Hamburg durch ein Abkommen mit Niedersachsen die Inseln Neuwerk und Scharhörn in der Elbmündung als Standorte eines zukünftigen Tiefwasserhafens. Sowohl für die stadtnahen Flächen als auch für Neuwerk dachten die Verantwortlichen in der Wirtschaftsbehörde neben dem Hafenbetrieb auch an Industrieansiedlungen.[40] Zunächst aber erlitt die Stadt weitere Rückschläge: Im Sommer 1962 wurde der in den 1950er Jahren erfolgsverwöhnte Schiffbau in Hamburg durch den Konkurs der Schlieker-Werft und die damit zusammenhängende Insolvenz der Hanseatischen Werft erschüttert.[41]

Am 30. November 1962 veröffentlichte der Hamburger CDU-Politiker und Handelsunternehmer Erik Blumenfeld einen Artikel in der „Zeit" unter dem Titel „Ist Hamburg noch das Tor zur Welt? Eine kritische Analyse der wirtschaftlichen Situation in der Hansestadt". Blumenfeld ging dabei sowohl auf den Konkurs der Schlieker-Werft ein als auch auf den sinkenden Anteil des Hamburger Außenhandels am Gesamtaußenhandel der Bundesrepublik. Erschwerend hinzu kämen stagnierende Umsätze der Industrie in Hamburg und zunehmende Abwanderungen von Betrieben ins günstigere Hamburger Umland. Vor diesem Hintergrund kritisierte Blumenfeld, der Hamburger Senat habe es jahrelang versäumt, eine zielorientierte und vorausschauende Industriepolitik zu implementieren. Dennoch hielt Blumenfeld am Primat der Hafenwirtschaft fest, wenn er konzedierte, dass Unternehmen nur dann angesiedelt und gefördert werden sollten, wenn sie für den Hafen einen „verkehrsschöpfenden" Effekt hätten.[42] Blumenfelds Artikel machte das Dilemma der politischen und wirtschaftlichen Eliten in Hamburg deutlich, die „gerne an Traditionen festhielten, von denen sie insgesamt nicht mehr restlos überzeugt waren".[43] Positive neue Entwicklungen wie etwa die hafenferne Rolle der Stadt als Medienzentrum Deutschlands ließen sich in ein so festgefügtes Selbstbild kaum einbinden.

Im Sommer 1963 versuchte Wirtschaftssenator Edgar Engelhard (FDP), ein Zweigwerk des VW-Konzerns nach Hamburg zu ziehen. Dafür hätte das Schlieker-Gelände zur Verfügung gestanden, aber Hamburg unterlag gegen den niedersächsischen Standort in Emden.[44] Selbst die Handelskammer forderte nun offensiver, dass „hamburgische Wirtschaftspolitik in Zukunft zu einem bedeutenden Teil Industriepolitik sein" müsse und mahnte die „Schaffung eines günstigen ‚Industrieklimas'" an.[45] Auch gegenüber der all-

---

[40] Vgl. Matthias Rademacher: Die Geschichte des Hafen- und Schiffahrtsrechts in Hamburg, Bd. 4: Die Entwicklung des Hamburger Hafens und Hafenrechts von der Jahrhundertwende bis zur Gegenwart, Hamburg 1999, S. 418f.

[41] Zum Konkurs des Konzerns von Willy Schlieker siehe Richard Tilly: Willy H. Schlieker. Aufstieg und Fall eines Unternehmers (1914–1918), Berlin 2008. Vgl. auch Claus Bardtholdt: Steifer Wind aus Nord. Die Phase der Bereinigung in der deutschen Werftenindustrie hat begonnen, in: Die Zeit vom 3. 8. 1962.

[42] Erik Blumenfeld, Ist Hamburg noch das Tor zur Welt? Eine kritische Analyse der wirtschaftlichen Situation in der Hansestadt, in: Die Zeit vom 30. 11. 1962. Wie schwer Blumenfeld die Abkehr von dem Bild Hamburgs als „Tor zur Welt" zu diesem Zeitpunkt fiel, macht Frank Bajohr in seiner Biografie deutlich: Bajohr: Hanseat, S. 89.

[43] So ebd., S. 89.

[44] Vgl. StaHH 371-16 II, 1718: Standortwahl der Industriebetriebe, Behörde für Wirtschaft und Verkehr, 12. 1. 1966: Dokumentation nach Akten des Amtes für Wirtschaft über Verhandlungen mit der Volkswagenwerk AG über eine Ansiedlung in Hamburg im Jahre 1963.

[45] StaHH 131-1 II, 9557: Ansiedlung von Industriebetrieben, Unterakte, Überlegungen zur Hamburger Industriepolitik, Arbeitspapier der Handelskammer, 5. 9. 1963. Das Papier wurde dem Ersten Bürgermeister Paul Nevermann (SPD) vorab übersandt.

gemeinen Öffentlichkeit wurde dies nun nachdrücklicher kommuniziert. So zitierte die „Zeit" den Jahresbericht der Hamburger Handelskammer aus dem Jahr 1963, in dem von einem „neuen Hamburgbild" und der industriellen Expansion als Hauptaufgabe die Rede war. Dennoch beschwichtigte der Leiter der Abteilung Industrie der Handelskammer, Joachim Zeidler, in dem Artikel: „Außenwirtschaft, Hafen und Schiffahrt werden immer die charakteristischen Bereiche bleiben, die der Stadt Hamburg und dem norddeutschen Raum ihr besonderes Gepräge geben." Eine Kompromissformel fand Zeidler schließlich darin, dass jede zusätzliche Industrialisierung letztlich dem Hafen zugutekomme.[46]

In der öffentlichen Kommunikation über die Industriepolitik wurden die Orientierungsschwierigkeiten der Handelskammer und des Senats offenbar. Einerseits bezog sich die verbale Befürwortung von mehr Industrie in erster Linie auf die mit dem Hafen eng verbundenen Industrien, denn den wirtschaftlichen Primat von Hafen und Außenhandel wollte Hamburg offensichtlich nicht aufgeben. Andererseits orientierten sich die Wirtschaftspolitiker aber auch weiterhin kaum an den Industriekonzepten erfolgreicher Hafenstädte wie z. B. Rotterdam, das als wirtschaftliches Kraftzentrum mit immer spektakuläreren Ausbauplänen Hamburg inzwischen in den Schatten stellte. Zudem ließen sich durch Absichtserklärungen die grundsätzlichen Probleme, vor allem der Mangel an sofort verfügbaren attraktiven Flächen und inzwischen auch an Arbeitskräften sowie die Konkurrenz des buchstäblich eng begrenzten Stadtstaates mit den umliegenden Flächenländern Niedersachsen und Schleswig-Holstein, nicht lösen. Hamburg wies im bundesdeutschen Vergleich geringere Zuwachsraten auf und verlor spätestens Mitte der 1960er Jahre netto sogar Betriebsstätten und Arbeitsplätze durch die Verlagerung von Unternehmen ins Umland, wie zeitgenössische Studien belegten.[47]

Im April 1964 ließ Engelhard im Senat die „Notwendigkeit verstärkter Industrialisierung in der nächsten Zukunft" diskutieren. Nach dem gescheiterten Beitritt Großbritanniens zur EWG seien aus Handel und Verkehr keine Wachstumsimpulse zu erwarten. Wohlstandssteigerung, Vollbeschäftigung, die Sicherung der Stellung Hamburgs in der Region und ausreichende Steuereinnahmen ließen sich demnach nur über Industrieansiedlungen erreichen.[48] Die Sitzung fand wenige Wochen vor dem 775. Hafengeburtstag statt, der mit zahlreichen in- und ausländischen Gästen vom 6. bis 9. Mai 1964 gefeiert wurde und Hamburg als Hafen- und Handelsstadt im „großzügige[n] hanseatische[n] Geist" so stark in den Vordergrund stellte, dass sich Vertreter der Werften hinterher bei der Wirtschaftsbehörde darüber beschwerten, dass sie nicht einbezogen worden waren.[49]

---

[46] Joachim Klaus Zeidler: Industrie, Hafen und Hinterland. Ein „neues Hamburg-Bild", in: Die Zeit vom 8. 5. 1964. Vgl. auch ders.: Das Verhältnis von Industriepolitik und Hafenpolitik im Hamburger Wirtschaftsraum, in: Wirtschaftsdienst 44 (1964), S. 159–163; Hafenpolitik – Industriepolitik, in: Mitteilungen der Handelskammer Hamburg 19 (1964), S. 257.

[47] Georg Müller: Industriewachstum in regionaler Sicht, in: Informationen des Instituts für Raumforschung, 1963, S. 347–361; Jörn-Ulrich Hausherr/Hans-Eckhard Stegen: Standortverlagerungen Hamburger Industriebetriebe seit 1965, in: Hamburg in Zahlen (1977), S. 95–99. Vgl. zum Problem der Regionalpolitik Christoph Strupp: Bundesdeutsche Zeitgeschichte regional: Kooperation und Konkurrenz im Norden, in: Frank Bajohr/Anselm Doering-Manteuffel/Claudia Kemper/Detlef Siegfried (Hrsg.): Mehr als eine Erzählung. Zeitgeschichtliche Perspektiven auf die Bundesrepublik, Göttingen 2016, S. 189–202, hier S. 197–200.

[48] Vgl. StaHH 131-1 II, 9557: Ansiedlung von Industriebetrieben, Unterakte, Drs. 181 für die Senatssitzung, verteilt am 8. 4. 1964, Betr.: Notwendigkeit verstärkter Industrialisierung in der nächsten Zukunft.

[49] Vgl. StaHH 371-16 II, 3410: Hafenwerbung, hier: Durchführung eines Reedertages im Rahmen der Veranstaltungen zum Hafenjubiläum und Empfang aller Kapitäne der im Hafen liegenden

Engelhard war in seinem Gastbeitrag zum Hafengeburtstag im „Hamburger Abendblatt" zwar auch ausführlicher auf das Ziel der Industrieansiedlung eingegangen, hatte dies aber unter das Motto „Vorsorge für den Hafen ist Vorsorge für Hamburg" subsumiert.[50]

Der Balanceakt der Politik, einerseits zumindest verbal für mehr Industrie einzutreten ohne andererseits die so eng mit der „hanseatischen" Identität der Stadt verknüpfte Ausrichtung auf Handel und Hafen aufzugeben, wurde einmal mehr sichtbar, als 1965 der Hamburger Wirtschaftswissenschaftler Harald Jürgensen ein regionalpolitisches Gutachten vorlegte, das im Auftrag der Wirtschaftsbehörde erstellt worden war. Darin schlug Jürgensen ein industriepolitisches Förderprogramm für die Investitions- und Verbrauchsgüterindustrie und in einem zweiten Schritt die weitgehende Umstrukturierung der Hafen- und Handelsfunktion der Stadt vor.[51] Jürgensens Vorstellungen stießen sofort auf heftige Kritik in Groß- und Außenhandelskreisen. Bürgermeister Herbert Weichmann (SPD) und Wirtschaftssenator Engelhard bemühten sich über Monate, die Wogen zu glätten, indem sie immer wieder versicherten, die Vorschläge Jürgensens würden nicht unverändert übernommen.[52]

5. Forcierte Industrialisierung durch Großprojekte

Ende September 1965 beschloss der Senat „Leitlinien der Hamburger Wirtschaftspolitik". Sie räumten der Erweiterung des Industriepotenzials einen hohen Stellenwert ein, sahen aber auch die Förderung von Hafen und Verkehr vor. Hier bahnte sich Mitte der 1960er Jahre mit der von den USA ausgehenden Revolutionierung des Seegüterverkehrs durch die Containerisierung akuter und teurer Handlungsbedarf an. Zudem betonte man Kontinuitäten zur bisherigen Politik, den engen Zusammenhang von Hafen, Handel, Verkehr und Industrie sowie den Wert einer auf Vielfalt angelegten Wirtschaftsstruktur.[53] Öffent-

---

Schiffe [1964], Schreiben Gleiss, 10. 6. 1964, Betr.: Besprechung mit Werften-Vertretern am 11. 6. 1964. Zitat: Politik an der Elbe. Geist und Stil der 775-Jahr-Feier des Hafens Hamburg, in: Verkehr 20 (1964), S. 693 f.

[50] Bürgermeister Edgar Engelhard: Vorsorge für den Hafen ist Vorsorge für Hamburg, in: HA vom 6. 5. 1964. Vgl. auch: Industriepolitik ist auch Hafenpolitik, in: ebd.

[51] Vgl. die Buchfassung: Harald Jürgensen: Produktivitätsorientierte Regionalpolitik als Wachstumsstrategie Hamburgs. Gutachten erstattet der Behörde für Wirtschaft und Verkehr der Freien und Hansestadt Hamburg, Göttingen 1965, dazu: Thomas Krüger: Ökonomischer Strukturwandel in der Region Hamburg – Theorie und Empirie, in: Steffen Bukold/Petra Thinnes (Hrsg.): Boomtown oder Gloomtown? Strukturwandel einer deutschen Metropole: Hamburg, Berlin 1991, S. 29–70, hier S. 32–39.

[52] Vgl. Joachim Klaus Zeidler: Hamburgs neues wirtschaftspolitisches Konzept. „Leitlinien" als Richtschnur – Zusammenarbeit mit der Wirtschaft erforderlich, in: Mitteilungen der Handelskammer Hamburg 20 (1965), S. 791 f.; Claus Lau: Das Jürgensen-Gutachten, in: ebd., S. 795–798; Kompaß für Politik und Wirtschaftsleben, in: HA vom 29. 9. 1965; Handel wünscht mehr Förderung, in: ebd.; Nicht nacheinander, in: HA vom 5. 2. 1966; Herbert Weichmann: Voller Vertrauen in die Zukunft, in: Wirtschafts-Correspondent vom 7. 5. 1966, S. 3; Edgar Engelhard: Seehäfen als Industriestandorte, in: Lothar L. V. Jolmes (Bearb.): Seewirtschaft. Beiträge zur ökonomischen Entwicklung in Seehäfen und Schiffahrt, Hamburg 1966, S. 415–421; speziell zur Position Kerns: Hamburg wird den Fuß in die Tür setzen, in: Wirtschafts-Correspondent vom 7. 5. 1966, S. 4 f.

[53] Vgl. Leitlinien der Hamburger Wirtschaftspolitik, hrsg. vom Senat der Freien und Hansestadt Hamburg, Hamburg 1965; dazu StaHH 135-1 VI, 1843: Staatliche Pressestelle Hamburg, 28. 9. 1965: Leitlinien der Hamburger Wirtschaftspolitik beschlossen; und: Staatliche Pressestelle Hamburg, 2. 2. 1966: Vortrag von Bürgermeister Engelhard vor der Wirtschaftsvereinigung Groß- und Außenhandel über die „Leitlinien der Hamburger Wirtschaftspolitik".

lich warb die Wirtschaftsbehörde Mitte der 1960er Jahre mit maßgeschneiderten Industrieflächen und stellte Millionenbeträge für deren Erschließung bereit.

Der Sozialdemokrat Helmuth Kern, als Nachfolger Engelhards in der Wirtschaftsbehörde im April 1966 ins Amt gekommen, schloss an die „Leitlinien" an, betrieb aber die Ansiedlung von Industrie bis zu seinem Ausscheiden aus dem Senat 1976 geradezu aggressiv. Dabei ging es ihm nicht mehr nur um Hamburg, sondern um die Bildung industrieller Zentren entlang der ganzen Unterelbe bis ins Wattenmeer hinaus nach Neuwerk. Norddeutschland sollte „langsam, aber stetig, zu einer modernen, klar gegliederten und bewußt geplanten Industrielandschaft" werden. Die Energieversorgung sollte durch den Bau mehrerer Atomkraftwerke sichergestellt werden.[54] Eine eher düstere Zukunftsprognose des schweizerischen Umfrage- und Beratungsunternehmens Prognos AG[55] und die auch in der Hansestadt spürbare Rezession von 1966/67 schienen zu unterstreichen, dass die Schaffung zusätzlicher hochwertiger Arbeitsplätze notwendig war. Angesichts der Umbrüche im internationalen Seegüterverkehr mutete der Hafen in der medialen Berichterstattung zum Teil nun geradezu als Sorgenkind an: So beurteilte das Wirtschaftsressort der „Zeit" die ökonomische Situation des Hafens pessimistisch, denn Rotterdam habe sich bereits in der Rolle des zentralen Umschlag- und Stapelplatzes in der EWG eingerichtet.[56]

Wirtschaftssenator Kern investierte in die Modernisierung des Hafens, insbesondere in den Aufbau von Kapazitäten für den Containerumschlag, und wies 1967 den Bremer Vorschlag eines gemeinsamen Containerhafens an der Küste brüsk zurück. Zugleich hoffte er auf eine „Aufpfropfung" moderner Industrien auf die klassischen Felder wie den Groß- und Außenhandel oder den Schiffbau, dann werde Hamburg schon 1980 „nur noch Industrien haben, die Spitzenlöhne zahlen".[57] In Zeiten knapper Arbeitskräfte löste dies in den schlechter bezahlenden Traditionsbranchen allerdings neue Ängste aus.[58] In welchen Dimensionen Kern für Hamburg selbst dachte, zeigte sich zum Beispiel, als die Wirtschaftsbehörde im Dezember 1966 abstrakt prüfen ließ, welche Auswirkungen die Ansiedlung eines industriellen Großbetriebs mit 10 000 Beschäftigten auf die Wirtschaft und Infrastruktur der Stadt hätte. Mit einem „Wirtschaftsberatungsdienst" wurde eine zentrale Anlaufstelle für Interessenten geschaffen. Im Juli 1967 legte die Wirtschaftsbehörde eine Werbebroschüre „Raum für Industrie der Zukunft" vor. Obwohl die verfügbaren Flächen im Wesentlichen im Bereich des Hafens lagen, hatte man den Begriff „Hafenerweiterungsgebiet" so weit wie möglich vermieden, da die Assoziationen zu Hafenbecken u. Ä. für die Anwerbung von Industrie nicht zweckmäßig seien.[59] In New York eröffnete man

---

[54] Vgl. Helmuth Kern: Gegenwarts- und Zukunftsaufgaben der Hamburger Wirtschaftspolitik, Hamburg 1967; ders.: Ein Modell für die wirtschaftliche Entwicklung der Region Unterelbe, Hamburg 1970. Zitat: Freimut Duve: Die Küste lebt, in: Hamburg heute 1 (1968), S. 32f., hier S. 33. Vgl. kritisch zu den Ergebnissen: „Hier entsteht ein neuer Ruhrpott". Spiegel-Report über die Industrialisierung der Unterelbe, in: Der Spiegel vom 28. 10. 1974, S. 49–67.

[55] Vgl. „Prognos"-Prognose. Trist im Revier, in: Der Spiegel vom 27. 6. 1966, S. 26.

[56] Vgl. Von Traditionen lebt sich's schlecht. Hamburgs Hafen fällt immer weiter zurück, in: Die Zeit vom 4. 4. 1967; Hält Hamburg Schritt mit der Entwicklung?, in: HA vom 7. 10. 1967.

[57] Einmalig an der Küste, in: Der Spiegel vom 25. 1. 1971, S. 75.

[58] Vgl. z. B. StaHH 371-16 II, 1397: Finanzierung von Investitionen im Hamburger Hafen, Gutachten Werner Schröders, Hamburger Hafen- und Lagerhaus-Aktiengesellschaft (HHLA), 10. 11. 1965.

[59] Vgl. Unterlagen in: StaHH 371-16 II, 1717: Ansiedlung von Industrie im Hafengebiet; StaHH 371-19, 673: Industrie im Hafen 1965–1977; StaHH 131-1 II, 9558: Ansiedlung von Industriebetrieben, Unterakte; Hamburg schafft Raum für die Industrie der Zukunft, hrsg. von der Arbeitsgemeinschaft für Wirtschaftsförderung e. V. in Hamburg, Hamburg 1967.

ein eigenes Büro, das sich auf die Industrie konzentrieren sollte und dabei durch den Verweis auf Hamburg als Industrie- und Dienstleistungsstandort sowie seine gesellschaftlichen, kulturellen und historischen Werte einem einseitigen und angesichts anderer weniger attraktiver Hafenstädte negativ besetzten Image als Hafenstadt entgegenwirken sollte.[60] Solche Aktivitäten stellten einen bemerkenswerten realpolitischen Einschnitt dar, auch wenn zeitgleich etwa die auf Hafen und Handel orientierten „Überseetage" fortbestanden und in den Medien unverändert der Hafen und das „Hanseatische" zelebriert wurden.[61]

Erste Erfolge schienen sich abzuzeichnen: Die Columbian Carbon Deutschland GmbH wollte einen Zulieferbetrieb für die Reifenproduktion errichten und mit einem schwedischen Zellulosehersteller einigte sich die Wirtschaftsbehörde über den Bau eines zentralen Auslieferungslagers. Der Unternehmer Willy Korf errichtete auf Waltershof ein Stahlwerk.[62] Das Leuchtturm-Projekt der forcierten Industriepolitik des Senats sollte aber der Bau eines Aluminium-Werks des US-amerikanischen Reynolds-Konzerns werden. Am 28. Mai 1969 unterzeichneten der Senat und der amerikanische Konzernchef J. Louis Reynolds im Rathaus den Vertrag über die Gründung der „Reynolds Aluminium Hamburg GmbH". In Aussicht gestellt, aber nicht verbindlich zugesagt und am Ende nie verwirklicht, wurde von den Amerikanern außerdem, die Hamburger Niederlassung zur Muttergesellschaft ihrer gesamten Europaaktivitäten zu machen und deren Gewinne in der Hansestadt zu versteuern. Anfang 1973 war das Walzwerk und 1974 die erste Ausbaustufe des Schmelzwerks betriebsbereit.[63]

Das Arrangement mit Reynolds wurde nur möglich durch Hamburger Vorleistungen im dreistelligen Millionenbereich für die Bereitstellung und Erschließung des 126 Hektar großen Betriebsgeländes. Hinzu kamen weitgehend ungesicherte Bürgschaften über bis zu 450 Mio. DM. Außerdem gewährte der Senat Reynolds für die energieintensive Aluminiumherstellung noch einen konkurrenzlos günstigen langfristig garantierten Strompreis der städtischen Hamburger Electricitäts-Werke (HEW), dessen Kostenunterdeckung ebenfalls aus dem städtischen Haushalt auszugleichen war. Reynolds hatte in den Verhandlungen offen gefordert, Hamburg müsse die angeblichen Wettbewerbsnachteile ausgleichen, die das Unternehmen „angesichts der staatlichen Förderungsmaßnahmen in den meisten anderen Gebieten der Bundesrepublik und auch im europäischen Ausland hinnehmen" müsse.[64] Auf Hamburger Seite hatte bei Kern und Weichmann die Angst,

---

[60] Vgl. StaHH 371-16 II, 3290: Hamburg-Werbung in den Vereinigten Staaten-Allgemeines, Behörde für Wirtschaft und Verkehr/Geschäftsstelle des Beirats für die Hamburg-Werbung, Vorlage zu Punkt 4 der TO für die Sitzung am 4. 11. 1968, Vertraulich! Betr.: Hamburg-Werbung in den USA.

[61] Vgl. neben den regelmäßigen Sonderveröffentlichungen zum jährlichen Hafengeburtstag z. B. aus der Serie „Hamburg-Rund um die Uhr" im „Hamburger Abendblatt": Rauh, aber herzlich – die Leute vom Hafen, in: HA vom 9. 10. 1965; und aus der Serie „Hamburg darf nicht schlafen!" Weiß Hamburg, was es an seinem Hafen hat?, in: ebd., 29. 11. 1967.

[62] Vgl. Oliver Driesen: Der Feuermacher Willy Korf. Stahl-Rebell aus Leidenschaft, Hamburg 2005, S. 109–112.

[63] Vgl. dazu Christoph Strupp: Kooperation und Konkurrenz. Herausforderungen Hamburger Hafenwirtschaftspolitik in den 1960er und 1970er Jahren, in: Zeitgeschichte in Hamburg 2011, hrsg. von der Forschungsstelle für Zeitgeschichte in Hamburg (FZH), Hamburg 2012, S. 31–54, hier S. 48–52. Zahlen dazu u. a. in: StaHH 131-2, A 3 1969, Bd. 5: Drucksache für die Senatssitzung Nr. 289, verteilt am 20. 5. 1969, Ergänzung: Zahlenübersichten zum Projekt Reynolds Aluminium Hamburg GmbH.

[64] StaHH 131-2, A 3 1969, Bd. 5: Drucksache für die Senatssitzung Nr. 289, verteilt am 20. 5. 1969, S. 15.

ein weiteres Mal gegenüber Rotterdam oder Antwerpen das Nachsehen zu haben, eine entscheidende Rolle gespielt.[65]

Kern war stolz darauf, mit der größten Industrieansiedlung der Nachkriegszeit die „hamburgische Industriepalette […] um einen bisher in Hamburg nicht vertretenen zukunftsträchtigen Materialsektor erweitert" zu haben und sah darin einen „Schallmauerdurchbruch für Industrieansiedlungen". Eine Gesamtinvestition von rund 600 Mio. DM werde das Augenmerk überseeischer, europäischer und deutscher Konzerne auf Hamburg lenken.[66] Angeblich war dieser Prozess im Frühsommer 1969 bereits im Gang: „In der Wirtschaftsbehörde klingelt die Ladenkasse", und die zuständigen Beamten verhandelten bereits mit weiteren Interessenten. Auch diese Interessenten verlangten Subventionen, und so forderte Kern zugleich 235 Mio. DM zusätzlich für die Wirtschaftsförderung.[67] Die Medien sprangen dem Senator zunächst bei: „Hamburg mausert sich", kommentierte die „Zeit" im Juni 1969 und erhoffte sich einen Vorteil in der Konkurrenz zu Rotterdam und Antwerpen. Mehr noch: Die Ansiedlung von Reynolds sah die „Zeit" geradezu als „nationalpolitische Mission" an, gelte es doch, eine Unterentwicklung Norddeutschlands zu verhindern. Als wohlhabender Stadtstaat spiele Hamburg dabei eine wichtige Rolle.[68] In dieser Aussage schwang wieder das traditionelle Postulat einer nationalen Vorreiterrolle Hamburgs mit.

Zwar kam Kern seinem Konzept der Industrialisierung der Unterelbe tatsächlich näher, als sich mit Bayer und Dow Chemicals dort weitere industrielle Großbetriebe ansiedelten, aber die Hoffnung auf Reynolds als Initialzündung für mehr industrielle Großprojekte im Hamburger Hafen blieb unerfüllt. Stattdessen wurde das Aluminiumwerk selbst rasch zum Problem. Überkapazitäten, ruinöser Wettbewerb und Nachteile durch Wechselkursänderungen führten dazu, dass die Hütte frühzeitig Verluste einfuhr. Hinzu kamen juristische Probleme, die sich aus dem komplexen Genehmigungsverfahren und 1969 noch nicht abzusehenden Umweltauflagen ergaben. Das Aluminiumwerk drohte, so die in der „Zeit" geäußerte Befürchtung, zur „Investitionsruine" zu werden.[69] Im Interview hielt Helmuth Kern zwar unbeirrt an seinem Kurs fest: „Von schöner Umwelt allein können mehr als 1,7 Millionen Einwohner unserer Stadt nicht leben, auch nicht von Dienstleistung, Verwaltung und Rechtsprechung. Die Industrie gehört dazu."[70] Aber Anfang 1975 zogen sich die Amerikaner aus dem Gemeinschaftsunternehmen zurück und zwangen die Stadt, zur Rettung ihrer Investitionen und der 1200 Arbeitsplätze weitere Millionenbeträge aufzuwenden. Auch die Medien spotteten nun über die „teure Hütte des Senators Kern".[71]

---

[65] Vgl. Reynolds-Drama auf 200 000 Blatt Papier, in: HA vom 21. 4. 1976. Hinweis auf die Konkurrenz Rotterdams und Antwerpens auch in StaHH 131-2, A 3 1969, Bd. 13: Senatsdrucksache Nr. 702, verteilt am 4. 11. 1969: Erschließung eines Grundstückes im Hafenerweiterungsgebiet für ein Aluminiumwerk, S. 3.

[66] Zitiert nach: „Hier entsteht ein neuer Ruhrpott", in: Der Spiegel vom 28. 10. 1974, S. 57.

[67] „Die Ladenkasse klingelt jetzt." Kern wehrt Angriff zur Reynolds-Investition ab, in: HA vom 5. 6. 1969, S. 2.

[68] Industrieansiedlung. Hamburg mausert sich, in: Die Zeit vom 6. 6. 1969.

[69] Weltfremder Beschluss, in: Die Zeit vom 21. 6. 1974. Vgl. auch: „Alu-Hütten müssen in die Wüste", in: Der Spiegel vom 29. 7. 1974, S. 27–29.

[70] Helmuth Kern: Umwelt macht nicht satt, in: Die Zeit vom 9. 8. 1974.

[71] Vgl. Mit Reynolds in der Zwickmühle, in: Die Zeit vom 7. 2. 1975; Aus dem Märchenbuch, in: Der Spiegel vom 18. 8. 1975, S. 32–34; Die teure Hütte des Senators Kern, in: Die Zeit vom 22. 8. 1975. 1983 scheiterte auch Korfs Elektrostahlwerk und eine Bürgschaft des Senats in Höhe von 120 Mio. DM wurde fällig.

Eine Reihe anderer Projekte war von vornherein aussichtslos gewesen. So hatte sich z. B. einer der Abteilungsleiter der Hamburger Wirtschaftsbehörde bei einem Besuch der BASF (Badische Anilin- & Soda-Fabrik) in Ludwigshafen 1966 sagen lassen müssen, dass man angesichts der günstigen Rahmenbedingungen in den Rheinmündungshäfen und der Nähe zu den dortigen Märkten eine Niederlassung in Hamburg nie in Erwägung gezogen habe. Vertreter der Degussa lobten nach einem Besuch in Hamburg zwar den Hafen, ließen Senator Kern aber ebenso unmissverständlich wissen, dass aus mehreren Gründen „das Hafengebiet Hamburg zur Zeit nicht für eine Betriebsstätte [...] geeignet" sei.[72] Eine 1969 veröffentlichte Studie des Frankfurter Batelle-Instituts über Industriebetriebsstandorte, die auf der Befragung von 59 deutschen Großunternehmen beruhte, war für Hamburg wenig ermutigend, denn sie ergab nur ein geringes Interesse an der Küstenregion.[73] Mit dem Hüttenvertrag von 1969, in dem sich die deutsche Stahlindustrie für die nächsten 20 Jahre verpflichtet hatte, ihren Steinkohlebedarf nur aus inländischer Produktion zu decken, war der seit den 1950er Jahren diskutierte Wettbewerbsvorteil einer hafennahen Verarbeitung billiger Importkohle sowieso dahin. Zudem hätten Zweigwerke großer Ruhrkonzerne der Stadt kaum zusätzliche Steuereinnahmen verschafft.[74]

Im April 1973 klagte Kern erneut, dass Hamburg immer noch das Image einer Hafenstadt habe, obwohl rund 200 000 Beschäftigte in der Industrie tätig seien und die traditionellen maritimen Wirtschaftszweige nur noch rund 20 Prozent zum Bruttosozialprodukt der Stadt beitrügen. Man habe eine vielseitige und ausgeglichene Wirtschaftsstruktur geschaffen, anstatt sich wie in Wolfsburg oder Ludwigshafen an ein einzelnes Unternehmen zu binden.[75] Trotz des Engagements von Engelhard und vor allem Kerns hatte die Stadt aber seit Mitte der 1960er Jahre netto Einwohner und Arbeitsplätze verloren. Auch die Gesamtzahl der Industrieunternehmen war durch die Schließung oder Abwanderung vor allem kleinerer Betriebe zurückgegangen.[76] Der Reynolds-Skandal diskreditierte spektakuläre Großprojekte, und der Niedergang der Werften und anderer klassischer Industrien nach der ersten Ölkrise von 1973/74 trug ebenfalls dazu bei, dass die Politik der forcierten Industrialisierung innerhalb weniger Jahre überholt erschien. Als die „Leitlinien" 1975 überarbeitet wurden, setzte man stärker auf die Förderung kleinerer Betriebe, allerdings ohne dass dies in ein überzeugendes neues Gesamtkonzept für die Region eingebettet worden wäre.[77] So war in der Öffentlichkeit in den späten 1970er und frühen 1980er

---

[72] StaHH 371-16 II, 1718: Standortwahl der Industriebetriebe, Amt für Wirtschaft/Spilker, 29. 3. 1966, Vermerk: Besuch bei der BASF in Ludwigshafen; StaHH 131-1 II, Senatskanzlei II, 9558: Ansiedlung von Industriebetrieben, Unterakte: Degussa, Brief Degussa/Günther, Hinrichs an Kern, 11. 9. 1967; StaHH 371-19, 673: Industrie im Hafen 1965–1977.

[73] Vgl. Beurteilung des deutschen Küstengebiets als Standort für neue Industriebetriebe. Bericht über die Ergebnisse einer Standortanalyse und Industriebefragung, Frankfurt a. M. 1969; dazu: Kurt Fleckenstein: Das deutsche Küstengebiet – Was kann es bieten und was fehlt ihm noch? in: Mitteilungen der Handelskammer Hamburg 24 (1969), S. 520–522.

[74] Zum Problem des Hüttenvertrags: StaHH 371-16 II, 1395: Hamburgs Vorhafenplanung an der Elbmündung, Amt für Wirtschaft 10. 3, 17. 1. 1973, handschriftlicher Vermerk.

[75] StaHH 135-1 VI, 1885: Hamburg als Industriestandort. Vortrag von Senator Kern vor Mitgliedern der wirtschaftspublizistischen Vereinigung am 5. 4. 73 um 16.30 im Pönixsaal [sic] des Rathauses.

[76] Peter Cordes: Flexibilität ist Trumpf. Industriestandort Hamburg im Wandel, in: Mitteilungen der Handelskammer Hamburg 2 (1975), S. 14f.

[77] Vgl. Kennzeichen Vielfalt. Hamburg als Industrieplatz, Hamburg 1975. Bereits in den frühen 1980er Jahren galt auch in der Fachwissenschaft die nachgeholte Industrialisierung durch die subventionierte Ansiedlung von Grundstoffindustrien als gescheitert: Helmut Nuhn/Jürgen Ossenbrügge/Elfried Söker (Hrsg.): Expansion des Hamburger Hafens und Konsequenzen für den Süderelbe-

Jahren nun von einem „Süd-Nord-Gefälle" in Bezug auf Wirtschaftskraft und Arbeitsplätze in der Bundesrepublik die Rede.[78]

6. Fazit

Stadt des Hafens oder Stadt der Industrie? Traditionelles Hanseatentum oder moderne Wirtschaftsideologie? Hamburg verfügte schon zu Beginn des 20. Jahrhunderts über Industrie und in der Zwischenkriegszeit war deren Anteil weiter gewachsen. Nach 1945 wurde in Politik und Öffentlichkeit – zunächst unter dem Eindruck des kriegszerstörten Hafens und des darniederliegenden Handels, später eher im Rahmen einer generellen Stärkung der Wirtschaftskraft der Stadt – immer wieder der weitere Ausbau des Industriepotenzials der Hansestadt postuliert. Eine dezidierte Politik der Industrialisierung wurde aber, anders als z. B. in dem Konkurrenzhafen Rotterdam, erst in den späten 1960er Jahren und dann auch nur für wenige Jahre zu einem handlungsleitenden wirtschaftspolitischen Konzept.

Dabei mischten sich realwirtschaftliche Faktoren, d. h. die durchaus beachtliche Entwicklung des Hafens trotz ungünstiger geopolitischer Rahmenbedingungen, mit ideellen Aspekten. Eine besondere Rolle spielte dabei das fortgesetzte identifikatorische Potenzial des Hanseatischen nach dem Zweiten Weltkrieg, das besonders in der medialen Öffentlichkeit gepflegt wurde. Auf den mit dem Hanseatischen verbundenen Werten wie Weltoffenheit, Pragmatismus und Nüchternheit beruhte die retrospektive Konstruktion Hamburgs als eine gemäßigte Stadtrepublik im „Dritten Reich". Mit Blick auf die Wirtschaft konnten Deutungen aus der Zeit nach dem Ersten Weltkrieg wieder aufgenommen werden. Demnach hatten die Hamburger Kaufleute dank ihres Renommees, ihrer Vertrauenswürdigkeit und ihrer persönlichen internationalen Netzwerke eine wichtige Rolle beim Wiederaufstieg Deutschlands gespielt und konnten eine solche nationale Mission als friedfertige Pioniere auch nun wieder übernehmen. Handel und Hafen, zusammengefasst in dem Schlagwort vom „Tor zur Welt", blieben auch in den 1950er und 1960er Jahren politisch und ideologisch bestimmend, gestützt von der Berichterstattung in Leitmedien wie dem „Hamburger Abendblatt" und der „Zeit". Größere Erfolge in der Ansiedlung industrieller Großbetriebe erzielte die Stadt, dank hoher Subventionen und im Konkurrenzkampf mit den umliegenden Bundesländern und den Rheinmündungshäfen, erst in den späten 1960er Jahren und präsentierte sich in ihrer Außendarstellung zunehmend als Metropole im Norden und nicht als „Hafenstadt". An der herausgehobenen Stellung des Hafens und der besonderen Berücksichtigung der wirtschaftlichen Interessen der dortigen Unternehmen hat sich allerdings bis heute wenig geändert, auch wenn inzwischen andere realwirtschaftlich starke Branchen – vom Flugzeugbau bei Airbus über Medizin und Pharmazie bis hin zur Medien- und Kreativwirtschaft – im Selbstbild der Hansestadt leichter ihren Platz finden.

---

raum. Durchführung der Umsiedlung Altenwerders und Reaktion der Betroffenen, Paderborn 1983; Krüger: Ökonomischer Strukturwandel, S. 39–41.

[78] Vgl. die Debatte über den „Ausbau der Wirtschaftskraft Hamburgs" in: Bürgerschaft der Freien und Hansestadt Hamburg, 8. Wahlperiode, 59. Sitzung, 6. 10. 1976, S. 3531–3546; Heinz Michaels: Blutet Hamburg aus?, in: Die Zeit vom 13. 8. 1976; Hermann Rudolph: Das Wirtschaftsgefälle in der Bundesrepublik: Im Zweifel für den Norden?, in: Die Zeit vom 19. 10. 1984 (Zitat ebd.).

Thorsten Harbeke
Touristische Infrastrukturpolitik in Schleswig-Holstein

Strukturwandel und Diskussionen am Beispiel des Ferienzentrums Burgtiefe auf Fehmarn

„Bis in die letzten Jahre hinein war die Insel nicht gerade ein begehrtes Reiseziel, lag sie doch abseits der großen Durchgangsstraßen und war nur über eine etwas umständliche Auto- und Eisenbahnfähre zu erreichen. Gewiß, sie hatte ihre große Schar von Freunden, die die auf weite Strecken hin unberührte Landschaft und den einsamen Strand, die Nistplätze der Land- und Seevögel an den Strandseen und die altertümlich und sturmerprobt wirkenden Bauernhäuser in den großen Dörfern ebenso zu schätzen wußten wie das nur von mäßigem Trubel erfüllte Badeleben in Burgtiefe. Aber die Insel war kein Ziel der Massen. Das hat sich seit dem Bau der Vogelfluglinie, des Fährhafens Puttgarden und der Fehmarnsundbrücke grundlegend und sehr schnell geändert. Heute ist sie zu einem Hauptziel der Urlauber und Badegäste geworden und reizt auch zahllose Durchgangsreisende, hier anzuhalten und sie auf eigene Weise zu erleben. Dieser so plötzliche Wandel wird von der Inselbevölkerung, die bisher zu ‚Europa' – wie man das Festland dort scherzhaft nannte – auch einen gewissen Abstand gewahrt hatte, jetzt mit aller Kraft gelenkt, so daß Fehmarn sich anschickt, in Zukunft ein beachtlicher Faktor im Fremdenverkehr an der Vogelfluglinie zu werden."[1]

Im Jahr 1965 fand in dem kleinen Städtchen Burg auf der schleswig-holsteinischen Ostseeinsel Fehmarn ein Ideenwettbewerb für Architekten zur zukünftigen baulichen Ausgestaltung des Bades Burgtiefe statt.[2] Die Halbinsel im Süden der damals ansonsten noch weitgehend landwirtschaftlich geprägten Insel hatte eine lange Tradition als Badestrand, nun sollte aber im Sinne einer wirtschaftlichen Neuausrichtung der Tourismus auf der Insel forciert werden.[3] Die teilnehmenden Architekten waren aufgefordert, ein modernes und gleichzeitig den örtlichen Gegebenheiten angepasstes „Musterbad"[4] zu entwerfen, und hatten somit die Gelegenheit, mit ihren Vorschlägen den in diesen Jahren einsetzenden Massentourismus in Schleswig-Holstein zu prägen. Die ungewöhnliche Aufgabenstellung des Wettbewerbs führte zu einer breiten Beteiligung; gebaut wurde schließlich der Entwurf der dänischen Architekten Jacobsen und Weitling, fertiggestellt wurde die Anlage 1973.

In Burgtiefe verdichten sich die gesellschaftlichen Diskurse um den wirtschaftlichen Strukturwandel auf Fehmarn und in Schleswig-Holstein allgemein. Die Insel wurde durch die Einweihung der Fehmarnsundbrücke und der Vogelfluglinie im Jahr 1963 schlagartig von der Peripherie ins Zentrum gerückt. Im Folgenden wird zunächst der Architektenwettbewerb im Rahmen einer Mikro-Analyse aus verschiedenen Perspektiven betrachtet. Anschließend rückt die Verwirklichung des genannten Ferienzentrums in den Fokus.

Das Ferienzentrum steht für eine Vorstellung von modernem Tourismus, wie sie Mitte der 1960er vorherrschte und gerade in Schleswig-Holstein nachhaltige Spuren in der Küstenlandschaft hinterlassen hat.[5] Am Beispiel dieser Anlage, die nur den Auftakt für eine

---

[1] Werner Neugebauer: Beiderseits der Vogelfluglinie. Ostseebäder und Erholungsgebiete im Lande zwischen Fehmarnbelt und Lübecker Bucht, Lübeck 1969, 2., erw. Aufl., Lübeck 1971, S. 144.
[2] Veröffentlicht z. B. in Bauwelt (1965), S. 714.
[3] Zur touristischen Geschichte der Insel vgl. Karl-Wilhelm Klahn: Fehmarn – eine Insel im Wandel der Zeiten. Von der Badekarre zum Ostseeheilbad Burg auf Fehmarn, Neumünster 2001.
[4] Die Welt vom 21. 9. 1967: Musterbad auf Fehmarn geplant.
[5] Vgl. hierzu meine Vorüberlegungen zum Thema in dem Aufsatz: Der Strukturwandel im schleswig-holsteinischen Tourismus (1950–1990), in: Uwe Danker/Thorsten Harbeke/Sebastian Lehmann (Hrsg.): Strukturwandel in der zweiten Hälfte des 20. Jahrhunderts, Neumünster 2014, S. 210–225, hier S. 210–214.

DOI 10.1515/9783110523010-013

Reihe weiterer großer Bauprojekte bildete, lassen sich exemplarisch Fragen zur Funktionsweise von Strukturpolitik in dem Bundesland in den 1960er und 1970er Jahren bearbeiten. Zwar stellte der Fremdenverkehr auch schon in den 1950er Jahren einen wichtigen Wirtschaftsfaktor dar, eine „Tourismuspolitik" auf Landesebene war damit jedoch noch nicht verbunden bzw. konstituierte sich als eigenständiges Politikfeld erst entlang der Diskussion um die Ferienzentren und andere Großprojekte. Wie kommt es also in einem so kleinen Ort wie Burg auf Fehmarn zu einem solch großen Projekt? Wer sind die Akteure, wer die Geldgeber? Welche Rolle spielt hierbei das Land Schleswig-Holstein? Dies sind die Kernfragen für die Untersuchung der Entstehungsgeschichte des Ferienzentrums, dem bis zur Verhängung eines Planungsstopps durch die Landesregierung im Jahr 1971 mehrere weitere folgen sollten.[6]

Nach einer kurzen Einordnung des Projekts Burgtiefe in die allgemeine Entwicklung des Fremdenverkehrs in Schleswig-Holstein unter besonderer Berücksichtigung des Strukturwandels werden die Ereignisse rund um den Architektenwettbewerb dargelegt. Der um dieses und andere zeitgleich entstandene Ferienzentren stattfindende gesellschaftliche Diskurs wird identifiziert und in seinen verschiedenen Ebenen diskutiert. Auch die hinsichtlich des enormen Eingriffs in die Landschaft sinnfällige visuelle Komponente gesellschaftlicher Diskurse wird in Gestalt einer Analyse einzelner Bebauungsvorschläge des Architektenwettbewerbs berücksichtigt.

Für diesen Aufsatz wurden sowohl die städtische Überlieferung aus dem Stadtarchiv Burg auf Fehmarn als auch die im Landesarchiv Schleswig-Holstein verfügbaren Akten ausgewertet. Die Vorgangsakten der Stadtverwaltung zum Bau des Ferienzentrums sind nicht erhalten, wohl aber die Sitzungsprotokolle der Stadtvertretung, des Magistrats sowie der unterschiedlichen städtischen Ausschüsse, die über den Bau des Ferienzentrums zu befinden hatten. Daneben finden sich noch einige weitere Beiträge zum Architektenwettbewerb im Stadtarchiv sowie die lokale Zeitungsüberlieferung.

Tourismus als Gegenstand historischer Forschung ist zwar kein neues Phänomen, die Zahl der mit dem Thema beschäftigten Historikerinnen und Historiker ist jedoch überschaubar.[7] Das wissenschaftliche Feld entwickelt sich aber nur langsam. So wurde unlängst die Dissertation Cord Pagenstechers zur Geschichte des Tourismus in der Bundesrepublik aus dem Jahr 2003, die trotz ihres umstrittenen Zugangs über die sogenannte Visual History immer noch als die bedeutendste empirische Arbeit zur Struktur des Tourismus in der BRD zu bezeichnen ist, neu aufgelegt.[8] Die Perspektive dieser wie auch an-

---

[6] Vgl. Ulrich Lange: Strukturwandel, in: ders. (Hrsg.): Geschichte Schleswig-Holsteins. Von den Anfängen bis zur Gegenwart, Neumünster ²2003, S. 681–743, hier S. 724.

[7] Stellvertretend für die zahlreichen Arbeiten von Hasso Spode zur Tourismusgeschichte sei an dieser Stelle verwiesen auf dessen grundlegende Arbeiten: Vgl. Hasso Spode: Goldstrand und Teutonengrill. Kultur- und Sozialgeschichte des Tourismus in Deutschland. 1945 bis 1989, Berlin 1996; vgl. auch ders.: Wie die Deutschen „Reiseweltmeister" wurden. Eine Einführung in die Tourismusgeschichte, Erfurt 2003; ebenfalls einführend in das Thema ist Rüdiger Hachtmann: Tourismus-Geschichte, Göttingen 2007.

[8] Cord Pagenstecher: Der bundesdeutsche Tourismus. Ansätze zu einer Visual History: Urlaubsprospekte, Reiseführer, Fotoalben 1950–1990, Hamburg 2003, 2., korr. Aufl., Hamburg 2012. Alle Seitenangaben im Folgenden beziehen sich auf die 2. Auflage. Zur Kritik des Ansatzes der „Visual History" für die Tourismusgeschichte, bei dem sich Pagenstecher insbesondere an die einflussreichen Arbeiten von John Urry anschließt, vgl. Hasso Spode: Der Blick des Post-Touristen. Torheiten und Trugschlüsse in der Tourismusforschung, in: Voyage. Jahrbuch für Reise und Tourismusforschung 7 (2005), S. 139–161; vgl. auch unter deutlicher Würdigung der Verdienste Pagenstechers die Kritik des Ansatzes bei Rüdiger Hachtmann: Tourismusgeschichte – ein Mauerblümchen mit Zukunft! Ein

derer wichtiger Monographien zum Thema ist ganz eindeutig eine überregionale; oftmals ist sie sogar nicht einmal auf die zweite Hälfte des 20. Jahrhunderts oder auf Deutschland beschränkt.[9]

Während sich ein großer Teil der Forschungsliteratur zur Tourismusgeschichte mehr oder weniger mit gesellschaftlichen und kulturellen Wandlungsprozessen befasst, ist der Zusammenhang zwischen Fremdenverkehr, wirtschaftlichem Strukturwandel und politischen Steuerungsmöglichkeiten nahezu unerforscht. Die Rolle der Bundesländer ist noch unklar und wird auch in diesem Aufsatz nur in Ansätzen rekonstruiert werden können. Während also Tourismusförderung als Wirtschaftspolitik auch in den Nachbardisziplinen der Tourismusforschung ein Schattendasein fristet, wird dem Fremdenverkehr von Seiten der Raumplanung mehr Aufmerksamkeit geschenkt, dies jedoch naturgemäß eher für aktuelle denn historische Fragestellungen.[10] Die Beschäftigung mit dem touristischen Wandel in Schleswig-Holstein wurde lange Zeit vor allem von Wirtschaftsgeographen und Wirtschaftswissenschaftlern geleistet, die sich entweder mit konkreten touristischen Projekten befasst oder Bestandsaufnahmen der Tourismusstruktur vorgelegt haben und deren Arbeiten heute vor allem Quellenwert besitzen.[11] Während für die aktuelle Marktforschung im Bereich des Fremdenverkehrs insbesondere das seit den 1990er Jahren aktive Institut für Tourismus und Bäderforschung in Nordeuropa (N.I.T.) von Bedeutung und die Einrichtung dieses Instituts nicht zuletzt das Ergebnis einer sich diversifizierenden und verwissenschaftlichenden Beschäftigung mit dem Tourismus ist, muss der Forschungsstand für die Jahre davor als ausgesprochen dürftig bezeichnet werden. Auch die im Jahr 1991 erschienene Studie des Kieler Instituts für Weltwirtschaft konzentrierte sich mehr auf aktuelle Problemstellungen der Wirtschaftsstruktur im deutsch-dänischen Grenzraum und widmete der historischen Entwicklung dieser Struktur nur wenige Seiten.[12] Eine erste systematische Auswertung historischer Daten zum Fremdenverkehr für Schleswig-Holstein

---

Forschungsüberblick, in: H-Soz-u-Kult, 6.10.2011, http://hsozkult.geschichte.hu-berlin.de/forum/ 2011-10-001, S.13–18, zuletzt aufgerufen am 29.6.2015. Die Seitenangaben beziehen sich auf die als Download abrufbare PDF-Datei.

[9] Vgl. z.B. Christine Keitz: Reisen als Leitbild. Die Entstehung des modernen Massentourismus in Deutschland, München 1997; vgl. auch Till Manning: Die Italiengeneration. Stilbildung durch Massentourismus in den 1950er und 1960er Jahren, Göttingen 2011.

[10] Vgl. z.B. den Band von Jörg Borghardt u.a. (Hrsg.): ReiseRäume: Touristische Entwicklung und räumliche Planung, Dortmund 2002. Die in diesem Sammelband behandelten Themen wie das Regionalmarketing oder interkommunale Kooperation im Tourismusmarketing sind zwar auch für die zeithistorische Betrachtung in einem Kernzeitraum der 1960er bis 1980er Jahre relevant, die tourismuspolitischen Strukturen waren jedoch völlig andere, sodass der Erkenntnisgewinn dieser Studien für eine zeithistorische Betrachtung eher auf der heuristischen Ebene liegt; als Quelle interessant ist auch Hans Oestreich: Der Fremdenverkehr der Insel Sylt. Sozioökonomische und raumplanerische Probleme des Fremdenverkehrs an der deutschen Nordseeküste dargestellt am Beispiel der Insel Sylt – Planung und Realität in Erholungsgebieten, Bredstedt 1976.

[11] Eine erste Bestandsaufnahme für den schleswig-holsteinischen Tourismus in wissenschaftlicher Hinsicht wurde vorgelegt von Herbert Hoffmann: Untersuchung über Umfang, Struktur, Bedeutung und Entwicklung des Fremdenverkehrs in Schleswig-Holstein, München 1970; vgl. auch Jürgen Newig: Die Entwicklung von Fremdenverkehr und Freizeitwohnwesen in ihren Auswirkungen auf Bad und Stadt Westerland auf Sylt, Kiel 1974; vgl. weiterhin Reinhard Kurz: Ferienzentren an der Ostsee. Geographische Untersuchungen zu einer neuen Angebotsform im Fremdenverkehrsraum, Trier 1979.

[12] Vgl. Lotte Holler: Zur Entwicklung des Fremdenverkehrs in der deutsch-dänischen Grenzregion, in: Institut für Weltwirtschaft an der Universität Kiel (Hrsg.): Struktur und Entwicklungsmöglichkeiten der Wirtschaft in der deutsch-dänischen Grenzregion, Kiel 1991, S.145–241.

aus der Perspektive der Wirtschaftswissenschaften wurde im Jahr 2009 vorgelegt.[13] Die historische Erforschung des touristischen Strukturwandels sowohl in Schleswig-Holstein als auch in anderen Bundesländern ist also vor allem auf die Auswertung von (Archiv-) Quellen angewiesen.

1. Tourismus in Schleswig-Holstein

Die Ausgangsbedingungen für die schleswig-holsteinische Fremdenverkehrswirtschaft nach dem Zweiten Weltkrieg waren gekennzeichnet durch die Belegung von Fremdenverkehrsbetten durch Besatzungspersonal und Flüchtlinge. Bereits Anfang der 1950er Jahre war dieses Problem jedoch behoben; nur noch etwa 10 000 der insgesamt etwa 70 000 Fremdenverkehrsbetten waren im Jahr 1953 nicht für Urlauber verfügbar.[14] Die Fremdenverkehrswirtschaft des Landes war geprägt durch einen deutlichen Investitionsrückstand. Die Vermietung von Privatzimmern stellte eine wichtige Einnahmequelle für die Einheimischen an Schleswig-Holsteins Küsten dar.[15] Infolge von Wirtschaftswunder, steigender Mobilität und Ausweitung der verfügbaren Freizeit waren die 1950er Jahre gekennzeichnet von einem stetigen Wachstum des Fremdenverkehrs. Zwar waren die Reisen der Bundesdeutschen in der Regel relativ kurz, es profitierten hiervon jedoch besonders die Reiseziele im Inland, und hierunter in besonderem Maße Schleswig-Holstein. Beispielsweise blieb die Italienreise für die allermeisten Deutschen in den 1950er Jahren noch lange Zukunftsmusik – mit dem VW-Käfer mit oder ohne angehängten Wohnwagen sind in dieser Zeit allerhöchstens einige Tausend deutsche Urlauber im Jahr gereist.[16] Nur ein kleiner Teil der dank eigenem PKW immer mobiler werdenden Bevölkerung wagte sich mit diesem tatsächlich weiter als 500–600 Kilometer vom eigenen Wohnsitz, somit kamen auch die Urlauber in Schleswig-Holstein vornehmlich aus den norddeutschen Bundesländern und Nordrhein-Westfalen.[17] Die Zahl der Übernachtungen in Schleswig-Holstein stieg zwischen 1951 und 1960 von etwa 3,2 auf fast 10 Millionen, besonders stark war der Anstieg bei den privaten Vermietern von Urlaubsquartieren mit etwa 585 Prozent.[18] Das stetige Wachstum der Übernachtungszahlen sowie des Fremdenverkehrs insgesamt stieß in den 1960er Jahren an seine Grenzen. Dies war zum einen der durch Privatvermietung geprägten Struktur des Beherbergungsangebots und zum anderen den knapp werdenden Strandflächen, vor allem in den Ostseebädern an der Lübecker Bucht, geschuldet.[19] Da-

---

[13] Vgl. Catrin Homp: Schleswig-Holstein-Tourismus am Scheideweg – Anforderungen an eine Tourismuspolitik zur Revitalisierung des touristischen Angebots, Diss., Kiel 2009.

[14] Vgl. ebd., S. 88. Von den genannten 70 000 Fremdenverkehrsbetten entfielen nur etwa 44 000 auf die gewerbliche Vermietung.

[15] Beispielhaft herausgearbeitet wird dies bei Newig: Die Entwicklung von Fremdenverkehr und Freizeitwohnwesen, S. 59ff.

[16] Vgl. Frederik Grundmeier: Zwischen Erholung und Fortschritt – Die Geschichte des Campings, in: Landschaftsverband Westfalen-Lippe (Hrsg.): Campingkult(ur). Sehnsucht nach Freiheit, Licht und Luft, Münster 2013, S. 14–25, hier S. 21; vgl. auch Axel Schildt: Deutsche Kulturgeschichte. Die Bundesrepublik von 1945 bis zur Gegenwart, München 2009, S. 194.

[17] Vgl. Hachtmann: Tourismus-Geschichte, S. 167.

[18] Vgl. Homp: Schleswig-Holstein-Tourismus am Scheideweg, S. 89.

[19] Vgl. Ulrich Lange: Strukturwandel, S. 721; vgl. zur Strandknappheit Erich Lehmkühler: Landschaftsaufbauplanung der Insel Fehmarn. Gutachten der Technischen Universität Berlin, Berlin 1969, S. 53.

rüber hinaus wurden Auslandsreisen in den 1960er Jahren langsam aber sicher für größere Bevölkerungsteile erschwinglich, was für die sowieso schon wetterbedingt kurze Saison in Schleswig-Holstein eine weitere Konkurrenz mit sich brachte.

Die Reaktion auf diesen sowohl von den politischen Akteuren auf Landes-, Kreis- und Kommunalebene als auch von der sich in diesem Zeitraum industrialisierenden Tourismuswirtschaft erkannten Mangel bestand in einer massiven Ausweitung der Fremdenverkehrskapazitäten mittels großer Bauvorhaben, von denen die in diesem Aufsatz behandelten Ferienzentren der heute noch sichtbarste Ausdruck sind. In kleinerem Maßstab als in den zur gleichen Zeit entstandenen Ferienregionen beispielsweise im Süden Frankreichs wurden im nördlichsten Bundesland insbesondere an der Ostseeküste mehrere Großprojekte verwirklicht, von denen insgesamt sieben als sogenannte Ferienzentren bezeichnet werden, darunter Burgtiefe, Damp, Heiligenhafen und Weißenhäuser Strand.[20] Auch an der Nordseeküste wurde in diesen Jahren tüchtig gebaut, keines der Bauvorhaben erreichte jedoch die Marke von 1000 Betten. Ferienzentren zeichnen sich durch eine kombinierte Struktur von Hotelbauten, Pensionen und Ferienappartements aus und stellen somit eine eigene Angebotsform für den schleswig-holsteinischen Tourismus dar. Unter dem Gesichtspunkt der Modernisierung des Fremdenverkehrs durch den Bauboom der 1960er und 1970er Jahre sind hingegen auch zahlreiche andere Anlagen im hier behandelten Sinne für den touristischen Strukturwandel verantwortlich, die nicht die Dimensionen der Ferienzentren aufweisen.

Dem stürmischen Ausbau der Kapazitäten der frühen 1970er Jahre stand jedoch eine sinkende Nachfrage nach Urlaub in Schleswig-Holstein ab der Mitte des Jahrzehnts gegenüber. Der Höhepunkt der Übernachtungen im Bundesland war für die Zeit der alten Bundesrepublik im Jahr 1976 überschritten.[21] Nach einem leichten Rückgang stagnierte die Zahl der Übernachtungen in den 1980er Jahren. Als Grund für diese langfristige Trendumkehr wird ein Bedeutungsverlust der immer noch zahlreichen Privatquartiere angenommen sowie ein langfristig angelegter Wechsel der Marktsituation. Auch die Ferienzentren konnten ihre Kapazitäten nicht im gewünschten Maße auslasten. Nach 1976 wandelte sich der Fremdenverkehrsmarkt in Schleswig-Holstein von einem Verkäufer- zu einem Käufermarkt; die Deutschen reisten immer häufiger ins Ausland.[22]

2. Der Architektenwettbewerb

Der genaue Zeitpunkt, an dem die Idee zur Umgestaltung des Südstrand-Areals in Burgtiefe in ein modernes Ostseebad erstmals aufkam, ist nicht mehr zu rekonstruieren. Sicher ist jedoch, dass die Initiative zu diesem Projekt maßgeblich durch den Burger Bürgermeister Ulrich Feilke, der von 1959 bis 1989 die Geschicke der Stadt lenkte, vorangetrieben wurde. Schon im Jahr 1961 fanden erste Gespräche im Kieler Arbeits- und Sozialministerium mit

---

[20] Der Minister für Wirtschaft und Verkehr des Landes Schleswig-Holstein (Jürgen Westphal): Beantwortung der Großen Anfrage der SPD-Fraktion, betreffend: Fremdenverkehr in Schleswig-Holstein – finanzielle, wirtschaftliche und soziale Folgen der Errichtung von Ferienzentren, Drucksache 8/296: unkorr. Expl., Kiel, 1976, S. 10.

[21] Vgl. Homp: Schleswig-Holstein-Tourismus am Scheideweg, S. 99. Allerdings wurde in den 1980er Jahren auch die Berechnungsgrundlage der Übernachtungszahlen geändert, sodass im Übergang von den 1970er zu den 1980er Jahren die Zahlen nur eingeschränkt vergleichbar sind.

[22] Vgl. ebd., S. 116.

diversen Sachverständigen des Landes statt, die den Zweck erfüllen sollten, die Gemeinde in finanzieller Hinsicht über Fördermöglichkeiten und Risiken zu informieren.[23] Konkret wurden diese Überlegungen spätestens im Jahr 1964, als die Stadt die Erstellung eines Bebauungsplans für Burgtiefe im Rahmen der Anforderungen des damals von Landesseite erst projektierten Regionalplans für die Insel Fehmarn in Angriff nehmen wollte.[24] Mit diesem Verfahren war noch keineswegs eine allgemeine Vorstellung verbunden, wie ein zukünftiges Ostseebad Burgtiefe aussehen sollte. Auch musste vor einer allgemeinen Umgestaltung der Halbinsel der Strand verbreitert werden, um tatsächlich eine größere Anzahl Feriengäste aufnehmen zu können. Hierfür wurden sogenannte Buhnen errichtet, also Befestigungen zur natürlichen Aufspülung des Strandes aus dem Meer; ein Vorhaben, welches den Startpunkt für den Ausbau des Seebades bildete.[25] Die Stadt beabsichtigte, hierfür Fördergelder beim Land zu beantragen.[26] Man war sich allerdings bis zum Frühjahr 1965 recht schnell sicher, dass ein „Haus des Kurgastes" zu bauen sei, um den veränderten Anforderungen der Badegäste an ein modernes Ostseebad Rechnung zu tragen und „konkurrenzfähig" zu bleiben.[27] Der Architektenwettbewerb wurde von der Stadtvertretung nach einer „heiße[n] Debatte"[28] Mitte April 1965 beschlossen und der Magistrat mit der weiteren Durchführung beauftragt.[29] Das Land förderte die Veranstaltung mit 10 000 DM, sodass die Kosten für die Gemeinde überschaubar waren.[30] Ende August war Einsendeschluss und schon im September sollten die Ergebnisse präsentiert werden.

Die Aufgabe des Wettbewerbs war zweigeteilt und bestand in der Erstellung von Vorschlägen zur Gestaltung des Bades sowie in Vorentwürfen für das Haus des Kurgastes. Für ein Projekt dieser Größenordnung war das zu verteilende Preisgeld mit 8000 DM, 4500 DM und 2500 DM eher niedrig angesetzt, spiegelte jedoch die finanziellen Möglichkeiten der Kommune recht gut wider, die sich ja erst nach längerer Diskussion für die Durchführung entscheiden konnte.[31] Man folgte mit dieser Vorgehensweise weitgehend einer Empfeh-

[23] Vgl. Niederschrift über die Besprechung am 23. 11. 1961 im Hause des Ministers für Arbeit, Soziales und Vertriebene des Landes Schleswig-Holstein. Die Quelle befand sich ursprünglich im Bauamt der Stadt Burg, ist jedoch leider dort nicht mehr auffindbar und wurde dem Autor dankenswerterweise von Bettina Michaelis-Otte zur Verfügung gestellt.
[24] Zur regionalen Raumplanung in Schleswig-Holstein vgl. Thorsten Wiechmann: Vom Plan zum Diskurs? Anforderungsprofil, Aufgabenspektrum und Organisation regionaler Planung in Deutschland, Baden-Baden 1998, S. 94–99; vgl. Stadtarchiv Burg auf Fehmarn: Protokoll Stadtvertretersitzungen 30. 3. 1962–31. 12. 1968, Sitzung vom 26. 6. 1964.
[25] Vgl. Landesarchiv Schleswig-Holstein: Abt. 691, Nr. 36074: Aufspülung und Erschließung der Badehalbinsel Burgtiefe zur Schaffung der Voraussetzungen für die Einrichtung eines modernen Ostseebades.
[26] Vgl. Stadtarchiv Burg: Protokoll Magistratssitzungen 30. 3. 1962–31. 12. 1966, Sitzung vom 10. 9. 1964.
[27] Solche „Häuser des Kurgastes" entstanden in den 1960er und 1970er Jahren in den meisten Badeorten an der schleswig-holsteinischen Küste. Die Baukosten wurden auf 800 000 DM veranschlagt, von denen 550 000 DM in Form von Fördergeldern und zinsgünstigen Darlehen beim Land beantragt werden sollten. Da das Geld allerdings nicht so schnell wie angenommen floss, wurde der Bau längere Zeit hinausgezögert. Vgl. Stadtarchiv Burg: Protokoll Stadtvertretersitzungen, Sitzung vom 15. 4. 1965, Vorlage 20/1965.
[28] Schreiben von Bürgermeister Feilke an Regierungsbaurat Güldner vom 21. 4. 1965. Die Quelle stammt aus dem Bauamt der Stadt Burg und wurde mir zur Verfügung gestellt von Bettina Michaelis-Otte.
[29] Vgl. Stadtarchiv Burg: Protokoll Stadtvertretersitzungen, Sitzung vom 15. 4. 1965.
[30] Stadtarchiv Burg: Protokoll Magistratssitzungen, Sitzung vom 19. 10. 1965.
[31] Vgl. Ausschreibung des Wettbewerbs, in: Bauwelt (1965), H. 24, S. 714. Für die Einschätzung der Größenordnung des Preisgeldes vgl. die in diesem Jahrgang der Zeitschrift dokumentierten Bau- und

lung des Bundes Deutscher Architekten, der ebenso die zweigeteilte Aufgabenstellung aus Kostengründen vorgeschlagen hatte, um nach Abschluss des Wettbewerbs schon einen möglichst baureifen Vorentwurf vorliegen zu haben.[32]

Der in Burg durchgeführte Ideenwettbewerb ist in mehrfacher Hinsicht bedeutsam. Üblicherweise wurden öffentliche Architektenwettbewerbe zur Gestaltung von Schulen, Rathäusern und Kirchen, gelegentlich auch für die Erneuerung von Innenstädten ausgelobt.[33] Auf Fehmarn ging es jedoch um etwas anderes. Hier bestand die Aufgabe im Entwurf eines kompletten Feriengebietes aus einer Hand, das modernsten Anforderungen entsprechen und einen maßgeblichen Impuls für den Strukturwandel auf der kleinen Ostseeinsel geben sollte. Weiterhin wollte man mit einer frühzeitigen Konzeptentwicklung und einer planvollen Vorgehensweise dem insbesondere in Südeuropa in etwa dieser Zeit zu beobachtenden kilometerlangen Wildwuchs touristischer Bauten mit einem für örtliche Verhältnisse angemessenen Konzept begegnen.[34] Für die hohe Bedeutung dieses Wettbewerbs spricht die prominente Besetzung des Preisgerichts. Mit Egon Eiermann konnte ein wichtiger, wenn nicht *der* führende deutsche Architekt jener Zeit als Vorsitzender der Jury gewonnen werden, wie nicht nur die Inselzeitung einigermaßen stolz vermeldete.[35] Außerhalb des auf Schleswig-Holstein beschränkten Teilnehmerkreises wurde unter anderem mit dem dänischen Star-Architekten Arne Jacobsen einer der wichtigsten Vertreter des architektonischen Funktionalismus in der Tradition des Bauhauses gesondert zur Teilnahme aufgefordert. Der heute durch sein Opus Magnum, dem als Gesamtkunstwerk konzipierten SAS-Hotel in Kopenhagen mit eigens hierfür entworfenen Möbeln und Einrichtungsgegenständen bekannte Jacobsen war ursprünglich für die Jury des Wettbewerbs vorgesehen, hatte aber selbst Interesse an einer Teilnahme bekundet, da er die Aufgabenstellung als reizvoll empfand.[36]

Ab dem 11. September 1965 wurden die insgesamt 26 eingereichten Entwürfe in Form einer medial weitläufig wahrgenommenen Plakatausstellung im Hotel „Kaiserhof" in Burg ausgestellt. Drei Tage später wurden im Rahmen einer öffentlichen Festsitzung der Burger Stadtvertretung im selben Hotel die Preisträger bekannt gegeben. Es wurden, entgegen der ursprünglichen Intention, gleich drei erste Preise vergeben, dafür jedoch kein zweiter und dritter Preis. Die drei Preisträger waren die Kopenhagener Architekten Arne Jacobsen und Otto Weitling, Otto Schnittger aus Kiel und die beiden Hamburger Hans

---

Ideenwettbewerbe, in denen für vergleichbare Projekte in der Regel weit über 10 000 DM vorgesehen waren.

[32] Vgl. Stadtarchiv Burg: Protokoll Stadtvertretersitzungen, Sitzung vom 15. 4. 1965.

[33] Die Zeitschrift Bauwelt erfasste für das Jahr 1964 die Gesamtzahl von 430 Wettbewerben, von denen allein 175 für die Gestaltung von Schulbauten ausgelobt wurden. Vgl. Bauwelt (1965), H. 38/39, S. 1072 f.

[34] Zum Aspekt der Planung bei der Entwicklung der Ferienzentren vgl. Friedrich A. Wagner: Ferienarchitektur. Die gebaute Urlaubswelt. Modelle+Erfahrungen+Thesen, Starnberg 1984, S. 52 f.

[35] Vgl. u. a. Fehmarnsches Tageblatt vom 11. 9. 1965: Burg im Eröffnungsfieber des Ideenwettbewerbs. Prof. Dr. Eiermann wurde Vorsitzender der Jury, S. 3 f.; vgl. z. B. die Berichterstattung in den Kieler und Lübecker Nachrichten zum Wettbewerb. Die Relation zu den sonstigen Projekten und Jury-Teilnahmen Eiermanns wird dadurch deutlich, dass dieser in jenen Jahren an Projekten wie dem Wettbewerb zum Bau des Münchener Olympiastadions beteiligt war. Vgl. Wolfgang Jean Stock: Günther Behnisch mit Frei Otto. Olympiabauten – München (1967–72), in: Sabine Thiel-Siling (Hrsg.): Architektur! Das 20. Jahrhundert, München u. a. 2005, S. 114 f.

[36] Vgl. ebd.; vgl. weiterhin Michael Sheridan: Room 606. The SAS House and the Work of Arne Jacobsen, London 2003.

Mensinga und Dieter Rogalla. Neben den international bekannten Kopenhagenern handelte es sich bei Schnittger um ein weitgehend in Norddeutschland tätiges Architekturbüro, während Mensinga und Rogalla auch überregional bekannt waren. Die Wettbewerbsbeiträge wurden anonymisiert bewertet, sodass eine Bevorzugung einzelner Teilnehmer zwar nicht ausgeschlossen werden kann, zumindest jedoch vermieden werden sollte. Eine solche Bevorzugung entstand erst zu einem späteren Zeitpunkt, als nämlich die Stadtvertretung darauf verzichtete, die Preisträger zu einer weiteren Ausarbeitung ihrer Beiträge aufzufordern, und stattdessen Jacobsen und Weitling mit dem Bau beauftragte. Nicht zum letzten Mal scheint sich in dieser Angelegenheit der Bürgermeister durchgesetzt zu haben und die große Bekanntheit Jacobsens dürfte den Ausschlag gegeben haben.[37]

Mangels finanzieller Mittel ging es mit dem Bau der Anlage zunächst nicht voran. Erst im Jahr 1967 wurden durch die Aussicht auf Mittel aus dem Konjunkturpaket der Bundesregierung die Planungen konkreter. Jacobsens und Weitlings Entwurf sollte jedoch in der Folge bis zur Fertigstellung der Anlage noch mehrfach überarbeitet werden, und das letztlich gebaute Ferienzentrum wurde durch eine ungefähre Verdreifachung der Bettenkapazität deutlich größer als ursprünglich vorgesehen. Die Baugeschichte ist schnell erzählt: Das zwar für die Anlage zentrale, jedoch nicht besonders große „Haus des Kurgastes" wurde 1968 fertiggestellt, der Jachthafen am nordwestlichen Ende der Insel im Jahr 1969.[38] In diesem Jahr wurde auch mit dem Bau der Hotelbauten begonnen, die heute das Bild der Anlage bestimmen. Sie wurden in den Jahren 1970 bis 1972 bezugsfertig, und die beiden zuerst eingeweihten Türme auf der Großbaustelle Burgtiefe hatten innerhalb ihres ersten Betriebsjahres schon 32 000 Gäste beherbergt.[39] Im Jahr 1973 war das Ferienzentrum mit der Eröffnung des Kurmittelhauses und der Appartementhäuser komplett. Die Vergrößerung der Anlage erfolgte aufgrund der Erfordernisse eines rentablen Betriebs des Ferienzentrums, auf die ich im weiteren Verlauf noch mehrfach eingehen werde.

Trotz guter Auslastungsquoten in den ersten Jahren des Betriebs hatte der Bau von Burgtiefe sowohl die Kommune als auch die Investoren überfordert, sodass einzelne Appartements aus der gewerblichen Nutzung an Privatleute verkauft werden mussten. Langfristig hat sich das Zentrum jedoch anscheinend für Stadt und Betreiber gerechnet, denn es wird noch heute genutzt.

3. Die Kommune, das Land und die Investoren als Akteure von Strukturwandel

Für Burg auf Fehmarn stellte der Bau des viele Millionen DM teuren Ferienzentrums und der anteilig zu leistenden Kosten für die Stadt eine finanzpolitisch außerordentliche Situation dar. Die grundsätzlich privatwirtschaftliche Finanzierung des Ferienzentrums darf nicht darüber hinwegtäuschen, dass der finanzielle Aufwand eines solchen Projekts das übliche Budget eines kleinen Ortes bei weitem überstieg, was somit eine starke Rolle des

---

[37] Vgl. zur Diskussion Stadtarchiv Burg: Protokoll Stadtvertretersitzungen, Sitzung am 17.12.1965; vgl. weiterhin ebd.: Protokolle Magistratssitzungen, Sitzung vom 23.11.1965.
[38] Vgl. Klahn: Fehmarn, S. 132.
[39] Vgl. Bettina Michaelis-Otte: Arne Jacobsens Ferienzentrum „Burgtiefe" auf Fehmarn (1965–1973). Eine Studie zum Verhältnis von Planung, Ausführung und Fortentwicklung, unveröffentl. Magisterarbeit Univ. Kiel 1994, S. 35.

Abb. 1: Die drei Hoteltürme des Ferienzentrums Burgtiefe, 2014[40]

Landes bei der Planung, Entscheidungsfindung und Durchführung erwarten lässt. Die wirtschaftlichen Akteure, namentlich die für den Bau und Betrieb des Ferienzentrums verantwortlichen Firmen, sollen so weit wie möglich in die Darstellung einbezogen werden, obwohl für deren Agieren nur wenige Quellen zur Verfügung stehen.

3.1 Die Kommune

Wichtigster Akteur auf Seiten der kommunalen Behörden war der Burger Bürgermeister Ulrich Feilke (SPD). Der seit dem Ende der 1950er Jahre amtierende Verwaltungschef war von Anfang an in die Planungen für eine Ausweitung des Fremdenverkehrs auf der Insel involviert und hat die konkreten Maßnahmen für den Bau des Ferienzentrums vorangetrieben.[41] Hierbei standen anfangs wohl besonders Überlegungen zum wirtschaftlichen Strukturwandel auf der Insel im Mittelpunkt von Feilkes Interesse. Aus zuvor noch unbestimmten Absichten für eine allgemeine Förderung des Fremdenverkehrs am Fehmarner Südstrand erwuchs bis zum Jahr 1965 die Vorstellung einer kompletten Umgestaltung der gesamten Halbinsel, die zum damaligen Zeitpunkt teilweise noch zur Gemeinde Meeschendorf gehörte und über die die Stadt Burg somit noch gar nicht die Planungshoheit ausüben konnte.[42] Die ursprünglichen Planungen für eine Modernisierung des

---

[40] Foto: Thorsten Harbeke.
[41] Vgl. ähnlich Michaelis-Otte: Arne Jacobsens Ferienzentrum, S. 14.
[42] Vgl. Stadtarchiv Burg: Protokoll Magistratssitzungen, Sitzung vom 18. 8. 1964.

Ostseebades waren darüber hinaus deutlich kleiner dimensioniert. So wollte ein Berliner Unternehmer in Burgtiefe ein Kurmittelhaus für Badeanwendungen und eine Pension mit insgesamt fünfzig Betten errichten, und die Vorarbeiten hierfür waren schon bis hin zu einer vorliegenden Ausarbeitung durch zwei ortsansässige Architekten recht weit gediehen.[43] Feilke stand in engem Kontakt mit dem Wirtschaftsministerium in Kiel, das Unterstützung in Form von Fördergeldern und Krediten für ein größeres Bauvorhaben, ein „Haus des Kurgastes" sowie eine Meerwasserschwimmhalle, in Aussicht stellte. Für das Jahr 1965 sollten erstmals Fördergelder in Höhe etwa der Hälfte der Baukosten bei der Landesregierung beantragt werden.[44] Zu diesem Zeitpunkt müssen die grundsätzlichen Überlegungen auf Seiten der Stadt, bzw. konkret bei Feilke, noch von der Vorstellung ausgegangen sein, dass die Kommune durch die Errichtung eines Schwimmbades und eines „Hauses des Kurgastes" Investitionsanreize für eine künftige stärkere gewerbliche Nutzung der Halbinsel bieten könne, ohne dass jedoch von einer Gesamtkonzeption für das Gelände gesprochen werden kann. Beide Bauvorhaben dienten sowohl der Verlängerung der Feriensaison als auch der generellen Modernisierung des Feriengebiets sowie als Anziehungspunkt für Tagestouristen von anderen Teilen der Insel. In dieselbe Richtung ging die in diesen Jahren vorgenommene Strandverbreiterung. Hiermit waren zwar die Grundlagen für die späteren Entwicklungen gelegt, ein einheitlicher Plan für ein „Seebad aus der Retorte"[45] war mit diesen Maßnahmen jedoch noch nicht verbunden.

Es erscheint auf den ersten Blick problematisch, ein solch komplexes Vorhaben auf Seiten der Kommune dem Engagement einer einzelnen Person zuzuordnen. Natürlich waren an der Planung des im Anschluss folgenden Wettbewerbs sowie dem Bau des Ferienzentrums allein auf der kommunalen Ebene eine Vielzahl von Personen beteiligt. Dennoch belegt eine Analyse der Protokolle der Stadtvertretersitzungen wie auch der Magistratssitzungen, dass es eindeutig Feilke war, der die Planungen vorangetrieben und organisiert hat. So vermittelt die Mitschrift der Stadtvertretersitzung vom 15. April 1964 trotz indirekter Rede und eigentümlicher Grammatik recht gut, dass der Verwaltungschef die Umstrukturierung des Südstrandes zu seinem persönlichen Anliegen gemacht hatte:

> „Bürgermeister Feilke legt in eingehenden Ausführungen den Sachverhalt dar. Er führt aus, daß jetzt der Zeitpunkt gekommen ist, wo es gilt, die Wirtschaftskraft der Stadt durch den Ausbau der Weißen Industrie zu fördern, damit auch für die Zukunft das [sic] Bad Burgtiefe eine dauerhafte Konkurrenzfähigkeit erhalten bleibt."[46]

Und die Inselzeitung meldete zwei Tage später:

> „Kritik aus den Reihen der CDU, trotzdem Sieg der ‚besseren Einsicht'. [...] Nach einem stark beachteten Grundsatzreferat des Burger Bürgermeisters Feilke, mit dem das Zögern und die Kritik aus den Reihen der CDU-Fraktion des Hauses ausgeräumt werden konnten, verabschiedete das Stadtparlament unter dem Vorsitz von Bürgervorsteher Siebert einstimmig den Antrag über den Bau eines Hauses des Kurgastes am Strand von Burgtiefe. Damit wird nach den Worten des Verwaltungschefs die zweite Phase in der Entwicklung der Stadt Burg eingeleitet, die durch die Vogelfluglinie dem Ostseebad vorgezeichnet ist."[47]

---

[43] Vgl. ebd., Sitzung vom 8. 9. 1964; vgl. auch ebd., Sitzung vom 19. 1. 1965.
[44] Vgl. ebd., Sitzung vom 10. 9. 1964; vgl. auch ebd., Sitzung vom 23. 3. 1965.
[45] Fehmarnsches Tageblatt vom 13. 9. 1965: Fehmarns Zukunft hat begonnen.
[46] Stadtarchiv Burg: Protokoll Stadtvertretersitzungen, Sitzung vom 15. 4. 1965.
[47] Fehmarnsches Tageblatt vom 17. 4. 1965: Endlich: Beschluß über das Haus des Kurgastes. Zweite Phase der Aufbauentwicklung hat begonnen.

Die hier angeführten Zitate dürfen allerdings nicht überbewertet werden. Sowohl der Protokollant der Stadtvertretung als auch der Autor der Inselzeitung waren auf einen guten Draht zum Verwaltungschef der Stadt angewiesen und die ehrenamtlichen Stadtvertreter der kleinen Inselhauptstadt wussten sicherlich, dass sie selbst über kaum genug Expertise verfügten, um ein solches Projekt tatsächlich kritisch zu begleiten. Auch an anderer Stelle wird deutlich, dass es dem Bürgermeister gelang, während der Planungs- und Bauphase prominente Unterstützer zu gewinnen und medienwirksame Auftritte mit der bundesdeutschen Politprominenz zu inszenieren.[48] Dies berücksichtigend ist zu konstatieren, dass der auf der Makro-Ebene unpersönliche wirtschaftliche und gesellschaftliche Strukturwandel auf der hier untersuchten Mikro-Ebene sehr wohl dem Handeln einzelner Personen zugeordnet werden kann, denen es einerseits gelingt, de jure bestehende Entscheidungskompetenzen auch faktisch wahrzunehmen, und andererseits möglich ist, ihr Handeln medial zu vermarkten.

Im Fall eines anderen schleswig-holsteinischen Ferienzentrums wird deutlich, dass solcherlei Steuerungsmöglichkeiten des Strukturwandels auf kommunaler Ebene nicht der Regelfall waren. Auch im Fall des Ostseebades Damp lagen die rechtlichen Entscheidungskompetenzen über die Bauleitplanung bei der kleinen Küstengemeinde. Das Wirtschaftsministerium war jedoch in diesem Fall in weit stärkerem Maße involviert und beratend gegenüber den Gemeindevertretern tätig, für die die Entscheidung über ein solches Bauprojekt trotz deutlich geringerer durch die Gemeinde zu tragender Kosten eine Überforderung darstellte.[49] Im Gegensatz zum Beispiel Damp war die Stadt Burg allerdings auch in größerem Maße an der Finanzierung der geplanten Maßnahmen beteiligt, zum einen in Form ihrer Gesellschafterfunktion in der zur Durchführung der Maßnahmen gegründeten Südstrand-Betreuungsgesellschaft und zum anderen in der Finanzierung und dem Bau der öffentlichen Einrichtungen im Ferienzentrum.[50]

3.2 Das Land

Sowohl Burgtiefe als auch andere Standorte der großen Ferienzentren verfügten alleine nicht über die finanziellen Möglichkeiten und die administrativen Fähigkeiten für die Durchführung derartiger Großprojekte. Somit bestand die Rolle des Landes bei der Realisierung der kühnen Bauvorhaben zunächst in der Bereitstellung von Beratung, Koordination und rechtlicher Prüfung sowie in der Sicherstellung der Finanzierung, teilweise auch

---

[48] Vgl. z. B. die Berichterstattung über einen Kurzvortrag Feilkes auf einer Hamburger Jachtausstellung sowie seinen Rundgang mit dem Bundesverkehrsminister Leber in: Fehmarnsches Tageblatt vom 25. 1. 1969: Minister Leber sehr an Burgtiefe interessiert; Anlass des Besuches des Verkehrsministers war neben Burgtiefe die schon damals geplante Fehmarn-Belt-Querung; vgl. auch die Berichterstattung über einen privaten Besuch Bundeskanzler Kiesingers auf der Baustelle in Burgtiefe, Fehmarnsches Tageblatt vom 2. 5. 1969: Bundeskanzler Dr. Kiesinger besucht Fehmarn Strand Burgtiefe – Kaffeestunde in Meeschendorf; für diesen Besuch wollte die Stadtverwaltung nichts dem Zufall überlassen und forderte die Bevölkerung auf, ihre Häuser mit Deutschlandfahnen zu schmücken und die Straßen zu fegen sowie „den Blumenschmuck zu verstärken". Programm des Fehmarn-Besuchs von Bundeskanzler Dr. Kiesinger, Fehmarnsches Tageblatt vom 3. 5. 1969.
[49] Vgl. Amtsarchiv Schlei-Ostsee: Protokollbuch der Gemeinde Damp. Sitzungen Dezember 1968 – April 1969. Für eine sehr ausführliche Schilderung der Planungsphase aus den vorhandenen Akten vgl. Kurt Voigt/Karl Seemann: Chronik Damp. Gut Damp, Gemeinde Damp, Ostseebad Damp, Damp 1994, S. 631–635.
[50] Vgl. Stadtarchiv Burg: Protokoll Stadtvertretersitzungen, Sitzung vom 12. 10. 1967.

in der Bereitstellung wissenschaftlicher Expertise. Darüber hinaus ist der touristische Strukturwandel zumindest teilweise auch Ausdruck politischer Planung und politischen Handelns, auch wenn nicht behauptet werden kann, dass die Konzentration des Fremdenverkehrs in den Ferienzentren auf die Initiative der Landesregierung zurückgeht. Für eine Bewertung der Rolle des Landes wurden deshalb die im Landesarchiv Schleswig-Holstein aufbewahrten Unterlagen zum Fehmarner Ferienzentrum gesichtet.[51] Den politischen Aspekt, der sich unter anderem in den landespolitischen Debatten und den Fremdenverkehrskonzeptionen der Parteien widerspiegelt, werde ich im Abschnitt über „Bilder und Diskurse" berücksichtigen.

Wichtigster Protagonist auf Seiten des Landes war der frühere Pressesprecher des Wirtschaftsministers Dr. Karl-W. Christensen; er begleitete als Fremdenverkehrsreferent im Ministerium die touristischen Projekte der 1960er Jahre.[52] Zahlreiche Quellen aus dem Stadtarchiv Burg belegen, dass Christensen in dieser Funktion schon in der Frühphase des Projekts die Stadt und den Bürgermeister beraten hat. Leider finden sich außer einem Gesprächsvermerk aus dem Sozialministerium, der im Bauamt der Stadt Burg überliefert ist, keine Quellen über die Anfangszeit. Doch schon in dieser Quelle wird deutlich, dass die Initiative für den Bau des Ferienzentrums von der Stadt selbst ausging, während die verschiedenen Vertreter des Landes ihre unterschiedliche Expertise in die Diskussion einbrachten. Nachdem das Projekt mangels Finanzierungsmöglichkeiten nach dem Architektenwettbewerb erst einmal auf Eis lag, bekam es durch einen Besuch des Fremdenverkehrsreferenten auf Fehmarn, bei dem dieser die Möglichkeiten einer Finanzierung von Burgtiefe aus dem Konjunkturprogramm der Bundesregierung ins Gespräch gebracht hatte, neuen Schwung.[53] Nur durch diese Förderung wurden umfassende Maßnahmen, wie sie auf Fehmarn notwendig waren, überhaupt finanzierbar. Christensen geriet aufgrund seiner auch gegenüber anderen Gemeinden teilweise zunächst recht vollmundigen Ankündigung einer finanziellen Förderung von Tourismusprojekten später durchaus in die Kritik, zunächst war für die Landesregierung und ihren Fremdenverkehrsreferenten das Konjunkturprogramm der Bundesregierung von 1967/68 jedoch in tourismuspolitischer Hinsicht ein Glücksfall.[54]

Nicht nur in Burgtiefe, sondern auch in anderen Orten Schleswig-Holsteins wurden mit diesem Konjunkturprogramm sowie über die Zonenrandförderung kommunale Projekte zur Tourismusentwicklung unterstützt.[55] Da es sich somit nicht in erster Linie um Landesgelder handelte, war die Rolle des Landes in strukturpolitischer Hinsicht eher die einer Vermittlungsinstanz für die Bundesförderung. Für Burgtiefe, das zu den ersten Ferienzentren gehörte und darüber hinaus auch in seiner ursprünglichen Konzeption nicht als überdimensioniert zu bezeichnen ist, war die grundsätzlich entgegenkommende Haltung des Landes natürlich wichtig. Die schwierigen und für die Kommune auch kaum

---

[51] Die Archivüberlieferung im Landesarchiv Schleswig-Holstein setzt erst mit dem Jahr 1967 ein.

[52] Vgl. Die Bundesrepublik Deutschland. Teilausgabe Schleswig-Holstein (1960/61), S. 10.

[53] Vgl. Landesarchiv Schleswig-Holstein: Abt. 691, Nr. 36074, Bl. 2, Vermerk über eine Reise Christensens nach Fehmarn vom 28. 7. 1967; vgl. hierzu auch Fehmarnsches Tageblatt vom 11. 8. 1967: Wird Burg aus dem Eventualhaushalt gefördert?, S. 3.

[54] Schleswig-Holsteinischer Landtag (Hrsg.): Plenarprotokolle. 13.–20. Sitzung vom 25. 2. 1972–3. 10. 1972, hier 14. Sitzung vom 7. 3. 1972, S. 753f.

[55] Vgl. Landesarchiv Schleswig-Holstein: Abt. 691, Nr. 35816, Bl. 4f. (tabellarische Aufstellung zum Neubau einer Meerwasser-Wellen-Schwimmhalle) sowie Bl. 33 (Schreiben der Bundesanstalt für Arbeitsvermittlung und Arbeitslosenversicherung an die Stadt Burg auf Fehmarn vom 29. 1. 1969).

durchschaubaren Finanzierungs- und Bürgschaftsverhandlungen wurden beispielsweise hauptsächlich zwischen dem als Investor agierenden Bankhaus Glocke und der Landesregierung geführt, während sich die Stadt in diesem Zusammenhang mit ihrer Rolle als Gesellschafterin der Betreuungsgesellschaft zu bescheiden hatte.[56] Ein landesplanerischer und tourismuspolitischer Gestaltungswillen muss dem Land und der Landesregierung insofern zugestanden werden, als das Konzept der Ferienzentren eine Konzentration des Fremdenverkehrs auf bestimmte Orte beinhaltete, und damit eine durchgehende Bebauung der Ost- und Nordseeküste durch die Tourismuswirtschaft verhindert werden sollte und auch wurde. Dies war jedoch eher Ausdruck einer allgemeinen Ablehnung touristischen „Wildwuchses", wie er in der Wahrnehmung der Zeitgenossen an der Mittelmeerküste stattfand, denn Resultat einer umfassenden Entwicklungskonzeption für den Fremdenverkehr.

3.3 Investoren, Unternehmen und Banken

Den an der Planung und am Bau der schleswig-holsteinischen Ferienzentren beteiligten Firmen und Geldinstituten wird mangels leicht verfügbarer Quellen und aufgrund eines undurchsichtigen Geflechts von Unternehmen, Beteiligungsgesellschaften und Banken oft zu wenig Aufmerksamkeit geschenkt. Dabei waren es die Investoren, die in der Regel den Anstoß für den Bau dieser Anlagen gaben und manche Gemeinden auch überzeugen konnten, überdimensionierten Bauprojekten zuzustimmen.

Die Stadt Burg auf Fehmarn arbeitete für die Finanzierung des Ferienzentrums eng mit der Duisburger Privatbank A. Glocke zusammen. Die beiden Gesellschafter der Bank, Heinz Lotze und Fritz Stratmann, traten auch als Gesellschafter der „Südstrand Betreuungsgesellschaft", an der die Stadt beteiligt war, in Erscheinung.[57] Über die Bank wurden die Finanztransaktionen der Gesellschaft abgewickelt, wogegen es in der Stadtvertretung schon vor der Unterzeichnung des Gesellschaftervertrages Bedenken gab, da einer der Stadtvertreter Zweifel an der Seriosität und Solvenz der Herren äußerte.[58] Daneben war ein weiterer wichtiger Beteiligter an dieser Gesellschaft der Unternehmer Hans-Heinrich Lorenzen aus Hamburg, über den allerdings nichts weiter in Erfahrung zu bringen war.[59] Die Privatbank stellte bis Ende des Jahres 1969 einen ihrer Prokuristen als Geschäftsführer der „Südstrand Betreuungsgesellschaft".[60] Die beiden Bankiers waren noch mit weiteren Gesellschaften am Bau des Ferienzentrums beteiligt.

Der Bau der schleswig-holsteinischen Ferienzentren basierte auf einem Steuerabschreibungsmodell, bei dem zahlreiche Privatanleger Eigentum an den zu bauenden Ferienwohnungen erwarben oder Teilhaber von Beteiligungsgesellschaften wurden. Kapital, das die kleinen Anleger ansonsten an den Fiskus hätten abführen müssen, wurde so risikolos in Wohneigentum umgewandelt. Bei den Anlegern handelte es sich vornehmlich um Ärzte, Kaufleute, Anwälte und Notare aus dem gesamten Bundesgebiet, die die Ferienwohnungen weniger zur privaten als zur kommerziellen Nutzung erwarben. Die Organisatoren dieser Unternehmungen, im vorliegenden Fall die beiden Privatbankiers und ihre

---

[56] Vgl. ebd., Bl. 26–28.
[57] Vgl. Stadtarchiv Burg: Protokolle Stadtvertretersitzungen, Sitzung vom 12. 10. 1967, Anlage zum Protokoll.
[58] Vgl. ebd., Niederschrift über den nichtöffentlichen Teil der Sitzung, S. 1 f.
[59] Vgl. ebd., Anlage zum Protokoll.
[60] Vgl. Kieler Nachrichten vom 21. 10. 1969: Neuer Geschäftsführer.

zahlreichen weiteren Gesellschaften mit wechselnden Beteiligten, schöpften hierbei an mehreren Stellen des Bauprozesses und auch des Betriebs der Anlagen Profit ab.[61] Zwar handelte es sich bei dem erwähnten Steuerabschreibungsmodell um ein grundsätzlich legales Instrument, seine massenhafte Anwendung in den Ferienzentren basierte hingegen auf einem nur bedingt seriösen Geschäftsmodell, da die Großinvestoren vor allem durch den Bau der Anlagen, weniger jedoch durch deren Betrieb verdienten und somit über den tatsächlichen Bedarf hinaus gebaut wurde.[62]

Nur wenig lässt sich über die Organisatoren des touristischen Strukturwandels ermitteln, doch schon in zeitgenössischen Zeitungsberichten wurden Zweifel an diesem Geschäftsmodell geäußert. So hieß es über die beiden Gesellschafter der Privatbank in der „Zeit" im Januar 1978:

> „Beide machten zusammen mit der ,Consulta' Wirtschafts- und Finanzberatung GmbH & Co KG, Köln, im Abschreibungsgeschäft lohnende Fischzüge. Als Aushängeschild benutzten die beiden Bankiers auch den damaligen Chef der Düsseldorfer Staatskanzlei, Halstenberg."[63]

Stammt das Zitat auch aus einem anderen Kontext als der hier interessierenden Entstehung der Ferienzentren, ist es doch aussagekräftig für die schleswig-holsteinische Situation in den späten 1960er Jahren. Die Duisburger Privatbank war mit der Firma IFA AG für Investitionsförderung auch am Geschäft mit Abschreibungsobjekten in Südwesteuropa beteiligt.[64] Die Quellen, die über entsprechende Finanzgeschäfte berichten, sind zwar spärlich, deutlich wird aber dennoch, dass der touristische Strukturwandel in Schleswig-Holstein und auch anderswo maßgeblich durch Finanzakteure forciert, wenn nicht sogar initiiert wurde, die ein ökonomisches/kommerzielles Interesse an der Entwicklung von Großprojekten hatten. Das Bankhaus Glocke bzw. deren Teilhaber traten hierbei in der Rolle als Projektentwickler und Abwicklungsagentur für die gewaltigen Investitionen auf. Darüber hinaus war ein anderer Firmenteil der IFA-Familie auch für den Betrieb der Hoteltürme in Burgtiefe zuständig, wobei hier weitaus geringere Summen zu verdienen waren als beim Einsammeln des Kapitals von den Privatanlegern für die Ferienwohnungen.[65] Der Strukturwandel der 1960er und 1970er Jahre im schleswig-holsteinischen Tourismus basiert somit zu einem guten Teil auf einem wegen der Abschreibungsmöglichkeiten schon von Zeitgenossen als dubios bezeichneten Finanzierungskonzept. [66]

4. Bilder und Diskurse

Am Beispiel des Ferienzentrums Burgtiefe lassen sich zwei gesellschaftliche Diskurse nachzeichnen. Zunächst ist der in der Anlage des Ferienzentrums verdinglichte architek-

---

[61] Eine genaue Darstellung dieses Steuerabschreibungsmodells sowie eine Analyse der sozialen Herkunft der privaten Anleger liefert Reinhard Kurz: Ferienzentren an der Ostsee, S. 70–75.

[62] Vgl. Michaelis-Otte: Arne Jacobsens Ferienzentrum, S. 52f.

[63] Die Zeit vom 13. 1. 1978: Noch einmal davongekommen.

[64] Vgl. Die Zeit vom 23. 7. 1971: Es war der falsche Schacht.

[65] Die IFA-Gruppe war in Schleswig-Holstein noch für ein weiteres Projekt in Kellenhusen mit einem ähnlichen Beteiligungsmodell verantwortlich, vgl. Wolfgang Braatz: Zur Berichtigung der Ostsee, in: Bauwelt (1970), H. 29, S. 1095–1103, hier S. 1101.

[66] Der sozialdemokratische Landtagsabgeordnete Stojan sprach in diesem Zusammenhang von „sanktionierter Steuerflucht". Schleswig-Holsteinischer Landtag (Hrsg.): Plenarprotokolle, 14. Sitzung am 7. 3. 1972, S. 728.

tonische Diskurs um eine effektive und gleichzeitig humane Gestaltung von modernem Massentourismus zu nennen. Darüber hinaus ist auf der Ebene des Landes Schleswig-Holstein ein Diskurs auszumachen, der um die dem Tourismus zugewiesene Rolle für die Wirtschaftsentwicklung Schleswig-Holsteins kreiste und der in Politik und Presseöffentlichkeit geführt wurde. Wichtigstes Schlagwort in diesem Zusammenhang ist der Begriff der „Weißen Industrie", dessen verschiedene Bedeutungsebenen zu untersuchen sind.

„Als die Bauträger anfingen, wußten sie von Tourismus so gut wie nichts."[67] Diese Aussage stammt vom Chef des 1967 gegründeten Fremdenverkehrsverbandes Schleswig-Holstein, Gerd Kramer. Der Leiter der Starnberger Forschungsstelle für Tourismus fügte hinzu, dass auch die Architekten „vom Ferienleben und seinen Anforderungen keine Ahnung" hatten.[68] Kramer hob an anderer Stelle auch seine persönliche Ahnungslosigkeit in touristischen Fragen in den ersten Jahren seiner Tätigkeit im Dienst des schleswig-holsteinischen Fremdenverkehrs hervor.[69] Berücksichtigt man die gewaltigen landschaftlichen Veränderungen, sind diese Aussagen zumindest verwunderlich. Sie werden erklärlich, wenn in Rechnung gestellt wird, dass der bis in die frühen 1970er Jahre anhaltende Bauboom weniger das Ergebnis gezielter politischer Steuerung wirtschaftlicher Prozesse denn Beispiel für den Übergang der Tourismuswirtschaft aus der Manufakturphase in die industrielle Periode war.[70] Diese Entwicklung war jedoch nicht unbedingt beabsichtigt, sondern eher ein Nebeneffekt der wirtschaftlichen Aktivitäten auf Seiten der Finanzwirtschaft. Zwar waren die Gemeinden an einem Ausbau ihrer Tourismuswirtschaft interessiert, die Initiative ging aber bei vielen Ferienzentren von Seiten der Kapitalgeber – genauer: privater Großinvestoren – aus.[71] Diese Großinvestoren verkauften die Immobilien bzw. einzelne Appartements entweder in Form von Finanzprodukten oder als Wohnungseigentum an die Kleinanleger, die hierdurch vor allem Steuern sparen konnten. Geld verdient wurde also vor allem durch den Bau der Ferienzentren und nicht durch deren Betrieb.[72] Eine spätere Nutzung der so entstehenden Ferienwohnungen durch die privaten Anleger war somit in der Grundidee nicht unbedingt intendiert. Erst als viele Ferienzentren in eine wirtschaftliche Schieflage gerieten, wurden mehr und mehr einzelne Appartements an Kleinanleger verkauft, die diese entweder selbst nutzten oder privat vermieteten.

Ob die oben zitierte kritische Aussage über den mangelnden Sachverstand der Architekten tatsächlich zutrifft, darf allerdings bezweifelt werden. Es ist festzustellen, dass die am Projekt Burgtiefe beteiligten Architekten sich abseits des durch die Wettbewerbsbedingungen vorgegebenen Rahmens sehr wohl in professioneller Weise mit der Frage einer gleichermaßen modernen (beispielsweise durch eine effektive Lenkung von Besucherströmen) wie für die Urlaubsgäste Erholung schaffenden Gestaltungsweise auseinandergesetzt haben. Im Folgenden werden die für den Architektenwettbewerb eingereichten Beiträge und ergänzende Kommentare der Architekten untersucht. Des Weiteren wird

---

[67] Die vielen Leute stören gar nicht, Der Spiegel vom 19. 8. 1974, S. 36–39, hier S. 38.

[68] Ebd.

[69] Gerd Kramer: Schleswig-Holstein. Meer und mehr. Dreißig Jahre im Tourismus, Husum 2002, S. 16.

[70] Vgl. Pagenstecher: Der bundesdeutsche Tourismus, S. 148.

[71] Zu einem Bericht über eine solche Anfrage eines Investors, der mehrere schleswig-holsteinische Gemeinden von dem Bau eines Großprojekts überzeugen wollte, vgl. Stadtarchiv Burg: Protokoll Magistratssitzungen, Sitzung vom 6. 7. 1965.

[72] Eine genaue Erläuterung des Abschreibungsmodells liefert Kurz: Ferienzentren an der Ostsee, S. 70–72. Zur Einschätzung der Motive auf Seiten der Kapitalgeber vgl. ebd., S. 65, 72.

die Diskussion in der einschlägigen Fachzeitschrift „Bauwelt" verfolgt, die sich intensiv mit touristischer Architektur beschäftigt und den schleswig-holsteinischen Ferienzentren sogar einen eigenen Heftschwerpunkt widmete.[73]

4.1 Bilder

Dass Tourismus in besonderer Weise für eine Umgestaltung von Küstenlandschaften sorgte, ist ein Allgemeinplatz der Tourismusgeschichte. Aus Fischerdörfern an der Nord- und Ostseeküste wurden schon im frühen 19. Jahrhundert mondäne Badeorte, aus denen die ursprünglichen Bewohner meist eher verdrängt wurden, als dass sie an diesem frühen Strukturwandel hätten partizipieren können. Schon in der Gründungsphase waren kommerzielle Interessen für die Entstehung zahlreicher deutscher Seebäder ausschlaggebend.[74] Das Ausmaß der durch den beschleunigten touristischen Strukturwandel der 1960er Jahre verursachten landschaftlichen Veränderungen war auch in Schleswig-Holstein bislang beispiellos. Im Vergleich zum südfranzösischen Languedoc-Roussillon oder zur jugoslawischen Adriaküste, die beide unter staatlicher Aufsicht zu gigantischen Feriengebieten umgestaltet wurden, nimmt sich das schleswig-holsteinische Beispiel zwar nur bescheiden aus, aber auch hier wurden starke landschaftliche Veränderungen vorgenommen, um eine Tourismusregion entstehen zu lassen.[75] Am Beispiel des Ferienzentrums in Burgtiefe treten die zeitgenössischen Vorstellungen von modernem Tourismus deutlich hervor.

In Burgtiefe sollte zunächst auf relativ großem Gebiet eine überschaubare Zahl von Urlaubern untergebracht werden, Projekte wie die „fordistisch rationalisierte Urlaubsfabrik"[76] Damp 2000 waren noch für einige Jahre Zukunftsmusik. Außerdem wollte die Stadt Burg kein überdimensioniertes Ferienzentrum. Vielmehr sahen die Wettbewerbsunterlagen eine Zahl von 1300 bis 1500 Betten für die zu planende Anlage vor.[77]

Obwohl die eingereichten Wettbewerbsbeiträge auch über einen begleitenden Text verfügen, war die visuelle Komponente in Form der ausgestellten Plakate für die Entscheidung der Fach- und Sachpreisrichter ausschlaggebend. Die Fachjury war in der Lage, die teilweise komplexen Bauzeichnungen zu lesen und zu entschlüsseln; die Sachpreisrichter, zu denen auch der Burger Bürgermeister Feilke gehörte, waren jedoch keine Fachleute und insofern durch eine ansprechende visuelle Darstellung umso mehr zu beeinflussen.[78]

Der Entwurf der beiden Hamburger Architekten Mensinga und Rogalla zeichnet sich durch eine klare Aufteilung der unterschiedlichen Zonen aus. Im Westen der Halbinsel finden sich in mehreren Reihen die Unterkünfte für Familien in Form von Appartements

---

[73] Vgl. Bauwelt (1970), H. 29.

[74] Vgl. Hachtmann: Tourismus-Geschichte, S. 84.

[75] Vgl. Friedrich A. Wagner: Die Urlaubswelt von morgen, Düsseldorf u. a. 1970, S. 97–100.

[76] Pagenstecher: Der bundesdeutsche Tourismus, S. 148.

[77] Vgl. Michaelis-Otte: Arne Jacobsens Ferienzentrum, S. 15.

[78] Nicht alle eingereichten Plakate sind heute noch im Stadtarchiv Burg vorhanden. Der Entwurf von Jacobsen und Weitling beispielsweise ist verloren, es existiert jedoch ein Abdruck in der Deutschen Bauzeitung aus dem Jahr 1967, der von dem letztlich gebauten Ensemble, wie es beispielsweise in Bebauungsplänen aus dem Landesarchiv Schleswig-Holstein ersichtlich wird, so stark abweicht, dass vieles dafür spricht, dass es sich um den ursprünglichen Wettbewerbsbeitrag handelt. Vgl. Seebad auf Fehmarn, Deutsche Bauzeitung (1967), S. 712–715; für die Bebauungspläne vgl. Landesarchiv Schleswig-Holstein: Abt. 691, Nr. 36078.

bzw. Bungalows. Der Osten wird von vier umfangreichen Hotelbauten dominiert, an die sich nördlich eine Fläche mit Läden und Pensionen anschließt, während westlich die großen Gemeinschaftsbauten „Haus des Kurgastes", Kurmittelhaus und Schwimmhalle sowie ein weiteres Hotel angelegt sind. Der zentrale Parkplatz befindet sich am Eingang der Insel. Besonderer Clou dieses Entwurfs sind zum einen sogenannte „Yatels" und etwas kleinere „Bootels", Appartements als Pfahlbauten für Bootsbesitzer mit eigenem Bootssteg, und zum anderen die „Robinson-Insel", ein riesiger Abenteuerspielplatz auf der kleinen Insel im Burger Binnensee.[79] Die Architekten hatten sich im Wesentlichen an den Wettbewerbsauftrag gehalten und die Gemeinschaftsbauten an die Aufgabenstellung angepasst.[80] Auffällig ist die klare Trennung der verschiedenen Funktionsbereiche, die sich in die natürlichen Gegebenheiten der Halbinsel einpassen und insbesondere eine vorhandene Waldfläche in den Entwurf integrieren bzw. diese sogar noch erweitern. An einer wesentlichen Stelle weichen Mensinga und Rogalla jedoch von den Wettbewerbsbedingungen ab: Die Ruine der Burg Glambek aus dem frühen 13. Jahrhundert wurde überhaupt nicht in die Planungen einbezogen, sondern verschwand unter dem Fundament eines Hotels.[81] Andererseits wurden bereits bestehende Fremdenverkehrsbetriebe durchaus in die Anlage integriert. Moderner Tourismus vertrug sich in den Augen der Architekten offenbar nicht mit einer mittelalterlichen Burgruine. Mensinga und Rogalla haben einen konsequent modernen Entwurf für das Ferienzentrum vorgelegt. Dies wird beispielsweise an der Verkehrsführung des Entwurfs deutlich. Zwar waren im Bereich der Ferienwohnungen und der Yatels einige Parkplätze vorgesehen, der große Verkehrsstrom wurde jedoch mit einem großen Parkplatz von der eigentlichen Halbinsel fern gehalten. Auch die Idee der etwas abseits gelegenen und aufwändig gestalteten „Robinson-Insel" zeigt die Einbeziehung von Kindern und Jugendlichen in das Konzept eines modernen Familienurlaubs, der nicht mehr unter Kur- bzw. Gesundheitsaspekten unternommen wird. Die vier Hotels im Osten der Insel wurden von der Jury als nicht realisierbar eingestuft.[82]

Das traditionsreiche Architekturbüro Schnittger aus Kiel, hier vertreten durch den damaligen Chef Otto Schnittger, reichte einen Entwurf ein, der sich durch die Verteilung der Wohnbebauung in drei Zonen auszeichnet. Auch hier wurde durch eine Platzierung des Großparkplatzes die Anlage zumindest ansatzweise verkehrsberuhigt gestaltet. Im Gegensatz zu Mensinga und Rogalla plante Schnittger eine eher klassische Hafenanlage an der nordwestlichen Spitze der Insel.[83] Die Gemeinschaftsbauten nahmen aus Sicht der Jury zu viel Raum ein. Die Burgruine wurde in den Plan einbezogen und sinnvoll in die westlich davon gelegenen Bauten des Kurzentrums integriert.[84] Ein wirkliches Konzept für eine Einbeziehung des historischen Bauwerks scheint Schnittger jedoch auch nicht gehabt zu haben. Wichtig für die Geschichte der schleswig-holsteinischen Ferienzentren ist dieser Entwurf hingegen nicht wegen seiner Auszeichnung im Rahmen des Burger Wettbewerbs, sondern weil die Firma Schnittger kurze Zeit später das deutlich größer dimensionierte Ferienzentrum Damp 2000 realisierte, bei dem einige schon für Burg einge-

---

[79] Vgl. Stadtarchiv Burg: Wettbewerbsbeitrag Mensinga/Rogalla, 2 Plakate; vgl. auch Michaelis-Otte: Arne Jacobsens Ferienzentrum, S. 18f.
[80] Vgl. Michaelis-Otte: Arne Jacobsens Ferienzentrum, S. 15–17.
[81] Zur Ruine Glambek vgl. Klahn: Fehmarn. S. 14–17.
[82] Vgl. Michaelis-Otte: Arne Jacobsens Ferienzentrum, S. 19.
[83] Vgl. Stadtarchiv Burg: Wettbewerbsbeitrag Otto Schnittger, 1 Plakat.
[84] Vgl. Michaelis-Otte: Arne Jacobsens Ferienzentrum, S. 19.

reichte Ideen übernommen wurden.[85] Schnittgers Ferienzentrum Damp zeichnet sich durch die Anlage beherrschende, riesige weiße Appartementhäuser aus, die an die gigantische Ferienstadt in La Grande Motte in Südfrankreich mit ihren Häuserpyramiden erinnern.

Der ursprüngliche Entwurf von Arne Jacobsen und seinem Partner Otto Weitling hatte nur wenig mit der letztlich gebauten Anlage zu tun. Im Westen der Insel sollten Häuser für Familien ringförmig um eine begrünte Fläche mit Spielplatz angelegt werden, während die Schwimmhalle, das „Haus des Kurgastes" und das Kurmittelhaus schon zentral an ihrem heutigen Standort im Zentrum der Halbinsel positioniert waren. Auch Jacobsen hatte eine Kindertagesstätte eingeplant, um Eltern einen entspannten Strandbesuch zu ermöglichen. Im Osten waren weitere Familienhäuser und sogenannte Fischerhütten angedacht, die jedoch ebenfalls nicht verwirklicht wurden. Im Gegensatz zu den beiden anderen prämierten Entwürfen sah die Verkehrsplanung eine Erreichbarkeit aller Zonen mit dem Auto und einen zentralen Großparkplatz im Zentrum der Anlage vor, auch die Burgruine wurde in den Entwurf des Kurzentrums einbezogen.[86]

Die heutige Anlage unterscheidet sich in wesentlichen Punkten von dieser Konzeption. Nicht nur wurden auf Druck der Südstrand-Betreuungsgesellschaft die ursprünglich auf vier Geschosse beschränkten Hotels in 17-geschossige Hochhaustürme umgewandelt, auch wurden Jacobsens niedrige Ferienhäuser in 5-geschossige Appartementhäuser verändert, die in zwei Reihen auf der Westseite der Halbinsel angeordnet sind. Auch das geplante Hafenbecken wurde in deutlich anderer Form verwirklicht.[87] Die ursprünglich vorgesehene und auch im Wettbewerb ausgeschriebene Anlage wurde auf Betreiben der Bauträger hinsichtlich ihrer Kapazität stark vergrößert; aus ursprünglich etwa 1500 Betten sollten nun insgesamt über 5000 werden.[88] Die Stadt hatte hierbei, obwohl Gesellschafterin der Betreuungsgesellschaft, nur geringe Mitwirkungsmöglichkeiten, da sie am Bau der Hotels und Appartements nicht beteiligt war. Die Burgruine wurde 1967 unter Denkmalschutz gestellt und ist heute von einem Zaun umgeben, der jegliches Betreten verhindert; sie sollte nach Aussage der Stadt auch gar nicht mehr in die Bebauung einbezogen werden.[89] Die am deutlichsten sichtbare Veränderung, die Jacobsen und sein Partner Weitling auf Wunsch der Betreiber vornehmen mussten, war die Umwandlung der niedrigen Hotels in die drei „Hotel-Riesen",[90] die heute die Gestalt der Anlage prägen. In der Literatur wird diese Umwandlung kritisch bewertet und etwas einseitig allein auf den Druck der Kapitalgeber zurückgeführt.[91] Astrid Hansen schreibt sogar, sich auf einen Mitarbeiter Jacobsens berufend, Ersterer habe sich von den Hochhäusern distanziert und die Pläne seien ohne dessen Wissen verändert worden.[92] Dagegen hebt der sonst gut informierte

---

[85] Vgl. Schnittger Architekten (Hrsg.): Die Architekten Schnittger. Bauen in Norddeutschland, Hamburg 2000, S. 161–165; vgl. hierzu insbesondere die Anlage der Appartementhäuser und die hervorstechenden Dachkonzeptionen im Bereich des Kurzentrums.

[86] Vgl. Seebad auf Fehmarn, Deutsche Bauzeitung (1967), S. 712–715.

[87] Vgl. Michaelis-Otte: Arne Jacobsens Ferienzentrum, S. 29–32.

[88] Vgl. ebd., S. 31 u. 43.

[89] Vgl. Stadtarchiv Burg: Sitzungen des Bau- und Wegeausschusses, Sitzung am 28. 8. 1968.

[90] Fehmarnsches Tageblatt vom 10. 1. 1969: Trotz Winterkälte Hochbetrieb. Auf der Tiefe werden die Hotel-Riesen gebaut.

[91] Vgl. Michaelis-Otte: Arne Jacobsens Ferienzentrum, S. 31; vgl. Braatz: Zur Berichtigung der Ostsee, S. 1101.

[92] Vgl. Astrid Hansen: Das „Ostsee-Heilbad" Arne Jacobsens in Burgtiefe auf Fehmarn, in: Die Denkmalpflege 63 (2005), S. 5–14, hier S. 13f.

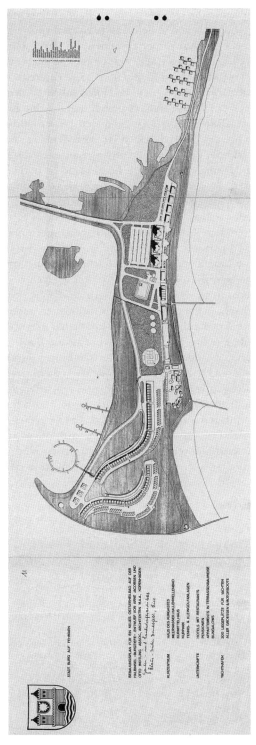

Abb. 2: Bebauungsplan der Stadt Burg für das Ferienzentrum Burgtiefe aus dem Jahr 1968 nach dem modifizierten Entwurf von Arne Jacobsen[93]

---

[93] Landesarchiv Schleswig-Holstein: Abt. 691, Nr. 36078 (1).

Journalist Friedrich A. Wagner die Urheberschaft Jacobsens hervor und betont, dieser hätte die Hotels sogar noch höher bauen wollen, was die Stadt nicht zugelassen habe.[94] In der Tat wirken die großen, eckigen Baukörper besonders bei der Zufahrt von Norden nach Burgtiefe deplatziert, weil sie auf dieser Seite vollständig mit an brutalistische Sichtbetonfassaden erinnernden Platten bedeckt sind und über keine Fenster verfügen: Alle Appartements haben einen Südbalkon.[95] Doch auch die Hotelbauten, ob ursprünglich von Jacobsen oder nicht, fügen sich durch ihre architektonisch durchdachte Konzeption in die Vorstellungen von modernem Tourismus ein, wie sie in den 1960er Jahren vorherrschte.

Ein weiterer Entwurf der beiden Architekten Herbert Weidling und Erhart Kettner sah mehrere kreisförmige Anlagen für Appartementhäuser auf der Nordseite des Burger Binnensees vor sowie einen Jachthafen, der deutliche Ähnlichkeit zum letztlich gebauten aufweist.[96] Da Arne Jacobsen vor der Fertigstellung des Ferienzentrums verstarb, wurde der Bau fortan von seinem Partner Weitling betreut. Letztlich ausführend gebaut haben das Ferienzentrum jedoch die beiden Fehmarner Architekten Peter Borgwardt und Richard Henneberg; diese dürften dem Projekt ebenfalls ihren Stempel aufgeprägt haben. Das in Burgtiefe verwirklichte Ferienzentrum stellt somit eine Anlage dar, die von diversen Personen gestaltet wurde und nicht auf einen einheitlichen Entwurf Arne Jacobsens zurückzuführen ist, auch wenn sein Büro als Urheber für den letztlich realisierten Bebauungsplan der Stadt Burg genannt wird.[97] Der Wettbewerb auf Fehmarn gab einer Reihe von Architekten die Möglichkeit, einen ganzen Ferienort zu planen und eigene Vorstellungen einzubringen. Dass hierbei nicht alle Ideen zu verwirklichen waren und für die Zielgruppe der Ferienzentren die Einfahrt ins Yatel mit dem eigenen Boot nicht unbedingt ganz oben auf der Wunschliste gestanden haben dürfte, kann nicht darüber hinwegtäuschen, dass in Burg und an anderen Orten Schleswig-Holsteins Architekten maßgeblich den touristischen Strukturwandel geprägt haben. So spielte das Einpassen der Anlagen in die sie umgebende Landschaft in allen Entwürfen eine wichtige Rolle, auch wenn die Anmutung der letztlich gebauten Anlagen auf den ersten Blick das Gegenteil zu belegen scheint. Wenn die große Zahl der Feriengäste berücksichtigt wird, die in diesen geplanten Urlaubswelten ihren Sommerurlaub verbrachten und verbringen, sind Anlagen wie Burgtiefe und auch Damp als ausgesprochen durchdachte Konzeptionen zu betrachten.[98]

4.2 Die „Weiße Industrie"

Im Rahmen der Modernisierung Schleswig-Holsteins während der 1960er Jahre kann der Begriff der „Weißen Industrie" nicht nur als Schlagwort, sondern als Topos mit einer ganzen Reihe von Bedeutungsebenen angesehen werden. Heute noch vertraut und zumin-

---

[94] Vgl. Wagner: Ferienarchitektur, S. 55. Jacobsen war auch sonst keineswegs ein Gegner von Hochhäusern, wie sein auch heute noch die übrige Bebauung um viele Meter überragender Hotelbau in Kopenhagen belegt.

[95] Insgesamt stellte Jacobsens Anlage auf Fehmarn jedoch eine Absage gegenüber brutalistischer Architektur dar, wie sie Marcel Breuer exemplarisch in seinem Feriendorf Flaine in den französischen Alpen verwirklicht hat. Vgl. Hansen: Das „Ostsee-Heilbad", S. 9.

[96] Vgl. Stadtarchiv Burg: Wettbewerbsbeitrag Weidling/Kettner, 1 Plakat.

[97] Vgl. Landesarchiv Schleswig-Holstein: Abt. 691, Nr. 36078, Bebauungspläne auf Bl. 11 und 17 in verschiedenen Formaten. Vgl. auch Abb. 2.

[98] Zu einer ähnlichen Bewertung kommt auch Homp: Schleswig-Holstein-Tourismus am Scheideweg, S. 108.

dest auf den ersten Blick auch einleuchtend ist dieser Begriff für die Diskussion um den Ausbau des Fremdenverkehrs als Entwicklungsperspektive für die schleswig-holsteinische Wirtschaft in den 1960er Jahren ein entscheidender. So blieb beispielsweise dem Merian-Autor Claus Lafrenz kaum mehr übrig als eine ironische Verwendung im Bewusstsein der Phrasenhaftigkeit des Begriffs. Seit der Eröffnung der Vogelfluglinie sei nämlich auf Fehmarn neben der Schwarzbunt-Rinderzucht „nun auch das Wort ‚Die Weiße Industrie‘ hoch im Schwange"[99] – Fremdenverkehr als Weg aus dem Kuhstall!

Die „Weiße Industrie" ist ein Begriff der Medien bzw. der medialen Vermittlung von Politik. Er stammt nicht aus der Alltagssprache, denn zu komplex ist das dahinter stehende Konzept. Er bildet auch nicht einfach nur ein Synonym für den „Fremdenverkehr" bzw. den damals noch weit weniger häufig gebrauchten „Tourismus", mit dem Journalisten ihre sonst eher nüchtern daherkommenden Artikel über den Ausbau der Freizeitwirtschaft ausschmücken konnten. Nur selten wird er in Zeitungen und Zeitschriften der 1960er Jahre ohne jene Anführungszeichen, die für eine leichte Distanzierung sorgen und einen Verweis auf ein nicht zu identifizierendes Zitat beinhalten, verwendet. Er symbolisiert wie kein anderer die Bemühungen um die Förderung des wirtschaftlichen Strukturwandels. Neben dem sich nach dem Zweiten Weltkrieg massiv beschleunigenden Wandel in und weg von der Landwirtschaft war auch die Schwerindustrie – namentlich die Werften des Landes – schon in den 1960er Jahren von einem Beschäftigungsabbau betroffen.[100] Insofern ist es kaum verwunderlich, dass der „schmutzigen" Schwerindustrie eine saubere, moderne, eben „weiße" Industrie zwar nicht entgegengesetzt, zumindest aber an die Seite gestellt wurde. Die Metapher und der Diskurs von der „Weißen Industrie" haben einen historischen Vorläufer. Unter dem Begriff der „weißen Kohle" wurde zu Beginn des 20. Jahrhunderts über die Wasserkraft und ihre vordergründig rein positiven Eigenschaften diskutiert.[101] Auch in diesem Fall bestand die Diskussion nur zum Teil in einer Abwägung des Für und Wider der Nutzung der Wasserkraft, sondern mit der Verwendung des Begriffs der „weißen Kohle" wurde schon die Hegemonie im jeweiligen Diskurs sprachlich angezeigt und verfestigt. Kritiker der Wasserkraft bzw. der Industrialisierung des Fremdenverkehrs in Schleswig-Holstein hatten es somit schwer, ihre jeweiligen Positionen anschlussfähig an die beiden Diskurse zu platzieren.

Trotz der angesprochenen vorsichtigen Distanzierung wurde der Begriff in der regionalen und überregionalen Tagespresse durchweg positiv verwendet. Dies verweist auf die Bedeutung des Fremdenverkehrs für die Wirtschaft der Insel und auf gestiegene Übernachtungszahlen.[102] In der politischen Kommunikation bildete er eine Chiffre für die Notwendigkeit wirtschaftlichen Strukturwandels: „Die Landesregierung sei der Ansicht, daß Einrichtungen der ‚Weißen Industrie‘ eine beträchtliche Steigerung der Wirtschaft darstellen, so daß sie gefördert werden müssen."[103] Auch die Konkurrenzfähigkeit der

---

[99] Claus Lafrenz: Wi föhrt na Europa – von Fehmarn, in: Merian 22 (1969), H. 5, S. 44–50, hier S. 49.
[100] Vgl. Uwe Danker: Landwirtschaft und Schwerindustrie Schleswig-Holsteins seit 1960: Schlaglichter auf sektoralen Strukturwandel, in: Demokratische Geschichte 18 (2007), S. 167–216.
[101] Vgl. David Blackbourn: Die Eroberung der Natur. Eine Geschichte der deutschen Landschaft, München 2008, S. 256–267.
[102] Vgl. z. B. Fehmarnsches Tageblatt vom 15. 8. 1967: Es geht um neue Maßnahmen auf der Tiefe; Kieler Nachrichten vom 18. 9. 1967: Musterbad auf Fehmarn; Flensburger Tageblatt vom 22. 9. 1967: Fehmarn meldet Rekordsaison; Norddeutsche Rundschau vom 11. 9. 1968: Modernstes Ostseebad für Fehmarn.
[103] Fehmarnsches Tageblatt vom 11. 8. 1967: Wird Burg aus dem Eventualhaushalt gefördert?

regionalen Wirtschaft sollte mit ihrem Ausbau gestärkt werden, denn gerade im Zonenrandgebiet Schleswig-Holsteins werde die „Wirtschaftskraft der ‚Weißen Industrie' mancherorts noch unterschätzt".[104] Trotz der implizierten Gegenüberstellung mit einer „schmutzigen" Schwerindustrie waren industrielle Produktionsweisen an sich weiterhin positiv besetzt. Erst langsam schlichen sich in den Diskurs um die Modernisierung des Tourismus zunächst Überlegungen zum Landschaftsschutz und später auch zum Umweltschutz ein. So schreibt Wolfgang Braatz in seinem durchaus kritischen Aufsatz über die Ferienzentren an der Ostsee, die schleswig-holsteinischen Landesplaner wollten „der gleichmäßigen Überkrustung der Küste, wie sie in der Lübecker Bucht so unvergleichlich gedeiht, mit Schwerpunkten der ‚Weißen Industrie' entgegenwirken".[105] Erst langsam konnten sich diese Kritiker eines weiteren unkontrollierten Baus von Ferienzentren im Land durchsetzen, sodass Ministerpräsident Gerhard Stoltenberg 1973 im Vorwort einer Broschüre über Landesplanung einräumen musste:

> „Gerade für das Fremdenverkehrsgewerbe, für dessen Gedeihen unsere schöne schleswig-holsteinische Landschaft die entscheidende Grundlage ist, darf es jedoch kein ungeplantes Wachsen um jeden Preis geben. Mehr als in anderen gewerblichen Bereichen muß hier in der ‚weißen Industrie' das heute überall geschärfte Umweltbewußtsein Eingang auch in richtig verstandenes unternehmerisches Denken finden. Angesichts der besonderen Empfindlichkeit der Landschaft gegen Eingriffe aller Art dürfen wir uns aber nicht allein auf die Vernunft der Verantwortlichen des Fremdenverkehrsgewerbes verlassen. Schützendes Handeln des Staates ist zusätzlich erforderlich."[106]

Landschafts- und Naturschutz sollte also nicht allein zum Erhalt der Umwelt bzw. des Lebensraums von Menschen, Tieren und Pflanzen betrieben werden. Umweltpolitik sei vielmehr nötig, um eine ressourcenschonende Bewirtschaftung der Landschaft zu gewährleisten. Der „Weißen Industrie" sollte aus Sicht der Landesregierung eine „Weiße Industriepolitik" an die Seite gestellt werden. Von einer solchen konnte jedoch lange Zeit keine Rede sein. So blieben die tourismuspolitischen Vorstellungen der Landesregierung, wie sie in zahlreichen Publikationen zur schleswig-holsteinischen Wirtschaft immer wieder formuliert wurden, erstaunlich blass und perspektivlos.[107] Eine im Auftrag des Wirtschaftsministeriums durchgeführte Studie kam zu dem Schluss, der „Fremdenverkehr allein kann keine ausreichende Basis für wirtschaftlichen Wohlstand bieten, da im Dienstleistungsbereich keinesfalls ähnliche technische Fortschritte eingeführt werden können, wie sie in den industriellen Wachstumsindustrien möglich sind".[108] Von einer steuernden und am tatsächlichen Bedarf ausgerichteten Fremdenverkehrspolitik kann in Schleswig-Holstein erst ab dem Jahr 1972 gesprochen werden. Zu diesem Ergebnis kam auch der CDU-Wirtschaftsminister Jürgen Westphal: In seiner Antwort auf die Große Anfrage der SPD-Fraktion zu den Ferienzentren im Jahr 1976 betonte Westphal,

---

[104] So formulierte es der aus Schleswig-Holstein stammende Bundesbauminister Lauritz Lauritzen. Fehmarnsches Tageblatt vom 11.1.1969: Interview mit Dr. Lauritz Lauritzen, Bundesminister für Wohnungswesen und Städtebau; vgl. auch Stadtarchiv Burg: Protokoll Stadtvertretersitzungen, 24. Sitzung vom 15.4.1965.

[105] Braatz: Zur Berichtigung der Ostsee, S. 1097.

[106] Gerhard Stoltenberg: Vorwort, in: Landesplanung in Schleswig-Holstein, H. 9, Fremdenverkehr und Erholung 1973, Kiel 1974.

[107] Vgl. z. B. Helmut Lemke: Schleswig-Holstein in Europa. Zur EWG-Anpassung. Zugleich Kurzfassung des Arbeitsprogramms der Landesregierung, Kiel 1963; vgl. auch CDU Schleswig-Holstein (Hrsg.): Der Lemke-Plan. Ziele und Maßnahmen 1967–1970, Flensburg 1967.

[108] Hoffmann: Untersuchung über Umfang, Struktur, Bedeutung und Entwicklung, S. 15.

dass 1972 die Landesregierung die Absicht erklärt habe, „die Fremdenverkehrsentwicklung stärker mit Hilfe von Raumordnungsplänen zeitlich und räumlich zu steuern".[109] Der Minister konstatiert hier vorsichtig den Umstand, dass man den Fremdenverkehr bislang in der Raumplanung so gut wie gar nicht berücksichtigt hatte und die sich seit Mitte der 1960er Jahre auf Fehmarn und anderswo abzeichnenden Entwicklungen hin zu einer massiven Ausweitung der Kapazitäten nur unzureichend zu steuern in der Lage gewesen war.[110]

Interessant ist in diesem Zusammenhang, dass in den politischen Verlautbarungen von „Weißer Industrie" immer nur dann gesprochen wurde, wenn in der Öffentlichkeit weitgehend positive Bilder eines modernen Massentourismus erzeugt werden sollten. Innerhalb der politischen Kommunikation selbst, so z. B. in den tourismuspolitischen Debatten des schleswig-holsteinischen Landtags, spielt der Begriff keine Rolle. So findet er sich in den Landtagsdebatten des Jahres 1972 – ein Jahr, in dem der Fremdenverkehr aufgrund des kurz zuvor verhängten Planungsstopps für weitere Ferienzentren und der Intervention der Landesregierung in die Planungen für ein Großprojekt auf Sylt sehr häufig thematisiert wurde – nur ein einziges Mal: Die SPD-Abgeordnete Rosemarie Fleck beschwor in ihrer Rede im März 1972 die „einmalige herb-schöne Landschaft" der Insel Sylt als Grundlage der „weißen Industrie".[111] Ansonsten wurde in den eher nüchternen Formulierungen die Gegenüberstellung verschiedener Industrieformen tunlichst vermieden, hatte doch Schleswig-Holstein in jenen Jahren genug mit dem Strukturwandel der Schwerindustrie zu tun.

Doch auch ohne dessen explizite Verwendung fand der im Landtag ausgetragene Streit um die Ferienzentren und den touristischen Strukturwandel entlang derselben Konfliktlinien statt. In der genannten Debatte vertrat die oppositionelle SPD, die es sich allerdings zugutehalten konnte, mit dem „Weißen Plan" schon Mitte der 1960er Jahre ein eigenes tourismuspolitisches Konzept vorgelegt zu haben, die Idee eines langsamen Wachstums des schleswig-holsteinischen Fremdenverkehrs ohne industriellen Charakter.[112] Zwar hatten sich die Sozialdemokraten zumindest in der Diktion von ihrer Vorstellung von Freizeit verabschiedet, die vom Konzept der Badekur als Rehabilitationsmöglichkeit und vom sozialdemokratischem Arbeitsethos geprägt war; der industrialisierte Massentourismus wurde aber ebenso abgelehnt. Konnte der „Weiße Plan" eine moderne „Weiße Industrie" noch nicht einmal sprachlich konzipieren, hatten die Sozialdemokraten die wirtschaftliche Bedeutung des Fremdenverkehrs für das Land mit geschätzten 100 000 Beschäftigten und

---

[109] Der Minister für Wirtschaft und Verkehr des Landes Schleswig-Holstein (Jürgen Westphal): Beantwortung der Großen Anfrage der SPD-Fraktion, S. 1 f.

[110] So zeigt ein kurzer Blick in die Erläuterungen zum ersten schleswig-holsteinischen Raumordnungsprogramm von 1968, dass die Vorstellungen der Landesregierung zwar einen Ausbau der bestehenden Seebäder vorsahen, das einzige Mittel hierzu jedoch in der Bereitstellung der angesprochenen Kurmittelhäuser und Meerwasserschwimmbäder gesehen wurde. Schon fünf Jahre später musste dieser Plan umfassend überarbeitet werden und die Fehlentwicklungen insbesondere in den Ferienzentren korrigiert werden. Auch die Publikationsfolge der Hefte der Landesplanungsbehörde legt nahe, wie dringlich eine Konkretion der zuvor nur unzureichend ausgeführten Entwicklungsleitlinien für den Fremdenverkehr war. Vgl. Ministerpräsident des Landes Schleswig-Holstein, Landesplanungsbehörde (Hrsg.): Landesplanung in Schleswig-Holstein, H. 7. Raumordnungsprogramm für Schleswig-Holstein mit Erläuterungen, Kiel 1968; vgl. auch H. 9. Fremdenverkehr, Kiel 1974.

[111] Schleswig-Holsteinischer Landtag (Hrsg.): Plenarprotokolle, 14. Sitzung am 7. 3. 1972, S. 766.

[112] Vgl. SPD-Fraktion im Schleswig-Holsteinischen Landtag: Der Weiße Plan. Ein Programm zur Förderung des Fremdenverkehrs in Schleswig-Holstein, Kiel 1964.

einem Umsatz von 1,5 Milliarden DM im Jahr 1972 bereits akzeptiert.[113] Dennoch kritisierten sie die vermeintliche Familienfeindlichkeit und den letztlich unsozialen, weil einzig auf wohlhabende Gesellschaftsschichten ausgerichteten Charakter des Tourismus in den Ferienzentren.[114] In strukturpolitischer Hinsicht legte die SPD jedoch den Finger in offene Wunden, indem sie entlang des Zeitgeistes immer wieder eine umfassende Fremdenverkehrsplanung und die Erhebung aussagekräftiger Daten in der Fremdenverkehrsstatistik forderte.[115] Vor dem Hintergrund zeitgenössischer Forderungen nach einer verstärkten Raumplanung stellte das Papier der SPD, das sowohl innerparteilich als auch öffentlich diskutiert wurde, einen ersten Vorstoß zu einer konkreten Tourismusplanung dar, auch wenn man den tatsächlichen Gehalt des Papiers des Landtagsabgeordneten Ernst-Wilhelm Stojan sicherlich nicht überbewerten sollte.[116] Aufgrund der Laissez-faire-Politik der christdemokratischen Landesregierung und der auf einen hypothetischen zukünftigen Bedarf ausgerichteten Planungen der Investoren war es erst zur Notwendigkeit eines Planungsstopps im Jahr 1971 gekommen.[117] Auch ohne ein tourismuspolitisches Basiskonzept hat der durch die Landesregierung begleitete und geförderte Bau der Ferienzentren jedoch einen Modernisierungsschub für die zuvor weitgehend mittelständische Fremdenverkehrswirtschaft bewirkt, indem in großem Ausmaß Investitionskapital nach Schleswig-Holstein gelockt wurde, auch wenn letztlich nur ein Teil dieser Anlagen wirtschaftlich betrieben werden konnte.

5. Fazit

Der touristische Strukturwandel in Schleswig-Holstein basiert im Wesentlichen auf dem stürmischen Ausbau der Fremdenverkehrskapazitäten ab den späten 1960er Jahren. In Burgtiefe und in anderen schleswig-holsteinischen Küstenorten wurde von Akteuren aus der Wirtschaft mittels zumindest zweifelhafter Finanzierungskonzepte ein Bauboom ausgelöst, dem die Politik in den ersten Jahren nur wenig entgegenzusetzen hatte. Die Ferienzentren, aber auch weniger groß dimensionierte Anlagen mit weniger als Tausend Betten, stellten einen Eingriff in die Küstenlandschaft in zuvor ungekanntem Ausmaß dar, verhinderten jedoch durch ihre von Großinvestoren gesteuerte Konzeption eine durchgehende Bebauung der Ostseeküste mit Ferienhäusern. Infolge der Errichtung der Ferienzentren wurde der bis dahin maßgeblich durch Privatvermietung geprägte Fremdenverkehr in Schleswig-Holstein zu einer modernen Freizeitindustrie. Die christdemokratische

---

[113] Schleswig-Holsteinischer Landtag (Hrsg.): Plenarprotokolle. 14. Sitzung am 7.3.1972, S. 728.
[114] Vgl. ebd., S. 729f.
[115] Vgl. ebd.; vgl. u. a. weiterhin ebd., 17. Sitzung am 30.5.1972, S. 932. Zu der zeitgenössischen Planungseuphorie vgl. die vielen Aufsätze zum Thema von Michael Ruck, u. a. den Beitrag: Gesellschaft gestalten. Politische Planung in den 1960er und 1970er Jahren, in: Sabine Mecking/Janbernd Oebbecke (Hrsg.): Zwischen Effizienz und Legitimität. Kommunale Gebiets- und Funktionalreformen in der Bundesrepublik Deutschland in historischer und aktueller Perspektive, Paderborn 2009, S. 35–47; siehe auch den Beitrag von Michael Ruck in dem hier vorliegenden Band; vgl. kritisch zum Gedanken der Planungseuphorie Tim Schanetzky: Sachverständiger Rat und Konzertierte Aktion: Staat, Gesellschaft und wissenschaftliche Expertise in der Bundesrepublikanischen Wirtschaftspolitik, in: Vierteljahrschrift für Sozial- und Wirtschaftsgeschichte 91 (2004), S. 310–331, hier S. 313.
[116] Zur Diskussion über den „Weißen Plan" vgl. Sozialdemokratischer Pressedienst vom 15.9.1964, S. 4.
[117] Vgl. Lange: Strukturwandel, S. 722ff.

Landesregierung stand dem Bauboom lange positiv gegenüber. Sie förderte diesen, bis die Folgen der Überkapazitäten in Form von halb oder vollständig leer stehenden Ferienanlagen, z. B. an der Kieler Bucht, nicht mehr zu ignorieren waren. Die Ausrufung einer „Konsolidierungsphase" für Ferienzentren war hierbei nur der sichtbarste Ausdruck eines allgemeinen Umdenkens hin zu mehr politischer Steuerung bei Fremdenverkehrsprojekten, allerdings erst in den 1970er Jahren.[118] Dabei hätte auch schon vor der Verhängung des Planungsstopps klar sein können, dass eine beliebige Vervielfachung der Übernachtungszahlen auch in den folgenden Jahrzehnten nicht möglich sein würde. Zu selten scheint hierfür in Schleswig-Holstein die Sonne.

---

[118] Ministerpräsident des Landes Schleswig-Holstein, Landesplanungsbehörde (Hrsg.): Landesplanung in Schleswig-Holstein, H. 9.

IV. Arbeitsgesellschaft und Unternehmen

Christoph Bernhardt
Müde Arbeiter in grauen Städten

Entwicklungslinien und Ambivalenzen der Urbanisierungspolitik der DDR

1. Einleitung

Bei einer Zusammenschau der Forschungslage zur Gesellschaftspolitik des SED-Staates und zur Entwicklung seiner Städte ergibt sich ein widersprüchliches Bild: Zwar wurde der radikale Gesellschaftsumbau in Richtung einer stark nivellierten, auf die Leitfigur „des Arbeiters" ausgerichteten „betriebszentrierten" Gesellschaft vordergründig erfolgreich umgesetzt, wenn auch mit wirtschafts- und gesellschaftspolitisch fatalen Folgen. „Mißmutige Loyalität" (Lüdtke),[1] „Anpassung und Meckern", partizipative Mechanismen (Fulbrook)[2] oder die sozialen Spannungen innerhalb der DDR-Gesellschaft (Port)[3] trugen zum Fortbestehen der sozialistischen Diktatur über immerhin vier Jahrzehnte hinweg wesentlich bei. Die Erosion und der Kollaps des Systems wurden schließlich von einer Bürgerbewegung außerhalb der Betriebe entscheidend vorangetrieben. Im Kontrast dazu fällt das Bild für die DDR-Städte – ebenso wie für die Konsumpolitik[4] – deutlich ambivalenter aus: Die DDR-Kommunen waren sowohl Exerzierfelder der sozialistischen Strukturpolitik, die zu Bastionen der DDR-„Fürsorgediktatur"[5] ausgebaut wurden, als auch Arenen und Gegenstand massiver gesellschaftlicher Kritik und Unzufriedenheit in der Bevölkerung.

Der vorliegende Aufsatz diskutiert diese Ambivalenzen als Ausdruck eines grundlegenden Widerspruchs zwischen der tendenziell egalitären, „arbeiterfixierten", betriebszentrierten und vom „Festhalten am traditionellen Industrialisierungskonzept" (Hübner)[6] geprägten staatlichen Politik und dem zunehmenden, gerade in den Städten sichtbaren sozialkulturellen Wandel der DDR-Gesellschaft. Dabei wird das Spannungsverhältnis sichtbar zwischen einer Urbanisierung, die von der Zentrale als makroökonomisch definierte, politisch gesteuerte Strukturpolitik konzipiert war und einer Stadtentwicklungspolitik vor Ort, die sich dem sozialkulturellen Wandel stellen und den Ansprüchen der Stadtbewohner an Lebensqualität und Mitsprache gerecht werden musste. Diese Widersprüche werden exemplarisch am Beispiel von vier als Renommierprojekte neu errichteten Industriestädten untersucht, in denen sie besonders deutlich hervortraten. In einem weiteren Schritt wird dieser grundlegende sozialkulturelle Wandel anhand der Darstellung von Städten und ihren Bewohnern in Malerei und Fotografie verfolgt, die seismographisch

---

[1] Alf Lüdtke: „Helden der Arbeit" – Mühen beim Arbeiten. Zur mißmutigen Loyalität von Industriearbeitern in der DDR, in: Hartmut Kälble/Jürgen Kocka/Hartmut Zwahr (Hrsg.): Sozialgeschichte der DDR, Stuttgart 1994, S. 188–213.
[2] Mary Fulbrook: Ein ganz normales Leben. Alltag und Gesellschaft in der DDR, Darmstadt 2008.
[3] Andrew Port: Die rätselhafte Stabilität der DDR. Arbeit und Alltag im sozialistischen Deutschland, Berlin 2010.
[4] Zur Bedeutung der Konsumpolitik als eine die Politik der Egalisierung seit den 1960er Jahren zunehmend modifizierende und differenzierende Strategie vgl. unten S. 260f.
[5] Konrad H. Jarausch: Fürsorgediktatur, Version: 1.0, in: Docupedia-Zeitgeschichte, 11.2.2010, http://docupedia.de/zg/Fürsorgediktatur (Zugriff vom 15.6.2016).
[6] Peter Hübner: Konsens, Konflikt und Kompromiß. Soziale Arbeiterinteressen und Sozialpolitik in der SBZ/DDR 1945–1970, Berlin 1995, S. 243.

DOI 10.1515/9783110523010-014

wichtige Verschiebungen in der Selbstwahrnehmung der DDR-Gesellschaft dokumentieren. Die dabei besonders interessierende ideologische Leitfigur des Arbeiters reflektiert in ihrer relativen Stabilität die Beharrungskräfte des Systems. Doch erscheint seine langfristig fortschreitende Erosion infolge der sozialkulturellen Differenzierung der städtischen Gesellschaft und der künstlerischen Reflexion über „müde Arbeiter und graue Städte" geradezu folgerichtig.

2. Sozialistische Urbanisierung als Strukturpolitik und Herrschaftssicherung

In der Frühzeit der Konstituierung und Konsolidierung des sozialistischen deutschen Teilstaats sah sich die DDR-Führung einer doppelten Herausforderung gegenüber. Einerseits galt es, die immensen Probleme des Wiederaufbaus zu bewältigen, die Versorgung der Bevölkerung zu gewährleisten und damit zugleich die Legitimation des neu begründeten Staates nach innen zu stärken. Andererseits bildete die Sicherung der wirtschaftlichen Leistungsfähigkeit eine Existenzfrage im Wettstreit der Systeme. Sie sollte im Sinne der sowjetischen Doktrin mit einer massiven Industrialisierung der Volkswirtschaften in Osteuropa erreicht werden. Das bedeutete im Kontext der deutschen Teilung insbesondere, die wegfallende westdeutsche Kohle-, Stahl- und Maschinenbauproduktion zu kompensieren, denn nur so erschien die Lebensfähigkeit des ostdeutschen Teilstaates mittelfristig gesichert.[7]

Die Umsetzung dieser Politik schlug sich in einer Strategie der Raumentwicklung nieder, die neue Industriekerne in vormals agrarischen Räumen begründete und bestehende Wirtschaftsstandorte und Siedlungsstrukturen stark industriell überformte. In beiden Fällen waren ökonomisch motivierte Strukturpolitik und politische Herrschaftssicherung eng miteinander verknüpft. Das Ziel, ehemals agrarisch oder kleingewerblich dominierte Gebiete großräumig zu industrialisieren und zu urbanisieren, hatte in der Sowjetunion bereits seit den 1930er Jahren zur Begründung ganzer neuer Städtenetze geführt, die im Dienste der Rohstoffförderung aus dem Boden gestampft wurden.[8] In dem traditionell deutlich stärker urbanisierten ostdeutschen Staat wurde zwar das überlieferte Städtesystem eher nur punktuell ergänzt als wesentlich erweitert.[9] Doch errichtete der SED-Staat zwischen 1951 und 1970 die neuen Industriestädte Eisenhüttenstadt, Schwedt, Hoyerswerda und Halle-Neustadt, die über ihre wirtschaftspolitische Funktion hinaus explizit der sozialistischen Herrschaftssicherung dienten und dementsprechend propagandistisch ausgestellt wurden.[10] Die parallel dazu verfolgte Strategie einer ökonomischen Umprofilierung von Städten und Regionen führte zur Herausbildung monostruktureller Industrieregionen wie etwa des „Braunkohlebezirks Cottbus". Im Fall der Aufwertung der Kleinstadt Neubrandenburg zur Industrie- und Bezirksstadt resultierte daraus eine spektakuläre, po-

---

[7] Vergleiche die Argumentation des Chefplaners der neuen Planstadt Eisenhüttenstadt Kurt W. Leucht, in: ders.: Die erste neue Stadt in der Deutschen Demokratischen Republik. Planungsgrundlagen und -ergebnisse von Stalinstadt, Berlin 1957, S. 9.

[8] Vgl. Barbara Engel (Hrsg.): Die Zukunft der blauen Städte in Sibirien, Cottbus 2002.

[9] Vgl. Christoph Bernhardt: Disparitäten als Tabu. Aspekte räumlich-sozialer Ungleichheit im Sozialismus am Beispiel von Industrieregionen der DDR und Polens, in: Friedrich Lenger/Klaus Tenfelde (Hrsg.): Die europäische Stadt im 20. Jahrhundert. Wahrnehmung – Entwicklung – Erosion, Köln 2006, S. 307–322, hier S. 313.

[10] Vgl. Elisabeth Knauer-Romani: Eisenhüttenstadt und die Idealstadt des 20. Jahrhunderts, Weimar 2000.

litisch induzierte Stadtkarriere.[11] Die Doppelfunktion der sozialistischen Urbanisierung zwischen Strukturpolitik und Herrschaftssicherung soll im Folgenden am Beispiel der vier Neuen Städte sowie anhand der Transformation der Hansestadt Rostock genauer betrachtet werden.

Die vier genannten neuen Industriestädte entstanden in der Logik der skizzierten strukturpolitischen Strategie zunächst unmittelbar als Folge von Standortentscheidungen zur Errichtung von Großbetrieben der Stahlerzeugung sowie der Kohle- und Chemieindustrie. Sie waren zu Beginn kaum mehr als „Wohnstädte am Werk" und von den Unternehmen vollständig abhängig. Stalinstadt, 1961 umbenannt in Eisenhüttenstadt, wurde 1951 im Rahmen des ersten Fünfjahrplans als „erste sozialistische Stadt in Deutschland" an der polnischen Grenze für die Arbeiter des Eisenhüttenkombinates J. W. Stalin (später Eisenhüttenkombinat Ost/EKO) errichtet. Dem Energiekombinat „Schwarze Pumpe" diente der 1957 begonnene Bau von Hoyerswerda in der Lausitz, dem Petrochemischen Kombinat (PCK) die 1960 im Rahmen des „Chemieprogramms" begründete neue Planstadt Schwedt an der Oder, etwa hundert Kilometer nördlich von Eisenhüttenstadt.[12] Ebenfalls für die Chemieindustrie bzw. die Wohnbedürfnisse der Chemiearbeiter im Bezirk Halle-Bitterfeld wurde ab 1964 Halle-Neustadt errichtet.[13]

Neben der Berücksichtigung ökonomisch relevanter Standortfaktoren, wie z. B. eine gute Erreichbarkeit für Rohstofflieferungen, spielte das politische Motiv einer sozialen Durchdringung von als agrarisch-reaktionär betrachteten Gebieten sowie deren Transformation zu proletarischen Vorzeigeregionen bei den Entscheidungen über die Ansiedlungen eine wichtige Rolle. Der Werksdirektor des PCK Schwedt, Werner Hager, artikulierte 1963 dieses Sendungsbewusstsein in charakteristischer Weise, wenn er stolz von seinem Kombinat als einem „Zentrum der Arbeiterklasse" in einem vorher agrarisch geprägten Gebiet sprach und ihm eine überregionale kulturelle Bedeutung zuwies.[14] Die Ansiedlung der neuen Industriestrukturen in wenig erschlossenen Gebieten verursachte allerdings hohe Kosten für die infrastrukturelle Erschließung, etwa mit Verkehrswegen, Ver- und Entsorgungsnetzen usw. Bei der letzten der vier Neugründungen, Halle-Neustadt, gingen Partei und Staat daher von der Maxime einer Stadtgründung „auf der grünen Wiese" ab und lagerten die neuen Wohngebiete an die Großstadt Halle an, um die dort vorhandenen Einrichtungen zu nutzen.

Zur Durchsetzung ihrer industrialistischen Struktur- und Raumentwicklungspolitik schufen Partei und Staat ein eigenes Institutionensystem, zu dem etwa die Forschungsleitstelle für Territorialplanung bei der Zentralen Plankommission oder die Büros für Territorialplanung auf regionaler Ebene zählten.[15] Diese vertraten vorrangig den im zentralen Partei- und Regierungsapparat favorisierten Ansatz der „territorialen Ökonomie". In diesem

---

[11] Vgl. zu Neubrandenburg Brigitte Raschke: Der Wiederaufbau und die städtebauliche Erweiterung von Neubrandenburg in der Zeit zwischen 1945 und 1989, München 2005.
[12] Vgl. Philipp Springer: Verbaute Träume. Herrschaft, Stadtentwicklung und Lebensrealität in der sozialistischen Industriestadt Schwedt, Berlin 2006.
[13] Vgl. Thomas Topfstedt: Städtebau in der DDR 1955–1971, Berlin 1988; Christoph Bernhardt: Laboratoires de l'État-providence industriel. Les villes nouvelles en RDA, in: Les Annales de la Recherche Urbaine 98 (2005), S. 127–135.
[14] Zitiert nach Arnulf Siebeneicker: Auftrags-Werke. Bildende Kunst in den Großbetrieben der DDR, in: Monika Flacke (Hrsg.): Auf der Suche nach dem verlorenen Staat. Die Kunst der Parteien und Massenorganisationen der DDR, Berlin 1994, S. 61–77, hier S. 62.
[15] Vgl. Wendelin Strubelt: Regionale Disparitäten zwischen Wandel und Persistenz, in: ders. (Hrsg.): Städte und Regionen. Räumliche Folgen des Transformationsprozesses, Opladen 1996, S. 11–110.

wurden Urbanisierung und Stadtentwicklung als der Produktionssphäre nachgeordnete, plan- und damit steuerbare „Standortverteilung der Produktivkräfte" zum Zweck einer „weitere(n) Vervollkommnung der bestehenden Territorialstruktur" begriffen.[16] Ein wichtiges strukturpolitisches Instrument der Raumentwicklung bildete auch das siebenstufige urbanistische Klassifikationsschema der DDR. Das Schema gab Orientierungswerte für die infrastrukturelle Ausstattung von Städten verschiedener Größe vor und folgte ähnlichen Prinzipien wie das in der BRD umgesetzte Christaller'sche Modell der zentralen Orte.[17]

Langfristig führten die zentrale Steuerung und die vom ökonomischen Krisenregime erzwungene zunehmende Konzentration der Investitionen für Industrie, Infrastruktur und Wohnungsbau auf eine begrenzte Zahl von Standorten zu starken regionalen Disparitäten. Ein besonders großes Gefälle bestand zwischen der vielfach privilegierten Hauptstadt Berlin und den altindustrialisierten Regionen im Süden, wie z. B. Leipzig, die etwa bei der Ansiedlung von Betrieben für Forschung und Entwicklung benachteiligt wurden.[18] Die wesentlich makroökonomisch und herrschaftspolitisch bestimmte Strategie der Raumentwicklung führte in steigendem Maße zu Konflikten mit regionalen Akteuren inner- und außerhalb des Partei- und Staatsapparates. Diese entzündeten sich unter anderem an der Verpflichtung der DDR-Bezirke, mit materiellen und personellen Ressourcen zum Aufbau des neuen Berliner Stadtteils Hellersdorf und zur Modernisierung der Berliner Innenstadt im Vorfeld des Stadtjubiläums 1987 beizutragen, sowie am Streit um die Berücksichtigung kultureller Belange in der Stadtentwicklung.[19]

3. Mechanismen der Legitimationsbildung und urbanes Wohlstandsregime: Das Beispiel Schwedt

Am Beispiel der zweiten „Neuen Stadt" Schwedt lässt sich modellhaft zeigen, dass und wie die Stadtgründungen nicht nur Produktionsstandorte von gesamtstaatlicher Bedeutung absichern sollten, sondern darüber hinaus auch wichtige propagandistische und legitimationsbildende Funktionen besaßen. Sie wurden nach den jeweils aktuellen Losungen der Partei aufwendig inszeniert. Während Eisenhüttenstadt den Aufbaumythos der 1950er Jahre repräsentierte, wurden das 1960 neu begründete Schwedt und die dort etablierte Chemieindustrie als „Synonym für Wohlstand und Schönheit" herausgestellt.[20] Die Bestimmung Schwedts war es, in Umsetzung der 1958 gefällten Entscheidung des fünften

---

[16] Friedemann Röhr: Inhalt und Tendenzen der Urbanisierung, in: Architektur der DDR 11 (1976), S. 665–669, hier S. 666. Vgl. dazu auch Christoph Bernhardt: Die sozialistische Stadt zwischen Partizipation, Herrschaft und Aneignung, in: Thomas Großbölting/Rüdiger Schmidt, (Hrsg.): Gedachte Stadt – Gebaute Stadt. Urbanität in der deutsch-deutschen Systemkonkurrenz 1945–1990, Köln 2015, S. 249–266.

[17] Vgl. Hans Heinrich Blotevogel: Zentrale Orte, in: Handwörterbuch der Raumordnung, Hannover 2005, S. 1307–1315, hier S. 1310.

[18] Siegfried Grundmann: Räumliche Disparitäten in der DDR, in: Lothar Mertens (Hrsg.): Soziale Ungleichheit in der DDR. Zu einem tabuisierten Strukturmerkmal der SED-Diktatur, Berlin 2002, S. 159–201, hier S. 178.

[19] Vgl. die Darstellung des ehemaligen Stadtarchitekten Hans-Peter Kirsch: Zwischen Zentralisierung und beginnender Rekommunalisierung. Erfahrungen in Schwedt, Jena und Magdeburg, in: Christoph Bernhardt/Thomas Flierl/Max Welch Guerra (Hrsg.): Städtebau-Debatten in der DDR. Verborgene Reformdiskurse, Berlin 2012, S. 130–136.

[20] Siebeneicker: Auftrags-Werke, S. 62.

Parteitags der SED zum Start des großen „Chemieprogramms" mehrere zu einem Kombinat gebündelte große Chemiebetriebe aufzunehmen. Hier sollte das ganze Spektrum der Petrochemie entwickelt und dafür Rohöl aus der Sowjetunion über die durch mehrere sozialistische Länder geführte Erdölleitung „Freundschaft" bezogen werden.[21] Das Fällen der ersten Bäume auf dem Bauplatz 1959 wurde als höchst symbolische Zeremonie inszeniert, bei der eine goldene Zukunft im Sozialismus heraufbeschworen wurde, und später häufig literarisch verarbeitet und stilisiert („Damals standen Kiefern"),[22] ähnlich wie neun Jahre vorher die ersten Axthiebe des damaligen Industrieministers Fritz Selbmann in Eisenhüttenstadt. Am Ende einer großen landesweiten Kampagne, mit der tausende von FDJ-Mitgliedern sowie Soldaten zur Unterstützung der sowjetischen Experten mobilisiert wurden, konnte Walter Ulbricht die Pipeline im Dezember 1963 eröffnen.[23]

Die rasche Expansion der Produktion im PCK und anderen in Schwedt angesiedelten Industriebetrieben, wie etwa einer großen Papierfabrik, bedurfte einer großen Zahl an Arbeitern. Bereits 1967 waren ca. 3000 Arbeiter im PCK beschäftigt, und in der Folgezeit wanderten bis zu 2000 Menschen jährlich in die bis dahin kleine Stadt ein. Demzufolge explodierte die Einwohnerzahl von rund 6200 (1958) über etwa 34000 (1970) bis auf 51000 (1989), obwohl die ursprüngliche Planung von 1959 auf eine Stadt mit nur etwa 20000 Einwohnern ausgelegt gewesen war. Doch bereits in der Mitte der 1960er Jahre kalkulierte der Ministerrat der DDR mit einer Zahl von 60000 Einwohnern für 1980.[24]

Die Einwohner Schwedts waren im Vergleich zu denen anderer peripher gelegener Städte privilegiert, was zum Beispiel die Löhne, die Ausstattung mit sozialer Infrastruktur und demzufolge auch den allgemeinen Lebensstandard betrifft.[25] Als besonders attraktiv galten die technischen Standards in den neuen Wohnungen, insbesondere Gas- und Elektrizitätsversorgung sowie Bäder,[26] und die Flusslandschaft der Oder als Freizeitzone, die auch wiederholt künstlerisch gewürdigt wurde. Um Schwedt wie auch um andere „Neue Städte" entstand eine umfangreiche literarische und kulturelle Produktion, in der Stadt und Werk besungen wurden, etwa in poetischen Bildern von Hirschen zwischen den Rohren des Werks, der Fahrradfahrt der Schichtarbeiter nach Hause usw.[27] Die mediale Herausstellung von attraktiven Angeboten wie vor allem Arbeitsplätzen, Natur und kultureller Infrastruktur sollte die lokale Identität stimulieren, deren Schwedt auch dringend bedurfte, um qualifizierte Arbeitskräfte anzuziehen. In diesem Sinne wurden etwa das Rudern in der mit einem modernen Trainingszentrum ausgestatteten Dependance des Armeesportvereins „Vorwärts" Rostock sowie das untere Odertal als stark besuchtes Zent-

---

[21] Vgl. als zeitgenössische lokale Darstellungen Werner Viertel (Hrsg.): Festschrift Schwedt 1265–1965, Schwedt 1965, S. 57ff.; Thomas Brunn: Tabak+Erdöl=Schwedt, in: Natur und Heimat 1960, S. 259–264.

[22] Catharina Klahre: Damals standen Kiefern. 20 Jahre VEB Papier- und Kartonwerk Schwedt/Oder, in: Heimatkalender für den Kreis Angermünde 1980, S. 42f.

[23] Viertel: Festschrift Schwedt, S. 57ff.

[24] Vgl. Werner Rietdorf: Neue Wohngebiete sozialistischer Länder, Berlin 1976, S. 135; Topfstedt: Städtebau, S. 40.

[25] Vgl. Springer: Verbaute Träume.

[26] Vgl. dazu Christoph Bernhardt: Towards the Socialist Sanitary City: Urban Water Problems in East German New Towns, 1945–1970, in: Geneviève Massard-Guilbaud/Bill Luckin/Dieter Schott (Hrsg.): Resources of the City: Contributions to an Environmental History of Modern Europe, London 2005, S. 185–202.

[27] Helmut Hauptmann: Begegnungen in Schwedt, in: Elli Schmidt (Hrsg.): Städte und Stationen, Frankfurt a. M. 1970 (zuerst Rostock 1969), S. 67–77, hier S. 67ff.

rum ornithologischer Beobachtungen beworben.[28] Dabei wurde die massive Boden- und Wasserverschmutzung durch das PCK sowie die industrialisierte Landwirtschaft jedoch verschwiegen.[29]

Im Zuge des rapiden Wachstums traten allerdings zunehmend erhebliche planerische Defizite und massive städtebauliche Probleme hervor. Bereits beim Bau der ersten, noch aus vier- und fünfstöckigen Wohngebäuden bestehenden Wohnkomplexe fiel eine ambitionierte Grünflächenplanung, wie sie Eisenhüttenstadt erhalten hatte, Finanzproblemen zum Opfer.[30] Das bei der Planung dieser Wohnblöcke angestrebte Ziel, die Neue Stadt städtebaulich mit der erhaltenen Altstadt zu verbinden, schlug fehl. Die neuen Wohnhäuser konnten die sehr breite zentrale Magistrale, die noch auf die Zeit des Barock zurückging, nicht angemessen einfassen, das erhaltene Schloss am südöstlichen Ende der repräsentativen Straße ließ die SED 1962 sprengen.[31]

Die ab den 1960er Jahren errichteten vielgeschossigen Plattenbauten wiesen eine hohe Wohndichte auf und waren Ausdruck einer starken funktionalen und sozialräumlichen Segregation von Wohnen, Arbeiten und Freizeit. Die damit verbundene Fragmentierung der Stadt nahm noch zu, als weitere Wohnkomplexe wegen der naturräumlichen Bedingungen einer Talsandaue, die keinen sicheren Baugrund bot, in größerer Distanz von der Stadt gebaut werden mussten, und damit näher am Werk als ursprünglich vorgesehen.[32] Diese und weitere städtebaulichen Mängel waren Ausdruck einer kurzsichtigen Planung, die keine reflektierte Strategie für die langfristige Entwicklung und das anhaltende Wachstum der neuen Stadt enthielt. Im Ergebnis kam es zu einer in mehrfacher Hinsicht defizitären Stadtentwicklung. Philipp Springer hat daher in Interviews und Dokumenten eine seit den 1970er Jahren stark abnehmende Zufriedenheit der Bewohner mit ihrer Stadt registriert, die sich in einem „Verschwinden der Zukunft", also in einer Aufgabe der Hoffnung auf eine Verbesserung der Zustände niederschlug.[33]

4. Zur Bedeutung informeller Netzwerke in der Stadtentwicklung: Rostock

Rostock zählte wie Schwedt zu den Gewinnern im republikweiten Ringen um die Ressourcensicherung, wie Carsten Benke und Thomas Wolfes in einer vergleichenden Analyse der Entwicklungsverläufe von DDR-Industriestädten zeigen konnten.[34] Bei einer genaue-

---

[28] Norbert Driesemeister: Das Trainingszentrum Rudern des Armeesportklubs „Vorwärts" Rostock in Schwedt, in: Schwedter Jahresblätter 1986, S. 70–72; Eckhart Krätke: Das untere Odertal bei Schwedt und seine Bedeutung als zukünftiges Vogelschutzgebiet (NSG), in: Heimatkalender Angermünde 1982, S. 44–48.

[29] Zum Einsatz chemischer Düngemittel Werner Göppert: Ein Besuch im ACZ Schwedt/Oder, in: Heimatkalender Angermünde 1980, S. 46.

[30] Topfstedt: Städtebau, S. 40.

[31] Vgl. Philipp Springer: „Machen Sie das doch nicht so kompliziert…". Der Schlossabriss in Schwedt 1962 und die Zukunftseuphorie der sozialistischen Industriestadt, in: Georg Wagner-Kyora (Hrsg.): Wiederaufbau europäischer Städte/Rebuilding European Cities, Stuttgart 2014, S. 163–178.

[32] Lutz Hermann: Stadtumbau Ost, in: Kulturpolitische Mitteilungen 96 (2002), H. 1, S. 53; Topfstedt: Städtebau, S. 37ff.; Viertel: Festschrift, S. 70, 80.

[33] Springer: Verbaute Träume.

[34] Carsten Benke/Thomas Wolfes: Stadtkarrieren. Typologie und Entwicklungsverläufe von Industriestädten in der DDR, in: Christoph Bernhardt/Thomas Wolfes (Hrsg.): Schönheit und Typenprojektierung – Der DDR-Städtebau im internationalen Kontext, Erkner 2005, S. 127–164, hier S. 137.

ren Betrachtung der Ursachen wird deutlich, dass für erfolgreiche Stadtkarrieren in der DDR neben der strukturpolitischen Förderung von der zentralstaatlichen Ebene regionale Netzwerke von entscheidender Bedeutung waren. Die alte Hansestadt Rostock erfuhr in der DDR, wie oben angedeutet, einen Wandel von der Handels- zur Verwaltungs- und Industriestadt und wechselte somit ihren sozioökonomischen Typus – ein auch in epochenübergreifender Perspektive nicht oft auftretender Fall. Im Zweiten Weltkrieg stark zerstört, erlebte die Stadt im Rahmen der Strukturförderung des Nordens durch die DDR-Regierung einen steilen Aufstieg, unter anderem mit der 1945/46 gegründeten Warnow-Werft in Warnemünde und dem Bau des Überseehafens ab 1957. Vorangegangen waren bereits die Ernennungen zur „Aufbaustadt" im Aufbaugesetz (1950) und zur Bezirksstadt 1952. Die Einwohnerzahl stieg im Verlauf der DDR-Zeit von 114 869 (1946) auf 252 956 (1989). Für die Zuzügler wurden zahlreiche neue Stadtteile, von Reutershagen I (1953–57) bis zur bandstadtartig konzipierten Großsiedlung „Dierkow", gebaut. 1989 betrug der Anteil der nach 1945 errichteten Neubauten siebzig Prozent des Gesamtwohnbestandes.[35]

Die Analyse der wichtigsten Etappen und „harten Strukturdaten" kann zwar den Entwicklungspfad Rostocks annäherungsweise beschreiben, aber nur unvollständig erklären. Hierzu bedarf es einer Untersuchung des Stadtimages, der Außenwahrnehmungen und insbesondere der maßgeblichen personellen Netzwerke. In Rostock gelang es zum Beispiel, im Wechsel der De- und Zentralisierungsschübe in der DDR-Stadtplanung wiederholt Planungskompetenzen auf der kommunalen bzw. regionalen Ebene zu bündeln, so z. B. mit der Installierung eines Chefarchitekten und Planungsbüros 1954. Die Ende der 1960er Jahre erstellte Generalbebauungsplanung wurde zur Musterplanung für andere DDR-Städte.[36] Die jährliche internationale Ostseewoche machte Rostock zwischen 1958 und 1975 zum Schaufenster für das nichtsozialistische Ausland. Bei derartigen Gelegenheiten zeigte sich die örtliche SED-Führung gerne mit den Spitzen der zentralen Parteiführung, so z. B. beim Besuch Walter Ulbrichts anlässlich der groß inszenierten 750-Jahr-Feier im Jahr 1968.[37] Die relativ reichlich fließenden Gelder und die erfolgreiche Netzwerkbildung schlugen sich auch im Bau imagebildender Gebäude wie dem großen Interhotel „Neptun" und der bekannten Gaststätte „Teepott" von Ulrich Müther in Warnemünde nieder,[38] die zu Landmarken und Wahrzeichen einer prosperierenden Stadtentwicklung wurden.

Als eine der Schlüsselfiguren innerhalb der horizontalen und vertikalen Netzwerke wirkte Harry Tisch, der langjährige Erste Sekretär der SED-Bezirksleitung Rostock (1961–75). Er blieb der Stadt auch nach seinem Aufstieg zum mächtigen Vorsitzenden des Freien Deutschen Gewerkschaftsbunds (FDGB) und Mitglied des Staatsrats eng verbunden. Der Chefarchitekt des Büros für Stadtplanung, Wolfgang Urbanski, und der Chefarchitekt des Wohnungsbaukombinates, Peter Baumbach, erhielten jeweils den Nationalpreis, die

---

[35] Frank Betker: „Einsicht in die Notwendigkeit". Kommunale Stadtplanung in der DDR und nach der Wende (1945–1994), Stuttgart 2005, S. 70ff.
[36] Thomas Wolfes: Stadtentwicklung in der DDR und das Fallbeispiel Rostock zwischen 1945 und 1989/90, in: Christoph Bernhardt/Heinz Reif (Hrsg.): Sozialistische Städte zwischen Herrschaft und Selbstbehauptung. Kommunalpolitik, Stadtplanung und Alltag in der DDR, Stuttgart 2009, S. 115–144, hier S. 134ff.
[37] Betker: Einsicht, S. 72.
[38] Lu Seegers: Alltag und Festkultur in der DDR, in: Bernhardt/Reif (Hrsg.): Sozialistische Städte, S. 261–274, hier S. 262ff.

höchste von der DDR vergebene Auszeichnung.[39] Die Kooperation über formelle Hierarchien und Abgrenzungen zwischen Partei-, Kommunal- und Bezirksstellen hinweg bildete den Kern dieses regionalen Netzwerks, das unter anderem republikweit beachtete städtebauliche Referenzprojekte wie das bekannte „Fünfgiebelhaus" hervorbrachte.

Der spezifische Entwicklungspfad Rostocks gegenüber anderen DDR-Städten, so lässt sich in aller Kürze resümieren, bestand in einer Kumulation aus zentralstaatlicher Strukturförderung und einer besonderen Form der Vernetzung im Bau- und Planungswesen, die die inneren Widersprüche des DDR-Systems zur Etablierung einer Art „Bezirkssyndikalismus" nutze. Dieser bestand unter anderem in der Profilierung einer relativ eigenständigen bezirklichen Städtebaupolitik und in der Mobilisierung von Ressourcen jenseits der offiziellen Volkswirtschaftspläne, die von den Vorgaben des demokratischen Zentralismus zuweilen abwich. Allerdings durchlief auch Rostock Stagnationsphasen. Erich Honecker brachte der Stadt ein deutlich geringeres Interesse entgegen als Ulbricht, und durch die Einstellung der Ostseewoche 1975 erlitt die Stadt einen herben Rückschlag. Spätestens mit der deutschen Wiedervereinigung zeigten sich auch die Ambivalenzen dieses relativen sozialistischen Erfolgspfades. Die Großsiedlungen wurden nach 1989 zur schweren sozialpolitischen Hypothek, und überhaupt öffnete sich Rostock als Teil des „roten Nordens" nur zögerlich für die mit der Wende von 1989/90 eingeleiteten Veränderungen.

5. Das Konstrukt des „Arbeiters" im Spannungsfeld von Gesellschaftspolitik, „Betriebszentriertheit" und städtischer Gesellschaft

Das Konstrukt „des Arbeiters" bzw. „der Arbeiterklasse" und deren Rolle in der DDR-Gesellschaft sind bereits Gegenstand zahlreicher Studien, deren Ergebnisse hier auch nicht ansatzweise resümiert werden können.[40] Kaum bestritten wird die grundlegende Feststellung der Sozialstruktur- und Ungleichheitsforschung, dass es sich bei der DDR-Gesellschaft um eine weitgehend nivellierte Arbeiter- und Bauerngesellschaft von im epochenübergreifenden Vergleich außerordentlich großer sozialer Homogenität gehandelt habe.[41] Der radikale gesellschaftliche Umbau, mit dem die DDR Privateigentum und privates Unternehmertum weitgehend eliminierte und freie Berufe und Bildungseliten wie z. B. Rechtsanwälte, Lehrer, Ärzte und Pfarrer ihrer traditionellen sozialen Existenz beraubte, schuf eine sehr starke soziale und institutionelle Entdifferenzierung in Richtung einer „arbeiterlichen Gesellschaft". Erwerbsarbeit als einzige legitime Art der Lebensführung begründete faktisch die staatsbürgerliche Existenzberechtigung in einer auch räumlich auf den Arbeitsort fixierten, „betriebszentrierten Gesellschaft".[42]

Allerdings erfuhr das mit der Gründung der DDR etablierte Staatsziel einer sozialen Egalisierung seit den 1960er Jahren insbesondere auf dem Feld der Konsumpolitik eine Relativierung und Modifizierung, wie unter anderem Merkel, Roesler und Heldmann gezeigt haben. Das kommunistische Ideal einer möglichst egalitären „Bedürfnisbefriedigung" wurde aufgegeben und zunehmend ersetzt durch eine Politik der Distinktion: Die

---

[39] Betker: Einsicht, S. 79.

[40] Vgl. als Überblick Arnd Bauerkämper: Sozialgeschichte der DDR, München 2005.

[41] Ebd., S. 2. Vgl. auch Grundmann: Räumliche Disparitäten, S. 198.

[42] Wolfgang Engler: Der Arbeiter, in: Martin Sabrow (Hrsg.): Erinnerungsorte der DDR, München 2009, S. 218–228, hier S. 218.

SED-Führung ließ nicht nur in zunehmenden Maße zu, dass im Kontext einer differenzierten Preispolitik neben günstigen Massenbedarfsartikeln Luxusgüter angeboten wurden, „deren Preise schwindelerregende Höhen erreichen durften".[43] Sie schuf dafür mit
den Ladenketten „Exquisit" und „Delikat" auch eine eigene Infrastruktur für hochwertige
und hochpreisige Konsumangebote.[44] Die Strategie des Regimes, Konsumwünsche der
Bevölkerung zur Stärkung des Leistungsprinzips und als Stimulans zur Steigerung der Arbeitsmotivation zu nutzen, untergrub jedoch angesichts der chronischen Versorgungsengpässe die Legitimation des Regimes mittelfristig nachhaltig.

Auf dem Feld der Urbanisierungs- und Siedlungspolitik traten die Grenzen und Widersprüche einer Politik, in der der Kult des Arbeiters mit den starken Instrumenten der
Lohnpolitik, der Privilegienzuweisung und mit erheblichem propagandistischem Aufwand
gestützt wurde, noch früher und stärker hervor. Dies gilt auch für die neuen Industriestädte, die zwar politisch stark privilegiert waren, zugleich jedoch in ihrer Wohnungs- und
Städtebaupolitik auf einen dynamischen sozialkulturellen Wandel reagieren mussten und
beim Festhalten an der traditionellen Leitfigur „des Arbeiters" auf zunehmende praktische Probleme stießen. In den Aufbaujahren Eisenhüttenstadts materialisierte sich die
Fixierung auf „den Arbeiter" noch in einem großzügig ausgestatteten „Ledigenheim", vor
allem aber in den seit 1952 errichteten, geradezu luxuriös ausgestatteten sogenannten
Arbeiterpalästen des zweiten Wohnkomplexes.[45] Letztere erschienen in der Geschichte
proletarischen Wohnens geradezu als Paradies, und tatsächlich lautete noch der Titel
eines 1979 erschienenen, bekannten Romans von Hans Weber „Einzug ins Paradies" (d. h.
in eine Großsiedlung).[46] Doch vollzog sich bereits in der Zeit nach der am 17. Juni 1953
offenkundig gewordenen schweren Legitimationskrise des Systems eine schrittweise Dezentrierung und erzwungene Differenzierung der sozialistischen Wohnungs- und Städtebaupolitik. Es traten nicht nur mit dem unumgänglichen Ausbau der sozialen Infrastruktur der Kinderkrippen, Schulen und Jugendeinrichtungen neue Leitbilder wie etwa „die
Jugend" hervor, die das hegemoniale Konstrukt „des Arbeiters" im städtischen Alltag verblassen ließen. Auch im ganz praktischen Sinne des Wandels der Familienformen wurde
spätestens in den 1970er Jahren die Erosion der klassischen vier- oder mehrköpfigen
„Arbeiterfamilie" offenkundig. Die Kommunen reagierten hierauf, indem sie ihre Wohnungspolitik unter anderem verstärkt auf den Bau von Kleinwohnungen für Einzelpersonen oder Alleinerziehende ausrichteten.[47]

Auch in anderen Bereichen der kommunalen Wohnungspolitik stieß eine dogmatische
Auslegung der Arbeiter bevorzugenden Bestimmungen auf zunehmende Schwierigkeiten.
Im Feld der stark umkämpften Wohnungsvergabe bestand beispielsweise, wie jüngst Christian Rau gezeigt hat, eine starke Diskrepanz zwischen den Richtwerten zur Privilegierung

---

[43] Philipp Heldmann: Herrschaft, Wirtschaft, Anoraks: Konsumpolitik in der DDR der Sechzigerjahre, Göttingen 2004, S. 310.
[44] Ina Merkel: Im Widerspruch zum Ideal. Konsumpolitik in der DDR, in: Heinz-Gerhard Haupt/
Claudius Torp (Hrsg.): Die Konsumgesellschaft in Deutschland 1890–1990. Ein Handbuch, Frankfurt
a. M. 2009, S. 289–304, hier S. 301.
[45] Vgl. Andreas Ludwig: Eisenhüttenstadt. Wandel einer industriellen Gründungsstadt, Potsdam
2000.
[46] Hans Weber: Einzug ins Paradies, Berlin 1979.
[47] Christoph Bernhardt: Entwicklungslogiken und Legitimationsmechanismen im Wohnungsbau der
DDR am Beispiel der sozialistischen Modellstadt Eisenhüttenstadt, in: Bernhardt/Wolfes: Schönheit,
S. 341–365.

von Arbeitern und der tatsächlichen sozialen Zusammensetzung der Wohnungssuchenden. Erschwerend kam hinzu, dass der berufliche Status von Antragstellern als „Arbeiter" nicht immer eindeutig zu ermitteln war, was der Camouflage der Kandidaten Vorschub leistete.[48] In den Arbeiterwohnungsgenossenschaften (AWG) gelang es ebenfalls häufig nicht, die gewünschte Dominanz von Arbeitern in den Leitungspositionen sicherzustellen, da die Mitglieder sich dies nicht vorschreiben ließen und vielfach eher Angehörige „der Intelligenz" in die Vorstände wählten.[49]

Seit den frühen 1970er Jahren wurde das Spannungsverhältnis zwischen der ideologisch vorgegebenen Suprematie der Arbeiterklasse und der sozialen Ausdifferenzierung der Gesellschaft auch in sozialwissenschaftlichen Untersuchungen zunehmend problematisiert. So hob eine 1987 von der Bauakademie der DDR und der Weimarer Hochschule für Architektur und Bauwesen durchgeführte soziologische Studie zur Stadtentwicklung Magdeburgs zwar die starke proletarische Tradition der Stadt positiv hervor. Im gleichen Satz kritisierte sie jedoch die „Misere der bürgerlichen Tradition" als starkes Defizit und Problem der Stadtidentität.[50] Den gegenüber anderen Städten unterdurchschnittlichen Anstieg der Erwerbstätigen im „nichtproduzierenden Bereich" werteten die Autoren als ausgesprochenes Problem und konstatierten einen erheblichen „Nachholbedarf" im Dienstleistungssektor. Dieser galt inzwischen als ein zentraler Indikator prosperierender ökonomischer Entwicklung.[51]

5.1 Arbeiterbilder im Stadtraum

Neben den „harten" struktur- und verteilungspolitischen Instrumenten maßen Partei und Staat kulturpolitischen Maßnahmen einen hohen Stellenwert für die Stützung der sozialistischen Ideologie bei. Dies galt auch und gerade für die „Bekunstung" des Stadtraums, die weit über die in der Bundesrepublik aufgelegten Programme „Kunst im öffentlichen Raum" hinausging und auf eine Verbildlichung der „sozialistischen Lebensweise" abzielte.[52] Kunst im öffentlichen Stadtraum diente „als Mittel einer neuen gesellschaftlichen Sinnstiftung zur Mobilisierung der Massen in Richtung Sozialismus", hielt der DDR-Architekturkritiker Bruno Flierl rückblickend fest.[53] Dies galt besonders für die „Neuen Städte" und lässt sich am Beispiel von Eisenhüttenstadt und Halle-Neustadt exemplarisch zeigen.

In Eisenhüttenstadt, wo bis 1989 insgesamt etwa 90 Plastiken im Stadtraum aufgestellt wurden,[54] dominierte die Programmatik der Arbeiterbilder nur in den Anfangsjahren. Sie wurde repräsentiert etwa von der Steinskulptur „Der Maurer" an der Straßenfront des Friedrich-Wolf-Theaters und von Plastiken wie „Stahlwerker" oder „Vom Eisen zum Stahl".

---

[48] Christian Rau: Grenzen und Spielräume in der „Fürsorgediktatur": Staatliche Wohnungspolitik und städtische Wohnraumlenkung in Leipzig in den 1970er und 1980er Jahren, in: Informationen zur modernen Stadtgeschichte 2012, H. 2, S. 132–162, hier S. 145f.

[49] Ebd., S. 137.

[50] Fred Staufenbiel: Stadtentwicklung Magdeburg – Soziologische Studie, Weimar 1987, S. 30f.

[51] Ebd., S. 32, 34.

[52] Peer Pasternack: Kunststadt. Künstlerische Stadtraumaufwertung, in: ders. (Hrsg.): 50 Jahre Streitfall Halle-Neustadt. Idee und Experiment. Lebensort und Provokation, Halle 2014, S. 349–352, hier S. 350.

[53] Bruno Flierl: Politische Wandbilder und Denkmäler im Stadtraum, in: Flacke: Auf der Suche, S. 47–60, hier S. 47.

[54] Stadtverwaltung Eisenhüttenstadt: Eisenhüttenstadt. Architektur-Skulptur, Eisenhüttenstadt 1998, S. 73.

An prominenter Stelle in der Eingangshalle des am Zentralen Platz errichteten „Hauses der Parteien und Massenorganisationen" prangte ein 6 mal 12 Meter großes Wandmosaik des Malers Walter Womacka, das Stahlwerker und Bauarbeiter, Schmied und Bauer unter der roten Fahne des Kommunismus, strahlender Sonne und Friedenstaube zeigte und somit alle Zutaten eines sozialistischen Idealbildes vereinte.[55]

Stärker jedoch prägten bereits seit der Frühzeit Themen aus den Bereichen Familie und Natur, Frauendarstellungen, Tierplastiken und Büsten bekannter Autoren und Komponisten wie Heinrich Heine, Hanns Eisler und Friedrich Wolf die Bildproduktion.[56] Brunnen mit Plastiken wie „stehender Junge" oder „Mädchenfigur"[57] erlangten bald durch zahlreiche fotografische Reproduktionen eine gewisse ikonische Bedeutung. Zum trotz aller politischen Bevormundung und Instrumentalisierung relativ vielschichtigen Programm der Kunstproduktion für den sozialistischen Stadtraum trugen auch Einflüsse aus dem Ausland bei, wie z. B. Werke des mexikanischen Künstlers Diego Rivera auf die frühe Wandbildgestaltung[58]. Auch wurden z. B. in Eisenhüttenstadt ab 1970 keine Auftragsarbeiten mehr vergeben, sondern Skulpturen direkt aus den Ateliers der Künstler angekauft, wodurch sich deren Gestaltungsspielräume erweiterten.

In Halle-Neustadt, wo bereits während der Bauzeit 136 und bis zum Ende der DDR 184 Kunstwerke im Stadtraum realisiert wurden, definierte eine schon 1966 erstellte „Bildkünstlerische Konzeption" fünf Ideenkomplexe als Hauptthemen für die Ausgestaltung des öffentlichen Raums. Darunter waren zum Beispiel die Sujets „Aufbau des Sozialismus", „Völkerfreundschaft" und „Kampf gegen den Imperialismus", die in den Wohnkomplexen als „Rahmenthemen" umgesetzt werden sollten.[59] In der Realität blieben jedoch explizit politisch-ideologische Motive, zu denen etwa die Leninbüste von K. S. Bojarski oder die Darstellung eines Panzerzugs zur Erinnerung an die Märzkämpfe in Mitteldeutschland 1921 zählten, in der Minderheit. Wo solche Themen oder auch die Leitfigur des Arbeiters weiterhin thematisiert wurden, geschah dies zunehmend in Form einer Selbsthistorisierung der sozialistischen Bewegung bzw. der DDR, so z. B. in dem Großwandbild „Die Einheit der Arbeiterklasse und die Gründung der DDR" von José Renau. Eine quantitative Auswertung der schließlich in Halle-Neustadt realisierten Motive zeigt, dass – wie in Eisenhüttenstadt – ein relativ hoher Anteil auf die Themenfelder „Natur/ Familie/Freizeit/Sport" (34 Prozent) und Politik/Geschichte (23 Prozent) entfällt, während Motive aus der Arbeitswelt mit einem Anteil von drei Prozent nur selten aufgegriffen wurden.[60] Statt der früheren Heroisierung des Arbeiters bestimmte seit der Mitte der 1970er Jahre die Parole: „So sollt ihr leben!" in zunehmendem Maße das Bildprogramm für den Stadtraum.[61] 1982 räumte der Rat der Stadt ein, dass „die Kraft der Kunst zur Freisetzung der Phantasie" auch dazu dienen sollte, dem „Abstumpfen der Fähigkeit zum sinnlichen, gefühlsmäßigen Erleben der Umwelt" bei den Einwohnern der Neuen Stadt

---

[55] Vgl. Richard Mader: Eisenhüttenstadt. Wanderung durch eine Stadt zwischen Oderbruch und Oberspreewald, Eisenhüttenstadt 1994, S. 8.

[56] Vgl. die tabellarische Aufstellung in: Stadtverwaltung Eisenhüttenstadt: Eisenhüttenstadt, S. 103ff.

[57] Ebd., S. 72.

[58] Flierl: Politische Wandbilder, S. 48f.

[59] Peer Pasternack: Themen und Botschaften. Die Motivik der Neustädter Kunst, in: ders. (Hrsg.): 50 Jahre Streitfall, S. 357–361, hier S. 358. Vgl. auch Wolfgang Hütt: Geplant und ausgeführt. Kunstwerke für die neuerrichtete Stadt, in: ebd., S. 353–356, hier S. 353; Pasternack: Kunststadt, S. 351.

[60] Pasternack: Themen und Botschaften, S. 357.

[61] Ebd.

infolge „einer gewissen Eintönigkeit des optischen Erscheinungsbildes" entgegenzuwirken.[62] Die ideologischen Ziele der „Bekunstung" waren zu dieser Zeit endgültig der Sorge der Verwaltung um die Identifikation der Einwohner mit ihrer Stadt gewichen. Diese galt es mit einer Zurichtung des Stadtraums auf Wohnzufriedenheit, Konsum und Freizeit im Dienste der Legitimationssicherung des Regimes zu stärken.

Auch in den *Verfahren* zur künstlerischen Gestaltung des Hallenser Stadtraums war eine gewisse Flexibilität gegenüber der herrschenden Ideologie angelegt. Auftraggeber für die Kunst im Stadtraum waren im Regelfall nicht Parteiinstanzen, sondern die Räte der Bezirke und Städte sowie, in Fällen der künstlerischen Ausgestaltung von Gebäuden, die jeweiligen „Investitionsträger". Diese trafen auf der Grundlage einer Abstimmung mit Stadtplanern und Architekten sowie dem Verband Bildender Künstlern auch die Entscheidungen. Die zunehmende Einbeziehung von Künstlern in die Meinungsbildung führte wiederholt zu Konflikten. In dem bereits 1965 vom Rat des Bezirks berufenen Beirat für bildende Kunst und Baukunst kritisierten die dort vertretenen Künstler etwa mehrfach die monotone Gestaltung der Wohnbebauung Halle-Neustadts und monierten ihre mangelnde Beteiligung an der städtebaulichen Planung, freilich ohne Erfolg. Im Gegenteil wurden einzelne missliebige Kunstwerke wegen angeblich formalistischer Gestaltung wieder abgebaut, so etwa eine große Bronzeplastik von Wieland Förster, die 1972 auf einen Schrottplatz verbracht wurde.[63]

Es bleibt jedoch festzuhalten, dass sozialistische Ideologie und Propaganda jenseits dieser Tendenzen einer beschränkten Pluralisierung über andere Medien und Wege im Alltag der Bevölkerung weiterhin stets präsent blieben, so z.B. bei Festen und Feiern und vor allem durch die kulturpolitischen Aktivitäten der Betriebe. So unterhielt allein das Kombinat EKO in Eisenhüttenstadt acht „Agitpropgruppen" und vergab zahlreiche Aufträge für Gemälde, Erzählungen und Musikwerke, die vor allem die Aufbauzeit des EKO heroisierten, wie etwa das „Lied der Hochöfner".[64] Als das VEB Erdölverarbeitungswerke Schwedt 1963 eine „Disposition für die künstlerische Ausgestaltung" des Betriebsgeländes ausarbeitete, bildete deren Kern die Aufstellung von elf Auftragswerken zu Themen wie „Kraft der Arbeiterklasse", „Arbeit und Freizeit" usw.[65] So ergibt sich insgesamt der Eindruck einer dichotomen Entwicklung, bei der die Betriebe und die Partei als Hüter der sozialistischen Arbeitertradition erscheinen und die Städte als Exerzierfeld neuer politischer Tendenzen und künstlerischer Konzepte.

5.2 Stadt und Arbeiter als Sujet von Malerei und Fotografie

Die 1970er Jahre bildeten, ebenso wie im politischen Wechsel von Ulbricht zu Honecker sowie in systemübergreifender gesellschaftsgeschichtlicher Perspektive,[66] auch auf dem Feld der künstlerischen Reflektion gesellschaftlicher und städtischer Entwicklungen in der DDR einen grundlegenden Wendepunkt. Der einzelne Mensch, so Jürgen Danyel mit Bezug auf Malerei und Fotografie, wurde seit dieser Zeit nicht mehr wie zuvor „eingefan-

---

[62] Rat der Stadt Halle 1982, zitiert nach: Pasternack: Kunststadt, S. 351.
[63] Hütt: Geplant und ausgeführt, S. 353f.
[64] Lutz Schmidt (Hrsg.): Einblicke – 50 Jahre EKO Stahl, Eisenhüttenstadt 2000, S. 110, 113.
[65] Siebeneicker: Auftrags-Werke, S. 62.
[66] Vgl. Konrad Jarausch (Hrsg.): Das Ende der Zuversicht? Die siebziger Jahre als Geschichte, Göttingen 2008.

gen in die Verheißungen der Gemeinschaft oder der Geschichte" präsentiert. Selbst der früher als „heroische Kunstnorm" dargestellte Arbeiter werde nun oft ungeschminkt und nüchtern in „düsteren Portraits" und „müde" wiedergegeben.[67] Im Ergebnis habe auch das einstmals „ikonographische Arbeiterbild" einen „fundamentalen Wandel" zum Individuellen und Ironischen durchgemacht.[68]

Der grundlegende Perspektivwechsel äußerte sich außer in solchen Umdeutungen auch in einer veränderten Auswahl der Sujets sowohl in der Fotografie als auch in der Malerei. Stadtbilder als „Problembilder", die nicht selten „verlassene Häuserlandschaften ohne Menschen" zeigten, wurden zu einem Schwerpunkt der Malerei. Momente des Alltags wie etwa Christian Borcherts Fotografie „Regenschauer" von 1971[69] und städtische „Antihelden", zum Beispiel gestrandete Existenzen oder einsame Alte, bestimmten zunehmend die Bildproduktion.[70] Die überkommenen Leitfiguren wurden nunmehr vermehrt müde und enttäuscht dargestellt, so etwa in Ulrich Burchers Aufnahme einer „Betriebsdirektorin" 1984.[71] Gleiches galt für die Teilnehmer politischer Aufzüge, die nicht mehr heroisch, sondern eher nüchtern bis desillusioniert gezeichnet wurden,[72] sowie für andere zentrale Rituale des Sozialismus, etwa Staatsbesuche oder betriebliche Auszeichnungen.[73] Sehr deutlich wurde der grundlegende Wandel der Perspektiven in der breiten Leistungsschau „Fotografie in der Kunst der DDR" 1988 in Cottbus.[74]

Die nachhaltige Verschiebung von Wahrnehmungen bei anhaltender Dichotomie von traditionellen und neuen Sichtweisen bestimmte nicht nur die Arbeit der professionellen Künstler, sondern auch die Bilder der überaus großen Zahl an Amateurfotografen. In ihren Anfangsjahren arbeiteten die unter dem Dach des Kulturbunds sowie in Betriebsfotogruppen und Jugendklubs organisierten Laien noch stark in der Tradition der klassenkämpferischen Arbeiterfotografie der Weimarer Republik, etwa der Arbeiter Illustrierten Zeitung (AIZ).[75] Noch 1959 wurden sie in den „Grundsätzen für die Tätigkeit der Fotogruppen in der Deutschen Demokratischen Republik" darauf verpflichtet, „mittels der Fotografie die sozialistische Bewusstseinsbildung und Erziehung vieler Werktätiger" zu fördern.[76] Die Fotografen konnten sich jedoch seit Ende der 1950er Jahre auch auf Parolen der Partei berufen, die zur Auseinandersetzung mit der „Ankunft im sozialistischen Alltag" aufforderten.[77] Im Kulturbund als wichtigstem Forum mit bereits 1951 96 Fotoarbeitsgemeinschaften mit 3840 Mitgliedern hatten, nach Meinung des ehemaligen Leiters

---

[67] Jürgen Danyel: Abschiede in Grau. Die Stadt als Gesellschaftsporträt in Malerei und Fotografie der späten DDR, in: ZeitRäume. Potsdamer Almanach 2015, hrsg. von Frank Bösch und Martin Sabrow, Potsdam 2015, S. 50–64, hier S. 50.

[68] Ebd., S. 51.

[69] Staatliche Kunsthallen Cottbus: Fotografie in der Kunst der DDR, Cottbus 1988, S. 37.

[70] Danyel: Abschiede, S. 55 f.

[71] Staatliche Kunsthallen Cottbus: Fotografie, S. 39.

[72] So etwa in Christina Glanz' Aufnahme „Demonstration" von 1979, ebd., S. 45.

[73] Ebd., S. 51, 106.

[74] Dies belegen etwa die Aufnahmen „Walzwerk Burg" von Hans-Wulf Kunze oder „Liebertwolkwitz" von Wolfgang Gregor. Ebd., S. 49, 69.

[75] Thomas Honickel: Wir sind das Volk, in: Norbert Moos (Hrsg.): Utopie und Wirklichkeit. Ostdeutsche Fotografie 1956–1989, Bonn 2004, S. 9.

[76] Zitiert nach: Rainer Knapp: Chronik der Gesellschaft für Fotografie (GfF). Eine Zeitgeschichte zur Fotografie im Kulturbund der DDR 1945–1990, Berlin 2008, S. 85. Vgl. auch Honickel: Wir sind das Volk, S. 9.

[77] Ebd.

der Abteilung Fotografie Rainer Knapp, durchaus „neben der eng gesellschaftsbezogenen Fotografie andere Genres wie Landschafts-, Akt- und Experimentalfotografie [...] ihre Anhänger". Für Letztere hätten allerdings „wenig Chancen bestanden, damit bei Wettbewerben erste Preise zu gewinnen".[78]

Die zunehmende Vielfalt der Sujets schlug sich unter anderem im Vordringen großer themenbezogener Ausstellungen der im Kulturbund organisierten Fotografen nieder. Zu diesen zählten z. B. eine Präsentation zum Thema „Werden des sozialistischen Menschen" 1963 im Rahmen der V. Arbeiterfestspiele im Bezirk Cottbus und die erste Sportfotoschau der DDR 1963 im Rahmen des IV. Deutschen Turn- und Sportfestes in Leipzig. Die Leitfigur des Arbeiters und seine Lebensumstände blieben dabei zwar ein wichtiges Thema, das insbesondere von den Betriebsfotogruppen weiter gepflegt wurde.[79] So präsentierten etwa auf den „II. Bitterfelder Fototagen" im November 1976 25 Fotogruppen aus den Bezirken Halle und Leipzig ihre Arbeiten, als deren Thema „Der sozialistische Mensch und seine Lebensweise" vorgegeben war.[80] Die Existenz einer gesonderten „AG Arbeiterfotografie" des Kulturbunds[81] lässt sich aber als Indiz dafür deuten, dass dieses Thema schrittweise seine Hegemonie eingebüßt hatte und zum Spezialgebiet geworden war.

6. Schluss

Die hier angestellte Untersuchung zur Urbanisierungspolitik der DDR und zur Funktion der ideologischen Leitfigur des Arbeiters in städtischen Kontexten hat gezeigt, dass von einem reinen Fehlschlag der Strukturpolitik des SED-Staates jedenfalls im Hinblick auf stadt- und siedlungsstrukturelle Fragen nicht gesprochen werden kann. Vielmehr erwiesen sich die Gründung von „Neuen Städten" und die industrielle Überformung bestehender Städte kurz- und mittelfristig trotz aller Probleme als raumwirtschaftlich und legitimationspolitisch durchaus erfolgreich. Auch das Leitbild des Arbeiters zeigte sich zumindest in den machtpolitischen Kernräumen der Betriebe und Institutionen von Partei und Staat als weitgehend stabil und persistent. Mit einer Mischung aus materiellen und kulturpolitischen Maßnahmen gelang es dem Regime, die urbanistischen Renommierprojekte so auszustatten, dass sie vergleichsweise attraktive Lebensbedingungen bieten und Zuzügler in großer Zahl anziehen konnten. Allerdings bleibt festzuhalten, dass dieses Modell für die ländlichen Regionen und kleinen Städte nicht finanzierbar war; dies näher auszuführen hätte den Rahmen des Aufsatzes gesprengt. Dort herrschten daher deutlich schlechtere Bedingungen und die räumlich-soziale Ungleichheit nahm seit den 1970er Jahren nochmals stark zu.

Selbst in den privilegierten Investitionsschwerpunkten war jedoch mit dem wohlfahrtsstaatlichen Programm von sozialer Infrastruktur und einem zunehmend differenzierten Wohnungs- und Kulturangebot bereits ein Keim für die mittelfristige Unterminierung des Konzepts einer industrialistischen Strukturpolitik mit ihrer hegemonialen Leitfigur des

---

[78] Knapp: Chronik, S. 11.
[79] So wurde z. B. 1967 die „1. Zentrale Leistungsschau der Betriebsfotogruppen" im Rahmen der 9. Arbeiterfestspiele im Bezirk Dresden gezeigt. Ebd., S. 24.
[80] Ebd., S. 40.
[81] So wurde noch 1979/81 die Ausstellung „Bilder deutscher Arbeiterfotografen" in mehreren Orten der DDR gezeigt. Ebd., S. 27.

Arbeiters gelegt. Wurden doch damit auch andere Gruppen der städtischen Bevölkerung aufgewertet, wie etwa Frauen und Jugendliche, und zunehmend auch Künstler und weitere städtische Akteure in einzelne Felder der Stadtentwicklung einbezogen. Zugespitzt formuliert tat sich zwischen der eindimensionalen, ökonomistischen und zentralistischen Urbanisierungsideologie und -politik des Regimes und der vielfältigen, sozial heterogenen Sphäre des Urbanen eine zunehmende Spannung, ja Kluft auf. Zwar konnten mancherorts durch informelle Netzwerke und Strategien, Improvisation und „Schwarzbauten" bzw. „Schwarzwohnen" einige der Defizite in der Stadtentwicklung gemildert werden.[82] Doch waren dynamischer sozialkultureller Wandel und grundlegende Verschiebungen in der Wahrnehmung der gebauten Umwelt, wie sie die zunehmend kritische Darstellung der Städte und ihrer Bewohner in Fotografie und Malerei dokumentieren, Ausdruck einer Eigendynamik des Städtischen, die mit einer diktatorischen Urbanisierungspolitik auf Dauer nicht vereinbar war.

---

[82] Vgl. dazu jetzt Udo Grashoff: Schwarzwohnen als subversive und zugleich systemstabilisierende Praxis, in: Deutschland Archiv, 10. 3. 2016, <www.bpb.de/222535> (5. 5. 2016).

Dierk Hoffmann
Verlierer der sozialistischen Arbeitsgesellschaft

Rentner und Behinderte in der SBZ/DDR

> „Nachdem wir Altrentner Euch Genossen in die Volkskammer zu unserer Stimmabgabe am 14.11.1971 gewählt haben, ist es nunmehr auch Eure Pflicht, Euch für eine baldige Altrentnerzulage einzusetzen. Es ist doch Hohn sprechend mit 177,– M monatlich eine Rente zu zahlen, kaum, daß wir Altrentner uns über Wasser halten können. […]
> Die Preise steigen, und man ist sprachlos. Man redet immer im Rundfunk und Fernsehen über die BRD, aber wie sieht es bei uns in der DDR aus mit uns Altrentnern?
> Alle anderen, mag es sein, wer es ist, auch die Herren von der Partei, stecken Summen ein. Und wir Altrentner wissen nicht, wo die lumpigen Pfennige hernehmen. Ihr könnt Euch ein schönes Weihnachtsfest und Neujahrsfest machen. Im Westen ist durch Rundfunk verbreitet eine neue Rentenzulage eingetreten. Mir wurde vom Westen mitgeteilt (mein Bruder), bisher hat er eine Rente von 307,– DM gehabt, neuerdings 403,– DM. Oh, da muß sich die DDR eine Scheibe abschneiden.“[1]

Die Eingabe an den SED-Propagandachef Albert Norden wirft ein düsteres Licht auf die DDR-Altersversorgung zu Beginn der Ära Honecker und steht in krassem Gegensatz zu den offiziellen Verlautbarungen in der DDR. So hatte der Vorsitzende des Ministerrates Willi Stoph fünf Monate zuvor auf dem VIII. SED-Parteitag erklärt:

> „Ein wichtiges Anliegen von Partei und Regierung ist und bleibt die Fürsorge für unsere älteren Bürger, die nach einem arbeitsreichen Leben einen schönen Lebensabend in unserer sozialistischen Gemeinschaft verdient haben. Diesen Bürgern gebührt die besondere Aufmerksamkeit der ganzen Gesellschaft.“[2]

Wie sah nun die Versorgung der Rentner und Behinderten in der DDR aus? Hatten die DDR-Rentenleistungen eher den Charakter einer Fürsorgeleistung? Und wie war die Selbstwahrnehmung der ostdeutschen Rentner? Bei der Allokation der begrenzt verfügbaren Ressourcen wurden die schwerindustriellen Wirtschaftsstandorte seit Anfang der 1950er Jahre bevorzugt behandelt. Mit dem 1. Fünfjahrplan (1951–1955) begann in der DDR der forcierte Auf- und Ausbau der Schwerindustrie, und zwar auf Anweisung der SED-Führung und in enger Absprache mit der sowjetischen Besatzungsmacht. Während einzelne Stahl- und Walzwerke, wie etwa das in Hennigsdorf, bereits vor 1945 bestanden hatten, war insbesondere das Eisenhüttenkombinat Ost (EKO) ein kompletter Neubau und steht sinnbildlich für die Struktur- und Industriepolitik Ost-Berlins. An diesem Kurs hielt die SED auch nach dem Volksaufstand am 17. Juni 1953 weitgehend fest, auch wenn in der Folgezeit der sozialpolitische Stützbalken verstärkt ausgebaut wurde. Die entsprechenden Maßnahmen kamen jedoch in erster Linie der erwerbstätigen Bevölkerung zugute und dienten der Formierung der sozialistischen Arbeitsgesellschaft. Wie war es nun um die Ränder dieser Gesellschaft bestellt? Im Folgenden wird die Entwicklung bis in die 1980er Jahre behandelt, denn in diesem Jahrzehnt trat die Immobilität der SED-Führung angesichts der sich zuspitzenden Wirtschaftskrise besonders eindrucksvoll zu Tage. Die Mitte der 1970er Jahre proklamierte „Einheit von Wirtschafts- und Sozialpolitik" erwies

---

[1] Stiftung Archiv der Parteien und Massenorganisationen der DDR im Bundesarchiv [SAPMO-BArch], DY 30/IV A 2/2.021/751, Bl. 85, Schreiben von Marius B. aus Malisch an Albert Norden vom 17.11.1971.
[2] Protokoll der Verhandlungen des VIII. Parteitages der Sozialistischen Einheitspartei Deutschlands (15. bis 19. Juni 1971 in der Werner-Seelenbinder-Halle zu Berlin), Berlin (Ost) 1971, Bd. 2, S. 46.

DOI 10.1515/9783110523010-015

sich rasch als Schimäre und die damit verbundenen Wohlstandsversprechen rückten in weite Ferne.

1. Grundlagen der SED-Rentenpolitik

Die Versorgung der Rentner in der DDR zählte nicht zu den sozialen Errungenschaften der SED-Diktatur.[3] Sie stellte von Anfang an ein gewaltiges Problem dar: Die kriegsbedingten demografischen Verwerfungen, die massenhafte Flucht von mindestens 2,75 Millionen DDR-Bürgern in den Westen Deutschlands bis 1961 sowie zahlreiche wirtschaftspolitische Zielkonflikte hatten dazu geführt, dass diese Personengruppe, die nicht mehr im Erwerbsleben stand, an den äußersten Rand der sozialpolitischen Agenda der SED gedrückt wurde. Während in der Bundesrepublik mit der Einführung der dynamischen Rente 1957 eine grundlegende Verbesserung der Alterssicherung gelang,[4] führten die Rentner in der ostdeutschen Arbeitsgesellschaft ein Schattendasein. In der DDR konnte die Altersarmut nicht beseitigt werden.

Schon Ende der 1940er Jahre, als sich das ostdeutsche Rentenniveau noch kaum von dem in Westdeutschland unterschied, wurde deutlich, dass die sozialpolitischen Ziele den wirtschaftspolitischen untergeordnet wurden. Im Zusammenhang mit der DDR-Gründung wollte die SED-Führung die Rentenleistungen anheben. Die beiden Rentenerhöhungen von 1949 und 1950 bewirkten zwar insgesamt eine Erhöhung der Mindestrenten sowie der Alters-, Invaliden- und Unfallinvalidenrenten, Witwen- und Waisenrenten. Da die erste Leistungsverbesserung aber bescheiden ausgefallen war, sah sich die DDR-Regierung 1950 dazu veranlasst, die verschiedenen Rentenleistungen pauschal um zehn DM (Ost) anzuheben. Die SED-Führung befand sich in einem Zielkonflikt, da eine stärkere Anhebung der Renten angesichts der prekären Lage des Staatshaushalts undurchführbar schien. Darüber hinaus genoss der wirtschaftliche Aufbau des Landes oberste Priorität im Politbüro in Ost-Berlin. Das System sozialer Sicherheit wurde deshalb primär auf die Erfordernisse der Arbeitswelt, das heißt auf die abhängig Beschäftigten ausgerichtet. Nur so glaubten die politisch Verantwortlichen in der SED sowie in der Wirtschafts- und Arbeitsverwaltung, die in den Wirtschaftsplänen enthaltenen Produktionsziele verwirklichen zu können. Gleichzeitig gab es aber keine Pläne zur Verbesserung der Einnahmenseite, mit denen Leistungsverbesserungen finanzierbar gewesen wären. Das bestehende Beitragssystem der Anfang 1947 geschaffenen Einheitssozialversicherung mit einer auf 600 DM (Ost) fixierten Beitragsbemessungsgrenze und einem zehnprozentigen Beitragssatz stand nicht zur Disposition.[5] Offensichtlich wollte die SED-Führung der ostdeutschen Bevölkerung keine zusätzlichen finanziellen Belastungen zumuten. Sie ging davon aus, dass sich erst im Zuge des sicher geglaubten wirtschaftlichen Aufschwungs eine grundlegende Leistungsreform zugunsten der Rentner finanzieren ließe.

---

[3] Die Ergebnisse des folgenden Abschnitts basieren teilweise auf einem bereits veröffentlichten Beitrag von mir. Vgl. Dierk Hoffmann: Der Schein der sozialen Sicherheit. Arbeitsrecht, Beschäftigungspolitik, Renten, in: Thomas Großbölting (Hrsg.): Friedensstaat, Leseland, Sportnation? DDR-Legenden auf dem Prüfstand, Berlin 2009, S. 230–249.
[4] Vgl. hierzu grundlegend: Hans Günter Hockerts: Sozialpolitische Entscheidungen im Nachkriegsdeutschland. Alliierte und deutsche Sozialversicherungspolitik 1945 bis 1957, Stuttgart 1980.
[5] Vgl. Dierk Hoffmann: Sozialpolitische Neuordnung in der SBZ/DDR. Der Umbau der Sozialversicherung 1945–1956, München 1996.

Auch nach dem blutig niedergeschlagenen Volksaufstand vom 17. Juni 1953 erfolgte keine grundlegende Strukturveränderung bei der Rentenversicherung, obwohl die SED mit einem Mal die Sozialpolitik als herrschaftsstabilisierendes Instrument für sich entdeckte. Stattdessen gab es eine Vielzahl kleinerer Maßnahmen: Die Renten wurden einheitlich um zehn DM (Ost) erhöht, wobei der DDR-Ministerrat in einer Verordnung die bis dahin stark vernachlässigten Witwenrenten ausdrücklich mit berücksichtigte. Darüber hinaus beschloss das Zentralkomitee (ZK) der SED am 21. Juni 1953, den Ehegattenzuschlag für Rentner zu erhöhen und die Anrechnung der Heil- und Genesungskuren auf den Jahresurlaub wieder aufzuheben.[6] Gleichzeitig beendete Ost-Berlin die monatelange Kampagne zur „Erhöhung der Sparsamkeit" in der Sozialversicherung, die zu Einschnitten im Sozialnetz geführt hatte. So sollten Fahrtkosten bei Fachärzten und Masseuren wieder von der Sozialversicherung übernommen werden. Um die Arbeiterschaft langfristig ruhigzustellen, ließ die SED-Führung 1954 eine Zusatzrentenversorgung für die Arbeiter und Angestellten in den wichtigsten volkseigenen Betrieben aufbauen. In der Folgezeit setzte das Politbüro auch weiterhin Umfang und Zeitpunkt der Rentenerhöhungen vollkommen autonom fest.

Abgesehen von der Einführung der Freiwilligen Zusatzrentenversicherung (FZR) Ende der 1960er bzw. Anfang der 1970er Jahre, die strukturell eine Kopie der bisherigen Rentenversorgung in der Einheitssozialversicherung war und primär zur Abschöpfung des Kaufkraftüberhangs diente, stellte die SED nur ein einziges Mal das in der DDR geltende Rentensystem zumindest ansatzweise in Frage: Im Zuge der Debatten in der Bundesrepublik um eine umfassende Sozialreform, die 1957 zur Einführung der dynamischen Rente führte, sah sich die SED-Führung unter Druck gesetzt und beabsichtigte ihrerseits eine grundsätzliche Veränderung bei der Altersversorgung. Zum einen war eine erhebliche Anhebung der Rentenleistungen geplant, die an die Entwicklung der Löhne gekoppelt werden sollten. Zum anderen wollten die politisch Verantwortlichen in Ost-Berlin entsprechend dem sowjetischen Vorbild die Beitragszahlungen vollständig auf die Betriebe abwälzen. Aufgrund großer finanzpolitischer Vorbehalte sowie der Unfähigkeit der SED-Führung, die Einheitssozialversicherung tief greifend zu verändern, blieb es bei Gedankenspielen in der Machtzentrale, die bereits 1958 endgültig begraben wurden.[7] Die vom Politbüro propagierte sozialistische Rentenreform kam nicht zustande. Stattdessen blieb alles beim Alten. Die dabei eingeschlagene Politik war allerdings weiterhin ambivalent. So wurden für eine wachsende Zahl von Berufsgruppen Zusatzleistungen und Sonderversorgungssysteme eingeführt, die für den Übergang vom Erwerbsleben in den Ruhestand einen gewissen materiellen Ausgleich boten. Die sogenannte Intelligenzrente ist in dem Zusammenhang ein herausragendes Beispiel für die Privilegierung Einzelner in der ansonsten stark nivellierten Gruppe der Rentenempfänger und stellte im Übrigen eine Art Bleibeprämie dar.

Die Aufbruchsstimmung, die mit dem Machtwechsel von Walter Ulbricht zu Erich Honecker zusammenhing, verflog in kurzer Zeit. Die proklamierte Einheit von Wirtschafts- und Sozialpolitik, mit der Honecker die SED-Herrschaft in der DDR langfristig

---

[6] Dokumente der SED. Beschlüsse und Erklärungen des Zentralkomitees sowie seines Politbüros und seines Sekretariats. Bd. 4, Berlin (Ost) 1954, S. 436–445, hier S. 443.

[7] Vgl. Dierk Hoffmann: Sozialistische Rentenreform? Die Debatte über die Verbesserung der Altersicherung in der DDR 1956/57, in: Stefan Fisch/Ulrike Haerendel (Hrsg.): Geschichte und Gegenwart der Rentenversicherung in Deutschland. Beiträge zur Entstehung, Entwicklung und vergleichenden Einordnung der Alterssicherung im Sozialstaat, Berlin 2000, S. 293–309.

absichern wollte,[8] verlor binnen weniger Jahre ihre Anziehungskraft. Finanzierungs-schwierigkeiten setzten den sozialpolitischen Verbesserungsvorschlägen enge Grenzen. In der Ära Honecker beschritt die DDR endgültig den Weg in die Staatsverschuldung. Es ist bereits darauf hingewiesen worden, dass die grundlegenden Probleme der ostdeutschen Rentenversicherung die fehlende Dynamisierung der Leistungen sowie die Beibehaltung des Beitragssystems waren. Auch die Einführung der FZR änderte an diesen Defiziten nichts. Außerdem war die FZR von den Versicherten zunächst sehr zurückhaltend aufge-nommen worden; die Anzahl der neu abgeschlossenen Versicherungsverträge entsprach nicht den Erwartungen der Staats- und Parteiführung.[9] Das Kernproblem lag in den unzureichenden Leistungen der FZR, die vor allem für Höherverdienende mit einem monatlichen Bruttoeinkommen von über 1200,– DM (Ost) nicht sonderlich attraktiv war. Stattdessen bemühten sich etwa hoch qualifizierte Akademiker um die Aufnahme in die beitragsfreie Altersversorgung der „Intelligenz". Insofern konkurrierte die FZR mit ande-ren, bereits bestehenden Sonderversorgungssystemen, denen sie aber in mehrfacher Hin-sicht unterlegen war.

Arbeitsfähige Witwen zählten von Anfang an zu den Verlierern der Einheitssozialversi-cherung. Sie erhielten oftmals gar keine Rente und waren dadurch gezwungen, eine Ar-beit aufzunehmen. Nur bei Invalidität, Vollendung des 60. Lebensjahres oder mehreren minderjährigen Kindern wurde eine Witwenrente gewährt. Deren Höhe lag stets unter-halb des Niveaus der Mindestrenten. Deshalb waren zahlreiche Frauen, die eine Witwen-rente bezogen, auf die Sozialfürsorge angewiesen. In der SBZ erhielten im Sommer 1948 nur 51 Prozent aller Witwen eine Mindestrente.[10] Sowohl der Freie Deutsche Gewerk-schaftsbund (FDGB) als auch die Arbeits- und Sozialverwaltung lehnten jedoch eine Leis-tungsverbesserung ab. Nach Ansicht der stellvertretenden Leiterin der Hauptverwaltung für Arbeit und Sozialfürsorge (Jenny Matern) war eine Erhöhung der Mindestrenten ab-hängig von der „erfolgreichen" Entwicklung der Wirtschaft.[11] Anfang der 1980er Jahre sah die ZK-Abteilung Gewerkschaften und Sozialpolitik immer noch keinen Handlungs-bedarf. Als Erklärung für die niedrigen Witwenrenten gab sie an, diese seien „generell ein Überbleibsel aus der kapitalistischen Zeit […], in der die Frau nicht wirtschaftlich selbständig sein konnte und die Versorgungspflicht des Mannes gegenüber der Frau juris-tische und moralische Norm war".[12] Die SED wollte zwar am Ziel der Berufstätigkeit der Frau festhalten, war aber nicht bereit, die in der DDR andauernde Ungleichbehandlung bei der tariflichen Bezahlung zu beseitigen. Außerdem war für den niedrigen Durch-

---

[8] Vgl. Christoph Boyer/Peter Skyba: Sozial- und Konsumpolitik als Stabilisierungspolitik. Zur Genese der „Einheit von Wirtschafts- und Sozialpolitik" in der DDR, in: Deutschland Archiv 32 (1999), S. 577–590.

[9] Vgl. Dierk Hoffmann: Sicherung bei Alter, Invalidität und für Hinterbliebene, Sonderversorgungs-systeme, in: Christoph Boyer/Klaus-Dietmar Henke/Peter Skyba (Hrsg.): Deutsche Demokratische Republik 1971–1989. Bewegung in der Sozialpolitik, Erstarrung und Niedergang (= Geschichte der Sozialpolitik in Deutschland seit 1945, Bd. 10), Baden-Baden 2008, S. 325–361, hier S. 339.

[10] SAPMO-BArch, DY 34, 42/1033/4614, Schreiben Fritz Buchows vom 21.6.1948 an die FDGB-Lan-desleitung Sachsen.

[11] Bundesarchiv Berlin [BArch], DQ 1/1420, Bl. 350, Jenny Matern am 11.3.1949 an den stellvertre-tenden DWK-Vorsitzenden und LDP-Vorsitzenden Hermann Kastner.

[12] Zitiert nach Dierk Hoffmann: Rentenversicherung und SED-Rentenpolitik in den achtziger Jah-ren, in: Eberhard Kuhrt/Hannsjörg F. Buck/Gunter Holzweißig (Hrsg.): Am Ende des realen Sozia-lismus. Beiträge zu einer Bestandsaufnahme der DDR-Wirklichkeit in den 80er Jahren, Bd. 4: Die Endzeit der DDR-Wirtschaft, Opladen 1999, S. 375–419, hier S. 390.

schnittsverdienst und die damit verbundene niedrige Beitragszahlung vieler Frauen vor 1945 keine Kompensation vorgesehen. Ost-Berlin ging davon aus, dass der aus eigener Arbeit erworbene Rentenanspruch maßgebend sei und die „meist als Teilrente daneben gewährte Witwenrente nicht weiter entwickelt wird".[13] An dieser grundsätzlichen Einschätzung sollte sich bei den SED-Sozialpolitikexperten bis zum Untergang der DDR kaum etwas ändern.

Ab 1978/79 machte sich in der SED-Führung angesichts der zunehmenden Verschuldung nicht nur Starrsinn, sondern auch Resignation breit. Die DDR-Sozialpolitiker waren zu konzeptionellen Neuansätzen nicht mehr in der Lage. Obwohl das Politbüro um Erich Honecker nicht bereit war, eine grundlegende Strukturreform der Alterssicherung einzuleiten, weigerte es sich doch, Leistungskürzungen vorzunehmen, um das Haushaltsdefizit abzutragen. Symptomatisch dafür war eine Debatte im Führungsgremium der Hegemonialpartei am 27. November 1979, als der Generalsekretär seine sozialpolitischen Vorstellungen skizzierte, mit denen er den Kurs seiner Partei in diesem Politikfeld für die 1980er Jahre weitgehend festlegte. Dabei widersprach Honecker vehement der Einschätzung, es gäbe einen direkten Zusammenhang zwischen den sozialpolitischen Leistungsverbesserungen und den wachsenden wirtschaftlichen Problemen des Landes: „Es kann doch nicht der Eindruck hervorgezaubert werden, daß wir aufgrund des sozialpolitischen Programms in diese Verschuldung geraten sind."[14] Da die Sozialprogramme von 1972 und 1976 vor allem auf sein Betreiben hin beschlossen worden waren, versuchte er nun von seiner eigenen politischen Verantwortung abzulenken. Stattdessen sprach er sich dezidiert gegen Leistungskürzungen aus, wobei er die Rentenleistungen ausdrücklich erwähnte: „Renten sind ein sozialer Besitzstand. Das muß man als festen Posten einsetzen. Das haben wir beschlossen."[15] Die anwesenden Politbüromitglieder schlossen sich Honeckers Meinung vorbehaltlos an.

Dabei war sich die SED-Führung über die Unzulänglichkeiten ihrer Rentenpolitik durchaus im Klaren. Die zuständige ZK-Abteilung wies in einer Denkschrift 1981 auf das niedrige Niveau zahlreicher Renten und auf den Nivellierungseffekt hin. In vielen Fällen liege die ausgezahlte Rente sogar unter dem Niveau der Mindestrente. Dies betreffe in erster Linie die Renten, „die nach einem Durchschnittslohn bis zu 460 M[ark] berechnet werden sowie alle Renten für [sic] weniger als 34 Arbeitsjahre".[16] Bei einer weiteren Erhöhung der Mindestrente würde nach Einschätzung der ZK-Abteilung „der größte Teil der Rentner eine ansprechende Rentenerhöhung erhalten, jedoch die Rentner mit dem höchsten Durchschnittsverdienst eine sehr geringe oder gar keine Rentenerhöhung bekommen". Die Denkschrift machte das Dilemma der SED erneut deutlich: Auf der einen Seite konnte der Lebensstandard der unteren Rentengruppen nicht spürbar und nachhaltig verbessert werden; auf der anderen Seite führte die Erhöhung der Mindestrenten zu einer Nivellierung der Rentenleistungen. Versorgungsprinzip und Leistungsprinzip standen sich unversöhnlich gegenüber. Die SED konnte sich zu einem neuen Rentenkon-

---

[13] Ebd.

[14] BArch, DE 1/VA 56296, Bl. 434–456, hier Bl. 438, Notizen Heinz Klopfers über die Politbürositzung am 27. 11. 1979 zum Planentwurf 1980.

[15] Ebd., Bl. 446. Erstmals zitiert bei Peter Skyba: Sozialpolitik als Herrschaftssicherung. Entscheidungsprozesse und Folgen in der DDR der siebziger Jahre, in: Clemens Vollnhals/Jürgen Weber (Hrsg.): Der Schein der Normalität. Alltag und Herrschaft in der SED-Diktatur, München 2002, S. 39–80, hier S. 69.

[16] Zitiert nach Hoffmann: Rentenversicherung, S. 388f.

zept nicht mehr durchringen. Die Anbindung der Rentenentwicklung an die der Löhne und Gehälter war angesichts der drohenden Zahlungsbilanzkrise seit Ende der 1970er Jahre endgültig vom Tisch.

Das Politbüro hielt an der von Honecker ausgegebenen sozialpolitischen Marschrichtung bis zum Untergang der SED-Herrschaft unbeirrt fest. Für Egon Krenz war dieser Kurs 1989 sogar ein zentraler Bestandteil des Sozialismus in der DDR: „Es ist für mich gar keine Frage, ob die Einheit von Wirtschafts- und Sozialpolitik fortgeführt wird. Sie muss fortgeführt werden, denn sie ist ja der Sozialismus in der DDR!"[17] Im Zusammenhang mit den offiziellen Feierlichkeiten zum 40. Jahrestag der DDR-Gründung erfolgte schließlich Ende Oktober 1989 die letzte Rentenerhöhung. Die durchschnittliche Rentenhöhe wurde nochmals deutlich angehoben. Doch zu diesem Zeitpunkt hatte bereits der Machtzerfall der SED eingesetzt. Die „umfangreichste Rentenerhöhung seit Bestehen der DDR"[18] konnte keine Bindungskraft mehr auf die ostdeutsche Bevölkerung entfalten. Die Erosion der SED-Herrschaft war nicht mehr aufzuhalten.

2. Zur Politik Ost-Berlins gegenüber Behinderten und Pflegebedürftigen

Wie sah die SED-Politik gegenüber behinderten und pflegebedürftigen Menschen aus? Nach dem Ende des Zweiten Weltkriegs waren sozialpolitische Maßnahmen zugunsten Schwerbeschädigter in der sowjetischen Besatzungszone, aber auch in den westlichen Besatzungszonen aufgrund der großen Zahl der sogenannten Kriegsbeschädigten zwingend erforderlich. Die rechtliche Grundlage der ostdeutschen Behindertenpolitik bildeten zunächst die Verordnung über die Beschäftigung von Schwerbeschädigten vom 2. September 1946 sowie der SMAD-Befehl Nr. 89 vom 17. April 1947 (über die „Erteilung von Ausweisen für Schwerbeschädigte"). Im Zuge der Neuregelung des Arbeitsrechts verpflichtete das Gesetz der Arbeit 1950 alle Betriebe und Verwaltungen dazu, Schwerbeschädigte einzustellen. Darin legte der Gesetzgeber fest, dass mindestens 10 Prozent der Arbeitsplätze dieser Personengruppe vorbehalten waren. Sofern diese Quote nicht erfüllt war, mussten freie oder frei werdende Arbeitsplätze, die sich für die Beschäftigung von Schwerbeschädigten eigneten, unverzüglich der Arbeitsverwaltung gemeldet werden. Die Integration der Schwerbeschädigten sollte also vor allem über den Arbeitsmarkt erfolgen.[19] Darüber hinaus hatte der chronische Arbeitskräftemangel zur Folge, dass das Politbüro darauf drängte, alle Teile der erwerbsfähigen Bevölkerung für die Erfüllung der Wirtschaftspläne zu mobilisieren. Offiziellen Angaben zufolge befanden sich Mitte der 1950er Jahre angeblich 98 Prozent der arbeitsfähigen Schwerbeschädigten in Beschäftigung.[20] Dem widersprechen jedoch zahlreiche Klagen der Arbeits- und Sozialverwaltung über die Nichteinhaltung bzw. Nichtbeachtung der Quotenregelung durch Betriebsleiter.

[17] Zitiert nach Hans-Hermann Hertle: Die Diskussion der ökonomischen Krisen in der Führungsspitze der SED, in: Theo Pirker/Rainer M. Lepsius/Rainer Weinert: Der Plan als Befehl und Fiktion. Wirtschaftsführung in der DDR, Opladen 1995, S. 309–345, hier S. 344.
[18] SAPMO-BArch, DY 30/J IV 2/2/2305, Bl. 48, Ankündigung des Politbüros vom 29. 11. 1988.
[19] Vgl. Marcel Boldorf: Eingliederung der Kriegsopfer und Schwerbeschädigten Ostdeutschlands in den Arbeitsprozess 1945–1951, in: Christoph Buchheim (Hrsg.): Wirtschaftliche Folgelasten des Krieges in der SBZ/DDR, Baden-Baden 1995, S. 403–415.
[20] Fritz Macher: Planmäßige Versorgung der Volkswirtschaft mit Arbeitskräften im 2. Fünfjahrplan, in: Arbeit und Sozialfürsorge 11 (1956), S. 289–293, hier S. 290.

1954 änderten sich die Kriterien für die Anerkennung als Schwerbeschädigter. Die DDR ersetzte das bis dahin praktizierte System der prozentualen Abstufung der Funktionsbeeinträchtigung, das zu einem Anstieg der Versorgungsfälle geführt hatte, durch eine dreistufige Klassifizierung der Behinderungen (Leicht-, Schwer- und Schwerstbeschädigte).[21] Die Schwerbeschädigung musste von einem vom staatlichen Gesundheitswesen beauftragten Arzt auf der Grundlage einer sogenannten Behinderungstabelle festgestellt werden. Auf diese Weise sollten die Interpretationsspielräume der Ärzte eingeschränkt werden. Nachuntersuchungen und periodische Überprüfungen waren grundsätzlich möglich. Auch hier stand letztlich die Erwerbsfähigkeit im Mittelpunkt des Interesses. Personen mit altersbedingten Gebrechen (außer Blindheit und Taubheit) sowie geistig Behinderte, die nicht berufstätig waren, besaßen beispielsweise keinen Anspruch auf Ausstellung eines Schwerbeschädigten-Ausweises. In der DDR gab es Ende der 1950er Jahre 1,1 Millionen anerkannte Schwerbeschädigte, darunter befanden sich allein 270 000 Kriegsbeschädigte.[22] Damit lag ihr Anteil an der Gesamtbevölkerung auch aufgrund der unterschiedlichen Kategorienbildung und Feststellungsverfahren bei 6,3 Prozent, während er in der Bundesrepublik zum gleichen Zeitpunkt nur 1,7 Prozent betrug.

Erst Ende der 1950er Jahre begann die DDR damit, der Rehabilitation größere Aufmerksamkeit zu schenken, wobei der Arbeitskräftemangel auch hier der auslösende Faktor gewesen sein dürfte. So wurde Anfang der 1960er Jahre noch beklagt, dass von den ca. 300 000 Invalidenrentnern, die das 60. bzw. 65. Lebensjahr noch nicht überschritten hatten, nur 21 000 berufstätig waren.[23] Bei der Rehabilitation stand also von Anfang an die Wiederherstellung der Arbeitskraft des Behinderten oder Geschädigten im Vordergrund. Diese Entwicklung war mit einer weiteren Institutionalisierung verbunden, denn es kam Anfang der 1960er Jahre zur Bildung von sogenannten Rehabilitationskommissionen, und zwar beim Gesundheitsministerium und in den Bezirken, Städten und Gemeinden. Die Kommissionen hatten beratenden Charakter und sollten die Reha-Maßnahmen besser koordinieren.

Arbeitsmarktpolitische Überlegungen prägten aber nicht nur den Wiederaufbau der Sozialversicherung und der Sozialfürsorge, sondern auch den des Gesundheitswesens. Auch hier war die Wiederherstellung der Arbeitskraft eine Handlungsmaxime der zuständigen Verwaltung. Die Eingliederung in den Arbeitsmarkt bestimmte ganz wesentlich den staatlichen Umgang sowohl mit Behinderten als auch mit langfristig erkrankten Erwerbstätigen. Dazu wurde in der SBZ ein umfangreiches Netz von Erholungs- und Kurheimen aufgebaut. Ein weiteres Motiv war dabei auch die Kostensenkung im Gesundheitswesen: Die Gesundheitsämter erhofften sich Einsparungen im Arzneimittelverbrauch sowie bei der stationären Behandlung. Die Ausrichtung der Gesundheitspolitik auf die Bedürfnisse des Arbeitsmarktes führte allerdings dazu, dass zahlreiche Betroffene aus dem Kreis der Berechtigten herausfielen. So sollte die sogenannte Heilfürsorge in erster Linie der arbeitenden Bevölkerung zugute kommen. Invalide bzw. schwer erkrankte Personen, bei denen

---

[21] Marcel Boldorf: Rehabilitation und Hilfen für Behinderte, in: Dierk Hoffmann/Michael Schwartz (Hrsg.): Deutsche Demokratische Republik 1949–1961. Im Zeichen des Aufbaus des Sozialismus (= Geschichte der Sozialpolitik in Deutschland seit 1945, Bd. 8), Baden-Baden 2004, S. 453–474, hier S. 467.

[22] Johannes Frerich/Martin Frey: Handbuch der Geschichte der Sozialpolitik, Bd. 2: Sozialpolitik in der Deutschen Demokratischen Republik, München u. a. ²1996, S. 381.

[23] Otto Lehmann: Probleme erkennen und die Praxis verändern, in: Die Sozialversicherung 10 (1964), H. 5, S. 4f.

kaum Aussicht auf Genesung bestand, zählten somit nicht zum Adressatenkreis. Der mecklenburgische Landesberatungsarzt betonte im Frühjahr 1947, dass in offiziellen Ablehnungsschreiben eine Anlehnung an die „Naziideologie" vermieden werden müsse, „die den Kranken und Schwachen von vornherein als lästiges Übel ansah".[24] Eine allgemeine Stellungnahme, die eine Heilbehandlung für diejenigen ausschließe, „bei denen das Heilverfahren nur wenig Aussicht" auf Erfolg biete, könne nicht veröffentlicht werden, da dies das Vertrauen der Bevölkerung in die Einheitssozialversicherung erschüttern würde. Stattdessen empfahl er, die Ablehnung eines entsprechenden Antrags mit dem Hinweis auf Bettenmangel und fehlende Einrichtungen zu begründen.

Schwierigkeiten bereitete auch die Unterbringung von alten und pflegebedürftigen Menschen in den sogenannten Feierabend- und Pflegeheimen. Bereits kurz nach Ende des Zweiten Weltkriegs hatte sich in der SBZ/DDR die Heimfürsorge etabliert, die angesichts der allgemeinen Notlage für die Betreuung von pflegebedürftigen Menschen zuständig war. Als weitere Akteure sind die Volkssolidarität und die Betriebe zu nennen, die teilweise im Rahmen ihrer Möglichkeiten ambulante Betreuungsaufgaben übernahmen. Die Anzahl der zur Verfügung stehenden Heimplätze konnte zwar nach DDR-Angaben von ca. 20 000 (1946) bis 1955 auf 57 715 erhöht werden.[25] Diese Entwicklung setzte sich etwas langsamer in den folgenden Jahren fort: 1965 gab es 93 359 Plätze, zehn Jahre später waren es 104 965 und 1989 sogar 139 716. Diese Zahlen sagen aber wenig aus über den Versorgungsstand und die Qualität der Pflege. Da sich der Anteil der Rentner an der Wohnbevölkerung im selben Zeitraum erhöhte, setzte sich bei den politisch Verantwortlichen in Ost-Berlin schon in den 1960er Jahren die Erkenntnis durch, dass die angestrebte Versorgung mit Heimplätzen nicht zu realisieren war. Das blieb auch dem westdeutschen „Klassenfeind" nicht verborgen: So berichtete der Informationsdienst West-Berlin am 21. Oktober 1968, dass in der DDR rund 250 000 Plätze fehlen würden, um alle pflegebedürftigen alten Menschen angemessen unterbringen zu können.[26] Obwohl die Staatsausgaben für die Feierabend- und Pflegeheime kontinuierlich stiegen,[27] von 236 Millionen DM (1970) auf 550 Millionen (1980) und dann auf 1,068 Milliarden (1988), blieb die Altenpflege – sowohl was den quantitativen Umfang als auch was die Versorgungsqualität angeht – sehr unzureichend. Dazu trug auch die marode Bausubstanz vieler Heime bei, deren Gesamtzahl in den 1980er Jahren im Übrigen konstant blieb.

3. Rentenniveau und Altersarmut

Hatten die DDR-Renten nur den Charakter einer Fürsorgeleistung? Ein zentrales Element der deutschen Sozialstaatstradition ist bekanntlich die klare Trennung zwischen der „vorsorgenden Versicherung, deren Zugang sich über die Erwerbsarbeit öffnet, und der an Bedürftigkeitskontrolle geknüpften Fürsorge für die, die sich in einem wie auch immer begründeten Notstand nicht hinreichend selbst helfen können".[28] Das rasante Wirt-

---

[24] Zitiert nach Hoffmann: Sozialpolitische Neuordnung, S. 170.
[25] Frerich/Frey: Sozialpolitik, S. 372.
[26] Dierk Hoffmann: Am Rande der sozialistischen Arbeitsgesellschaft. Rentner in der DDR 1945–1990, Erfurt 2010, S. 53.
[27] Frerich/Frey: Sozialpolitik, S. 375.
[28] Vgl. Hans Günter Hockerts: Vorsorge und Fürsorge: Kontinuität und Wandel der sozialen Sicherung, in: Axel Schildt/Arnold Sywottek (Hrsg.): Modernisierung im Wiederaufbau. Die westdeutsche Gesellschaft der 50er Jahre, Bonn 1993, S. 223–241, hier S. 225.

schaftswachstum in der Bonner Republik bis etwa Mitte der 1960er Jahre hat nun die Handlungsmöglichkeiten der westdeutschen Sozialpolitik entscheidend verbessert. Ein sichtbares Zeichen war das Absinken der Armutsquote: Während sie in der Weimarer Republik durchgängig bei ungefähr 30 Prozent lag, betrug sie in der Bundesrepublik zur Zeit der Großen Koalition unter Bundeskanzler Kurt Georg Kiesinger (CDU) höchstens acht Prozent.[29] Damit war ein Funktionswandel der Fürsorge verbunden: Während die Bedeutung als Instrument einer existenzminimalen Einkommenssicherung sank, stieg im Gegenzug ihr Stellenwert als individuelle Hilfe in besonderen Lebenslagen. Die erfolgreiche Begrenzung der Armut gelang teils über die Wirtschafts-, teils über die Sozialpolitik, wobei der Arbeitsmarkt den Prozess tatkräftig unterstützte. Mit der Rentenreform 1957 vollzog sich langfristig ein Quantensprung, denn es gelang, die Gefahr der Altersarmut in der Bundesrepublik zu bannen.[30] Die Einführung der dynamischen Rente war ein wichtiger Schritt auf dem Weg zu einer attraktiven Ausgestaltung der Arbeitsgesellschaft, und zwar mittels positiver Anreize. Allerdings prämierte die dynamische Rente nur die Erwerbsarbeit, was die im Laufe der Zeit aufkommenden Debatten über den sozialversicherungsrechtlichen Umgang mit der Arbeitsleistung von Hausfrauen und Müttern sowie der häuslichen Pflege alter Menschen zeigen. Mit dem Ende der Boomphase Anfang der 1970er Jahre und der zunehmenden Arbeitslosigkeit in der Bonner Republik kam es jedoch wieder zu einer verstärkten Inanspruchnahme der Sozialhilfe. Dieser Trend wurde dadurch noch verstärkt, dass der Zugang zu den beitragsfinanzierten Sicherungssystemen verschärft wurde. Anfang der 1980er Jahre war die „Neue Armut" ein zentrales Thema in der bundesdeutschen Öffentlichkeit – ein Zeichen für die „erhebliche Verunsicherung der westdeutschen Wohlstandsgesellschaft".[31]

Beim Aufbau des Systems sozialer Sicherheit schlugen beide deutsche Staaten unterschiedliche Wege ein. In der SBZ/DDR entwickelte sich die Einheitssozialversicherung rasch zum zentralen Ort staatlicher Sozialpolitik. Bis zur friedlichen Revolution 1989 blieb sie der Kernbereich des ostdeutschen Systems sozialer Sicherheit. Das führte dazu, dass die Abgrenzung gegenüber den anderen Bestandteilen des sozialen Sicherungssystems – vor allem die Versorgung und Fürsorge – de facto aufgehoben wurde. So hatte die Sozialversicherung schon in den ersten Nachkriegsjahren Versorgungsaufgaben mit übernommen, beispielsweise bei der Beamten- und Kriegsopferversorgung. Die Beamtenpensionen wurden auf der Grundlage des SMAD-Befehls Nr. 28 vom 28. Januar 1947 und den dazu beigefügten Verordnungen durch die Einheitssozialversicherung ausgezahlt. Die Beseitigung des Beamtenstatus zog die Streichung dieser Versorgungsleistung nach sich.[32] Darüber hinaus fiel noch vor der DDR-Gründung 1949 eine weitere Weichenstellung: Die Angestellten verloren ihre sozialversicherungsrechtliche Sonderstellung. Anders als in der Bundesrepublik kam es in der SBZ/DDR nicht zum Wiederaufbau einer eigenständigen

---

[29] Ebd., S. 239.
[30] Vgl. Hans Günter Hockerts: Wie die Rente steigen lernte: Die Rentenreform 1957, in: ders. (Hrsg.): Der deutsche Sozialstaat. Entfaltung und Gefährdung seit 1945, Göttingen 2011, S. 71–85.
[31] Winfried Süß: Armut in Wohlfahrtsstaaten, in: Hans Günter Hockerts/Winfried Süß (Hrsg.): Soziale Ungleichheit im Sozialstaat. Die Bundesrepublik Deutschland und Großbritannien im Vergleich, München 2010, S. 19–41, hier S. 20.
[32] Vgl. Curt Garner: Schlußfolgerungen aus der Vergangenheit? Die Auseinandersetzung um die Zukunft des deutschen Berufsbeamtentums nach dem Ende des Zweiten Weltkrieges, in: Hans-Erich Volkmann (Hrsg.): Ende des Dritten Reiches – Ende des Zweiten Weltkrieges. Eine perspektivische Rückschau, München/Zürich 1995, S. 607–674.

Angestelltenversicherung. Somit unterlagen die Angestellten der allgemeinen Sozialversicherungspflicht und kamen in den Zuständigkeitsbereich der Einheitssozialversicherung, in der nahezu die gesamte erwerbstätige Bevölkerung mit den Familienangehörigen versichert war. Schließlich hatte der Fürsorgebereich bis Mitte der 1950er Jahre erheblich an Bedeutung verloren: Bei der Sozialfürsorge waren der Empfängerkreis und die Gesamtausgaben drastisch zurückgegangen. Gerade in diesem sozialpolitischen Bereich lässt sich die enge Verzahnung mit der Arbeitsmarktpolitik eindeutig belegen. Der staatlichen Verwaltung gelang es, die Zahl der Leistungsempfänger drastisch zu reduzieren, und zwar durch die forcierte Integration der Fürsorgeempfänger in den Arbeitsprozess. Während im Dezember 1946 noch rund 1,1 Millionen Unterstützungsempfänger registriert wurden, waren es im Dezember 1948 nur noch ca. 520 000;[33] Ende 1953 lag die Gesamtzahl bei etwa 316 000.[34]

Um die wirtschaftliche und soziale Lage der DDR-Rentner beurteilen zu können, ist es notwendig, einen Blick auf das Verhältnis zwischen Renten- und Lohnentwicklung zu richten. Das Rentenniveau lag in den 1950er Jahren[35] nur zwischen 24 und 28 Prozent; 1948 hatte es noch bei 32,6 Prozent gelegen. Die Preispolitik des SED-Regimes[36] stellte wiederum keine spezifische Unterstützungsmaßnahme für Rentner dar, sondern kam allen DDR-Bürgern zugute. Grundsätzlich gilt, dass im ostdeutschen Staatssozialismus Güter des täglichen Bedarfs subventioniert wurden, wovon auch die Rentner profitierten. Die SED verband Preiserhöhungen für einzelne Grundnahrungsmittel, die sie in unregelmäßigen Abständen vornahm, jedoch nicht mit der Anhebung der Mindestrenten. So hatte beispielsweise das Sekretariat des ZK am 1. Februar 1951 beschlossen, dass wegen der Anhebung der Weizenpreise eine entsprechende Erhöhung der Altersrenten erfolgen solle.[37] Diese Maßnahme könne – so das Führungsorgan der SED – nicht bis zur Beratung des Staatshaushaltplanes verschoben werden, sondern sei sofort durchzuführen. Dagegen erhob jedoch der Staatssekretär im Finanzministerium (Willi Rumpf) schwere Bedenken, da er keine Möglichkeit zur Gegenfinanzierung sah. Mit diesem Argument konnte er das Politbüro überzeugen, das den Beschluss des Sekretariats kurze Zeit später wieder aufhob.[38]

Das Grundproblem der ostdeutschen Alterssicherung bestand darin, dass sich im Laufe der Zeit eine Kluft zwischen Bruttoeinkommen und Altersrenten entwickelte, da die Entwicklung der Renten nicht – wie in der Bundesrepublik – an die der Löhne und Gehälter gebunden wurde. Während sich die Bruttoeinkommen zwischen 1980 und 1988 um durchschnittlich 24,3 Prozent erhöhten, lag die Zuwachsrate bei den Altersrenten nur bei 11,2 Prozent.[39] Doch auch in den 1980er Jahren konnte sich die SED-Führung zu keiner Systemänderung mehr durchringen. Die dilatorische Behandlung des Problems durch

---

[33] Marcel Boldorf: Sozialfürsorge in der SBZ/DDR 1945–1953. Ursachen, Ausmaß und Bewältigung der Nachkriegsarmut, Stuttgart 1998, S. 19.

[34] Ebd., S. 33.

[35] Vgl. Dierk Hoffmann: Lebensstandard, Alterssicherung und SED-Rentenpolitik. Zur sozialen und wirtschaftlichen Lage der Rentner in der DDR während der fünfziger Jahre, in: Deutschland Archiv 38 (2005), S. 461–473.

[36] Vgl. Jennifer Schevardo: Vom Wert des Notwendigen. Preispolitik und Lebensstandard in der DDR der fünfziger Jahre, Stuttgart 2006.

[37] SAPMO-BArch, DY 30/IV 2/3/171.

[38] SAPMO-BArch, DY 30/IV 2/2/140, Protokoll der Politbürositzung vom 28. 3. 1951.

[39] Frerich/Frey: Sozialpolitik, S. 349.

Ost-Berlin hatte Folgen für die Entwicklung des Rentenniveaus: Dieses stieg zunächst von 32,6 (1976) auf 44,9 Prozent (1979), um anschließend wieder rasant zu fallen. 1988 lag das Rentenniveau nur noch bei 37,7 Prozent.[40] Das Auseinanderdriften von Renten- und Einkommensniveau konnte nur kurzzeitig gestoppt werden. Insgesamt gesehen konnten die DDR-Sozialpolitiker nicht verhindern, dass sich die Entwicklung der Renten immer mehr von der der Löhne und Gehälter abkoppelte. Die ostdeutschen Renten erhielten spätestens in den 1980er Jahren in zunehmendem Maße den Charakter einer Grundsicherung. Beim Übergang von der Erwerbsarbeit in das Rentenalter vergrößerte sich somit der Einkommensausfall. Durch die SED-Rentenpolitik setzte sich außerdem noch der Trend zur Nivellierung der Rentenleistungen weiter fort, d. h. die unteren Rentengruppen wurden stärker als die höheren Rentengruppen angehoben.

Angesichts der niedrigen Rentenleistungen sahen sich sogar zahlreiche DDR-Bürger dazu veranlasst, auch nach Vollendung des 60. bzw. 65. Lebensjahres weiterzuarbeiten. 1980 waren immerhin rund 540 000 Rentner berufstätig.[41] Das entsprach wiederum dem ökonomischen Hauptziel der SED, die Zahl der Erwerbstätigen weiter zu erhöhen. Neben wirtschaftspolitischem Kalkül spielten bei der Beschäftigung von Rentnern aber auch sozialpolitische Überlegungen eine wichtige Rolle. So betonten die SED-Sozialexperten die Integrationsfunktion: In einer internen Studie wies die ZK-Abteilung Gewerkschaften und Sozialpolitik im Frühjahr 1980 darauf hin, dass es sehr wichtig sei, „den älteren Bürgern das Gefühl des Gebrauchtwerdens zu vermitteln".[42] Diesem Ziel diene vor allem die „aktive Einbeziehung [der Rentner] in das betriebliche Leben". Deshalb sollten sich die Betriebe verstärkt darum bemühen, „älteren Bürgern die Fortsetzung der Berufstätigkeit zu ermöglichen". Das Arbeitsgesetzbuch von 1977 enthielt dazu aber nur einige unverbindlich gehaltene Regelungen.

4. Selbstwahrnehmung in Eingaben an die Staats- und Parteiführung

Wie bewerteten aber nun ostdeutsche Rentner ihre soziale und wirtschaftliche Lage vor 1989? Sahen sich die DDR-Rentner von Altersarmut bedroht? Der ZK-Apparat der SED sowie der DDR-Ministerrat erhielten immer wieder Zuschriften von Rentnern, die sich über die unzureichende Höhe der Rentenleistungen beklagten. Das war schon 1956 der Fall, nachdem Walter Ulbricht im „Neuen Deutschland" eine Rentenreform angekündigt hatte, die letztlich nicht verwirklicht wurde.[43] Ein Großteil der Zuschriften stammte von sogenannten Altrentnern, die im Zuge der angekündigten Umrechnung ihrer Renten von einer deutlichen Anhebung ihrer Bezüge ausgegangen waren und die durch die Aufschiebung der Reform stark verunsichert wurden. Mit ihrem rentenpolitischen Zickzackkurs hatte die SED-Führung in der Bevölkerung Vertrauen verspielt. Darüber hinaus hatten zahlreiche Rentner ihre Petitionen dazu genutzt, um auf weitere Missstände in der ostdeutschen Altersversorgung hinzuweisen – insbesondere auf die Schwerbeschädigtenversorgung. Dagegen spielte das westdeutsche Rentensystem als Referenzgröße Mitte der

---

[40] Ebd., S. 345 (Tabelle 86).
[41] SAPMO-BArch, DY 30/32428, Denkschrift „Sozialpolitik der SED" vom April 1980.
[42] Zitiert nach Hoffmann: Rentenversicherung, S. 388.
[43] SAPMO-BArch, NY 4090/572, Bl. 225–241, Analyse der ZK-Abt. Arbeit, Sozial- und Gesundheitswesen vom 23. 10. 1956.

1950er Jahre noch keine Rolle. Das änderte sich erst, als die bundesdeutsche Rentenreform von 1957 zu greifen begann und die Mehrheit der westdeutschen Rentner von der Armutsgefahr befreit wurde.

Mit den Eingaben aus der Bevölkerung an die Staats- und Parteiführung[44] liegt eine Quelle vor, die – bei allen Vorbehalten – zumindest teilweise einen Beitrag zur Beantwortung der Stimmungslage in der Bevölkerung leisten kann. Nach der Pressemitteilung im „Neuen Deutschland" über die zukünftige Rentenpolitik am 10. Oktober 1956 erhielt der ZK-Apparat viele Zuschriften von Rentnern, die monierten, dass ihre Rente zum Lebensunterhalt nicht ausreichen würde. So schrieb etwa Max H. aus Leipzig: „Wegen meiner geringen Rente war ich gezwungen, weiter als Eisendreher zu arbeiten. Ich bin jetzt 78 Jahre alt und habe somit meine Aufbauwilligkeit der Arbeiter- und Bauernmacht gegenüber jederzeit unter Beweis gestellt, zumal es ja an Facharbeitern (Dreher) sehr mangelte."[45] Außerdem zeigen die eingegangenen Briefe, dass die SED mit der angekündigten Rentenreform große Erwartungen bei den Betroffenen geweckt hatte. Auf das Verschieben der Reformpläne auf den Sankt-Nimmerleins-Tag reagierten aber nicht nur Rentner, sondern auch Arbeiter und Angestellte mit Unverständnis. Ost-Berlin gelang es nicht mehr, die eigene, zum Teil widersprüchliche Rentenpolitik zu kommunizieren. Interessanterweise enthielten einige Zuschriften die Forderung nach Wiederherstellung der Beamtenpensionen sowie der betrieblichen Pensionskassen. Beides war bereits Anfang der 1950er Jahre im Zusammenhang mit der Neuordnung der Sozialversicherung weitgehend beseitigt worden. Für Unruhe sorgte offenbar auch die seit Ende der 1940er Jahre gewährte „Intelligenzrente", die dem postulierten Gleichheitsprinzip widersprach. Ein Großteil der Zuschriften wandte sich gegen diese rentenpolitische Maßnahme des SED-Regimes und forderte eine Höchstbegrenzung.

Eingaben von DDR-Rentnern häuften sich auch im Vorfeld des VIII. SED-Parteitages (15. bis 19. Juni 1971). Nach den Worten des Volkskammerausschussvorsitzenden Fritz Rösel war der Ton in den Eingaben „außerordentlich ernst und […] sogar aggressiv".[46] Seine Äußerungen machen erneut deutlich, dass sich die DDR rentenpolitisch in einer Sackgasse befand. Einerseits sprach sich Rösel zwar dafür aus, den Rentnern keine allzu großen Wohlstandsversprechen wie in der Vergangenheit zu machen. Andererseits wandte er sich jedoch gegen Ad-hoc-Maßnahmen und forderte stattdessen eine umfassende Lösung der Rentenfrage:

> „Wenn wir […] nicht die Mehrheit der Probleme lösen, dann sieht das so aus, als habe der Protest [der Rentner] geholfen, als sei es deswegen gemacht worden, d. h. die ideologische Wirkung, die sozialpolitische, staatsbewußtseinsfördernde Wirkung wird abgeschwächt, wenn wir Teillösungen bringen, die für große Teile der Rentner wieder Grund zu Eingaben sind."[47]

---

[44] Vgl. allgemein zu den Eingaben in der DDR Steffen H. Elsner: Flankierende Stabilisierungsmechanismen diktatorischer Herrschaft: Das Eingabewesen in der DDR, in: Christoph Boyer/Peter Skyba (Hrsg.): Repression und Wohlstandsversprechen. Zur Stabilisierung von Parteiherrschaft in der DDR und der ČSSR, Dresden 1999, S. 75–86; vgl. speziell zur Rentenproblematik Christiane Reuter-Boysen: Artikulation von Fraueninteressen – Die Rentendiskussion in der frühen DDR im Spiegel von Eingaben, in: Ulrich Becker/Hans Günter Hockerts/Klaus Tenfelde (Hrsg.): Sozialstaat Deutschland. Geschichte und Gegenwart, Bonn 2010, S. 81–102.

[45] SAPMO-BArch, NY 4090/572, Bl. 225–241, hier Bl. 239, Analyse der ZK-Abt. Arbeit, Sozial- und Gesundheitswesen vom 23. 10. 1956.

[46] BArch, DA 1/7221, Stenographisches Protokoll der 30. Sitzung des Ausschusses für Arbeit und Sozialpolitik der DDR-Volkskammer am 15. 4. 1971, S. 8.

[47] Ebd., S. 9.

Bis Anfang der 1970er Jahre hatte sich also das Stimmungsbild weiter verschlechtert. Erstens beklagten einzelne Rentner in ihren Eingaben allgemein die Privilegien der SED-Parteifunktionäre, die vor der Bevölkerung nicht verborgen gehalten werden konnten, obwohl es offiziell keine Informationen über die zahlreichen Zusatz- und Sonderversorgungssysteme gab. Zweitens wurden die DDR-Rentenleistungen mit denen in der Bundesrepublik kritisch verglichen, wie der eingangs zitierte Brief eines empörten DDR-Rentners zeigt.

Doch Anfang der 1970er Jahre bereitete der SED-Führung nur die Freiwillige Zusatzrentenversicherung (FZR) großes Kopfzerbrechen. Diese litt nämlich unter mangelnder Akzeptanz in der Arbeiterschaft, aber auch in anderen Beschäftigtengruppen. Ein Informationsbericht der ZK-Abteilung Gewerkschaften und Sozialpolitik hielt fest, dass es nach wie vor „besonders kompliziert [sei], jüngere Werktätige" für die neue Versicherung zu gewinnen.[48] Insbesondere Landwirtschaftliche Produktionsgenossenschaften (LPG), Produktionsgenossenschaften des Handwerks (PGH) und Selbstständige hätten sich gegenüber der Beitrittswerbung aufgrund der mit der FZR verbundenen Abgabenerhöhung resistent gezeigt. Von LPG-Vorsitzenden würden „vielfach Bedenken gegen die Deckung des Beitragsanteils aus dem Genossenschaftsfonds" erhoben. Nach Einschätzung der ZK-Abteilung war bei den anderen Personenkreisen „sowohl die fast gleichzeitige Erhöhung ihrer Sozialversicherungspflichtbeiträge und sonstiger Abgaben wie auch das durchschnittliche höhere Lebensalter" ausschlaggebend für das geringe Interesse an der Zusatzversicherung.

Ende 1971 berichtete die ZK-Abteilung Gewerkschaften und Sozialpolitik, dass sich die Anzahl der Eingaben gegenüber dem Vorjahr verdoppelt habe. Der Inhalt der Briefe sei „zunehmend fordernder und aggressiver" und betreffe nicht mehr nur die FZR, sondern auch andere Bereiche der Altersversorgung.[49] Die Kanzlei des Staatsrates und die Verwaltung der Sozialversicherung erhielten offenbar ähnlich lautende Eingaben aus der Bevölkerung. Dabei gaben verbitterte Briefe von Parteimitgliedern den SED-Sozialpolitikern besonders zu denken. Stein des Anstoßes war oftmals die unterschiedliche Bemessung der Rentenhöhe, die von der relativ niedrigen Beitragszahlung vor 1945 herrührte. In fast allen Briefen werde – so die ZK-Abteilung – auf die „erheblichen Unterschiede in den Lebensverhältnisse[n] der Rentner zu den anderen Werktätigen hingewiesen". Die ZK-Abteilung zeigte sich alarmiert: Die Erfahrungen würden zeigen, dass diese Fragen „nicht nur für rund 3 Millionen Rentner von Interesse sind, sondern [...] in allen Bevölkerungsteilen diskutiert werden".[50] Da die angekündigten Rentenerhöhungen oft lange auf sich warten ließen, registrierte der SED-Parteiapparat Ende der 1970er Jahre ein wachsendes Misstrauen unter den Rentnern. Diese hätten mehrfach geäußert, dass damit „nun die erwarteten Preiserhöhungen ausgeglichen werden sollen".[51] Durch die SED-Beschlüsse würde sich die Lebenslage der Rentner nicht verbessern. Während sich die ZK-Abteilung Gewerkschaften und Sozialpolitik bis dahin stets bemüht hatte, in ihren Informationsberichten auch kritische Äußerungen von DDR-Bürgern zu berücksichtigen, änderte sich

---

[48] Zu den folgenden Zitaten: SAPMO-BArch, DY 30/IV A 2/2.021/751, Bl. 69–72, SED-Hausmitteilung von der Abt. Gewerkschaften und Sozialpolitik (F. Brock) an Günter Mittag, 19.4.1971.
[49] SAPMO-BArch, DY 30/IV A 2/2.021/751, Bl. 77f., hier Bl. 77, Information der Abt. Gewerkschaften und Sozialpolitik (F. Brock) an Günter Mittag, 13.12.1971.
[50] Ebd., Bl. 78.
[51] SAPMO-BArch, DY 30/2940, Bl. 197–199, hier Bl. 199, Information der Abt. Gewerkschaften und Sozialpolitik vom 28.9.1979 über Meinungsäußerungen.

das im Laufe der 1980er Jahre. Nach der Erhöhung der Mindestrenten und anderer Rentenleistungen 1984 enthielt ein Stimmungsbericht nur noch zustimmende Einzelmeinungen. Vor allem die älteren Werktätigen würden die rentenpolitischen Maßnahmen „als eine hohe Anerkennung ihrer [...] im jahrzehnte [sic] langen Arbeitsleben vollbrachten Leistungen" betrachten.[52] Immer wieder würden die Bürger in ihren Eingaben hervorheben, dass „bei der Partei Wort und Tat übereinstimmen". Die SED verschloss in zunehmendem Maße die Augen vor den Defiziten ihrer Rentenpolitik.

5. Zusammenfassung

Als Fazit lässt sich festhalten: Die Alterssicherung war von Anfang an ein schwaches Glied im System sozialer Sicherheit der DDR. Noch schlechter als Rentner waren aber Sozialfürsorgeempfänger, Pflegebedürftige und Behinderte gestellt. Anders als in der Bundesrepublik, wo die Rentner eine stetig wachsende und äußerst einflussreiche Wählergruppe darstellten, konnten die Rentner in der SED-Diktatur ihre Interessen überhaupt nicht artikulieren. Die DDR-Sozialpolitik bevorzugte gerade nach dem Volksaufstand am 17. Juni 1953 die erwerbstätige Bevölkerung. Zu den strukturellen Defiziten der Alterssicherung, die bis zur Herstellung der Wirtschafts-, Währungs- und Sozialunion im Sommer 1990 bestehen blieben, gehörte wie bereits erwähnt das eingefrorene Beitragssystem und die fehlende Dynamisierung der Renten. Die wirtschaftliche und soziale Lage der Rentner war insgesamt unbefriedigend. Die einzelnen Rentenerhöhungen konnten ein Absinken des Rentenniveaus nicht verhindern. Der Abstand zwischen der Entwicklung der Löhne und Gehälter auf der einen und der Renten auf der anderen Seite wurde nicht geringer. Der oftmals niedrige Lebensstandard der DDR-Rentner konnte zwar durch Preissubventionen einigermaßen stabilisiert werden. An der, wenn auch bescheidenen, Wohlstandsentwicklung der ostdeutschen Erwerbsgesellschaft konnten die Rentner aber nicht teilhaben. Hier zeigte sich die Konzeptionslosigkeit der SED-Führung, die etwa eine Beitragserhöhung kategorisch ausschloss. Eine Ausnahme bildeten jedoch die Mitglieder der Zusatz- und Sonderversorgungssysteme, deren Renten in der Regel deutlich über den Durchschnittsrenten der DDR-Bevölkerung lagen.

Die friedliche Revolution von 1989 und die Vollendung der deutschen Einheit ein Jahr später brachten nicht nur die lang ersehnte Freiheit von der SED-Diktatur und die Vereinigung des geteilten Deutschlands. Zu den Gewinnern in materieller Hinsicht gehörten vor allem die ostdeutschen Rentner, denn deren Renten stiegen von durchschnittlich 475 DM (Ost) im Juni 1990 binnen vier Jahren um nominell mehr als das Zweieinhalbfache auf 1214 DM.[53] Nach Berechnungen der Deutschen Bundesbank lagen die Renten 1994 in den neuen Bundesländern im Durchschnitt bei den Männern bei 88,5 Prozent und bei den Frauen bei 128 Prozent der Renten in den alten Bundesländern.[54] Letzteres hing vor

---

[52] SAPMO-BArch, DY 30/2942, Bl. 99–104, hier Bl. 99, Information der ZK-Abt. Gewerkschaften und Sozialpolitik vom 23. 5. 1984.

[53] Gerhard A. Ritter: Der Preis der deutschen Einheit. Die Wiedervereinigung und die Krise des Sozialstaates, München 2006, S. 393.

[54] Winfried Schmähl: Sicherung bei Alter, Invalidität und für Hinterbliebene, in: Gerhard A. Ritter (Hrsg.): Geschichte der Sozialpolitik in Deutschland seit 1945, Bd. 11: Bundesrepublik Deutschland 1989–1994. Sozialpolitik im Zeichen der Vereinigung, Baden-Baden 2007, S. 541–648, hier S. 626 (Tab. 3).

allem mit der sehr viel längeren durchschnittlichen Erwerbstätigkeit der Frauen zusammen. Außerdem konnte die Situation der Witwen, die in der DDR keine bzw. nur ein sehr geringe Hinterbliebenenrente erhielten, spürbar verbessert werden. Insofern überrascht es nicht sonderlich, dass sich die Generation, die sich zum Zeitpunkt der staatlichen Vereinigung im Rentenalter befand, als Gewinner fühlte. Für die nachfolgenden Alterskohorten sah die Lage wiederum ganz anders aus, doch das ist nicht mehr Thema dieses Beitrags.

Sebastian Voigt
Ausweg aus der Krise?

Die wachsende Bedeutung der Strukturpolitik in der Programmatik des Deutschen Gewerkschaftsbundes

Kurz vor dem 11. Ordentlichen Bundeskongress des Deutschen Gewerkschaftsbundes (DGB) im Mai 1978 in Hamburg meldete sich der Vorsitzende Heinz Oskar Vetter in den „Gewerkschaftlichen Monatsheften" zu Wort: „Weil die Arbeit für die Arbeitnehmer und ihre Gewerkschaften im Mittelpunkt steht, werden und müssen sich die Arbeitnehmer an die bestehenden Arbeitsplätze klammern, wenn ihnen nicht in anderer Weise eine Beschäftigung geboten wird." Nach dieser Beschreibung der gewerkschaftlichen Prioritäten fährt er fort:

> „Nur wenn eine Strukturpolitik entwickelt werden kann, die diese Sicherheit schafft, kann der Wandel von der Beschäftigungsseite her ohne größere Konflikte ablaufen. Die Gewerkschaften haben dazu mit Wirtschafts- und Sozialräten, Investitionsmeldestellen und Branchenausschüssen unbürokratische und flexible Vorschläge unterbreitet, die mehr Beachtung verdienten. Doch hier zeigt sich, daß überall dort, wo es um strukturelle Änderungen geht, die die alleinige Entscheidungsmacht der Unternehmer beeinträchtigen, die gewerkschaftlichen Fortschritte minimal gewesen sind. Wir haben ein Absinken des Lebensstandards für viele verhindert, wir haben uns für die Arbeitsplatzsicherung eingesetzt, aber wir haben den Strukturwandel nicht der gewerkschaftlichen Mitgestaltung öffnen können."[1]

Vetter nimmt eine umfangreiche Bestandsaufnahme der veränderten ökonomischen Situation und der sich daraus ergebenden neuen Herausforderungen für die Gewerkschaften vor. Der 1978 stattfindende Bundeskongress, das höchste Beschlussorgan des gewerkschaftlichen Dachverbandes, war der erste nach dem weltweiten Wirtschaftseinbruch in der Mitte der Dekade infolge der Ölpreiskrise 1973. In den zwei Jahren danach stieg die Zahl der Arbeitslosen in der Bundesrepublik Deutschland von unter 300 000 auf über eine Million. Damit lag die Quote bei 4,7 Prozent, der höchste Wert seit Mitte der 1950er Jahre.[2] Im Jahre 1975 sank darüber hinaus das Bruttoinlandsprodukt um 0,9 Prozent.[3] Trotz einer sich erholenden Konjunktur nahm die Zahl der Arbeitslosen bis Ende der 1970er Jahre nur unmerklich auf knapp unter 900 000 ab. Die „trente glorieuses"[4], die glorreichen dreißig Jahre, die in den Industriestaaten zu einem starken Wirtschaftswachstum, Vollbeschäftigung und einem unbekannten Massenwohlstand geführt hatten, waren vorbei; die Phase „nach dem Boom" begann.[5] Strukturelle Transformationen wie der Niedergang klassischer Industriebranchen (Kohle, Stahl, Schiffsbau etc.) beschleunigten

---

[1] Heinz Oskar Vetter: Mit dem Rücken zur Wand?, in: Gewerkschaftliche Monatshefte 4 (1978), S. 193–201, hier S. 197.
[2] Vgl. die Daten des Statistischen Bundesamtes zur Arbeitslosigkeit seit 1950, <https://www.destatis. de/DE/ZahlenFakten/Indikatoren/LangeReihen/Arbeitsmarkt/lrarb003.html> (10. 6. 2016).
[3] Vgl. Statistisches Bundesamt: Volkswirtschaftliche Gesamtrechnungen. Inlandsproduktberechnung, Lange Reihen ab 1970, Wiesbaden 2015, S. 14, online unter: <https://www.destatis.de/DE/ Publikationen/Thematisch/VolkswirtschaftlicheGesamtrechnungen/Inlandsprodukt/Inlands produktsberechnungLangeReihenPDF_2180150.pdf?__blob=publicationFile> (10. 6. 2016), S. 14.
[4] Jean Fourastié: Les trente glorieuses. Ou, La Révolution invisible de 1946 à 1975, Paris 1979.
[5] Anselm Doering-Manteuffel/Lutz Raphael: Nach dem Boom. Perspektiven auf die Zeitgeschichte seit 1970, Göttingen 2008.

DOI 10.1515/9783110523010-016

sich und die Rede von der „nachindustriellen Gesellschaft"[6] erschien nicht mehr nur als spekulative Zukunftsvision.

Dieser Bruch veränderte die Handlungsbedingungen der Gewerkschaften grundlegend. Die Politikkonzepte und inhaltlichen Schwerpunkte mussten an die neue Konstellation angepasst werden. So betont Vetter, dass die Interessen der abhängig Beschäftigten seit jeher im Zentrum der gewerkschaftlichen Politik gestanden hätten. Die wirtschaftlichen Wandlungsprozesse seien nun allerdings zu einer eminenten Gefahr für viele Beschäftigte geworden. Deshalb müssten neue Wege beschritten werden, um Arbeitsplätze krisenfest zu machen. Lediglich eine Strukturpolitik nach den Vorstellungen der Gewerkschaften könne dieses Ziel erreichen. Konkret beinhalte sie die Einrichtung von Wirtschafts- und Sozialräten, Branchenausschüssen und die Lenkung von Investitionen. Der DGB wollte den sich vollziehenden Strukturwandel mitgestalten. Bislang sei es nicht ausreichend gelungen, so Vetter selbstkritisch, der Kapitalseite substanziell etwas entgegenzusetzen. Dennoch gehe es perspektivisch darum, nicht nur defensiv zu reagieren, sondern die Transformation aktiv zu beeinflussen.

Die dezidierte Positionierung Vetters stellt eine Konsequenz der sozioökonomischen Veränderungen ab Mitte der 1970er Jahre dar; zugleich ist sie Gradmesser für die politische Lage der Gewerkschaftsbewegung. Um die Verschiebungen besser einzuordnen, werden die strukturpolitischen Vorstellungen des DGB seit der Konjunkturkrise 1966/67 bis in die frühen 1980er Jahre anhand der Programmatik und der Politikvorschläge nachgezeichnet.

1. Die Organisationsprinzipien des DGB

Der DGB basiert seit seiner Gründung 1949 auf dem Prinzip der Einheitsgewerkschaft. Die weltanschauliche Spaltung der Gewerkschaftsbewegung hatte sich vor allem in der Endphase der Weimarer Republik und angesichts der Ereignisse des Jahres 1933 als verheerend erwiesen. Die einst zahlenmäßig stärkste Arbeiterbewegung der Welt konnte den Aufstieg des Nationalsozialismus nicht verhindern. Als Konsequenz daraus wurde nach der Befreiung 1945 die Einheitsgewerkschaft propagiert, die abhängig Beschäftigte losgelöst von Partei- oder Religionszugehörigkeit organisieren sollte.[7] Allerdings entwickelte sich der DGB nicht zum zentralistischen Gesamtverband, wie es einige Protagonisten vorgesehen hatten. Vielmehr wurde er gemäß der föderalen deutschen Tradition und den Vorstellungen der westlichen alliierten Besatzungsmächte als ein Dachverband verschiedener Industriegewerkschaften strukturiert.[8] Die DGB-Mitgliedsgewerkschaften vertreten das dem Grundsatz „Ein Betrieb – Eine Gewerkschaft" verpflichtete Industrieverbandsprinzip. Alle Arbeitnehmer, d. h. Arbeiter, Angestellte und Beamte, finden sich in einer Gewerkschaft zusammen und bilden keine miteinander konkurrierenden Standesorganisationen.[9]

---

[6] Daniel Bell: Die nachindustrielle Gesellschaft, Reinbek bei Hamburg 1979.

[7] Michael Schneider: Kleine Geschichte der Gewerkschaften. Ihre Entwicklung in Deutschland von den Anfängen bis heute, Bonn 2000, S. 263–267.

[8] Klaus Schönhoven: Die deutschen Gewerkschaften, Frankfurt a. M. 1987, S. 200.

[9] Es gelang dem DGB nicht, dieses Prinzip komplett durchzusetzen. Die Gründung der DAG, der Deutschen Angestelltengewerkschaft, 1949 und der Nicht-Beitritt zum DGB sind dafür nur das prominenteste Beispiel. Vgl. Siegfried Mielke (Hrsg.): Die Gewerkschaften und die Angestelltenfrage 1945–1949. Quellen zur Geschichte der deutschen Gewerkschaftsbewegung im 20. Jahrhundert, Bd. 8, Köln 1989.

Der DGB war demnach von Beginn an ein Dachverband von sechzehn eigenständigen Gewerkschaften, deren Anzahl sich mit dem Beitritt der Gewerkschaft der Polizei 1978 auf siebzehn erhöhte. Alle Mitgliedsorganisationen führen einen gewissen Prozentsatz ihrer Einnahmen ab und finanzieren damit die Arbeit des DGB. Dieser wiederum repräsentiert und vertritt die gesamte Gewerkschaftsbewegung gegenüber politischen Entscheidungsträgern und Verbänden auf kommunaler, Landes- und Bundesebene. Außerdem koordiniert er die Aktivitäten der Einzelgewerkschaften. Dabei besitzt der Dachverband selbst keine tarifpolitische Kompetenz, kann also keine Tarifverträge abschließen, Arbeitskämpfe führen oder Einfluss auf die betriebliche Situation nehmen. Die Tarifpolitik bleibt die exklusive Verantwortung der Einzelgewerkschaften. Insofern stellen die programmatischen Äußerungen des DGB immer einen Kompromiss von stark divergenten Positionen dar. Gerade deshalb kann er aber als Seismograf für die westdeutsche Gewerkschaftsbewegung gesehen werden.

2. Grundlagen und Möglichkeiten gewerkschaftlicher Strukturpolitik

Die steigende Bedeutung der gewerkschaftlichen Strukturpolitik im Verlauf der 1970er Jahre zeigt sich unter anderem darin, dass Mitte der 1980er Jahre die Abteilung Wirtschaftspolitik im DGB-Bundesvorstand neu eingeteilt wurde. Sie umfasste seitdem einen eigenen Bereich für Strukturpolitik.[10] Das für diese Abteilung zuständige Mitglied des geschäftsführenden Bundesvorstands, Michael Geuenich, beschrieb den Zweck von Strukturpolitik wie folgt:

> „Der Strukturpolitik fällt in einer sozial orientierten Marktwirtschaft die Aufgabe zu, den Strukturwandel zu beeinflussen und korrigierend einzugreifen. Dies gilt insbesondere für volkswirtschaftlich und regionalpolitisch wichtige Branchen, wie Stahl und Werften, Chemie und Maschinenbau, Elektrotechnik und Straßenfahrzeugbau, Textil- und Bauwirtschaft, Bergbau und Energiewirtschaft, aber auch für den immer mehr an Bedeutung gewinnenden Dienstleistungsbereich."[11]

Der Strukturpolitik müsse in einer Gesellschaft, die sich der sozialen Marktwirtschaft verpflichtet fühlt, eine zentrale Stellung innerhalb der Wirtschaftspolitik zukommen. Der Staat habe die Verpflichtung, wirtschaftspolitisch zu intervenieren und ökonomische Fehlentwicklungen zu korrigieren. Dadurch schütze er die Rechte der arbeitenden Bevölkerung und sorge für ein Mindestmaß an sozialer Gerechtigkeit. Da jedoch weder der DGB noch seine Mitgliedsgewerkschaften in der Lage waren, eigenständig Strukturpolitik zu betreiben, versuchten sie vor allem, ihren gesellschaftlichen Einfluss zu nutzen, um auf die Politik der jeweiligen Bundesregierung einzuwirken. Im Gegensatz zu anderen westeuropäischen Ländern besitzt die Bundesrepublik Deutschland kein Industrieministerium mit Richtlinienkompetenz für die Strukturpolitik. Ohne eindeutigen Ansprechpartner wird die Einflussnahme auf strukturpolitische Entscheidungen erschwert.

Paradigmatisch lassen sich in der (wirtschafts)politischen Debatte zwei Formen der Strukturpolitik für die ordnungspolitische Ausgestaltung der sozialen Marktwirtschaft skizzieren. Die sektorale Industriepolitik fordert die staatliche Kontrolle privater Investitionen in ausgewählten Wirtschaftsbereichen mit dem Ziel, traditionelle Branchen zu

---

[10] Vgl. Bundesvorstand des Deutschen Gewerkschaftsbundes (Hrsg.): Geschäftsbericht 1982–1985, Frankfurt a. M. 1986, S. 571.

[11] Ebd., S. 585.

subventionieren oder neue Technologien zu fördern. Die horizontale Industriepolitik hingegen beschränkt die Rolle des Staates darauf, die Rahmen- und Wettbewerbsbedingungen zu garantieren. Während der DGB traditionell eine stärkere Einflussnahme des Staates im Sinne der sektoralen Industriepolitik befürwortet, dominiert in der staatlichen Wirtschaftspolitik die horizontale Strukturpolitik. Das heutige Bundesministerium für Wirtschaft und Energie führt zu seinem Aufgabenbereich Struktur-/Industriepolitik aus:

> „Einer modernen Industriepolitik muss es darum gehen, angemessene und eine dynamische Entwicklung ermöglichende Rahmenbedingungen zu schaffen und diese laufend zu überprüfen. Für die heimischen Betriebe und ihre Beschäftigten gilt es, faire Wettbewerbsbedingungen auf den internationalen Märkten einzufordern. Darüber hinaus soll eine strategische Innovationspolitik zukunftsweisende Impulse setzen. Die Förderung von Innovationsprozessen soll alle für Deutschland relevanten Leitmärkte und Schlüsseltechnologien in den Blick nehmen."[12]

Hinsichtlich der von den Gewerkschaften geforderten regionalen Strukturpolitik kann zwischen einer defensiven Industrie- oder Krisenpolitik und einer offensiven Industrie- oder Wachstumspolitik differenziert werden. Mithilfe einer defensiven Industriepolitik schützt der Staat bestimmte Branchen vor dem Strukturwandel, um Arbeitsplätze in einzelnen Unternehmen oder in Regionen zu erhalten. Der Staat beabsichtigt hingegen mit der Wachstumspolitik, die Entstehung neuer Wirtschaftsbereiche zu fördern und den Strukturwandel abzumildern. Vor diesem Hintergrund können Gewerkschaften auf drei Ebenen die staatliche Strukturpolitik beeinflussen. Sie appellieren erstens an Entscheidungsträger sowie an die gesellschaftliche Öffentlichkeit und machen Handlungsbedarf geltend. Zweitens arbeiten sie in Kommissionen und Beiräten an der Entwicklung von (Struktur-)Programmen beratend mit. Und zuletzt beteiligen sie sich an der Implementierung beschlossener Maßnahmen mittels der betrieblichen und überbetrieblichen Mitbestimmungsstrukturen. Diese drei Strategien lassen sich als Appellation, Konsultation und Partizipation zusammenfassen.[13] Je nach politischer und wirtschaftlicher Lage nutzte der DGB diese Vorgehensweisen in unterschiedlicher Intensität.

3. Konjunkturdelle oder Krise? Der wirtschaftliche Einbruch 1966/67

Seit Mitte des Jahres 1966 traten verstärkt Anzeichen für eine krisenhafte Entwicklung auf. Der hohe Anstieg der öffentlichen Ausgaben und die damit einhergehende Teuerungswelle sorgten beim DGB für erhebliche Unruhe. Die inflationären Tendenzen bedeuteten einen Kaufkraftverlust bei Arbeitnehmern und senkten die Inlandsnachfrage. Damit drohten die nicht unerheblichen tarifpolitischen Erfolge in den Jahren zuvor relativiert, wenn nicht gänzlich aufgehoben zu werden. Die geldpolitische Maßnahme der Bundesbank, die Kredite zu beschränken, um den Preisauftrieb zu stoppen, verschärfte die Lage sogar noch. Ebenso heizte das bereits 1965 verabschiedete Sparprogramm der von Ludwig Erhard geführten konservativ-liberalen Regierung die Krisentendenzen an. Das Wirtschaftswachstum sank 1966 auf die Hälfte des Vorjahresniveaus und erreichte nur

---

[12] Bundesministerium für Wirtschaft und Energie: Herausforderungen für eine moderne Industriepolitik, online: <http://www.bmwi.de/DE/Themen/Industrie/Industriepolitik/moderne-industrie politik.html> (10.6.2015).
[13] Peter Jansen/Ulrich Jürgens: Gewerkschaften und Industriepolitik, in: Wolfgang Schroeder/ Bernhard Weßels (Hrsg.): Die Gewerkschaften in Politik und Gesellschaft der Bundesrepublik Deutschland, Wiesbaden 2003, S. 429–450, hier S. 433.

noch 2,8 Prozent. Zugleich zeigten sich erste Schwierigkeiten auf dem Arbeitsmarkt. Die Vollbeschäftigung schien gefährdet; eine Befürchtung, die sich im folgenden Jahr bewahrheitete. Erstmals verzeichnete die Bundesrepublik 1967 einen Rückgang der Wirtschaftsleistung um 0,3 Prozent. Dadurch stieg die Arbeitslosenquote auf 2,1 Prozent, auf fast 500 000 Personen.[14] Vehement kritisierte der DGB die Wirtschaftspolitik, signalisierte aber zugleich seine Bereitschaft, sich mit seinen Möglichkeiten einzubringen, um die wirtschaftliche Lage wieder zu stabilisieren.

In einem zehn Punkte umfassenden Forderungskatalog unterbreitete der DGB konkrete Vorschläge zur Neujustierung der Wirtschafts- und Strukturpolitik. Unter anderem verlangte er eine wirksame Koordinierung der Wirtschaftspolitik, die gesamtwirtschaftlichen Erfordernissen Priorität einräume. Willkürliche Preiserhöhungen seien zu unterbinden, indem das Bundeswirtschaftsministerium die Kompetenz über die Preispolitik erhalte. Vor allem müsse der Wettbewerb erhöht und wirtschaftliche Macht effektiver kontrolliert werden. Eine stabilitätsfördernde Finanzpolitik sei durch eine mehrjährige Finanzplanung zu ergänzen.[15] Der DGB appellierte in der damaligen Situation also an die Politik, ohne jedoch direkten Einfluss auszuüben. Dennoch traf er mit diesen Forderungen die zeitgenössische Reformstimmung. Im Dezember 1966 trat Bundeskanzler Ludwig Erhard mit seinem Kabinett zurück. Das Regierungsbündnis der CDU mit der FDP unter Erich Mende zerbrach. Der neue christdemokratische Bundeskanzler Kurt Georg Kiesinger schloss eine Koalition mit der Sozialdemokratie. Zum ersten Mal nach 1945 war die SPD an einer Bundesregierung beteiligt. Ihr Vorsitzender Willy Brandt wurde Vizekanzler und Außenminister, während der Sozialdemokrat Karl Schiller das Wirtschaftsministerium übernahm.[16] Damit schöpften die Gewerkschaften Hoffnung, dass ihre Vorschläge gehört, die Industriepolitik modifiziert werde und der Staat nun eine steuernde Rolle einnehme. Der damalige DGB-Vorsitzende Ludwig Rosenberg führte zum Jahreswechsel 1966/67 mit Blick auf das vergangene Jahr aus, dass die momentane Situation „keine Krise der Wirtschaft", sondern eine Konsequenz des „Mangels an Wirtschaftspolitik" sei. Die kapitalistische Marktwirtschaft dürfe, so Rosenberg weiter, nicht sich selbst überlassen werden. Vielmehr müssten „Fortschritt und Stabilität in der Wirtschaft, Vollbeschäftigung und soziale Sicherheit" bewusst geplant werden.[17] Damit war aber keine Planung im Sinne des Realsozialismus gemeint, wie von Seiten der Unternehmer unterstellt, sondern ein Mittelweg zwischen Planwirtschaft und einem unregulierten Kapitalismus, der aus Gewerkschaftssicht notwendigerweise Wirtschaftskrisen, Arbeitslosigkeit und soziale Ungleichheit hervorbringe. Aufgrund der ideologischen Konstellation des Kalten Krieges war der Planungsbegriff lange Zeit mit dem Wirtschaftssystem des Ostblocks assoziiert und stieß auf heftige Ablehnung. Erst Mitte der 1960er Jahre wurde der Terminus positiv verwendet und „Planung" erhielt als mögliches wirtschaftspolitisches Konzept Einzug in die politische Debatte.[18]

---

[14] Werner Abelshauser: Deutsche Wirtschaftsgeschichte seit 1945, München 2004, S. 297.

[15] Bundesvorstand des Deutschen Gewerkschaftsbundes (Hrsg.): Geschäftsbericht 1965–1968, Bochum 1968, S. 248.

[16] Adolf M. Birke: Die Bundesrepublik Deutschland. Verfassung, Parlament und Parteien 1945–1998, München ²2010, S. 30–38.

[17] Ludwig Rosenberg: Das Jahr 1967, in: Die Quelle 1 (1967), S. 1.

[18] Winfried Süß: „Wer aber denkt für das Ganze?". Aufstieg und Fall der ressortübergreifenden Planung im Bundeskanzleramt, in: Matthias Frese/Julia Paulus/Karl Teppe (Hrsg.): Demokratisierung und gesellschaftlicher Aufbruch. Die sechziger Jahre als Wendezeit der Bundesrepublik, Paderborn 2003, S. 349–377, hier S. 349.

Als bedeutende Maßnahme verabschiedete die Regierung im Mai 1967 das „Gesetz zur Förderung der Stabilität und des Wachstums der Wirtschaft".[19] Die gesamtwirtschaftlichen Ziele umfassten Preisniveaustabilität, einen hohen Beschäftigungsstand, außenwirtschaftliches Gleichgewicht sowie ein angemessenes und stetiges Wirtschaftswachstum. Dieses „magische Viereck" markierte eine Abkehr vom Paradigma des Wirtschaftsliberalismus hin zu einer keynesianisch inspirierten Globalsteuerung. Diese Änderung entsprach weitgehend den Vorstellungen des DGB. Zusätzlich dazu berief Wirtschaftsminister Schiller die Konzertierte Aktion ein, ein Zusammenschluss zwischen Regierung, Bundesbank, Vertretern der Tarifpartner sowie des Bundeskartellamtes und des Sachverständigenrates zur Begutachtung der gesamtwirtschaftlichen Entwicklung.[20] Nach anfänglicher Skepsis in Bezug auf die Tarifautonomie beteiligte sich der DGB in der Hoffnung daran, Einfluss auf die Wirtschaftspolitik zu erlangen. Er erwartete, nicht mehr nur an die Politik zu appellieren, sondern konsultiert zu werden und sich im besten Falle an der Umsetzung der beschlossenen Maßnahmen zu beteiligen.

Da seinerzeit die Unternehmer und Teile der konservativen Medien überzogene Lohnabschlüsse und -forderungen der Gewerkschaften für den Konjunktureinbruch 1966 verantwortlich gemacht hatten, beabsichtigte der DGB, aus der Defensive herauszukommen. Deshalb beschloss er auf dem Bundeskongress in München 1969 zum einen, ökonomische Zielprognosen zu formulieren, die die gewerkschaftlichen Vorschläge zur Wirtschaftspolitik wissenschaftlich stützen sollten.[21] Zum anderen sollte die Prognose auch seine Position in der Konzertierten Aktion stärken, wie es im Geschäftsbericht 1969–1971 heißt:

> „Unter anderem war es eine Aufgabe der gewerkschaftlichen Zielprojektion, den Gesprächen in der Konzertierten Aktion eine sachliche und wissenschaftlich fundierte Grundlage zu geben und den Versuch, die Lohnpolitik zum Lückenbüßer einer verfehlten Preis- und Konjunkturpolitik zu machen, abzuwehren."[22]

Die gesamtwirtschaftliche Situation in der Bundesrepublik erholte sich nach dem Einbruch 1966/67 recht schnell. Die keynesianische Politik schien Früchte zu tragen. Bereits 1968 wuchs die Wirtschaft wieder um 5,5 Prozent. Die Arbeitslosenquote ging auf 1,5 Prozent zurück und betraf noch etwa 320 000 Menschen. Nur ein Jahr später herrschte mit 0,9 Prozent Arbeitslosigkeit de facto Vollbeschäftigung. Während die Gewerkschaften in der Krise bewusst zurückgesteckt hatten, meldeten sie nun Nachholbedarf für die Arbeitnehmer an. In der Lohnpolitik wurde keine Zurückhaltung mehr geübt, zumal die Ein-

---

[19] Der vollständige Gesetzestext findet sich online auf den Seiten des Bundesministeriums der Justiz und des Verbraucherschutzes: <http://www.gesetze-im-internet.de/stabg/BJNR005820967.html> (19. 9. 2015). Dazu auch Tim Schanetzky: Sachverständiger Rat und Konzertierte Aktion: Staat, Gesellschaft und wissenschaftliche Expertise in der bundesrepublikanischen Wirtschaftspolitik, in: Vierteljahrschrift für Sozial- und Wirtschaftsgeschichte 91 (2004), S. 310–331, hier S. 318.
[20] Zur Konzertierten Aktion vgl. Andrea Rehling: Konfliktstrategie und Konsenssuche in der Krise. Von der Zentralarbeitsgemeinschaft zur Konzertierten Aktion, Baden Baden 2011; zum Sachverständigenrat vgl. Ansgar Strätling: Der Sachverständigenrat zur Begutachtung der gesamtwirtschaftlichen Entwicklung, in: Svenja Falk/Dieter Rehfeld/Andrea Römmele/Martin Thunert (Hrsg): Handbuch Politikberatung, Wiesbaden 2006, S. 353–362.
[21] Vgl. den Antrag „Mittelfristige Wirtschaftsplanung", in: Bundesvorstand des Deutschen Gewerkschaftsbundes (Hrsg.): Protokoll. 8. Ordentlicher Bundeskongreß, München, 18.–23. 5. 1969, o. O. 1969, S. 262 (Anhang: Anträge und Erschließungen).
[22] Bundesvorstand des Deutschen Gewerkschaftsbundes (Hrsg.): Geschäftsbericht 1969–1971, Bochum 1971, S. 171.

kommen aus Unternehmertätigkeit 1968 um gut 18 Prozent gewachsen waren.[23] Die ver-änderten Rahmenbedingungen erläuterte wiederum Ludwig Rosenberg in einem pro-grammatischen Artikel in der DGB-Funktionärszeitschrift „Die Quelle": „Der Widerstand der Arbeitgeber gegenüber einer aktiven Lohnpolitik und Forderungen der Gewerkschaf-ten hat sich in der Krisenzeit entscheidend verstärkt." Diese Haltung würde nicht einfach von selbst verschwinden. Erstmalig habe aber eine Bundesregierung eine mittelfristige Wirtschafts- und Finanzpolitik praktiziert. Damit sei die Lage etwas besser geworden, denn, so der DGB-Vorsitzende: „Wenn man für die gesamte Wirtschaft gewisse – wenn auch nicht bindende – Zielvorstellungen und Orientierungsdaten aufstellt, dann werden diese Vorstellungen eine sehr reale Bedeutung haben."[24] Der DGB befürwortete die Neu-ausrichtung der Wirtschaftspolitik und die Erstellung mittelfristiger Zielvorgaben. Den-noch wurden diese Schritte nicht als ausreichend und die Globalsteuerung nicht als All-heilmittel betrachtet.

Auf dem Bundeskongress formulierte Georg Neemann, im geschäftsführenden Bundes-vorstand für Wirtschaftspolitik zuständig, diese Position folgendermaßen:

> „Das Ziel der Vollbeschäftigung kann nicht allein durch eine global gesteuerte Konjunkturpolitik
> erreicht werden. Erforderlich ist vielmehr eine sehr differenzierte Strukturpolitik, die von der
> Raumordnung über die Verkehrsplanung bis zur Berufsausbildung und Schulbildung viele Berei-
> che der Politik umfaßt. Von einer solchen koordinierten Strukturpolitik sind wir aber heute noch
> weit entfernt."[25]

Folglich erachtete der DGB eine weitreichende staatliche Strukturpolitik als zwingend er-forderlich, um den Arbeitsmarkt langfristig zu stabilisieren und die Interessen der Arbeit-nehmer zu wahren. Trotz der sozialdemokratischen Beteiligung an der Bundesregierung war es dem DGB nicht gelungen, die Wirtschaftspolitik maßgeblich zu beeinflussen. Er war zwar an Konsultationen beteiligt, aber letztlich blieb es doch meist bei Appellen. We-nig später änderte sich die politische Situation dann aber grundlegend.

4. Der DGB und die sozial-liberale Koalition

Nach der Bundestagswahl im September 1969 versprach die neue sozial-liberale Koalition weitreichende gesellschaftspolitische Reformen. In seiner Regierungserklärung kündete Bundeskanzler Willy Brandt an, „mehr Demokratie zu wagen".[26] Den Aufbruch in eine neue Ära unterstützte der DGB, insbesondere auch sein neu gewählter Vorsitzender Heinz Oskar Vetter, mit vollem Nachdruck. Neben der mit der neuen Ostpolitik einherge-henden Annäherung an die DDR und andere realsozialistische Staaten setzte der Gewerk-schaftsdachverband auch große Anstrengung in die Ausweitung der betrieblichen und überbetrieblichen Mitbestimmung.[27] Mit der dominanten Rolle der SPD in einer Bundes-

---

[23] Rudolf Henschel, Einkommensentwicklung muss ausgeglichen werden, in: Die Quelle 1 (1969), S. 4f.

[24] Ludwig Rosenberg: Sind wir übern Berg?, in: Die Quelle 1 (1968), S. 1.

[25] Bundesvorstand des Deutschen Gewerkschaftsbundes (Hrsg.): Protokoll. 8. Ordentlicher Bundes-kongreß, München, 18.–23. 5. 1969, o. O. 1969, S. 108f.

[26] Regierungserklärung von Bundeskanzler Willy Brandt vor dem Deutschen Bundestag in Bonn am 28. 10. 1969, in: Willy Brandt, Berliner Ausgabe, Bd. 7: Mehr Demokratie wagen. Innen- und Gesell-schaftspolitik, 1966–1974, Bonn 2001, S. 218–224.

[27] Vgl. Klaus Lompe: Gewerkschaftliche Politik in der Phase gesellschaftlicher Reformen und der außenpolitischen Neuorientierung der Bundesrepublik, 1969 bis 1974, S. 281–338, hier S. 283.

regierung hoffte er das Modell der paritätischen Mitbestimmung von der Montanindustrie auf andere Wirtschaftsbereiche zu übertragen.[28] Die Nähe der Gewerkschaften zur Regierung manifestierte sich zudem in der Berufung von Gewerkschaftsfunktionären zu Bundesministern. Der Vorsitzende der IG Bergbau und Energie, Walter Arendt, wurde zum Minister für Arbeit und Sozialordnung ernannt. Georg Leber, der frühere Vorsitzende der IG Bau-Steine-Erden, der bereits in der großen Koalition das Bundesverkehrsministerium geleitet hatte, behielt das Amt, das noch durch den Bereich des Post- und Fernmeldewesens erweitert wurde. Die hohen Erwartungen des DGB erfüllten sich zwar nicht in jeder Hinsicht. So stellten weder die Novellierung des Betriebsverfassungsgesetzes 1972 noch die Reform des Mitbestimmungsgesetzes den DGB zufrieden. Dennoch können die 1970er Jahre unter einem anderen Gesichtspunkt als „goldenes Jahrzehnt"[29] für die Gewerkschaften gelten. Nahezu alle Mitgliedsgewerkschaften erlebten einen erheblichen Mitgliederanstieg. Darüber hinaus erhöhte sich sowohl der Anteil der weiblichen Beschäftigten als auch jener der Angestellten überdurchschnittlich. Seine wirtschaftspolitische Position legte der DGB in den Erläuterungen zur gewerkschaftlichen Zielprojektion 1971 dar. Es müsse ein Rahmenplan aufgestellt werden, da

> „eine Marktwirtschaft nicht von selbst die bestmögliche Entwicklung einschlägt, sondern wirtschaftspolitisch gesteuert werden muß. Diese gesamtwirtschaftliche Steuerung soll konjunkturelle und strukturelle Entwicklungsstörungen vermeiden, ohne jedoch die Tarifautonomie der Gewerkschaften oder die freie Entscheidung der einzelnen Bürger bei ihrer Berufs- und Arbeitsplatzwahl oder ihrer Einkommensverwendung oder Konsumwahl einzuschränken."[30]

Demgemäß gehe es um eine Verbindung von „wirtschaftlicher Planung und demokratischer Freiheit". Die Strukturpolitik erfülle eine wichtige Funktion, indem der Staat Anreize für die Unternehmen schaffe, ihr Verhalten an den gesamtwirtschaftlichen Zielen auszurichten. Die strukturpolitischen Steuerungsmechanismen werden wie folgt beschrieben:

> „Ein Unternehmen kann auch durch strukturpolitische Maßnahmen angeregt werden, seine Investitionen in bestimmten Gebieten auszuweiten und neue Arbeitsplätze zu schaffen, wenn nur dort bestimmte finanzielle Hilfen oder Erleichterungen gewährt werden. Durch Anreize oder durch Bereitstellung von Gelände kann die Ansiedlung von Industrien gesteuert werden. Eine überhöhte Investitionstätigkeit und ein damit verbundener Preisauftrieb kann ebenfalls gedrosselt werden, wenn der Staat die Abschreibungsmöglichkeiten verringert oder die Bundesbank die Kreditaufnahme erschwert oder verteuert."[31]

Der DGB forderte, dass der Staat eine offensive Strukturpolitik betreibt und finanz- sowie steuerpolitische Maßnahmen ergreift. Ferner sollte er für die (Neu-)Ansiedlung von Unternehmen die infrastrukturelle Grundlage schaffen und Investitionen mittels der Geldpolitik lenken. Das im Juni 1972 auf dem DGB-Bundeskongress in Berlin verabschiedete Aktionsprogramm legte die Priorität gemäß dem reformpolitischen Klima erneut darauf, die Mitbestimmung auszuweiten. Die Mitbestimmung der Arbeitnehmer im Betrieb, im Unternehmen, in der gesamten Wirtschaft wie auch in der öffentlichen Verwaltung sollte

---

[28] Zur Montanmitbestimmung Karl Lauschke: Die halbe Macht. Mitbestimmung in der Eisen- und Stahlindustrie 1945 bis 1989, Essen 2007.
[29] Klaus Mertsching: Der Deutsche Gewerkschaftsbund 1969–1975. Quellen zur Geschichte der deutschen Gewerkschaftsbewegung im 20. Jahrhundert, Bd. 16, Bonn 2013, S. 9.
[30] Bundesvorstand des Deutschen Gewerkschaftsbundes, Abteilung Wirtschaftspolitik (Hrsg.): Erläuterung der DGB Zielprojektion, o. O. 1971, S. 3.
[31] Ebd., S. 4.

die parlamentarische Demokratie ergänzen. Ein Mittel sei es, paritätisch besetzte Wirtschafts- und Sozialräte auf Bundes-, Länder- und auf regionaler Ebene zu etablieren. In den Ausführungen zu den inhaltlichen Punkten betonte Vetter jedoch die Bedeutung der Strukturpolitik, um die einzelnen Ziele, insbesondere langfristig gesicherte Arbeitsplätze, zu erreichen: „Wir brauchen eine vorausschauende staatliche Politik auf der Grundlage langfristig angesetzter Strukturpläne und regionaler Entwicklungsprogramme."[32] Doch die Forderungen des DGB stießen aufgrund der globalwirtschaftlichen Entwicklungen schon bald an ihre Grenzen.

5. Die Folgen der ersten Ölpreiskrise 1973

Der wirtschaftliche Aufschwung zu Beginn der Dekade mit Wachstumsraten um die fünf Prozent und einer Arbeitslosenquote von einem Prozent endete recht abrupt. Nach dem Yom-Kippur-Krieg im Oktober 1973 vervierfachte das von den OPEC-Staaten verhängte Embargo den Ölpreis bis März 1974 auf 12 Dollar pro Barrel.[33] Das Bruttoinlandsprodukt der Bundesrepublik Deutschland brach 1975 um 0,9 Prozent ein. Im Zuge dieser Entwicklungen stieg die Zahl der Arbeitslosen im Jahr 1974 zunächst auf knapp 600 000 und damit auf 2,6 Prozent, erhöhte sich im nächsten Jahr aber auf fast 1,1 Millionen und damit auf knapp fünf Prozent. Die Arbeitslosigkeit befand sich auf dem höchsten Stand seit zwanzig Jahren.

Die Verschlechterung der globalen Situation und der wirtschaftlichen Lage in der Bundesrepublik wirkte sich auf die Prioritäten der gewerkschaftlichen Politik aus. Zwar hatte der DGB frühzeitig auf negative Auswirkungen eines sozioökonomischen Strukturwandels hingewiesen, die Heftigkeit der Zäsur aber zunächst unterschätzt. Im DGB-Geschäftsbericht 1972–1974 heißt es noch: „So ist es kein unabwendbares Schicksal, sondern weitgehend Folge von Fehlplanungen der Unternehmer und Fehlern der Wirtschaftspolitik, daß wir in so großem Umfang heute Arbeitslosigkeit haben."[34] Der DGB ging seinerzeit noch davon aus, dass die Krise und die Arbeitslosigkeit durch staatliche Intervention mittels keynesianischer Maßnahmen überwunden werden könne, wie es beim konjunkturellen Einbruch 1966/67 gelungen war. Der Strukturpolitik maß er ein besonderes Gewicht bei.

So nahm der Bundeskongress 1975 einen von der IG Metall eingebrachten Antrag zu „Strukturpolitik und Investitionslenkung" nach kurzer Debatte einstimmig an.[35] Die wachsenden beschäftigungs-, preis- und strukturpolitischen Fehlentwicklungen hätten die Grenzen der Selbstheilungskräfte des Marktes und der Globalsteuerung mehr als deutlich gemacht. Außerdem hätten die Unternehmer und das konservative politische Lager in den letzten Jahren vehement Widerstand gegen eine arbeitnehmerfreundliche Reformpolitik geleistet. Deshalb, so heißt es im Antrag, unterstreiche der 10. DGB-Bundeskongress, dass

---

[32] Bundesvorstand des Deutschen Gewerkschaftsbundes (Hrsg.): Protokoll. 9. Ordentlicher Bundeskongreß, Berlin, 25.–30. 6. 1972, o. O. 1972, S. 180.

[33] Vgl. Jens Hohensee: Der erste Ölpreisschock 1973/74. Die politischen und gesellschaftlichen Auswirkungen der arabischen Erdölpolitik auf die Bundesrepublik Deutschland und Westeuropa, Stuttgart 1996, S. 103–108.

[34] Bundesvorstand des Deutschen Gewerkschaftsbundes (Hrsg.): Geschäftsbericht 1972-1974, Bochum 1975, Vorwort.

[35] Bundesvorstand des Deutschen Gewerkschaftsbundes (Hrsg.): Protokoll. 10. Ordentlicher Bundeskongreß, Hamburg, 25.–30. 5. 1975, o. O. 1975, S. 236–241.

„Parlamente und Regierungen für die schrittweise Verwirklichung der konjunkturpolitischen, strukturpolitischen und reformpolitischen Ziele gegenüber den Kapitalinteressen mehr Handlungsspielraum brauchen".[36] Hierfür müssten die wirtschaftspolitischen Maßnahmen besser koordiniert und die bisherigen Mittel ergänzt werden, und zwar besonders durch gezielte Investitionslenkung. Weiter fordert der Antrag, einen volkswirtschaftlichen Rahmenplan aufzustellen und mit Hilfe einer systematischen Bestandsaufnahme einen Überblick über Bedarfs- und Nachfragevorausschätzungen für die unterschiedlichen Wirtschaftsbereiche zu liefern. Diese Daten würden als Orientierung dienen. Die zentrale Funktion der sektoralen Strukturpolitik wird folgendermaßen präzisiert:

> „Ziel der sektoralen Strukturpolitik ist es, Überkapazitäten und Engpässe vor allem in solchen Wirtschaftszweigen zu vermeiden, die für die Beschäftigungslage der Arbeitnehmer und für die Versorgung der Bevölkerung besonders wichtig sind. Schon heute beeinflußt die sektorale Strukturpolitik den Umfang der Investitionen auf mannigfaltige Weise. Dies geschieht in der Regel mittelbar, vor allem in der Form von Subventionen, öffentlichen Aufträgen, staatlicher Finanzierung von Forschungs- und Entwicklungsvorhaben sowie durch öffentliche Unternehmen."[37]

Die bereits vorhandenen strukturpolitischen Instrumentarien sollten bei Bedarf noch durch direkte Einwirkungsmöglichkeiten ergänzt werden, entweder mittels steuernder öffentlicher Auflagen oder mittels direkter öffentlicher Beteiligung, falls Unternehmen staatliche Mittel in Anspruch nähmen. Der Antrag deckte jedoch nicht nur die sektorale Strukturpolitik ab, sondern bezog ebenso die regionale Strukturpolitik mit ein, um die Lebensverhältnisse in den verschiedenen Regionen anzugleichen. Die disponiblen regionalen Steuerungsmaßnahmen im Sinne positiver Anreize für die Investitionstätigkeit sollten in zweifacher Weise erweitert werden:

> „[E]inmal durch Infrastrukturinvestitionen in den Fördergebieten. [...] [Z]um anderen durch Maßnahmen zur Verhinderung unerwünschter Investitionen in Verdichtungsgebieten, die den Zielen der regionalen Strukturpolitik und der Raumordnung widersprechen."[38]

Nachdem der DGB-Bundesvorstand im März 1974 bereits ein umweltpolitisches Programm verabschiedet hatte, wurde der Umweltschutz zu einem Bestandteil der Vorschläge zur Strukturpolitik.[39] Generell mahnte der DGB ein strengeres Vorgehen gegen private umweltschädigende Investitionen an. Negative Auswirkungen unternehmerischer Tätigkeit auf die Lebensbedingungen der Menschen zu minimieren, sei auch eine strukturpolitische Aufgabe. Außerdem solle der mögliche Beitrag öffentlicher und gemeinwirtschaftlicher Unternehmen bei der Umsetzung der Investitionslenkung ausgelotet werden. Dazu seien bevorzugt drei Mechanismen anzuwenden: Die private Investitionstätigkeit müsse in den Bereichen mit hohem gesellschaftlichem Nutzen, aber geringer Rentabilität ergänzt werden. Die Schlüsselbereiche zur Sicherung der industriellen Produktion und der Versorgung der Bevölkerung seien öffentlich zu kontrollieren. Zuletzt sollte der Wettbewerb in den Wirtschaftszweigen stimuliert werden, in denen ein Missbrauch privater Macht drohe.[40]

---

[36] Bundesvorstand des Deutschen Gewerkschaftsbundes (Hrsg.): Geschäftsbericht 1975–1977, Bochum 1977, S. 650–653, hier S. 650.

[37] Ebd., S. 651.

[38] Ebd.

[39] Bundesvorstand des Deutschen Gewerkschaftsbundes, Abteilung Gesellschaftspolitik (Hrsg.): Leitsätze des Deutschen Gewerkschaftsbundes zum Umweltschutz, Düsseldorf 1972.

[40] Bundesvorstand des Deutschen Gewerkschaftsbundes (Hrsg.): Geschäftsbericht 1975–1977, Bochum 1977, S. 650–653.

Der Antrag zur Strukturpolitik auf dem DGB-Bundeskongress 1975 ist Ausdruck der sich im Zuge der Ölpreiskrise verändernden Perspektive. Der gewerkschaftliche Diskurs hatte sich in wenigen Jahren deutlich verschoben. Von der durch die sozial-liberale Regierung hervorgerufenen Aufbruchstimmung war wenig geblieben. Damit ebbte auch die kurze Phase des Planungsbooms ab. Der DGB hatte seine Positionen nur bedingt in die wirtschaftspolitische Debatte einspeisen und an der Umsetzung von Maßnahmen partizipieren können. Zwar war er im Rahmen der Konzertierten Aktion noch an Konsultationen beteiligt, aber er musste sich nun wieder weitgehend auf Appelle wie z. B. Anträge im Rahmen von Bundeskongressen beschränken. Zugleich verwarf der DGB die im Dezember 1972 verabschiedete Zielprojektion für die kommenden vier Jahre nur wenig später als viel zu optimistisch.[41] Darin hatte er noch die Sicherung der Massenkaufkraft und die Verhinderung inflationärer Tendenzen als Schwerpunkte gewerkschaftlichen Handelns benannt.

Die Globalsteuerung und die vorausschauende Arbeitsmarktpolitik erwiesen sich darüber hinaus als weniger wirksam als angenommen.[42] Selbst gewerkschaftliche Wirtschaftsexperten betrachteten das Konzept nun vermehrt als Hindernis zur Herstellung ausgewogener Beschäftigungsverhältnisse und Produktionsbedingungen. Vor allem hätten die geldpolitischen Anordnungen der Bundesbank eine gleichmäßige Förderung der vier im Stabilitätsgesetz festgeschriebenen Ziele, dem „magischen Viereck", unterminiert. Als Erweiterung der Globalsteuerung setzte der DGB deshalb die Investitionslenkung als strukturpolitische Maßnahme auf die Agenda.[43] Erstmals war sie als ein Mittel der Wirtschaftspolitik 1963 in das Düsseldorfer Grundsatzprogramm aufgenommen worden.[44] Die Forderung nach Investitionslenkung stellte damals in erster Linie einen Kompromiss zwischen den verschiedenen Flügeln dar. Während der linke Flügel um die IG Metall und die IG Chemie-Papier-Keramik an einer Überführung der Schlüsselindustrien in Gemeineigentum festhielt, wie es im DGB-Gründungsprogramm 1949 festgeschrieben worden war, plädierte der reformerische, sozialpartnerschaftliche Flügel um die IG Bergbau und die IG Bau-Steine-Erden für eine überfällige Anerkennung der Marktwirtschaft und damit des Privateigentums an Produktionsmitteln.[45] Die Aufnahme der Investitionslenkung ins Grundsatzprogramm markierte einen Mittelweg in dieser inhaltlichen Auseinandersetzung. Der DGB bekannte sich damit zur sozialen Marktwirtschaft und verweigerte sich der (Schein-)Alternative Planung oder freier Markt.[46] Er folgte damals weder den Emp-

---

[41] Vgl. Bundesvorstand des Deutschen Gewerkschaftsbundes (Hrsg.): DGB-Zielprojektion 1973 bis 1977. Fünf Maßstäbe für die Reformen der Gesellschaft, Düsseldorf 1972.

[42] Georg Altmann: Vollbeschäftigung durch Planung? Das Reformprojekt „Vorausschauende Arbeitsmarktpolitik" in den 1960er Jahren, in: Matthias Frese/Julia Paulus/Karl Teppe (Hrsg.): Demokratisierung und gesellschaftlicher Aufbruch. Die sechziger Jahre als Wendezeit der Bundesrepublik, Paderborn 2003, S. 283–304.

[43] Vgl. die Debatte in den Gewerkschaftlichen Monatsheften, etwa: Ulrich Steger: Konsequenzen einer Investitionslenkung für die Gewerkschaften. Ein Diskussionsbeitrag, in: Gewerkschaftliche Monatshefte 12 (1973), S. 766–771.

[44] Vgl. Bundesvorstand des Deutschen Gewerkschaftsbundes (Hrsg.): Grundsatzprogramm des Deutschen Gewerkschaftsbundes, beschlossen auf dem Außerordentlichen Bundeskongreß des Deutschen Gewerkschaftsbundes am 21.–22. 11. 1963 in Düsseldorf, Düsseldorf 1963.

[45] Zu diesen Auseinandersetzungen vgl. Andrei S. Markovits: The Politics of the West German Trade Unions, Strategies of Class and Interest Representation in Growth and Crisis, Cambridge u. a. 1986, S. 93–105.

[46] Vgl. Horst Hinz: Investitionslenkung zwischen Marx und Markt, in: Gewerkschaftliche Monatshefte 12 (1978), S. 729–736.

fehlungen linker Ökonomen und Sozialwissenschaftler, das Konzept der Investitionslenkung mit größerer Konsequenz zu postulieren, noch ließ er sich von den konservativen und wirtschaftsliberalen Unkenrufen gänzlich davon abbringen.

In der verstärkten Betonung der Investitionslenkung ab Mitte der 1970er Jahre manifestierte sich nun eine Positionsverschiebung. Das optimistische Meinungsklima, „in dem der Glaube an Modernität und Fortschritt weit verbreitet war und die gesellschaftliche Zukunft im Zeichen dieser Leitsterne politisch gestaltbar erschien",[47] war weitgehend verflogen. Nichtsdestotrotz hielt der DGB an der potenziellen Gestaltbarkeit der wirtschaftlichen Bedingungen mittels staatlicher Politik fest. Gerade die Interdependenz der unterschiedlichen Ebenen moderner Gesellschaften erheische eine mittel- und langfristige Planungsperspektive, deren Rationalität durch wissenschaftliche Expertisen abzusichern sei. Trotz der Reformvorhaben der sozial-liberalen Regierung hatten sich die Verhältnisse nicht grundlegend im Sinne der Gewerkschaften gewandelt. Angesichts dieser Situation radikalisierte der DGB seine Forderungen und propagierte mit der Investitionslenkung einen weiter gehenden staatlichen Eingriff in die wirtschaftlichen Bedingungen, als es in der sozial-liberalen Regierung durchsetzbar gewesen wäre. Trotz der sich verschlechternden ökonomischen Lage intendierte er nicht nur zu reagieren, sondern weiterhin eigene Akzente zu setzen. Die Entwicklung auf dem Arbeitsmarkt bestärkte den DGB in seiner Position.

6. Die Bekämpfung der Arbeitslosigkeit als neue Priorität

Angesichts der sozio-ökonomischen Gesamtsituation rückte ab Mitte der 1970er Jahre die Bekämpfung der Arbeitslosigkeit unzweifelhaft ins Zentrum gewerkschaftlicher Forderungen. Die Investitionslenkung als strukturpolitisches Mittel zur Wiederherstellung der Vollbeschäftigung nahm in den DGB-Vorschlägen vom Juli 1977 deshalb einen wichtigen Platz ein.[48] Darin werden die wachsenden Gefahren hoher, dauerhafter Arbeitslosigkeit nicht nur für den einzelnen Betroffenen, sondern für die gesamte Gesellschaft beschworen. Es gelte, das Recht auf Arbeit als ein Grundrecht für alle durchzusetzen und die Beschäftigungspolitik dahin gehend neu auszurichten. Der DGB konstatierte jetzt deutlich die Differenz zwischen dem Konjunktureinbruch 1966/67 und der Wirtschaftskrise seit Mitte der 1970er Jahre. Während die Arbeitslosigkeit Ende der 1960er Jahre im Verlauf des konjunkturellen Aufschwungs schnell hatte abgebaut werden können, verstetigte sich die schwierige Lage auf dem Arbeitsmarkt nach der Ölpreiskrise. Es bildete sich eine strukturelle Arbeitslosigkeit, die sich, so selbst optimistische Prognosen, mittelfristig kaum werde abbauen lassen. Vielmehr sei davon auszugehen, dass die Zahl der Arbeitslosen noch stärker anwachse, vor allem auch weil die durch Produktionssteigerung hervorgerufenen Wachstumseffekte kaum hinreichend wären, um die durch Rationalisierungen freigesetzten Arbeitskräfte aufzufangen. Darüber hinaus sei ein unbegrenztes Wachstum aufgrund der negativen Auswirkungen auf die Umwelt- und damit Lebensbedingungen ohnehin nicht mehr erstrebenswert. Deshalb bedürfe es einer grundsätzlichen Änderung der Be-

---

[47] Hans Günter Hockerts: Einleitung, in: Frese/Paulus/Teppe (Hrsg.): Demokratisierung und gesellschaftlicher Aufbruch, S. 249–257, hier S. 249.
[48] Vgl. Bundesvorstand des Deutschen Gewerkschaftsbundes (Hrsg.): Vorschläge des DGB zur Wiederherstellung der Vollbeschäftigung, Düsseldorf 1977.

schäftigungspolitik, die sich auf drei Ansatzpunkte fokussieren sollte: die Beschleunigung des qualitativen Wachstums, die soziale Beherrschung der Produktivitätsentwicklung und die Verkürzung der Arbeitszeit.[49]

Dafür, so die Vorschläge des DGB, sei eine langfristig angelegte regionale sowie sektorale Strukturpolitik unabdingbar. Diese Forderung impliziere den Ausbau der öffentlichen Infrastruktur und Vorsorgepolitik, besonders im Bereich der Energie- und Rohstoffversorgung. Die Veränderungen der wirtschaftlichen, technischen und organisatorischen Produktionsbedingungen müssten transparenter gestaltet werden. Strukturelle Beschäftigungsungleichgewichte in bestimmten Branchen und Regionen sollten dadurch rechtzeitig erkannt werden, um Gegenmaßnahmen einleiten zu können. Der Maßstab für die Effektivität des eingeschlagenen Weges wurde wie folgt definiert: „Der Gesamterfolg der Strukturpolitik und die Wirksamkeit ihrer Mittel müssen an der Zahl und der Qualität der langfristig vorhandenen und zusätzlich geschaffenen Arbeitsplätze orientiert werden."[50] Die angewandten Mittel seien regelmäßig mittels einer umfassenden Strukturentwicklungsanalyse zu evaluieren. Hierzu seien beispielsweise Investitionsmeldestellen sinnvoll. Die Forderung nach einer strukturpolitischen Neuausrichtung erfordere die Erweiterung der Mitbestimmung, also der Einbeziehung der Arbeitnehmer in die Entscheidungsprozesse auf allen Ebenen der Wirtschaft. Die Ausführungen zur Strukturpolitik enden wie folgt:

> „Für die Durchsetzung der strukturpolitischen Ziele, vor allem gegenüber unternehmerischen Gewinninteressen, ist die demokratische Beteiligung der Arbeitnehmer und ihrer Gewerkschaften von entscheidender Bedeutung. Grundlage hierfür ist das DGB-Konzept zur gesamtwirtschaftlichen Mitbestimmung."[51]

Als der DGB 1977 die Vorschläge zur Wiederherstellung der Vollbeschäftigung formulierte, lag die Anzahl der Arbeitslosen nun schon im dritten Jahr über einer Million. Außerdem hatte sich die politische Situation stark gewandelt. Willy Brandt war als Bundeskanzler nach der Guillaume-Affäre im Mai 1974 zurückgetreten und Helmut Schmidt zu seinem Nachfolger gewählt worden.[52] Der eingeschlagene Reformkurs der sozial-liberalen Regierung war wegen der wirtschaftlichen Krisentendenzen bereits unter Brandt erlahmt. Helmut Schmidt ordnete ihn dann gänzlich pragmatischen Erwägungen unter. Dennoch minderte das Ende der Reformvorhaben die Arbeitslosigkeit keineswegs in substanzieller Weise. Angesichts dieser arbeitsmarktpolitischen Lage verwundert Vetters Beharren auf der Sicherung von Arbeitsplätzen und einem Menschenrecht auf Arbeit nicht, wie er es in dem zu Beginn angeführten Artikel formulierte. Ebenso wenig erscheinen die auf dem DGB-Bundeskongress 1975 angenommenen Anträge zur Wirtschafts- und Steuerpolitik vor diesem gesellschaftlichen Hintergrund als besonders radikal.[53] Trotz des medialen Diskurses über den „Gewerkschaftsstaat" muten die erhobenen Forderungen gemäßigt an.[54]

---

[49] Ebd., S. 6.
[50] Ebd., S. 9.
[51] Ebd., S. 10.
[52] Vgl. Karl Dietrich Bracher/Wolfgang Jäger/Werner Link: Republik im Wandel. 1969–1974. Die Ära Brandt, Stuttgart 1986, S. 117–126.
[53] Vgl. Antrag „Wirtschaftspolitik", in: Bundesvorstand des Deutschen Gewerkschaftsbundes (Hrsg.): Protokoll. 11. Ordentlicher Bundeskongreß, Hamburg, 21.–26. 5. 1978, o. O. 1978, S. 86–91 (Anhang: Anträge und Erschließungen).
[54] Zur zeitgenössischen Diskussion vgl. Günter Triesch: Gewerkschaftsstaat oder sozialer Rechtsstaat, Stuttgart 1974; und Hans-Otto Hemmer/Ulrich Borsdorf: „Gewerkschaftsstaat". Zur Vorgeschichte eines aktuellen Schlagworts, in: Gewerkschaftliche Monatshefte 10 (1974), S. 640–654.

Erneut stellte der DGB die Gefahr einer dauerhaft hohen Arbeitslosigkeit für die gesamte Gesellschaft und die demokratische Verfasstheit des Staates heraus. Damals führten die Gewerkschaften häufiger die Endphase der Weimarer Republik und die Massenarbeitslosigkeit infolge der Weltwirtschaftskrise 1929 als warnendes Beispiel an, um die Dringlichkeit konsequenten Handelns zu unterstreichen. Dennoch wichen die Forderungen 1977 im Bereich „Wirtschafts- und Strukturpolitik" nur wenig von bereits Bekanntem ab. Der DGB forderte die Bundesregierung auf, den Sachverständigenrat dazu anzuhalten, sein Gutachten durch eine Analyse zum regionalen und sektoralen Strukturwandel zu ergänzen.[55] Die Regierung selbst sollte sich verpflichten, ausführlich zum strukturpolitischen Teil des Sachverständigengutachtens Stellung zu beziehen. Ferner verlangte der DGB Branchenentwicklungspläne, Landes- und Bundesentwicklungspläne, um die Informationen transparenter zu gestalten. Außerdem unterstrich er erneut die Notwendigkeit, Investitionsmeldestellen einzurichten. Explizit wurde betont, dass alle strukturpolitischen Maßnahmen am Ziel der Wiederherstellung der Vollbeschäftigung zu messen seien.

Obwohl die sich aus linken Ökonomen zusammensetzende Arbeitsgruppe Alternative Wirtschaftspolitik dem Gewerkschaftsbund vorwarf, keine konsequente Politik zu betreiben, lehnte er noch radikalere Maßnahmen ab. Die Haltung des DGB zeigte sich etwa in der Stellungnahme zu dem seit 1975 erscheinenden jährlichen Gutachten der Memorandumsgruppe.[56] So wies der DGB die Verstaatlichung von Schlüsselindustrien als adäquates Mittel der Vollbeschäftigungspolitik zurück. Eine komplette Steuerung des Marktes untergrabe auch die Tarifautonomie der Gewerkschaften und sei deshalb kontraproduktiv. Ferner lehnte der DGB auch Preiskontrollen als unzweckmäßig ab.

Um der veränderten Situation gerecht zu werden, war schon Mitte der 1970er Jahre in einigen Einzelgewerkschaften die Forderung laut geworden, ein neues DGB-Grundsatzprogramm auszuarbeiten. Auf dem Bundeskongress 1975 war ein dahin gehender Antrag der Gewerkschaft Handel, Banken und Versicherungen angenommen worden.[57] Der Ausarbeitungsprozess zog sich jahrelang hin, da ein Grundsatzprogramm immer auf einem oftmals schwierigen Kompromiss zwischen den divergierenden Interessen der Einzelgewerkschaften basiert.

Somit verabschiedete der DGB Bundesvorstand zunächst 1979 ein aktualisiertes Aktionsprogramm, das seinen Vorläufer aus dem Jahr 1972 ablöste und zugleich stark darauf aufbaute.[58] Auffällig war die inhaltliche Schwerpunktverlagerung. Als Reaktion auf die anhaltend hohe Arbeitslosigkeit wurde der Bereich „Recht auf Arbeit – Gesicherte Arbeitsplätze" an den Anfang des Forderungskatalogs gestellt. Der erste Satz lautet: „Die Vollbeschäftigung ist wiederherzustellen und dauerhaft zu sichern." Danach folgt ein län-

---

[55] Zum 1963 gegründeten Sachverständigenrat Alexander Nützenadel: Wissenschaftliche Politikberatung in der Bundesrepublik. Die Gründung des Sachverständigenrates zur Begutachtung der gesamtwirtschaftlichen Lage, in: Vierteljahrschrift für Sozial- und Wirtschaftsgeschichte 89 (2002), S. 288–306.

[56] Stellungnahme des DGB vom 3. 5. 1977 zum „Memorandum", Vorschläge zur Beendigung der Massenarbeitslosigkeit, wiederabgedruckt in: Karl-Georg Zinn (Hrsg.): Strategien gegen die Arbeitslosigkeit, Frankfurt a. M./Köln 1977, S. 258.

[57] Bundesvorstand des Deutschen Gewerkschaftsbundes: Protokoll. 10. Ordentlicher Bundeskongreß, S. 1 (Anhang: Anträge und Entschließungen).

[58] Bundesvorstand des Deutschen Gewerkschaftsbundes: Aktionsprogramm 1979, beschlossen am 13. 6. 1979, in: Gerhard Leminsky/Bernd Otto (Hrsg.): Politik und Programmatik des Deutschen Gewerkschaftsbundes, 2. völlig überarbeitete Aufl., Köln 1984, S. 22–27.

gerer Maßnahmenkatalog, wobei der Strukturpolitik wiederum ein zentraler Platz eingeräumt wird. So heißt es im Aktionsprogramm:

> „Ihre Verwirklichung bedarf einer beschäftigungssichernden Wirtschafts- und Finanzpolitik und einer vorausschauenden Struktur- und Arbeitsmarktpolitik. Die Bildungspolitik und die Forschungspolitik müssen auch eine beschäftigungspolitische Orientierung erhalten. Die regionale und sektorale Strukturförderung ist von ihren beschäftigungspolitischen Wirkungen abhängig zu machen."[59]

Der geplanten Verabschiedung des neuen Grundsatzprogramms auf dem Bundeskongress 1981 war eine ausgiebige Diskussion im DGB wie auch in seinen Mitgliedsgewerkschaften vorausgegangen.[60] Den Prozess der Programmerarbeitung legte der Vorsitzende Heinz Oskar Vetter in einem Vortrag im Bildungszentrum Sprockhövel der IG Metall dar. Mit der Verabschiedung des Entwurfs für ein neues Grundsatzprogramm am 2. Oktober 1979 sei der Bundesvorstand dem Auftrag des letzten Bundeskongresses nachgekommen. Danach sei der Entwurf den verschiedenen Gliederungen des DGB und seiner Mitgliedsgewerkschaften zur Diskussion übergeben worden: „Wir erhoffen uns eine lebhafte Diskussion, Anregungen und Kritik aus den Reihen der Mitglieder unserer Organisation."[61] In seinem Referat beschrieb Vetter den schwierigen Weg zur Einheitsgewerkschaft, die aus der Erfahrung des Nationalsozialismus und der Niederlage der in verschiedene politische und weltanschauliche Richtungen gespaltenen Gewerkschaftsbewegung gegründet wurde. Das organisatorische Fundament des DGB basiere auf zwei Säulen: erstens dem Prinzip der Industriegewerkschaften und zweitens dem Prinzip der Einheitsgewerkschaft. Der DGB sei mit fast 7,5 Millionen Mitgliedern die größte demokratische Organisation und lasse sich von niemandem seine Haltung vorschreiben, auch nicht von der Bundesregierung. Er sei parteipolitisch unabhängig, aber keineswegs unpolitisch oder politisch neutral. Vielmehr würde er konsequent die Interessen der abhängig Beschäftigten vertreten. Mit dem neuen Grundsatzprogramm hoffte der DGB, den mittel- bis langfristigen Rahmen für die gewerkschaftliche Arbeit abzustecken, der den neuen Herausforderungen angemessen sei. Die Situation charakterisierte Vetter folgendermaßen:

> „In jüngster Zeit zeichnet sich auch eine weitere Wende ab. Verursachte das rasche Wirtschaftswachstum in der Vergangenheit ein Defizit an öffentlichen Leistungen, blieb die gesellschaftliche Infrastruktur hinter dieser Entwicklung zurück, so erscheint nunmehr die Stabilität des Wachstums selbst in Frage gestellt. Die Wachstumsraten schrumpfen. Außerdem werden wir einen wesentlich höheren Sockel an struktureller und regionaler Arbeitslosigkeit haben, wenn die traditionellen Mittel der Wirtschaftspolitik nicht durch neue Instrumente ergänzt werden."[62]

Das Vertrauen in ein ungebrochenes Wachstum sei mit der Krise Mitte der 1970er Jahre verschwunden. Die Konzentration des Kapitals und die Rationalisierungsprozesse in vielen Wirtschaftsbereichen hätten massiv zugenommen; die Macht multinationaler Konzerne sei gewachsen. Innenpolitisch hätten die Unternehmerverbände durch die Verfas-

---

[59] Ebd., S. 22.

[60] So legten viele Vorsitzende der DGB-Mitgliedsgewerkschaften ihre Position in den Gewerkschaftlichen Monatsheften dar. Vgl. etwa Ernst Breit: Von den Erfahrungen unserer Mitglieder ausgehen. Zum DGB Grundsatzprogramm, in: Gewerkschaftliche Monatshefte 7 (1976), S. 407–412; Heinz Vietheer: Gewerkschaften müssen Motor sein. Zum DGB Grundsatzprogramm, in: Gewerkschaftliche Monatshefte 7 (1976), S. 412–419; Karl Hauenschild: Weder Ersatzpartei noch Parteiersatz. Zum DGB Grundsatzprogramm, in: Gewerkschaftliche Monatshefte 8 (1976), S. 498–503.

[61] Heinz Oskar Vetter: Zum Beginn der Diskussion um ein neues Grundsatzprogramm, in: Gewerkschaftliche Monatshefte 1 (1980), S. 1–12, hier S. 1.

[62] Ebd., S. 9.

sungsklage gegen die Novellierung des Mitbestimmungsgesetzes und den bekannt gewordenen Tabu-Katalog die Situation bewusst zugespitzt und ihre Kampagne gegen einen vermeintlichen Gewerkschaftsstaat gar noch verschärft.[63] Dieser Offensive gelte es die Offenheit des Grundgesetzes entgegenzuhalten, das nicht nur die Würde des Menschen und die Freiheit des Einzelnen achte, sondern auch einen sozialen Rechtsstaat postuliere und die parlamentarische Demokratie begründe. Damit seien ureigene Vorstellungen der Gewerkschaften in die Verfassung eingeflossen. Das neue Grundsatzprogramm solle folglich den konservativen Tendenzen etwas entgegensetzen und adäquate gewerkschaftliche Antworten auf die vielfältigen neuen Herausforderungen liefern. Besonders die Wirtschaftspolitik müsse an die „sich wandelnden sozioökonomischen Bedingungen" angepasst werden, wie das für Wirtschaftspolitik zuständige Mitglied des DGB-Bundesvorstands, Alois Pfeiffer, in einem Artikel ausführte.[64] Während es, so Pfeiffer, im Zuge des Wirtschaftsaufschwungs nach 1945 gelungen sei, die lange Zeit für unmöglich gehaltene Vollbeschäftigung herzustellen und zu wahren, habe die Arbeitslosenzahl 1976 einen vorläufigen Höhepunkt erreicht und sei seitdem nur unbefriedigend zurückgegangen. Deshalb gebühre der Wiederherstellung der Vollbeschäftigung im neuen Grundsatzprogramm die höchste Priorität. Dafür müssten die Grundsätze der Wirtschaftspolitik nicht völlig neu gestaltet, aber deutlich erweitert werden:

> „Dazu gehört weiter die Einführung des Begriffs qualitatives Wachstum mit allen sich daraus ergebenden Konsequenzen für die Wachstumspolitik. Dazu gehört ferner der Produktivitätsbegriff als statistisch meßbarer Ausdruck technologischer und organisatorischer Wandlungen sowie die Arbeitszeitverkürzung auch als beschäftigungspolitisches Instrument."[65]

Hinsichtlich der Strukturpolitik bedeutete diese Schwerpunktverlagerung, dass investitionslenkende Instrumente als Ergänzung zur Selbststeuerung durch den Markt einzusetzen seien. Die bestehenden Mittel der sektoralen und regionalen Strukturpolitik seien besser zu koordinieren und eine beschäftigungssichernde Technologie- und Umweltpolitik zu entwickeln. Zusätzlich sei die Strukturberichterstattung auszubauen, um die vergangenen Strukturwandlungen besser analysieren und damit Prognosen für die zu erwartenden Strukturveränderungen erstellen und die Politik daraufhin abstimmen zu können.[66]

7. Die Strukturpolitik im DGB-Grundsatzprogramm von 1981

Die von Alois Pfeiffer vorgebrachten Vorschläge fanden im neuen Grundsatzprogramm, das auf dem 4. Außerordentlichen Bundeskongress im März 1981 verabschiedet wurde,

---

[63] Der „Tabu-Katalog" der Arbeitgeber wurde dokumentiert in der „Zeit". Vgl. Die Tabus der Arbeitgeber. So sieht die Widerstandslinie gegen die Gewerkschaften aus, in: Die Zeit vom 26.1.1979, online unter: <http://www.zeit.de/1979/05/die-tabus-der-arbeitgeber> (10.6.2015).

[64] Vgl. Alois Pfeiffer: Die Wirtschaftspolitik im Entwurf für ein neues Grundsatzprogramm, in: Gewerkschaftliche Monatshefte 7 (1980), S. 421–430.

[65] Ebd., S. 423.

[66] Ebd., S. 426. Im Zuge der Planungsdiskussion stieg auch die Bedeutung wissenschaftlicher Experisen für die Politik. Lutz Raphael diskutierte diese gesellschaftliche Tendenz unter dem Topos der „Verwissenschaftlichung des Sozialen". Vgl. Lutz Raphael: Die Verwissenschaftlichung des Sozialen als methodische und konzeptionelle Herausforderung für eine Sozialgeschichte des 20. Jahrhunderts, in: Geschichte und Gesellschaft 22 (1996), S. 165–193. Zur Bedeutung der Experten in der Politik vgl. Stefan Fisch/Wilfried Rudloff (Hrsg.): Experten und Politik. Zur Geschichte der wissenschaftlichen Politikberatung in Deutschland, Berlin 2002.

weitgehend Berücksichtigung.[67] Auch wenn das zweite Düsseldorfer Programm von 1981 „keine substanziellen Änderungen"[68] im Vergleich zum Grundsatzprogramm von 1963 aufweisen mag, sind doch die veränderte Schwerpunktsetzung und die Akzentuierung bestimmter Konzepte, wie die Investitionslenkung und das qualitative Wachstum, schwer zu verkennen. Zweifellos kommt in der neuen Struktur des Programms die durch die sozioökonomischen Umbrüche bedingte modifizierte Prioritätensetzung zum Ausdruck.[69]

Nachdem die Wirtschaft Ende der 1970er Jahre wieder leicht gewachsen und die Arbeitslosenzahlen gesunken waren, führten die weltpolitischen Verwerfungen, besonders die islamische Revolution im Iran 1978/79 und der kurz darauf folgende Angriff des Irak 1980 sowie der russische Einmarsch in Afghanistan 1979, zur zweiten Ölpreiskrise. Diese Entwicklungen lösten einen Einbruch der globalen Wirtschaft aus. In der Bundesrepublik sank das Bruttoinlandsprodukt im Jahre 1981 um 0,2 Prozent. Die Zahl der Arbeitslosen stieg auf über 1,2 Millionen. Die Arbeitslosenquote schnellte auf 5,5 Prozent hoch.

Der DGB ging davon aus, dass die Regierung nicht mehr in der Lage und willens war, die erforderlichen Schritte zu unternehmen, um die Vollbeschäftigung wiederherzustellen. Vor diesem Hintergrund baute die Gewerkschaftsbewegung wieder verstärkt auf ihre eigene Kraft und Mobilisierungsfähigkeit. Deshalb werden in der Präambel des neuen Grundsatzprogramms nicht nur die historische Entwicklung hin zur Einheitsgewerkschaft und die gesellschaftspolitische Rolle von Gewerkschaften, sondern auch die Unabhängigkeit vom Staat sowie die eigene Machtposition hervorgehoben. Dadurch distanzierte sich der DGB auch ziemlich direkt von der sozial-liberalen Regierung.

Ebenso hatten die Unternehmer in den Arbeitskämpfen Mitte der 1970er Jahre vermehrt Beschäftigte ausgesperrt und Anläufe unternommen, die paritätische Montanmitbestimmung zu untergraben. Die verfassungsrechtliche Klage gegen das neue Mitbestimmungsgesetz bestätigte die gewerkschaftliche Annahme, dass die Kapitalseite mit härteren Bandagen zu kämpfen gedenke. Diese Angriffe nahmen die Gewerkschaften nicht einfach hin. Trotz aller demonstrativen Hinweise auf die Kampfesfähigkeit der Gewerkschaftsbewegung unterstrich der DGB zugleich, dass er sich immer auf dem Boden des Grundgesetzes und der parlamentarischen Demokratie bewege. Folglich wollte er seine Ziele ausschließlich mit rechtsstaatlichen Mitteln realisieren. In der Präambel finden sich zwar noch Residuen antikapitalistischer Rhetorik, aber eine sozialistische Transformationsperspektive wird ebenso wenig formuliert wie die Termini „Klasse" oder „Klassenkampf" Verwendung finden. Vor allem in den konkreten Forderungen wurde die pragmatisch-realpolitische Ausrichtung evident. Zunächst werden die Arbeitnehmerrechte betont, wie das Recht zum gewerkschaftlichen Zusammenschluss, die Unantastbarkeit des Streikrechts und der Kampf gegen Aussperrungen. Es folgen die Prinzipien zum Arbeitsverhältnis und ein Abschnitt zur Humanisierung der Arbeit, bevor die Grundlagen des Wirtschaftens beschrieben werden. Die angestrebte Wirtschaftsordnung umfasse folgende Maxime: Jedem Arbeitnehmer sei ein Höchstmaß an Freiheit, Selbstverantwortung und an sozialer Sicher-

---

[67] Vgl. Bericht. 4. Außerordentlicher Kongreß des DGB. Neues Grundsatzprogramm, in: Gewerkschaftliche Monatshefte 5 (1981), S. 292–296.
[68] Walther Müller-Jentsch: Gewerkschaftliche Politik in der Wirtschaftskrise II. 1978/79 bis 1982/83, in: Hans-Otto Hemmer/Kurt Thomas Schmitz (Hrsg.): Geschichte der Gewerkschaften in der Bundesrepublik Deutschland. Von den Anfängen bis heute, Köln 1990, S. 375–412, hier S. 387.
[69] Vgl. Hans-Otto Hemmer: Stationen gewerkschaftlicher Programmatik. Zu den Programmen des DGB und ihrer Vorgeschichte, in: Gewerkschaftliche Monatshefte 8 (1982), S. 506–518.

heit zu gewährleisten. Er solle an der Wirtschaft gleichberechtigt beteiligt werden und einen angemessenen Arbeitsplatz unter menschenwürdigen Bedingungen erhalten. Ein qualitatives, angemessenes und gleichmäßiges Wachstum der Wirtschaft sei wünschenswert.[70]

Im darauf folgenden Abschnitt wird die Vollbeschäftigung postuliert, die sich nicht mehr ausschließlich durch Wirtschaftswachstum einstelle. Vielmehr bedürfe es hierzu umso dringlicher einer ausgereiften Strukturpolitik. Im Grundsatzprogramm von 1963 tauchte der Begriff bezeichnenderweise überhaupt noch nicht auf, während in der Neufassung sowohl der regionalen als auch der sektoralen Strukturpolitik eine bedeutsame Rolle für die angestrebte Neuausrichtung der Wirtschaftspolitik zugesprochen wird. So bemängelte Vetter in der Debatte zum Grundsatzprogramm auf dem Außerordentlichen Bundeskongress 1981, dass es „noch immer keine erfolgversprechenden Ansätze einer vorausschauenden Strukturpolitik" gebe.[71] Diese Feststellung verdeutlichte die gewachsene Distanz des DGB zur sozial-liberalen Bundesregierung, in der die FDP viele gewerkschaftliche Forderungen entweder gänzlich verhindert oder doch zumindest verwässert hatte. Selbst die enge politische Bindung und personelle Verflechtung mit der SPD erbrachte weniger konkrete Politikerfolge als erhofft. Nachdem der DGB sich bei der Bundestagswahl 1980 noch intensiv in den Wahlkampf eingemischt hatte, nicht zuletzt um Franz Josef Strauß als Kanzler zu verhindern, stellte die Wiederwahl von Bundeskanzler Schmidt keinen langfristigen Erfolg für die Gewerkschaften dar. Die Differenzen zwischen SPD und FDP waren schon seit einiger Zeit kaum noch zu überdecken. Spätestens das sogenannte Lambsdorff-Papier vom 9. September 1982 bedingte nahezu zwangsläufig den Bruch der Koalition. Auf Aufforderung des Bundeskanzlers, Helmut Schmidt, hatte der liberale Wirtschaftsminister Otto Graf Lambsdorff ein Konzept zur „Überwindung der Wachstumsschwäche und zur Bekämpfung der Arbeitslosigkeit" vorgelegt.[72] Lambsdorff propagierte eine grundlegende Neuausrichtung der Wirtschaftspolitik. Er forderte massive Kürzungen bei den Sozialleistungen, eine Verbilligung des Faktors Arbeit, eine konsequente Implementierung marktwirtschaftlicher Prinzipien und eine strikte Haushaltskonsolidierung. Nicht nur für die Sozialdemokraten, sondern auch für die Gewerkschaften wirkten die Vorschläge als unfassbare Provokation. Die Agonie der sozial-liberalen Koalition war nach dem „Wende-Papier" eingeleitet.

8. Ausblick in die 1980er Jahre: die konservative Wende

Die neue Regierung unter CDU-Führung leitete in vielen Politikbereichen eine konservative Wende ein.[73] Der DGB musste auf eine Wirtschafts- und Sozialpolitik reagieren, die

---

[70] DGB-Grundsatzprogramm 1981, in: Bundesvorstand des Deutschen Gewerkschaftsbundes: Protokoll. 4. Außerordentlicher Bundeskongreß, Anhang S. 1–32, hier S. 11.

[71] Bundesvorstand des Deutschen Gewerkschaftsbundes (Hrsg.): Protokoll. 4. Außerordentlicher Bundeskongreß, Düsseldorf, 12.–14. 3. 1981, Frankfurt a. M. 1981, S. 14.

[72] Otto Graf Lambsdorff: Konzept für eine Politik zur Überwindung der Wachstumsschwäche und zur Bekämpfung der Arbeitslosigkeit [„Scheidungsbrief"], 9. 9. 1982, online unter: <http://www.1000dokumente.de/index.html/index.html?c=dokument_de&dokument=0079_lam&object=context&l=de> (19. 9. 2015).

[73] Zu den 1980er Jahren vgl. Andreas Wirsching: Abschied vom Provisorium. Geschichte der Bundesrepublik Deutschland 1982–1990, München 2006.

seinen Vorstellungen völlig zuwiderlief. Auch die Situation auf dem Arbeitsmarkt verschärfte sich weiter, ohne dass die neue Bundesregierung darauf mit einer aktiven Beschäftigungspolitik reagierte. Deshalb setzten der DGB und seine Mitgliedsgewerkschaften auf ihr eigenes Machtpotenzial, wie es sich schon in der Endphase der sozial-liberalen Koalition angekündigt hatte. Der Schwerpunkt der gewerkschaftlichen Tarifpolitik verlagerte sich auf die Arbeitszeitverkürzung. Der Kampf um die 35-Stunden-Woche provozierte in den kommenden Jahren die härtesten Arbeitskämpfe in der Geschichte der Bundesrepublik.[74] Doch nicht nur die (wirtschafts)politischen Rahmenbedingungen brachten den DGB seinerzeit in die Defensive, sondern auch massive interne Probleme. Im Frühjahr 1982 veröffentlichte „Der Spiegel" eine Artikelserie über Korruption und persönliche Bereicherungen von führenden Funktionären der gewerkschaftseigenen Wohnungsbaugesellschaft Neue Heimat.[75] Die Enthüllungen zogen immer weitere Kreise und stürzten die westdeutsche Gewerkschaftsbewegung in eine beispiellose Vertrauenskrise.[76] Zugleich bedeutete die Affäre das Ende der Gemeinwirtschaft als traditionell dritte Säule der Arbeiterbewegung.

Durch die gesellschaftliche Defensivposition und die konservativ-liberale Regierung seit Ende 1982 bot sich für den DGB keine realistische Option mehr, die Forderung nach einer „vorausschauenden Strukturpolitik" zu implementieren. Die Konsultation im Kontext der Konzertierten Aktion war aus Sicht des DGB ebenfalls wenig zufriedenstellend gewesen. Nach der Verfassungsklage der Unternehmerverbände gegen das neue Mitbestimmungsgesetz hatte der DGB deshalb 1977 seine Mitarbeit vorläufig eingestellt und sich nach einem Beschluss auf dem Bundeskongress 1978 endgültig zurückgezogen.[77] Mit dem Regierungswechsel 1982 blieb dem DGB nur noch übrig, weiterhin auf die Notwendigkeit einer vorausschauenden Strukturpolitik hinzuweisen und an die politischen Entscheidungsträger zu appellieren. Allerdings war es mehr als unwahrscheinlich geworden, dass seine Forderungen Gehör finden würden. Ohne die Möglichkeit der Konsultation oder der Partizipation entschlossen sich der DGB und seine Mitgliedsgewerkschaften, für ihre Ziele mit konfrontativen Mitteln einzutreten. Insofern sind die heftigen Arbeitskämpfe und Aussperrungen in den 1980er Jahren wenig verwunderlich.

An der ungünstigen gesellschaftlichen und politischen Lage für den DGB änderte sich bis Ende des Jahrzehnts nichts mehr. Die deutsche Wiedervereinigung und der Zusammenbruch der Sowjetunion erschütterten die Gesamtsituation ohnehin fundamental. Damit stellten sich dem DGB gänzlich neue Herausforderungen, die sich bis in die Gegenwart auswirken.

---

[74] Vgl. Michael Schneider: Streit um Arbeitszeit. Geschichte des Kampfes um Arbeitszeitverkürzung in Deutschland, Köln 1984; Gert Hautsch (Hrsg.): Kampf und Streit um Arbeitszeit. Dokumente und Materialien zum Kampf um die Arbeitszeitverkürzung, Frankfurt a. M. 1984.

[75] Vgl. Wolfgang Kaden: Walter Hesselbach und die Jungs vom Bau, in: Der Spiegel vom 8. 3. 1982, S. 28f.

[76] Vgl. Franz Kusch: Macht, Profit & Kollegen. Die Affäre Neue Heimat, Stuttgart 1986; Andreas Kunz (Hrsg.): Die Akte Neue Heimat. Krise und Abwicklung des größten Wohnungsbaukonzerns Europas 1982–1998, 2 Bde., Frankfurt a. M./New York 2003.

[77] Antrag „Konzertierte Aktion", in: Bundesvorstand des Deutschen Gewerkschaftsbundes (Hrsg.): Protokoll. 11. Ordentlicher Bundeskongreß, Hamburg, 21.–26. 5. 1978, o. O. 1978, S. 102f.

Susanne Hilger
Strukturkonservativ und globalisierungsuntauglich?

Mittelständische Unternehmen in Baden-Württemberg, Bayern und Nordrhein-Westfalen im interregionalen Vergleich

Als Akteure des Strukturwandels standen mittelständische Unternehmen lange im Schatten der Großindustrie. Von der Öffentlichkeit als „strukturkonservativ" und „globalisierungsfern" wahrgenommen, galten sie vielfach als „Auslaufmodell".[1] Angesichts dessen hat der Mittelstand auch in der Wirtschaftsgeschichtsforschung, bis auf jüngere Ausnahmen,[2] bislang wenig Berücksichtigung erfahren. Dies gilt insbesondere für seine Rolle bei der Bewältigung von strukturellen Krisen oder Veränderungen. Der vorliegende Beitrag möchte mittelständische Unternehmen anhand einer interregional vergleichenden Perspektive als Träger und erfahrende Objekte des Strukturwandels in die Analyse integrieren.

Die Notwendigkeit zu einem vergleichenden Vorgehen besteht für die Bundesrepublik umso mehr, als „der für die nationale Ebene feststellbare strukturelle Wandel historiographisch bislang noch kaum zu jenem in den Wirtschaftsregionen in Bezug gesetzt wurde".[3] Im Ländervergleich gilt die nordrhein-westfälische Wirtschaft, die das Land nach einer fulminanten Rekonstruktionskonjunktur nach dem Zweiten Weltkrieg zum wirtschaftsstärksten Standort katapultierte, heute vielfach als Beispiel für einen gescheiterten Strukturwandel. Als industrieller „Dinosaurier" sei die wirtschaftliche Performanz Nordrhein-Westfalens durch die „Altlasten" an der Ruhr getrübt worden. „Viel zu lange", so formuliert z. B. der Länderbericht der Bertelsmann-Stiftung für 2010, habe „das Land in die Vergangenheit investiert". Der Strukturwandel der nordrhein-westfälischen Wirtschaft [sei] durch die Subventionen in den Steinkohlebergbau „ausgebremst worden", so das Urteil der Experten.[4] Insgesamt sei das Land Nordrhein-Westfalen aus diesen Gründen im Wettbewerb mit den aufholenden süddeutschen Flächenstaaten Bayern und Baden-Württemberg unterlegen.

Als Argumente für die wirtschaftlich dynamischer verlaufende Entwicklung Baden-Württembergs und Bayerns werden eine modernere und forschungsintensivere Wirtschaftsstruktur und die stark mittelständisch geprägte Industriestruktur angeführt, die den süddeutschen Raum als bundesdeutsches Hochtechnologie-Zentrum ausweisen. Tatsächlich büßte Nordrhein-Westfalen durch den strukturellen Wandel seit den 1950er Jahren eine Vielzahl von Arbeitsplätzen ein, deren Verlust schwer zu kompensieren war.

---

[1] Ich danke Ulrich Nocken für die Unterstützung und wertvollen Hinweise bei der Erstellung des Beitrages. Hartmut Berghoff: The End of Family Business? The Mittelstand and German Capitalism in Transition, 1949–2000, in: Business History Review 80 (2006), S. 263–295, hier S. 264.

[2] Zuletzt z. B. Jeffrey Fear: Straight outta Oberberg: Transforming Mid-Sized Family Firms into Global Champions 1970–2010, in: Jahrbuch für Wirtschaftsgeschichte 53 (2012), H. 1, S. 125–169; ders.: Globalization from a 17mm-Diameter Cylinder Perspective: Mittelstand Multinationals, in: Christina Lubinski/Jeffrey Fear/Paloma Fernandez Perez (Hrsg.): Family Multinationals. Entrepreneurship, Governance and Pathways to Internationalization, New York 2013, S. 73–95.

[3] Vgl. Einleitung der Herausgeber in diesem Band, S. 11.

[4] Bertelsmann-Stiftung (Hrsg.): Die Bundesländer im Standortwettbewerb 2009/2010. Einkommen – Beschäftigung – Sicherheit, Gütersloh 2010, S. 205, http://www.bertelsmann-stiftung.de/cps/rde/xbcr/SID-4CCBF981-AED36043/bst/xcms_bst_dms_30642_30643_2.pdf (21.2.2011); vgl. auch den Bericht im Handelsblatt vom 7.5.2010, „Zu lange in die Vergangenheit investiert".

DOI 10.1515/9783110523010-017

Dennoch wird vielfach übersehen, dass mittelständische Unternehmen mit mehr als 90 Prozent aller Betriebe „wesentliche Anteile" an der Wirtschaftsleistung auch von Nordrhein-Westfalen beisteuern. So wuchsen die Investitionen in Sachanlagen und Forschung sowie die Zahl der Beschäftigten seit den 1980er Jahren im nordrhein-westfälischen Mittelstand z. B. schneller als in Großunternehmen.[5]

Der vorliegende Beitrag rekurriert vor diesem Hintergrund auf die vergleichende Betrachtung mittelständischer Unternehmen in den drei westdeutschen Flächenstaaten Nordrhein-Westfalen, Bayern und Baden-Württemberg seit dem Zweiten Weltkrieg bis in die 1980er Jahre. Dabei stehen die folgenden Fragen im Mittelpunkt: Welchen Beitrag leistete die mittelständische Wirtschaft zur Transformation der Wirtschaftsstruktur seit den 1950er Jahren? Welche strukturpolitischen Maßnahmen griffen dabei? Wie und wodurch beeinflussten mittelständische Unternehmen regionale Milieus und damit Lebenschancen? Und welche Abweichungen bzw. Gemeinsamkeiten zeigen sich dabei in den drei genannten Bundesländern?

Bei dem folgenden Beitrag handelt es sich um eine erste stärker qualitativ als quantitativ ausgerichtete Skizze zu einer vergleichenden interregionalen Untersuchung des Mittelstandes in der Bundesrepublik. Auf eine kurze Einführung in die Begriffstheorie und die volkswirtschaftliche Größenordnung des Mittelstandes (1.) folgen ein knapper Überblick über den wirtschaftlichen Wiederaufbau nach dem Zweiten Weltkrieg und den sich anschließenden Strukturwandel (2.), Ausführungen zu den länderspezifischen Angebotsstrukturen und der regionalen Strukturpolitik (3.) sowie der Beitrag des Mittelstandes zur regionalen Milieubildung und zur Beeinflussung von Lebenschancen (4.). Der Beitrag schließt mit einem kurzen Fazit (5.). Angesichts der bislang noch ausstehenden Grundlagenforschung, insbesondere auch zu einer vergleichenden regionalen Wirtschaftsgeschichte, kann es sich hier lediglich um erste methodische Überlegungen für weitere Studien handeln.

1. Begriff und volkswirtschaftliche Größenordnung des Mittelstandes

Der Mittelstand macht in den deutschen Bundesländern mehr als 99 Prozent aller Betriebe aus und prägt damit in einem hohen Maße die wirtschaftliche und sozioökonomische Struktur in der Bundesrepublik. Dies kann kaum überraschen, denn der Terminus umfasst als Sammelbegriff sämtliche Betriebsformen vom Tante-Emma-Laden bis zum exportorientierten Maschinenbauunternehmen. Dies erschwert den Umgang mit dem Phänomen. „Kaum ein Begriff in der Geschichte der wirtschaftlichen und sozialen Entwicklung der Bundesrepublik ist so unklar geblieben […] wie der des Mittelstandes", so eröffnet die Historikerin Ursula Weidenfeld 1992 denn auch ihre Untersuchung zur bundesdeutschen Mittelstandspolitik. „Weder in der Theorie noch in der politischen Praxis gelang es, zu einem verbindlichen Mittelstandsbegriff zu kommen" – und daran, so lässt sich ergänzen, hat sich bis heute wenig geändert.[6]

---

[5] Nils Radmacher-Nottelmann: Zur Bedeutung kleiner und mittlerer Unternehmen für das Wirtschaftswachstum in Nordrhein-Westfalen, in: IT.NRW, Statistik kompakt 5/11, S. 5.
[6] Ursula Weidenfeld: Wettbewerbstheorie, Wirtschaftspolitik und Mittelstandsförderung: 1948–1963. Die Mittelstandspolitik im Spannungsfeld zwischen wettbewerbstheoretischem Anspruch und wirtschaftspolitischem Pragmatismus, Stuttgart 1992, S. 25.

Dies darf indessen nicht darüber hinwegtäuschen, dass sich der Terminus Mittelstand seit einigen Jahren schon großer Aufmerksamkeit erfreut. Der „German Mittelstand" gilt, insbesondere auch international, als „the sources of German Industrial Power", wie jüngst der amerikanische Sozialwissenschaftler Gary Herrigel formulierte.[7] Angesichts der jüngsten Finanzmarktkrise erscheint er als ökonomisches Rückgrat und als Wachstums- und Job-Maschine gleichermaßen und zieht insofern auch das Interesse industrieller Schwellenländer wie etwa Chinas und Indiens, aber auch der USA auf sich.[8] Im Zuge der gegenwärtigen industriewirtschaftlichen Renaissance gilt er geradezu als ein deutsches Erfolgsmodell, „how to maintain manufacturing competitiveness against low-cost emerging economies".[9] Damit hat die mittelständische Wirtschaft aus der Perspektive der vergangenen fünfzig Jahre einen beeindruckenden Paradigmenwechsel durchgemacht. Nach Einschätzung des Technikhistorikers Liudger Dienel avancierte sie gar vom „Fürsorgefall zu einem Wirtschaftsmotor".[10]

Was (oder wer) aber ist denn eigentlich gemeint, wenn wir von der Erfolgsgeschichte des Mittelstandes sprechen? Mittlerweile hat sich die international gebräuchliche Bezeichnung KMU/SME (Kleine und Mittlere Unternehmen bzw. Small and Medium Enterprises) als Synonym für die mittelständische Wirtschaft weitgehend durchgesetzt. Eigentlich sollte man nun von exakt festzulegenden Größenordnungen ausgehen können. Dennoch ist auch diese Operationsgrundlage mit Vorsicht zu genießen, denn die Auffassungen über die Größendimensionen kleiner und mittlerer Betriebe klaffen bis heute weit auseinander. Die EU-Kommission geht z. B. von höchstens 250 Beschäftigten und einem Jahresumsatz von nicht mehr als 50 Mio. Euro aus.[11] Das Institut für Mittelstandsforschung in Bonn (IfM Bonn) bezeichnet Firmen mit weniger als 500 Mitarbeitern und einem Jahresumsatz von bis zu 50 Mio. Euro als mittelständische Unternehmen.[12] Der Betriebswirt und Unternehmensberater Hermann Simon dagegen setzt als Maßstab für die *hidden champions* eine Beschäftigtenzahl von bis zu 5000 Mitarbeitern und einen Jahresumsatz von bis zu 3 Mrd. Euro an, geht also weit über die „offiziellen" mittelständischen Größenordnungen hinaus. Die *midsize giants*, deren Anzahl Simon zuletzt für die Bundesrepublik auf rund 1200 bezifferte, unterscheiden sich von Großunternehmen weniger durch ihre Orientierung auf internationale Märkte als durch ihre Größe, ihre flachen Organisationsstrukturen und die Verwurzelung in der Region. Viele von ihnen befinden sich in Familienhand. Dies gilt ebenfalls als ein bedeutsames Charakteristikum für den Mittelstand.[13]

---

[7] Gary Herrigel: Industrial Constructions. The Sources of Industrial Power, Cambridge 1996, S. 46.

[8] What Germany Offers the World, in: Economist, 14. 4. 2012.

[9] Michael Schumann: How Germany Became the China of Europe, in: Time, 24. 2. 2011 <http://content.time.com/time/magazine/article/0,9171,2055176,00.html> (15. 9. 2015). Patrick Boarman: Germany's Economic Dilemma, New Haven/London 1964, S. 168. Siehe auch Andrei Markovits: The Political Economy of West Germany. Modell Deutschland, New York 1982.

[10] Hans-Liudger Dienel: Das Bild kleiner und mittlerer Unternehmen in der bundesdeutschen Forschungs- und Wirtschaftspolitik 1949–1999, in: Reinhold Reith/Dorothea Schmidt (Hrsg.): Kleine Betriebe – Angepasste Technologie. Hoffnungen, Erfahrungen und Ernüchterungen aus sozial- und technikhistorischer Sicht, Münster u. a. 2002, S. 101–122, hier S. 101.

[11] <http://www.ifm-bonn.org/mittelstandsdefinition/definition-kmu-der-eu-kommission/> (15. 9. 2015).

[12] <http://www.ifm-bonn.org/mittelstandsdefinition/definition-kmu-des-ifm-bonn/> (30. 1. 2014); <http://www.ifm-bonn.org/index.php?id=90> (30. 1. 2014).

[13] Hermann Simon: „Hidden Champions". Erfolgsstrategien unbekannter Weltmarktführer, Frankfurt a. M. 1995, S. 402f. Siehe auch Hermann Simon: Germany's Midsized Giants, in: Harvard Business Review 1992, H. März – April, S. 115–123.

Simons Konzept der „verborgenen Weltmarktführer", das auch für die vorliegende Betrachtung von besonderem Interesse ist, konzentriert sich auf die Marktführerschaft vorwiegend von Nischenproduzenten, die Platz 1, 2 oder 3 auf dem Welt- oder Europamarkt besetzen.[14] Dabei handelt es sich um qualitativ hochwertige und innovative Produkte und Dienstleistungen, die einerseits als Markenprodukte, andererseits als sogenannte b2b-Produkte (*business to business*) häufig im Endprodukt aufgehen. Doch „im Verborgenen" agieren diese Unternehmen längst nicht mehr. Denn obwohl sie an „entlegenen" Orten wie in Ostwestfalen, auf der schwäbischen Alb oder in Oberfranken residieren, genießen sie eine wachsende Aufmerksamkeit als „Pocket- oder Micro-Multinationals".[15]

2. Wiederaufbau und wirtschaftlicher Strukturwandel nach dem Zweiten Weltkrieg

Das Interesse an deutschen Rohstoffen und Halbprodukten erlaubte nach dem Krieg den raschen Wiederaufbau Westdeutschlands. Stärker als Baden-Württemberg und Bayern avancierte das 1946 gegründete Bundesland Nordrhein-Westfalen zum *shooting star* des westdeutschen Wirtschaftswunders. Hier wurden 1951 90 Prozent der westdeutschen Kohle gefördert und 80 Prozent an Eisen und Stahl produziert. Zur gleichen Zeit beherbergte das Land 40 Prozent der bundesdeutschen Industrieproduktion.[16] Die 1952 geschlossene Europäische Gemeinschaft für Kohle und Stahl („Montanunion") zwischen Deutschland, Frankreich und den Beneluxstaaten verbesserte die Absatzmöglichkeiten durch die voranschreitende Integration der Märkte über nationale Grenzen hinweg und stärkte die Position des Landes als gesuchter Lieferant von Kohle und Stahl.

Allerdings schrieb diese Vorrangstellung zugleich die monoindustrielle Prägung der nordrhein-westfälischen Wirtschaft fest. Die Zementierung alter Strukturen beeinträchtigte Entwicklungsdynamiken und trug letztlich zum Niedergang einzelner Regionen bei. So lässt sich mit Michaela Trippl feststellen, dass die damit begründeten „ökonomische[n], politische[n] und soziale[n] Rigiditäten […] sich nur schwer aufbrechen lassen".[17] Darauf zumindest lässt das Beispiel traditionsreicher Industriestandorte in Süd- wie in Westdeutschland schließen. Altindustrielle „Problemregionen" weisen somit vermehrt „Anpassungsdefizite" durch Skepsis gegenüber Neuerungen und die geringe Innovationsneigung der Akteure auf, die durch die „Versteinerung der regionalen ökonomischen und politischen Beziehungsstrukturen" noch verstärkt worden seien.[18] Werner Abelshauser bezeichnete es daher als „Dilemma", dass die politisch induzierte Aufschwungphase die altindustrielle Monostruktur der regionalen Wirtschaft eher gefestigt habe, anstatt einen zukunftsträchtigen Branchenmix zu fördern. Denn das montanindustrielle *Comeback* habe nachhaltige Impulse zur Diversifizierung oder Erneuerung der Industriestruktur verhin-

---

[14] Simon: „Hidden Champions", S. 83.

[15] Fear: Straight outta Oberberg, in: Jahrbuch für Wirtschaftsgeschichte 53 (2012), H. 1, S. 125–169, hier S. 143, 152.

[16] Stefan Goch (Hrsg.): Strukturwandel und Strukturpolitik in Nordrhein-Westfalen, Münster 2004, S. 20.

[17] Michaela Trippl: Innovative Cluster in alten Industriegebieten, Münster 2004, S. 112.

[18] Ebd.; Dietmar Petzina: Strukturwandel in einer altindustriellen Region – Das südwestfälische Siegerland nach dem Zweiten Weltkrieg, in: Hans-Jürgen Gerhard (Hrsg.): Struktur und Dimension. Festschrift für Karl Heinrich Kaufhold, Bd. 2, Stuttgart 1997, S. 550–572.

dert, wie sie nach dem Zweiten Weltkrieg massiv im „Musterländle" Baden-Württemberg und in Bayern, dem „verspäteten Industriestaat", griffen.[19]

So unterstreichen auch Thomas Schlemmer und Hans Woller die geringe schwerindustrielle Ausprägung Bayerns und die starke Dichte neuer forschungsintensiver Industrien wie Elektro-, Flugzeug- und Fahrzeugbau sowie „das vergleichsweise krisenfeste Nebeneinander von groß-, mittel- und kleinbetrieblichen Strukturen".[20] Und auch Baden-Württemberg zeichnete eine historisch gewachsene breite regionale Streuung von hochdiversifizierten mittelständischen Betrieben aus, verbunden mit einzelnen „Inseln" großindustrieller Fertigung (Daimler, Bosch, BASF), die bereits vor 1945 die regionale Industriestruktur geprägt hatten.[21]

Im Gegensatz zu Bayern und Baden-Württemberg erscheint die Wirtschaftsgeschichtsschreibung Nordrhein-Westfalens somit traditionell groß- und monoindustriell dominiert. Dies zeigt sich in der Fokussierung auf die Strukturkrise und schließlich auf die Folgen der Deindustrialisierung im Ruhrgebiet.[22] Demgegenüber wurden die an der Peripherie liegenden und stärker mittelständisch-gewerblich geprägten Landesteile weniger berücksichtigt, obgleich sie immens zum Wiederaufbau des Bundeslandes beigetragen haben. So bezeichnete unlängst Liudger Dienel den Mittelstand als „Hauptträger des Wirtschaftswunders", der nach dem Zweiten Weltkrieg auch zu einem Transmitter technischer und ökonomischer Modernisierung avanciert sei.[23]

Dabei war insbesondere der Zufluss mittelständischen Potenzials durch Zuwanderung aus der DDR bzw. aus den ehemaligen deutschen Ostgebieten mit einem nicht zu unterschätzenden Effekt verbunden. Mittelständische Flüchtlingsbetriebe, insbesondere in den Bereichen Maschinenbau, Elektrotechnik, Textil und Bekleidung sowie Glas trugen zum Aufbrechen monostruktureller bzw. strukturschwacher Strukturen in den ländlich geprägten Gebieten Bayerns, Baden-Württembergs und eingeschränkter auch Nordrhein-Westfalens bei. So machten z. B. die mittelständischen Zuwanderer „Bayern zum Gewinner der Teilung Deutschlands" und beschleunigten den Strukturwandel in einzelnen Regionen des Landes.[24] Auch in Baden-Württemberg war fast ein Drittel aller bestehenden nichtlandwirtschaftlichen Arbeitsstätten 1950 von Flüchtlingen und Zugewanderten gegründet worden. Sie trugen „nachhaltig zur Verbesserung der branchenmäßigen und regionalen Struktur des südwestdeutschen Wirtschaftspotenzials, seiner räumlichen Streuung sowie zur Aufwärtsentwicklung während des Wirtschaftswunders" bei.[25] Werner Abelshauser weist darauf hin, dass die Zuwanderungsgewinne in Nordrhein-Westfalen dagegen frühzeitig vom Bergbau absorbiert worden seien. Die Stadt Espelkamp in Ostwestfalen bildet daher

[19] Siehe etwa Karl-Heinz Willenborg: Bayerns Wirtschaft in den Nachkriegsjahren. Industrialisierungsschub als Kriegsfolge, in: Wolfgang Benz (Hrsg.): Neuanfang in Bayern 1945–1948, München 1988, S. 121–142.
[20] Thomas Schlemmer/Hans Woller: Einleitung, in: dies. (Hrsg.): Bayern im Bund, Bd. 2, München 2002, S. 5; dazu auch Paul Erker: Keine Sehnsucht nach der Ruhr. Grundzüge der Industrialisierung in Bayern 1900–1970, in: Geschichte und Gesellschaft 17 (1991), S. 480–511.
[21] Mark Spoerer/Jochen Streb: Neue deutsche Wirtschaftsgeschichte, München 2013, S. 232.
[22] Dazu stellvertretend für den Bergbau Christoph Nonn: Die Ruhrbergbaukrise: Entindustrialisierung und Politik 1958–1969, Göttingen 2001.
[23] Dienel: Bild, S. 102.
[24] Dirk Götschmann: Wirtschaftsgeschichte Bayerns: 19. und 20. Jahrhundert, Regensburg 2010, S. 447.
[25] Willi Boelcke: Handbuch Baden-Württemberg: Politik, Wirtschaft, Kultur von der Urgeschichte bis zur Gegenwart, Stuttgart 1982, S. 543.

die einzig genuine Flüchtlingssiedlung in Nordrhein-Westfalen, der ein halbes Dutzend Gründungen in Bayern und anderen Bundesländern gegenüberstanden.[26]

3. Angebotsstrukturen und Strukturpolitik

Nach dem Zweiten Weltkrieg avancierte der Mittelstand in der Bundesrepublik zum „Darling of [...] Ludwig Erhards social market economy", meint Hartmut Berghoff.[27] Insbesondere auch die zeitimmanente Diskreditierung der Großindustrie durch Hitlers Krieg half diese Rolle zu begründen und lud den Terminus auf mit einer zwar nicht ganz neuen, aber doch zeitgemäßen Rhetorik. Mittelstand stand nun für „bürgerliche Wohlanständigkeit". Damit blieb das wirtschaftspolitische Interesse am Mittelstand über den Zweiten Weltkrieg hinaus primär gesellschafts- und sozialpolitisch motiviert, während seine potenzielle wirtschaftliche Funktion für die Regenerierbarkeit des ökonomischen Systems im Sinne von Stabilität und Nachhaltigkeit erst mit dem „Ende des Wirtschaftswunders" seit den 1970er Jahren verstärkt in den Fokus geriet.

Die Implementierung einer zeitgemäßen Wirtschaftsideologie für die Bundesrepublik begleiteten Ökonomen wie Wilhelm Röpke, der 1948 eine programmatische Schrift über „Klein- und Mittelbetriebe in der Volkswirtschaft" in der ersten Ausgabe von Ordo, dem Jahrbuch für die Ordnung von Wirtschaft und Gesellschaft, veröffentlichte. Obgleich die Ausführungen Röpkes auch als marktwirtschaftliche Kulturkritik gemeint sind, bleiben die von ihm genannten grundlegenden volkswirtschaftlichen Funktionen der „Klein- und Mittelbetriebe" bis heute hochaktuell. Dazu gehören Aspekte wie die Beschäftigungssicherung und die Innovationsfähigkeit als herausragende Eigenschaften von Kleinen und Mittleren Unternehmen. Zugleich betonte Röpke die Nachteile der großbetrieblichen Organisationsstruktur in der wirtschaftlichen, sozialen und ökologischen Agglomeration sowie in der Zusammenballung wirtschaftlicher und politischer Macht.[28]

Röpke rekurriert dabei auf den schöpferischen Unternehmer und würdigte die im Mittelstand vertretenen „Talente[n], [...] Fleiß, [...] Phantasie [...]". Gerade in Märkten der Differenzierung und Verfeinerung wie auch dem tertiären Sektor sei nicht der Großbetrieb, sondern das „schöpferische Individuum" gefragt.[29] Ganz Unrecht sollte der Professor für Volkswirtschaftslehre nicht behalten, wenn man etwa an das Beispiel der „verborgenen Weltmeister" denkt. Hier erlaubt die von Röpke hervorgehobene Flexibilität und Wendigkeit kleinen und mittleren Betrieben bei Marktschwankungen eine flexiblere Vorgehensweise. Dabei handelt es sich um ein Unternehmensformat „made in Germany", das bis heute auf Nischenstrategien, Flexibilität und Service-Orientierung setzt. Dies ist unverzichtbar vor allem in den Märkten für Qualitäts- und Spezialerzeugnisse und gehört zu den anerkannten Vorteilen der KMU.

Der Mittelstand wurde somit in der sozialen Marktwirtschaft zu mehr als nur einer neutralen Ordnungskategorie, er wurde „Programm". Der entscheidende wirtschaftspolitische

---

[26] Hannelore Oberpenning: Arbeit, Wohnung und eine neue Heimat. Espelkamp. Geschichte einer Idee, Essen 2002, S. 66.
[27] Hartmut Berghoff: The End of Family Business? The Mittelstand and German Capitalism in Transition, 1949–2000, in: Business History Review 80 (2006), S. 263–295, hier S. 281.
[28] Wilhelm Röpke: „Klein- und Mittelbetriebe in der Volkswirtschaft, in: ORDO. Jahrbuch für die Ordnung von Wirtschaft und Gesellschaft 1 (1948), S. 155–174.
[29] Ebd., S. 159.

Paradigmenwechsel in der Beurteilung der Betriebsgröße für die wirtschaftliche Entwicklung kam somit durch die Ordoliberalen und ihr Konzept der sozialen Marktwirtschaft, das Modell eines „deutschen Kapitalismus". Es implementierte kleine und mittelgroße Unternehmen als Fundament einer prosperierenden Volkswirtschaft. Auf den Mittelstand mit seinen historisch gewachsenen Qualitätsmerkmalen konzentrierten sich also erst nach dem Zweiten Weltkrieg die Hoffnungen der Wirtschaftspolitiker.[30]

Gewährleistet werden sollte dies auch durch eine funktionierende Wettbewerbspolitik, die primär als gegen die Großindustrie gerichtet galt. Denn das 1957 endlich verabschiedete Gesetz gegen Wettbewerbsbeschränkung (GWB), das eigentlich die Grundlagen des „vollständigen Wettbewerbs" sichern sollte, galt dezidiert als mittelstandsfreundlich und stieß auf den erbitterten Widerstand der Großindustrie. Flankiert wurde diese Politik durch politiknahe Institute wie das 1957 gegründete Institut für Mittelstandsforschung in Bonn, das seither Konzepte für eine betriebsgrößenorientierte Strukturpolitik entwickelt und Interessenpolitik betreibt.[31]

Mit einem Blick auf die voranschreitende Verbreitung von Hochtechnologien und den damit verbundenen Investitionsbemühungen lässt sich mit Recht fragen, ob denn diese Politik überhaupt dem Stand der Zeit entsprach. Denn angesichts der ökonomischen Realitäten der 1950er Jahre musste doch das seit den 1920er Jahren regelmäßig bemühte Untergangsszenario vom „Verschwinden des mittelständischen Unternehmers" etwas Unentrinnbares aufweisen. Schließlich wussten auch die Väter der sozialen Marktwirtschaft spätestens seit der American Challenge der 1960er Jahre um die Unentbehrlichkeit der Kapitalmärkte für eine international konkurrenzfähige Wirtschaft. Und der „amerikanischen Herausforderung" der 1960er Jahre schienen lediglich noch Großunternehmen gewachsen zu sein, weil hier am ehesten ausgeprägte Technologie- und Forschungspotenziale nun auch in Europa das in Mode gekommene *catching up* gegenüber dem kapitalintensiven amerikanischen Modell der strategischen Militärforschung verhießen.[32]

Kleine und mittlere Unternehmen standen dagegen für Tüftlertum und galten als wenig wachstumsaffin. Keineswegs schienen sie dem Trend zur Großforschung in Hochtechnologie und *big science* wie Düsenantriebe, Hochrechnertechnologie und atomare Nutzung gewachsen zu sein, um den so empfundenen *technological gap* der Europäer zu überwinden. Zudem erforderten Massenproduktion und technologischer Wandel „Economies of Scale and Scope", so dass KMUs früher oder später an Wachstumsbarrieren stoßen mussten, die sie nur durch die Veränderung ihres Formates überwinden konnten.[33]

Tatsächlich waren auch mittelständische Firmen vor strukturellen Krisen keineswegs gefeit. Die Schwäche des Mittelstands-Modells zeigte sich nach dem Zweiten Weltkrieg z. B. im Apparate- und Rundfunkbau. So stießen die „ingenieursgetriebenen" deutschen Unternehmen dieser Branche an die Grenzen mittelständischer Entwicklungsfähigkeit. Die südwestdeutschen Uhrenhersteller Kienzle und Junghans oder Rundfunkgerätehersteller wie Grundig (1984 zu Philips), Telefunken (1985 zu Thompson), Saba (1980 zu Thomp-

---

[30] Weidenfeld: Wettbewerbspolitik.

[31] Siehe dazu die Homepage des Instituts, <http://www.ifm-bonn.org/> (2. 9. 2015).

[32] Siehe dazu programmatisch Jean-Jacques Servan-Schreiber: Die amerikanische Herausforderung, Hamburg 1968; Dominique Barjot (Hrsg.): Catching up with America. Productivity Missions and the Diffusion of Technical Influence after the Second World War, Paris 2002.

[33] So die klassische These von Alfred D. Chandler: Strategy and Structure. Chapters in the History of the American Industrial Enterprise, Washington 2003 (Reprint von 1963).

son), Nordmende (1977 zu Thompson-Brandt) und Braun (1967 an Gilette), allesamt in Südwestdeutschland angesiedelte Pioniere des Rundfunk- bzw. Apparatebaus, zählten zu den Ikonen des Wirtschaftswunders.[34] Doch trat in den 1970er Jahren die Gefahr, Entwicklungen zu „verschlafen", z. B. in der Halbleitertechnologie, oder die mangelnde Kapitalbasis (bei Rechneranlagen) offen zutage. Hinzu kamen weitere Gründe für den Niedergang, wie etwa die mangelnde Professionalität der Inhaber oder eine erschwerte Nachfolge (z. B. Grundig).[35]

Ähnlich durchlief die von der Strukturkrise früh erfasste mittelständische Textilindustrie in den 1950er Jahren eine Talsohle, von der die niederrheinischen und westfälischen Textilregionen ebenso betroffen waren wie die in Südwestdeutschland ansässige Strickwaren- und Trikotagenindustrie mit Firmen wie Bleyle, Trigema oder der Stumpffabrik Hudson in Stuttgart-Vaihingen. Auch in der stark mittelständisch geprägten Zweiradindustrie, die sowohl in Süddeutschland (Raum Neckarsulm, Stuttgart, Nürnberg) als auch in Nordrhein-Westfalen (Raum Bielefeld) angesiedelt war, traten die Schwachstellen und die Wachstumsbarrieren mittelständischer Betriebe gleichermaßen zutage.[36]

Dennoch sorgten volatile Wirtschaftsverläufe immer wieder auch für ein Aufflammen des Interesses an der mittelständischen Wirtschaft, das insbesondere in Krisenzeiten wie den 1970er und auch den frühen 2000er Jahren zunahm. Das in der jüngeren Vergangenheit erheblich krisengebeutelte und strukturgeschwächte größte deutsche Bundesland Nordrhein-Westfalen ist nach dem Abbau der wirtschaftlichen Leitsektoren, insbesondere der Kohle- und Stahl-, aber auch der Textilindustrie, nicht nur auf der Suche nach neuen Leuchttürmen, sondern ebenso nach einer neuen wirtschaftlichen Identität. Mittelständische Unternehmen fungieren dabei als Wegbereiter des Strukturwandels, weil sie anders als Großunternehmen immer noch Beschäftigungspotenziale auf dem Binnenmarkt entfalten und zudem unmittelbar in die Fläche wirken. Dies gilt selbst für „alte" Branchen wie die Schwer- oder die Textilindustrie, die zumindest teilweise eine beeindruckende Transformation durchlaufen und im Zuge von Restrukturierungsprozessen tiefgreifende Diversifikationsmaßnahmen ergreifen.

Dazu gehört etwa die Bergbautechnik. Rund 80 Prozent der vor allem mittelständisch geprägten Unternehmen der Bergbau-Zulieferindustrie sind in Nordrhein-Westfalen angesiedelt. Die Produkte gehören als Kernkompetenz der nordrhein-westfälischen Wirtschaft bis heute zu den wichtigsten Exportgütern Nordrhein-Westfalens. Vor dem Hintergrund des Rückbaus der Bergbauwirtschaft in der Bundesrepublik konnte der Exportanteil dieser Branche von 1990 bis 2012 von 45 auf 92 Prozent gesteigert werden, sodass die Firmen mit ihrem technologisch hoch entwickelten Angebot insbesondere zu einer Modernisierung des Bergbaus in Australien, Brasilien, Indien und China beitragen.[37] Die davon ausgehenden Wachstumspotenziale gelten als beträchtlich, wenn man an die Nachholinvestitionen auch in den USA oder in den sogenannten BRIC-Staaten, Brasilien, Russland, Indien und China, denkt.

---

[34] Boelcke: Baden-Württemberg, S. 474f.

[35] Kilian Steiner: Ortsempfänger, Volksfernseher und Optaphon. Die Entwicklung der deutschen Radio- und Fernsehindustrie und das Unternehmen Loewe 1923–1962, Essen 2005, S. 324–326; Armin Müller: Kienzle. Ein deutsches Industrieunternehmen im 20. Jahrhundert, Stuttgart 2011.

[36] Wolfram Elsner/Siegrif Katterle: Strukturwandel und Wirtschaftspolitik in der Region: Eine Untersuchung der Region Ostwestfalen-Lippe, Opladen 1989, S. 367.

[37] Volkhard Riechmann: Perspektiven der Bergbauzulieferindustrie, in: Glückauf 6 (2002), S. 305–308.

Zudem erweisen sich die mittelständischen Anbieter als überraschend flexibel. Die 1864 gegründete Eickhoff-Gruppe aus Bochum, die seit Generationen in der Bergbautechnik tätig ist, entwickelt und produziert noch heute für die Auslandsmärkte Hochleistungsmaschinen zur automatischen Gewinnung von Steinkohle unter Tage. Das Zukunftsgeschäft jedoch liegt im Bereich der erneuerbaren Energien. So stellt die Firma seit über 20 Jahren Getriebe für Windkraftanlagen her und ist damit ein gelungenes Beispiel für den firmeninternen Strukturwandel. Zumindest lassen der Umsatz von 280 Mio. Euro und die Zahl von 1300 Beschäftigten (2013) darauf schließen.[38]

Insgesamt birgt der Strukturwandel für altindustrielle Standorte wie Nordrhein-Westfalen nicht nur Krisen, sondern auch Chancen, von denen gerade mittelständische Anbieter profitieren können. Einen Beleg für die hier gegebene Flexibilität liefert dabei die Fortentwicklung vorhandener Kompetenzen in die Bereiche zukunftsfähiger und forschungsintensiver Produktions- und Umwelttechnologien, Materialentwicklung oder Energie- und Antriebstechnik.[39] Nach dem Verlust von Zehntausenden von Arbeitsplätzen gehört die deutsche Textilindustrie mittlerweile zum weltweit wichtigsten Anbieter von Hightech-Textilien (technische Textilien für den Flugzeugbau [Kohlfaserverbundtechnik], den Boots- und Schiffbau [Polyesterverbundstoff] oder die Bauindustrie [Dauerhafte Textildächer]). Der Standort Nordrhein-Westfalen ist hier führend vertreten. Unter dem Druck der Textilkrise wandelte sich z. B. die in den 1920er Jahren gegründete Krefelder VERSEIDAG-Gruppe (Vereinigte Seidenwebereien AG), nach eigenen Angaben mit einem Weltmarktanteil von 20 Prozent (2007) Weltmarktführer im Segment technischer Textilien wie Membrandächer und Großzelte, zu einem Hightech-Unternehmen. Ihre „Bodenständigkeit" und hohe Innovationsfähigkeit und Flexibilität verbinden mittelständische Unternehmen somit mit Stärken auf den internationalen Märkten.

In Anlehnung an Hermann Simon hat zuletzt Jeffrey Fear anhand von einigen Beispielen auf die Bedeutung von „Pocketmultinationals" hingewiesen, die lange im Schatten der Großindustrie standen und nicht nur für Baden-Württemberg und Bayern, sondern gerade auch für die nordrhein-westfälische Wirtschaft eine besondere Bedeutung besitzen.[40] Fear verweist dabei auf hochspezialisierte Anbieter aus dem Oberbergischen, einer ländlichen Region 60 Kilometer östlich von Köln, wo sich Unternehmen wie PWU Krawinkel und Schildbach dem steigenden internationalen Wettbewerbsdruck mit Hilfe von flexiblen Produktlösungen mit Erfolg gewachsen zeigen.[41]

Vielfach bleiben Gründungsstandorte Sitz der Firmenzentralen wie auch der Produktions-, Forschungs- und Entwicklungsaktivitäten, während weitere Gesellschaften in zahlreichen Regionen der Welt nach dem Vorbild des Heimatstandortes arbeiten. Dies gilt beispielsweise auch für den Landmaschinenhersteller Claas aus dem ostwestfälischen Harsewinkel. Das 1913 gegründete Familienunternehmen exportiert als einer der Markt-

---

[38] Siehe den Beitrag von Thomas Jovovic: Gebrüder Eickhoff, Maschinenfabrik und Eisengießerei GmbH – Zwischen Diversifizierung, Internationalisierung und Tradition: Innovationsstrategien familiengeführter Unternehmen der Bergbauzulieferindustrie, in: Karl-Peter Ellerbrock/Nancy Bodden/Margrit Schulte Beerbühl (Hrsg.): Kultur, Strategien und Netzwerke. Familienunternehmen in Rheinland und Westfalen im 19. und 20. Jahrhundert, S. 35–60.

[39] Siehe dazu Susanne Hilger: Kleine Wirtschaftsgeschichte von Nordrhein-Westfalen. Von Musterknaben und Sorgenkindern, Köln 2012, S. 102.

[40] Fear: Straight outta Oberberg, in: Jahrbuch für Wirtschaftsgeschichte 53 (2012), S. 125–169.

[41] Gunter Rommel/Jürgen Kluge/Rolf-Dieter Kempis/Raimund Diederichs/Felix Brück: Simplicity Wins. How Germany's Mid-Sized Industrial Companies Succeed, Stuttgart 1995, S. 63.

führer im Segment Mähdrescher und Feldhäcksler mehr als zwei Drittel seiner Produktion in 140 Länder. In der „Mähdrescherstadt" Harsewinkel beschäftigt der Konzern heute etwa 3000 von weltweit 9100 Mitarbeitern. Nach dem Zweiten Weltkrieg führten die steigenden Belegschaftszahlen bei Claas zu einem buchstäblichen Aufschwung „auf der grünen Wiese". Fast jeder Zweite aller Beschäftigten in Harsewinkel war Ende der 1950er Jahre hier beschäftigt. Anfang der 1960er Jahre galt Harsewinkel mit den bundesweit höchsten Gewerbesteuereinnahmen pro Kopf als „Steuer-Eldorado".[42]

Mit dem zentralen Firmen- und Produktionsstandort in Ostwestfalen steht Claas beispielhaft für ländliches Unternehmertum in Nordrhein-Westfalen und ist damit namhaften Weltmarktführern aus Süddeutschland wie Würth (Künzelsau), Stihl (Waiblingen), Trumpf (Ditzingen) oder Kärcher (Winnenden) vergleichbar. Gerade der mittelständisch dominierte Industriezweig Maschinenbau ist seit dem Zweiten Weltkrieg nicht nur in Baden-Württemberg, sondern vor allem in Nordrhein-Westfalen domiziliert. In den 1950er und 1960er Jahren war durchschnittlich ein Drittel der Beschäftigten im Maschinenbau in Nordrhein-Westfalen beschäftigt, in Baden-Württemberg waren es im Durchschnitt 23,3 Prozent. Umsatzseitig war Nordrhein-Westfalen mit mehr als 35 Prozent und Baden-Württemberg mit knapp 25 Prozent am Umsatz beteiligt, gefolgt von Bayern, Hessen und Niedersachsen.[43]

Die meisten der hier vertretenen Player agieren in dem hoch spezialisierten Maschinen- und Apparatebau. Dabei dominiert strikte Dezentralität, vorsichtiges Finanzgebaren, moderates Wachstum und eine starke Marken- und Fachhandelsorientierung. Ähnliches gilt für die Sicherung von Wettbewerbsfähigkeit bei Standortsicherheit, zu der sich die überwiegend in Familienhand befindlichen Unternehmen häufig bekennen.[44] Dennoch sorgte auch hier erst die Krise der 1970er Jahre für einen Paradigmenwechsel in der öffentlichen Wahrnehmung und zugleich für eine Wiederentdeckung mittelständischer Innovationsmuster. „Kleine und mittlere Unternehmen galten nun" aufgrund ihrer Krisenresistenz „strukturell als zukunftsfähig".[45] Dies führte seither dazu, dass sich die bundesdeutsche Innovations- und Forschungspolitik vor allem unter dem Druck des industriellen Strukturwandels zunehmend auf den Mittelstand konzentriert. Dazu gehörte etwa die Förderung einer eigenständigen Forschungs- und Entwicklungsarbeit in KMU, die in den 1980er Jahren zum „Leitbild der Industrieforschung"[46] avancierte. Neben Förderprogrammen und Startup-Starthilfen trugen wertschöpfungsorientierte Cluster und Forschungsnetzwerke zum Ausbau und zur Verbesserung der wirtschaftlichen Strukturen bei.[47]

Dabei ist die Clusterbildung historisch gesehen wenig neu. Vielmehr gelten forschungsintensive, vielfach mittelständische Verbundstrukturen in reifen Industriestaaten seit Langem als wettbewerbsfähiges und hochinnovatives Gegenmodell zu einer großbetrieblich ausgerichteten Standortpolitik. Cluster zeichnen sich vielfach durch historisch gewachse-

---

[42] Susanne Hilger: ‚Hidden Champions' in NRW und die Konstruktion von regionaler Identität, in: Jürgen Brautmeier/Kurt Düwell/Ulrich Heinemann/Dietmar Petzina (Hrsg.): Heimat Nordrhein-Westfalen. Identitäten und Regionalität im Wandel, Essen 2010, S. 297–315, hier S. 310.

[43] Linda von Delhaes-Günther: Erfolgsfaktoren des westdeutschen Exports in den 1950er und 1960er Jahren, Dortmund 2003, S. 227.

[44] Waldemar Schäfer: Stihl. Von der Idee zur Weltmarke, Stuttgart 2006, S. 208, 261.

[45] Dienel: Bild, S. 101.

[46] Ebd., S. 102.

[47] Hilger: Wirtschaftsgeschichte, S. 133.

ne, lokal geprägte Wertschöpfungsketten aus, in denen sich hoch spezialisierte Hersteller, Zulieferer, Dienstleister und Forschungsinstitute einer bestimmten Branche konzentrieren. Hatte der Brite Alfred Marshall bereits in den 1920er Jahren auf die Innovationskraft der von ihm so bezeichneten „industrial districts" hingewiesen,[48] so stand auch bei dem von Michael Porter geprägten Clusterbegriff mehr als 50 Jahre später der Austausch und die Kooperation zwischen „a geographically approximate group of interconnected companies and associated institutions in a particular field, linked by commonalities and complementaries" im Mittelpunkt.[49]

Insbesondere mit der steigenden Arbeitslosigkeit seit den 1980er Jahren wurde die so verstandene Entwicklung des „neuen" Mittelstandes, also die Entstehung neuer spezialisierter, hochgradig technisierter und exportorientierter Gewerbezweige, zu einem neuen Credo der Industriepolitik. Seither treten die Innovationsmuster der KMUs, die sich durch Marktnähe und Anwendungsorientierung auszeichnen, immer stärker in den Fokus öffentlicher Forschungsförderung (Förderprogramme, Technologietransfer und Startup-Starthilfen). Diese Art von deutscher Industrieentwicklungspolitik an altindustriellen Standorten sollte sich zu einem Alleinstellungsmerkmal entwickeln, das das britische Wirtschaftsmagazin „The Economist" unlängst zu dem Prädikat „deutsche Cluster-Republik" veranlasste.[50] Dank einer teils über Jahrhunderte gewachsenen Kooperationskultur seien diese Cluster zu Weltmarktführern und kleinen Oligopolisten herangewachsen. Dynamisch und flexibel seien diese Unternehmer-Netzwerke in der deutschen Provinz, aber in ihrem Festhalten an althergebrachten Werten und Strukturen auch „irgendwie altmodisch". Und gerade deshalb sei das deutsche Wirtschaftsmodell für ausländische Wirtschaftspolitiker kaum zu kopieren.[51]

Beobachter gehen indessen davon aus, dass Nordrhein-Westfalen auch hier im Wettbewerb mit den süddeutschen Flächenstaaten Bayern und Baden-Württemberg unterlag. So sei das Defizit an hochtechnologischen Industrien in dem größten Flächenland auch auf das Fehlen staatlicher Förderung und öffentlicher Aufträge zurückzuführen. Die Mittel des Bundesamtes für Wehrtechnik und Beschaffung für Forschungs- und Entwicklungsaufträge flossen z. B. 1986 zu 67,6 Prozent nach Bayern und Baden-Württemberg und stärkten die dort ansässigen hochtechnologischen Cluster der Rüstungswirtschaft.[52]

Ähnlich wie Bayern und Baden-Württemberg bemüht sich auch das Land Nordrhein-Westfalen seit der Abwendung von einer eindimensionalen Subventionspolitik in den 1990er Jahren, den industriellen Strukturwandel durch die Verbesserung institutioneller Rahmenbedingungen und Fördermaßnahmen abzufedern. Dabei spielt gerade die Förderung zukunftstauglicher, hochgradig technisierter und exportorientierter Gewerbezweige durch Clusterbildung eine besondere Rolle. So sind in den vergangenen Jahren in Nord-

---

[48] „[...] if one man starts a new idea, it is taken up by others and combined with suggestions of their own; and thus it becomes the source of further new ideas". Alfred Marshall: Principles of economics, London 1920, S. 227, zitiert nach Marco Bellandi: „The industrial district in Marshall", in: E. Edward Goodman/Julia Bamford (Hrsg.): Small firms and industrial districts in Italy, London 1989, S. 136–152, hier S. 145.

[49] Michael E. Porter: Wettbewerbsvorteile. Spitzenleistungen erreichen und behaupten, Frankfurt a. M. 2000, S. 254.

[50] What Germany Offers the World, Economist, 12. 4. 2012.

[51] Ebd.

[52] Detlef Briesen/Gerhard Brunn/Rainer S. Elkar/Jürgen Reulecke: Gesellschafts- und Wirtschaftsgeschichte Rheinlands und Westfalens, Köln 1995, S. 250f.

rhein-Westfalen eine Vielzahl an Clustern begründet worden, die die Förderung neuer Technologien mit der Ansiedlung mittelständischer Gewerbebetriebe und Forschungseinrichtungen verbindet. Ein Schwerpunkt liegt dabei auf der Fortentwicklung spezifischer Stärken im Bereich zukunftsfähiger und forschungsintensiver Produktions- und Umwelttechnologien, Nanotechnologie, Energie- und Antriebstechnik und Medizintechnik, die auf den Auslandsmärkten stark nachgefragt sind. Dies unterscheidet das Land übrigens nicht von seinen süddeutschen Mitbewerbern in Baden-Württemberg und Bayern, obgleich Nordrhein-Westfalen für den Bereich der Green Technology den Titel einer „Welt-Revolution made in NRW" für sich beansprucht. Dies deutet an, dass NRW auch in der Industriepolitik verspätet auf den Entwicklungspfad der süddeutschen Flächenstaaten eingeschwenkt ist. Allerdings unterstreicht der Blick auf einzelne unternehmerische Akteure ebenso, dass das Land gegenwärtig, nicht zuletzt auf der Grundlage bestehender mittelständischer Strukturen, einen beeindruckenden Nachholprozess durchläuft, der durch die staatliche Forschungs- und Technologiepolitik unterstützt wird.[53]

4. Der Beitrag des Mittelstandes zur Bildung regionaler Milieus und Lebenschancen

Neben dem Beitrag der mittelständischen Wirtschaft zum Strukturwandel lässt sich nach seinem Einfluss auf regionale Milieus und Lebenschancen fragen. Schließlich spielen mittelständische Betriebe gerade als Arbeitgeber wie auch als soziale und kulturelle Akteure vor Ort in ländlichen Regionen eine prägende Rolle. Als „wirtschaftliches Milieu" bezeichnet die Sozialgeographie das „standörtliche Umfeld einer Firma und ihre wirtschaftlichen und sozialen Beziehungen vor Ort".[54] Pierre Bourdieu geht noch weiter, wenn er, obgleich mit einem kapitalismuskritischen Ansatz, auf das hohe Maß an sozialem Kapital, also „Beziehungsvermögen" hinweist.[55]

Begründet werde dies, neben verwandtschaftlichen, durch persönliche Beziehungen, nämlich dadurch, dass „der Eigentümer-Unternehmer häufig in der gleichen Gemeinde wie seine Mitarbeiter geboren [...] und aufgewachsen" sei. Dies generiere „engere[n] Beziehungsgeflecht[e] als in Großunternehmen" und werde vielfach über Generationen hinweg aufrechterhalten.[56] *Face-to-face*-Beziehungen und das Teilen von Alltagserfahrungen wie Schulbesuch, Vereinszugehörigkeit und Nachbarschaft sorge für emotionale Bindungen zwischen Anwohnern, Mitarbeitern und den Unternehmen bzw. Eigentümerfamilien.[57]

---

[53] Peter Sloterdijk: „Dann könnte vom Ruhrgebiet geradezu eine Art Welt-Revolution ausgelöst werden". Über die vielfältigen Chancen einer Region, in: Klaus Engel/Jürgen Großmann/Bodo Hombach (Hrsg.): Phönix flieg! Das Ruhrgebiet entdeckt sich neu, Essen 2011, S. 26-39.

[54] Hilger: ‚Hidden Champions', S. 299.

[55] Pierre Bourdieu: Ökonomisches Kapital – Kulturelles Kapital – Soziales Kapital, in: Reinhard Kreckel (Hrsg.): Soziale Ungleichheiten, Göttingen 1983, S. 183-195.

[56] Hermann Simon: „Hidden Champions", S. 173.

[57] Hartmut Berghoff: Abschied vom klassischen Mittelstand. Kleine und mittlere Unternehmen in der bundesdeutschen Wirtschaft des späten 20. Jahrhunderts, in: Volker R. Berghahn/Stefan Unger/Dieter Ziegler (Hrsg.): Die deutsche Wirtschaftselite im 20. Jahrhundert. Kontinuität und Mentalität, Essen 2003, S. 93–113, hier S. 109. Die Firma Claas in Harsewinkel steht beispielhaft für ein ländliches Milieu. Bei seinem Besuch des Werkes unterstrich der damalige Harsewinkeler Pfarrdechant 1951 „die enge Verbundenheit und die gute Zusammenarbeit" der Firma „mit Kirche, Schule und Eltern-

Die Wirtschaftsgeschichte befasst sich seit Langem mit den Bezügen zwischen der räumlichen Einheit und wirtschaftlichen, politischen oder gesellschaftlichen Akteuren wie etwa privaten Unternehmen, Kommunen, Anwohnern, Konsumenten und Arbeitnehmern. Schließlich prägen Unternehmen seit Jahrhunderten nicht allein durch ihre Produkte die Wirtschaftskultur einer Region nachhaltig. Armin Flender, Dieter Pfau und Sebastian Schmidt z. B. haben vor einigen Jahren am Beispiel des Siegerlandes (Nordrhein-Westfalen) die wirtschaftliche Milieubildung und ihren Einfluss auf die regionale Identität untersucht.[58] Als „Agenturen der Sinnstiftung"[59] identifizierten sie auf der Grundlage von Umfragen unter anderem Wirtschaftsunternehmen.[60] Dabei unterstreichen sie die hohe Bedeutung des familiär geprägten Wirtschaftsbetriebs für die Region. Die persönliche Nähe zwischen Inhaber und Beschäftigten begründe eine Art „Familienanschluss", der durch die gemeinsame Sprache (auch Plattsprechen, gegenseitiges Duzen) und konfessionelle Konvergenz unterstützt werde.[61]

Ähnlich hat Hartmut Berghoff in seiner Arbeit über den schwäbischen Musikinstrumentenbauer Hohner in Trossingen die langjährige Einbindung mittelständischer Unternehmen in „regionale Milieus" hervorgehoben.[62] Die Kultur von Unternehmen mache „vor dem Werktor" nicht Halt, sondern strahle „weit in die außerbetriebliche Lebenswelt der Beschäftigten und Unternehmer" hinein. Diese über Jahrzehnte, zum Teil über Generationen hinweg gewachsenen Sozialmilieus böten ihren Angehörigen „Überschaubarkeit, Stabilität und Regelvertrauen".[63] Vergleichbares ließe sich über die Firmen wie Ritter in Waldkirch und Trumpf in Ditzingen sagen. Bedauerlicherweise stehen hier strukturhistorische Untersuchungen zu unternehmerischen Fallbeispielen noch weitgehend aus.[64]

Insgesamt kann der unternehmerische Beitrag zur kulturellen und sozialen Identität einer Region und ihrer Bevölkerung nicht hoch genug eingeschätzt werden. Als Beispiel für die aktive Ausgestaltung regionaler Identität durch ortsansässige Unternehmen gilt das Engagement für die Vereinskultur, für soziale Belange wie auch für kulturelle Einrichtungen. So wirkt sich, seit Jahrhunderten schon, das außerbetriebliche Engagement von Unternehmen als „Corporate Social Responsibility"-Maßnahmen unmittelbar auf die soziale und kulturelle Infrastruktur eines Standortes bzw. einer Region aus. Zudem prägen diese im Sinne eines heute so bezeichneten „Corporate Citizenship" das lokale Umfeld durch das Engagement für kulturelle und soziale Einrichtungen.[65]

---

haus auf der einen und mit den zahlreichen Behörden auf der anderen Seite". „Behördenvertreter unterrichteten sich", in: Der Knoter 4 (1951), S. 29–31, hier S. 30.

[58] Armin Flender/Dieter Pfau/Sebastian Schmidt: Regionale Identität zwischen Konstruktion und Wirklichkeit. Eine historisch-empirische Untersuchung am Beispiel des Siegerlandes, Wiesbaden 2001.

[59] Berghoff: Abschied.

[60] Flender/Pfau/Schmidt: Regionale Identität, S. 5.

[61] Ebd., S. 133–138.

[62] Berghoff: Abschied, S. 108. Im Detail am Beispiel von Hohner: ders.: Zwischen Kleinstadt und Weltmarkt: Hohner und die Harmonika 1857–1961, Paderborn 1997.

[63] Berghoff: Abschied, S. 108. Siehe auch Irene Götz: Erzählungen als Indikatoren für Unternehmenskultur. Zur Ethnographie innerbetrieblicher Kommunikation in einem mittelständischen Unternehmen, in: Clemens Wischermann/Peter Borscheid/Karl-Peter Ellerbrock (Hrsg.): Unternehmenskommunikation im 19. und 20. Jahrhundert, Dortmund 2000, S. 227–244.

[64] Fokussiert auf den Standort Sindelfingen ist die Studie von Helga Merkel: Die Daimler-Familie Sindelfingen. Zur Wahrnehmung des soziokulturellen Wandels in einer Industriestadt, Tübingen 1996.

[65] André Habisch: Handbuch Corporate Citizenship, Berlin/Heidelberg 2008.

So genießt das Engagement der Firma Würth für die Bildende Kunst (1991 Kunstmuseum Würth in Künzelsau, 2001 Kunsthalle Würth in Schwäbisch Hall) einen internationalen Ruf und wirkt weit über das Umland hinaus. Der Grundstein der Sammlung wurde in den 1960er Jahren von dem Unternehmensgründer Reinhold Würth gelegt. Kunst und Kultur gelten bei Würth als Zeichen gelebter Unternehmenskultur. Seit 1999 haben nach und nach Kunstdependancen in den Landesgesellschaften von Belgien, Dänemark, Frankreich, Italien, Niederlande, Norwegen, Österreich, Spanien und der Schweiz (Arlesheim und Chur) eröffnet. Die Ausstellungen, die überall integriert im Kontext der jeweiligen Firma stattfinden, ermöglichen auch hier ein inspirierendes Neben- und Miteinander von Kunst und geschäftlichem Alltag.[66]

Populärer noch als die mäzenatische Unterstützung von hochrangigen Museen mag sich die Förderung sportlichen Engagements durch die Gründung von örtlichen Sportvereinen oder die Einrichtung von Sportstätten vor Ort auswirken.[67] Der Zusammenklang von Unternehmen, Sport und Region besitzt bis heute für unzählige kleinere Unternehmensstandorte eine hohe Relevanz. Und das Unternehmen als gesellschaftlicher Akteur kann durch so gesetzte „emotionale Ankerpunkte" zur Identitätsbildung vor Ort erheblich beitragen.[68] Als Beispiel sei auf das Engagement des Mitbegründers von SAP, Klaus Hopf, verwiesen, der aus dem lokalen Sportverein TUS Hoffenheim eine nationale Fußballgröße machte. Auch hier sind qualitative wie quantitative Untersuchungen, die auf das unternehmerische Engagement für Kultur und Sport in der Region und darüber hinaus fokussieren, noch rar und bieten erhebliches Potenzial.

5. Fazit

Als Akteure des Strukturwandels standen vielfach in der Provinz angesiedelte, mittelständische Unternehmen lange buchstäblich im Schatten der Großindustrie. In der öffentlichen Wahrnehmung als „strukturkonservativ" und „globalisierungsfern" bezeichnet, erschienen sie lange als „Auslaufmodell".[69] Angesichts dieser Einschätzung hat die mittelständische Wirtschaft auch in der regionalen Wirtschaftsgeschichtsforschung bislang wenig Berücksichtigung erfahren. Dies gilt insbesondere auch für ihre Rolle bei der Bewältigung von strukturellen Krisen und Veränderungen. Der vorliegende Beitrag rekurrierte vor diesem Hintergrund auf eine erste vergleichende Betrachtung der drei westdeutschen Flächenstaaten Nordrhein-Westfalen, Bayern und Baden-Württemberg im Hinblick auf Wachstumspotenziale, Angebotsstrukturen und den strukturpolitischen Impetus mittelständischer Betriebe.

Die genannten Beispiele unterstreichen, dass die bundesdeutsche Wirtschaftsstruktur bis heute nur vordergründig großbetrieblich geprägt ist. Begibt man sich indessen „in die Fläche", so zeigen sich alle drei Bundesländer stark mittelständisch geprägt. Nicht von

---

[66] Claus Detjen: Der Patriarch in seiner Verantwortung: Reinhold Würth – Gespräche mit dem Unternehmer und Mäzen, Frankfurt a. M. 2015.

[67] Markus Raasch: „Wir sind Bayer". Eine Mentalitätsgeschichte der deutschen Industriegesellschaft am Beispiel des rheinischen Dormagen (1917–1997), Essen 2007.

[68] Allerdings finden sich dazu bislang von wirtschafts- und unternehmenshistorischer Seite kaum Beiträge. Siehe z. B. als jüngste Ausnahme Markus Denzel/Margarete Wagner-Braun (Hrsg.): Wirtschaftlicher und sportlicher Wettbewerb. Festschrift für Rainer Gömmel zum 65. Geburtstag, Stuttgart 2009.

[69] Siehe etwa Berghoff: End of Family Business, S. 264.

ungefähr rückte der Mittelstand erst Mitte der 1990er Jahre wieder in das Interesse der Öffentlichkeit, zu einer Zeit nämlich, als die „alten Industrien" den Zenit ihres Erfolges überschritten hatten. Seither geht das Interesse an der mittelständischen Wirtschaft, ihren wirtschaftlichen und sozialen Potenzialen und ihrem kulturbildenden Profil Hand in Hand mit der Suche nach Alternativen zu den krisengefährdeten monoindustriellen Strukturen. Mittelständische Unternehmen wie die *hidden champions* avancieren dabei zu einem Wirtschaftsmodell, das als *German model* eine weltweite Vorbildfunktion entwickelt.

Der interregionale Vergleich, der hier erst in Ansätzen aufgenommen wurde, macht dabei deutlich, dass unter den Bedingungen nach dem Zweiten Weltkrieg die regional abweichende Situation in den einzelnen Bundesländern von hohem Interesse für die Situation des Mittelstandes war. Während Baden-Württemberg Wachstumspotenzial aus seiner mittelständisch strukturierten Wirtschaft zog und Bayern anfangs noch stark landwirtschaftlich geprägt war, galt Nordrhein-Westfalen lange nicht zu Unrecht als Verlierer des Strukturwandels. Doch im weiteren Verlauf insbesondere der krisenhaften Entwicklung lässt sich eine allmähliche Konvergenz der Wirtschaftsstrukturen in den Ländern konstatieren. Dies gilt für Bayerns späte „dezentrale" Industrialisierung ebenso wie für das Aufbrechen altindustrieller Strukturen in Nordrhein-Westfalen.

Aus der historischen Langzeitperspektive scheint sich trotz der zugegeben großen Umbrüche des Strukturwandels in den alten Industrien und der konjunkturellen Volatilitäten die mittelständische Wirtschaft als das nachhaltigere Wachstumsmodell zu erweisen. Ökonomisch spricht einiges dafür, dass die Märkte unter dem Eindruck von Globalisierung und Digitalisierung noch segmentierter, die Kundenwünsche noch spezifischer und somit insgesamt „mittelstandsfreundlicher" werden. Es ist kein Geheimnis, dass Baden-Württemberg als hochgradig diversifiziert und mittelständisch geprägt diesem Modell traditionell am ehesten entspricht und dazu die höchste Wirtschaftsperformanz unter den Bundesländern aufweist.

Um die eingangs aufgeworfene polemische Frage abschließend aufzugreifen: Als „strukturkonservativ" und „globalisierungsuntauglich" lassen sich mittelständische Betriebe, die angeführten Beispiele belegen dies eindrucksvoll, keineswegs bezeichnen. Eine eingehendere Betrachtung macht vielmehr deutlich, dass durch den Druck der Globalisierung gerade mittelständische Firmen aufgrund ihrer Flexibilität, Innovationsbereitschaft, der Ausrichtung auf internationale Märkte und gleichzeitiger Bodenhaftung in der Region seit Jahrzehnten als Vorreiter und Träger des Strukturwandels angesehen werden können.

Abkürzungen

Abs.	Absatz
Abt.	Abteilung
ACZ	Agrochemisches Zentrum
AdsD	Archiv der sozialen Demokratie
AG	Aktiengesellschaft
AIZ	Arbeiter Illustrierte Zeitung
Art.	Artikel
AWG	Arbeiterwohnungsgenossenschaften
BArch	Bundesarchiv
BDI	Bundesverband der Deutschen Industrie e.V.
BMWI	Bundesministerium für Wirtschaft
BP	British Petroleum
BRD	Bundesrepublik Deutschland
BRIC	Brasilien, Russland, Indien, China
BvS	Bundesanstalt für vereinigungsbedingte Sonderaufgaben
CDU	Christlich-Demokratische Union
ČSR	Tschechoslowakische Republik
ČSSR	Tschechoslowakische Sozialistische Republik
CSU	Christlich-Soziale Union
DAG	Deutsche Angestelltengewerkschaft
DDR	Deutsche Demokratische Republik
DFÜ	Datenfernübertragung
DGAP	Deutsche Gesellschaft für Auswärtige Politik
DGB	Deutscher Gewerkschaftsbund
DIHT	Deutscher Industrie- und Handelskammertag
DIW	Deutsches Institut für Wirtschaftsforschung
DM	Deutsche Mark
DMS AG	Deutsche Maschinen- und Schiffbau AG
Drs.	Drucksache
DWK	Deutsche Wirtschaftskommission
EG	Europäische Gemeinschaft
EGKS	Europäische Gemeinschaft für Kohle und Stahl
EKO	Eisenhüttenkombinat Ost
Erg.-Bd.	Ergänzungsband
EU	Europäische Union
e.V.	eingetragener Verein
EWG	Europäische Wirtschaftsgemeinschaft

DOI 10.1515/9783110523010-018

FAZ	Frankfurter Allgemeine Zeitung
FDGB	Freier Deutscher Gewerkschaftsbund
FDJ	Freie Deutsche Jugend
FDP	Freie Demokratische Partei
Fe	Eisen
FhG	Fraunhofer-Gesellschaft
FuE	Forschung und Entwicklung
FZH	Forschungsstelle für Zeitgeschichte in Hamburg
FZR	Freiwillige Zusatzrentenversicherung
GATT	General Agreement on Tariffs and Trade
GfF	Gesellschaft für Fotografie
GG	Grundgesetz
GmbH	Gesellschaft mit beschränkter Haftung
GRW	Gemeinschaftsaufgabe Verbesserung der regionalen Wirtschaftsstruktur
GWB	Gesetz gegen Wettbewerbsbeschränkung
H.	Heft
HA	Hamburger Abendblatt
HBL	Houillères du Bassin de Lorraine
HdWW	Handwörterbuch der Wirtschaftswissenschaft
HEW	Hamburger Electricitäts-Werke
HHLA	Hamburger Hafen- und Lagerhaus-Aktiengesellschaft
HV	Hauptverwaltung
HWWA	Hamburgisches Welt-Wirtschafts-Archiv
IBA	Internationale Bauausstellung Emscher Park
IfLS	Institut für ländliche Strukturforschung
IfM	Institut für Mittelstandsforschung
IfZ	Institut für Zeitgeschichte
IG	Industriegewerkschaft
IT	Informationstechnik
IT.NRW	Information und Technik Nordrhein-Westfalen
IW	Institut der deutschen Wirtschaft
JMEH	Journal of Modern European History
JWG	Jahrbuch für Wirtschaftsgeschichte
KG	Kommanditgesellschaft
KMU/SME	Kleinere und Mittlere Unternehmen/Small and Medium Enterprises
LASA	Landesarchiv Sachsen-Anhalt
LDP	Liberal-Demokratische Partei
LPG	Landwirtschaftliche Produktionsgenossenschaft
M	Mark
MBO/MBI	Management Buy-out/Management Buy-in

MdB	Mitglied des Deutschen Bundestags
MdL	Mitglied des Landtags
MfS	Ministerium für Staatssicherheit
MIDER	Mitteldeutsche Erdöl-Raffinerie GmbH
Mio.	Million
Mrd.	Milliarde
N. F.	Neue Folge
NÖS	Neues Ökonomisches System der Planung und Leitung der Volkswirtschaft
NRW	Nordrhein-Westfalen
NS	Nationalsozialismus
NSG	Naturschutzgebiet
NZZ	Neue Zürcher Zeitung
OB	Oberbürgermeister
OECD	Organisation for Economic Co-operation and Development
o. J.	ohne Jahr
o. O.	ohne Ort
OPEC	Organization of Petroleum Exporting Countries
PCK	Petrochemisches Kombinat
PDS	Partei des Demokratischen Sozialismus
PGH	Produktionsgenossenschaften des Handwerks
PKW	Personenkraftwagen
PME	Petites et moyennes entreprises
RDA	République démocratique allemande
Red.	Redaktion
RGAE	Rossijskij Gosudarstvennyj Archiv Ėkonomiki (Russländisches Staatsarchiv für Wirtschaft)
RGW	Rat für gegenseitige Wirtschaftshilfe
RKW	Rationalisierungs-Kuratorium der Deutschen Wirtschaft e. V.
RVR	Regionalverband Ruhr
RWI	Rheinisch-Westfälisches Institut für Wirtschaftsforschung
S. A.	Société Anonyme
SAG	Sowjetische Aktiengesellschaft
SAPMO-BArch	Stiftung Archiv der Parteien und Massenorganisationen der DDR im Bundesarchiv
SBZ	Sowjetische Besatzungszone
SED	Sozialistische Einheitspartei Deutschlands
SGB	Sozialgesetzbuch
SKK	Sowjetische Kontrollkommission
SMAD	Sowjetische Militäradministration in Deutschland
SoTech	Sozialverträgliche Technikgestaltung
SPD	Sozialdemokratische Partei Deutschlands

SPK	Staatliche Plankommission
StaHH	Staatsarchiv Hamburg
S. V.	Sub Voce
SZ	Süddeutsche Zeitung
Tab.	Tabelle
THA	Treuhandanstalt
TO	Tagesordnung
UCB	Union Chimique Belge
UdSSR	Union der Sozialistischen Sowjetrepubliken
US	United States
USA	United States of America
VDI	Verein Deutscher Ingenieure
VEB	Volkseigener Betrieb
VIAG	Vereinigte Industrie-Unternehmungen AG
WiR	Wohnen im Revier
WP	Wahlperiode
WSI	Wirtschafts- und Sozialwissenschaftliches Institut
WTA	Welttextilabkommen
WTO	World Trade Organization
ZBW	Deutsche Zentralbibliothek für Wirtschaftswissenschaften
ZF	Zahnradfabrik Friedrichshafen
Ziff.	Ziffer
ZIM	Zukunftsinitiative Montanregionen
ZIN	Zukunftsinitiative für die Regionen Nordrhein-Westfalens
ZK	Zentralkomitee

Verzeichnis der Autorinnen und Autoren

Christoph Bernhardt, PD Dr., Abteilungsleiter am Leibniz-Institut für Raumbezogene Sozialforschung (IRS) in Erkner bei Berlin und Privatdozent an der TU Darmstadt; veröffentliche u. a.: Im Spiegel des Wassers. Eine transnationale Umweltgeschichte des Oberrheins (1800–2000), Wien/Köln/Weimar 2016; als Hrsg.: Städtische öffentliche Räume/Urban public spaces. Planungen, Aneignungen, Aufstände 1945–2015/Planning, appropriation, rebellions 1945–2015, Stuttgart 2016.

Veit Damm, Dr., wissenschaftlicher Mitarbeiter am Historischen Institut der Universität des Saarlandes, forscht zum Thema: Subventionspolitik in der Bundesrepublik in einem Projekt der Fritz Thyssen Stiftung; veröffentlichte u. a.: Selbstrepräsentation und Imagebildung. Jubiläumsinszenierungen deutscher Banken und Versicherungen im 19. und frühen 20. Jahrhundert, Leipzig 2007; Stahlunternehmen und ihre Standorte in den Transformationsprozessen der „langen" 1970er Jahre (1967–1984). Die Beispiele Röchling und ARBED [Aciéries Réunies de Burbach-Eich-Dudelange] im Saarland und in Luxemburg, in: Hémecht. Zeitschrift für Luxemburger Geschichte 64 (2012), S. 99–111.

Karl Ditt, Dr., ehem. Referent im LWL-Institut für westfälische Regionalgeschichte; veröffentlichte u. a.: als Hrsg. zusammen mit Sidney Pollard: Von der Heimarbeit in die Fabrik. Industrialisierung und Arbeiterschaft in Leinen- und Baumwollregionen Westeuropas während des 18. und 19. Jahrhunderts, Paderborn 1992; Zweite Industrialisierung und Konsum. Energieversorgung, Haushaltstechnik und Massenkultur am Beispiel nordenglischer und westfälischer Städte 1880–1939, Paderborn 2011.

Stefan Goch, Prof. Dr., Leiter des Instituts für Stadtgeschichte in Gelsenkirchen und apl. Professor für Politikwissenschaft an der Ruhr-Universität Bochum; veröffentlichte u. a.: Eine Region im Kampf mit dem Strukturwandel, Bewältigung von Strukturwandel und Strukturpolitik im Ruhrgebiet, Essen 2002; als Hrsg. zusammen mit Karsten Rudolph: Wandel hat eine Heimat. Nordrhein-Westfalen in Geschichte und Gegenwart, Oberhausen 2009.

Stefan Grüner, Prof. Dr., derzeit Vertreter des Lehrstuhls für Neueste Geschichte und Zeitgeschichte an der Friedrich-Alexander-Universität Erlangen-Nürnberg; veröffentlichte u. a.: Paul Reynaud (1878–1966). Biographische Studien zum Liberalismus in Frankreich, München 2001; Geplantes „Wirtschaftswunder"? Industrie- und Strukturpolitik in Bayern 1945 bis 1973, München 2009.

Thorsten Harbeke, M.A., wissenschaftlicher Mitarbeiter am Institut für schleswig-holsteinische Zeit- und Regionalgeschichte (IZRG) der Europa-Universität Flensburg; veröffentlichte u. a.: als Hrsg. zusammen mit Uwe Danker und Sebastian Lehmann: Strukturwandel in der zweiten Hälfte des 20. Jahrhunderts, Neumünster/Hamburg 2014; Kaum mehr als Landschaft – das Afrikabild deutscher Forschungsreisender im 19. Jahrhundert, in:

DOI 10.1515/9783110523010-019

Dieter H. Kollmer/Torsten Konopka/Martin Rink (Hrsg.): Wegweiser zur Geschichte – Zentrales Afrika, Paderborn 2015, S. 69–75.

Susanne Hilger, Prof. Dr., apl. Professorin und Lehrbeauftragte für Wirtschaftsgeschichte an der Heinrich-Heine-Universität Düsseldorf; veröffentlichte u. a.: „Amerikanisierung" deutscher Unternehmen. Wettbewerbsstrategien und Unternehmenspolitik bei Henkel, Siemens und Daimler-Benz (1945/49–1975), Stuttgart 2004; Kleine Wirtschaftsgeschichte von Nordrhein-Westfalen. Von Musterknaben und Sorgenkindern, Köln 2012.

Dierk Hoffmann, Prof. Dr., wissenschaftlicher Mitarbeiter am Institut für Zeitgeschichte München-Berlin (Abt. Berlin) und apl. Professor für Neuere und Neueste Geschichte an der Universität Potsdam; veröffentlichte u. a.: Von Ulbricht zu Honecker. Die Geschichte der DDR 1949–1989, Berlin 2013; als Hrsg.: Die zentrale Wirtschaftsverwaltung in der SBZ/DDR. Akteure, Strukturen, Verwaltungspraxis, München 2016.

Rainer Karlsch, Dr., Wirtschaftshistoriker; veröffentlichte u. a.: als Hrsg. zusammen mit Rudolf Boch: Uranbergbau im Kalten Krieg. Die Wismut im sowjetischen Atomkomplex, 2 Bde., Berlin 2011; Leuna. 100 Jahre Chemie, mit Fotografien von Janos Stekovics, Dößel 2016.

Karl Lauschke, PD Dr., ehem. wissenschaftlicher Mitarbeiter am Institut für soziale Bewegungen der Ruhr-Universität Bochum; veröffentlichte u. a.: Hans Böckler. Band 2: Gewerkschaftlicher Neubeginn 1945 bis 1951, Essen 2005; Die halbe Macht. Mitbestimmung in der Eisen- und Stahlindustrie 1945 bis 1989, Essen 2007.

Sabine Mecking, Prof. Dr., Professorin an der Fachhochschule für öffentliche Verwaltung NRW in Duisburg und Privatdozentin für Neuere und Neueste Geschichte an der Heinrich-Heine-Universität Düsseldorf, zudem geschäftsführende Herausgeberin der Zeitschrift „Geschichte im Westen"; veröffentlichte u. a.: als Hrsg. zusammen mit Janbernd Oebbecke: Zwischen Effizienz und Legitimität. Kommunale Gebiets- und Funktionalreformen in der Bundesrepublik Deutschland in historischer und aktueller Perspektive, Paderborn 2009; Bürgerwille und Gebietsreform. Demokratieentwicklung und Neuordnung von Staat und Gesellschaft in Nordrhein-Westfalen 1965–2000, München 2012.

Jörg Roesler, Prof. Dr., Mitglied der Leibniz-Sozietät der Wissenschaften zu Berlin e. V.; veröffentlichte u. a.: Der Anschluss von Staaten in der modernen Geschichte. Eine Untersuchung aus aktuellem Anlass, Frankfurt a. M. 1999; Geschichte der DDR, Köln 2012.

Michael Ruck, Prof. Dr., Professor für Politikwissenschaft und Zeitgeschichte an der Europa-Universität Flensburg; veröffentlichte u. a.: Korpsgeist und Staatsbewußtsein. Beamte im deutschen Südwesten 1928 bis 1972, München 1996; Bibliographie zum Nationalsozialismus, Darmstadt ²2000.

Thomas Schlemmer, PD Dr., wissenschaftlicher Mitarbeiter am Institut für Zeitgeschichte München-Berlin und stellvertretender Chefredakteur der Vierteljahrshefte für Zeitgeschichte sowie Privatdozent für Neuere und Neueste Geschichte am Historischen Seminar der Ludwig-Maximilians-Universität München; veröffentlichte u. a.: Aufbruch, Krise und

Erneuerung. Die Christlich-Soziale Union 1945 bis 1955, München 1998; Industriemoderne in der Provinz. Die Region Ingolstadt zwischen Neubeginn, Boom und Krise 1945 bis 1975, München 2009.

Lu Seegers, PD Dr., Geschäftsführerin der Schaumburger Landschaft, assoziierte wissenschaftliche Mitarbeiterin an der Forschungsstelle für Zeitgeschichte in Hamburg (FZH) und Privatdozentin an der Universität Hamburg; veröffentlichte u. a.: als Hrsg. zusammen mit Daniela Münkel: Medien und Imagepolitik im 20. Jahrhundert. Deutschland – Europa – USA, Frankfurt a. M. 2008; „Vati blieb im Krieg". Vaterlosigkeit als generationelle Erfahrung im 20. Jahrhundert – Deutschland und Polen, Göttingen 2013.

Christoph Strupp, Dr., wissenschaftlicher Mitarbeiter an der Forschungsstelle für Zeitgeschichte in Hamburg (FZH); veröffentlichte u. a.: als Hrsg. zusammen mit Frank Bajohr: Fremde Blicke auf das „Dritte Reich". Berichte ausländischer Diplomaten über Herrschaft und Gesellschaft in Deutschland 1933–1945, Göttingen 2011; Im Bann der „gefährlichen Kiste". Wirtschaft und Politik im Hamburger Hafen, in: 19 Tage Hamburg. Ereignisse und Entwicklungen der Stadtgeschichte seit den fünfziger Jahren, hrsg. von der Forschungsstelle für Zeitgeschichte in Hamburg, München/Hamburg 2012, S. 129–143.

Sebastian Voigt, Dr., wissenschaftlicher Mitarbeiter am Institut für Zeitgeschichte München-Berlin, Fellow am Institut für Soziale Bewegungen und Lehrbeauftragter an der Ruhr-Universität Bochum; veröffentlichte u. a.: als Hrsg. zusammen mit Heinz Sünker: Arbeiterbewegung – Nation – Globalisierung. Bestandsaufnahmen einer alten Debatte, Weilerswist 2014; Der jüdische Mai ʼ68. Pierre Goldman, Daniel Cohn-Bendit und André Glucksmann im Nachkriegsfrankreich, Göttingen/Bristol (CT) [2]2016.

Personenregister

Kursiv gesetzte Zahlen verweisen auf Namen in den Anmerkungen.